UKQR 2009

UK, Ireland & IoM Civil Registers Quick Reference

Compiled by Barrie Womersley

Copyright © Air-Britain (Historians) Ltd 2009

Published by: Air-Britain (Historians) Ltd
www.air-britain.co.uk

Sales Department: 41 Penshurst Road, Leigh,
Tonbridge, Kent TN11 8HL

Membership Enquiries: 1 Rose Cottages, 179 Penn Road,
Hazlemere, Buckinghamshire HP15 7NE

ISBN: 978-0-85130-414-4

PHOTO CAPTIONS:
Front: Avid Flyer G-OVID on short finals at its Strathaven base on 24.8.08. (Charlie Stewart)
Back: Eurofighter Typhoon F2 ZJ910 demonstrated at Farnborough on 14.7.08. (Dave Partington)
Recent addition to the Isle of Man register, Gulfstream 100 M-YEDT at Biggin Hill 21.11.08. (Barry Ambrose)
Super Marine Spitfire Mk.26 G-CCZP exhibited at Aeroexpo, Wycombe Air Park 13.6.08. (Roger Birchall)

Printed by Bell & Bain Ltd, Glasgow

Air-Britain supports the fight against terrorism and the efforts of the Police
and other Authorities in protecting airports and airfields from criminal activity.
If you see anything suspicious do not hesitate to call the
Anti-Terrorist Hotline 0800 789321 or alert a Police Officer.

UKQR 2009

United Kingdom, Ireland & Isle of Man Civil Registers Quick Reference

Contents:	Page
United Kingdom Civil Register	5
United Kingdom Aircraft Bases Guide	103
United Kingdom Military serials	136
Military/Civil marks de-code	146
United Kingdom Aviation Museums	152
Republic of Ireland Civil Register	161
Republic of Ireland Aircraft Bases Guide	167
Republic of Ireland Military serials	168
Isle of Man Civil Register	169
Overseas registered aircraft based in UK & Ireland	170

Welcome to this, the ninth edition of the Quick Reference guide to the civil and military aircraft registers of the countries of the British Isles. The registration data contained here is correct to 20th February 2009.

Thanks to Tony Pither for his help and Dave Partington for his production assistance. The overseas registered aircraft data is compiled by Paul Hewins whilst the UK Bases data is maintained by Dave Reid.

If you have any suggestions for changes, note any missing information, or can help out with future editions in any way, please contact me at the addess below.

Barrie Womersley
19 The Pastures
Westwood
Bradford-on-Avon
Wiltshire BA15 2BH

email: barrie.womersley@air-britain.co.uk

United Kingdom current civil aircraft

Updated to 20th February 2009

☐ G-EAGA	Replica Sopwith Dove
☐ G-EASD	Avro 504L
☐ G-EAVX	Sopwith Pup
☐ G-EBHX	DH.53 Humming Bird
☐ G-EBIA	Royal Aircraft Factory SE.5A
☐ G-EBIR	DH.51 Moth
☐ G-EBJI	Hawker Cygnet
☐ G-EBJO	ANEC II
☐ G-EBKY	Sopwith Pup
☐ G-EBLV	DH.60 Moth
☐ G-EBNV	English Electric Wren
☐ G-EBQP	DH.53 Humming Bird
☐ G-EBWD	DH.60X Moth
☐ G-EBZN	DH.60X Moth
☐ G-AADR	DH.60GM Gipsy Moth
☐ G-AAEG	DH.60G Gipsy Moth
☐ G-AAHI	DH.60G Gipsy Moth
☐ G-AAHY	DH.60M Moth
☐ G-AAIN	Parnall Elf II
☐ G-AAJT	DH.60G Gipsy Moth
☐ G-AALY	DH.60G Gipsy Moth
☐ G-AAMY	DH.60M Gipsy Moth
☐ G-AANG	Bleriot Monoplane
☐ G-AANH	Deperdussin Monoplane
■ G-AANI	Blackburn 1912 Monoplane
☐ G-AANL	DH.60M Moth
☐ G-AANM	Bristol Fighter F2B
☐ G-AANO	DH.60GMW
☐ G-AANV	DH.60M Moth
☐ G-AAOK	Travel Air 12Q
☐ G-AAOR	DH.60G Gipsy Moth
☐ G-AAPZ	Desoutter Mk I
☐ G-AAUP	Klemm L25-1A
☐ G-AAWO	DH.60G Gipsy Moth
☐ G-AAYT	DH.60G Gipsy Moth
☐ G-AAYX	Southern Martlet
☐ G-AAZG	DH.60G Gipsy Moth
☐ G-AAZP	DH.80A Puss Moth
☐ G-ABAG	DH.60G Gipsy Moth
☐ G-ABDA	DH.60G Gipsy Moth
☐ G-ABDX	DH.60G Gipsy Moth
☐ G-ABEV	DH.60G Gipsy Moth
☐ G-ABHE	Aeronca C2
☐ G-ABLS	DH.80A Puss Moth
☐ G-ABNT	Civilian CAC.1 Coupé
☐ G-ABNX	Robinson Redwing 2
☐ G-ABOX	Sopwith Pup
☐ G-ABSD	DH.60G Gipsy Moth
☐ G-ABUS	Comper CLA7 Swift
☐ G-ABVE	Arrow Active 2
☐ G-ABWP	Spartan Arrow
☐ G-ABXL	Granger Tail-Less Monoplane
☐ G-ABYA	DH.60G Gipsy Moth
☐ G-ABZB	DH.60G III Moth Major
☐ G-ACCB	DH.83 Fox Moth
☐ G-ACDA	DH.82A Tiger Moth
☐ G-ACDC	DH.82A Tiger Moth
☐ G-ACDI	DH.82A Tiger Moth
☐ G-ACEJ	DH.83 Fox Moth
☐ G-ACET	DH.84 Dragon
☐ G-ACGZ	DH.60G III Moth Major
☐ G-ACLL	DH.85 Leopard Moth
☐ G-ACMA	DH.85 Leopard Moth
☐ G-ACMD	DH.82A Tiger Moth
☐ G-ACMN	DH.85 Leopard Moth
☐ G-ACNS	DH.60G III Moth
☐ G-ACOJ	DH.85 Leopard Moth
☐ G-ACSP	DH.88 Comet
☐ G-ACSS	DH.88 Comet
☐ G-ACTF	Comper CLA7 Swift
☐ G-ACUS	DH.85 Leopard Moth
☐ G-ACXB	DH.60G III Moth Major
☐ G-ACXE	Klemm L25C
☐ G-ACZE	DH.89A Dragon Rapide
☐ G-ADEV	Avro 504K
☐ G-ADGP	Miles M.2L Hawk Six
☐ G-ADGT	DH.82A Tiger Moth
☐ G-ADGV	DH.82A Tiger Moth
☐ G-ADHD	DH.60G III Moth Major
☐ G-ADIA	DH.82A Tiger Moth
☐ G-ADJJ	DH.82A Tiger Moth
☐ G-ADKC	DH.87B Hornet Moth
☐ G-ADKK	DH.87B Hornet Moth
☐ G-ADKL	DH.87B Hornet Moth
☐ G-ADKM	DH.87B Hornet Moth
☐ G-ADLY	DH.87B Hornet Moth
☐ G-ADMT	DH.87B Hornet Moth
☐ G-ADND	DH.87B Hornet Moth
☐ G-ADNE	DH.87B Hornet Moth
☐ G-ADNL	Miles M.5 Sparrowhawk
☐ G-ADNZ	DH.82A Tiger Moth
☐ G-ADPC	DH.82A Tiger Moth
☐ G-ADPJ	BAC Drone
☐ G-ADPS	BA Swallow 2
☐ G-ADRA	Pietenpol Air Camper
☐ G-ADRH	DH.87B Hornet Moth
☐ G-ADRR	Aeronca C3
☐ G-ADUR	DH.87B Hornet Moth
☐ G-ADWJ	DH.82A Tiger Moth
☐ G-ADWT	Miles M.2W Hawk Trainer
☐ G-ADXT	DH.82A Tiger Moth
☐ G-ADYS	Aeronca C3
☐ G-AEBB	Mignet HM.14 Pou du Ciel
☐ G-AEBJ	Blackburn B.2 Series 1
☐ G-AEDB	BAC Drone
☐ G-AEDU	DH.90A Dragonfly
☐ G-AEEG	Miles M.3A Falcon
☐ G-AEFT	Aeronca C3
☐ G-AELO	DH.87B Hornet Moth
☐ G-AEML	DH.89A Dragon Rapide
☐ G-AENP	Hawker Afghan Hind
☐ G-AEOA	DH.80A Puss Moth
☐ G-AEOF	Rearwin 8500
☐ G-AEPH	Bristol Fighter F2B
☐ G-AERV	Miles M.11A Whitney Straight
☐ G-AESB	Aeronca C3
☐ G-AESE	DH.87B Hornet Moth
☐ G-AESZ	Chilton DW1
☐ G-AETG	Aeronca 100
☐ G-AEUJ	Miles M.11A Whitney Straight
☐ G-AEVS	Aeronca 100
☐ G-AEXD	Aeronca 100
☐ G-AEXF	Percival Mew Gull
☐ G-AEXT	Dart Kitten II
☐ G-AEXZ	Piper J-2
☐ G-AEZJ	Percival P.10 Vega Gull
☐ G-AFCL	BA Swallow 2
☐ G-AFDO	Piper J-3C-65 Cub
☐ G-AFEL	Monocoupe 90A
☐ G-AFFD	Percival Q.6
☐ G-AFFH	Piper J-2
☐ G-AFGC	BA Swallow 2
☐ G-AFGE	BA Swallow 2
☐ G-AFGH	Chilton DW1
☐ G-AFGI	Chilton DW1
☐ G-AFGM	Piper J-4A Cub Coupé
☐ G-AFGZ	DH.82A Tiger Moth
☐ G-AFHA	Moss MA1
☐ G-AFIN	Chrislea LC1 Airguard
☐ G-AFIR	Luton LA4 Minor
☐ G-AFJA	Watkinson Dingbat
☐ G-AFJB	Wicko GM1
☐ G-AFJU	Miles M.17 Monarch
☐ G-AFJV	Moss MA2
☐ G-AFNG	DH.94 Moth Minor
☐ G-AFNI	DH.94 Moth Minor
☐ G-AFOB	DH.94 Moth Minor
☐ G-AFOJ	DH.94 Moth Minor
☐ G-AFPN	DH.94 Moth Minor
☐ G-AFRZ	Miles M.17 Monarch
☐ G-AFSC	Tipsy Trainer 1
☐ G-AFSV	Chilton DW1A
☐ G-AFTA	Hawker Tomtit
☐ G-AFUP	Luscombe 8A
☐ G-AFVE	DH.82A Tiger Moth
☐ G-AFWH	Piper J-4A Cub Coupé
☐ G-AFWI	DH.82A Tiger Moth
☐ G-AFWT	Tipsy Trainer 1
☐ G-AFYD	Luscombe 8F
☐ G-AFYO	Stinson HW-75
☐ G-AFZA	Piper J-4A Cub Coupé
☐ G-AFZK	Luscombe 8A
☐ G-AFZL	Porterfield Cp50
☐ G-AFZN	Luscombe 8A
☐ G-AGAT	Piper J-3F-50 Cub
☐ G-AGEG	DH.82A Tiger Moth
☐ G-AGFT	Avia FL3
☐ G-AGHY	DH.82A Tiger Moth
☐ G-AGIV	Piper J-3C-65 Cub
☐ G-AGJG	DH.89A Dragon Rapide
☐ G-AGLK	Auster 5D
☐ G-AGMI	Luscombe 8E
☐ G-AGNJ	DH.82A (Aus) Tiger Moth
☐ G-AGPK	DH.82A Tiger Moth
☐ G-AGSH	DH.89A Dragon Rapide
☐ G-AGTM	DH.89A Dragon Rapide
☐ G-AGTO	Auster V J/1 Autocrat
☐ G-AGTT	Auster V J/1 Autocrat
☐ G-AGVG	Auster V J/1 Autocrat
☐ G-AGVN	Auster V J/1 Autocrat
☐ G-AGVV	Piper J-3C-65 Cub
☐ G-AGXN	Auster J/1N Alpha
☐ G-AGXU	Auster J/1N Alpha
☐ G-AGXV	Auster V J/1 Autocrat
☐ G-AGYD	Auster J/1N Alpha
☐ G-AGYH	Auster V J/1 Autocrat
☐ G-AGYK	Auster V J/1 Autocrat
☐ G-AGYT	Auster J/1N Alpha
☐ G-AGYU	DH.82A Tiger Moth
☐ G-AGYY	Ryan ST3KR
☐ G-AGZZ	DH.82A (Aus) Tiger Moth
☐ G-AHAG	DH.89A Dragon Rapide
☐ G-AHAL	Auster J/1N Alpha
☐ G-AHAM	Auster V J/1 Autocrat
☐ G-AHAN	DH.82A Tiger Moth
☐ G-AHAP	Auster V J/1 Autocrat
☐ G-AHAU	Auster V J/1 Autocrat
☐ G-AHBL	DH.87B Hornet Moth
☐ G-AHBM	DH.87B Hornet Moth
☐ G-AHCL	Auster J/1N Alpha
☐ G-AHCN	Auster J/1N Alpha
☐ G-AHCR	Gould-Taylorcraft Plus D
☐ G-AHEC	Luscombe 8A
☐ G-AHGD	DH.89A Dragon Rapide
☐ G-AHGW	Taylorcraft Plus D
☐ G-AHGZ	Taylorcraft Plus D
☐ G-AHHH	Auster J/1N Alpha
☐ G-AHHT	Auster J/1N Alpha
☐ G-AHIP	Piper J-3C-65 Cub
☐ G-AHIZ	DH.82A Tiger Moth
☐ G-AHKX	Avro C19 Series 2

Registration	Type	Registration	Type	Registration	Type
G-AHLK	Taylorcraft E Auster III	G-AJIW	Auster J/1N Alpha	G-ALFA	Auster 5
G-AHLT	DH.82A Tiger Moth	G-AJJS	Cessna 120	G-ALGA	Piper PA-15 Vagabond
G-AHNR	Taylorcraft BC-12D	G-AJJT	Cessna 120	G-ALGT	Spitfire F Mk.XIVc
G-AHOO	DH.82A Tiger Moth	G-AJJU	Luscombe 8E	G-ALIJ	Piper PA-17 Vagabond
G-AHPZ	DH.82A Tiger Moth	G-AJKB	Luscombe 8E	G-ALIW	DH.82A Tiger Moth
G-AHSA	Avro 621 Tutor	G-AJOE	Miles M.38 Messenger 2A	G-ALJF	Percival Proctor III
G-AHSD	Taylorcraft Plus D	G-AJON	Aeronca 7AC Champion	G-ALJL	DH.82A Tiger Moth
G-AHSO	Auster J/1N Alpha	G-AJPI	Fairchild 24R-46A Argus III	G-ALJR	Abbott & Baynes Scud 3
G-AHSP	Auster V J/1 Autocrat	G-AJRB	Auster V J/1 Autocrat	G-ALLF	Slingsby T30A Kirby Prefect
G-AHSS	Auster J/1N Alpha	G-AJRE	Auster V J/1 Autocrat	G-ALNA	DH.82A Tiger Moth
G-AHTE	Percival Proctor V	G-AJRS	Miles M.14A Magister	G-ALND	DH.82A Tiger Moth
G-AHUF	DH.82A Tiger Moth	G-AJTW	DH.82A Tiger Moth	G-ALOD	Cessna 140
G-AHUG	Taylorcraft Plus D	G-AJUE	Auster V J/1 Autocrat	G-ALRI	DH.82A Tiger Moth
G-AHUN	Globe GC-1B Swift	G-AJUL	Auster J/1N Alpha	G-ALTO	Cessna 140
G-AHUV	DH.82A Tiger Moth	G-AJVE	DH.82A Tiger Moth	G-ALUC	DH.82A Tiger Moth
G-AHVU	DH.82A Tiger Moth	G-AJWB	Miles M.38 Messenger 2A	G-ALWB	DHC-1 Chipmunk 22A
G-AHVV	DH.82A Tiger Moth	G-AJXC	Auster 5	G-ALWS	DH.82A Tiger Moth
G-AHWJ	Taylorcraft Plus D	G-AJXV	Auster 4	G-ALWW	DH.82A Tiger Moth
G-AHXE	Taylorcraft Plus D	G-AJXY	Auster 4	G-ALXZ	Auster 5
G-AIBH	Auster J/1N Alpha	G-AJYB	Auster J/1N Alpha	G-ALYG	Auster 5D
G-AIBM	Auster V J/1 Autocrat	G-AKAT	Miles M.14A Hawk Trainer 3	G-AMAW	Luton LA4 Minor
G-AIBR	Auster J/1N Alpha	G-AKAZ	Piper J-3C-65 Cub	G-AMBB	DH.82A Tiger Moth
G-AIBW	Auster J/1N Alpha	G-AKDN	DHC-1A-1 Chipmunk	G-AMCK	DH.82A Tiger Moth
G-AIBX	Auster V J/1 Autocrat	G-AKDW	DH.89A Dragon Rapide	G-AMCM	DH.82A Tiger Moth
G-AIBY	Auster V J/1 Autocrat	G-AKEN	Miles M.65 Gemini 1A	G-AMEN	Piper PA-18-95 Super Cub
G-AICX	Luscombe 8A	G-AKEX	Percival Proctor III	G-AMHF	DH.82A Tiger Moth
G-AIDL	DH.89A Dragon Rapide	G-AKHP	Miles M.65 Gemini 1A	G-AMIV	DH.82A Tiger Moth
G-AIDN	Spitfire T.8	G-AKHU	Miles M.65 Gemini 1A	G-AMKU	Auster V J/1B Aiglet
G-AIDS	DH.82A Tiger Moth	G-AKIB	Piper J-3C-90 Cub	G-AMMS	Auster J/5K Aiglet Trainer
G-AIEK	Miles M.38 Messenger 2A	G-AKIF	DH.89A Dragon Rapide	G-AMNN	DH.82A Tiger Moth
G-AIFZ	Auster J/1N Alpha	G-AKIN	Miles M.38 Messenger 2A	G-AMPG	Piper PA-12 Super Cruiser
G-AIGD	Auster V J/1 Autocrat	G-AKIU	Percival Proctor V	G-AMPI	Stampe SV4C
G-AIGF	Auster J/1N Alpha	G-AKKB	Miles M.65 Gemini 1A	G-AMPY	Douglas DC-3C
G-AIGT	Auster J/1N Alpha	G-AKKH	Miles M.65 Gemini 1A	G-AMRA	Douglas DC-3C
G-AIIH	Piper J-3C-65 Cub	G-AKPF	Miles M.14A Hawk Trainer 3	G-AMRF	Auster J/5F Aiglet Trainer
G-AIJM	Auster V J/4 Archer	G-AKRA	Piper J-3C-65 Cub	G-AMRK	Gloster Gladiator
G-AIJT	Auster V J/4 Archer	G-AKRP	DH.89A Dragon Rapide 4	G-AMSG	SIPA 903
G-AIKE	Auster 5	G-AKSY	Auster 5	G-AMTA	Auster J/5F Aiglet Trainer
G-AIPR	Auster V J/4 Archer	G-AKSZ	Auster 5C	G-AMTF	DH.82A Tiger Moth
G-AIPV	Auster V J/1 Autocrat	G-AKTH	Piper J-3C-65 Cub	G-AMTK	DH.82A Tiger Moth
G-AIRC	Auster V J/1 Autocrat	G-AKTI	Luscombe 8A	G-AMTM	Auster V J/1 Autocrat
G-AIRK	DH.82A Tiger Moth	G-AKTN	Luscombe 8A	G-AMTV	DH.82A Tiger Moth
G-AISA	Tipsy Trainer 1	G-AKTO	Aeronca 7AC Champion	G-AMUF	DHC-1 Chipmunk 21
G-AISC	Tipsy Trainer 1	G-AKTP	Piper PA-17 Vagabond	G-AMUI	Auster J/5F Aiglet Trainer
G-AISS	Piper J-3C-65 Cub	G-AKTR	Aeronca 7AC Champion	G-AMVD	Auster 5
G-AIST	Spitfire IA	G-AKTS	Cessna 120	G-AMVP	Tipsy Junior
G-AISX	Piper J-3C-85 Cub	G-AKTT	Luscombe 8A	G-AMVS	DH.82A Tiger Moth
G-AIUA	Miles M.14A Hawk Trainer 3	G-AKUE	DH.82A Tiger Moth	G-AMYD	Auster J/5L Aiglet Trainer
G-AIXJ	DH.82A Tiger Moth	G-AKUF	Luscombe 8F	G-AMZI	Auster J/5F Aiglet Trainer
G-AIXN	Sokol M1C	G-AKUH	Luscombe 8E	G-AMZT	Auster J/5F Aiglet Trainer
G-AIYG	Stampe SV4B	G-AKUJ	Luscombe 8E	G-AMZU	Auster J/5F Aiglet Trainer
G-AIYR	DH.89A Dragon Rapide	G-AKUK	Luscombe 8A	G-ANAF	Douglas DC-3C
G-AIYS	DH.85 Leopard Moth	G-AKUL	Luscombe 8A	G-ANCS	DH.82A Tiger Moth
G-AIZU	Auster V J/1 Autocrat	G-AKUM	Luscombe 8F	G-ANCX	DH.82A Tiger Moth
G-AIZY	Auster V J/1 Autocrat	G-AKUN	Piper J-3C-65 Cub	G-ANDE	DH.82A Tiger Moth
G-AJAD	Piper J-3C-65 Cub	G-AKUO	Aeronca 11AC Chief	G-ANDM	DH.82A Tiger Moth
G-AJAE	Auster J/1N Alpha	G-AKUP	Luscombe 8E	G-ANDP	DH.82A Tiger Moth
G-AJAJ	Auster J/1N Alpha	G-AKUR	Cessna 140	G-ANEH	DH.82A Tiger Moth
G-AJAM	Auster V J/2 Arrow	G-AKUW	Chrislea CH3 Skyjeep	G-ANEL	DH.82A Tiger Moth
G-AJAP	Luscombe 8A	G-AKVF	Chrislea CH3 Skyjeep	G-ANEM	DH.82A Tiger Moth
G-AJAS	Auster J/1N Alpha	G-AKVM	Cessna 120	G-ANEN	DH.82A Tiger Moth
G-AJCP	Druine D.31 Turbulent	G-AKVN	Aeronca 11AC Chief	G-ANEW	DH.82A Tiger Moth
G-AJEE	Auster V J/1 Autocrat	G-AKVO	Taylorcraft BC-12D	G-ANEZ	DH.82A Tiger Moth
G-AJEH	Auster J/1N Alpha	G-AKVP	Luscombe 8A	G-ANFC	DH.82A Tiger Moth
G-AJEI	Auster J/1N Alpha	G-AKVR	Chrislea CH3 Skyjeep	G-ANFI	DH.82A Tiger Moth
G-AJEM	Auster V J/1 Autocrat	G-AKVZ	Miles M.38 Messenger 4B	G-ANFL	DH.82A Tiger Moth
G-AJES	Piper J-3C-65 Cub	G-AKWS	Auster 5	G-ANFM	DH.82A Tiger Moth
G-AJGJ	Auster 5	G-AKXP	Auster 5	G-ANFP	DH.82A Tiger Moth
G-AJHS	DH.82A Tiger Moth	G-AKXS	DH.82A Tiger Moth	G-ANFV	DH.82A Tiger Moth
G-AJIH	Auster V J/1 Autocrat	G-ALBD	DH.82A Tiger Moth	G-ANGK	Cessna 140A
G-AJIS	Auster J/1N Alpha	G-ALBJ	Auster 5	G-ANHK	DH.82A Tiger Moth
G-AJIT	Auster Kingsland	G-ALBK	Auster 5	G-ANHR	Auster 5
G-AJIU	Auster V J/1 Autocrat	G-ALEH	Piper PA-17 Vagabond	G-ANHS	Auster 4

Registration	Type	Registration	Type	Registration	Type
G-ANHU	Auster 4	G-AOSK	DHC-1 Chipmunk 22A	G-APXU	Piper PA-22 Tri-Pacer
G-ANHX	Auster 5D	G-AOSY	DHC-1 Chipmunk 22	G-APXY	Cessna 150
G-ANIE	Auster 5	G-AOTD	DHC-1 Chipmunk 22	G-APYB	Tipsy Nipper T.66
G-ANIJ	Auster 5D	G-AOTF	DHC-1 Chipmunk 23	G-APYG	DHC-1 Chipmunk 22
G-ANJD	DH.82A Tiger Moth	G-AOTK	Druine D.5 Turbi	G-APYI	Piper PA-22-135 Tri-Pacer
G-ANKK	DH.82A Tiger Moth	G-AOTR	DHC-1 Chipmunk 22	G-APYN	Piper PA-22-160 Tri-Pacer
G-ANKT	DH.82A Tiger Moth	G-AOTY	DHC-1 Chipmunk 22A	G-APYT	Champion 7FC
G-ANKZ	DH.82A Tiger Moth	G-AOUO	DHC-1 Chipmunk 22	G-APZJ	Piper PA-18-150 Super Cub
G-ANLD	DH.82A Tiger Moth	G-AOUP	DHC-1 Chipmunk 22	G-APZL	Piper PA-22-160 Tri-Pacer
G-ANLS	DH.82A Tiger Moth	G-AOVW	Auster 5	G-APZX	Piper PA-22-150 Tri-Pacer
G-ANMO	DH.82A Tiger Moth	G-AOXN	DH.82A Tiger Moth	G-ARAI	Piper PA-22-160 Tri-Pacer
G-ANMY	DH.82A Tiger Moth	G-AOZH	DH.82A Tiger Moth	G-ARAM	Piper PA-18-150 Super Cub
G-ANNB	DH.82A Tiger Moth	G-AOZL	Auster J/5Q Alpine	G-ARAN	Piper PA-18-150 Super Cub
G-ANNE	DH.82A Tiger Moth	G-AOZP	DHC-1 Chipmunk 22A	G-ARAO	Piper PA-18-95 Super Cub
G-ANNG	DH.82A Tiger Moth	G-APAF	Auster 5	G-ARAS	Champion 7FC
G-ANNI	DH.82A Tiger Moth	G-APAH	Auster 5	G-ARAT	Cessna 180C
G-ANNK	DH.82A Tiger Moth	G-APAJ	Thruxton Jackaroo	G-ARAW	Cessna 182C
G-ANOH	DH.82A Tiger Moth	G-APAL	DH.82A Tiger Moth	G-ARAX	Piper PA-22-150 Caribbean
G-ANOM	DH.82A Tiger Moth	G-APAM	DH.82A Tiger Moth	G-ARAZ	DH.82A Tiger Moth
G-ANON	DH.82A Tiger Moth	G-APAO	DH.82A Tiger Moth	G-ARBE	DH.104 Dove 8
G-ANOO	DH.82A Tiger Moth	G-APAP	DH.82A Tiger Moth	G-ARBG	Tipsy Nipper T.66
G-ANPE	DH.82A Tiger Moth	G-APBE	Auster 5	G-ARBO	Piper PA-24-250 Comanche
G-ANRF	DH.82A Tiger Moth	G-APBI	DH.82A Tiger Moth	G-ARBS	Piper PA-22-160 Tri-Pacer
G-ANRM	DH.82A Tiger Moth	G-APBO	Druine D.5 Turbi	G-ARBV	Piper PA-22-160 Tri-Pacer
G-ANRN	DH.82A Tiger Moth	G-APBW	Auster 5	G-ARBZ	Druine D.31 Turbulent
G-ANRP	Auster 5	G-APCB	Auster J/5Q Alpine	G-ARCF	Piper PA-22-150 Caribbean
G-ANSM	DH.82A Tiger Moth	G-APCC	DH.82A Tiger Moth	G-ARCS	Auster D6 Series 180
G-ANTE	DH.82A Tiger Moth	G-APFA	Druine D.5 Turbi	G-ARCV	Cessna 175A
G-ANWB	DHC-1 Chipmunk 21	G-APFU	DH.82A Tiger Moth	G-ARCW	Piper PA-23 Apache
G-ANWO	Miles M.14A Hawk Trainer 3	G-APFV	Piper PA-23-160 Apache	G-ARDB	Piper PA-24-250 Comanche
G-ANXC	Auster J/5R Alpine	G-APGL	DH.82A Tiger Moth	G-ARDD	Scintex CP.301-C1
G-ANXR	Percival Proctor IV	G-APIE	Tipsy Belfair	G-ARDJ	Auster D6 Series 180
G-ANZT	Thruxton Jackaroo	G-APIH	DH.82A Tiger Moth	G-ARDO	Jodel D112
G-ANZU	DH.82A Tiger Moth	G-APIK	Auster J/1N Alpha	G-ARDS	Piper PA-22-150 Caribbean
G-ANZZ	DH.82A Tiger Moth	G-APIZ	Druine D.31 Turbulent	G-ARDV	Piper PA-22-160 Tri-Pacer
G-AOAA	DH.82A Tiger Moth	G-APJB	Percival Prentice 1	G-ARDY	Tipsy Nipper T.66
G-AOBG	Somers Kendall SK1	G-APJZ	Auster J/1N Alpha	G-AREH	DH.82A Tiger Moth
G-AOBH	DH.82A Tiger Moth	G-APKN	Auster J/1N Alpha	G-AREI	Taylorcraft E Auster III
G-AOBU	P84 Jet Provost	G-APLO	DHC-1 Chipmunk 22A	G-AREL	Piper PA-22-108 Colt
G-AOBX	DH.82A Tiger Moth	G-APLU	DH.82A Tiger Moth	G-AREO	Piper PA-18-150 Super Cub
G-AOCR	Auster 5D	G-APMH	Auster J/1U Workmaster	G-ARET	Piper PA-22-160 Tri-Pacer
G-AOCU	Auster 5	G-APMX	DH.82A Tiger Moth	G-AREV	Piper PA-22-160 Tri-Pacer
G-AODR	DH.82A Tiger Moth	G-APNT	Currie Wot	G-AREX	Aeronca 15AC Sedan
G-AODT	DH.82A Tiger Moth	G-APNZ	Druine D.31 Turbulent	G-ARFB	Piper PA-22-150 Caribbean
G-AOEH	Aeronca 7AC Champion	G-APOI	Skeeter 8	G-ARFD	Piper PA-22-160 Tri-Pacer
G-AOEI	DH.82A Tiger Moth	G-APPA	DHC-1 Chipmunk 22	G-ARFG	Cessna 175A
G-AOES	DH.82A Tiger Moth	G-APPL	Percival Prentice 1	G-ARFI	Cessna 150A
G-AOET	DH.82A Tiger Moth	G-APPM	DHC-1 Chipmunk 22	G-ARFO	Cessna 150A
G-AOEX	Thruxton Jackaroo	G-APRR	Super Aero 45 Series 04	G-ARFT	Jodel DR.1050
G-AOFE	DHC-1 Chipmunk 22A	G-APRS	Scottish Avn Twin Pioneer	G-ARFV	Tipsy Nipper T.66
G-AOFJ	Auster 5	G-APRT	Taylor Monoplane	G-ARGG	DHC-1 Chipmunk 22
G-AOFS	Auster J/5L Aiglet Trainer	G-APSA	Douglas DC-6A	G-ARGO	Piper PA-22-108 Colt
G-AOGI	DH.82A Tiger Moth	G-APSR	Auster J/1U Workmaster	G-ARGV	Piper PA-18-150 Super Cub
G-AOGR	DH.82A Tiger Moth	G-APTR	Auster J/1N Alpha	G-ARGY	Piper PA-22-160 Tri-Pacer
G-AOGV	Auster J/5R Alpine	G-APTU	Auster 5	G-ARGZ	Druine D.31 Turbulent
G-AOHY	DH.82A Tiger Moth	G-APTY	Beech G35 Bonanza	G-ARHB	Forney F-1A
G-AOHZ	Auster J/5P Autocar	G-APTZ	Druine D.31 Turbulent	G-ARHC	Forney F-1A
G-AOIL	DH.82A Tiger Moth	G-APUE	Meta-Sokol L-40	G-ARHI	Piper PA-24 Comanche
G-AOIM	DH.82A Tiger Moth	G-APUR	Piper PA-22-160 Tri-Pacer	G-ARHM	Auster 6A
G-AOIR	Thruxton Jackaroo	G-APUW	Auster J/5V Autocar	G-ARHN	Piper PA-22-150 Caribbean
G-AOIS	DH.82A Tiger Moth	G-APUY	Druine D.31 Turbulent	G-ARHP	Piper PA-22-160 Tri-Pacer
G-AOIY	Auster J/5V Autocar	G-APVF	Putzer Elster B	G-ARHR	Piper PA-22-150 Caribbean
G-AOJH	DH.83C Fox Moth	G-APVG	Auster J/5L Aiglet Trainer	G-ARHW	DH.104 Dove 8
G-AOJJ	DH.82A Tiger Moth	G-APVL	Saunders-Roe P531-2	G-ARHZ	Druine D.62 Condor
G-AOJK	DH.82A Tiger Moth	G-APVN	Druine D.31 Turbulent	G-ARID	Cessna 172B
G-AOJR	DHC-1 Chipmunk 22	G-APVS	Cessna 170B	G-ARIF	O-H7 Minor Coupé
G-AOKL	Percival Prentice 1	G-APVU	Meta-Sokol L-40	G-ARIH	Auster 6A
G-AOKK	Percival Prentice 1	G-APVZ	Druine D.31 Turbulent	G-ARIK	Piper PA-22-150 Caribbean
G-AOLU	Percival Prentice 1	G-APWL	Eon 460 Series 1A	G-ARIL	Piper PA-22-150 Caribbean
G-AORB	Cessna 170B	G-APWP	Druine D.31 Turbulent	G-ARIM	Druine D.31 Turbulent
G-AORG	DH.114 Sea Heron C1	G-APVZ	Piper PA-24-250 Comanche	G-ARJB	DH.104 Dove 8
G-AORW	DHC-1 Chipmunk 22A	G-APXR	Piper PA-22-160 Tri-Pacer	G-ARJE	Piper PA-22-108 Colt
G-AOSF	DHC-1 Chipmunk 22	G-APXT	Piper PA-22-150 Caribbean	G-ARJF	Piper PA-22-108 Colt

Registration	Type	Registration	Type	Registration	Type
G-ARJH	Piper PA-22-108 Colt	G-ARVV	Piper PA-28-160 Cherokee	G-ASLX	Piel CP.301A
G-ARJS	Piper PA-23-160 Apache G	G-ARVZ	Druine D.62B Condor	G-ASMA	PA-30 Twin Comanche
G-ARJT	Piper PA-23-160 Apache G	G-ARWB	DHC-1 Chipmunk 22A	G-ASME	Bensen B8M
G-ARJU	Piper PA-23-160 Apache G	G-ARWO	Cessna 172C	G-ASMF	Beech D95A TravelAir
G-ARKG	Auster J/5G Autocar	G-ARWR	Cessna 172C	G-ASMJ	Cessna F172E
G-ARKJ	Beech N35 Bonanza	G-ARWS	Cessna 175C	G-ASML	Luton LA4A Minor
G-ARKK	Piper PA-22-108 Colt	G-ARXB	Beagle A.109 Airedale	G-ASMM	Druine D.31 Turbulent
G-ARKM	Piper PA-22-108 Colt	G-ARXD	Beagle A.109 Airedale	G-ASMS	Cessna 150A
G-ARKN	Piper PA-22-108 Colt	G-ARXG	Piper PA-24-250 Comanche	G-ASMT	Fairtravel Linnet 2
G-ARKP	Piper PA-22-108 Colt	G-ARXH	Bell 47G	G-ASMV	Scintex CP.1310-C3
G-ARKS	Piper PA-22-108 Colt	G-ARXP	Luton LA4A Minor	G-ASMW	Cessna 150D
G-ARLB	Piper PA-24-250 Comanche	G-ARXT	Jodel DR.1050	G-ASMY	Piper PA-23-160 Apache H
G-ARLG	Auster D4-108	G-ARXU	Auster 6A	G-ASMZ	Beagle A.61 Terrier 2
G-ARLK	Piper PA-24-250 Comanche	G-ARXW	Morane Saulnier MS.885	G-ASNC	Beagle D.5/180 Husky
G-ARLP	Beagle A.61 Terrier 1	G-ARYH	Piper PA-22-160 Tri-Pacer	G-ASNI	Scintex CP.1310-C3
G-ARLR	Beagle A.61 Terrier 2	G-ARYI	Cessna 172C	G-ASNK	Cessna 210-5 (205)
G-ARLX	Jodel D140B	G-ARYK	Cessna 172C	G-ASNW	Cessna F172E
G-ARLZ	Druine D.31A Turbulent	G-ARYR	Piper PA-28-160 Cherokee B	G-ASOC	Auster 6A Tugmaster
G-ARMA	Piper PA-23-160 Apache G	G-ARYS	Cessna 172C	G-ASOH	Beech 95-B55A Baron
G-ARMC	DHC-1 Chipmunk 22A	G-ARVV	Piper PA-24-250 Comanche	G-ASOI	Beagle A.61 Terrier 2
G-ARMD	DHC-1 Chipmunk 22A	G-ARYZ	Beagle A.109 Airedale	G-ASOK	Cessna F172E
G-ARMF	DHC-1 Chipmunk 22A	G-ARZB	Wallis WA116 Series 1	G-ASOM	Beagle A.61 Terrier 2
G-ARMG	DHC-1 Chipmunk 22A	G-ARZN	Beech N35 Bonanza	G-ASOX	Cessna 210-5A (205A)
G-ARML	Cessna 175B	G-ARZS	Beagle A.109 Airedale	G-ASPF	Jodel D120
G-ARMN	Cessna 175B	G-ARZW	Currie Wot	G-ASPP	Replica Bristol Boxkite
G-ARMO	Cessna 172B	G-ASAA	Luton LA4A Minor	G-ASPS	Piper J-3C-90 Cub
G-ARMR	Cessna 172B	G-ASAI	Beagle A.109 Airedale	G-ASPV	DH.82A Tiger Moth
G-ARMZ	Druine D.31 Turbulent	G-ASAJ	Beagle A.61 Terrier 2	G-ASRB	Druine D.62B Condor
G-ARNB	Auster J/5G Autocar	G-ASAL	Scottish Avn Bulldog	G-ASRC	Druine D.62C Condor
G-ARND	Piper PA-22-108 Colt	G-ASAT	Morane Saulnier MS.880B	G-ASRK	Beagle A.109 Airedale
G-ARNE	Piper PA-22-108 Colt	G-ASAU	Morane Saulnier MS.880B	G-ASRO	PA-30 Twin Comanche
G-ARNG	Piper PA-22-108 Colt	G-ASAX	Beagle A.61 Terrier 2	G-ASRT	Jodel D150
G-ARNJ	Piper PA-22-108 Colt	G-ASAZ	Hiller UH-12E	G-ARVV	Piper PA-28-180 Cherokee B
G-ARNK	Piper PA-22-108 Colt t/w	G-ASBA	Currie Wot	G-ASSF	Cessna 182G
G-ARNL	Piper PA-22-108 Colt	G-ASBH	Beagle A.109 Airedale	G-ASSP	PA-30 Twin Comanche
G-ARNN	Globe GC-1B Swift	G-ASBY	Beagle A.109 Airedale	G-ASSS	Cessna 172E
G-ARNO	Beagle A.61 Terrier 1	G-ASCC	Beagle E3	G-ASST	Cessna 150D
G-ARNP	Beagle A.109 Airedale	G-ASCM	Isaacs Fury II	G-ASSV	Kensinger KF
G-ARNY	Jodel D117	G-ASCZ	Piel CP.301A	G-ASSW	Piper PA-28-140 Cherokee
G-ARNZ	Druine D.31 Turbulent	G-ASDK	Beagle A.61 Terrier 2	G-ASSY	Druine D.31 Turbulent
G-AROA	Cessna 172B	G-ASDY	Wallis WA116/F	G-ASTA	Druine D.31 Turbulent
G-AROC	Cessna 175B	G-ASEA	Luton LA4A Minor	G-ASTG	Nord 1002
G-ARON	Piper PA-22-108 Colt	G-ASEB	Luton LA4A Minor	G-ASTI	Auster 6A
G-AROO	Forney F-1A	G-ASEO	Piper PA-24-250 Comanche	G-ASUB	Mooney M20E
G-AROW	Jodel D140B	G-ASEP	Piper PA-23-235 Aztec	G-ASUD	Piper PA-28-180 Cherokee B
G-AROY	Boeing A75N1	G-ASEU	Druine D.62A Condor	G-ASUE	Cessna 150D
G-ARRD	Jodel DR.1050	G-ASFA	Cessna 172D	G-ASUI	Beagle A.61 Terrier 2
G-ARRE	Jodel DR.1050	G-ASFD	Morava L.200A	G-ASUP	Cessna F172E
G-ARRI	Cessna 175B	G-ASFK	Auster J/5G Autocar	G-ASUR	Dornier Do.28A-1
G-ARRL	Auster J/1N Alpha	G-ASFL	Piper PA-28-180 Cherokee B	G-ASUS	Jurca Tempete
G-ARRO	Beagle A.109 Airedale	G-ASFR	Bölkow BÖ.208C Junior	G-ASVG	Piel CP.301B
G-ARRS	Piel CP.301A	G-ASFX	Druine D.31 Turbulent	G-ASVN	Cessna F172E
G-ARRT	Wallis WA116/Mc	G-ASHH	Piper PA-23-250 Aztec	G-ASVP	Piper PA-25-235 Pawnee
G-ARRU	Druine D.31 Turbulent	G-ASHS	Stampe SV4C(G)	G-ASVZ	Piper PA-28-140 Cherokee
G-ARRX	Auster 6A	G-ASHT	Druine D.31 Turbulent	G-ASWL	Cessna F172E
G-ARRY	Jodel D140B	G-ASHU	Piper PA-15 Vagabond	G-ASWN	Bensen B8M
G-ARRZ	Druine D.31 Turbulent	G-ASHX	Piper PA-28-180 Cherokee B	G-ASWN	Bensen B8M
G-ARSG	Replica Avro Triplane	G-ASIB	Cessna F172D	G-ASWW	PA-30 Twin Comanche
G-ARSL	Beagle A.61 Terrier 2	G-ASII	Piper PA-28-180 Cherokee B	G-ASWX	Piper PA-28-180 Cherokee C
G-ARSU	Piper PA-22-108 Colt	G-ASIJ	Piper PA-28-180 Cherokee B	G-ASXC	SIPA 903
G-ARTH	Piper PA-12 Super Cruiser	G-ASIL	Piper PA-28-180 Cherokee B	G-ASXD	Brantly B2B
G-ARTL	DH.82A Tiger Moth	G-ASIS	Jodel D112	G-ASXI	Tipsy Nipper T.66
G-ARTZ	McCandless M4	G-ASIT	Cessna 180	G-ASXJ	Luton LA4A Minor
G-ARUG	Auster J/5G Autocar	G-ASIY	Piper PA-25-235 Pawnee	G-ASXS	Cessna 210
G-ARUH	Jodel DR.1050	G-ASJL	Beech H35 Bonanza	G-ASXU	Jodel D120A
G-ARUI	Beagle A.61 Terrier 1	G-ASJV	Spitfire LF.IXb	G-ASXY	Jodel D117A
G-ARUL	Cosmic Wind	G-ASJY	Gardan GY80-160	G-ASXZ	Cessna 182G
G-ARUV	Piel CP.301-1	G-ASJZ	Jodel D117A	G-ASYG	Beagle A.61 Terrier 2
G-ARUY	Auster J/1N Alpha	G-ASKL	Jodel D150	G-ASYJ	Beech D95A TravelAir
G-ARUZ	Cessna 175C	G-ASKP	DH.82A Tiger Moth	G-ASYP	Cessna 150E
G-ARVO	Piper PA-18-95 Super Cub	G-ASKT	Piper PA-28-180 Cherokee B	G-ASZB	Cessna 150E
G-ARVT	Piper PA-28-160 Cherokee	G-ASLH	Cessna 182F		
G-ARVU	Piper PA-28-160 Cherokee	G-ASLV	Piper PA-28-235 Pathfinder	G-ASZD	Bölkow BÖ.208C Junior

Registration	Type	Registration	Type	Registration	Type
G-ASZE	Beagle A.61 Terrier 2	G-ATLB	Jodel DR.1050-M	G-ATXD	PA-30 Twin Comanche
G-ASZR	Fairtravel Linnet 2	G-ATLM	Cessna F172G	G-ATXN	Mitchell-Procter Kittiwake I
G-ASZS	Gardan GY80-160	G-ATLP	Bensen B8M	G-ATXO	SIPA 903
G-ASZU	Cessna 150E	G-ATLT	Cessna U206A	G-ATXZ	Bölkow BÖ.208C Junior
G-ASZV	Tipsy Nipper T.66	G-ATLV	Jodel D120	G-ATYM	Cessna F150G
G-ASZX	Beagle A.61 Terrier 1	G-ATMC	Cessna F150F	G-ATYS	Piper PA-28-180 Cherokee C
G-ATAF	Cessna F172F	G-ATMH	Beagle D.5/180 Husky	G-ATZK	Piper PA-28-180 Cherokee C
G-ATAG	Jodel DR.1050	G-ATMJ	HS.748 Series 2A	G-ATZM	Piper J-3C Cub
G-ATAS	Piper PA-28-180 Cherokee C	G-ATML	Cessna F150F	G-ATZS	Wassmer WA.41
G-ATAU	Druine D.62B Condor	G-ATMM	Cessna F150F	G-ATZY	Cessna F150G
G-ATAV	Druine D.62C Condor	G-ATMT	PA-30 Twin Comanche	G-AVAR	Cessna F150G
G-ATBG	Nord 1002	G-ATMY	Cessna 150F	G-AVAW	Druine D.62C Condor
G-ATBH	Aero 145	G-ATNB	Piper PA-28-180 Cherokee C	G-AVAX	Piper PA-28-180 Cherokee C
G-ATBI	Beech A23	G-ATNE	Cessna F150F	G-AVBG	Piper PA-28-180 Cherokee C
G-ATBJ	Sikorsky S-61N	G-ATNL	Cessna F150F	G-AVBH	Piper PA-28-180 Cherokee C
G-ATBL	DH.60G Gipsy Moth	G-ATNV	Piper PA-24-260 Comanche	G-AVBS	Piper PA-28-180 Cherokee C
G-ATBP	Fournier RF3	G-ATOD	Cessna F150F	G-AVBT	Piper PA-28-180 Cherokee C
G-ATBS	Druine D.31 Turbulent	G-ATOH	Druine D.62B Condor	G-AVCM	Piper PA-24-260 Comanche
G-ATBU	Beagle A.61 Terrier 2	G-ATOI	Piper PA-28-140 Cherokee	G-AVCN	BN2A-8 Islander
G-ATBW	Tipsy Nipper T.66 Series	G-ATOJ	Piper PA-28-140 Cherokee	G-AVCV	Cessna 182J
G-ATBX	Piper PA-20-135 Pacer	G-ATOK	Piper PA-28-140 Cherokee	G-AVDA	Cessna 182K
G-ATCC	Beagle A.109 Airedale	G-ATOL	Piper PA-28-140 Cherokee	G-AVDG	Wallis WA116 Series 1
G-ATCD	Beagle D.5/180 Husky	G-ATOM	Piper PA-28-140 Cherokee	G-AVDT	Aeronca 7AC Champion
G-ATCE	Cessna U206	G-ATON	Piper PA-28-140 Cherokee	G-AVDV	Piper PA-22-150 Tri-Pacer
G-ATCJ	Luton LA4A Minor	G-ATOO	Piper PA-28-140 Cherokee	G-AVDY	Luton LA4A Minor
G-ATCL	Victa Airtourer 100	G-ATOP	Piper PA-28-140 Cherokee	G-AVEB	Morane Saulnier MS.230
G-ATCX	Cessna 182H	G-ATOR	Piper PA-28-140 Cherokee	G-AVEC	Cessna F172H
G-ATDA	Piper PA-28-160 Cherokee	G-ATOT	Piper PA-28-180 Cherokee C	G-AVEF	Jodel D150
G-ATDB	Nord 1101	G-ATOU	Mooney M20E	G-AVEH	SIAI Marchetti S.205 20/R
G-ATDO	Beagle A.61 Terrier 2	G-ATOZ	Bensen B8M	G-AVEM	Cessna F150G
G-ATDO	Bölkow BÖ.208C Junior	G-ATPN	Piper PA-28-140 Cherokee	G-AVEN	Cessna F150G
G-ATEF	Cessna 150E	G-ATPT	Cessna 182J	G-AVEO	Cessna F150G
G-ATEM	Piper PA-28-180 Cherokee C	G-ATPV	Gardan GY-20 Minicab	G-AVER	Cessna F150G
G-ATEV	Jodel DR.1050	G-ATRB	LET L-13 Blanik	G-AVEU	Wassmer WA.41
G-ATEW	PA-30 Twin Comanche	G-ATRG	Piper PA-18-150 Super Cub	G-AVEX	Druine D.62 Condor
G-ATEX	Victa Airtourer 100	G-ATRI	Bölkow BÖ.208C Junior	G-AVEY	Currie Super Wot
G-ATEZ	Piper PA-28-140 Cherokee	G-ATRK	Cessna F150F	G-AVFR	Piper PA-28-140 Cherokee
G-ATFD	Jodel DR.1050	G-ATRM	Cessna F150F	G-AVFU	Piper PA-32-300
G-ATFF	Piper PA-23-250 Aztec C	G-ATRO	Piper PA-28-140 Cherokee	G-AVFX	Piper PA-28-140 Cherokee
G-ATFR	Sikorsky S-61N	G-ATRR	Piper PA-28-140 Cherokee	G-AVFZ	Piper PA-28-140 Cherokee
G-ATFR	Piper PA-25 Pawnee	G-ATRW	Piper PA-32-260	G-AVGA	Piper PA-24-260 Comanche
G-ATFW	Luton LA4A Minor	G-ATRX	Piper PA-32-260	G-AVGC	Piper PA-28-140 Cherokee
G-ATFY	Cessna F172G	G-ATSI	Bölkow BÖ.208C Junior	G-AVGD	Piper PA-28-140 Cherokee
G-ATGE	Jodel DR.1050	G-ATSL	Cessna F172G	G-AVGE	Piper PA-28-140 Cherokee
G-ATGY	Gardan GY80-160	G-ATSR	Beech M35 Bonanza	G-AVGI	Piper PA-28-140 Cherokee
G-ATGZ	GH-4 Gyroplane	G-ATSX	Bölkow BÖ.208C Junior	G-AVGK	Piper PA-28-180 Cherokee C
G-ATHD	DHC-1 Chipmunk 22	G-ATSY	Wassmer WA.41	G-AVGU	Cessna F150G
G-ATHK	Aeronca 7AC Champion	G-ATSZ	PA-30 Twin Comanche	G-AVGY	Cessna 182K
G-ATHM	Wallis WA116/F	G-ATTB	Beagle Wallis WA-116/F	G-AVGZ	Jodel DR.1050
G-ATHR	Piper PA-28-180 Cherokee C	G-ATTD	Cessna 182J	G-AVHH	Cessna F172H
G-ATHT	Victa Airtourer 115	G-ATTI	Piper PA-28-140 Cherokee	G-AVHL	Jodel DR.105A
G-ATHU	Beagle A.61 Terrier 1	G-ATTK	Piper PA-28-140 Cherokee	G-AVHM	Cessna F150G
G-ATHV	Cessna 150F	G-ATTM	Jodel DR.250/160	G-AVHT	Auster 9
G-ATHZ	Cessna 150F	G-ATTR	Bölkow BÖ.208C Junior	G-AVHY	Fournier RF4
G-ATIC	Jodel DR.1050	G-ATTV	Piper PA-28-140 Cherokee	G-AVIA	Cessna F150G
G-ATIN	Jodel D117	G-ATTX	Piper PA-28-180 Cherokee C	G-AVIB	Cessna F150G
G-ATIR	Stampe SV4C	G-ATUB	Piper PA-28-140 Cherokee	G-AVIC	Cessna F172H
G-ATIS	Piper PA-28-160 Cherokee	G-ATUD	Piper PA-28-140 Cherokee	G-AVII	Agusta-Bell 206B JetRanger
G-ATIZ	Jodel D117	G-ATUF	Cessna F150F	G-AVIL	Alon A-2
G-ATJA	Jodel DR.1050	G-ATUG	Druine D.62B Condor	G-AVIN	Morane Saulnier MS.880B
G-ATJC	Victa Airtourer 100	G-ATUH	Tipsy Nipper T.66	G-AVIP	Brantly B2B
G-ATJG	Piper PA-28-140 Cherokee	G-ATUI	Bölkow BÖ.208C Junior	G-AVIS	Cessna F172H
G-ATJL	Piper PA-24-260 Comanche	G-ATUL	Piper PA-28-180 Cherokee C	G-AVIT	Cessna F150G
G-ATJM	Replica Fokker Dr1	G-ATVF	DHC-1 Chipmunk 22	G-AVIZ	Scheibe SF25A Motorfalke
G-ATJN	Jodel D119	G-ATVK	Piper PA-28-140 Cherokee	G-AVJF	Cessna F172H
G-ATJT	Gardan GY80-260	G-ATVO	Piper PA-28-140 Cherokee	G-AVJJ	PA-30 Twin Comanche
G-ATJV	Piper PA-32-260	G-ATVS	Piper PA-28-180 Cherokee C	G-AVJK	Jodel DR.1050-M
G-ATKF	Cessna 150F	G-ATVW	Druine D.62B Condor	G-AVJO	Replica Fokker EIII
G-ATKH	Luton LA4A Minor	G-ATVX	Bölkow BÖ.208C Junior	G-AVJV	Wallis WA117 Series 1
G-ATKI	Piper J-3C-65 Cub	G-ATWA	Jodel DR.1050	G-AVJW	Wallis WA118/M
G-ATKT	Cessna F172G	G-ATWB	Jodel D117	G-AVKB	Brochet MB50 Pipistrelle
G-ATKX	Jodel D140C	G-ATWJ	Cessna F172F	G-AVKD	Fournier RF4
G-ATLA	Cessna 182J	G-ATXA	Piper PA-22-150 Tri-Pacer		

G-AVKG	Cessna F172H
G-AVKI	Nipper T.66 Series 3
G-AVKK	Nipper T.66 Series 3
G-AVKN	Cessna 401
G-AVKP	Beagle A.109 Airedale
G-AVKR	Bölkow BÖ.208C Junior
G-AVLB	Piper PA-28-140 Cherokee
G-AVLC	Piper PA-28-140 Cherokee
G-AVLE	Piper PA-28-140 Cherokee
G-AVLF	Piper PA-28-140 Cherokee
G-AVLG	Piper PA-28-140 Cherokee
G-AVLI	Piper PA-28-140 Cherokee
G-AVLJ	Piper PA-28-140 Cherokee
G-AVLM	Beagle B121 Pup 3
G-AVLN	Beagle B121 Pup 2
G-AVLO	Bölkow BÖ.208C Junior
G-AVLT	Piper PA-28-140 Cherokee
G-AVLY	Jodel D120A
G-AVMA	Gardan GY80-180
G-AVMB	Druine D.62B Condor
G-AVMD	Cessna 150G
G-AVMF	Cessna F150G
G-AVNC	Cessna F150G
G-AVNN	Piper PA-28-180 Cherokee C
G-AVNO	Piper PA-28-180 Cherokee C
G-AVNS	Piper PA-28-180 Cherokee C
G-AVNU	Piper PA-28-180 Cherokee C
G-AVNW	Piper PA-28-180 Cherokee C
G-AVNZ	Fournier RF4D
G-AVOA	Jodel DR.1050
G-AVOC	Jodel DR.221
G-AVOH	Druine D.62B Condor
G-AVOM	Jodel DR.221
G-AVOO	Piper PA-18-150 Super Cub
G-AVOZ	Piper PA-28-180 Cherokee C
G-AVPD	Jodel D9
G-AVPI	Cessna F172H
G-AVPJ	DH.82A Tiger Moth
G-AVPM	Jodel D117
G-AVPO	Hindustan HAL-26 Pushpak
G-AVPV	Piper PA-28-180 Cherokee C
G-AVPY	Piper PA-25-235 Pawnee C
G-AVRK	Piper PA-28-180 Cherokee C
G-AVRS	Gardan GY80-180
G-AVRU	Piper PA-28-180 Cherokee C
G-AVRW	Gardan GY-20 Minicab
G-AVRZ	Piper PA-28-180 Cherokee C
G-AVSA	Piper PA-28-180 Cherokee C
G-AVSB	Piper PA-28-180 Cherokee C
G-AVSC	Piper PA-28-180 Cherokee C
G-AVSD	Piper PA-28-180 Cherokee C
G-AVSE	Piper PA-28-180 Cherokee C
G-AVSF	Piper PA-28-180 Cherokee C
G-AVSI	Piper PA-28-180 Cherokee C
G-AVSP	Piper PA-28-180 Cherokee C
G-AVSR	Beagle D.5/180 Husky
G-AVSZ	Agusta-Bell 206B JetRanger
G-AVTC	Nipper T.66 Series 3
G-AVTP	Cessna F172H
G-AVTV	Morane Saulnier MS.893A
G-AVUG	Cessna F150H
G-AVUH	Cessna F150H
G-AVUO	Luton LA4 Minor
G-AVUT	Piper PA-28-140 Cherokee
G-AVUU	Piper PA-28-140 Cherokee
G-AVUZ	Piper PA-32-300
G-AVVC	Cessna F172H
G-AVVJ	Morane Saulnier MS.893A
G-AVVW	Piper PA-28-140 Cherokee
G-AVWD	Piper PA-28-140 Cherokee
G-AVWG	Piper PA-28-140 Cherokee
G-AVWI	Piper PA-28-140 Cherokee
G-AVWJ	Piper PA-28-140 Cherokee
G-AVWL	Piper PA-28-140 Cherokee
G-AVWM	Piper PA-28-140 Cherokee
G-AVWN	Piper PA-28R-180 Arrow
G-AVWO	Piper PA-28R-180 Arrow
G-AVWR	Piper PA-28R-180 Arrow
G-AVWT	Piper PA-28R-180 Arrow
G-AVWU	Piper PA-28R-180 Arrow
G-AVWV	Piper PA-28R-180 Arrow
G-AVWY	Fournier RF4D
G-AVXA	Piper PA-25-235 Pawnee C
G-AVXD	Nipper T.66 Series 3
G-AVXF	Piper PA-28R-180 Arrow
G-AVXW	Druine D.62B Condor
G-AVXY	Auster AOP9
G-AVYK	Beagle A.61 Terrier 3
G-AVYL	Piper PA-28-180 Cherokee D
G-AVYM	Piper PA-28-180 Cherokee D
G-AVYR	Piper PA-28-140 Cherokee
G-AVYS	Piper PA-28R-180 Arrow
G-AVYT	Piper PA-28R-180 Arrow
G-AVYV	Jodel D120
G-AVZI	Bölkow BÖ.208C Junior
G-AVZN	Beagle B121 Pup 1
G-AVZP	Beagle B121 Pup 1
G-AVZR	Piper PA-28-180 Cherokee C
G-AVZU	Cessna F150H
G-AVZV	Cessna F172H
G-AVZW	EAA Biplane Model B
G-AWAC	Gardan GY80-180
G-AWAJ	Beech D55 Baron
G-AWAT	Druine D.62B Condor
G-AWAX	Cessna 150D
G-AWAZ	Piper PA-28-180 Cherokee
G-AWBA	Piper PA-28-180 Cherokee
G-AWBB	Piper PA-28-180 Cherokee
G-AWBC	Piper PA-28-180 Cherokee
G-AWBE	Piper PA-28-140 Cherokee
G-AWBG	Piper PA-28-140 Cherokee
G-AWBH	Piper PA-28-140 Cherokee
G-AWBJ	Fournier RF4D
G-AWBM	Druine D.31A Turbulent
G-AWBN	PA-30 Twin Comanche
G-AWBS	PA-30 Twin Comanche
G-AWBU	Replica Morane Saulnier N
G-AWBX	Cessna F150H
G-AWCN	Cessna FR172E
G-AWCP	Cessna F150H
G-AWDA	Nipper T.66 Series 3
G-AWDO	Druine D.31 Turbulent
G-AWDP	Piper PA-28-180 Cherokee D
G-AWDR	Cessna FR172E
G-AWDU	Brantly B2B
G-AWDW	Campbell Bensen CB8S
G-AWEF	Stampe SV4C(G)
G-AWEI	Druine D.62B Condor
G-AWEK	Fournier RF4D
G-AWEL	Fournier RF4D
G-AWEM	Fournier RF4D
G-AWEP	Gardan GY-20 Minicab
G-AWES	Cessna 150H
G-AWEV	Piper PA-28-140 Cherokee
G-AWEX	Piper PA-28-140 Cherokee
G-AWEZ	Piper PA-28R-180 Arrow
G-AWFB	Piper PA-28R-180 Arrow
G-AWFC	Piper PA-28R-180 Arrow
G-AWFD	Piper PA-28R-180 Arrow
G-AWFF	Cessna F150H
G-AWFJ	Piper PA-28R-180 Arrow
G-AWFN	Druine D.62B Condor
G-AWFO	Druine D.62B Condor
G-AWFP	Druine D.62B Condor
G-AWFT	Jodel D9
G-AWFW	Jodel D117
G-AWFZ	Beech 19A Sport
G-AWGD	Cessna F172H
G-AWGK	Cessna F150H
G-AWGN	Fournier RF4D
G-AWGZ	Taylor Monoplane
G-AWHE	Hispano Ha-1112 M1L
G-AWHX	Rollason Beta B2
G-AWHY	Falconar F-11-3
G-AWIF	Brookland Mosquito
G-AWII	Spitfire LF.Vc
G-AWIP	Luton LA4A Minor
G-AWIR	Midget Mustang
G-AWIT	Piper PA-28-180 Cherokee D
G-AWIV	Storey TSR.3
G-AWIW	Stampe SV4B
G-AWJE	Nipper T.66 Series 3
G-AWJX	Zlin Z-526 Trener Master
G-AWJY	Zlin Z-526 Trener Master
G-AWKD	Piper PA-17 Vagabond
G-AWKO	Beagle B121 Pup 1
G-AWKT	Morane Saulnier MS.880B
G-AWLA	Cessna F150H
G-AWLF	Cessna F172H
G-AWLG	SIPA 903
G-AWLI	Piper PA-22-150 Caribbean
G-AWLO	Boeing E75
G-AWLP	Mooney M20F
G-AWLR	Nipper T.66 Series 3
G-AWLS	Nipper T.66 Series 3
G-AWLX	Auster V J/2 Arrow
G-AWLZ	Fournier RF4D
G-AWMD	Jodel D11
G-AWMI	Glos-Airtourer Series 115
G-AWMN	Luton LA4A Minor
G-AWMP	Cessna F172H
G-AWMR	Druine D.31 Turbulent
G-AWMT	Cessna F150H
G-AWNT	BN2A Islander
G-AWOA	Morane Saulnier MS.880B
G-AWOE	Aero Commander 680E
G-AWOF	Piper PA-15 Vagabond
G-AWOH	Piper PA-17 Vagabond
G-AWOT	Cessna F150H
G-AWOU	Cessna 170B
G-AWPH	Percival Provost T1
G-AWPJ	Cessna F150H
G-AWPN	Shield Xyla
G-AWPS	Piper PA-28-140 Cherokee
G-AWPU	Cessna F150J
G-AWPW	Piper PA-12 Super Cruiser
G-AWPY	Bensen B8M
G-AWPZ	Andreasson BA4B
G-AWRK	Cessna F150J
G-AWRY	Percival Provost T1
G-AWSH	Zlin Z-526 Trener Master
G-AWSL	Piper PA-28-180 Cherokee D
G-AWSM	Piper PA-28-235 Pathfinder
G-AWSN	Druine D.62B Condor
G-AWSP	Druine D.62B Condor
G-AWST	Druine D.62A Condor
G-AWSW	Druine D.62B Condor
G-AWSY	Beagle D.5/180 Husky
G-AWTJ	Cessna F150J
G-AWTL	Piper PA-28-180 Cherokee D
G-AWTP	Schleicher Ka 6E
G-AWTV	Beech 19A Sport
G-AWTX	Cessna F150J
G-AWUB	Gardan GY-201 Minicab
G-AWUE	Jodel DR.1050
G-AWUG	Cessna F150H
G-AWUJ	Cessna F150H

Registration	Type	Registration	Type	Registration	Type
G-AWUL	Cessna F150H	G-AXIG	Scottish Avn Bulldog	G-AXVK	Campbell Cricket
G-AWUN	Cessna F150H	G-AXIO	Piper PA-28-140 Cherokee B	G-AXVM	Campbell Cricket
G-AWUO	Cessna F150H	G-AXIR	Piper PA-28-140 Cherokee B	G-AXVN	McCandless M4-6
G-AWUT	Cessna F150J	G-AXIW	Scheibe SF25B Falke	G-AXWA	Auster AOP9
G-AWUU	Cessna F150J	G-AXIX	Glos-Airtourer 150	G-AXWT	Jodel D117
G-AWUX	Cessna F172H	G-AXJB	Omega 84	G-AXWV	Jodel DR.253
G-AWUZ	Cessna F172H	G-AXJH	Beagle B121 Pup 2	G-AXWZ	Piper PA-28R-200 Arrow II
G-AWVA	Cessna F172H	G-AXJI	Beagle B121 Pup 2	G-AXXC	Piel CP.301B
G-AWVB	Jodel D117	G-AXJJ	Beagle B121 Pup 2	G-AXXV	DH.82A Tiger Moth
G-AWVC	Beagle B121 Pup 1	G-AXJO	Beagle B121 Pup 2	G-AXXW	Jodel D117
G-AWVE	Jodel DR.1050-M1	G-AXJR	Scheibe SF25B Falke	G-AXYK	Taylor Monoplane
G-AWVF	Percival Provost T1	G-AXJV	Piper PA-28-140 Cherokee B	G-AXYU	Jodel D9
G-AWVG	Glos-Airtourer Series 115	G-AXJX	Piper PA-28-140 Cherokee B	G-AXZD	Piper PA-28-180 Cherokee E
G-AWVN	Aeronca 7AC Champion	G-AXKH	Luton LA4A Minor	G-AXZF	Piper PA-28-180 Cherokee E
G-AWVZ	Jodel D112	G-AXKJ	Jodel D9	G-AXZH	Glasflugel H201B Std Libelle
G-AWWE	Beagle B121 Pup 2	G-AXKO	Westland Bell 47G-4A	G-AXZK	BN2A Islander
G-AWWI	Jodel D117	G-AXKX	Westland Bell 47G-4A	G-AXZM	Nipper T.66 Series 3
G-AWWM	Gardan GY-201 Minicab	G-AXKY	Westland Bell 47G-4A	G-AXZO	Cessna 180
G-AWWN	Jodel DR.1050	G-AXLG	Cessna 310K	G-AXZP	Piper PA-E23-250 Aztec D
G-AWWP	Woods Woody Pusher	G-AXLI	Nipper T.66 Series 3	G-AXZT	Jodel D117
G-AWWU	Cessna FR172F	G-AXLS	Jodel DR.105A	G-AXZU	Cessna 182N
G-AWXR	Piper PA-28-180 Cherokee D	G-AXLZ	Piper PA-18-95 Super Cub	G-AYAB	Piper PA-28-180 Cherokee E
G-AWXS	Piper PA-28-180 Cherokee D	G-AXMA	Piper PA-24 Comanche	G-AYAC	Piper PA-28R-200 Arrow II
G-AWXZ	Westland Wessex 60 Srs 1	G-AXMN	Auster J/5B Autocar	G-AYAN	Cadet III Motor Glider
G-AWXZ	Stampe SV4C	G-AXMT	Bü.133C Jungmeister	G-AYAR	Piper PA-28-180 Cherokee E
G-AWYB	Cessna FR172F	G-AXMW	Beagle B121 Pup 1	G-AYAT	Piper PA-28-180 Cherokee E
G-AWYI	Replica Be2C	G-AXMX	Beagle B121 Pup 2	G-AYAW	Piper PA-28-180 Cherokee E
G-AWYJ	Beagle B121 Pup 2	G-AXNJ	Jodel D120	G-AYBD	Cessna F150K
G-AWYL	Jodel DR.253B	G-AXNN	Beagle B121 Pup 2	G-AYBG	Scheibe SF25B Falke
G-AWYO	Beagle B121 Pup 1	G-AXNP	Beagle B121 Pup 2	G-AYBO	Piper PA-23-250 Aztec D
G-AWYX	Morane Saulnier MS.880B	G-AXNR	Beagle B121 Pup 2	G-AYBP	Jodel D112
G-AXAB	Piper PA-28-140 Cherokee	G-AXNS	Beagle B121 Pup 2	G-AYBR	Jodel D112
G-AXAN	DH.82A Tiger Moth	G-AXNW	Stampe SV4C	G-AYCC	Campbell Cricket
G-AXAS	Wallis WA116/T	G-AXNX	Cessna 182M	G-AYCE	Scintex CP.301-C
G-AXAT	Jodel D117A	G-AXNZ	Pitts S-1C	G-AYCF	Cessna FA150K
G-AXBF	Beagle D.5/180 Husky	G-AXOH	Morane Saulnier MS.894A	G-AYCG	Stampe SV4C
G-AXBG	Bensen B8M	G-AXOJ	Beagle B121 Pup 2	G-AYCJ	Cessna TP206D
G-AXBH	Cessna F172H	G-AXOS	Morane Saulnier MS.894A	G-AYCK	Stampe SV4C(G)
G-AXBJ	Cessna F172H	G-AXOT	Morane Saulnier MS.893A	G-AYCN	Piper J-3C-65 Cub
G-AXBW	DH.82A Tiger Moth	G-AXOZ	Beagle B121 Pup 1	G-AYCO	Cessna DR.360
G-AXBZ	DH.82A Tiger Moth	G-AXPA	Beagle B121 Pup 1	G-AYCP	Jodel D112
G-AXCA	Piper PA-28R-200 Arrow II	G-AXPB	Beagle B121 Pup 1	G-AYCT	Cessna F172H
G-AXCG	Jodel D117	G-AXPC	Beagle B121 Pup 1	G-AYDI	DH.82A Tiger Moth
G-AXCM	Morane Saulnier MS.880B	G-AXPF	Cessna F150K	G-AYDR	Stampe SV4C
G-AXCX	Beagle B121 Pup 2	G-AXPG	Mignet HM293	G-AYDW	Swalesong SA.II Series 1
G-AXCY	Jodel D117A	G-AXPM	Beagle B121 Pup 1	G-AYDX	Beagle A.61 Terrier 2
G-AXDC	Piper PA-23-250 Aztec D	G-AXPN	Beagle B121 Pup 2	G-AYDY	Luton LA4A Minor
G-AXDI	Cessna F172H	G-AXPZ	Campbell Cricket	G-AYDZ	Jodel DR.200
G-AXDK	Jodel DR.315	G-AXRC	Campbell Cricket	G-AYEB	Jodel D112
G-AXDV	Beagle B121 Pup 1	G-AXRP	Stampe SV4C	G-AYEC	Piel CP.301A
G-AXDW	Beagle B121 Pup 1	G-AXRR	Auster AOP9	G-AYEE	Piper PA-28-180 Cherokee E
G-AXED	Piper PA-25-235 Pawnee B	G-AXRT	Cessna FA150K	G-AYEF	Piper PA-28-180 Cherokee E
G-AXEO	Scheibe SF25B Falke	G-AXSC	Beagle B121 Pup 1	G-AYEG	Falconar F-9
G-AXEV	Beagle B121 Pup 2	G-AXSD	Beagle B121 Pup 1	G-AYEH	Jodel DR.1050
G-AXFN	Jodel D119	G-AXSF	Nash Petrel	G-AYEJ	Jodel DR.1050
G-AXGE	Morane Saulnier MS.880B	G-AXSG	Piper PA-28-180 Cherokee E	G-AYEN	Piper J-3C-65 Cub
G-AXGG	Cessna F150J	G-AXSI	Cessna F172H	G-AYEV	Jodel DR.1050
G-AXGP	Piper J-3C-90 Cub	G-AXSM	Jodel DR.1051	G-AYEW	Jodel DR.1050
G-AXGR	Luton LA4A Minor	G-AXSW	Cessna FA150K	G-AYFC	Druine D.62B Condor
G-AXGS	Druine D.62B Condor	G-AXSZ	Piper PA-28-140 Cherokee B	G-AYFD	Druine D.62B Condor
G-AXGV	Druine D.62B Condor	G-AXTA	Piper PA-28-140 Cherokee B	G-AYFE	Druine D.62C Condor
G-AXGZ	Druine D.62B Condor	G-AXTC	Piper PA-28-140 Cherokee B	G-AYFF	Druine D.62C Condor
G-AXHA	Cessna 337A	G-AXTJ	Piper PA-28-140 Cherokee B	G-AYFG	Druine D.62C Condor
G-AXHC	Stampe SV4C	G-AXTL	Piper PA-28-140 Cherokee B	G-AYFV	Andreasson BA4B
G-AXHO	Beagle B121 Pup 2	G-AXTO	Piper PA-24-260 Comanche	G-AYGA	Jodel D117
G-AXHP	Piper J-3C-65 Cub	G-AXTP	Piper PA-24-260 Comanche	G-AYGC	Cessna F150K
G-AXHR	Piper J-3C-65 Cub	G-AXUA	Beagle B121 Pup 1	G-AYGD	Jodel DR.1051
G-AXHS	Morane Saulnier MS.880B	G-AXUB	BN2A Islander	G-AYGE	Stampe SV4C
G-AXHT	Morane Saulnier MS.880B	G-AXUC	Piper PA-12 Super Cruiser	G-AYGG	Jodel D120
G-AXHV	Jodel D117A	G-AXUF	Cessna FA150K	G-AYGX	Cessna FR172G
G-AXIA	Beagle B121 Pup 1	G-AXUJ	Auster V J/1 Autocrat	G-AYHA	American AA-1A Trainer
G-AXIE	Beagle B121 Pup 2	G-AXUK	Jodel DR.1050	G-AYHX	Jodel D117A
G-AXIF	Beagle B121 Pup 2	G-AXVB	Cessna F172H	G-AYIA	Hughes 369HS

Registration	Type	Registration	Type	Registration	Type
G-AYIG	Piper PA-28-140 Cherokee C	G-AYUP	Slingsby T61A	G-AZHD	Slingsby T61A
G-AYII	Piper PA-28R-200 Arrow II	G-AYUR	Slingsby T61A	G-AZHH	K & S SA.102.5 Cavalier
G-AYIJ	Stampe SV4B	G-AYUS	Taylor Monoplane	G-AZHI	Glos-Airtourer Super 150
G-AYIM	HS.748 Series 2A	G-AYUT	Jodel DR.1050	G-AZHK	Robin HR.100/200B Royal
G-AYJA	Jodel DR.1050	G-AYUV	Cessna F172H	G-AZHR	Piccard Ax6
G-AYJB	Stampe SV4C(G)	G-AYVO	Wallis WA120 Series 1	G-AZHT	Glos-Airtourer Series 114
G-AYJD	Fournier RF3	G-AYVP	Woods Woody Pusher	G-AZHU	Luton LA4A Minor
G-AYJP	Piper PA-28-140 Cherokee C	G-AYWD	Cessna 182N	G-AZIB	SOCATA ST-10 Diplomate
G-AYJR	Piper PA-28-140 Cherokee C	G-AYWE	Piper PA-28-140 Cherokee D	G-AZID	Cessna FA150L
G-AYJY	Isaacs Fury II	G-AYWH	Jodel D117A	G-AZII	Jodel D117A
G-AYKD	Jodel DR.1050	G-AYWM	Glos-Airtourer Super 150	G-AZIJ	Robin DR.360 Chevalier
G-AYKJ	Jodel D117A	G-AYWT	Stampe SV4C(G)	G-AZIL	Slingsby T61A
G-AYKK	Jodel D117	G-AYXP	Jodel D117A	G-AZIP	Cameron O-65
G-AYKS	Leopoldoff L7 Colibri	G-AYXS	SIAI Marchetti S.205 18/R	G-AZJC	Fournier RF5
G-AYKT	Jodel D117	G-AYXU	Champion 7KCAB	G-AZJE	Gardan GY-20 Minicab
G-AYKW	Piper PA-28-140 Cherokee C	G-AYYL	Slingsby T61A	G-AZJN	Robin DR.300-140 Major
G-AYKZ	Kramme Kz-8	G-AYYO	Jodel DR.1050-M1	G-AZJV	Cessna F172L
G-AYLA	Glos-Airtourer Series 115	G-AYYT	Jodel DR.1050-M1	G-AZJY	Cessna FRA150L
G-AYLC	Jodel DR.1051	G-AYYU	Beech C23 Custom	G-AZKC	Morane Saulnier MS.880B
G-AYLF	Jodel DR.1051	G-AYYX	Morane Saulnier MS.880B	G-AZKE	Morane Saulnier MS.880B
G-AYLL	Jodel DR.1050	G-AYZE	Piper PA-39 Twin Comanche	G-AZKK	Cameron O-56
G-AYLP	American AA-1 Yankee	G-AYZH	Taylor Titch	G-AZKO	Cessna F337F
G-AYLV	Jodel D120	G-AYZI	Stampe SV4C	G-AZKP	Jodel D117
G-AYLZ	Super Aero 45 Series 04	G-AYZK	Jodel DR.1050-M1	G-AZKR	Piper PA-24 Comanche
G-AYME	Fournier RF5	G-AYZS	Druine D.62B Condor	G-AZKS	American AA-1A Trainer
G-AYMO	Piper PA-23-250 Aztec C	G-AYZU	Slingsby T61A	G-AZKW	Cessna F172L
G-AYMP	Currie Wot	G-AYZW	Slingsby T61A	G-AZKZ	Cessna F172L
G-AYMR	Lederlin 380L	G-AZAB	PA-30 Twin Comanche	G-AZLE	Boeing A75N1
G-AYMU	Jodel D112	G-AZAJ	Piper PA-28R-200 Arrow II	G-AZLF	Jodel D120
G-AYMV	Western 20	G-AZAW	Gardan GY80-160	G-AZLH	Cessna F150L
G-AYNA	Currie Wot	G-AZBB	Bölkow BÖ.209 Monsun	G-AZLN	Piper PA-28-180 Cherokee F
G-AYND	Cessna 310Q	G-AZBE	Glos-Airtourer Super 150	G-AZLV	Cessna 172K
G-AYNF	Piper PA-28-140 Cherokee C	G-AZBI	Jodel D150	G-AZLY	Cessna F150L
G-AYNJ	Piper PA-28-140 Cherokee C	G-AZBL	Jodel D9	G-AZMC	Slingsby T61A
G-AYNN	Cessna 185B	G-AZBN	AT-16 Harvard IIB	G-AZMD	Slingsby T61C
G-AYOW	Cessna 182N	G-AZBU	Auster AOP9	G-AZME	American AA-5 Traveler
G-AYOY	Sikorsky S-61N	G-AZCB	Stampe SV4C(G)	G-AZMZ	Morane Saulnier MS.893A
G-AYOZ	Cessna FA150L	G-AZCE	Pitts S-1C Special	G-AZNK	Stampe SV4A
G-AYPE	Bölkow BÖ.209 Monsun	G-AZCK	Beagle B121 Pup 2	G-AZNL	Piper PA-28R-200 Arrow II
G-AYPG	Cessna F177RG	G-AZCL	Beagle B121 Pup 2	G-AZNO	Cessna 182P
G-AYPH	Cessna F177RG	G-AZCN	Beagle B121 Pup 2	G-AZNT	Cameron O-84
G-AYPJ	Piper PA-28-180 Cherokee E	G-AZCP	Beagle B121 Pup 1	G-AZOA	Bölkow BÖ.209 Monsun
G-AYPM	Piper PA-18-95 Super Cub	G-AZCT	Beagle B121 Pup 1	G-AZOB	Bölkow BÖ.209 Monsun
G-AYPO	Piper PA-18-95 Super Cub	G-AZCU	Beagle B121 Pup 1	G-AZOE	Glos-Airtourer Series 115
G-AYPS	Piper PA-18-95 Super Cub	G-AZCV	Beagle B121 Pup 2	G-AZOF	Glos-Airtourer Super 150
G-AYPT	Piper PA-18-95 Super Cub	G-AZCZ	Beagle B121 Pup 2	G-AZOG	Piper PA-28R-200 Arrow II
G-AYPU	Piper PA-28R-200 Arrow II	G-AZDA	Beagle B121 Pup 1	G-AZOL	Piper PA-34-200 Seneca
G-AYPV	Piper PA-28-140 Cherokee D	G-AZDD	Bölkow BÖ.209 Monsun	G-AZOO	Western O-65
G-AYPZ	Campbell Cricket	G-AZDE	Piper PA-28R-200 Arrow II	G-AZOT	Piper PA-34-200 Seneca
G-AYRF	Cessna F150L	G-AZDG	Beagle B121 Pup 2	G-AZOU	Jodel DR.1050
G-AYRG	Cessna F172K	G-AZDJ	Piper PA-32-300	G-AZOZ	Cessna FRA150L
G-AYRH	Morane Saulnier MS.892A-1	G-AZDX	Piper PA-28-180 Cherokee F	G-AZPA	Piper PA-25-235 Pawnee C
G-AYRI	Piper PA-28R-200 Arrow II	G-AZDY	DH.82A Tiger Moth	G-AZPC	Slingsby T61C
G-AYRM	Piper PA-28-140 Cherokee D	G-AZEE	Morane Saulnier MS.880B	G-AZPF	Fournier RF5
G-AYRO	Cessna FA150L	G-AZEF	Jodel D120	G-AZPV	Luton LA4A Minor
G-AYRS	Jodel D120	G-AZEG	Piper PA-28-140 Cherokee D	G-AZPX	Western O-31
G-AYRT	Cessna F172K	G-AZEV	Beagle B121 Pup 2	G-AZRA	Bölkow BÖ.209 Monsun
G-AYRU	BN2A-6 Islander	G-AZEW	Beagle B121 Pup 2	G-AZRD	Cessna 401B
G-AYSB	PA-30 Twin Comanche	G-AZEY	Beagle B121 Pup 2	G-AZRH	Piper PA-28-140 Cherokee D
G-AYSD	Slingsby T61A	G-AZFA	Beagle B121 Pup 2	G-AZRI	Payne Free Balloon
G-AYSH	Taylor Monoplane	G-AZFC	Piper PA-28-140 Cherokee D	G-AZRK	Fournier RF5
G-AYSK	Luton LA4A Minor	G-AZFF	Jodel D112	G-AZRL	Piper PA-18-95 Super Cub
G-AYSX	Cessna F177RG	G-AZFI	Piper PA-28R-200 Arrow II	G-AZRM	Fournier RF5
G-AYSY	Cessna F177RG	G-AZFM	Piper PA-28R-200 Arrow II	G-AZRN	Cameron O-84
G-AYTR	Piel CP.301A	G-AZFR	Cessna 401B	G-AZRP	Glos-Airtourer Series 115
G-AYTT	Luton Minor III Duet	G-AZGA	Jodel D120	G-AZRS	Piper PA-22-150 Caribbean
G-AYTV	Jurca Tempete	G-AZGE	Stampe SV4C	G-AZRZ	Cessna U206F
G-AYUA	Auster AOP9	G-AZGF	Beagle B121 Pup 2	G-AZSA	Stampe SV4B
G-AYUB	CEA DR253B	G-AZGL	Morane Saulnier MS.894A	G-AZSC	AT-16 Harvard IIB
G-AYUH	Piper PA-28-180 Cherokee F	G-AZGY	Piel CP.301B	G-AZSF	Piper PA-28R-200 Arrow II
G-AYUJ	Evans VP-1 Series 2	G-AZGZ	DH.82A Tiger Moth	G-AZSW	Beagle B121 Pup 1
G-AYUM	Slingsby T61A	G-AZHB	Robin HR.100/200B Royal	G-AZTA	Bölkow BÖ.209 Monsun
G-AYUN	Slingsby T61A	G-AZHC	Jodel D112	G-AZTF	Cessna F177RG

☐ G-AZTK	Cessna F172F	
☐ G-AZTM	Glos-Airtourer Series 115	
☐ G-AZTS	Cessna F172L	
☐ G-AZTV	Stolp Starlet Sa500	
☐ G-AZTW	Cessna F177RG	
☐ G-AZUM	Cessna F172L	
☐ G-AZUP	Cameron O-65	
☐ G-AZUT	Morane Saulnier MS.893A	
☐ G-AZUY	Cessna 310L	
☐ G-AZUZ	Cessna FRA150L	
☐ G-AZVA	Bölkow BÖ.209 Monsun	
☐ G-AZVB	Bölkow BÖ.209 Monsun	
☐ G-AZVF	Morane Saulnier MS.894A	
☐ G-AZVG	American AA-5 Traveler	
☐ G-AZVH	Morane Saulnier MS.894A	
☐ G-AZVI	Morane Saulnier MS.892A	
☐ G-AZVL	Jodel D119	
☐ G-AZVP	Cessna F177RG	
☐ G-AZWB	Piper PA-28-140 Cherokee E	
☐ G-AZWD	Piper PA-28-140 Cherokee E	
☐ G-AZWF	Jodel DR.1050	
☐ G-AZWS	Piper PA-28R-180 Arrow	
☐ G-AZWT	Westland Lysander IIIA	
☐ G-AZWY	Piper PA-24-260 Comanche	
☐ G-AZXB	Cameron O-65	
☐ G-AZXD	Cessna F172L	
☐ G-AZYA	Gardan GY80-160	
☐ G-AZYD	Morane Saulnier MS.893A	
☐ G-AZYF	Piper PA-28-180 Cherokee D	
☐ G-AZYS	Scintex CP.301-C1	
☐ G-AZYU	Piper PA-23-250 Aztec E	
☐ G-AZYY	Slingsby T61A	
☐ G-AZYZ	Wassmer WA.51 A	
☐ G-AZZH	Practavia Pilot Sprite 115	
☐ G-AZZR	Cessna F150L	
☐ G-AZZV	Cessna F172L	
☐ G-AZZZ	DH.82A Tiger Moth	
☐ G-BAAD	Evans VP-1	
☐ G-BAAF	Replica Manning Flanders	
☐ G-BAAI	Morane Saulnier MS.893A	
☐ G-BAAT	Cessna 182P	
☐ G-BAAW	Jodel D119	
☐ G-BABC	Cessna F150L	
☐ G-BABD	Cessna FRA150L	
☐ G-BABE	Taylor Titch	
☐ G-BABG	Piper PA-28-180 Cherokee C	
☐ G-BACB	Piper PA-34-200 Seneca	
☐ G-BACE	Fournier RF5	
☐ G-BACJ	Jodel D120	
☐ G-BACL	Jodel D150	
☐ G-BACN	Cessna FRA150L	
☐ G-BACO	Cessna FRA150L	
☐ G-BACP	Cessna FRA150L	
☐ G-BACR	Rollason Beta B2A	
☐ G-BADH	Slingsby T61A	
☐ G-BADJ	Piper PA-E23-250 Aztec E	
☐ G-BADM	Druine D.62B Condor	
☐ G-BADV	Brochet MB50	
☐ G-BADW	Pitts S-2A	
☐ G-BAEB	Robin DR.400-160 Knight	
☐ G-BAEE	Jodel DR.1050-M1	
☐ G-BAEM	Robin DR.400-120	
☐ G-BAEN	Robin DR.400-180 Régent	
☐ G-BAEO	Cessna F172M	
☐ G-BAEP	Cessna FRA150L	
☐ G-BAER	Cosmic Wind	
☐ G-BAET	Piper J-3C-65 Cub	
☐ G-BAEU	Cessna F150L	
☐ G-BAEV	Cessna FRA150L	
☐ G-BAEY	Cessna F172M	
☐ G-BAEZ	Cessna FRA150L	
☐ G-BAFA	American AA-5 Traveler	
☐ G-BAFG	DH.82A Tiger Moth	
☐ G-BAFL	Cessna 182P	
☐ G-BAFP	Robin DR.400-160 Knight	
☐ G-BAFT	Piper PA-18-150 Super Cub	
☐ G-BAFU	Piper PA-28-140 Cherokee	
☐ G-BAFV	Piper PA-18-150 Super Cub	
☐ G-BAFW	Piper PA-28-140 Cherokee	
☐ G-BAFX	Robin DR.400-140 Earl	
☐ G-BAGB	SIAI Marchetti F.260	
☐ G-BAGC	Robin DR.400-140 Earl	
☐ G-BAGF	Jodel D92	
☐ G-BAGG	Piper PA-32-300	
☐ G-BAGN	Cessna F177RG	
☐ G-BAGR	Robin DR.400-140 Earl	
☐ G-BAGS	Robin DR.400-2+2	
☐ G-BAGT	Helio H-295	
☐ G-BAGV	Cessna U206F	
☐ G-BAGX	Piper PA-28-140 Cherokee	
☐ G-BAGY	Cameron O-84	
☐ G-BAHD	Cessna 182P	
☐ G-BAHE	Piper PA-28-140 Cherokee C	
☐ G-BAHF	Piper PA-28-140 Fliteliner	
☐ G-BAHH	Wallis WA121/Mc	
☐ G-BAHI	Cessna F150H	
☐ G-BAHJ	Piper PA-24-250 Comanche	
☐ G-BAHL	Robin DR.400-160 Knight	
☐ G-BAHO	Beech C23 Sundowner	
☐ G-BAHP	Volmer Vj-22 Sportsman	
☐ G-BAHS	Piper PA-28R-200 Arrow II	
☐ G-BAHX	Cessna 182P	
☐ G-BAIG	Piper PA-34-200 Seneca	
☐ G-BAIH	Piper PA-28R-200 Arrow II	
☐ G-BAII	Cessna FRA150L	
☐ G-BAIK	Cessna F150L	
☐ G-BAIP	Cessna F150L	
☐ G-BAIS	Cessna F177RG	
☐ G-BAIW	Cessna F172M	
☐ G-BAIX	Cessna F172M	
☐ G-BAIZ	Slingsby T61C	
☐ G-BAJA	Cessna F177RG	
☐ G-BAJB	Cessna F177RG	
☐ G-BAJC	Evans VP-1 Series 2	
☐ G-BAJE	Cessna 177	
☐ G-BAJN	American AA-5 Traveler	
☐ G-BAJO	American AA-5 Traveler	
☐ G-BAJR	Piper PA-28-180 Challenger	
☐ G-BAJZ	Robin DR.400-2+2	
☐ G-BAKD	Piper PA-34-200 Seneca	
☐ G-BAKH	Piper PA-28-140 Cherokee F	
☐ G-BAKJ	PA-30 Twin Comanche	
☐ G-BAKM	Robin DR.400-140 Earl	
☐ G-BAKN	Stampe SV4C	
☐ G-BAKR	Jodel D117	
☐ G-BAKV	Piper PA-18-150 Super Cub	
☐ G-BAKW	Beagle B121 Pup 2	
☐ G-BAKY	Slingsby T61C	
☐ G-BALD	Cameron O-84	
☐ G-BALF	Robin DR.400-140 Earl	
☐ G-BALG	Robin DR.400-180 Régent	
☐ G-BALH	Robin DR.400-140B Major	
☐ G-BALI	Robin DR.400-2+2	
☐ G-BALJ	Robin DR.400-180 Régent	
☐ G-BALN	Cessna T310Q	
☐ G-BALY	Practavia Pilot Sprite 150	
☐ G-BALZ	Bell 212	
☐ G-BAMB	Slingsby T61C	
☐ G-BAMC	Cessna F150L	
☐ G-BAMJ	Cessna 182P	
☐ G-BAMR	Piper PA-16 Clipper	
☐ G-BAMS	Robin DR.400-160 Knight	
☐ G-BAMT	Robin DR.400-160 Knight	
☐ G-BAMU	Robin DR.400-160 Knight	
☐ G-BAMV	Robin DR.400-180 Régent	
☐ G-BAMY	Piper PA-28R-200 Arrow II	
☐ G-BANA	Jodel DR.221	
☐ G-BANB	Robin DR.400-180 Régent	
☐ G-BANC	Gardan GY-201 Minicab	
☐ G-BANF	Luton LA4A Minor	
☐ G-BANU	Jodel D120	
☐ G-BANV	Currie Wot	
☐ G-BANW	Scintex CP.1330	
☐ G-BANX	Cessna F172M	
☐ G-BAOB	Cessna F172M	
☐ G-BAOH	Morane Saulnier MS.880B	
☐ G-BAOJ	Morane Saulnier MS.880B	
☐ G-BAOP	Cessna FRA150L	
☐ G-BAOS	Cessna F172M	
☐ G-BAOU	Grumman AA-5 Traveler	
☐ G-BAPB	DHC-1 Chipmunk 22A	
☐ G-BAPI	Cessna FRA150L	
☐ G-BAPJ	Cessna FRA150L	
☐ G-BAPL	Piper PA-23-250 Aztec E	
☐ G-BAPP	Evans VP-1	
☐ G-BAPR	Jodel D11	
☐ G-BAPV	Robin DR.400-160 Knight	
☐ G-BAPW	Piper PA-28R-180 Arrow	
☐ G-BAPX	Robin DR.400-160 Knight	
☐ G-BAPY	Robin HR.100/210 Safari	
☐ G-BARC	Cessna FR172J	
☐ G-BARF	Jodel D112	
☐ G-BARG	Cessna E310Q	
☐ G-BARH	Beech C23 Sundowner	
☐ G-BARN	Taylor Titch	
☐ G-BARP	Bell 206B JetRanger	
☐ G-BARS	DHC-1 Chipmunk 22	
☐ G-BARV	Cessna 310Q	
☐ G-BARZ	SF28A Tandem Falke	
☐ G-BASH	Grumman AA-5 Traveler	
☐ G-BASJ	Piper PA-28-180 Challenger	
☐ G-BASL	Piper PA-28-140 Cherokee F	
☐ G-BASM	Piper PA-34-200 Seneca	
☐ G-BASO	Beech C23 Sundowner	
☐ G-BASP	Beagle B121 Pup 1	
☐ G-BATC	MBB BÖ.105DB	
☐ G-BATJ	Jodel D119	
☐ G-BATN	Piper PA-23-250 Aztec E	
☐ G-BATR	Piper PA-34-200 Seneca	
☐ G-BATV	Piper PA-28-180 Cherokee F	
☐ G-BATW	Piper PA-28-140 Fliteliner	
☐ G-BAUC	Piper PA-25-235 Pawnee C	
☐ G-BAUH	Jodel D112	
☐ G-BAVB	Cessna F172M	
☐ G-BAVH	DHC-1 Chipmunk 22	
☐ G-BAVL	Piper PA-23-250 Aztec E	
☐ G-BAVO	Boeing A75N1	
☐ G-BAVR	Grumman AA-5 Traveler	
☐ G-BAWG	Piper PA-28R-200 Arrow II	
☐ G-BAWK	Piper PA-28-140 Cruiser	
☐ G-BAWR	Robin HR.100/210 Safari	
☐ G-BAXS	Bell 47G-5	
☐ G-BAXU	Cessna F150L	
☐ G-BAXY	Cessna F150L	
☐ G-BAXZ	Cessna F172M	
☐ G-BAYL	Piper PA-28-140 Cherokee C	
☐ G-BAYO	Cessna 150L	
☐ G-BAYP	Cessna 150L	
☐ G-BAYR	Robin HR.100/210 Safari	
☐ G-BAZC	Robin DR.400-160 Knight	
☐ G-BAZM	Jodel D11	
☐ G-BAZS	Cessna F150L	
☐ G-BAZT	Cessna F172M	
☐ G-BBAW	Robin HR.100/210 Safari	
☐ G-BBAX	Robin DR.400-140 Earl	
☐ G-BBAY	Robin DR.400-140 Earl	

G-BBBB	Taylor Monoplane
G-BBBC	Cessna F150L
G-BBBI	Grumman AA-5 Traveler
G-BBBN	Piper PA-28-180 Challenger
G-BBBO	SIPA 903
G-BBBW	Clutton FRED Series II
G-BBBY	Piper PA-28-140 Cruiser
G-BBCA	Bell 206B JetRanger
G-BBCB	Western P-65
G-BBCH	Robin DR.400-2+2
G-BBCI	Cessna 150H
G-BBCN	Robin HR.100/210 Safari
G-BBCS	Robin DR.400-140B Major
G-BBCY	Luton LA4A Minor
G-BBCZ	Grumman AA-5 Traveler
G-BBDC	Piper PA-28-140 Cruiser
G-BBDE	Piper PA-28R-200 Arrow II
G-BBDH	Cessna F172M
G-BBDJ	Thunder Ax6-56
G-BBDL	Grumman AA-5 Traveler
G-BBDM	Grumman AA-5 Traveler
G-BBDO	Piper PA-23-250 Aztec E
G-BBDP	Robin DR.400-160 Knight
G-BBDS	Piper PA-31 Turbo Navajo B
G-BBDT	Cessna 150H
G-BBDV	SIPA 903
G-BBEA	Luton LA4A Minor
G-BBEB	Piper PA-28R-200 Arrow II
G-BBEC	Piper PA-28-180 Challenger
G-BBED	Morane Saulnier MS.894A
G-BBEF	Piper PA-28-140 Cruiser
G-BBEN	Champion 7GCBC
G-BBEX	Cessna 185A
G-BBFD	Piper PA-28R-200 Arrow II
G-BBFL	Gardan GY-201 Minicab
G-BBFV	Piper PA-32-260
G-BBGC	Morane Saulnier MS.893E
G-BBGI	Fuji FA-200-160
G-BBGL	Oldfield Baby Lakes
G-BBGZ	Cambridge CHABA.42
G-BBHF	Piper PA-23-250 Aztec E
G-BBHI	Cessna 177RG
G-BBHJ	Piper J-3C-65 Cub
G-BBHK	AT-16 Harvard IIB
G-BBHY	Piper PA-28-180 Challenger
G-BBIF	Piper PA-23-250 Aztec E
G-BBIH	Enstrom F-28A-UK
G-BBII	Fiat G46-3B
G-BBIL	Piper PA-28-140 Cherokee
G-BBIO	Robin HR.100/210 Safari
G-BBIX	Piper PA-28-140 Cherokee E
G-BBJI	Isaacs Spitfire
G-BBJU	Robin DR.400-140 Earl
G-BBJV	Cessna F177RG
G-BBJX	Cessna F150L
G-BBJY	Cessna F172M
G-BBJZ	Cessna F172M
G-BBKA	Cessna F150L
G-BBKB	Cessna F150L
G-BBKE	Cessna F150L
G-BBKG	Cessna FR172J
G-BBKI	Cessna F172M
G-BBKL	Piel CP.301A
G-BBKX	Piper PA-28-180 Challenger
G-BBKY	Cessna F150L
G-BBKZ	Cessna 172M
G-BBLH	Piper J-3C-65 Cub
G-BBLM	Rallye 100S
G-BBLS	Grumman AA-5 Traveler
G-BBLU	Piper PA-34-200 Seneca
G-BBMB	Robin DR.400-180 Régent
G-BBMH	EAA Biplane
G-BBMJ	Piper PA-23-250 Aztec E
G-BBMN	DHC-1 Chipmunk 22
G-BBMO	DHC-1 Chipmunk 22
G-BBMR	DHC-1 Chipmunk 22
G-BBMT	DHC-1 Chipmunk 22
G-BBMV	DHC-1 Chipmunk 22
G-BBMW	DHC-1 Chipmunk 22
G-BBMZ	DHC-1 Chipmunk 22
G-BBNA	DHC-1 Chipmunk 22
G-BBND	DHC-1 Chipmunk 22
G-BBNH	Piper PA-34-200 Seneca
G-BBNI	Piper PA-34-200 Seneca
G-BBNJ	Cessna F150L
G-BBNT	Piper PA-31-350 Chieftain
G-BBNZ	Cessna F172M
G-BBOA	Cessna F172M
G-BBOC	Cameron O-77
G-BBOD	Thunder O-5
G-BBOE	Robin HR.200-100 Club
G-BBOH	Craft-Pitts S-1 Special
G-BBOL	Piper PA-18-150 Super Cub
G-BBOO	Thunder Ax6-56
G-BBOR	Bell 206B JetRanger
G-BBOX	Thunder Ax7-77
G-BBPN	Enstrom F-28A-UK
G-BBPO	Enstrom F-28A
G-BBPP	Piper PA-28-180 Archer
G-BBPS	Jodel D117
G-BBPX	Piper PA-34-200 Seneca
G-BBPY	Piper PA-28-180 Challenger
G-BBRA	Piper PA-23-250 Aztec E
G-BBRB	DH.82A Tiger Moth
G-BBRC	Fuji FA-200-180
G-BBRI	Bell 47G-5A
G-BBRN	Procter Kittiwake
G-BBRV	DHC-1 Chipmunk 22
G-BBRX	SIAI Marchetti S.205 18/F
G-BBRZ	Grumman AA-5 Traveler
G-BBSA	Grumman AA-5 Traveler
G-BBSB	Beech C23 Sundowner
G-BBSM	Piper PA-32-300
G-BBSS	DHC-1 Chipmunk 22
G-BBSW	Pietenpol Air Camper
G-BBTB	Cessna FRA150L
G-BBTG	Cessna F172M
G-BBTH	Cessna F172M
G-BBTJ	Piper PA-23-250 Aztec E
G-BBTS	Beech V35B Bonanza
G-BBTY	Beech C23 Sundowner
G-BBUE	Grumman AA-5 Traveler
G-BBUF	Grumman AA-5 Traveler
G-BBUG	Piper PA-16 Clipper
G-BBUT	Western P-5
G-BBUU	Piper J-3C-65 Cub
G-BBVO	Isaacs Fury II
G-BBWZ	Grumman AA-1B Trainer
G-BBXB	Cessna FRA150L
G-BBXK	Piper PA-34-200 Seneca
G-BBXL	Cessna 310Q
G-BBXS	Piper J-3C-65 Cub
G-BBXW	Piper PA-28-151 Warrior
G-BBXY	Champion 7GCBC
G-BBXZ	Evans VP-1
G-BBYB	Piper PA-18-95 Super Cub
G-BBYH	Cessna 182P
G-BBYP	Piper PA-28-140 Cherokee F
G-BBYS	Cessna 182P
G-BBZF	Piper PA-28-140 Cherokee F
G-BBZH	Piper PA-28R-200 Arrow II
G-BBZN	Fuji FA-200-180
G-BBZV	Piper PA-28R-200 Arrow II
G-BCAH	DHC-1 Chipmunk 22
G-BCAZ	Piper PA-12 Super Cruiser
G-BCBG	Piper PA-23-250 Aztec E
G-BCBH	Fairchild 24R-46A Argus III
G-BCBJ	Piper PA-25-235 Pawnee C
G-BCBL	Fairchild 24R-46A Argus III
G-BCBR	Wittman W8 Tailwind
G-BCBX	Cessna F150L
G-BCBZ	Cessna 337C
G-BCCC	Cessna F150L
G-BCCE	Piper PA-23-250 Aztec E
G-BCCF	Piper PA-28-180 Archer
G-BCCG	Thunder Ax7-65
G-BCCJ	Grumman AA-5 Traveler
G-BCCK	Grumman AA-5 Traveler
G-BCCR	Piel CP.301
G-BCCY	DHC-1 Chipmunk 22
G-BCCY	Robin HR.200-100 Club
G-BCDJ	Piper PA-28-140 Cherokee
G-BCDK	Partenavia P68B
G-BCDL	Cameron O-42
G-BCDY	Cessna FRA150L
G-BCCA	Sikorsky S-61N
G-BCEB	Sikorsky S-61Nm
G-BCEE	Grumman AA-5 Traveler
G-BCEF	Grumman AA-5 Traveler
G-BCEN	BN2A-26 Islander
G-BCEP	Grumman AA-5 Traveler
G-BCER	Gardan GY-201 Minicab
G-BCEU	Cameron O-42
G-BCEX	Piper PA-23-250 Aztec E
G-BCEY	DHC-1 Chipmunk 22
G-BCFF	Fuji FA-200-160
G-BCFN	Cameron O-65
G-BCFO	Piper PA-18-150 Super Cub
G-BCFR	Cessna FRA150L
G-BCFW	SAAB 91D Safir
G-BCFY	Luton LA4A Minor
G-BCGB	Bensen B8
G-BCGC	DHC-1 Chipmunk 22
G-BCGH	Nord NC854S
G-BCGI	Piper PA-28-140 Cruiser
G-BCGJ	Piper PA-28-140 Cruiser
G-BCGM	Jodel D120
G-BCGN	Piper PA-28-140 Cherokee F
G-BCGS	Piper PA-28R-200 Arrow II
G-BCGW	Jodel D11
G-BCHK	Cessna F172H
G-BCHL	DHC-1 Chipmunk 22
G-BCHP	Scintex CP.1310-C3
G-BCHT	Schleicher ASK 16
G-BCHV	DHC-1 Chipmunk 22
G-BCID	Piper PA-34-200 Seneca
G-BCIH	DHC-1 Chipmunk 22
G-BCIJ	Grumman AA-5 Traveler
G-BCIR	Piper PA-28-151 Warrior
G-BCJM	Piper PA-28-140 Cherokee F
G-BCJN	Piper PA-28-140 Cherokee F
G-BCJO	Piper PA-28R-200 Arrow II
G-BCJP	Piper PA-28-140 Cherokee
G-BCKN	DHC-1 Chipmunk 22
G-BCKS	Fuji FA-200-180AO
G-BCKT	Fuji FA-200-180
G-BCKU	Cessna FRA150L
G-BCKV	Cessna FRA150L
G-BCLD	Sikorsky S-61N
G-BCLI	Grumman AA-5 Traveler
G-BCLL	Piper PA-28-180 Cherokee C
G-BCLS	Cessna 170B
G-BCLT	Morane Saulnier MS.894A
G-BCLU	Jodel D117
G-BCLW	Grumman AA-1B Trainer
G-BCMD	Piper PA-18-95 Super Cub
G-BCMJ	K & S SA.102.5 Cavalier
G-BCMT	Isaacs Fury II
G-BCNC	Gardan GY-201 Minicab

☐ G-BCNP Cameron O-77	☐ G-BDBU Cessna F150M	☐ G-BDSF Cameron O-56
☐ G-BCNX Piper J-3C-65 Cub	☐ G-BDBV Jodel D11A	☐ G-BDSH Piper PA-28-140 Cruiser
☐ G-BCNZ Fuji FA-200-160	☐ G-BDCD Piper J-3C-65 Cub	☐ G-BDSK Cameron O-65
☐ G-BCOB Piper J-3C-65 Cub	☐ G-BDCI Piel CP.301A	☐ G-BDSL Cessna F150M
☐ G-BCOI DHC-1 Chipmunk 22	☐ G-BDCO Beagle B121 Pup 1	☐ G-BDSM Slingsby T31 Motor Cadet
☐ G-BCOJ Cameron O-56	☐ G-BDDD DHC-1 Chipmunk 22	☐ G-BDTB Evans VP-1 Series 2
☐ G-BCOL Cessna F172M	☐ G-BDDF Jodel D120	☐ G-BDTL Evans VP-1
☐ G-BCOM Piper J-3C-65 Cub	☐ G-BDDG Jodel D112	☐ G-BDTN BN2A Mk.III-2 Trislander
☐ G-BCOO DHC-1 Chipmunk 22	☐ G-BDDS Piper PA-25-260 Pawnee C	☐ G-BDTO BN2A Mk.III-2 Trislander
☐ G-BCOR Rallye 100ST	☐ G-BDDZ Piel CP.301A	☐ G-BDTU Omega III
☐ G-BCOU DHC-1 Chipmunk 22	☐ G-BDEC Rallye 100ST	☐ G-BDTV Mooney M20F
☐ G-BCOY DHC-1 Chipmunk 22	☐ G-BDEH Jodel D120A	☐ G-BDTX Cessna F150M
☐ G-BCPD Gardan GY-201 Minicab	☐ G-BDEI Jodel D9	☐ G-BDUI Cameron V-56
☐ G-BCPG Piper PA-28R-200 Arrow II	☐ G-BDEU DHC-1 Chipmunk 22	☐ G-BDUL Evans VP-1
☐ G-BCPH Piper J-3C-65 Cub	☐ G-BDEX Cessna FRA150M	☐ G-BDUM Cessna F150M
☐ G-BCPJ Piper J-3C-65 Cub	☐ G-BDEY Piper J-3C-65 Cub	☐ G-BDUN Piper PA-34-200T Seneca II
☐ G-BCPK Cessna F172M	☐ G-BDEZ Piper J-3C-65 Cub	☐ G-BDUO Cessna F150M
☐ G-BCPN Grumman AA-5 Traveler	☐ G-BDFB Currie Wot	☐ G-BDUY Robin DR.400-140B Major
☐ G-BCPU DHC-1 Chipmunk 22	☐ G-BDFH Auster AOP9	☐ G-BDUZ Cameron V-56
☐ G-BCRB Cessna F172M	☐ G-BDFJ Cessna F150M	☐ G-BDVA Piper PA-17 Vagabond
☐ G-BCRI Cameron O-65	☐ G-BDFR Fuji FA-200-160	☐ G-BDVB Piper PA-15 Vagabond
☐ G-BCRK K & S SA.102.5 Cavalier	☐ G-BDFW Commander 112	☐ G-BDVC Piper PA-17 Vagabond
☐ G-BCRL Piper PA-28-151 Warrior	☐ G-BDFX Auster 5	☐ G-BDWE Flaglor Scooter
☐ G-BCRR Grumman AA-5B Tiger	☐ G-BDFY Grumman AA-5 Traveler	☐ G-BDWH Rallye 150ST
☐ G-BCRT Cessna F150M	☐ G-BDFZ Cessna F150M	☐ G-BDWJ Replica Plans SE.5A
☐ G-BCRX DHC-1 Chipmunk 22	☐ G-BDGB Gardan GY-20 Minicab	☐ G-BDWM Replica Mustang
☐ G-BCSA DHC-1 Chipmunk 22	☐ G-BDGH Thunder Ax7-77	☐ G-BDWO Howes Ax6
☐ G-BCSL DHC-1 Chipmunk 22	☐ G-BDGM Piper PA-28-151 Warrior	☐ G-BDWP Piper PA-32R-300 Lance
☐ G-BCSX Thunder Ax7-77	☐ G-BDHK Piper J-3C-65 Cub	☐ G-BDWX Jodel D120A
☐ G-BCTF Piper PA-28-151 Warrior	☐ G-BDIE Commander 112	☐ G-BDWY Piper PA-28-140 Cherokee E
☐ G-BCTI Schleicher ASK 16	☐ G-BDIG Cessna 182P	☐ G-BDWZ Slingsby T59J
☐ G-BCTK Cessna FR172J	☐ G-BDIH Jodel D117	☐ G-BDXJ Boeing 747-236B
☐ G-BCTT Evans VP-1	☐ G-BDIJ Sikorsky S-61N	☐ G-BDXX Nord NC858S
☐ G-BCUB Piper J-3C-65 Cub	☐ G-BDJD Jodel D112	☐ G-BDYD Commander 114
☐ G-BCUF Cessna F172M	☐ G-BDJG Luton LA4A Minor	☐ G-BDYH Cameron V-56
☐ G-BCUH Cessna F150M	☐ G-BDJP Piper J-3C-65 Cub	☐ G-BDYC SF25E Super Falke
☐ G-BCUJ Cessna F150M	☐ G-BDJR Nord NC858	☐ G-BDZC Cessna F150M
☐ G-BCUO Scottish Avn Bulldog	☐ G-BDJV BN2A-27 Islander	☐ G-BDZD Cessna F172M
☐ G-BCUS Scottish Avn Bulldog	☐ G-BDKC Cessna A185F	☐ G-BDZG Slingsby T59H
☐ G-BCUV Scottish Avn Bulldog	☐ G-BDKD Enstrom F-28A	☐ G-BDZI BN2A-21 Islander
☐ G-BCUY Cessna FRA150M	☐ G-BDKH Piel CP.301A	☐ G-BEAB Jodel DR.1051
☐ G-BCVB Piper PA-17 Vagabond	☐ G-BDKJ K & S SA.102.5 Cavalier	☐ G-BEAC Piper PA-28-140 Cherokee
☐ G-BCVC Rallye 100ST	☐ G-BDKM SIPA 903	☐ G-BEAG Piper PA-34-200T Seneca II
☐ G-BCVF Practavia Sprite Series 2	☐ G-BDKW Commander 112	☐ G-BEAH Auster V J/2 Arrow
☐ G-BCVG Cessna FRA150L	☐ G-BDLO Grumman AA-5A Cheetah	☐ G-BEBE Grumman AA-5A Cheetah
☐ G-BCVH Cessna FRA150L	☐ G-BDLT Commander 112	☐ G-BEBG SZD-45A Ogar
☐ G-BCVJ Cessna F172M	☐ G-BDLY K & S SA.102.5 Cavalier	☐ G-BEBN Cessna 177B
☐ G-BCVY Piper PA-34-200T Seneca II	☐ G-BDMS Piper J-3C-65 Cub	☐ G-BEBR Gardan GY-201 Minicab
☐ G-BCWB Cessna 182P	☐ G-BDMW Jodel DR.100A	☐ G-BEBS Andreasson BA4B
☐ G-BCWH Practavia Sprite	☐ G-BDNC Taylor Monoplane	☐ G-BEBU Commander 112
☐ G-BCWK Fournier RF3	☐ G-BDNG Taylor Monoplane	☐ G-BEBZ Piper PA-28-151 Warrior
☐ G-BCXB Rallye 100ST	☐ G-BDNO Taylor Monoplane	☐ G-BECA Rallye 100ST
☐ G-BCXE Robin DR.400-2+2	☐ G-BDNT Jodel D92	☐ G-BECB Rallye 100ST
☐ G-BCXJ Piper J-3C-65 Cub	☐ G-BDNU Cessna F172M	☐ G-BECF Scheibe SF25A Motorfalke
☐ G-BCXN DHC-1 Chipmunk 22	☐ G-BDNW Grumman AA-1B Trainer	☐ G-BECK Cameron V-56
☐ G-BCYH Cadet III Motor Glider	☐ G-BDNX Grumman AA-1B Trainer	☐ G-BECN Piper J-3C-65 Cub
☐ G-BCYM DHC-1 Chipmunk 22	☐ G-BDOC Sikorsky S-61N	☐ G-BECS Thunder Ax6-56A
☐ G-BCYR Cessna F172M	☐ G-BDOD Cessna F150M	☐ G-BECT CASA 1-131E Jungmann
☐ G-BCZM Cessna F172M	☐ G-BDOE Cessna FR172J	☐ G-BECW CASA 1-131E Jungmann
☐ G-BCZO Cameron O-77	☐ G-BDOG S A Bulldog Series 200	☐ G-BECZ Mudry CAP.10B
☐ G-BDAD Taylor Monoplane	☐ G-BDOL Piper J-3C-65 Cub	☐ G-BEDD Jodel D117A
☐ G-BDAG Taylor Monoplane	☐ G-BDOT BN2A Mk.III-2 Trislander	■ G-BEDF Boeing B-17G
☐ G-BDAI Cessna FRA150M	☐ G-BDOW Cessna FRA150M	☐ G-BEDG Commander 112
☐ G-BDAK Commander 112	☐ G-BDPA Piper PA-28-151 Warrior	☐ G-BEDJ Piper J-3C-65 Cub
☐ G-BDAO SIPA S91	☐ G-BDPJ Piper PA-25-235 Pawnee B	☐ G-BEDP BN2A Mk.III-2 Islander
☐ G-BDAP Wittman W8 Tailwind	☐ G-BDPK Cameron O-56	☐ G-BEDW BN2A-20 Islander
☐ G-BDAR Evans VP-1 Series 2	☐ G-BDPN BN2A-21 Islander	☐ G-BEEG BN2A-26 Islander
☐ G-BDAY Thunder Ax5-42	☐ G-BDRD Cessna FRA150M	☐ G-BEEH Cameron V-56
☐ G-BDBD Wittman W8 Tailwind	☐ G-BDRG Taylor Titch	☐ G-BEEI Cameron N-77
☐ G-BDBF Clutton FRED Series II	☐ G-BDRJ DHC-1 Chipmunk 22	☐ G-BEER Isaacs Fury II
☐ G-BDBH Bellanca 7GCBC	☐ G-BDRK Cameron O-65	☐ G-BEEU Piper PA-28-140 Cherokee
☐ G-BDBI Cameron O-77	☐ G-BDSB Piper PA-28-181 Archer II	☐ G-BEFA Piper PA-28-151 Warrior
☐ G-BDBJ Cessna 182P	☐ G-BDSE Cessna F150M	☐ G-BEFF Piper PA-28-140 Cherokee F

☐ G-BEGG	SF25E Super Falke
☐ G-BEHH	Piper PA-32R-300 Lance
☐ G-BEHU	Piper PA-34-200T Seneca II
☐ G-BEHV	Cessna F172N
☐ G-BEIA	Cessna FRA150M
☐ G-BEIF	Cameron O-65
☐ G-BEIG	Cessna F150M
☐ G-BEII	Piper PA-25-235 Pawnee D
☐ G-BEIL	Rallye 150T
☐ G-BEIP	Piper PA-28-181 Archer II
☐ G-BEIS	Evans VP-1
☐ G-BEJD	Avro 748 Series 1
☐ G-BEJK	Cameron S-31
☐ G-BEJV	Piper PA-34-200T Seneca II
☐ G-BEKL	Bede BD-4-150
☐ G-BEKM	Evans VP-1
☐ G-BEKO	Cessna F182Q
☐ G-BELT	Cessna F150J
☐ G-BEMB	Cessna F172M
☐ G-BEMM	Cadet III Motor Glider
☐ G-BEMU	Thunder Ax5-42
☐ G-BEMW	Piper PA-28-181 Archer II
☐ G-BEMY	Cessna FRA150M
☐ G-BEND	Cameron V-56
☐ G-BENJ	Commander 112B
☐ G-BENK	Cessna F172M
☐ G-BENN	Cameron V-56
☐ G-BEOD	Cessna 180
☐ G-BEOE	Cessna FRA150M
☐ G-BEOH	Piper PA-28R-201T Arrow III
☐ G-BEOI	Piper PA-18-150 Super Cub
☐ G-BEOK	Cessna F150M
☐ G-BEOL	Short SC7 Skyvan 3 100
☐ G-BEOY	Cessna FRA150L
☐ G-BEPC	Stampe SV4C
☐ G-BEPF	Stampe SV4C
☐ G-BEPV	Fokker S11-1 Instructor
☐ G-BEPY	Commander 112B
☐ G-BERA	Rallye 150ST
☐ G-BERC	Rallye 150ST
☐ G-BERD	Thunder Ax6-56A
☐ G-BERI	Commander 114
☐ G-BERN	Saffrey S330
☐ G-BERT	Cameron V-56
☐ G-BERY	Grumman AA-1B Trainer
☐ G-BETD	Robin HR.200-100 Club
☐ G-BETE	Rollason Beta B2
☐ G-BETG	Cessna 180K
☐ G-BETI	Pitts S-1D
☐ G-BETL	Piper PA-25-235 Pawnee D
☐ G-BETM	Piper PA-25-235 Pawnee D
☐ G-BEUA	Piper PA-18-150 Super Cub
☐ G-BEUD	Robin HR.100/285 Tiara
☐ G-BEUI	Piper J-3C-65 Cub
☐ G-BEUM	Taylor Monoplane
☐ G-BEUP	Robin DR.400-180 Régent
☐ G-BEUU	Piper PA-18-95 Super Cub
☐ G-BEUX	Cessna F172N
☐ G-BEUY	Cameron N-31
☐ G-BEVB	Rallye 150ST
☐ G-BEVC	Rallye 150ST
☐ G-BEVG	Piper PA-34-200T Seneca II
☐ G-BEVO	Fournier RF5
☐ G-BEVS	Taylor Monoplane
☐ G-BEVT	BN2A Mk.III-2 Trislander
☐ G-BEVW	Rallye 150ST
☐ G-BEWN	DH.82A (Aus) Tiger Moth
☐ G-BEWO	Zlin Z-326 Trener Master
☐ G-BEWR	Cessna F172N
☐ G-BEWX	Piper PA-28R-201 Arrow III
☐ G-BEWY	Bell 206B JetRanger
☐ G-BEXN	Grumman AA-1C Lynx
☐ G-BEXW	Piper PA-28-181 Archer II
☐ G-BEXX	Cameron V-56
☐ G-BEXZ	Cameron N-56
☐ G-BEYA	Enstrom 280C
☐ G-BEYL	Piper PA-28-180 Archer
☐ G-BEYT	Piper PA-28-140 Cherokee
☐ G-BEYV	Cessna T210M
☐ G-BEYW	Taylor Monoplane
☐ G-BEYZ	Jodel DR.1050-M1
☐ G-BEZC	Grumman AA-5 Traveler
☐ G-BEZE	Rutan VariEze
☐ G-BEZF	Grumman AA-5 Traveler
☐ G-BEZG	Grumman AA-5 Traveler
☐ G-BEZH	Grumman AA-5 Traveler
☐ G-BEZI	Grumman AA-5 Traveler
☐ G-BEZK	Cessna F172H
☐ G-BEZL	Piper PA-31 Navajo C
☐ G-BEZO	Cessna F172M
☐ G-BEZP	Piper PA-32-300
☐ G-BEZR	Cessna F172M
☐ G-BEZV	Cessna F172M Skyhawk II
☐ G-BEZY	Rutan VariEze
☐ G-BEZZ	Jodel D112
☐ G-BFAA	Gardan GY80-160
☐ G-BFAF	Aeronca 7BCM Champion
☐ G-BFAH	Currie Wot
☐ G-BFAI	Commander 114
☐ G-BFAK	Morane Saulnier MS.892A
☐ G-BFAP	SIAI Marchetti S.205 20/R
☐ G-BFAS	Evans VP-1 Series 2
☐ G-BFAW	DHC-1 Chipmunk 22
☐ G-BFAX	DHC-1 Chipmunk 22
☐ G-BFBA	Jodel DR.100A
☐ G-BFBB	Piper PA-23-250 Aztec E
☐ G-BFBC	Taylor Monoplane
☐ G-BFBE	Robin HR.200-100 Club
☐ G-BFBM	Saffrey S330
☐ G-BFBR	Piper PA-28-161 Warrior II
☐ G-BFBU	Partenavia P68B
☐ G-BFBY	Piper J-3C-65 Cub
☐ G-BFCT	Cessna TU206F
☐ G-BFDC	DHC-1 Chipmunk 22
☐ G-BFDF	Rallye 235E
☐ G-BFDI	Piper PA-28-181 Archer II
☐ G-BFDK	Piper PA-28-161 Warrior II
☐ G-BFDL	Piper J-3C-65 Cub
☐ G-BFDO	Piper PA-28R-201T Arrow III
☐ G-BFEB	Jodel D150
☐ G-BFEF	Agusta-Bell 47G-3B-1
☐ G-BFEH	Jodel D117A
☐ G-BFEK	Cessna F152
☐ G-BFEV	Piper PA-25-235 Pawnee D
☐ G-BFFC	Cessna F152
☐ G-BFFE	Cessna F152
☐ G-BFFJ	Sikorsky S-61N
☐ G-BFFP	Piper PA-18-150 Super Cub
☐ G-BFFT	Cameron V-56
☐ G-BFFW	Cessna F152
☐ G-BFGD	Cessna F172N
☐ G-BFGG	Cessna FRA150M
☐ G-BFGH	Cessna F337G
☐ G-BFGK	Jodel D117
☐ G-BFGL	Cessna FA152
☐ G-BFGO	Fuji FA-200-160
☐ G-BFGS	Morane Saulnier MS.893E
☐ G-BFGX	Cessna FRA150M
☐ G-BFGZ	Cessna FRA150M
☐ G-BFHH	DH.82A Tiger Moth
☐ G-BFHI	Piper J-3C-65 Cub
☐ G-BFHP	Bellanca 7GCAA
☐ G-BFHR	Jodel DR.220
☐ G-BFHU	Cessna F152
☐ G-BFHV	Cessna F152
☐ G-BFIB	Piper PA-31 Turbo Navajo
☐ G-BFID	Taylor Titch
☐ G-BFIE	Cessna FRA150M
☐ G-BFIG	Cessna FR172K
☐ G-BFIJ	Grumman AA-5A Cheetah
☐ G-BFIN	Grumman AA-5A Cheetah
☐ G-BFIT	Thunder Ax6-56Z
☐ G-BFIU	Cessna FR172K
☐ G-BFIV	Cessna F177RG
☐ G-BFIX	Thunder Ax7-77A
☐ G-BFIY	Cessna F150M
☐ G-BFJJ	Evans VP-1
☐ G-BFJR	Cessna F337G
☐ G-BFJZ	Robin DR.400-140B Major
☐ G-BFKB	Cessna F172N
☐ G-BFKF	Cessna FA152
☐ G-BFKL	Cameron N-56
☐ G-BFLH	Piper PA-34-200T Seneca II
☐ G-BFLU	Cessna F152
☐ G-BFLX	Grumman AA-5A Cheetah
☐ G-BFLZ	Beech 95-A55 Baron
☐ G-BFMF	Cassutt Racer IIIM
☐ G-BFMG	Piper PA-28-161 Warrior II
☐ G-BFMH	Cessna 177B
☐ G-BFMK	Cessna FA152
☐ G-BFMR	Piper PA-20 Pacer 125
☐ G-BFMX	Cessna F172N
☐ G-BFMZ	Payne Ax7-62 HAB
☐ G-BFNG	Jodel D112
☐ G-BFNI	Piper PA-28-161 Warrior II
☐ G-BFNK	Piper PA-28-161 Warrior II
☐ G-BFNM	Globe GC-1B Swift
☐ G-BFOE	Cessna F152
☐ G-BFOF	Cessna F152
☐ G-BFOG	Cessna 150M
☐ G-BFOJ	American AA-1 Yankee
☐ G-BFOP	Jodel D120
☐ G-BFOU	Taylor Monoplane
☐ G-BFOV	Cessna F172N
☐ G-BFPA	Scheibe SF25B Falke
☐ G-BFPH	Cessna F172K
☐ G-BFPO	Commander 112B
☐ G-BFPP	Bell 47J-2
☐ G-BFPR	Piper PA-25-235 Pawnee D
☐ G-BFPS	Piper PA-25-235 Pawnee D
☐ G-BFPZ	Cessna F177RG
☐ G-BFRD	Bowers Fly Baby 1A
☐ G-BFRI	Sikorsky S-61N
☐ G-BFRR	Cessna FRA150M
☐ G-BFRS	Cessna F172N
☐ G-BFRV	Cessna FA152
☐ G-BFRY	Piper PA-25-260 Pawnee C
☐ G-BFSA	Cessna F182Q
☐ G-BFSC	Piper PA-25-235 Pawnee D
☐ G-BFSD	Piper PA-25-235 Pawnee D
☐ G-BFSR	Cessna F150J
☐ G-BFSS	Cessna FR172G
☐ G-BFSY	Piper PA-28-181 Archer II
☐ G-BFTA	Piper PA-28-161 Warrior II
☐ G-BFTC	Piper PA-28R-201T Arrow III
☐ G-BFTF	Grumman AA-5B Tiger
☐ G-BFTG	Grumman AA-5B Tiger
☐ G-BFTH	Cessna F172N
☐ G-BFTT	Cessna 421C Golden Eagle
☐ G-BFTX	Cessna F172N
☐ G-BFUB	Piper PA-32RT-300 Lance II
☐ G-BFUD	SF25E Super Falke
☐ G-BFUZ	Cameron V-77
☐ G-BFVG	Piper PA-28-181 Archer II
☐ G-BFVH	Replica DH.2
☐ G-BFVS	Grumman AA-5B Tiger
☐ G-BFVU	Cessna 150L
☐ G-BFWB	Piper PA-28-161 Warrior II
☐ G-BFWD	Currie Wot

☐	G-BFXF	Andreasson BA4B	☐	G-BGHJ	Cessna F172N	☐ G-BGTC	Auster AOP9
☐	G-BFXG	Druine D.31 Turbulent	☐	G-BGHM	Robin R1180T Aiglon	☐ G-BGTF	Piper PA-44-180 Seminole
☐	G-BFXK	Piper PA-28-140 Cherokee F	☐	G-BGHP	Beech 76 Duchess	☐ G-BGTG	Piper PA-23-250 Aztec F
☐	G-BFXR	Jodel D112	☐	G-BGHS	Cameron N-31	☐ G-BGTI	Piper J-3C-65 Cub
☐	G-BFXS	Commander 114	☐	G-BGHT	Falconar F-12	☐ G-BGTJ	Piper PA-28-180 Archer
☐	G-BFXW	Grumman AA-5B Tiger	☐	G-BGHU	North American T-6G	☐ G-BGTT	Cessna 310R
☐	G-BFXX	Gulfstream AA-5B	☐	G-BGHY	Taylor Monoplane	☐ G-BGTX	Jodel D117
☐	G-BFYA	MBB BÖ.105DB	☐	G-BGHZ	Clutton FRED Series II	☐ G-BGUB	Piper PA-32-300
☐	G-BFYC	Piper PA-32RT-300 Lance II	☐	G-BGIB	Cessna 152	☐ G-BGVB	Jodel DR.315
☐	G-BFYI	Westland Bell 47G-3B-1	☐	G-BGIG	Piper PA-38-112 Tomahawk	☐ G-BGVE	Scintex CP.1310-C3
☐	G-BFYK	Cameron V-77	☐	G-BGIU	Cessna F172H	☐ G-BGVH	Beech 76 Duchess
☐	G-BFYL	Evans VP-2	☐	G-BGIX	Helio H-295	☐ G-BGVK	Piper PA-28-161 Warrior II
☐	G-BFYM	Piper PA-28-161 Warrior II	☐	G-BGIY	Cessna F172N	☐ G-BGVN	Piper PA-28RT-201 Arrow IV
☐	G-BFYW	Slingsby T65A	☐	G-BGJU	Cameron V-65	☐ G-BGVS	Cessna F172M
☐	G-BFZA	Fournier RF3	☐	G-BGKC	Rallye 110ST	☐ C-BCVV	Gulfstroam AA-5A
☐	G-BFZB	Piper J-3C-65 Cub	☐	G-BGKO	Gardan GY-20 Minicab	☐ G-BGVY	Gulfstream AA-5B
☐	G-BFZD	Cessna FR182	☐	G-BGKS	Piper PA-28-161 Warrior II	☐ G-BGVZ	Piper PA-28-181 Archer II
☐	G-BFZH	Piper PA-28R-200 Arrow II	☐	G-BGKT	Auster AOP9	☐ G-BGWC	Robin DR.400-180 Régent
☐	G-BFZM	Commander 112TCA	☐	G-BGKU	Piper PA-28R-201 Arrow III	☐ G-BGWH	Piper PA-28RT-201 Arrow IV
☐	G-BFZN	Cessna FA152	☐	G-BGKV	Piper PA-28R-201 Arrow III	☐ G-BGWK	Sikorsky S-61N
☐	G-BFZO	Grumman AA-5A Cheetah	☐	G-BGKY	Piper PA-38-112 Tomahawk	☐ G-BGWM	Piper PA-28-181 Archer II
☐	G-BFZU	Cessna 152	☐	G-BGKZ	Auster J/5F Aiglet Trainer	☐ G-BGWN	Piper PA-38-112 Tomahawk
☐	G-BFZV	Cessna F172M	☐	G-BGLA	Piper PA-38-112 Tomahawk	☐ G-BGWO	Jodel D112
☐	G-BGAA	Cessna 152	☐	G-BGLF	Evans VP-1 Series 2	☐ G-BGWR	Cessna U206A
☐	G-BGAB	Cessna F152	☐	G-BGLG	Cessna 152	☐ G-BGWV	Aeronca 7AC Champion
☐	G-BGAE	Cessna F152	☐	G-BGLK	Monnett Sonerai 2L	☐ G-BGXA	Piper J-3C-65 Cub
☐	G-BGAF	Cessna FA152	☐	G-BGLN	Cessna FA152	☐ G-BGXB	Piper PA-38-112 Tomahawk
☐	G-BGAG	Cessna F172N	☐	G-BGLO	Cessna F172N	☐ G-BGXC	SOCATA TB-10 Tobago
☐	G-BGAJ	Cessna F182Q	☐	G-BGLS	Oldfield Baby Lakes	☐ G-BGXD	SOCATA TB-10 Tobago
☐	G-BGAX	Piper PA-28-140 Cherokee F	☐	G-BGLZ	Stitts Playboy Sa3A	☐ G-BGXO	Piper PA-38-112 Tomahawk
☐	G-BGAZ	Cameron V-77	☐	G-BGME	SIPA 903	☐ G-BGXR	Robin HR.200-100 Club
☐	G-BGBA	Robin R2100A Club	☐	G-BGMJ	Gardan GY-201 Minicab	☐ G-BGXS	Piper PA-28-236 Dakota
☐	G-BGBE	Jodel DR.1050	☐	G-BGMP	Cessna F172G	☐ G-BGXT	SOCATA TB-10 Tobago
☐	G-BGBF	Druine D.31A Turbulent	☐	G-BGMR	Gardan GY-20 Minicab	☐ G-BGYH	Piper PA-28-161 Warrior II
☐	G-BGBG	Piper PA-28-181 Archer II	☐	G-BGMS	Taylor Titch	☐ G-BGYN	Piper PA-18-150 Super Cub
☐	G-BGBI	Cessna F150L	☐	G-BGMT	Rallye 235E	☐ G-BGZF	Piper PA-38-112 Tomahawk
☐	G-BGBK	Piper PA-38-112 Tomahawk	☐	G-BGMV	Scheibe SF25B Falke	☐ G-BHAA	Cessna 152
☐	G-BGBN	Piper PA-38-112 Tomahawk	☐	G-BGND	Cessna F172N	☐ G-BHAA	Cessna A152
☐	G-BGBR	Cessna F172N	☐	G-BGNT	Cessna F152	☐ G-BHAI	Cessna F152
☐	G-BGBV	Slingsby T65A	☐	G-BGNV	Gulfstream American GA-7	☐ G-BHAJ	Robin DR.400-160 Knight
☐	G-BGBW	Piper PA-38-112 Tomahawk	☐	G-BGOD	Colt 77A	☐ G-BHAV	Westland Bell 47G-3B-1
☐	G-BGBZ	Commander 114	☐	G-BGOG	Piper PA-28-161 Warrior II	☐ G-BHAV	Cessna F152
☐	G-BGCB	Slingsby T65A	☐	G-BGOI	Cameron O-56	☐ G-BHAW	Cessna F172N
☐	G-BGCM	Gulfstream AA-5A	☐	G-BGOJ	Cessna F150L	☐ G-BHAX	Enstrom F-28C-2-UK
☐	G-BGCO	Piper PA-44-180 Seminole	☐	G-BGOL	Piper PA-28R-201T Arrow III	☐ G-BHAY	Piper PA-28RT-201 Arrow IV
☐	G-BGCU	Slingsby T65A	☐	G-BGON	Gulfstream American GA-7	☐ G-BHBA	Campbell Cricket
☐	G-BGCY	Taylor Monoplane	☐	G-BGOR	AT-6D Harvard III	☐ G-BHBE	Westland Bell Soloy 47G-3
☐	G-BGEH	Monnett Sonerai 2	☐	G-BGPA	Cessna 182Q	☐ G-BHBF	Sikorsky S-76A
☐	G-BGEI	Baby Lakes	☐	G-BGPB	CCF Harvard 4	☐ G-BHBG	Piper PA-32R-300 Lance
☐	G-BGEW	Nord NC854S	☐	G-BGPD	Piper J-3C-65 Cub	☐ G-BHBT	Marquart Ma5 Charger
☐	G-BGFC	Evans VP-2	☐	G-BGPH	Gulfstream AA-5B	☐ G-BHBZ	Partenavia P68B
☐	G-BGFF	Clutton FRED Series II	☐	G-BGPI	Plumb BGP-1	☐ G-BHCC	Cessna 172M
☐	G-BGFG	Gulfstream AA-5A	☐	G-BGPJ	Piper PA-28-161 Warrior II	☐ G-BHCE	Jodel D117A
☐	G-BGFI	Gulfstream AA-5A	☐	G-BGPL	Piper PA-28-161 Warrior II	☐ G-BHCM	Cessna F172H
☐	G-BGFJ	Jodel D9	☐	G-BGPM	Evans VP-2	☐ G-BHCP	Cessna F152
☐	G-BGFT	Piper PA-34-200T Seneca II	☐	G-BGPN	Piper PA-18-150 Super Cub	☐ G-BHCZ	Piper PA-38-112 Tomahawk
☐	G-BGFX	Cessna F152	☐	G-BGRC	Piper PA-28-140 Cherokee B	☐ G-BHDD	Vickers 668 Varsity T1
☐	G-BGGA	Bellanca 7GCBC	☐	G-BGRE	Beech 200 Super King Air	☐ G-BHDE	SOCATA TB-10 Tobago
☐	G-BGGB	Bellanca 7GCBC	☐	G-BGRG	Beech 76 Duchess	☐ G-BHDM	Cessna F152
☐	G-BGGC	Bellanca 7GCBC	☐	G-BGRH	Robin DR.400-2+2	☐ G-BHDP	Cessna F182Q
☐	G-BGGD	Bellanca 8GCBC	☐	G-BGRI	Jodel DR.1050	☐ G-BHDR	Cessna F152
☐	G-BGGE	Piper PA-38-112 Tomahawk	☐	G-BGRM	Piper PA-38-112 Tomahawk	☐ G-BHDS	Cessna F152
☐	G-BGGG	Piper PA-38-112 Tomahawk	☐	G-BGRO	Cessna F172M	☐ G-BHDV	Cameron V-77
☐	G-BGGI	Piper PA-38-112 Tomahawk	☐	G-BGRR	Piper PA-38-112 Tomahawk	☐ G-BHDW	Cessna F152
☐	G-BGGL	Piper PA-38-112 Tomahawk	☐	G-BGRS	Thunder Ax7-77Z	☐ G-BHDX	Cessna F172N
☐	G-BGGM	Piper PA-38-112 Tomahawk	☐	G-BGRT	Steen Skybolt	☐ G-BHEC	Cessna F152
☐	G-BGGN	Piper PA-38-112 Tomahawk	☐	G-BGRX	Piper PA-38-112 Tomahawk	☐ G-BHED	Cessna FA152
☐	G-BGGO	Cessna F152	☐	G-BGSA	Morane Saulnier MS.892E	☐ G-BHEG	Jodel D150
☐	G-BGGP	Cessna F152	☐	G-BGSH	Piper PA-38-112 Tomahawk	☐ G-BHEK	Scintex CP.1310-C3
☐	G-BGGU	Wallis WA116/S	☐	G-BGSJ	Piper J-3C-65 Cub	☐ G-BHEL	Jodel D117
☐	G-BGGV	Wallis WA120 Series 2	☐	G-BGSV	Cessna F172N	☐ G-BHEN	Bensen B8MV
☐	G-BGGW	Wallis WA122/R-R	☐	G-BGSW	Beech F33 Bonanza		
☐	G-BGHI	Cessna F152	☐	G-BGSY	Gulfstream American GA-7	☐ G-BHEN	Cessna FA152

17

Registration	Type	Registration	Type	Registration	Type
G-BHEU	Thunder Ax7-65	G-BHPL	CASA 1-131E Jungmann	G-BIBJ	Enstrom 280C
G-BHEV	Piper PA-28R-200 Arrow II	G-BHPS	Jodel D120A	G-BIBN	Cessna FA150K
G-BHEX	Colt 56A	G-BHPY	Cessna 152	G-BIBO	Cameron V-65
G-BHEZ	Jodel D150	G-BHPZ	Cessna 172N	G-BIBS	Cameron P-20
G-BHFC	Cessna F152	G-BHRB	Cessna F152	G-BIBT	Gulfstream AA-5B
G-BHFE	Piper PA-44-180 Seminole	G-BHRC	Piper PA-28-161 Warrior II	G-BIBW	Cessna F172N
G-BHFG	Stampe SV4C	G-BHRH	Cessna FA150K	G-BIBX	WMB2 Windtracker
G-BHFH	Piper PA-34-200T Seneca II	G-BHRN	Cessna F152	G-BICD	Auster 5
G-BHFI	Cessna F152	G-BHRO	Commander 112	G-BICE	AT-6C Harvard IIA
G-BHFJ	PA-28RT-201T Arrow IV	G-BHRR	Piel CP.301A	G-BICG	Cessna F152
G-BHFK	Piper PA-28-151 Warrior	G-BHRW	Jodel DR.221	G-BICJ	Monnett Sonerai 2
G-BHGC	Piper PA-18-150 Super Cub	G-BHSB	Cessna 172N	G-BICM	Colt 56A
G-BHGF	Cameron V-56	G-BHSD	SF25E Super Falke	G-BICP	Robin DR.360 Chevalier
G-BHGJ	Jodel D120	G-BHSE	Commander 114	G-BICR	Jodel D120A
G-BHGO	Piper PA-32-260	G-BHSN	Cameron N-56	G-BICS	Robin R2100A Club
G-BHGY	Piper PA-28R-200 Arrow I	G-BHSP	Thunder Ax7-77Z	G-BICU	Cameron V-56
G-BHHB	Cameron V-77	G-BHSS	Pitts S-1S	G-BICW	Piper PA-28-161 Warrior II
G-BHHE	Jodel DR.1051-M1	G-BHSY	Jodel DR.1050	G-BICX	Maule M5-235C
G-BHHG	Cessna F152	G-BHTA	Piper PA-28-236 Dakota	G-BIDD	Evans VP-1
G-BHHH	Thunder Ax7-65 Bolt	G-BHTC	Jodel DR.1051-M1	G-BIDF	Cessna F172P
G-BHHK	Cameron N-77	G-BHTG	Thunder Ax6-56 Bolt	G-BIDG	Jodel D150
G-BHHN	Cameron V-77	G-BHUE	Jodel DR.1050	G-BIDH	Cessna 152
G-BHHX	Jodel D112	G-BHUG	Cessna 172N	G-BIDI	Piper PA-28R-201 Arrow III
G-BHIB	Cessna F182Q	G-BHUI	Cessna 152	G-BIDJ	Piper PA-18A-150 Super Cub
G-BHIG	Colt 31A	G-BHUJ	Cessna 172N	G-BIDK	Piper PA-18-150 Super Cub
G-BHII	Cameron V-77	G-BHUM	DH.82A Tiger Moth	G-BIDO	Piel CP.301A
G-BHIJ	Pik 20E	G-BHUR	Thunder Ax3	G-BIDX	Jodel D112
G-BHIN	Cessna F152	G-BHUU	Piper PA-25-235 Pawnee D	G-BIEF	Cameron V-77
G-BHIS	Thunder Ax7-65 Bolt	G-BHVB	Piper PA-28-161 Warrior II	G-BIEJ	Sikorsky S-76A
G-BHIT	SOCATA TB-9 Tampico	G-BHVF	Jodel D150	G-BIEN	Jodel D120A Special
G-BHIY	Cessna F150K	G-BHVP	Cessna 182Q	G-BIEO	Jodel D112
G-BHJF	SOCATA TB-10 Tobago	G-BHVR	Cessna 172N	G-BIES	Maule M5-235C
G-BHJI	Mooney M20J	G-BHVV	Piper J-3C-65 Cub	G-BIET	Cameron O-77
G-BHJK	Maule M5-235C	G-BHWA	Cessna F152	G-BIEY	Piper PA-28-151 Warrior
G-BHJN	Fournier RF4D	G-BHWB	Cessna F152	G-BIFA	Cessna 310R
G-BHJO	Piper PA-28-161 Warrior II	G-BHWH	Weedhopper JC-24A	G-BIFB	Piper PA-28-150 Cherokee C
G-BHJS	Partenavia P68B	G-BHWK	Morane Saulnier MS.880B	G-BIFO	Evans VP-1
G-BHJU	Robin DR.400-2+2	G-BHWY	Piper PA-28R-200 Arrow II	G-BIFP	Colt 56C
G-BHKH	Cameron O-65	G-BHWZ	Piper PA-28-181 Archer II	G-BIFY	Cessna F150L
G-BHKJ	Cessna 421C Golden Eagle	G-BHXA	Scottish Avn Bulldog	G-BIGJ	Cessna F172M
G-BHLE	Robin DR.400-180 Régent	G-BHXD	Jodel D120	G-BIGK	Taylorcraft BC-12D
G-BHLH	Robin DR.400-180 Régent	G-BHXK	Piper PA-28-140 Cherokee	G-BIGL	Cameron O-65
G-BHLJ	Rigg Skyliner	G-BHXS	Jodel D120	G-BIGR	Avenger T200-2112
G-BHLT	DH.82A Tiger Moth	G-BHXY	Piper J-3C-65 Cub	G-BIGZ	Scheibe SF25B Falke
G-BHLU	Fournier RF3	G-BHYA	Cessna R182	G-BIHD	Robin DR.400-160 Knight
G-BHLW	Cessna 120	G-BHYC	Cessna 172RG	G-BIHF	Replica Plans SE.5A
G-BHLX	Grumman AA-5B Tiger	G-BHYD	Cessna R172K	G-BIHI	Cessna 172M
G-BHMA	SIPA 903	G-BHYG	Piper PA-34-200T Seneca II	G-BIHO	DHC-6 Twin Otter Series 3
G-BHMG	Cessna FA152	G-BHYI	Stampe SV4A	G-BIHP	Gas Filled Free Balloon
G-BHMI	Cessna F172N	G-BHYP	Cessna F172M	G-BIHT	Piper PA-17 Vagabond
G-BHMJ	Avenger T200-2112	G-BHYR	Cessna F172M	G-BIHU	Saffrey S200
G-BHMK	Avenger T200-2112	G-BHYV	Evans VP-1	G-BIHX	Bensen B8MR
G-BHMR	Stinson 108-3	G-BHYX	Cessna 152	G-BIIA	Fournier RF3
G-BHMT	Evans VP-1	G-BHZE	Piper PA-28-181 Archer II	G-BIIB	Cessna F172M
G-BHNA	Cessna F152	G-BHZH	Cessna F152	G-BIID	Piper PA-18-95 Super Cub
G-BHNC	Cameron O-65	G-BHZK	Gulfstream AA-5B	G-BIIE	Cessna F172P
G-BHND	Cameron N-65	G-BHZO	Gulfstream AA-5A	G-BIIK	Morane Saulnier MS.883
G-BHNK	Jodel D120A	G-BHZR	Scottish Avn Bulldog	G-BIIL	Thunder Ax6-56 Bolt
G-BHNL	Jodel D112	G-BHZS	Scottish Avn Bulldog	G-BIIT	Piper PA-28-161 Warrior II
G-BHNO	Piper PA-28-181 Archer II	G-BHZT	Scottish Avn Bulldog	G-BIIV	Piper PA-28-181 Archer II
G-BHNP	Pik 20E	G-BHZU	Piper J-3C-65 Cub	G-BIIZ	Great Lakes 2T-1A
G-BHNV	Westland Bell 47G-3B-1	G-BHZV	Jodel D120A	G-BIJB	Piper PA-18-150 Super Cub
G-BHNX	Jodel D117	G-BHZX	Thunder Ax7-69A	G-BIJD	Bölkow BÖ.208C Junior
G-BHOA	Robin DR.400-160 Knight	G-BIAC	Rallye 235E Gabier	G-BIJE	Piper J-3C-65 Cub
G-BHOG	Sikorsky S-61N	G-BIAH	Jodel D112	G-BIJS	Luton LA4A Minor
G-BHOJ	Colt 12A	G-BIAI	WMB2 Windtracker	G-BIJU	Piel CP.301A
G-BHOL	Jodel DR.1050	G-BIAP	Piper PA-16 Clipper	G-BIJV	Cessna F152
G-BHOM	Piper PA-18-95 Super Cub	G-BIAR	Rigg Skyliner 2	G-BIJW	Cessna F152
G-BHOO	Yorkshire Air Balloon A66	G-BIAX	Taylor Titch	G-BIKC	Boeing 757-236
G-BHOR	Piper PA-28-161 Warrior II	G-BIAY	Grumman AA-5 Traveler	G-BIKE	Piper PA-28R-200 Arrow II
G-BHOT	Cameron V-65	G-BIBA	SOCATA TB-9 Tampico	G-BIKF	Boeing 757-236
G-BHOZ	SOCATA TB-9 Tampico	G-BIBB	Mooney M20C	G-BIKG	Boeing 757-236
G-BHPK	Piper J-3C-65 Cub	G-BIBG	Sikorsky S-76A	G-BIKI	Boeing 757-236

Reg	Type	Reg	Type	Reg	Type
☐ G-BIKJ	Boeing 757-236	☐ G-BITO	Jodel D112D	☐ G-BJCW	Piper PA-32R-301 Sarato ga
☐ G-BIKK	Boeing 757-236	☐ G-BITS	Drayton B-56	☐ G-BJDE	Cessna F172M
☐ G-BIKM	Boeing 757-236	☐ G-BITY	Bell FD.31T Flying Dodo	☐ G-BJDF	Morane Saulnier MS.880B
☐ G-BIKN	Boeing 757-236	☐ G-BIUM	Cessna F152	☐ G-BJDK	Ridout European E.157
☐ G-BIKO	Boeing 757-236	☐ G-BIUP	Nord NC854S	☐ G-BJDW	Cessna F172M
☐ G-BIKP	Boeing 757-236	☐ G-BIUV	HS.748 Series 2A	☐ G-BJEE	BN2T Islander
☐ G-BIKS	Boeing 757-236	☐ G-BIUW	Piper PA-28-161 Warrior II	☐ G-BJEF	BN2T Islander
☐ G-BIKU	Boeing 757-236	☐ G-BIUY	Piper PA-28-181 Archer II	☐ G-BJEI	Piper PA-18-95 Super Cub
☐ G-BIKV	Boeing 757-236	☐ G-BIVA	Robin R2112 Alpha	☐ G-BJEJ	BN2T Islander
☐ G-BIKZ	Boeing 757-236	☐ G-BIVB	Jodel D112	☐ G-BJEL	Nord NC854S
☐ G-BILB	WMB2 Windtracker	☐ G-BIVC	Jodel D112	☐ G-BJEV	Aeronca 11AC Chief
☐ G-BILE	Scruggs BI2B	☐ G-BIVF	Scintex CP.301-C3	☐ G-BJEX	Bölkow BÖ.208C Junior
☐ G-BILG	Scruggs BI2B	☐ G-BIVK	Bensen B8M	☐ G-BJFC	Ridout European E.8
☐ G-BILH	Slingsby T65C	☐ G-BIWA	Stevendon Skyreacher	☐ G-BJFE	Piper PA-18-95 Super Cub
☐ G-BILI	Piper J-3C-65 Cub	☐ G-BIWB	Scruggs Rs5000	☐ G-BJFL	Sikorsky S-76A
☐ G-BILL	Piper PA-25-235 Pawnee D	☐ G-BIWC	Scruggs Rs5000	☐ G-BJFM	Jodel D120
☐ G-BILR	Cessna 152	☐ G-BIWF	Ridout Warren Windcatcher	☐ G-BJGK	Cameron V-77
☐ G-BILS	Cessna 152	☐ G-BIWG	Zelenski Mk-2	☐ G-BJGM	Unicorn Ue-1A
☐ G-BILU	Cessna 172RG	☐ G-BIWJ	Unicorn Ue-1A	☐ G-BJGX	Sikorsky S-76A
☐ G-BILZ	Taylor Monoplane	☐ G-BIWK	Cameron V-65	☐ G-BJGY	Cessna F172P
☐ G-BIMK	Tiger T200 Series 1	☐ G-BIWN	Jodel D112	☐ G-BJHB	Mooney M20J
☐ G-BIMM	Piper PA-18-150 Super Cub	☐ G-BIWR	Mooney M20F	☐ G-BJHK	EAA Acrosport
☐ G-BIMN	Steen Skybolt	☐ G-BIWU	Cameron V-65	☐ G-BJIA	Allport Hot Air Free Balloon
☐ G-BIMO	Stampe SV4C	☐ G-BIWW	American AA-5 Traveler	☐ G-BJIC	Eaves Dodo 1A MLB
☐ G-BIMT	Cessna FA152	☐ G-BIXA	SOCATA TB-9 Tampico	☐ G-BJID	Osprey Mk-1B
☐ G-BIMU	Sikorsky S-61N	☐ G-BIXB	SOCATA TB-9 Tampico	☐ G-BJIG	Slingsby T67A
☐ G-BIMX	Rutan VariEze	☐ G-BIXH	Cessna F152	☐ G-BJIV	Piper PA-18-150 Super Cub
☐ G-BIMZ	Beech 76 Duchess	☐ G-BIXL	North American P-51D	☐ G-BJKF	SOCATA TB-9 Tampico
☐ G-BINL	Scruggs BI2B	☐ G-BIXN	Boeing A75N1	☐ G-BJKW	Wills Aera 2
☐ G-BINM	Scruggs BI2B	☐ G-BIXV	Bell 212	☐ G-BJKY	Cessna F152
☐ G-BINR	Unicorn Ue-1A	☐ G-BIXW	Colt 56B	☐ G-BJLB	Nord NC854S
☐ G-BINS	Unicorn Ue-2A	☐ G-BIXX	Pearson Series 2	☐ G-BJLC	Monnett Sonerai 2L
☐ G-BINT	Unicorn Ue-1A	☐ G-BIXZ	Grob G109	☐ G-BJLF	Unicorn Ue-1C
☐ G-BINX	Scruggs BI2B	☐ G-BIYI	Cameron V-65	☐ G-BJLG	Unicorn Ue-1B
☐ G-BINY	Morton Oriental	☐ G-BIYJ	Piper PA-18-95 Super Cub	☐ G-BJLX	Cremer Balloon
☐ G-BIOA	Hughes 369D	☐ G-BIYK	Isaacs Fury II	☐ G-BJLY	Cremer Balloon
☐ G-BIOB	Cessna F172P	☐ G-BIYP	Piper PA-20 Pacer 125	☐ G-BJML	Cessna 120
☐ G-BIOC	Cessna F150L	☐ G-BIYR	Piper PA-18-150 Super Cub	☐ G-BJMO	Taylor Monoplane
☐ G-BIOI	Jodel DR.1050-M	☐ G-BIYU	Fokker S11-1 Instructor	☐ G-BJMR	Cessna 310R
☐ G-BIOJ	Commander 112TCA	☐ G-BIYW	Jodel D112	☐ G-BJMW	Thunder Ax8-105
☐ G-BIOK	Cessna F152	☐ G-BIYX	Piper PA-28-140 Cruiser	☐ G-BJMX	Ridout Jarre JR-3 MLB
☐ G-BIOU	Jodel D117A	☐ G-BIYY	Piper PA-18-95 Super Cub	☐ G-BJMZ	Ridout European EA-8A
☐ G-BIOW	Slingsby T67A	☐ G-BIZE	SOCATA TB-9 Tampico	☐ G-BJNA	Arena Mk117P
☐ G-BIPA	Grumman AA-5B Tiger	☐ G-BIZF	Cessna F172P	☐ G-BJND	Osprey Mk-1E
☐ G-BIPH	Scruggs BI2B	☐ G-BIZG	Cessna F152	☐ G-BJNF	Cessna F152
☐ G-BIPI	Everett Gyroplane	☐ G-BIZI	Robin DR.400-2+2	☐ G-BJNG	Slingsby T67A
☐ G-BIPN	Fournier RF3	☐ G-BIZL	Nord 3202-B1	☐ G-BJNH	Osprey Mk-1E
☐ G-BIPO	Mudry CAP.20 LS 200	☐ G-BIZM	Nord 3202	☐ G-BJNN	Piper PA-38-112 Tomahawk
☐ G-BIPT	Jodel D112	☐ G-BIZO	Piper PA-28R-200 Arrow II	☐ G-BJNY	Aeronca 11CC Chief
☐ G-BIPV	Gulfstream AA-5B	☐ G-BIZR	SOCATA TB-9 Tampico	☐ G-BJNZ	Piper PA-23-250 Aztec F
☐ G-BIPW	Avenger T200-2112	☐ G-BIZV	Piper PA-18-95 Super Cub	☐ G-BJOB	Jodel D140C
☐ G-BIPY	Montgomerie-Bensen B8MR	☐ G-BIZW	Champion 7GCBC	☐ G-BJOE	Jodel D120A
☐ G-BIRD	Pitts S-1D	☐ G-BIZY	Jodel D112	☐ G-BJOP	BN2B-26 Islander
☐ G-BIRE	Colt 56 Satzenbrau Bottle	☐ G-BJAD	Clutton FRED Series II	☐ G-BJOT	Jodel D117
☐ G-BIRH	Piper PA-18-150 Super Cub	☐ G-BJAE	Starck AS80	☐ G-BJOV	Cessna F150K
☐ G-BIRI	CASA 1-131E Jungmann	☐ G-BJAF	Piper J-3C-65 Cub	☐ G-BJPI	Bede BD-5G
☐ G-BIRL	Avenger T200-2112	☐ G-BJAG	Piper PA-28-181 Archer II	☐ G-BJPL	Osprey Mk-4A
☐ G-BIRP	Arena Mk17 Skyship	☐ G-BJAJ	Gulfstream AA-5B	☐ G-BJRA	Osprey Mk-4B
☐ G-BIRT	Robin R1180TD Aiglon	☐ G-BJAL	CASA 1-131E Jungmann	☐ G-BJRG	Osprey Mk-4B
☐ G-BISG	Clutton FRED Series III	☐ G-BJAO	Montgomerie-Bensen B8MR	☐ G-BJRH	Rango Na-36/Ax3
☐ G-BISH	Cameron V-65	☐ G-BJAP	Replica Tiger Moth	☐ G-BJRP	Cremer Balloon
☐ G-BISL	Scruggs BI2B	☐ G-BJAS	Rango Na-9	☐ G-BJRR	Cremer Balloon
☐ G-BISM	Scruggs BI2C	☐ G-BJAV	Gardan GY80-160	☐ G-BJRV	Cremer Balloon
☐ G-BISS	Scruggs BI2C	☐ G-BJAW	Cameron V-65	☐ G-BJSS	Allport Hot Air Free Balloon
☐ G-BIST	Scruggs BI2C	☐ G-BJAY	Piper J-3C-65 Cub	☐ G-BJST	CCF Harvard 4
☐ G-BISX	Colt 56A	☐ G-BJBK	Piper PA-18-95 Super Cub	☐ G-BJSV	Piper PA-28-161 Warrior II
☐ G-BISZ	Sikorsky S-76A	☐ G-BJBM	Monnett Sonerai 1	☐ G-BJSW	Thunder Ax7-65Z
☐ G-BITA	Piper PA-18-150 Super Cub	☐ G-BJBO	Jodel DR.250/160	☐ G-BJSZ	Piper J-3C-65 Cub
☐ G-BITE	SOCATA TB-10 Tobago	☐ G-BJBW	Piper PA-28-161 Warrior II	☐ G-BJTB	Cessna A150M
☐ G-BITF	Cessna F152	☐ G-BJBX	Piper PA-28-161 Warrior II	☐ G-BJTF	Skyrider Mk-1
☐ G-BITH	Cessna F152	☐ G-BJCA	Piper PA-28-161 Warrior II	☐ G-BJTN	Osprey Mk-4B
☐ G-BITK	Clutton FRED Series II	☐ G-BJCF	Scintex CP.1310-C3	☐ G-BJTP	Piper PA-18-95 Super Cub
☐ G-BITM	Cessna F172M	☐ G-BJCI	Piper PA-18-150 Super Cub	☐ G-BJTY	Osprey Mk-4B

Reg	Type	Reg	Type	Reg	Type
☐ G-BJUB	Wild BVS Special 01	☐ G-BKDS	Colt 14A Cloudhopper	☐ G-BKRK	Stampe SV4C
☐ G-BJUC	Robinson R22	☐ G-BKDX	Jodel DR.1050	☐ G-BKRN	Beech D18S
☐ G-BJUD	Robin DR.400-180R Remo	☐ G-BKEP	Cessna F172M	☐ G-BKRS	Cameron V-56
☐ G-BJUE	Osprey Mk-4B	☐ G-BKER	Replica Plans SE.5A	☐ G-BKRZ	Dragon G77
☐ G-BJUR	Piper PA-38-112 Tomahawk	☐ G-BKET	Piper PA-18-95 Super Cub	☐ G-BKSD	Colt 56A
☐ G-BJUS	Piper PA-38-112 Tomahawk	☐ G-BKEU	Taylor Monoplane	☐ G-BKSE	QAC Quickie 1
☐ G-BJUU	Osprey Mk-4B	☐ G-BKEV	Cessna F172M	☐ G-BKSP	Schleicher ASK 14
☐ G-BJVV	Cameron V-20	☐ G-BKEW	Bell 206B JetRanger	☐ G-BKST	Rutan VariEze
☐ G-BJVC	Evans VP-2	☐ G-BKEY	Clutton FRED Series III	☐ G-BKSX	Stampe SV4C
☐ G-BJVH	Cessna F182Q	☐ G-BKFA	Monnett Sonerai 2L	☐ G-BKTA	Piper PA-18-95 Super Cub
☐ G-BJVJ	Cessna F152	☐ G-BKFC	Cessna F152	☐ G-BKTH	Hawker Sea Hurricane 1B
☐ G-BJVK	Grob G109	☐ G-BKFI	Evans VP-1 Series 2	☐ G-BKTM	SZD-45A Ogar
☐ G-BJVM	Cessna 172N	☐ G-BKFL	Aerosport Scamp	☐ G-BKTR	Cameron V-77
☐ G-BJVS	Scintex CP.1310-C3	☐ G-BKFM	QAC Quickie 1	☐ G-BKTV	Cessna F152
☐ G-BJVT	Cessna F152	☐ G-BKFR	Piel CP.301C	☐ G-BKTZ	Slingsby T67M
☐ G-BJVU	Thunder Ax6-56 Bolt	☐ G-BKFW	Percival Provost T1	☐ G-BKUE	SOCATA TB-9 Tampico
☐ G-BJVV	Robin R1180TD Aiglon	☐ G-BKGA	Morane Saulnier MS.892E	☐ G-BKUI	Druine D.31 Turbulent
☐ G-BJWH	Cessna F152	☐ G-BKGB	Jodel D120	☐ G-BKUR	Piel CP.301A
☐ G-BJWI	Cessna F172P	☐ G-BKGC	Maule M6-235	☐ G-BKUU	Thunder Ax7-77
☐ G-BJWJ	Cameron V-65	☐ G-BKGL	Beech D18S (3TM)	☐ G-BKVA	Rallye 180T Galerien
☐ G-BJWO	BN2A-26 Islander	☐ G-BKGM	Beech 3NM (D18S)	☐ G-BKVB	Rallye 110ST Galopin
☐ G-BJWT	Wittman W10 Tailwind	☐ G-BKGR	Cameron O-65	☐ G-BKVC	SOCATA TB-9 Tampico
☐ G-BJWV	Colt 17A Cloudhopper	☐ G-BKGT	Rallye 110ST Galopin	☐ G-BKVF	Clutton FRED Series III
☐ G-BJWW	Cessna F172P	☐ G-BKGW	Cessna F152	☐ G-BKVG	SF25E Super Falke
☐ G-BJWX	Piper PA-18-95 Super Cub	☐ G-BKHD	Oldfield Baby Lakes	☐ G-BKVK	Auster AOP9
☐ G-BJWZ	Piper PA-18-95 Super Cub	☐ G-BKHG	Piper J-3C-65 Cub	☐ G-BKVL	Robin DR.400-160 Knight
☐ G-BJXB	Slingsby T67A	☐ G-BKHJ	Cessna 182P	☐ G-BKVM	Piper PA-18-150 Super Cub
☐ G-BJXK	Fournier RF5	☐ G-BKHW	Glasair RG	☐ G-BKVO	Pietenpol Air Camper
☐ G-BJXP	Colt 56B	☐ G-BKHY	Taylor Monoplane	☐ G-BKVP	Pitts S-1D
☐ G-BJXR	Auster AOP9	☐ G-BKIB	SOCATA TB-9 Tampico	☐ G-BKVS	Campbell Cricket
☐ G-BJXX	Piper PA-23-250 Aztec E	☐ G-BKIF	Fournier RF6B-100	☐ G-BKVT	Piper PA-23-250 Aztec F
☐ G-BJXZ	Cessna 172N	☐ G-BKII	Cessna F172M	☐ G-BKVW	Airtour AH-56
☐ G-BJYD	Cessna F152	☐ G-BKIJ	Cessna F172M	☐ G-BKWD	Taylor Titch
☐ G-BJYF	Colt 56A	☐ G-BKIR	Jodel D117	☐ G-BKWR	Cameron V-65
☐ G-BJYK	Jodel D120A	☐ G-BKIS	SOCATA TB-10 Tobago	☐ G-BKWW	Cameron O-77
☐ G-BJYU	Piper PA-38-112 Tomahawk	☐ G-BKIT	SOCATA TB-9 Tampico	☐ G-BKWY	Cessna F152
☐ G-BJZA	Cameron N-65	☐ G-BKIU	Colt 17A Cloudhopper	☐ G-BKXA	Robin R2100A Club
☐ G-BJZB	Evans VP-2	☐ G-BKIZ	Cameron V-31 Air Chair	☐ G-BKXD	AS365N Dauphin
☐ G-BJZF	DH.82A Tiger Moth	☐ G-BKJB	Piper PA-18-135 Super Cub	☐ G-BKXF	Piper PA-28R-200 Arrow II
☐ G-BJZN	Slingsby T67A	☐ G-BKJF	Morane Saulnier MS.880B	☐ G-BKXM	Colt 17A Cloudhopper
☐ G-BJZR	Colt 42A	☐ G-BKJS	Jodel D120A	☐ G-BKXN	ICA IS-28M2A
☐ G-BKAE	Jodel D120	☐ G-BKJW	Piper PA-23-250 Aztec E	☐ G-BKXO	Rutan LongEz
☐ G-BKAF	Clutton FRED Series II	☐ G-BKKN	Cessna 182R	☐ G-BKXP	Auster AOP9
☐ G-BKAM	Slingsby T67M	☐ G-BKKO	Cessna 182R	☐ G-BKXR	Druine D.31A Turbulent
☐ G-BKAO	Jodel D112	☐ G-BKKZ	Pitts S-1S	☐ G-BKZB	Cameron V-77
☐ G-BKAS	Piper PA-38-112 Tomahawk	☐ G-BKLO	Cessna F172M	☐ G-BKZE	AS332L Super Puma
☐ G-BKAY	Commander 114	☐ G-BKMA	Mooney M20J	☐ G-BKZF	Cameron V-56
☐ G-BKAZ	Cessna 152	☐ G-BKMB	Mooney M20J	☐ G-BKZG	AS332L Super Puma
☐ G-BKBB	Replica Hawker Fury Mk1	☐ G-BKMG	Replica HP 0/400	☐ G-BKZI	Bell 206B JetRanger
☐ G-BKBD	Thunder Ax3	☐ G-BKMI	Spitfire HF.VIIIc	☐ G-BKZM	Isaacs Fury
☐ G-BKBF	Morane Saulnier MS.894A	☐ G-BKMT	Piper PA-32R-301 Saratoga	☐ G-BKZT	Clutton FRED Series II
☐ G-BKBN	SOCATA TB-10 Tobago	☐ G-BKMX	Short SD3-60 Variant 100	☐ G-BKZV	Bede BD-4
☐ G-BKBO	Colt 17A Cloudhopper	☐ G-BKNI	Gardan GY80-160D	☐ G-BLAC	Cessna FA152
☐ G-BKBP	Bellanca 7GCBC	☐ G-BKNO	Monnett Sonerai 2L	☐ G-BLAF	Stolp V-Star Sa900
☐ G-BKBS	Bensen B8MV	☐ G-BKNP	Cameron V-77	☐ G-BLAG	Pitts S-1D
☐ G-BKBV	SOCATA TB-10 Tobago	☐ G-BKNZ	Piel CP.301A	☐ G-BLAH	Thunder Ax7-77
☐ G-BKBW	SOCATA TB-10 Tobago	☐ G-BKOA	Morane Saulnier MS.893E	☐ G-BLAI	Monnett Sonerai 2L
☐ G-BKCC	Piper PA-28-180 Archer	☐ G-BKOB	Zlin Z-326 Trener Master	☐ G-BLAM	Jodel DR.360
☐ G-BKCE	Cessna F172P	☐ G-BKOK	BN2B-26 Islander	☐ G-BLAT	Jodel D150
☐ G-BKCI	Colibri MB2	☐ G-BKOT	Wassmer WA.81	☐ G-BLAX	Cessna FA152
☐ G-BKCN	Currie Wot	☐ G-BKOU	P84 Jet Provost	☐ G-BLCC	Thunder Ax7-77Z
☐ G-BKCR	SOCATA TB-9 Tampico	☐ G-BKPA	Hoffmann H 36 Dimona	☐ G-BLCG	SOCATA TB-10 Tobago
☐ G-BKCV	EAA Acrosport II	☐ G-BKPB	Aerosport Scamp	☐ G-BLCH	Colt 65D
☐ G-BKCW	Jodel D120	☐ G-BKPC	Cessna A185F	☐ G-BLCI	EAA Acrosport
☐ G-BKCX	Mudry CAP.10B	☐ G-BKPD	Viking Dragonfly	☐ G-BLCM	SOCATA TB-9 Tampico
☐ G-BKCZ	Jodel D120A	☐ G-BKPE	Jodel DR.250/160	☐ G-BLCT	Jodel DR.220
☐ G-BKDC	Monnett Sonerai 2L	☐ G-BKPN	Cameron N-77	☐ G-BLCU	Scheibe SF25B Falke
☐ G-BKDH	Robin DR.400-120	☐ G-BKPS	Grumman AA-5B Tiger	☐ G-BLCV	Hoffmann H 36 Dimona
☐ G-BKDI	Robin DR.400-120	☐ G-BKPX	Jodel D120A	☐ G-BLCW	Evans VP-1
☐ G-BKDJ	Robin DR.400-120	☐ G-BKPZ	Pitts S-1T	☐ G-BLCY	Thunder Ax7-65Z
☐ G-BKDK	Thunder Ax7-77Z	☐ G-BKRA	North American T-6G	☐ G-BLDB	Taylor Monoplane
☐ G-BKDP	Clutton FRED Series III	☐ G-BKRF	Piper PA-18-95 Super Cub	☐ G-BLDD	Wag-Aero Acro Trainer
☐ G-BKDR	Pitts S-1S	☐ G-BKRH	Colibri MB2	☐ G-BLDG	Piper PA-25-235 Pawnee C

Registration	Type	Registration	Type	Registration	Type
☐ G-BLDK	Robinson R22	☐ G-BLRL	Scintex CP.301-C1	☐ G-BMDS	Jodel D120
☐ G-BLDN	Rand KR-2	☐ G-BLRM	Glaser-Dirks DG-400	☐ G-BMEA	Piper PA-18-95 Super Cub
☐ G-BLDV	BN2B-26 Islander	☐ G-BLTA	Thunder Ax7-77A	☐ G-BMEE	Cameron O-105
☐ G-BLEB	Colt 69A	☐ G-BLTC	Druine D.31A Turbulent	☐ G-BMEH	Jodel D150 Special
☐ G-BLEP	Cameron V-65	☐ G-BLTF	Robinson R22 Alpha	☐ G-BMET	Taylor Monoplane
☐ G-BLES	Stolp Acroduster Too	☐ G-BLTK	Commander 112TC	☐ G-BMEU	Isaacs Fury II
☐ G-BLET	Thunder Ax7-77	☐ G-BLTM	Robin HR.200-100 Club	☐ G-BMEX	Cessna A150K
☐ G-BLEZ	AS365N Dauphin	☐ G-BLTN	Thunder Ax7-65	☐ G-BMFD	Piper PA-23-250 Aztec F
☐ G-BLFI	Piper PA-28-181 Archer II	☐ G-BLTR	Scheibe SF25B Falke	☐ G-BMFG	Dornier Do.27A-1
☐ G-BLFW	Grumman AA-5 Traveler	☐ G-BLTS	Rutan LongEz	☐ G-BMFI	SZD-45A Ogar
☐ G-BLFY	Cameron V-77	☐ G-BLTW	Slingsby T67B	☐ G-BMFP	Piper PA-28-161 Warrior II
☐ G-BLFZ	Piper PA-31 Navajo C	☐ G-BLTY	Westland 30 100-60	☐ G-BMFU	Cameron N-90
☐ G-BLGH	Robin DR.300-180R	☐ G-BLUI	Thunder Ax7-65	☐ G-BMFY	Grob G109B
☐ G-BLGS	Rallye 180T	☐ G-BLUM	AS365N Dauphin	☐ G-BMFZ	Cessna F152
☐ G-BLGV	Bell 206B JetRanger	☐ G-BLUV	Grob G109B	☐ G-BMGB	Piper PA-28R-200 Arrow II
☐ G-BLHH	Jodel DR.315	☐ G-BLUX	Slingsby T67M200	☐ G-BMGG	Cessna 152
☐ G-BLHI	Colt 17A Cloudhopper	☐ G-BLUZ	DH.82B Queen Bee	☐ G-BMGR	Grob G109B
☐ G-BLHJ	Cessna F172P	☐ G-BLVA	Airtour AH-31	☐ G-BMHA	Rutan LongEz
☐ G-BLHM	Piper PA-18-95 Super Cub	☐ G-BLVB	Airtour AH-56	☐ G-BMHC	Cessna U206F
☐ G-BLHN	Robin HR.100/285 Tiara	☐ G-BLVI	Slingsby T67M	☐ G-BMHJ	Thunder Ax7-65
☐ G-BLHR	Gulfstream American GA-7	☐ G-BLVK	Mudry CAP.10B	☐ G-BMHL	Wittman W8 Tailwind
☐ G-BLHS	Bellanca 7ECA	☐ G-BLVL	Piper PA-28-161 Warrior II	☐ G-BMHS	Cessna F172M
☐ G-BLHW	Varga 2150A Kachina	☐ G-BLVS	Cessna 150M	☐ G-BMHT	PA-28RT-201T Arrow IV
☐ G-BLID	DH.112 Venom FB1	☐ G-BLVW	Cessna F172H	☐ G-BMID	Jodel D120
☐ G-BLIK	Wallis WA116/F	☐ G-BLWD	Piper PA-34-200T Seneca II	☐ G-BMIG	Cessna 172N
☐ G-BLIT	Thorp T-18C	☐ G-BLWF	Robin HR.100/210 Safari	☐ G-BMIM	Rutan LongEz
☐ G-BLIW	Percival Provost T51	☐ G-BLWH	Fournier RF6B-100	☐ G-BMIO	Glasair RG
☐ G-BLIX	Skeeter AOP12	☐ G-BLWP	Piper PA-38-112 Tomahawk	☐ G-BMIP	Jodel D112
☐ G-BLIY	Morane Saulnier MS.892A	☐ G-BLWT	Evans VP-1 Series 2	☐ G-BMIS	Monnett Sonerai 2
☐ G-BLJH	Cameron N-77	☐ G-BLWV	Cessna F152	☐ G-BMIV	Piper PA-28R-201T Arrow III
☐ G-BLJM	Beech 95-B55 Baron	☐ G-BLWY	Robin R2160 Alpha Sport	☐ G-BMIW	Piper PA-28-181 Archer II
☐ G-BLJO	Cessna F152	☐ G-BLXA	SOCATA TB-20 Trinidad	☐ G-BMIX	SOCATA TB-20 Trinidad
☐ G-BLKM	Jodel DR.1051	☐ G-BLXG	Colt 21A Cloudhopper	☐ G-BMIY	Baby Great Lakes
☐ G-BLKY	Beech 58 Baron	☐ G-BLXH	Fournier RF3	☐ G-BMIZ	Robinson R22 Beta
☐ G-BLLA	Bensen B8M	☐ G-BLXI	Scintex CP.1310-C3	☐ G-BMJA	Piper PA-32R-301 Saratoga
☐ G-BLLB	Bensen B8MR	☐ G-BLXO	Jodel D150	☐ G-BMJB	Cessna 152
☐ G-BLLD	Cameron O-77	☐ G-BLXP	Piper PA-28R-200 Arrow II	☐ G-BMJC	Cessna 152
☐ G-BLLH	Jodel DR.220AB	☐ G-BLXR	AS332L Super Puma	☐ G-BMJD	Cessna 152
☐ G-BLLN	Piper PA-18-95 Super Cub	☐ G-BLYD	SOCATA TB-20 Trinidad	☐ G-BMJL	Commander 114
☐ G-BLLO	Piper PA-18-95 Super Cub	☐ G-BLYE	SOCATA TB-10 Tobago	☐ G-BMJM	Evans VP-1
☐ G-BLLP	Slingsby T67B	☐ G-BLYK	Piper PA-34-220T Seneca III	☐ G-BMJN	Cameron O-65
☐ G-BLLR	Slingsby T67B	☐ G-BLYP	Robin R3000/120	☐ G-BMJO	Piper PA-34-220T Seneca III
☐ G-BLLS	Slingsby T67B	☐ G-BLYT	Airtour AH-77	☐ G-BMJR	Cessna T337H
☐ G-BLLW	Colt 56B	☐ G-BLZA	Scheibe SF25B Falke	☐ G-BMJX	Wallis WA116 Series 1
☐ G-BLLZ	Rutan LongEz	☐ G-BLZE	Cessna F152	☐ G-BMJY	Yak C.18A
☐ G-BLMA	Zlin Z-526 Trener Master	☐ G-BLZF	Thunder Ax7-77	☐ G-BMJZ	Cameron N-90
☐ G-BLME	Robinson R22	☐ G-BLZH	Cessna F152	☐ G-BMKB	Piper PA-18-135 Super Cub
☐ G-BLMG	Grob G109B	☐ G-BLZN	Bell 206B JetRanger	☐ G-BMKC	Piper J-3C Cub
☐ G-BLMI	Piper PA-18-95 Super Cub	☐ G-BLZP	Cessna F152	☐ G-BMKD	Beech C90A King Air
☐ G-BLMN	Rutan LongEz	☐ G-BLZS	Cameron O-77	☐ G-BMKF	Jodel DR.221
☐ G-BLMP	Piper PA-17 Vagabond	☐ G-BMAD	Cameron V-77	☐ G-BMKG	Piper PA-38-112 Tomahawk
☐ G-BLMR	Piper PA-18-95 Super Cub	☐ G-BMAL	Sikorsky S-76A	☐ G-BMKI	Colt 21A Cloudhopper
☐ G-BLMT	Piper PA-18-135 Super Cub	☐ G-BMAO	Taylor Monoplane	☐ G-BMKJ	Cameron V-77
☐ G-BLMW	Nipper T.66 Series 3	☐ G-BMAX	Clutton FRED Series II	☐ G-BMKK	Piper PA-28R-200 Arrow II
☐ G-BLMZ	Colt 105A	☐ G-BMAY	Piper PA-18-135 Super Cub	☐ G-BMKP	Cameron V-77
☐ G-BLNJ	BN2B-26 Islander	☐ G-BMBB	Cessna F150L	☐ G-BMKR	Piper PA-28-161 Warrior II
☐ G-BLNO	Clutton FRED Series III	☐ G-BMBJ	Schempp-Hirth Janus CM	☐ G-BMKW	Cameron V-77
☐ G-BLOL	Stampe SV4A	☐ G-BMBW	Bensen B8MR	☐ G-BMKY	Cameron O-65
☐ G-BLOR	PA-30 Twin Comanche	☐ G-BMBZ	SF25E Super Falke	☐ G-BMLB	Jodel D120A
☐ G-BLOS	Cessna 185A	☐ G-BMCC	Thunder Ax7-77	☐ G-BMLJ	Cameron N-77
☐ G-BLOT	Colt 56B	☐ G-BMCD	Cameron V-65	☐ G-BMLK	Grob G109B
☐ G-BLOV	Thunder Ax5-42	☐ G-BMCG	Grob G109B	☐ G-BMLL	Grob G109B
☐ G-BLPA	Piper J-3C-65 Cub	☐ G-BMCI	Cessna F172H	☐ G-BMLM	Beech 58 Baron
☐ G-BLPB	Turner TSW Hot Two Wot	☐ G-BMCN	Cessna F152	☐ G-BMLS	Piper PA-28R-201 Arrow III
☐ G-BLPE	Piper PA-18-95 Super Cub	☐ G-BMCS	Piper PA-22-135 Tri-Pacer	☐ G-BMLT	Pietenpol Air Camper
☐ G-BLPF	Cessna FR172G	☐ G-BMCV	Cessna F152	☐ G-BMLW	Cameron O-77
☐ G-BLPG	Auster J/1N Alpha	☐ G-BMCW	AS332L Super Puma	☐ G-BMLX	Cessna F150L
☐ G-BLPH	Cessna FRA150L	☐ G-BMCX	AS332L Super Puma	☐ G-BMMF	Clutton FRED Series II
☐ G-BLPI	Slingsby T67B	☐ G-BMDB	Replica Plans SE.5A	☐ G-BMMI	Pazmany PL-4A
☐ G-BLPP	Cameron V-77	☐ G-BMDE	Pietenpol Air Camper	☐ G-BMMK	Cessna 182P
☐ G-BLRA	BAe 146-100	☐ G-BMDJ	Price TBP1	☐ G-BMMM	Cessna 152
☐ G-BLRC	Piper PA-18-135 Super Cub	☐ G-BMDK	Piper PA-34-220T Seneca III	☐ G-BMMP	Grob G109B
☐ G-BLRF	Slingsby T67C	☐ G-BMDP	Partenavia P64B Oscar 200	☐ G-BMMV	ICA IS-28M2A

Registration	Type	Registration	Type	Registration	Type
G-BMMW	Thunder Ax7-77	G-BMYF	Bensen B8M	G-BNJB	Cessna 152
G-BMNL	Piper PA-28R-200 Arrow II	G-BMYG	Cessna FA152	G-BNJC	Cessna 152
G-BMNV	Stampe SV4C	G-BMYI	Grumman AA-5 Traveler	G-BNJD	Cessna 152
G-BMOE	Piper PA-28R-200 Arrow II	G-BMYJ	Cameron V-65	G-BNJG	Cameron O-77
G-BMOF	Cessna U206G	G-BMYN	Colt 77A	G-BNJH	Cessna 152
G-BMOG	Thunder Ax7-77	G-BMYS	Thunder Ax7-77Z	G-BNJL	Bensen B8MR
G-BMOH	Cameron N-77	G-BMYU	Jodel D120	G-BNJO	QAC Quickie Q2
G-BMOI	Partenavia P68B	G-BMZB	Cameron N-77	G-BNJR	PA-28RT-201T Arrow IV
G-BMOK	ARV1 Super 2	G-BMZN	Everett Gyroplane	G-BNJT	Piper PA-28-161 Warrior II
G-BMOM	ICA IS-28M2A	G-BMZS	Everett Gyroplane	G-BNJZ	Cassutt Racer IIIM
G-BMOT	Bensen B8M	G-BMZW	Bensen B8MR	G-BNKC	Cessna 152
G-BMOV	Cameron O-105	G-BMZX	Wolf W11 Boredom Fighter	G-BNKD	Cessna 172N
G-BMPC	Piper PA-28-181 Archer II	G-BNAG	Colt 105A	G-BNKE	Cessna 172N
G-BMPD	Cameron V-65	G-BNAI	Wolf W11 Boredom Fighter	G-BNKH	Piper PA-38-112 Tomahawk
G-BMPL	Optica OA.7 Optica	G-BNAJ	Cessna 152	G-BNKI	Cessna 152
G-BMPP	Cameron N-77	G-BNAN	Cameron V-65	G-BNKP	Cessna 152
G-BMPR	Piper PA-28R-201 Arrow III	G-BNAU	Cameron V-65	G-BNKR	Cessna 152
G-BMPS	Strojnik S-2A	G-BNAW	Cameron V-65	G-BNKS	Cessna 152
G-BMPY	DH.82A Tiger Moth	G-BNBL	Thunder Ax7-77	G-BNKT	Cameron O-77
G-BMRA	Boeing 757-236	G-BNBW	Thunder Ax7-77	G-BNKV	Cessna 152
G-BMRB	Boeing 757-236	G-BNBY	Beech 95-B55A Baron	G-BNLA	Boeing 747-436
G-BMRC	Boeing 757-236	G-BNCB	Cameron V-77	G-BNLB	Boeing 747-436
G-BMRD	Boeing 757-236	G-BNCJ	Cameron V-77	G-BNLC	Boeing 747-436
G-BMRE	Boeing 757-236	G-BNCO	Piper PA-38-112 Tomahawk	G-BNLD	Boeing 747-436
G-BMRF	Boeing 757-236	G-BNCR	Piper PA-28-161 Warrior II	G-BNLE	Boeing 747-436
G-BMRH	Boeing 757-236	G-BNCS	Cessna 180	G-BNLF	Boeing 747-436
G-BMRJ	Boeing 757-236	G-BNCU	Thunder Ax7-77	G-BNLG	Boeing 747-436
G-BMSA	Stinson Hw-75	G-BNDE	Piper PA-38-112 Tomahawk	G-BNLH	Boeing 747-436
G-BMSB	Spitfire Tr.9	G-BNDG	Wallis WA201 Series 1	G-BNLI	Boeing 747-436
G-BMSC	Evans VP-2	G-BNDN	Cameron V-77	G-BNLJ	Boeing 747-436
G-BMSD	Piper PA-28-181 Archer II	G-BNDO	Cessna 152	G-BNLK	Boeing 747-436
G-BMSE	Taifun 17E	G-BNDP	Colibri MB2	G-BNLL	Boeing 747-436
G-BMSF	Piper PA-38-112 Tomahawk	G-BNDR	SOCATA TB-10 Tobago	G-BNLM	Boeing 747-436
G-BMSG	SAAB 32A Lansen	G-BNDT	Colibri MB2	G-BNLN	Boeing 747-436
G-BMSL	Clutton FRED Series III	G-BNDV	Cameron N-77	G-BNLO	Boeing 747-436
G-BMSU	Cessna 152	G-BNDW	DH.82A Tiger Moth	G-BNLP	Boeing 747-436
G-BMTA	Cessna 152	G-BNEE	Piper PA-28R-201 Arrow III	G-BNLR	Boeing 747-436
G-BMTB	Cessna 152	G-BNEK	Piper PA-38-112 Tomahawk	G-BNLS	Boeing 747-436
G-BMTC	AS355F2 Ecureuil 2	G-BNEL	Piper PA-28-161 Warrior II	G-BNLT	Boeing 747-436
G-BMTJ	Cessna 152	G-BNEN	Piper PA-28-200T Seneca II	G-BNLU	Boeing 747-436
G-BMTN	Cameron O-77	G-BNEO	Cameron V-77	G-BNLV	Boeing 747-436
G-BMTO	Piper PA-38-112 Tomahawk	G-BNEV	Viking Dragonfly	G-BNLW	Boeing 747-436
G-BMTR	Piper PA-28-161 Warrior II	G-BNFG	Cameron O-77	G-BNLX	Boeing 747-436
G-BMTU	Pitts S-1E	G-BNFI	Cessna 150J	G-BNLY	Boeing 747-436
G-BMTX	Cameron V-77	G-BNFM	Colt 21A Cloudhopper	G-BNLZ	Boeing 747-436
G-BMUD	Cessna 182P	G-BNFN	Cameron N-105	G-BNMA	Cameron O-77
G-BMUG	Rutan LongEz	G-BNFO	Cameron V-77	G-BNMB	Piper PA-28-151 Warrior
G-BMUO	Cessna A152	G-BNFP	Cameron O-84	G-BNMD	Cessna 152
G-BMUT	Piper PA-34-200T Seneca II	G-BNFR	Cessna 152	G-BNME	Cessna 152
G-BMUU	Thunder Ax7-77	G-BNFS	Cessna 152	G-BNMF	Cessna 152
G-BMUZ	Piper PA-28-161 Warrior II	G-BNFV	Robin DR.400-120	G-BNMG	Cameron O-77
G-BMVA	Scheibe SF25B Falke	G-BNGE	Auster AOP6	G-BNMH	Pietenpol Air Camper
G-BMVB	Cessna F152	G-BNGJ	Cameron V-77	G-BNML	Rand KR-2
G-BMVG	QAC Quickie 2	G-BNGN	Cameron V-77	G-BNMO	Cessna R182 Skylane RG II
G-BMVL	Piper PA-38-112 Tomahawk	G-BNGO	Thunder Ax7-77	G-BNMX	Thunder Ax7-77
G-BMVM	Piper PA-38-112 Tomahawk	G-BNGT	Piper PA-28-181 Archer II	G-BNNA	Starduster Too Sa300
G-BMVS	Cameron Benihana-70	G-BNGW	ARV1 Super 2	G-BNNE	Cameron N-77
G-BMVT	Thunder Ax7-77A	G-BNGY	ARV1 Super 2	G-BNNO	Piper PA-28-161 Warrior II
G-BMVU	Monnett Moni	G-BNHB	ARV1 Super 2	G-BNNR	Cessna 152
G-BMVW	Cameron O-65	G-BNHG	Piper PA-38-112 Tomahawk	G-BNNS	Piper PA-28-161 Warrior II
G-BMWA	Hughes 269C	G-BNHJ	Cessna 152	G-BNNT	Piper PA-28-161 Warrior II
G-BMWF	ARV1 Super 2	G-BNHK	Cessna 152	G-BNNU	Piper PA-38-112 Tomahawk
G-BMWR	Commander 112	G-BNHT	Fournier RF3	G-BNNX	Piper PA-28R-201 Arrow III
G-BMWU	Cameron N-42	G-BNID	Cessna 152	G-BNNY	Piper PA-28-161 Warrior II
G-BMWV	Sportavia Elster B	G-BNII	Cameron N-90	G-BNNZ	Piper PA-28-161 Warrior II
G-BMXA	Cessna 152	G-BNIK	Robin HR.200-120 Club	G-BNOB	Wittman W8 Tailwind
G-BMXB	Cessna 152	G-BNIM	Piper PA-38-112 Tomahawk	G-BNOE	Piper PA-28-161 Warrior II
G-BMXC	Cessna 152	G-BNIN	Cameron V-77	G-BNOF	Piper PA-28-161 Warrior II
G-BMXJ	Cessna F150L	G-BNIO	Luscombe 8A	G-BNOH	Piper PA-28-161 Warrior II
G-BMXM	Colt 180A	G-BNIP	Luscombe 8A	G-BNOJ	Piper PA-28-161 Warrior II
G-BMXX	Cessna 152	G-BNIU	Cameron O-77	G-BNOM	Piper PA-28-161 Warrior II
G-BMYC	SOCATA TB-10 Tobago	G-BNIW	Boeing A75N1	G-BNON	Piper PA-28-161 Warrior II
G-BMYD	Beech A36 Bonanza			G-BNOP	Piper PA-28-161 Warrior II

Reg	Type	Reg	Type	Reg	Type
☐ G-BNOZ	Cessna 152	☐ G-BNXV	Piper PA-38-112 Tomahawk	☐ G-BOGM	PA-28RT-201T Arrow IV
☐ G-BNPE	Cameron N-77	☐ G-BNXX	SOCATA TB-20 Trinidad	☐ G-BOGO	Piper PA-32R-301T Saratoga
☐ G-BNPF	Cadet III Motor Glider	☐ G-BNXZ	Thunder Ax7-77	☐ G-BOGP	Cameron V-77
☐ G-BNPH	Percival Pembroke C1	☐ G-BNYB	Piper PA-28-201T Dakota	☐ G-BOGV	Air Command 532 Elite
☐ G-BNPM	Piper PA-38-112 Tomahawk	☐ G-BNYD	Bell 206B JetRanger	☐ G-BOGY	Cameron V-77
☐ G-BNPO	Piper PA-28-181 Archer II	☐ G-BNYK	Piper PA-38-112 Tomahawk	☐ G-BOHA	Piper PA-28-161 Warrior II
☐ G-BNPV	Bowers Fly Baby 1A/1B	☐ G-BNYL	Cessna 152	☐ G-BOHD	Colt 77A
☐ G-BNPY	Cessna 152	☐ G-BNYM	Cessna 172N	☐ G-BOHF	Thunder Ax8-84
☐ G-BNRA	SOCATA TB-10 Tobago	☐ G-BNYO	Beech 76 Duchess	☐ G-BOHH	Cessna 172N
☐ G-BNRG	Piper PA-28-161 Warrior II	☐ G-BNYP	Piper PA-28-181 Archer II	☐ G-BOHI	Cessna 152
☐ G-BNRL	Cessna 152	☐ G-BNYX	Denney Kitfox	☐ G-BOHJ	Cessna 152
☐ G-BNRP	Piper PA-28-181 Archer II	☐ G-BNYZ	Stampe SV4C	☐ G-BOHL	Cameron A-120
☐ G-BNRR	Cessna 172P	☐ G-BNZB	Piper PA-28-161 Warrior II	☐ G-BOHM	Piper PA-28-180 Challenger
☐ G-BNRX	Piper PA-34-200T Seneca II	☐ G-BNZC	DHC-1 Chipmunk 22	☐ G-BOHO	Piper PA-28-161 Warrior II
☐ G-BNRY	Cessna 182Q	☐ G-BNZK	Thunder Ax7-77	☐ G-BOHR	Piper PA-28-151 Warrior
☐ G-BNSG	Piper PA-28R-201 Arrow III	☐ G-BNZL	RotorWay Scorpion 133	☐ G-BOHS	Piper PA-38-112 Tomahawk
☐ G-BNSI	Cessna 152	☐ G-BNZM	Cessna T210N	☐ G-BOHT	Piper PA-38-112 Tomahawk
☐ G-BNSL	Piper PA-38-112 Tomahawk	☐ G-BNZN	Cameron N-56	☐ G-BOHU	Piper PA-38-112 Tomahawk
☐ G-BNSM	Cessna 152	☐ G-BNZO	Rotorway Executive	☐ G-BOHV	Wittman W8 Tailwind
☐ G-BNSN	Cessna 152	☐ G-BNZR	Clutton FRED Series II	☐ G-BOHW	Van's RV-4
☐ G-BNSO	Slingsby T67M	☐ G-BNZV	Piper PA-25-235 Pawnee D	☐ G-BOIA	Cessna 180K
☐ G-BNSP	Slingsby T67M	☐ G-BNZZ	Piper PA-28-161 Warrior II	☐ G-BOIB	Wittman W10 Tailwind
☐ G-BNSR	Slingsby T67M	☐ G-BOAH	Piper PA-28-161 Warrior II	☐ G-BOIC	Piper PA-28R-201T Arrow III
☐ G-BNST	Cessna 172N	☐ G-BOAI	Cessna 152	☐ G-BOID	Bellanca 7ECA
☐ G-BNSU	Cessna 152	☐ G-BOAL	Cameron V-65	☐ G-BOIG	Piper PA-28-161 Warrior II
☐ G-BNSV	Cessna 152	☐ G-BOAS	Air Command 503	☐ G-BOIJ	Thunder Ax7-77
☐ G-BNSY	Piper PA-28-161 Warrior II	☐ G-BOAU	Cameron V-77	☐ G-BOIK	Air Command 503
☐ G-BNSZ	Piper PA-28-161 Warrior II	☐ G-BOBA	Piper PA-28R-201 Arrow III	☐ G-BOIL	Cessna 172N
☐ G-BNTC	PA-28RT-201T Arrow IV	☐ G-BOBH	Airtour AH-77B	☐ G-BOIO	Cessna 152
☐ G-BNTD	Piper PA-28-161 Warrior II	☐ G-BOBR	Cameron N-77	☐ G-BOIR	Cessna 152
☐ G-BNTP	Cessna 172N	☐ G-BOBT	Starduster Too Sa300	☐ G-BOIT	SOCATA TB-10 Tobago
☐ G-BNTT	Beech 76 Duchess	☐ G-BOBV	Cessna F150M	☐ G-BOIV	Cessna 150M
☐ G-BNTW	Cameron V-77	☐ G-BOBY	Monnett Sonerai 2	☐ G-BOIX	Cessna 172N
☐ G-BNTZ	Cameron N-77	☐ G-BOCG	Piper PA-34-200T Seneca II	☐ G-BOIY	Cessna 172N
☐ G-BNUC	Cameron O-77	☐ G-BOCI	Cessna 140A	☐ G-BOIZ	Piper PA-34-200T Seneca II
☐ G-BNUL	Cessna 152	☐ G-BOCK	Replica Sopwith Triplane	☐ G-BOJB	Cameron V-77
☐ G-BNUN	Beech 58PA Baron	☐ G-BOCL	Slingsby T67C	☐ G-BOJI	Piper PA-28RT-201 Arrow IV
☐ G-BNUO	Beech 76 Duchess	☐ G-BOCM	Slingsby T67C	☐ G-BOJK	Piper PA-34-220T Seneca III
☐ G-BNUS	Cessna 152	☐ G-BOCN	Robinson R22 Beta	☐ G-BOJM	Piper PA-28-181 Archer II
☐ G-BNUT	Cessna 152	☐ G-BODB	Piper PA-28-161 Warrior II	☐ G-BOJR	Cessna 172P
☐ G-BNUV	Piper PA-23-250 Aztec F	☐ G-BODC	Piper PA-28-161 Warrior II	☐ G-BOJS	Cessna 172P
☐ G-BNUX	Hoffmann H 36 Dimona	☐ G-BODD	Piper PA-28-161 Warrior II	☐ G-BOJU	Cameron N-77
☐ G-BNUY	Piper PA-38-112 Tomahawk	☐ G-BODE	Piper PA-28-161 Warrior II	☐ G-BOJW	Piper PA-28-161 Warrior II
☐ G-BNVB	Grumman AA-5A Cheetah	☐ G-BODI	Glasair III Model SH-3R	☐ G-BOJZ	Piper PA-28-161 Warrior II
☐ G-BNVD	Piper PA-38-112 Tomahawk	☐ G-BODM	Piper PA-28-180 Challenger	☐ G-BOKA	Piper PA-28-201T Dakota
☐ G-BNVE	Piper PA-28-181 Archer II	☐ G-BODO	Cessna 152	☐ G-BOKB	Piper PA-28-161 Warrior II
☐ G-BNVT	Piper PA-28R-201T Arrow III	☐ G-BODP	Piper PA-38-112 Tomahawk	☐ G-BOKF	Air Command 532 Elite II
☐ G-BNWA	Boeing 767-336	☐ G-BODR	Piper PA-28-161 Warrior II	☐ G-BOKH	Whittaker MW7
☐ G-BNWB	Boeing 767-336	☐ G-BODS	Piper PA-38-112 Tomahawk	☐ G-BOKW	Bölkow BÖ.208C Junior
☐ G-BNWC	Boeing 767-336	☐ G-BODT	Jodel D18	☐ G-BOKX	Piper PA-28-161 Warrior II
☐ G-BNWD	Boeing 767-336	☐ G-BODU	SF25C-2000 Falke	☐ G-BOKY	Cessna 152
☐ G-BNWH	Boeing 767-336	☐ G-BODX	Beech 76 Duchess	☐ G-BOLB	Taylorcraft BC-12-65
☐ G-BNWI	Boeing 767-336	☐ G-BODY	Cessna 310R	☐ G-BOLC	Fournier RF6B-100
☐ G-BNWM	Boeing 767-336	☐ G-BODZ	Robinson R22 Beta	☐ G-BOLD	Piper PA-38-112 Tomahawk
☐ G-BNWN	Boeing 767-336	☐ G-BOEE	Piper PA-28-181 Archer II	☐ G-BOLE	Piper PA-38-112 Tomahawk
☐ G-BNWO	Boeing 767-336	☐ G-BOEG	Short SD3-60 Variant 100	☐ G-BOLF	Piper PA-38-112 Tomahawk
☐ G-BNWR	Boeing 767-336	☐ G-BOEH	Jodel DR.340	☐ G-BOLG	Bellanca 7KCAB
☐ G-BNWS	Boeing 767-336	☐ G-BOEK	Cameron V-77	☐ G-BOLI	Cessna 172P
☐ G-BNWT	Boeing 767-336	☐ G-BOEM	Pitts S-2A	☐ G-BOLL	Lake LA-4
☒ G-BNWU	Boeing 767-336	☐ G-BOEN	Cessna 172M	☐ G-BOLN	Colt 21A Cloudhopper
☐ G-BNWV	Boeing 767-336	☐ G-BOER	Piper PA-28-161 Warrior II	☐ G-BOLO	Bell 206B JetRanger
☐ G-BNWW	Boeing 767-336	☐ G-BOET	Piper PA-28RT-201 Arrow IV	☐ G-BOLP	Colt 21A Cloudhopper
☐ G-BNWX	Boeing 767-336	☐ G-BOFC	Beech 76 Duchess	☐ G-BOLR	Colt 21A Cloudhopper
☐ G-BNWY	Boeing 767-336	☐ G-BOFD	Cessna U206G	☐ G-BOLS	Clutton FRED Series II
☐ G-BNWZ	Boeing 767-336	☐ G-BOFE	Piper PA-34-200T Seneca II	☐ G-BOLT	Commander 114
☐ G-BNXD	Cessna 172N	☐ G-BOFF	Cameron N-77	☐ G-BOLU	Robin R3000/120
☐ G-BNXE	Piper PA-28-161 Warrior II	☐ G-BOFL	Cessna 152	☐ G-BOLV	Cessna 152
☐ G-BNXK	Nott-Cameron NCA ULD/3	☐ G-BOFM	Cessna 152	☐ G-BOLW	Cessna 152
☐ G-BNXL	Glaser-Dirks DG-400	☐ G-BOFW	Cessna A150M	☐ G-BOLY	Cessna 172N
☐ G-BNXM	Piper PA-18-150 Super Cub	☐ G-BOFY	Piper PA-28-140 Cruiser	☐ G-BOMB	Cassutt Racer IIIM
☐ G-BNXR	Cameron O-84	☐ G-BOFZ	Piper PA-28-161 Warrior II	☐ G-BOMN	Cessna 150F
☐ G-BNXT	Piper PA-28-161 Warrior II	☐ G-BOGI	Robin DR.400-180 Régent	☐ G-BOMO	Piper PA-38-112 Tomahawk
☐ G-BNXU	Piper PA-28-161 Warrior II	☐ G-BOGK	ARV1 Super 2	☐ G-BOMP	Piper PA-28-181 Archer II

Reg	Type	Reg	Type	Reg	Type
☐ G-BOMS	Cessna 172N	☐ G-BOUN	Rand KR-2	☐ G-BPBY	Cameron V-77
☐ G-BOMU	Piper PA-28-181 Archer II	☐ G-BOUP	Piper PA-28-161 Warrior II	☐ G-BPCA	BN2B-26 Islander
☐ G-BOMY	Piper PA-28-161 Warrior II	☐ G-BOUT	Colomban MC-12 Cri-Cri	☐ G-BPCF	Piper J-3C-65 Cub
☐ G-BOMZ	Piper PA-38-112 Tomahawk	☐ G-BOUV	Montgomerie-Bensen B8MR	☐ G-BPCG	Colt AS-80 MkII
☐ G-BONC	Piper PA-28RT-201 Arrow IV	☐ G-BOUZ	Cessna 150G	☐ G-BPCI	Cessna R172K
☐ G-BONG	Enstrom F-28A-UK	☐ G-BOVB	Piper PA-15 Vagabond	☐ G-BPCK	Piper PA-28-161 Warrior II
☐ G-BONP	CFM Streak Shadow	☐ G-BOVK	Piper PA-28-161 Warrior II	☐ G-BPCL	Scottish Avn Bulldog
☐ G-BONR	Cessna 172N	☐ G-BOVT	Cessna 150M	☐ G-BPCM	RotorWay Executive
☐ G-BONS	Cessna 172N	☐ G-BOVU	Glasair III	☐ G-BPCR	Mooney M20K
☐ G-BONT	Slingsby T67M	☐ G-BOVV	Cameron V-77	☐ G-BPCV	Montgomerie-Bensen B8MR
☐ G-BONU	Slingsby T67B	☐ G-BOVW	Colt 69A	☐ G-BPCX	Piper PA-28-236 Dakota
☐ G-BONW	Cessna 152	☐ G-BOVX	Hughes 269C	☐ G-BPDG	Cameron V-77
☐ G-BONY	Denney Kitfox	☐ G-BOWB	Cameron V-77	☐ G-BPDJ	Christena Mini Coupé
☐ G-BONZ	Beech V35B Bonanza	☐ G-BOWE	Piper PA-34-200T Seneca II	☐ G-BPDM	CASA 1-131E Jungmann
☐ G-BOOB	Cameron N-65	☐ G-BOWL	Cameron V-77	☐ G-BPDT	Piper PA-28-161 Warrior II
☐ G-BOOC	Piper PA-18-150 Super Cub	☐ G-BOWM	Cameron V-56	☐ G-BPDV	Pitts S-1S
☐ G-BOOD	Slingsby T31	☐ G-BOWN	Piper PA-12 Super Cruiser	☐ G-BPEC	Boeing 757-236
☐ G-BOOE	Gulfstream American GA-7	☐ G-BOWO	Cessna R182	☐ G-BPED	Boeing 757-236
☐ G-BOOF	Piper PA-28-181 Archer II	☐ G-BOWP	Jodel D120A Special	☐ G-BPEE	Boeing 757-236
☐ G-BOOG	PA-28RT-201T Arrow IV	☐ G-BOWU	Cameron O-84	☐ G-BPEI	Boeing 757-236
☐ G-BOOH	Jodel D112	☐ G-BOWV	Cameron V-65	☐ G-BPEJ	Boeing 757-236
☐ G-BOOI	Cessna 152	☐ G-BOWY	PA-28RT-201T Arrow IV	☐ G-BPEK	Boeing 757-236
☐ G-BOOL	Cessna 172N	☐ G-BOWZ	Bensen B80V	☐ G-BPEM	Cessna 150K
☐ G-BOOW	Aerosport Scamp	☐ G-BOXA	Piper PA-28-161 Warrior II	☐ G-BPEO	Cessna 152
☐ G-BOOX	Rutan LongEz	☐ G-BOXC	Piper PA-28-161 Warrior II	☐ G-BPES	Piper PA-38-112 Tomahawk
☐ G-BOOZ	Cameron N-77	☐ G-BOXG	Cameron O-77	☐ G-BPEZ	Colt 77A
☐ G-BOPA	Piper PA-28-181 Archer II	☐ G-BOXH	Pitts S-1S	☐ G-BPFB	Colt 77A
☐ G-BOPC	Piper PA-28-161 Warrior II	☐ G-BOXJ	Piper J-3C-65 Cub	☐ G-BPFC	Mooney M20C
☐ G-BOPD	Bede BD-4	☐ G-BOXR	Grumman American GA-7	☐ G-BPFD	Jodel D112
☐ G-BOPH	Cessna TR182	☐ G-BOXT	Hughes 269C	☐ G-BPFF	Cameron DP-70
☐ G-BOPO	FLS A OA.7 Optica Srs301	☐ G-BOXU	Grumman AA-5B Tiger	☐ G-BPFH	Piper PA-28-161 Warrior II
☐ G-BOPR	FLS A OA.7 Optica Srs301	☐ G-BOXV	Pitts S-1S	☐ G-BPFI	Piper PA-28-181 Archer II
☐ G-BOPT	Grob G115	☐ G-BOXW	Cassutt Racer IIIM	☐ G-BPFL	Davis DA-2A
☐ G-BOPU	Grob G115	☐ G-BOYB	Cessna A152	☐ G-BPFM	Aeronca 7AC Champion
☐ G-BOPX	Cessna A152	☐ G-BOYC	Robinson R22 Beta	☐ G-BPFZ	Cessna 152
☐ G-BORB	Cameron V-77	☐ G-BOYF	Sikorsky S-76B	☐ G-BPGC	Speich Air Command 532
☐ G-BORD	Thunder Ax7-77	☐ G-BOYH	Piper PA-28-151 Warrior	☐ G-BPGD	Cameron V-65
☐ G-BORE	Colt 77A	☐ G-BOYI	Piper PA-28-161 Warrior II	☐ G-BPGE	Cessna U206C
☐ G-BORG	Campbell Cricket	☐ G-BOYL	Cessna 152	☐ G-BPGF	Thunder Ax7-77
☐ G-BORH	Piper PA-34-200T Seneca II	☐ G-BOYM	Cameron O-84	☐ G-BPGH	EAA Acrosport II
☐ G-BORK	Piper PA-28-161 Warrior II	☐ G-BOYO	Cameron V-20	☐ G-BPGK	Aeronca 7AC Champion
☐ G-BORL	Piper PA-28-161 Warrior II	☐ G-BOYP	Cessna 172N	☐ G-BPGT	Colt AS-80 MkII
☐ G-BORN	Cameron N-77	☐ G-BOYR	Cessna F337G	☐ G-BPGU	Piper PA-28-181 Archer II
☐ G-BORR	Thunder Ax8-90	☐ G-BOYS	Cameron N-77	☐ G-BPGV	Robinson R22 Beta
☐ G-BORS	Piper PA-28-181 Archer II	☐ G-BOYU	Cessna A150L	☐ G-BPGZ	Cessna 150G
☐ G-BORW	Cessna 172P	☐ G-BOYV	Piper PA-28R-201T Arrow III	☐ G-BPHD	Cameron N-42
☐ G-BORY	Cessna 150L	☐ G-BOYX	Robinson R22 Beta	☐ G-BPHG	Robin DR.400-180 Régent
☐ G-BOSB	Thunder Ax7-77	☐ G-BOZI	Piper PA-28-161 Warrior II	☐ G-BPHH	Cameron V-77
☐ G-BOSD	Piper PA-34-200T Seneca II	☐ G-BOZN	Cameron N-77	☐ G-BPHI	Piper PA-38-112 Tomahawk
☐ G-BOSE	Piper PA-28-181 Archer II	☐ G-BOZO	Gulfstream AA-5B	☐ G-BPHJ	Cameron V-77
☐ G-BOSJ	Nord 3400	☐ G-BOZR	Cessna 152	☐ G-BPHK	Whittaker MW7
☐ G-BOSM	Jodel DR.253B	☐ G-BOZS	Pitts S-1C	☐ G-BPHL	Piper PA-28-161 Warrior II
☐ G-BOSN	AS355F1 Ecureuil 2	☐ G-BOZU	Sparrow Hawk Mkii	☐ G-BPHO	Taylorcraft BC-12D
☐ G-BOSO	Cessna A152	☐ G-BOZV	Jodel DR.340	☐ G-BPHP	Taylorcraft BC-12-65
☐ G-BOSR	Piper PA-28-140 Cherokee	☐ G-BOZW	Bensen B8M	☐ G-BPHR	DH.82A (Aus) Tiger Moth
☐ G-BOTD	Cameron O-105	☐ G-BOZY	Cameron RTW-120	☐ G-BPHT	Cessna 152
☐ G-BOTF	Piper PA-28-151 Warrior	☐ G-BOZZ	Gulfstream AA-5B	☐ G-BPHU	Thunder Ax7-77
☐ G-BOTG	Cessna 152	☐ G-BPAA	Acro Advanced	☐ G-BPHW	Cessna 140
☐ G-BOTH	Cessna 182Q	☐ G-BPAB	Cessna 150M	☐ G-BPHX	Cessna 140
☐ G-BOTI	Piper PA-28-151 Warrior	☐ G-BPAF	Piper PA-28-161 Warrior II	☐ G-BPHZ	Morane Saulnier MS.505
☐ G-BOTK	Cameron O-105	☐ G-BPAJ	DH.82A Tiger Moth	☐ G-BPIF	Bensen-Parsons Two Place
☐ G-BOTN	Piper PA-28-161 Warrior II	☐ G-BPAL	DHC-1 Chipmunk 22	☐ G-BPII	Denney Kitfox
☐ G-BOTO	Bellanca 7ECA	☐ G-BPAW	Cessna 150M	☐ G-BPIJ	Brantly B2B
☐ G-BOTP	Cessna 150J	☐ G-BPAX	Cessna 150M	☐ G-BPIK	Piper PA-38-112 Tomahawk
☐ G-BOTU	Piper J-3C-65 Cub	☐ G-BPAY	Piper PA-28-181 Archer II	☐ G-BPIL	Cessna 310B
☐ G-BOTV	Piper PA-32RT-300 Lance II	☐ G-BPBB	Evans VP-2	☐ G-BPIN	Glaser-Dirks DG-400
☐ G-BOTW	Cameron V-77	☐ G-BPBJ	Cessna 152	☐ G-BPIP	Slingsby T31 Motor Cadet
☐ G-BOUE	Cessna 172N	☐ G-BPBK	Cessna 152	☐ G-BPIR	SF25E Super Falke
☐ G-BOUF	Cessna 172N	☐ G-BPBM	Piper PA-28-161 Warrior II	☐ G-BPIT	Robinson R22 Beta
☐ G-BOUJ	Cessna 150M	☐ G-BPBO	PA-28RT-201T Arrow IV	☐ G-BPIU	Piper PA-28-161 Warrior II
☐ G-BOUK	Piper PA-34-200T Seneca II	☐ G-BPBP	Colibri MB.2	☐ G-BPIV	Bristol 149 Blenheim IV
☐ G-BOUL	Piper PA-34-200T Seneca II	☐ G-BPBV	Cameron V-77	☐ G-BPIZ	Gulfstream AA-5B
☐ G-BOUM	Piper PA-34-200T Seneca II	☐ G-BPBW	Cameron O-105	☐ G-BPJB	Schweizer 269C

☐ G-BPJD	Rallye 110ST	☐ G-BPTD	Cameron V-77	☐ G-BPZS	Colt 105A
☐ G-BPJE	Cameron A-105	☐ G-BPTE	Piper PA-28-181 Archer II	☐ G-BPZU	SF25C-2000 Falke
☐ G-BPJG	Piper PA-18-150 Super Cub	☐ G-BPTG	Commander 112TC	☐ G-BPZY	Pitts S-1C
☐ G-BPJH	Piper PA-18-95 Super Cub	☐ G-BPTI	SOCATA TB-20 Trinidad	☐ G-BPZZ	Thunder Ax8-105
☐ G-BPJO	Piper PA-28-161 Cadet	☐ G-BPTL	Cessna 172N	☐ G-BRAA	Pitts S-1C
☐ G-BPJP	Piper PA-28-161 Cadet	☐ G-BPTS	CASA 1-131E Jungmann	☐ G-BRAK	Cessna 172N
☐ G-BPJR	Piper PA-28-161 Cadet	☐ G-BPTU	Cessna 152	☐ G-BRAR	Aeronca 7AC Champion
☐ G-BPJS	Piper PA-28-161 Cadet	☐ G-BPTV	Bensen B8	☐ G-BRBA	Piper PA-28-151 Warrior II
☐ G-BPJU	Piper PA-28-161 Cadet	☐ G-BPTX	Cameron O-120	☐ G-BRBB	Piper PA-28-161 Warrior II
☐ G-BPJV	Taylorcraft F-21	☐ G-BPTZ	Robinson R22 Beta	☐ G-BRBC	North American T-6G
☐ G-BPJW	Cessna A150K	☐ G-BPUA	EAA Biplane	☐ G-BRBD	Piper PA-28-151 Warrior
☐ G-BPKF	Grob G115	☐ G-BPUB	Cameron V-31 Air Chair	☐ G-BRBE	Piper PA-28-161 Warrior II
☐ G-BPKK	Denney Kitfox	☐ G-BPUE	Air Command 532 Elite	☐ G-BRBG	Piper PA-28-180 Archer
☐ G-BPKM	Piper PA-28-161 Warrior II	☐ G-BPUF	Thunder Ax6-56Z	☐ G-BRBH	Cessna 150H
☐ G-BPKO	Cessna 140	☐ G-BPUG	Air Command 532 Elite	☐ G-BRBI	Cessna 172N
☐ G-BPKR	Piper PA-28-151 Warrior	☐ G-BPUL	Piper PA-18A-150 Super Cub	☐ G-BRBJ	Cessna 172M
☐ G-BPLH	Jodel DR.1051	☐ G-BPUM	Cessna R182	☐ G-BRBK	Robin DR.400-180 Régent
☐ G-BPLM	Stampe SV4C	☐ G-BPUP	Whittaker MW7	☐ G-BRBL	Robin DR.400-180 Régent
☐ G-BPLV	Cameron V-77	☐ G-BPUR	Piper J-3L-65 Cub	☐ G-BRBM	Robin DR.400-180 Régent
☐ G-BPLY	Pitts S-2B	☐ G-BPUS	Rans S-9	☐ G-BRBN	Pitts S-1S
☐ G-BPLZ	Hughes 369HS	☐ G-BPUU	Cessna 140	☐ G-BRBO	Cameron V-77
☐ G-BPMB	Maule M5-235C	☐ G-BPUW	Colt 90A	☐ G-BRBP	Cessna 152
☐ G-BPME	Cessna 152	☐ G-BPVA	Cessna 172F	☐ G-BRBS	Bensen B8M
☐ G-BPMF	Piper PA-28-151 Warrior	☐ G-BPVC	Cameron V-77	☐ G-BRBT	Trotter Ax3-20
☐ G-BPML	Cessna 172M	☐ G-BPVE	Replica 1909 Bleriot	☐ G-BRBV	Piper J-4A Cub Coupé
☐ G-BPMM	Champion 7ECA	☐ G-BPVH	Piper J-3C-65 Cub	☐ G-BRBW	Piper PA-28-140 Cruiser
☐ G-BPMR	Piper PA-28-161 Warrior II	☐ G-BPVI	Piper PA-32R-301 Saratoga	☐ G-BRBX	Piper PA-28-181 Archer II
☐ G-BPMU	Nord 3202	☐ G-BPVK	Varga 2150A Kachina	☐ G-BRBY	Robinson R22 Beta
☐ G-BPMW	QAC Quickie Q2	☐ G-BPVM	Cameron V-77	☐ G-BRCA	Jodel D112
☐ G-BPMX	ARV1 Super 2	☐ G-BPVN	Piper PA-32R-301T Saratoga	☐ G-BRCE	Pitts S-1C
☐ G-BPNA	Cessna 150L	☐ G-BPVO	Cassutt Racer IIIM	☐ G-BRCF	Montgomerie-Bensen B8MR
☐ G-BPNI	Robinson R22 Beta	☐ G-BPVW	CASA 1-131E Jungmann	☐ G-BRCJ	Cameron H-20
☐ G-BPNJ	HS.748 Series 2A	☐ G-BPVY	Cessna 172D	☐ G-BRCM	Cessna 172L
☐ G-BPNN	Bensen B8MR	☐ G-BPVZ	Luscombe 8E	☐ G-BRCO	Cameron H-20
☐ G-BPNO	Zlin Z-526 Trener Master	☐ G-BPWB	Sikorsky S-61N	☐ G-BRCT	Denney Kitfox 2
☐ G-BPNT	BAe 146-300	☐ G-BPWC	Cameron V-77	☐ G-BRCV	Aeronca 7AC Champion
☐ G-BPNU	Thunder Ax7-77	☐ G-BPWD	Cessna 120	☐ G-BRCW	Aeronca 11AC Chief
☐ G-BPOB	Replica Sopwith Camel	☐ G-BPWE	Piper PA-28-161 Warrior II	☐ G-BRDB	Zenair CH.701 STOL
☐ G-BPOM	Piper PA-28-161 Warrior II	☐ G-BPWG	Cessna 150M	☐ G-BRDD	Mudry CAP.10B
☐ G-BPON	Piper PA-34-200T Seneca II	☐ G-BPWI	Bell 206B JetRanger	☐ G-BRDE	Thunder Ax7-77
☐ G-BPOO	Montgomerie-Bensen B8MR	☐ G-BPWK	Sportavia RF5B	☐ G-BRDF	Piper PA-28-161 Warrior II
☐ G-BPOS	Cessna 150M	☐ G-BPWL	Piper PA-25-235 Pawnee	☐ G-BRDG	Piper PA-28-161 Warrior II
☐ G-BPOT	Piper PA-28-181 Archer II	☐ G-BPWM	Cessna 150L	☐ G-BRDJ	Luscombe 8F
☐ G-BPOU	Luscombe 8A	☐ G-BPWN	Cessna 150L	☐ G-BRDM	Piper PA-28-161 Warrior II
☐ G-BPPA	Cameron O-65	☐ G-BPWP	Rutan LongEz	☐ G-BRDN	Morane Saulnier MS.880B
☐ G-BPPE	Piper PA-38-112 Tomahawk	☐ G-BPWR	Cessna R172K	☐ G-BRDO	Cessna 177B
☐ G-BPPF	Piper PA-38-112 Tomahawk	☐ G-BPWS	Cessna 172P	☐ G-BRDT	Cameron DP-70
☐ G-BPPK	Piper PA-28-151 Warrior	☐ G-BPXA	Piper PA-28-181 Archer II	☐ G-BRDW	Piper PA-24 Comanche
☐ G-BPPO	Luscombe 8A	☐ G-BPXB	Glaser-Dirks DG-400	☐ G-BREB	Piper J-3C-65 Cub
☐ G-BPPP	Cameron V-77	☐ G-BPXE	Enstrom 280C	☐ G-BREE	Whittaker MW7
☐ G-BPPS	Mudry CAP.21	☐ G-BPXF	Cameron V-65	☐ G-BREH	Cameron V-65
☐ G-BPPU	Air Command 532 Elite	☐ G-BPXG	Colt 42A	☐ G-BREP	Piper PA28RT-201 Arrow IV
☐ G-BPPY	Hughes 269B	☐ G-BPXH	Colt 17A Cloudhopper	☐ G-BRER	Aeronca 7AC Champion
☐ G-BPPZ	Taylorcraft BC-12D	☐ G-BPXJ	PA-28RT-201T Arrow IV	☐ G-BREU	Montgomerie-Bensen B8MR
☐ G-BPRA	Aeronca 11AC Chief	☐ G-BPXX	Piper PA-34-200T Seneca II	☐ G-BREX	Cameron O-84
☐ G-BPRC	Cameron Elephant-77	☐ G-BPXY	Aeronca 11AC Chief	☐ G-BREY	Taylorcraft BC-12D
☐ G-BPRD	Pitts S-1C	☐ G-BPYJ	Wittman W8 Tailwind	☐ G-BREZ	Cessna 172M
☐ G-BPRI	AS355F1 Ecureuil 2	☐ G-BPYL	Hughes 369D	☐ G-BRFB	Rutan LongEz
☐ G-BPRJ	AS355F1 Ecureuil 2	☐ G-BPYN	Piper J-3C-65 Cub	☐ G-BRFC	Percival Sea Prince T1
☐ G-BPRL	AS355F1 Ecureuil 2	☐ G-BPYO	Piper PA-28-181 Archer II	☐ G-BRFE	Cameron V-77
☐ G-BPRM	Cessna F172L	☐ G-BPYR	Piper PA-31 Navajo C	☐ G-BRFI	Aeronca 7DC
☐ G-BPRN	Piper PA-28-161 Warrior II	☐ G-BPYS	Cameron O-77	☐ G-BRFJ	Aeronca 11AC Chief
☐ G-BPRR	Rand KR-2	☐ G-BPYT	Cameron V-77	☐ G-BRFL	Piper PA-38-112 Tomahawk
☐ G-BPRX	Aeronca 11AC Chief	☐ G-BPYV	Cameron V-77	☐ G-BRFM	Piper PA-28-161 Warrior II
☐ G-BPRY	Piper PA-28-161 Warrior II	☐ G-BPYZ	Thunder Ax7-77	☐ G-BRFO	Cameron V-77
☐ G-BPSH	Cameron V-77	☐ G-BPZA	Luscombe 8A	☐ G-BRFW	Montgomerie-Bensen 2 Seat
☐ G-BPSJ	Thunder Ax6-56	☐ G-BPZB	Cessna 120	☐ G-BRFX	Pazmany PL-4A
☐ G-BPSK	Montgomerie-Bensen B8MR	☐ G-BPZC	Luscombe 8A	☐ G-BRGD	Cameron O-84
☐ G-BPSL	Cessna 177	☐ G-BPZD	Nord NC858S	☐ G-BRGF	Luscombe 8E
☐ G-BPSO	Cameron N-90	☐ G-BPZE	Luscombe 8E	☐ G-BRGG	Luscombe 8A
☐ G-BPSR	Cameron V-77	☐ G-BPZK	Cameron O-120	☐ G-BRGI	Piper PA-28-180 Cherokee F
☐ G-BPSS	Cameron A-120	☐ G-BPZM	PA-28RT-201 Arrow IV	☐ G-BRGO	Air Command 532 Elite
☐ G-BPTA	Stinson 108-2	☐ G-BPZP	Robin DR.400-180R Remo	☐ G-BRGT	Piper PA-32-260

25

Registration	Type	Registration	Type	Registration	Type
G-BRGW	Gardan GY-20 Minicab	G-BRPE	Cessna 120	G-BRWP	CFM Streak Shadow
G-BRHA	Piper PA-32RT-300 Lance II	G-BRPF	Cessna 120	G-BRWR	Aeronca 11AC Chief
G-BRHG	Colt 90A	G-BRPG	Cessna 120	G-BRWT	SF25C-2000 Falke
G-BRHL	Montgomerie-Bensen B8M	G-BRPH	Cessna 120	G-BRWU	Luton LA4A Minor
G-BRHO	Piper PA-34-200 Seneca	G-BRPJ	Cameron N-90	G-BRWV	Colibri MB2
G-BRHP	Aeronca 0-58B	G-BRPK	Piper PA-28-140 Cruiser	G-BRWX	Cessna 172P
G-BRHR	Piper PA-38-112 Tomahawk	G-BRPL	Piper PA-28-140 Cruiser	G-BRWZ	Cameron Macaw-90
G-BRHW	DH.82A Tiger Moth	G-BRPM	Tipsy Nipper T.66 Series	G-BRXA	Cameron O-120
G-BRHX	Luscombe 8E	G-BRPP	Brookland Hornet	G-BRXD	Piper PA-28-181 Archer II
G-BRHY	Luscombe 8E	G-BRPR	Aeronca 0-58B	G-BRXE	Taylorcraft BC-12D
G-BRIA	Cessna 310L	G-BRPS	Cessna 177B	G-BRXF	Aeronca 11AC Chief
G-BRIE	Cameron N-77	G-BRPT	Rans S-10 Sakota	G-BRXG	Aeronca 7AC Champion
G-BRIH	Taylorcraft BC-12D	G-BRPU	Beech 76 Duchess	G-BRXH	Cessna 120
G-BRII	Zenair CH.600 Zodiac	G-BRPV	Cessna 152	G-BRXL	Aeronca 11AC Chief
G-BRIJ	Taylorcraft F-19	G-BRPX	Taylorcraft BC-12D	G-BRXN	Montgomerie-Bensen B8MR
G-BRIK	Nipper T.66 Series 3	G-BRPY	Piper PA-15 Vagabond	G-BRXP	Stampe SV4C
G-BRIL	Piper J-5A Cub Cruiser	G-BRPZ	Luscombe 8A	G-BRXS	Howard Special T Minus
G-BRIO	Turner Super T-40A	G-BRRB	Luscombe 8E	G-BRXV	Robinson R22 Beta
G-BRIR	Cameron V-56	G-BRRD	Scheibe SF25B Falke	G-BRXW	Piper PA-24-260 Comanche
G-BRIS	Steen Skybolt	G-BRRF	Cameron O-77	G-BRXY	Pietenpol Air Camper
G-BRIV	SOCATA TB-9 Tampico Club	G-BRRG	Glaser-Dirks DG-500G	G-BRZA	Cameron O-77
G-BRIY	Taylorcraft DF-65	G-BRRK	Cessna 182Q	G-BRZD	HAPI Cygnet SF-2A
G-BRJA	Luscombe 8A	G-BRRL	Piper PA-18-95 Super Cub	G-BRZE	Thunder Ax7-77
G-BRJC	Cessna 120	G-BRRR	Cameron V-77	G-BRZG	Enstrom F-28A
G-BRJK	Luscombe 8A	G-BRRU	Colt 90A	G-BRZI	Cameron N-180
G-BRJL	Piper PA-15 Vagabond	G-BRRY	Robinson R22 Beta	G-BRZK	Stinson 108-2
G-BRJN	Pitts S-1C	G-BRSA	Cameron N-56	G-BRZL	Pitts S-1D
G-BRJT	Cessna 150H	G-BRSD	Cameron V-77	G-BRZS	Cessna 172P
G-BRJV	Piper PA-28-161 Cadet	G-BRSE	Piper PA-28-161 Warrior II	G-BRZT	Cameron V-77
G-BRJX	Rand KR-2	G-BRSF	Spitfire HF.IXc	G-BRZV	Rans S-10 Sakota
G-BRJY	Rand KR-2	G-BRSJ	Piper PA-38-112 Tomahawk	G-BRZX	Pitts S-1S
G-BRKC	Auster V J/1 Autocrat	G-BRSN	Rand KR-2	G-BRZZ	CFM Streak Shadow
G-BRKH	Piper PA-28-236 Dakota	G-BRSO	CFM Streak Shadow	G-BSAI	Glasair III
G-BRKR	Cessna 182R	G-BRSP	MODAC (Air Command) 503	G-BSAJ	CASA 1-131-E3B
G-BRKW	Cameron V-77	G-BRSW	Luscombe 8A	G-BSAK	Colt 21A Sky Chariot
G-BRKY	Viking Dragonfly MkII	G-BRSX	Piper PA-15 Vagabond	G-BSAS	Cameron V-65
G-BRLB	Air Command 532 Elite	G-BRSY	Hatz CB-1	G-BSAV	Thunder Ax7-77
G-BRLF	Campbell Cricket	G-BRTD	Cessna 152	G-BSAW	Piper PA-28-161 Warrior II
G-BRLG	PA-28RT-201T Arrow IV	G-BRTJ	Cessna 150F	G-BSAZ	Denney Kitfox 2
G-BRLI	Piper J-5A Cub Cruiser	G-BRTL	Hughes 369E	G-BSBA	Piper PA-28-161 Warrior II
G-BRLL	Cameron A-105	G-BRTP	Cessna 152	G-BSBG	CCF Harvard 4
G-BRLO	Piper PA-38-112 Tomahawk	G-BRTT	Schweizer 269C	G-BSBI	Cameron O-77
G-BRLP	Piper PA-38-112 Tomahawk	G-BRTV	Cameron O-77	G-BSBR	Cameron O-77
G-BRLR	Cessna 150G	G-BRTW	Glaser-Dirks DG-400	G-BSBT	Piper J-3C-65 Cub
G-BRLS	Thunder Ax7-77	G-BRTX	Piper PA-28-151 Warrior	G-BSBV	Rans S-10 Sakota
G-BRLT	Colt 77A	G-BRUB	Piper PA-28-161 Warrior II	G-BSBW	Bell 206B JetRanger
G-BRLV	CCF Harvard 4	G-BRUD	Piper PA-28-181 Archer II	G-BSBX	Bensen B8MR
G-BRME	Piper PA-28-181 Archer II	G-BRUG	Luscombe 8E	G-BSBZ	Cessna 150M
G-BRMI	Cameron V-65	G-BRUH	Colt 105A	G-BSCA	Cameron N-90
G-BRMT	Cameron V-31 Air Chair	G-BRUI	Piper PA-44-180 Seminole	G-BSCC	Colt 105A
G-BRMU	Cameron V-77	G-BRUJ	Boeing A75N1	G-BSCE	Robinson R22 Beta
G-BRMV	Cameron O-77	G-BRUM	Cessna A152	G-BSCF	Thunder Ax7-77
G-BRMW	Whittaker MW7	G-BRUN	Cessna 120	G-BSCG	Denney Kitfox 2
G-BRNC	Cessna 150M	G-BRUO	Taylor Monoplane	G-BSCH	Denney Kitfox
G-BRND	Cessna 152	G-BRUV	Cameron V-77	G-BSCI	Colt 77A
G-BRNE	Cessna 152	G-BRUX	Piper PA-44-180 Seminole	G-BSCK	Cameron H-24
G-BRNK	Cessna 152	G-BRVB	Starduster Too Sa300	G-BSCN	SOCATA TB-20 Trinidad
G-BRNN	Cessna 152	G-BRVE	Beech D17S Traveller	G-BSCO	Thunder Ax7-77
G-BRNT	Robin DR.400-180 Régent	G-BRVF	Colt 77A	G-BSCP	Cessna 152
G-BRNU	Robin DR.400-180 Régent	G-BRVG	North American SNJ-7C	G-BSCS	Piper PA-28-181 Archer II
G-BRNV	Piper PA-28-181 Archer II	G-BRVI	Robinson R22 Beta	G-BSCV	Piper PA-28-161 Warrior II
G-BRNW	Cameron V-77	G-BRVJ	Cadet III Motor Glider	G-BSCW	Taylorcraft BC-65
G-BRNX	Piper PA-22-150 Caribbean	G-BRVL	Pitts S-1C	G-BSCX	Thunder Ax8-105
G-BRNZ	Piper PA-32-300	G-BRVN	Thunder Ax7-77	G-BSCY	Piper PA-28-151 Warrior
G-BROE	Cameron N-65	G-BRVO	AS350B Ecureuil	G-BSCZ	Cessna 152
G-BROG	Cameron V-65	G-BRVR	Barnett J4B-2	G-BSDA	Taylorcraft BC-12D
G-BROI	CFM Streak Shadow	G-BRVS	Barnett J4B-2	G-BSDD	Denney Kitfox 2
G-BROJ	Colt 31A	G-BRVU	Colt 77A	G-BSDH	Robin DR.400-180 Régent
G-BROO	Luscombe 8E	G-BRVY	Thunder Ax8-90	G-BSDI	Corben Junior Ace Model E
G-BROR	Piper J-3C-65 Cub	G-BRVZ	Jodel D117	G-BSDJ	Piper J-4E Cub Coupé
G-BROX	Robinson R22 Beta	G-BRWA	Aeronca 7AC Champion	G-BSDK	Piper J-5A Cub Cruiser
G-BROY	Cameron O-90	G-BRWD	Robinson R22 Beta	G-BSDL	SOCATA TB-10 Tobago
G-BROZ	Piper PA-18-150 Super Cub	G-BRWO	Piper PA-28-140 Cruiser	G-BSDN	Piper PA-34-200T Seneca II

☐ G-BSDO	Cessna 152	☐ G-BSKU	Cameron O-84	☐ G-BSSE	Piper PA-28-140 Cruiser
☐ G-BSDP	Cessna 152	☐ G-BSKW	Piper PA-28-181 Archer II	☐ G-BSSF	Denney Kitfox
☐ G-BSDS	Boeing E75	☐ G-BSLA	Robin DR.400-180 Régent	☐ G-BSSI	Rans S-6-116N Coyote II
☐ G-BSDV	Colt 31A	☐ G-BSLH	CASA 1-131E Jungmann	☐ G-BSSK	QAC Quickie Q2
☐ G-BSDW	Cessna 182P	☐ G-BSLI	Cameron V-77	☐ G-BSSP	Robin DR.400-180R Remo
☐ G-BSDX	Cameron V-77	☐ G-BSLK	Piper PA-28-161 Warrior II	☐ G-BSSV	CFM Streak Shadow
☐ G-BSDZ	Enstrom 280FX	☐ G-BSLM	Piper PA-28-160 Cherokee	☐ G-BSSW	Piper PA-28-161 Warrior II
☐ G-BSED	Piper PA-22-160 Tri-Pacer	☐ G-BSLT	Piper PA-28-161 Warrior II	☐ G-BSTC	Aeronca 11AC Chief
☐ G-BSEE	Rans S-9	☐ G-BSLU	Piper PA-28-140 Cherokee	☐ G-BSTE	AS355F2 Ecureuil 2
☐ G-BSEF	Piper PA-28-180 Cherokee C	☐ G-BSLV	Enstrom 280FX	☐ G-BSTH	Piper PA-25-235 Pawnee C
☐ G-BSEG	Ken Brock KB-2	☐ G-BSLW	Bellanca 7ECA	☐ G-BSTI	Piper J-3C-65 Cub
☐ G-BSEJ	Cessna 150M	☐ G-BSLX	Replica WAR Fw190	☐ G-BSTK	Thunder Ax8-90
☐ G-BSEK	Robinson R22	☐ G-BSMD	Nord 1101	☐ G-BSTL	Rand KR-2
☐ G-BSEL	Slingsby T61G	☐ G-BSME	Bölkow BÖ.208C Junior	☐ G-BSTM	Cessna 172L
☐ G-BSEP	Cessna 172	☐ G-BSMG	Montgomerie-Bensen B8M	☐ G-BSTO	Cessna 152
☐ G-BSER	Piper PA-28-160 Cherokee B	☐ G-BSMK	Cameron O-84	☐ G-BSTP	Cessna 152
☐ G-BSEU	Piper PA-28-181 Archer II	☐ G-BSML	Schweizer 269C	☐ G-BSTR	Grumman AA-5 Traveler
☐ G-BSEV	Cameron O-77	☐ G-BSMM	Colt 31A Sky Chariot	☐ G-BSTT	Rans S-6 Coyote II
☐ G-BSEY	Beech A36 Bonanza	☐ G-BSMN	CFM Streak Shadow	☐ G-BSTV	Piper PA-32-300
☐ G-BSFA	Aero Designs Pulsar	☐ G-BSMS	Cameron V-77	☐ G-BSTX	Luscombe 8A
☐ G-BSFB	CASA 1-131E Jungmann	☐ G-BSMT	Rans S-10 Sakota	☐ G-BSTY	Thunder Ax8-90
☐ G-BSFD	Piper J-3C-65 Cub	☐ G-BSMU	Rans S-6-116N Coyote II	☐ G-BSTZ	Piper PA-28-140 Cruiser
☐ G-BSFE	Piper PA-38-112 Tomahawk	☐ G-BSMV	Piper PA-17 Vagabond	☐ G-BSUA	Rans S-6 Coyote II
☐ G-BSFB	Robin DR.400-180R Remo	☐ G-BSMX	Bensen B8MR	☐ G-BSUB	Colt 77A
☐ G-BSFP	Cessna 152	☐ G-BSND	Air Command 532 Elite	☐ G-BSUD	Luscombe 8A
☐ G-BSFR	Cessna 152	☐ G-BSNE	Luscombe 8E	☐ G-BSUE	Cessna U206G
☐ G-BSFV	Woods Woody Pusher	☐ G-BSNF	Piper J-3C-65 Cub	☐ G-BSUF	Piper PA-32RT-300 Lance II
☐ G-BSFW	Piper PA-15 Vagabond	☐ G-BSNG	Cessna 172N	☐ G-BSUK	Colt 77A
☐ G-BSFX	Denney Kitfox 2	☐ G-BSNJ	Cameron N-90	☐ G-BSUO	SF25C-2000 Falke
☐ G-BSFY	Denney Kitfox 2	☐ G-BSNL	Bensen B8MR	☐ G-BSUV	Cameron O-77
☐ G-BSGB	Gaertner Ax4-Skyranger	☐ G-BSNP	Piper PA-28R-201T Arrow III	☐ G-BSUW	Piper PA-34-200T Seneca II
☐ G-BSGD	Piper PA-28-180 Cherokee E	☐ G-BSNT	Luscombe 8A	☐ G-BSUX	Carlson Sparrow II
☐ G-BSGF	Robinson R22 Beta	☐ G-BSNU	Colt 105A	☐ G-BSUZ	Denney Kitfox 3
☐ G-BSGG	Denney Kitfox 2	☐ G-BSNX	Piper PA-28-181 Archer II	☐ G-BSVB	Piper PA-28-181 Archer II
☐ G-BSGH	Airtour AH-56B	☐ G-BSNY	Bensen B8M	☐ G-BSVE	Binder CP.301S Smaragd
☐ G-BSGJ	Monnett Sonerai 2	☐ G-BSNZ	Cameron O-105	☐ G-BSVG	Piper PA-28-161 Warrior II
☐ G-BSGK	Piper PA-34-200T Seneca II	☐ G-BSOE	Luscombe 8A	☐ G-BSVH	Piper J-3C-65 Cub
☐ G-BSGL	Piper PA-28-161 Warrior II	☐ G-BSOF	Colt 25A Sky Chariot MkII	☐ G-BSVI	Piper PA-16 Clipper
☐ G-BSGP	Cameron N-65	☐ G-BSOG	Cessna 152	☐ G-BSVK	Denney Kitfox 2
☐ G-BSGS	Rans S-10 Sakota	☐ G-BSOJ	Thunder Ax7-77	☐ G-BSVM	Piper PA-28-161 Warrior II
☐ G-BSGT	Cessna T210N	☐ G-BSOK	Piper PA-28-161 Warrior II	☐ G-BSVN	Thorp T-18
☐ G-BSHA	Piper PA-34-200T Seneca II	☐ G-BSOM	Glaser-Dirks DG-400	☐ G-BSVP	Piper PA-23-250 Aztec F
☐ G-BSHC	Colt 69A	☐ G-BSON	Green S-25	☐ G-BSVR	Schweizer 269C
☐ G-BSHD	Colt 69A	☐ G-BSOO	Cessna 172F	☐ G-BSVS	Robin DR.400-100 Cadet
☐ G-BSHH	Luscombe 8A	☐ G-BSOR	CFM Streak Shadow	☐ G-BSWB	Rans S-10 Sakota
☐ G-BSHI	Luscombe 8F	☐ G-BSOT	Piper PA-38-112 Tomahawk	☐ G-BSWC	Boeing E75
☐ G-BSHK	Denney Kitfox 2	☐ G-BSOU	Piper PA-38-112 Tomahawk	☐ G-BSWF	Piper PA-16 Clipper
☐ G-BSHO	Cameron V-77	☐ G-BSOX	Luscombe 8E	☐ G-BSWG	Piper PA-17 Vagabond
☐ G-BSHP	Piper PA-28-161 Warrior II	☐ G-BSOZ	Piper PA-28-161 Warrior II	☐ G-BSWH	Cessna 152
☐ G-BSHS	Colt 105A	☐ G-BSPA	QAC Quickie Q2	☐ G-BSWL	Slingsby T61F Venture
☐ G-BSHV	Piper PA-18-95 Super Cub	☐ G-BSPB	Thunder Ax8-84	☐ G-BSWM	Slingsby T61F Venture
☐ G-BSHY	EAA Acrosport	☐ G-BSPE	Cessna F172P	☐ G-BSWR	BN2T Islander
☐ G-BSIC	Cameron V-77	☐ G-BSPG	Piper PA-34-200T Seneca II	☐ G-BSVV	Cameron N-77
☐ G-BSIF	Denney Kitfox 2	☐ G-BSPI	Piper PA-28-161 Warrior II	☐ G-BSWX	Cameron V-90
☐ G-BSIG	Colt 21A Cloudhopper	☐ G-BSPJ	Campbell Cricket	☐ G-BSWY	Cameron N-77
☐ G-BSIH	Rutan LongEz	☐ G-BSPK	Cessna 195A	☐ G-BSXA	Piper PA-28-161 Warrior II
☐ G-BSII	Piper PA-34-200T Seneca II	☐ G-BSPL	CFM Streak Shadow	☐ G-BSXB	Piper PA-28-161 Warrior II
☐ G-BSIJ	Cameron V-77	☐ G-BSPM	Piper PA-28-161 Warrior II	☐ G-BSXC	Piper PA-28-161 Warrior II
☐ G-BSIK	Denney Kitfox	☐ G-BSPN	Piper PA-28R-201T Arrow III	☐ G-BSXD	Soko P-2 Kraguj
☐ G-BSIM	Piper PA-28-181 Archer II	☐ G-BSPT	BN2B-20 Islander	☐ G-BSXI	Mooney M20E
☐ G-BSIO	Cameron Furness Building	☐ G-BSPW	Avid Speedwing	☐ G-BSXM	Cameron V-77
☐ G-BSIU	Colt 90A	☐ G-BSRD	Cameron N-105	☐ G-BSXS	Piper PA-28-161 Archer II
☐ G-BSIY	Schleicher ASK 14	☐ G-BSRH	Pitts S-1C	☐ G-BSXT	Piper J-5A Cub Cruiser
☐ G-BSIZ	Piper PA-28-181 Archer II	☐ G-BSRI	Lancair 235	☐ G-BSXW	Whittaker MW7
☐ G-BSJB	Bensen B8	☐ G-BSRK	ARV1 Super 2	☐ G-BSYA	Jodel D18
☐ G-BSJU	Cessna 150M	☐ G-BSRL	Campbell Cricket	☐ G-BSYB	Cameron N-120
☐ G-BSJX	Piper PA-28-161 Warrior II	☐ G-BSRP	RotorWay Executive	☐ G-BSYF	Luscombe 8E
☐ G-BSJZ	Cessna 150J	☐ G-BSRR	Cessna 182Q	☐ G-BSYG	Piper PA-12 Super Cruiser
☐ G-BSKA	Cessna 150M	☐ G-BSRT	Denney Kitfox 2	☐ G-BSYH	Luscombe 8A
☐ G-BSKD	Cameron V-77	☐ G-BSRX	CFM Streak Shadow	☐ G-BSYI	AS355F1 Ecureuil 2
☐ G-BSKG	Cameron O-84	☐ G-BSSA	Luscombe 8E	☐ G-BSYO	Piper J-3C-65 Cub
☐ G-BSKG	Maule MX-7-180	☐ G-BSSB	Cessna 150L	☐ G-BSYU	Robin DR.400-180 Régent
☐ G-BSKL	Piper PA-38-112 Tomahawk	☐ G-BSSC	Piper PA-28-161 Warrior II	☐ G-BSYV	Cessna 150M

Registration	Type	Registration	Type	Registration	Type
G-BSYW	Cessna 150M	G-BTEX	Piper PA-28-140 Cherokee	G-BTKL	MBB BÖ.105DB-4
G-BSYY	Piper PA-28-161 Warrior II	G-BTFC	Cessna F152	G-BTKN	Cameron O-120
G-BSYZ	Piper PA-28-161 Warrior II	G-BTFE	Parsons Gyroplane Model 1	G-BTKP	CFM Streak Shadow
G-BSZB	Starduster Too Sa300	G-BTFG	Boeing A75N1	G-BTKT	Piper PA-28-161 Warrior II
G-BSZC	Beech C-45H-BH	G-BTFJ	Piper PA-15 Vagabond	G-BTKV	Piper PA-22-160 Tri-Pacer
G-BSZD	Robin DR.400-180 Régent	G-BTFK	Taylorcraft BC-12D	G-BTKW	Cameron O-105
G-BSZF	Jodel DR.250/160	G-BTFL	Aeronca 11AC Chief	G-BTKX	Piper PA-28-181 Archer II
G-BSZG	Starduster Sa100	G-BTFM	Cameron O-105	G-BTKZ	Cameron V-77
G-BSZH	Thunder Ax7-77	G-BTFO	Piper PA-28-161 Warrior II	G-BTLB	Wassmer WA.52
G-BSZI	Cessna 152	G-BTFT	Beech 58 Baron	G-BTLG	Piper PA-28R-200 Arrow II
G-BSZJ	Piper PA-28-181 Archer II	G-BTFU	Cameron N-90	G-BTLM	Piper PA-22-160 Tri-Pacer
G-BSZM	Montgomerie-Bensen B8MR	G-BTFV	Whittaker MW7	G-BTLP	Grumman AA-1C Lynx
G-BSZO	Cessna 152	G-BTFW	Montgomerie-Bensen B8MR	G-BTMA	Cessna 172N
G-BSZT	Piper PA-28-161 Warrior II	G-BTFX	Bell 206B JetRanger	G-BTMK	Cessna R172K
G-BSZU	Cessna 150F	G-BTGD	Rand KR-2	G-BTMO	Colt 69A
G-BSZV	Cessna 150F	G-BTGG	Rans S-10 Sakota	G-BTMP	Campbell Cricket
G-BSZW	Cessna 152	G-BTGH	Cessna 152	G-BTMR	Cessna 172M
G-BTAG	Cameron O-77	G-BTGI	Rearwin 175	G-BTMS	Avid Speedwing
G-BTAK	EAA Acrosport II	G-BTGJ	Smith DSA-1 Miniplane	G-BTMT	Denney Kitfox 1
G-BTAL	Cessna F152	G-BTGL	Avid Flyer	G-BTMV	Everett Gyroplane
G-BTAM	Piper PA-28-181 Archer II	G-BTGM	Aeronca 7AC Champion	G-BTMW	Zenair CH.701 STOL
G-BTAN	Thunder Ax7-65Z	G-BTGO	Piper PA-28-140 Cherokee D	G-BTMY	Cameron Train-80
G-BTAS	Piper PA-38-112 Tomahawk	G-BTGP	Cessna 150M	G-BTNA	Robinson R22 Beta
G-BTAT	Denney Kitfox 2	G-BTGR	Cessna 152	G-BTNC	AS365N2 Dauphin 2
G-BTAU	Thunder Ax7-77	G-BTGS	Starduster Too Sa300	G-BTND	Piper PA-38-112 Tomahawk
G-BTAW	Piper PA-28-161 Warrior II	G-BTGT	CFM Streak Shadow	G-BTNE	Piper PA-28-161 Warrior II
G-BTAZ	Evans VP-2	G-BTGV	Piper PA-34-200T Seneca II	G-BTNH	Piper PA-28-161 Warrior II
G-BTBA	Robinson R22 Beta	G-BTGW	Cessna 152	G-BTNO	Aeronca 7AC Champion
G-BTBB	Thunder Ax8-105 S2	G-BTGX	Cessna 152	G-BTNR	Denney Kitfox 3
G-BTBC	Piper PA-28-161 Warrior II	G-BTGY	Piper PA-28-161 Warrior II	G-BTNT	Piper PA-28-151 Warrior
G-BTBF	Super Koala	G-BTGZ	Piper PA-28-181 Archer II	G-BTNV	Piper PA-28-161 Warrior II
G-BTBG	Denney Kitfox 2	G-BTHE	Cessna 150L	G-BTNW	Rans S-6-ESA Coyote II
G-BTBH	Ryan ST3KR	G-BTHF	Cameron V-90	G-BTOC	Robinson R22 Beta
G-BTBJ	Cessna 190	G-BTHH	Jodel DR.100A	G-BTOG	DH.82A Tiger Moth
G-BTBL	Montgomerie-Bensen B8MR	G-BTHI	Robinson R22 Beta	G-BTOL	Denney Kitfox 3
G-BTBP	Cameron N-90	G-BTHJ	Evans VP-2	G-BTON	Piper PA-28-140 Cruiser
G-BTBU	Piper PA-18-150 Super Cub	G-BTHK	Thunder Ax7-77	G-BTOO	Pitts S-1C
G-BTBW	Cessna 120	G-BTHM	Thunder Ax8-105	G-BTOP	Cameron V-77
G-BTBX	Piper J-3C-65 Cub	G-BTHN	Murphy Renegade 912	G-BTOT	Piper PA-15 Vagabond
G-BTBY	Piper PA-17 Vagabond	G-BTHP	Thorp T211	G-BTOU	Cameron O-120
G-BTCA	Piper PA-32R-300 Lance	G-BTHV	Bölkow BÖ.105DBS-4	G-BTOW	Rallye 180T Galerien
G-BTCB	Air Command 582 Sport	G-BTHW	Beech F33C Bonanza	G-BTOZ	Thunder Ax9-120 S2
G-BTCC	Grumman F6F-3	G-BTHX	Colt 105A	G-BTPA	British Aerospace ATP
G-BTCD	North American P-51D	G-BTHY	Bell 206B JetRanger	G-BTPE	British Aerospace ATP
G-BTCE	Cessna 152	G-BTHZ	Cameron V-56	G-BTPF	British Aerospace ATP
G-BTCH	Luscombe 8E	G-BTID	Piper PA-28-161 Warrior II	G-BTPG	British Aerospace ATP
G-BTCI	Piper PA-17 Vagabond	G-BTIE	SOCATA TB-10 Tobago	G-BTPH	British Aerospace ATP
G-BTCJ	Luscombe 8E	G-BTIF	Denney Kitfox 3	G-BTPJ	British Aerospace ATP
G-BTCM	Cameron N-90	G-BTII	Gulfstream AA-5B	G-BTPL	British Aerospace ATP
G-BTCR	Rans S-10 Sakota	G-BTIJ	Luscombe 8E	G-BTPT	Cameron N-77
G-BTCS	Colt 90A	G-BTIK	Cessna 152	G-BTPV	Colt 90A
G-BTCZ	Cameron Chateau-84	G-BTIL	Piper PA-38-112 Tomahawk	G-BTPX	Thunder Ax8-90
G-BTDA	Slingsby T61F Venture	G-BTIM	Piper PA-28-161 Cadet	G-BTRB	Colt Mickey Mouse
G-BTDC	Denney Kitfox 2	G-BTIO	Stampe SV4C	G-BTRC	Avid Speedwing
G-BTDD	CFM Streak Shadow	G-BTIR	Denney Kitfox 2	G-BTRF	Aero Designs Pulsar
G-BTDE	Cessna C-165	G-BTIU	Morane Saulnier MS.892A	G-BTRG	Aeronca 65C
G-BTDF	Luscombe 8A	G-BTIV	Piper PA-28-161 Warrior II	G-BTRI	Aeronca 11AC Chief
G-BTDI	Robinson R22 Beta	G-BTIZ	Cameron A-105	G-BTRK	Piper PA-28-161 Warrior II
G-BTDN	Denney Kitfox 2	G-BTJA	Luscombe 8E	G-BTRL	Cameron N-105
G-BTDR	Aero Designs Pulsar	G-BTJB	Luscombe 8E	G-BTRN	Thunder Ax9-120 S2
G-BTDS	Colt 77A	G-BTJC	Luscombe 8E	G-BTRO	Thunder Ax8-90
G-BTDT	CASA 1-131E Jungmann	G-BTJD	Thunder Ax8-90 S2	G-BTRP	Hughes 369E
G-BTDV	Piper PA-28-161 Warrior II	G-BTJH	Cameron O-77	G-BTRR	Thunder Ax7-77
G-BTDW	Cessna 152	G-BTJK	Piper PA-38-112 Tomahawk	G-BTRS	Piper PA-28-161 Warrior II
G-BTDZ	CASA 1-131E Jungmann	G-BTJL	Piper PA-38-112 Tomahawk	G-BTRT	Piper PA-28R-200 Arrow II
G-BTEA	Cameron N-105	G-BTJO	Thunder Ax9-140	G-BTRU	Robin DR.400-180 Régent
G-BTEE	Cameron O-120	G-BTJS	Montgomerie-Bensen B8MR	G-BTRW	Slingsby T61F Venture
G-BTEF	Pitts S-1	G-BTJU	Cameron V-90	G-BTRY	Piper PA-28-161 Warrior II
G-BTEL	CFM Streak Shadow	G-BTJX	Rans S-10 Sakota	G-BTRZ	Jodel D18
G-BTES	Cessna 150H	G-BTKA	Piper J-5A Cub Cruiser	G-BTSB	Corben Baby Ace D
G-BTET	Piper J-3C-65 Cub	G-BTKB	Murphy Renegade 912	G-BTSJ	Piper PA-28-161 Warrior II
G-BTEU	AS365N2 Dauphin 2	G-BTKD	Denney Kitfox 4	G-BTSN	Cessna 150G
G-BTEW	Cessna 120	G-BTKG	Avid Flyer	G-BTSP	Piper J-3C-65 Cub

☐	G-BTSR	Aeronca 11AC Chief	☐	G-BTZE	Yak C.11	☐ G-BUFW	AS355F1 Ecureuil 2
☐	G-BTSV	Denney Kitfox 3	☐	G-BTZG	British Aerospace ATP	☐ G-BUFY	Piper PA-28-161 Warrior II
☐	G-BTSW	Colt AS-105 GD	☐	G-BTZO	SOCATA TB-20 Trinidad	☐ G-BUGD	Cameron V-77
☐	G-BTSX	Thunder Ax7-77	☐	G-BTZP	SOCATA TB-9 Tampico Club	☐ G-BUGE	Bellanca 7GCAA
☐	G-BTSZ	Cessna 177A	☐	G-BTZS	Colt 77B	☐ G-BUGG	Cessna 150F
☐	G-BTTB	Cameron V-90	☐	G-BTZU	Cameron C-60	☐ G-BUGI	Evans VP-2
☐	G-BTTD	Montgomerie-Bensen B8MR	☐	G-BTZV	Cameron V-77	☐ G-BUGJ	Robin DR.400-180 Régent
☐	G-BTTE	Cessna 150L	☐	G-BTZX	Piper J-3C-65 Cub	☐ G-BUGL	Slingsby T61F Venture
☐	G-BTTL	Cameron V-90	☐	G-BTZY	Colt 56A	☐ G-BUGM	CFM Streak Shadow
☐	G-BTTO	British Aerospace ATP	☐	G-BTZZ	CFM Streak Shadow	☐ G-BUGP	Cameron V-77
☐	G-BTTR	Pitts S-2A	☐	G-BUAA	Corben Baby Ace D	☐ G-BUGS	Cameron V-77
☐	G-BTTS	Colt 77A	☐	G-BUAB	Aeronca 11AC Chief	☐ G-BUGT	Slingsby T61F Venture
☐	G BTTW	Thunder Ax7-77	☐	G-BUAC	Slingsby T31 Motor Cadet	☐ G-BUGV	Slingsby T61F Venture
☐	G-BTTY	Denney Kitfox 2	☐	G-BUAF	Cameron N-77	☐ G-BUGW	Slingsby T61F Venture
☐	G-BTTZ	Slingsby T61F Venture	☐	G-BUAG	Jodel D18	☐ G-BUGY	Cameron V-90
☐	G-BTUA	Slingsby T61F Venture	☐	G-BUAI	Everett Gyroplane	☐ G-BUGZ	Slingsby T61F Venture
☐	G-BTUB	Yak C.11	☐	G-BUAJ	Cameron N-90	☐ G-BUHA	Slingsby T61F Venture
☐	G-BTUE	British Aerospace ATP	☐	G-BUAM	Cameron V-77	☐ G-BUHM	Cameron V-77
☐	G-BTUG	Rallye 180T	☐	G-BUAO	Luscombe 8A	☐ G-BUHO	Cessna 140
☐	G-BTUH	Cameron N-65	☐	G-BUAT	Thunder Ax9-120	☐ G-BUHR	Slingsby T61F Venture
☐	G-BTUK	Pitts S-2A	☐	G-BUAV	Cameron O-105	☐ G-BUHS	Glasair SH-TD-1
☐	G-BTUL	Pitts S-2A	☐	G-BUAX	Rans S-10 Sakota	☐ G-BUHU	Cameron N-105
☐	G-BTUM	Piper J-3C-65 Cub	☐	G-BUBN	BN2B-26 Islander	☐ G-BUHZ	Cessna 120
☐	G-BTUR	Piper PA-18-95 Super Cub	☐	G-BUBS	Lindstrand LBL 77B	☐ G-BUIE	Cameron N-90
☐	G-BTUS	Whittaker MW7	☐	G-BUBT	Glasair IIS RG	☐ G-BUIF	Piper PA-28-161 Warrior II
☐	G-BTUV	Aeronca 65-TAC	☐	G-BUBU	Piper PA-34-220T Seneca III	☐ G-BUIG	Campbell Cricket
☐	G-BTUW	Piper PA-28-151 Warrior	☐	G-BUBW	Robinson R22 Beta	☐ G-BUIH	Slingsby T61F Venture
☐	G-BTUX	AS365N2 Dauphin 2	☐	G-BUBY	Thunder Ax8-105 S2	☐ G-BUIJ	Piper PA-28-161 Warrior II
☐	G-BTUZ	American General AG-5B	☐	G-BUCA	Cessna A150K	☐ G-BUIK	Piper PA-28-161 Warrior II
☐	G-BTVA	Thunder Ax7-77	☐	G-BUCB	Cameron H-34	☐ G-BUIL	CFM Streak Shadow
☐	G-BTVB	Everett Gyroplane	☐	G-BUCC	CASA 1-131E Jungmann	☐ G-BUIN	Thunder Ax7-77
☐	G-BTVC	Denney Kitfox 2	☐	G-BUCG	Schleicher ASW 20L	☐ G-BUIP	Denney Kitfox 2
☐	G-BTVE	Hawker Demon	☐	G-BUCH	Stinson V-77 Reliant	☐ G-BUIR	Avid Speedwing Mk4
☐	G-BTVV	Cessna FA337G	☐	G-BUCK	CASA 1-131E Jungmann	☐ G-BUIU	Cameron V-90
☐	G-BTVW	Cessna 152	☐	G-BUCM	Hawker Sea Fury FB11	☐ G-BUIZ	Cameron N-90
☐	G-BTVX	Cessna 152	☐	G-BUCO	Pietenpol Air Camper	☐ G-BUJA	Slingsby T61F Venture
☐	G-BTWB	Denney Kitfox 3	☐	G-BUCS	Cessna 150F	☐ G-BUJB	Slingsby T61F Venture
☐	G-BTWC	Slingsby T61F Venture	☐	G-BUCT	Cessna 150L	☐ G-BUJE	Cessna 177B
☐	G-BTWD	Slingsby T61F Venture	☐	G-BUDA	Slingsby T61F Venture	☐ G-BUJH	Colt 77B
☐	G-BTWE	Slingsby T61F Venture	☐	G-BUDB	Slingsby T61F Venture	☐ G-BUJI	Slingsby T61F Venture
☐	G-BTWF	DHC-1 Chipmunk 22	☐	G-BUDC	Slingsby T61F Venture	☐ G-BUJJ	Avid Speedwing
☐	G-BTWI	EAA Acrosport	☐	G-BUDE	Piper PA-22-135 Tri-Pacer	☐ G-BUJK	Montgomerie-Bensen B8MR
☐	G-BTWJ	Cameron V-77	☐	G-BUDF	Rand KR-2	☐ G-BUJL	Aero Designs Pulsar
☐	G-BTWL	Wag-Aero Sport Trainer	☐	G-BUDI	Aero Designs Pulsar	☐ G-BUJM	Cessna 120
☐	G-BTWM	Cameron V-77	☐	G-BUDK	Thunder Ax7-77	☐ G-BUJN	Cessna 172N
☐	G-BTWV	Cameron O-90	☐	G-BUDL	Taylorcraft E Auster III	☐ G-BUJO	Piper PA-28-161 Warrior II
☐	G-BTWX	SOCATA TB-9 Tampico Club	☐	G-BUDN	Cameron Shoe-90	☐ G-BUJP	Piper PA-28-161 Warrior II
☐	G-BTWY	Aero Designs Pulsar	☐	G-BUDO	PZL-110 Koliber 150	☐ G-BUJR	Cameron A-180
☐	G-BTWZ	Rans S-10 Sakota	☐	G-BUDR	Denney Kitfox 3	☐ G-BUJW	Avid Speedwing Mk4
☐	G-BTXD	Rans S-6-ESA Coyote II	☐	G-BUDS	Rand KR-2	☐ G-BUJX	Thunder Ax8-90 S2
☐	G-BTXF	Cameron V-90	☐	G-BUDT	Slingsby T61F Venture	☐ G-BUJX	Slingsby T61F Venture
☐	G-BTXG	Jetstream 31	☐	G-BUDU	Cameron V-77	☐ G-BUJZ	Rotorway Executive 90
☐	G-BTXH	Colt AS-56	☐	G-BUDW	Colibri MB2	☐ G-BUKB	Rans S-10 Sakota
☐	G-BTXI	Noorduyn AT-16 Harvard IIb	☐	G-BUEC	Van's RV-6	☐ G-BUKF	Denney Kitfox 4
☐	G-BTXK	Thunder Ax7-65	☐	G-BUED	Slingsby T61F Venture	☐ G-BUKH	Druine D.31 Turbulent
☐	G-BTXM	Colt 21A Cloudhopper	☐	G-BUEF	Cessna 152	☐ G-BUKI	Thunder Ax7-77
☐	G-BTXS	Cameron O-120	☐	G-BUEG	Cessna 152	☐ G-BUKJ	British Aerospace ATP
☐	G-BTXT	Maule MXT-7-180	☐	G-BUEI	Thunder Ax8-105	☐ G-BUKK	Bü.133D Jungmeister
☐	G-BTXW	Cameron V-77	☐	G-BUEK	Slingsby T61F Venture	☐ G-BUKN	Piper PA-15 Vagabond
☐	G-BTXX	Bellanca 8KCAB	☐	G-BUEN	VPM M14 Scout	☐ G-BUKO	Cessna 120
☐	G-BTXZ	Zenair CH.250 Zenith	☐	G-BUEP	Maule MXT-7-180	☐ G-BUKP	Denney Kitfox 2
☐	G-BTYC	Cessna 150L	☐	G-BUEV	Cameron O-77	☐ G-BUKR	Morane Saulnier MS.880B
☐	G-BTYE	Cameron A-180	☐	G-BUEW	Rans S-6 Coyote II	☐ G-BUKS	Colt 77B
☐	G-BTYF	Thunder Ax10-180 S2	☐	G-BUFA	Cameron R-77	☐ G-BUKU	Luscombe 8E
☐	G-BTYH	Pottier P80S	☐	G-BUFC	Cameron R-77	☐ G-BUKX	Piper PA-28-161 Warrior II
☐	G-BTYI	Piper PA-28-181 Archer II	☐	G-BUFE	Cameron R-77	☐ G-BUKY	CCF Harvard 4
☐	G-BTYT	Cessna 152	☐	G-BUFG	Slingsby T61F Venture	☐ G-BUKZ	Evans VP-2
☐	G-BTYW	Cessna 120	☐	G-BUFH	Piper PA-28-161 Warrior II	☐ G-BULB	Thunder Ax7-77
☐	G-BTYX	Cessna 140	☐	G-BUFJ	Cameron V-90	☐ G-BULC	Avid Speedwing Mk4
☐	G-BTYY	Curtiss Robertson C-2 Robin	☐	G-BUFN	Slingsby T61F Venture	☐ G-BULD	Cameron N-105
☐	G-BTZA	Beech F33A Bonanza	☐	G-BUFR	Slingsby T61F Venture	☐ G-BULF	Colt 77B
☐	G-BTZB	Yakovlev Yak-50	☐	G-BUFT	Cameron O-120	☐ G-BULG	Van's RV-6
☐	G-BTZD	Yakovlev Yak-1	☐	G-BUFV	Avid Speedwing Mk4	☐ G-BULH	Cessna 172N

29

☐	G-BULJ	CFM Streak Shadow	☐	G-BUTE	EA-1 Kingfisher Amphibian	☐ G-BUZC	Everett Gyroplane
☐	G-BULK	Thunder Ax9-120 S2	☐	G-BUTF	Aeronca 11AC Chief	☐ G-BUZD	AS332L Super Puma
☐	G-BULL	Scottish Avn Bulldog	☐	G-BUTG	Zenair CH.601HD Zodiac	☐ G-BUZE	Avid Speedwing
☐	G-BULN	Colt 210A	☐	G-BUTH	Jodel DR.220	☐ G-BUZG	Zenair CH.601HD Zodiac
☐	G-BULO	Luscombe 8F	☐	G-BUTJ	Cameron O-77	☐ G-BUZH	Star-Lite SL-1
☐	G-BULR	Piper PA-28-140 Cherokee B	☐	G-BUTK	Murphy Rebel	☐ G-BUZJ	Lindstrand LBL 105A
☐	G-BULT	Everett Gyroplane	☐	G-BUTM	Rans S-6-116 Coyote II	☐ G-BUZK	Cameron V-77
☐	G-BULY	Avid Flyer	☐	G-BUTT	Cessna FA150K	☐ G-BUZL	VPM M16 Tandem Trainer
☐	G-BULZ	Denney Kitfox 2	☐	G-BUTX	Bü.133C Jungmeister	☐ G-BUZM	Avid Speedwing
☐	G-BUMP	Piper PA-28-181 Archer II	☐	G-BUTY	Colibri MB2	☐ G-BUZN	Cessna 172H
☐	G-BUNB	Slingsby T61F Venture	☐	G-BUTZ	Piper PA-28-180 Cherokee C	☐ G-BUZR	Pietenpol Air Camper
☐	G-BUNC	PZL-104 Wilga 35	☐	G-BUUA	Slingsby T67M	☐ G-BUZR	Lindstrand LBL 77A
☐	G-BUND	PA-28RT-201T Arrow IV	☐	G-BUUB	Slingsby T67M	☐ G-BUZS	Colt Flying Pig
☐	G-BUNG	Cameron N-77	☐	G-BUUC	Slingsby T67M	☐ G-BUZT	Kolb Twinstar Mk3A
☐	G-BUNH	PA-28RT-201T Arrow IV	☐	G-BUUE	Slingsby T67M	☐ G-BUZV	Ken Brock KB-2
☐	G-BUNJ	K & S SA.102.5 Cavalier	☐	G-BUUF	Slingsby T67M	☐ G-BUZZ	Agusta-Bell 206B JetRanger
☐	G-BUNM	Denney Kitfox 3	☐	G-BUUI	Slingsby T67M	☐ G-BVAB	Zenair CH.601HDS Zodiac
☐	G-BUNO	Lancair 320	☐	G-BUUJ	Slingsby T67M	☐ G-BVAC	Zenair CH.601HD Zodiac
☐	G-BUNV	Thunder Ax7-77	☐	G-BUUK	Slingsby T67M	☐ G-BVAF	Piper J-3C-65 Cub
☐	G-BUNZ	Thunder Ax10-180 S2	☐	G-BUUM	Piper PA-28RT-201 Arrow IV	☐ G-BVAH	Denney Kitfox 3
☐	G-BUOA	Whittaker MW6-S	☐	G-BUUO	Cameron N-90	☐ G-BVAI	PZL-110 Koliber 150
☐	G-BUOB	CFM Streak Shadow	☐	G-BUUP	British Aerospace ATP	☐ G-BVAM	Evans VP-1
☐	G-BUOD	Replica Plans SE.5A	☐	G-BUUR	British Aerospace ATP	☐ G-BVAO	Colt 25A
☐	G-BUOE	Cameron V-90	☐	G-BUUT	Interavia 70Ta	☐ G-BVAW	Staaken Z-1 Flitzer
☐	G-BUOF	Druine D.62B Condor	☐	G-BUUX	Piper PA-28-180 Cherokee D	☐ G-BVAY	Rutan VariEze
☐	G-BUOI	Piper PA-20-135 Pacer	☐	G-BUVA	Piper PA-22-135 Tri-Pacer	☐ G-BVAZ	Montgomerie-Bensen B8MR
☐	G-BUOK	Rans S-6-116 Coyote II	☐	G-BUVE	Colt 77B	☐ G-BVBR	Avid Speedwing
☐	G-BUOL	Denney Kitfox 3	☐	G-BUVL	Fisher Super Koala	☐ G-BVBS	Cameron N-77
☐	G-BUON	Avid Aerobat	☐	G-BUVM	Jodel DR.250/160	☐ G-BVBV	Avid Speedwing
☐	G-BUOR	CASA 1-131E Jungmann	☐	G-BUVN	CASA 1-131E Jungmann	☐ G-BVCA	Cameron N-105
☐	G-BUOS	Spitfire FR.XVIIIe	☐	G-BUVO	Cessna F182P	☐ G-BVCC	Monnett Sonerai 2Lt
☐	G-BUOW	Aero Designs Pulsar XP	☐	G-BUVR	Christen A-1 Husky	☐ G-BVCG	Van's RV-6
☐	G-BUOZ	Thunder Ax10-180	☐	G-BUVS	Colt 77A	☐ G-BVCL	Rans S-6-116 Coyote II
☐	G-BUPA	Rutan LongEz	☐	G-BUVT	Colt 77A	☐ G-BVCM	Cessna 525
☐	G-BUPB	Starduster Too Sa300	☐	G-BUVW	Cameron N-90	☐ G-BVCN	Colt 56A
☐	G-BUPC	Rollason Beta B2	☐	G-BUVX	CFM Streak Shadow SA	☐ G-BVCO	Clutton FRED Series II
☐	G-BUPF	Bensen B8MR	☐	G-BUVZ	Thunder Ax10-180 S2	☐ G-BVCP	CP.1 Metisse
☐	G-BUPG	Cessna 180K	☐	G-BUWE	Replica Plans SE.5A	☐ G-BVCS	Aeronca 7AC Champion
☐	G-BUPH	Colt 25A	☐	G-BUWF	Cameron N-105	☐ G-BVCT	Denney Kitfox 4-1200
☐	G-BUPI	Cameron V-77	☐	G-BUWH	Parsons 2-Place Gyroplane	☐ G-BVCX	Sikorsky S-76A
☐	G-BUPJ	Fournier RF4D	☐	G-BUWI	Lindstrand LBL 77A	☐ G-BVCY	Cameron H-24
☐	G-BUPM	VPM M16 Tandem Trainer	☐	G-BUWJ	Pitts S-1C	☐ G-BVDB	Thunder Ax7-77
☐	G-BUPP	Cameron V-42	☐	G-BUWK	Rans S-6-116N Coyote II	☐ G-BVDC	Van's RV-3
☐	G-BUPR	Jodel D18	☐	G-BUWL	Piper J-4A Cub Coupé	☐ G-BVDH	Piper PA-28RT-201 Arrow IV
☐	G-BUPU	Thunder Ax7-77	☐	G-BUWR	CFM Streak Shadow	☐ G-BVDI	Van's RV-4
☐	G-BUPV	Great Lakes 2T-1A	☐	G-BUWS	Denney Kitfox 2	☐ G-BVDJ	Campbell Cricket
☐	G-BUPW	Denney Kitfox 3	☐	G-BUWT	Rand KR-2	☐ G-BVDM	Cameron C-60
☐	G-BURD	Cessna F172N	☐	G-BUWU	Cameron V-77	☐ G-BVDO	Lindstrand LBL 105A
☐	G-BURE	Jodel D9	☐	G-BUXC	CFM Streak Shadow	☐ G-BVDP	Falco F8L
☐	G-BURG	Colt 77A	☐	G-BUXD	Maule MXT-7-160	☐ G-BVDR	Cameron O-77
☐	G-BURH	Cessna 150E	☐	G-BUXI	Steen Skybolt	☐ G-BVDS	Lindstrand LBL 69A
☐	G-BURI	Enstrom F-28C	☐	G-BUXK	Pietenpol Air Camper	☐ G-BVDT	CFM Streak Shadow SA-I
☐	G-BURJ	HS.748 Series 2A	☐	G-BUXL	Taylor Monoplane	☐ G-BVDW	Thunder Ax8-90
☐	G-BURL	Colt 105A	☐	G-BUXN	Beech C23 Sundowner	☐ G-BVDX	Cameron V-90
☐	G-BURN	Cameron O-120	☐	G-BUXO	Pober P-9 Pixie	☐ G-BVDY	Cameron O-77
☐	G-BURP	RotorWay Executive 90	☐	G-BUXS	Bölkow BÖ.105DBS-4	☐ G-BVDZ	Taylorcraft BC-12D
☐	G-BURR	Auster AOP9	☐	G-BUXV	Piper PA-22-160 Tri-Pacer	☐ G-BVEA	Mosler Motors N3 Pup
☐	G-BURS	Sikorsky S-76A	☐	G-BUXW	Thunder Ax8-90 S2	☐ G-BVEH	Jodel D112
☐	G-BURT	Piper PA-28-161 Warrior II	☐	G-BUXX	Piper PA-17 Vagabond	☐ G-BVEL	Evans VP-1 Series 2
☐	G-BURX	Cameron N-105	☐	G-BUXY	Piper PA-25-235 Pawnee	☐ G-BVEN	Cameron C-80
☐	G-BURZ	Hawker Nimrod 2	☐	G-BUYB	Aero Designs Pulsar	☐ G-BVEP	Luscombe 8A
☐	G-BUSG	Airbus A320-211	☐	G-BUYC	Cameron C-80	☐ G-BVER	DHC-2 Beaver 1
☐	G-BUSH	Airbus A320-211	☐	G-BUYD	Thunder Ax8-90	☐ G-BVES	Cessna 340A
☐	G-BUSI	Airbus A320-211	☐	G-BUYF	Falcon XP	☐ G-BVEV	Piper PA-34-200 Seneca
☐	G-BUSJ	Airbus A320-211	☐	G-BUYJ	Lindstrand LBL 105A	☐ G-BVEW	Lindstrand LBL 150A
☐	G-BUSK	Airbus A320-211	☐	G-BUYK	Denney Kitfox 4	☐ G-BVEY	Denney Kitfox 4-1200
☐	G-BUSN	RotorWay Executive 90	☐	G-BUYL	RAF 2000	☐ G-BVEZ	P84 Jet Provost
☐	G-BUSR	Aero Designs Pulsar	☐	G-BUYO	Colt 77A	☐ G-BVFA	Rans S-10 Sakota
☐	G-BUSS	Cameron Bus-90	☐	G-BUYS	Robin DR.400-180 Régent	☐ G-BVFB	Cameron N-31
☐	G-BUSV	Colt 105A	☐	G-BUYU	Bowers Fly Baby 1A	☐ G-BVFF	Cameron V-77
☐	G-BUSW	Commander 114	☐	G-BUYY	Piper PA-28-180 Cherokee C	☐ G-BVFM	Rans S-6-116 Coyote II
☐	G-BUTB	CFM Streak Shadow	☐	G-BUZA	Denney Kitfox 3	☐ G-BVFO	Avid Speedwing
☐	G-BUTD	Van's RV-6	☐	G-BUZB	Aero Designs Pulsar XP	☐ G-BVFP	Cameron V-90

Registration	Type	Registration	Type	Registration	Type
G-BVFR	CFM Streak Shadow	G-BVLU	Druine D.31 Turbulent	G-BVTX	DHC-1 Chipmunk 22A
G-BVFS	Slingsby T31M	G-BVLV	Europa Avn Europa	G-BVUA	Cameron O-105
G-BVFT	Maule M5-235C	G-BVLW	Avid Hauler Mk4	G-BVUC	Colt 56A
G-BVFU	Cameron Sphere-105	G-BVLX	Slingsby T61F Venture	G-BVUG	Betts TB1
G-BVFZ	Maule M5-180C	G-BVLZ	Lindstrand LBL 120A	G-BVUH	Thunder Ax7-65B
G-BVGA	Bell 206B JetRanger	G-BVMA	Beech 200 Super King Air	G-BVUI	Lindstrand LBL 25A
G-BVGB	Thunder Ax8-105 S2	G-BVMH	Wag-Aero Sport Trainer	G-BVUK	Cameron V-77
G-BVGE	Westland Whirlwind HAR10	G-BVMI	Piper PA-18-150 Super Cub	G-BVUM	Rans S-6-116 Coyote II
G-BVGF	Europa Avn Europa	G-BVMJ	Cameron Eagle-95	G-BVUN	Van's RV-4
G-BVGG	Lindstrand LBL 69A	G-BVML	Lindstrand LBL 210A	G-BVUT	Evans VP-1 Series 2
G-BVGH	Hawker Hunter T7	G-BVMM	Robin HR.200-100 Club	G-BVUU	Cameron C-80
G-BVGI	Pereira Osprey 2	G-BVMN	Ken Brock KB-2	G-BVUV	Europa Avn Europa
G-BVGJ	Cameron C-80	G-BVMR	Cameron V-90	G-BVUZ	Cessna 120
G-BVGK	Lindstrand Newspaper	G-BVMU	Yakovlev Yak-52	G-BVVA	Yakovlev Yak-52
G-BVGO	Denney Kitfox 4-1200	G-BVNG	DH.60G III Moth Major	G-BVVB	Carlson Sparrow II
G-BVGP	Bü.133C Jungmeister	G-BVNI	Taylor Titch	G-BVVE	Jodel D112
G-BVGT	Crofton Auster J1-A	G-BVNR	Cameron N-105	G-BVVG	Nanchang CJ-6A (Yak 18)
G-BVGW	Luscombe 8A	G-BVNS	Piper PA-28-181 Archer II	G-BVVH	Europa Avn Europa
G-BVGY	Luscombe 8E	G-BVNU	FLS Sprint Club	G-BVVI	Hawker Audax
G-BVGZ	Replica Fokker Dr1	G-BVNY	Rans S-7 Courier	G-BVVK	DHC-6 Twin Otter Series 3
G-BVHC	Grob G115D-2 Heron	G-BVOB	Fokker F 27 Friendship 500	G-BVVL	EAA Acrosport II
G-BVHD	Grob G115D-2 Heron	G-BVOC	Cameron V-90	G-BVVM	Zenair CH.601HD Zodiac
G-BVHE	Grob G115D-2 Heron	G-BVOH	Campbell Cricket	G-BVVN	Colibri MB2
G-BVHF	Grob G115D-2 Heron	G-BVOI	Rans S-6-116 Coyote II	G-BVVP	Europa Avn Europa
G-BVHG	Grob G115D-2 Heron	G-BVOK	Yakovlev Yak-52	G-BVVR	Stitts Playboy Sa3A
G-BVHI	Rans S-10 Sakota	G-BVON	Lindstrand LBL 105A	G-BVVS	Van's RV-4
G-BVHK	Cameron V-77	G-BVOP	Cameron N-90	G-BVVU	Lindstrand Four
G-BVHL	Nicollier HN700 Menestrel	G-BVOR	CFM Streak Shadow	G-BVVW	Yakovlev Yak-52
G-BVHM	Piper PA-38-112 Tomahawk	G-BVOS	Europa Avn Europa	G-BVVZ	Corby CJ-1 Starlet
G-BVHO	Cameron V-90	G-BVOU	HS.748 Series 2A	G-BVWB	Thunder Ax8-90 S2
G-BVHR	Cameron V-90	G-BVOV	HS.748 Series 2A	G-BVWC	EE Canberra B6
G-BVHS	Murphy Rebel	G-BVOW	Europa Avn Europa	G-BVWI	Cameron Bulb-65
G-BVHT	Avid Speedwing Mk4	G-BVOX	Taylorcraft F-22	G-BVWM	Europa Avn Europa
G-BVHV	Cameron N-105	G-BVOY	RotorWay Executive 90	G-BVWW	Lindstrand LBL 90A
G-BVIA	Rand KR-2	G-BVOZ	Colt 56A	G-BVWY	Porterfield Cp65
G-BVIE	Piper PA-18-95 Super Cub	G-BVPA	Thunder Ax8-105 S2	G-BVWZ	Piper PA-32-301 Saratoga
G-BVIF	Montgomerie-Bensen B8MR	G-BVPD	CASA 1-131E Jungmann	G-BVXA	Cameron N-105
G-BVIK	Maule MXT-7-180	G-BVPK	Cameron O-90	G-BVXB	Cameron V-77
G-BVIL	Maule MXT-7-180	G-BVPM	Evans VP-2	G-BVXD	Cameron R-84
G-BVIN	Rans S-6-ESA Coyote II	G-BVPN	Piper J-3C-65 Cub	G-BVXE	Steen Skybolt
G-BVIR	Lindstrand LBL 69A	G-BVPP	Folland Gnat T1	G-BVXF	Cameron O-120
G-BVIS	Colibri MB2	G-BVPR	Robinson R22 Beta	G-BVXJ	Bü.133C Jungmeister
G-BVIT	Campbell Cricket	G-BVPS	Jodel D11	G-BVXK	Yakovlev Yak-52
G-BVIV	Avid Speedwing	G-BVPV	Lindstrand LBL 77B	G-BVXM	AS350B Ecureuil
G-BVIW	Piper PA-18-150 Super Cub	G-BVPW	Rans S-6-116 Coyote II	G-BVXR	DH.104 Devon C2
G-BVIZ	Europa Avn Europa	G-BVPX	Bensen B8 Tyro	G-BVXS	Taylorcraft BC-12D
G-BVJF	Montgomerie-Bensen B8MR	G-BVPY	CFM Streak Shadow	G-BVYF	Piper PA-31-350 Chieftain
G-BVJG	Cyclone AX3K/582	G-BVRA	Europa Avn Europa	G-BVYG	Robin DR.300-180R
G-BVJK	Glaser-Dirks DG-800A	G-BVRH	Taylorcraft BL-65	G-BVYK	TEAM Mini-MAX 91A
G-BVJN	Europa Avn Europa	G-BVRL	Lindstrand LBL 21A	G-BVYM	Robin DR.300-180R
G-BVJT	Cessna F406	G-BVRR	Lindstrand LBL 77A	G-BVYO	Robin R2160 Alpha Sport
G-BVJU	Evans VP-1	G-BVRU	Lindstrand LBL 105A	G-BVYP	Piper PA-25-235 Pawnee B
G-BVJX	Marquart Ma5 Charger	G-BVRV	Van's RV-4	G-BVYU	Cameron A-140
G-BVJZ	Piper PA-28-161 Warrior II	G-BVRZ	Piper PA-18-95 Super Cub	G-BVYX	Avid Speedwing Mk4
G-BVKB	Boeing 737-59D	G-BVSB	TEAM Mini-MAX 91A	G-BVYY	Pietenpol Air Camper
G-BVKD	Boeing 737-59D	G-BVSD	SE.3130 Alouette II	G-BVYZ	Stemme S10-V
G-BVKF	Europa Avn Europa	G-BVSF	Aero Designs Pulsar	G-BVZD	Tri-R Kis
G-BVKH	Thunder Ax8-90	G-BVSM	RAF 2000	G-BVZE	Boeing 737-59D
G-BVKK	Slingsby T61F Venture	G-BVSN	Avid Speedwing	G-BVZJ	Rand KR-2
G-BVKL	Cameron A-180	G-BVSO	Cameron A-120	G-BVZN	Cameron C-80
G-BVKM	Rutan VariEze	G-BVSP	P84 Jet Provost	G-BVZO	Rans S-6-116 Coyote II
G-BVKU	Slingsby T61F Venture	G-BVSS	Jodel D150	G-BVZR	Zenair CH.601HD Zodiac
G-BVKZ	Thunder Ax9-120	G-BVST	Jodel D150	G-BVZT	Lindstrand LBL 90A
G-BVLA	Lancair 320	G-BVSX	TEAM Mini-MAX 91A	G-BVZV	Rans S-6-116N Coyote II
G-BVLD	Campbell Cricket	G-BVSZ	Pitts S-1E	G-BVZX	Cameron H-34
G-BVLE	McCandless M4	G-BVTA	Tri-R Kis	G-BVZZ	DHC-1 Chipmunk 22
G-BVLF	Starstreak Shadow Ss-D	G-BVTC	BAC 145 Jet Provost T5A	G-BWAA	Cameron N-133
G-BVLG	AS355F1 Ecureuil 2	G-BVTD	CFM Streak Shadow	G-BWAB	Jodel D14
G-BVLL	Lindstrand LBL 210A	G-BVTL	Colt 31A	G-BWAC	Waco YKS-7
G-BVLN	Aero Designs Pulsar XP	G-BVTM	Cessna F152	G-BWAD	RAF 2000
G-BVLP	Piper PA-38-112 Tomahawk	G-BVTN	Cameron N-90	G-BWAF	Hawker Hunter F6A
G-BVLR	Van's RV-4	G-BVTV	RotorWay Executive 90	G-BWAG	Cameron O-120
G-BVLT	Bellanca 7GCBC	G-BVTW	Aero Designs Pulsar	G-BWAH	Montgomerie-Bensen B8MR

G-BWAI	CFM Streak Shadow SA
G-BWAJ	Cameron V-77
G-BWAN	Cameron N-77
G-BWAO	Cameron C-80
G-BWAP	Clutton FRED Series III
G-BWAR	Denney Kitfox 3
G-BWAT	Pietenpol Air Camper
G-BWAU	Cameron V-90
G-BWAV	Schweizer 269C
G-BWAW	Lindstrand LBL 77A
G-BWBA	Cameron V-65
G-BWBB	Lindstrand LBL 14A
G-BWBE	Colt Flying Ice Cream Cone
G-BWBF	Colt Flying Ice Cream Cone
G-BWBI	Taylorcraft F-22A
G-BWBO	Lindstrand LBL 77A
G-BWBT	Lindstrand LBL 90A
G-BWBY	Schleicher ASH 26E
G-BWBZ	ARV K1 Super 2
G-BWCA	CFM Streak Shadow
G-BWCC	Van Den Bemden Balloon
G-BWCG	Lindstrand LBL 42A
G-BWCK	Everett Gyroplane
G-BWCS	BAC 145 Jet Provost T5
G-BWCT	Tipsy Nipper T.66
G-BWCV	Europa Avn Europa
G-BWCY	Murphy Rebel
G-BWDA	ATR72-202
G-BWDB	ATR72-202
G-BWDF	PZL-104 Wilga 35A
G-BWDH	Cameron N-105
G-BWDM	Lindstrand LBL 120A
G-BWDP	Europa Avn Europa
G-BWDR	P84 Jet Provost
G-BWDS	P84 Jet Provost
G-BWDT	Piper PA-34-220T Seneca III
G-BWDU	Cameron V-90
G-BWDV	Schweizer 269C
G-BWDX	Europa Avn Europa
G-BWDZ	Sky 105-24
G-BWEA	Lindstrand LBL 120A
G-BWEB	BAC 145 Jet Provost T5A
G-BWEE	Cameron V-42
G-BWEF	Stampe SV4C(G)
G-BWEG	Europa Avn Europa
G-BWEM	Seafire L III
G-BWEN	Macair Merlin GT
G-BWEU	Cessna F152
G-BWEV	Cessna 152
G-BWEW	Cameron N-105
G-BWEY	Bensen B8
G-BWEZ	Piper J-3C-65 Cub
G-BWFG	Robin HR.200/120B Club
G-BWFH	Europa Avn Europa
G-BWFI	HOAC DV.20 Katana
G-BWFJ	Evans VP-1
G-BWFK	Lindstrand LBL 77A
G-BWFM	Yakovlev Yak-50
G-BWFN	HAPI Cygnet SF-2A
G-BWFO	Colomban MC-15 Cri-Cri
G-BWFP	Yakovlev Yak-52
G-BWFT	Hawker Hunter T8M
G-BWFX	Europa Avn Europa
G-BWFZ	Murphy Rebel
G-BWGA	Lindstrand LBL 105A
G-BWGF	BAC 145 Jet Provost T5A
G-BWGG	Max Holste MH.1521C1
G-BWGJ	Chilton DW1A
G-BWGK	Hawker Hunter GA11
G-BWGL	Hawker Hunter T8C
G-BWGM	Hawker Hunter T8C
G-BWGN	Hawker Hunter T8C
G-BWGO	Slingsby T67M200
G-BWGP	Cameron C-80
G-BWGS	BAC 145 Jet Provost T5A
G-BWGT	P84 Jet Provost
G-BWGY	HOAC DV.20 Katana
G-BWHD	Lindstrand LBL 31A
G-BWHF	Piper PA-31-325 Navajo C/R
G-BWHG	Cameron N-65
G-BWHI	DHC-1 Chipmunk 22
G-BWHK	Rans S-6-116 Coyote II
G-BWHP	CASA 1-131E Jungmann
G-BWHR	Tipsy Nipper T.66 Series
G-BWHS	RAF 2000
G-BWHU	Westland Scout AH1
G-BWHY	Robinson R22
G-BWIA	Rans S-10 Sakota
G-BWIB	Scottish Avn Bulldog
G-BWID	Druine D.31 Turbulent
G-BWII	Cessna 150G
G-BWIJ	Europa Avn Europa
G-BWIK	DH.82A Tiger Moth
G-BWIL	Rans S-10 Sakota
G-BWIP	Cameron N-90
G-BWIR	Dornier 328-100
G-BWIV	Europa Avn Europa
G-BWIW	Sky 180-24
G-BWIX	Sky 120-24
G-BWIZ	QAC Quickie Tri-Q
G-BWJG	Mooney M20J
G-BWJH	Europa Avn Europa
G-BWJI	Cameron V-90
G-BWJM	Replica Bristol M1C
G-BWJN	Montgomerie-Bensen B8MR
G-BWJW	Westland Scout AH1
G-BWJY	DHC-1 Chipmunk 22
G-BWKD	Cameron O-120
G-BWKE	Cameron AS-105 GD
G-BWKF	Cameron N-105
G-BWKJ	Rans S-7 Courier
G-BWKK	Auster AOP9
G-BWKR	Sky 90-24
G-BWKT	Laser Z200
G-BWKU	Cameron A-250
G-BWKV	Cameron V-77
G-BWKW	Thunder Ax8-90
G-BWKX	Cameron A-250
G-BWKZ	Lindstrand LBL 77A
G-BWLA	Lindstrand LBL 69A
G-BWLD	Cameron O-120
G-BWLF	Cessna 404 Titan
G-BWLJ	Taylorcraft DCO-65
G-BWLL	Murphy Rebel
G-BWLR	Max Holste MH.1521C1
G-BWLY	RotorWay Executive 90
G-BWLZ	Wombat
G-BWMA	Colt 105A
G-BWMB	Jodel D119
G-BWMC	Cessna 182P
G-BWMF	Gloster Meteor T7
G-BWMH	Lindstrand LBL 77B
G-BWMI	PA-28RT-201T Arrow IV
G-BWMJ	Replica Nieuport Scout 17
G-BWMK	DH.82A Tiger Moth
G-BWML	Cameron A-275
G-BWMN	Rans S-7 Courier
G-BWMO	Baby Lakes
G-BWMS	DH.82A Tiger Moth
G-BWMU	Cameron Monster Truck-105
G-BWMV	Colt AS-105 GD
G-BWMX	DHC-1 Chipmunk 22
G-BWMY	Cameron B&B SS
G-BWNB	Cessna 152
G-BWNC	Cessna 152
G-BWND	Cessna 152
G-BWNI	Piper PA-24 Comanche
G-BWNJ	Hughes 269C
G-BWNK	DHC-1 Chipmunk 22
G-BWNM	Piper PA-28R-180 Arrow
G-BWNO	Cameron O-90
G-BWNP	Cameron Club-90
G-BWNS	Cameron O-90
G-BWNT	DHC-1 Chipmunk 22
G-BWNU	Piper PA-38-112 Tomahawk
G-BWNY	Aeromot AMT-200
G-BWNZ	Agusta A109C
G-BWOA	Sky 105-24
G-BWOB	Luscombe 8F
G-BWOD	Yakovlev Yak-52
G-BWOF	BAC 145 Jet Provost T5
G-BWOH	Piper PA-28-161 Cadet
G-BWOI	Piper PA-28-161 Cadet
G-BWOJ	Piper PA-28-161 Cadet
G-BWOK	Lindstrand LBL 105G
G-BWON	Europa Avn Europa
G-BWOR	Piper PA-18-135 Super Cub
G-BWOT	P84 Jet Provost
G-BWOV	Enstrom F-28A
G-BWOW	Cameron N-105
G-BWOX	DHC-1 Chipmunk 22
G-BWOY	Sky 31-24
G-BWOZ	CFM Streak Shadow SA
G-BWPC	Cameron V-77
G-BWPE	Murphy Renegade 912
G-BWPF	Sky 120-24
G-BWPH	Piper PA-28-181 Archer II
G-BWPJ	Steen Skybolt
G-BWPP	Sky 105-24
G-BWPS	CFM Streak Shadow SA
G-BWPT	Cameron N-90
G-BWPZ	Cameron N-105
G-BWRA	Replica Sopwith Triplane
G-BWRC	Avid Hauler Mk4
G-BWRM	Colt 105A
G-BWRO	Europa Avn Europa
G-BWRR	Cessna 182Q
G-BWRS	Stampe SV4C
G-BWRT	Cameron C-60
G-BWRY	Cameron N-105
G-BWRZ	Lindstrand LBL 105A
G-BWSB	Lindstrand LBL 105A
G-BWSC	Piper PA-38-112 Tomahawk
G-BWSD	Campbell Cricket
G-BWSG	BAC 145 Jet Provost T5
G-BWSH	P84 Jet Provost
G-BWSI	K & S SA.102.5 Cavalier
G-BWSJ	Denney Kitfox 3
G-BWSL	Sky 77-24
G-BWSN	Denney Kitfox 3
G-BWSO	Cameron Apple-90
G-BWSP	Cameron Carrots-80
G-BWST	Sky 200-24
G-BWSU	Cameron N-105
G-BWSY	Yakovlev Yak-52
G-BWSZ	Montgomerie-Bensen B8MR
G-BWTB	Lindstrand LBL 105A
G-BWTC	Zlin Z-242L
G-BWTD	Zlin Z-242L
G-BWTE	Cameron O-140
G-BWTG	DHC-1 Chipmunk 22
G-BWTH	Robinson R22 Beta
G-BWTK	RAF 2000 GTX-SE
G-BWTN	Lindstrand LBL 90A
G-BWTO	DHC-1 Chipmunk 22
G-BWTR	Slingsby T61F Venture
G-BWTW	Mooney M20C
G-BWUA	Campbell Cricket

Registration	Type	Registration	Type	Registration	Type
G-BWUB	Piper PA-18S-135 Super Cub	G-BWYI	Denney Kitfox 3	G-BXDZ	Lindstrand LBL 105A
G-BWUE	Hispano Ha-1112 M1L	G-BWYK	Yakovlev Yak-50	G-BXEA	RAF 2000 GTX-SE
G-BWUH	Piper PA-28-181 Archer III	G-BWYN	Cameron O-77	G-BXEC	DHC-1 Chipmunk 22
G-BWUJ	RotorWay Executive 162F	G-BWYO	Falco F8L	G-BXEJ	VPM M16 Tandem Trainer
G-BWUK	Sky 160-24	G-BWYP	Sky 56-24	G-BXEN	Cameron N-105
G-BWUL	AT-16 Harvard IIB	G-BWYR	Rans S-6-116 Coyote II	G-BXES	Percival Pembroke C1
G-BWUN	DHC-1 Chipmunk 22	G-BWYS	Cameron O-120	G-BXET	Piper PA-38-112 Tomahawk
G-BWUP	Europa Avn Europa	G-BWYU	Sky 120-24	G-BXEX	Piper PA-28-181 Archer II
G-BWUS	Sky 65-24	G-BWZA	Europa Avn Europa	G-BXEY	Colt AS-105 GD
G-BWUT	DHC-1 Chipmunk 22	G-BWZG	Robin R2160 Alpha Sport	G-BXEZ	Cessna 182P
G-BWUU	Cameron N-90	G-BWZJ	Cameron A-250	G-BXFB	Pitts S-1
G-BWUV	DHC-1 Chipmunk 22A	G-BWZU	Lindstrand LBL 90B	G-BXFC	Jodel D18
G-BWUZ	Campbell Cricket	G-BWZX	AS332L Super Puma	G-BXFE	Mudry CAP.10B
G-BWVB	Pietenpol Air Camper	G-BWZY	Hughes 269A	G-BXFG	Europa Avn Europa
G-BWVC	Jodel D18	G-BXAB	Piper PA-28-161 Warrior II	G-BXFI	Hawker Hunter T7
G-BWVF	Pietenpol Air Camper	G-BXAC	RAF 2000 GTX-SE	G-BXFK	CFM Streak Shadow
G-BWVH	Robinson R44	G-BXAD	Thunder Ax11-225 S2	G-BXFN	Colt 77A
G-BWVI	Stern St80	G-BXAF	Pitts S-1D	G-BXGA	AS350B2 Ecureuil
G-BWVN	Whittaker MW7	G-BXAH	Piel CP.301A Emeraude	G-BXGD	Sky 90-24
G-BWVP	Sky 160-24	G-BXAJ	Lindstrand LBL 14A	G-BXGG	Europa Avn Europa
G-BWVR	Yakovlev Yak-52	G-BXAK	Yakovlev Yak-52	G-BXGH	Diamond DA.20-A1 Katana
G-BWVS	Europa Avn Europa	G-BXAL	Cameron Bertie Bassett-90	G-BXGL	DHC-1 Chipmunk 22
G-BWVT	DH.82A (Aus) Tiger Moth	G-BXAM	Cameron N-90	G-BXGM	DHC-1 Chipmunk 22
G-BWVU	Cameron O-90	G-BXAN	Scheibe SF25C Falke	G-BXGO	DHC-1 Chipmunk 22
G-BWVV	Jodel D18	G-BXAO	Avtech Jabiru SK	G-BXGP	DHC-1 Chipmunk 22
G-BWVY	DHC-1 Chipmunk 22	G-BXAR	Avro 146-RJ100	G-BXGS	RAF 2000
G-BWVZ	DHC-1 Chipmunk 22	G-BXAS	Avro 146-RJ100	G-BXGT	III Sky Arrow 650 T
G-BWWA	Pelican Club Gs	G-BXAU	Pitts S-1	G-BXGV	Cessna 172R
G-BWWB	Europa Avn Europa	G-BXAV	Yakovlev Yak-52	G-BXGW	Robin HR.200-120B
G-BWWC	DH.104 Dove 7	G-BXAY	Bell 206B JetRanger	G-BXGX	DHC-1 Chipmunk 22
G-BWWE	Lindstrand LBL 90A	G-BXBA	Cameron A-210	G-BXGY	Cameron V-65
G-BWWF	Cessna 185A	G-BXBC	EA-1 Kingfisher Amphibian	G-BXGZ	Stemme S10-V
G-BWWG	Rallye 235E Gabier	G-BXBK	Mudry CAP.10B	G-BXHA	DHC-1 Chipmunk 22
G-BWWI	AS332L Super Puma	G-BXBL	Lindstrand LBL 240A	G-BXHD	Beech 76 Duchess
G-BWWK	Hawker Nimrod I	G-BXBM	Cameron O-105	G-BXHE	Lindstrand LBL 105A
G-BWWL	Colt Flying Egg	G-BXBP	Denney Kitfox 2	G-BXHF	DHC-1 Chipmunk 22
G-BWWN	Isaacs Fury II	G-BXBR	Cameron A-120	G-BXHH	Grumman AA-5A Cheetah
G-BWWP	Rans S-6-116 Coyote II	G-BXBU	Mudry CAP.10B	G-BXHJ	HAPI Cygnet SF-2A
G-BWWS	RAF 2000 GTX-SE	G-BXBY	Cameron A-105	G-BXHL	Sky 77-24
G-BWWT	Dornier 328-100	G-BXBZ	PZL-104 Wilga 80	G-BXHN	Lindstrand Pop Can
G-BWWU	Piper PA-22-150 Caribbean	G-BXCA	HAPI Cygnet SF-2A	G-BXHO	Lindstrand Telewest Sphere
G-BWWW	Jetstream 31	G-BXCC	Piper PA-28-201T Dakota	G-BXHR	Stemme S10-V
G-BWWY	Yakovlev Yak-50	G-BXCD	TEAM Mini-MAX 91A	G-BXHT	Midget Mustang
G-BWWY	Lindstrand LBL 105A	G-BXCG	Replica Jodel 250	G-BXHU	Campbell Cricket Mk.6
G-BWXA	Slingsby T67M260	G-BXCH	Europa Avn Europa	G-BXHY	Europa Avn Europa
G-BWXB	Slingsby T67M260	G-BXCJ	Campbell Cricket	G-BXIA	DHC-1 Chipmunk 22
G-BWXC	Slingsby T67M260	G-BXCL	Montgomerie-Bensen B8MR	G-BXIC	Cameron A-275
G-BWXD	Slingsby T67M260	G-BXCM	Lindstrand LBL 150A	G-BXIE	Colt 77B
G-BWXE	Slingsby T67M260	G-BXCN	Sky 105-24	G-BXIF	Piper PA-28-181 Archer II
G-BWXF	Slingsby T67M260	G-BXCO	Colt 120A	G-BXIG	Zenair CH.701 STOL
G-BWXG	Slingsby T67M260	G-BXCP	DHC-1 Chipmunk 22	G-BXIH	Sky 200-24
G-BWXH	Slingsby T67M260	G-BXCT	DHC-1 Chipmunk 22	G-BXIJ	Europa Avn Europa
G-BWXI	Slingsby T67M260	G-BXCU	Rans S-6-116 Coyote II	G-BXIM	DHC-1 Chipmunk 22
G-BWXJ	Slingsby T67M260	G-BXCV	DHC-1 Chipmunk 22	G-BXIO	Jodel DR.1050-M
G-BWXK	Slingsby T67M260	G-BXCW	Denney Kitfox 3	G-BXIT	Zebedee V-31
G-BWXL	Slingsby T67M260	G-BXDA	DHC-1 Chipmunk 22	G-BXIW	Sky 105-24
G-BWXM	Slingsby T67M260	G-BXDB	Cessna U206F	G-BXIX	VPM M16 Tandem Trainer
G-BWXN	Slingsby T67M260	G-BXDD	RAF 2000 GTX-SE	G-BXIY	Blake Blue Tit
G-BWXO	Slingsby T67M260	G-BXDE	RAF 2000 GTX-SE	G-BXIZ	Lindstrand LBL 31A
G-BWXP	Slingsby T67M260	G-BXDF	Beech 95-B55 Baron	G-BXJA	Cessna 402B
G-BWXR	Slingsby T67M260	G-BXDG	DHC-1 Chipmunk 22	G-BXJB	Yakovlev Yak-52
G-BWXS	Slingsby T67M260	G-BXDH	DHC-1 Chipmunk 22	G-BXJC	Cameron A-210
G-BWXT	Slingsby T67M260	G-BXDI	DHC-1 Chipmunk 22	G-BXJF	DHC-1 Chipmunk 22
G-BWXU	Slingsby T67M260	G-BXDM	DHC-1 Chipmunk 22	G-BXJG	Piper PA-28-180 Cherokee C
G-BWXV	Slingsby T67M260	G-BXDN	DHC-1 Chipmunk 22	G-BXJG	Lindstrand LBL 105B
G-BWXW	Slingsby T67M260	G-BXDO	Rutan Cozy	G-BXJH	Cameron N-42
G-BWXX	Slingsby T67M260	G-BXDP	DHC-1 Chipmunk 22	G-BXJJ	Piper PA-28-161 Cadet
G-BWXY	Slingsby T67M260	G-BXDR	Lindstrand LBL 77A	G-BXJM	Cessna 152
G-BWXZ	Slingsby T67M260	G-BXDS	Bell 206B JetRanger	G-BXJO	Cameron O-90
G-BWYB	Piper PA-28-160 Cherokee	G-BXDT	Robin HR.200-120B	G-BXJS	Schempp-Hirth Janus CM
G-BWYD	Europa Avn Europa	G-BXDU	Aero Designs Pulsar	G-BXJT	Sky 90-24
G-BWYE	Cessna 310Q	G-BXDV	Sky 105-24	G-BXJV	Diamond DA.20-A1 Katana
G-BWYG	Cessna 310Q	G-BXDY	Europa Avn Europa		

G-BXJW	Diamond DA.20-A1 Katana
G-BXJY	Van's RV-6
G-BXJZ	Cameron C-60
G-BXKF	Hawker Hunter T7
G-BXKL	Bell 206B JetRanger
G-BXKM	RAF 2000 GTX-SE
G-BXKO	Sky 65-24
G-BXKU	Colt AS-120 MkII
G-BXKW	Slingsby T67M200
G-BXKX	Auster 5
G-BXLC	Sky 120-24
G-BXLF	Lindstrand LBL 90A
G-BXLG	Cameron C-80
G-BXLK	Europa Avn Europa
G-BXLN	Fournier RF4D
G-BXLO	P84 Jet Provost
G-BXLP	Sky 90-24
G-BXLR	PZL-110 Koliber 160A
G-BXLS	PZL-110 Koliber 160A
G-BXLT	SOCATA TB-200 Tobago XL
G-BXLW	Enstrom F-28F
G-BXLY	Piper PA-28-151 Warrior
G-BXMF	Cassutt Racer IIIm
G-BXMG	RAF 2000
G-BXMK	Lindstrand LBL 240A
G-BXML	Mooney M20A
G-BXMM	Cameron A-180
G-BXMV	Scheibe SF25C Falke
G-BXMX	Currie Wot
G-BXMY	Hughes 269C
G-BXMZ	Diamond DA.20-A1 Katana
G-BXNA	Avid Flyer
G-BXNC	Europa Avn Europa
G-BXNN	DHC-1 Chipmunk 22
G-BXNS	Bell 206B JetRanger
G-BXNT	Bell 206B JetRanger
G-BXNV	Colt AS-105 GD
G-BXNX	Lindstrand LBL 210A
G-BXOA	Robinson R22 Beta
G-BXOC	Evans VP-2
G-BXOF	Diamond DA.20-A1 Katana
G-BXOI	Cessna 172R
G-BXOJ	Piper PA-28-161 Warrior III
G-BXOM	Isaacs Spitfire
G-BXON	Auster AOP9
G-BXOR	Robin HR.200-120B
G-BXOS	Cameron A-200
G-BXOT	Cameron C-70
G-BXOU	Robin DR.360 Chevalier
G-BXOW	Colt 105A
G-BXOX	Grumman AA-5A Cheetah
G-BXOY	QAC Quickie Q235
G-BXOZ	Piper PA-28-181 Archer III
G-BXPC	Diamond DA.20-A1 Katana
G-BXPD	Diamond DA.20-A1 Katana
G-BXPI	Van's RV-4
G-BXPK	Cameron A-250
G-BXPL	Piper PA-28-140 Cherokee
G-BXPM	Beech 58 Baron
G-BXPP	Sky 90-24
G-BXPR	Colt Can-110
G-BXPT	Ultramagic H-77
G-BXRA	Mudry CAP.10B
G-BXRB	Mudry CAP.10B
G-BXRC	Mudry CAP.10B
G-BXRD	Enstrom 280FX
G-BXRF	Scintex CP.1310-C3
G-BXRG	Piper PA-28-181 Archer II
G-BXRH	Cessna 185A
G-BXRM	Cameron A-210
G-BXRO	Cessna U206G
G-BXRP	Schweizer 269C
G-BXRR	Westland Scout AH1
G-BXRS	Westland Scout AH1
G-BXRT	Robin DR.400-180 Régent
G-BXRV	Van's RV-4
G-BXRY	Bell 206B JetRanger
G-BXRZ	Rans S-6-116 Coyote II
G-BXSC	Cameron C-80
G-BXSD	Cessna 172R
G-BXSE	Cessna 172R
G-BXSG	Robinson R22 Beta
G-BXSH	DG-800B
G-BXSI	Avtech Jabiru SK
G-BXSJ	Cameron C-80
G-BXSP	Grob G109B
G-BXSR	Cessna F172N
G-BXST	Piper PA-25-235 Pawnee C
G-BXSU	TEAM Mini-MAX 91A
G-BXSV	Stampe SV4C
G-BXSX	Cameron V-77
G-BXSY	Robinson R22 Beta
G-BXTB	Cessna 152
G-BXTD	Europa Avn Europa
G-BXTF	Cameron N-105
G-BXTG	Cameron N-42
G-BXTH	SA.341G Gazelle HT3
G-BXTI	Pitts S-1S
G-BXTJ	Cameron N-77
G-BXTN	ATR72-202
G-BXTO	Hindustan HAL-26 Pushpak
G-BXTS	Diamond DA.20-A1 Katana
G-BXTT	Grumman AA-5B Tiger
G-BXTV	Cope Bug
G-BXTW	Piper PA-28-181 Archer III
G-BXTY	Piper PA-28-161 Cadet
G-BXTZ	Piper PA-28-161 Cadet
G-BXUA	Campbell Cricket Mk.5
G-BXUC	Robinson R22 Beta
G-BXUE	Sky 240-24
G-BXUF	Agusta-Bell 206B JetRanger
G-BXUG	Lindstrand Baby Bel
G-BXUH	Lindstrand LBL 31A
G-BXUM	Europa Avn Europa
G-BXUO	Lindstrand LBL 105A
G-BXUS	Sky 65-24
G-BXUU	Cameron V-65
G-BXUW	Colt 90A
G-BXUX	Cherry BX-2
G-BXUY	Cessna 310Q
G-BXVA	SOCATA TB-200 Tobago XL
G-BXVB	Cessna 152
G-BXVD	CFM Streak Shadow
G-BXVG	Sky 77-24
G-BXVJ	Cameron O-120
G-BXVK	Robin HR.200-120B
G-BXVL	Sky 180-24
G-BXVM	Van's RV-6A
G-BXVO	Van's RV-6A
G-BXVP	Sky 31-24
G-BXVR	Sky 90-24
G-BXVS	Colibri MB2
G-BXVT	Cameron O-77
G-BXVU	Piper PA-28-161 Warrior II
G-BXVV	Cameron V-90
G-BXVW	Colt Piggy Bank
G-BXVX	Rutan Cozy Classic
G-BXVY	Cessna 152
G-BXVZ	WSK-PZL Mielec TS-11 Iskr
G-BXWA	Beech 76 Duchess
G-BXWB	Robin HR.100/200B Royal
G-BXWC	Cessna 152
G-BXWG	Sky 120-24
G-BXWH	Denney Kitfox 4-1200
G-BXWK	Rans S-6-ESA Coyote II
G-BXWL	Sky 90-24
G-BXWO	Piper PA-28-181 Archer II
G-BXWP	Piper PA-32-300
G-BXWR	CFM Streak Shadow SA
G-BXWT	Van's RV-6
G-BXWU	FLS Aerospace Sprint 160
G-BXWV	FLS Aerospace Sprint 160
G-BXWX	Sky 25-16
G-BXXG	Cameron N-105
G-BXXH	Hatz CB-1
G-BXXI	Grob G109B
G-BXXJ	Colt Flying Yacht
G-BXXK	Cessna F172N
G-BXXL	Cameron N-105
G-BXXN	Robinson R22 Beta
G-BXXO	Lindstrand LBL 90B
G-BXXP	Sky 77-24
G-BXXR	BGL Four-Runner
G-BXXS	Sky 105-24
G-BXXT	Beech 76 Duchess
G-BXXU	Colt 31A
G-BXXW	Enstrom F-28F
G-BXYD	EC.120B Colibri
G-BXYE	Scintex CP.301-C1
G-BXYF	Colt AS-105 GD
G-BXYG	Cessna 310D
G-BXYH	Cameron N-105
G-BXYI	Cameron H-34
G-BXYJ	Jodel DR.1050
G-BXYK	Robinson R22 Beta
G-BXYM	Piper PA-28-235 Pathfinder
G-BXYO	Piper PA-28RT-201 Arrow IV
G-BXYP	Piper PA-28RT-201 Arrow IV
G-BXYT	Piper PA-28RT-201 Arrow IV
G-BXYX	Van's RV-6
G-BXZA	Piper PA-38-112 Tomahawk
G-BXZB	Nanchang CJ-6A (Yak 18)
G-BXZF	Lindstrand LBL 90A
G-BXZI	Lindstrand LBL 90A
G-BXZK	MD.900 Explorer
G-BXZM	Cessna 182S
G-BXZO	Pietenpol Air Camper
G-BXZT	Morane Saulnier MS.880B
G-BXZU	Bantam B22 S
G-BXZY	CFM Shadow DD
G-BYAD	Boeing 757-204
G-BYAE	Boeing 757-204
G-BYAH	Boeing 757-204
G-BYAI	Boeing 757-204
G-BYAK	Boeing 757-204
G-BYAL	Boeing 757-204
G-BYAO	Boeing 757-204
G-BYAP	Boeing 757-204
G-BYAS	Boeing 757-204
G-BYAT	Boeing 757-204
G-BYAU	Boeing 757-204
G-BYAV	Taylor Monoplane
G-BYAW	Boeing 757-204
G-BYAY	Boeing 757-204
G-BYAZ	CFM Shadow SA
G-BYBC	Agusta-Bell 206B JetRanger
G-BYBD	Cessna F172H
G-BYBE	Jodel D120A
G-BYBF	Robin R2160 Alpha Sport
G-BYBH	Piper PA-34-200T Seneca II
G-BYBI	Bell 206B JetRanger
G-BYBJ	Hybred 44XLR
G-BYBK	Murphy Rebel
G-BYBL	Gardan GY80-160D
G-BYBM	Avtech Jabiru SK
G-BYBN	Cameron N-77
G-BYBO	Medway EclipseR

Registration	Type	Registration	Type	Registration	Type
☐ G-BYBP	Cessna A185F	☐ G-BYHC	Cameron Z-90	☐ G-BYKS	Leopoldoff L6 Colibri
☐ G-BYBR	Rans S-6-116 Coyote II	☐ G-BYHE	Robinson R22 Beta	☐ G-BYKT	Pegasus Quantum 912
☐ G-BYBS	Sky 80-16	☐ G-BYHG	Dornier 328-100	☐ G-BYKU	BFC Challenger II
☐ G-BYBU	Murphy Renegade Spirit	☐ G-BYHH	Piper PA-28-161 Warrior III	☐ G-BYKW	Lindstrand LBL 77B
☐ G-BYBV	Mainair Rapier	☐ G-BYHI	Piper PA-28-161 Warrior II	☐ G-BYKX	Cameron N-90
☐ G-BYBX	Slingsby T67M260	☐ G-BYHJ	Piper PA-28R-201 Arrow	☐ G-BYKZ	Sky 140-24
☐ G-BYBY	Thorp T-18C	☐ G-BYHK	Piper PA-28-181 Archer III	☐ G-BYLB	DH.82A Tiger Moth
☐ G-BYBZ	Avtech Jabiru SK	☐ G-BYHL	DHC-1 Chipmunk 22	☐ G-BYLC	Pegasus Quantum 912
☐ G-BYCA	Piper PA-28-140 Cherokee D	☐ G-BYHM	BAe.125-800B	☐ G-BYLD	Pietenpol Air Camper
☐ G-BYCB	Sky 21-16	☐ G-BYHN	Mainair Blade 912	☐ G-BYLF	Zenair CH.601HDS Zodiac
☐ G-BYCD	Cessna 140	☐ G-BYHO	Mainair Blade 912	☐ G-BYLH	Robin HR.200-120B
☐ G-BYCE	Robinson R44	☐ G-BYHP	Jodel DR.253B	☐ G-BYLI	Nova Vertex 22
☐ G-BYCF	Robinson R22 Beta	☐ G-BYHR	Pegasus Quantum 912	☐ G-BYLJ	Letov LK-2M Sluka
☐ G-BYCJ	CFM Shadow DD	☐ G-BYHS	Mainair Blade 912	☐ G-BYLL	Falco F8L
☐ G-BYCM	Rans S-6-ES Coyote II	☐ G-BYHT	Robin DR.400-180R Remo	☐ G-BYLO	Tipsy Nipper T.66
☐ G-BYCN	Rans S-6-ES Coyote II	☐ G-BYHU	Cameron N-105	☐ G-BYLP	Rand KR-2
☐ G-BYCP	B200 Super King Air	☐ G-BYHV	Raj Hamsa X'Air 582	☐ G-BYLS	Bede BD-4
☐ G-BYCS	Jodel DR.1051	☐ G-BYHX	Cameron A-250	☐ G-BYLT	Raj Hamsa X'Air 582
☐ G-BYCT	Aero L-29 Delfin	☐ G-BYHY	Cameron V-77	☐ G-BYLV	Thunder Ax8-105 S2
☐ G-BYCV	Murphy Maverick	☐ G-BYIA	Avtech Jabiru SK	☐ G-BYLW	Lindstrand LBL 77A
☐ G-BYCW	Mainair Blade 912	☐ G-BYIB	Rans S-6-ESA Coyote II	☐ G-BYLX	Lindstrand LBL 105A
☐ G-BYCX	Westland Wasp Mk1B	☐ G-BYID	Rans S-6-ES Coyote II	☐ G-BYLY	Cameron V-77
☐ G-BYCY	III Sky Arrow 650 T	☐ G-BYIE	Robinson R22 Beta	☐ G-BYLZ	Rutan Cozy Mk.4
☐ G-BYCZ	Avtech Jabiru SK	☐ G-BYII	TEAM Mini-MAX	☐ G-BYMB	Diamond DA.20-C1 Katana
☐ G-BYDB	Grob G115B	☐ G-BYIJ	CASA 1-131E Jungmann	☐ G-BYMC	Piper PA-38-112 Tomahawk
☐ G-BYDE	Spitfire IX	☐ G-BYIK	Europa Avn Europa	☐ G-BYMD	Piper PA-38-112 Tomahawk
☐ G-BYDF	Sikorsky S-76A	☐ G-BYIL	Cameron N-105	☐ G-BYME	Gardan GY80-180
☐ G-BYDG	Beech C24R Sierra	☐ G-BYIM	Avtech Jabiru UL-450	☐ G-BYMF	Pegasus Quantum 912
☐ G-BYDJ	Colt 120A	☐ G-BYIN	RAF 2000 GTX-SE	☐ G-BYMG	Cameron A-210
☐ G-BYDK	Stampe SV4C	☐ G-BYIO	Colt 105A	☐ G-BYMH	Cessna 152
☐ G-BYDL	Hawker Hurricane IIB	☐ G-BYIP	Pitts S-2A	☐ G-BYMI	Pegasus Quantum 15
☐ G-BYDT	Cameron N-90	☐ G-BYIR	Pitts S-1S	☐ G-BYMJ	Cessna 152
☐ G-BYDU	Cameron Cart	☐ G-BYIS	Pegasus Quantum 912	☐ G-BYMK	Dornier 328-100
☐ G-BYDV	Van's RV-6	☐ G-BYIT	Robin DR.500-200i	☐ G-BYML	Dornier 328-100
☐ G-BYDY	Beech 58 Baron	☐ G-BYIU	Cameron V-90	☐ G-BYMN	Rans S-6-ESA Coyote II
☐ G-BYDZ	Pegasus Quantum 912	☐ G-BYIV	Cameron Pm-80	☐ G-BYMO	Campbell Cricket
☐ G-BYEA	Cessna 172P	☐ G-BYIX	Cameron Pm-80	☐ G-BYMP	Campbell Cricket Mk.1
☐ G-BYEC	DG-800B	☐ G-BYIY	Lindstrand LBL 56B	☐ G-BYMR	Raj Hamsa X'Air R100
☐ G-BYEE	Mooney M20K	☐ G-BYIZ	Pegasus Quantum 912	☐ G-BYMT	Pegasus Quantum 912
☐ G-BYEH	Jodel DR.250/160	☐ G-BYJA	RAF 2000 GTX-SE	☐ G-BYMU	Rans S-6-ESN Coyote II
☐ G-BYEJ	SF28A Tandem Falke	☐ G-BYJB	Mainair Blade 912	☐ G-BYMV	Rans S-6-ESN Coyote II
☐ G-BYEK	Stoddard-Hamilton GlaStar	☐ G-BYJC	Cameron N-90	☐ G-BYMW	Boland 52-12
☐ G-BYEL	Van's RV-6	☐ G-BYJD	Avtech Jabiru UL-450	☐ G-BYMY	Cameron A-105
☐ G-BYEM	Cessna R182	☐ G-BYJE	TEAM Mini-MAX 91A	☐ G-BYMY	Cameron N-90
☐ G-BYEO	Zenair CH.601HDS Zodiac	☐ G-BYJF	Thorp T211	☐ G-BYNA	Cessna F172H
☐ G-BYER	Cameron C-80	☐ G-BYJG	Lindstrand LBL 77A	☐ G-BYND	Pegasus Quantum 15
☐ G-BYES	Cessna 172P	☐ G-BYJH	Grob G109B	☐ G-BYNE	Pilatus PC-6/B2-H4
☐ G-BYEW	Pegasus Quantum 912	☐ G-BYJI	Europa Avn Europa	☐ G-BYNF	North American NA-64 Yale
☐ G-BYEX	Sky 120-24	☐ G-BYJJ	Cameron C-80	☐ G-BYNH	RotorWay Executive 162F
☐ G-BYEY	Lindstrand LBL 21	☐ G-BYJK	Pegasus Quantum 912	☐ G-BYNI	RotorWay Executive 90
☐ G-BYEZ	Dyn'Aero MCR-01 Club	☐ G-BYJL	Aero Designs Pulsar 3	☐ G-BYNJ	Cameron N-77
☐ G-BYFA	Cessna F152	☐ G-BYJM	Cyclone AX2000	☐ G-BYNK	Robin HR.200-160
☐ G-BYFC	Avtech Jabiru SK	☐ G-BYJN	Lindstrand LBL 105A	☐ G-BYNM	Mainair Blade 912
☐ G-BYFD	Grob G115A	☐ G-BYJO	Rans S-6-ES Coyote II	☐ G-BYNN	Cameron V-90
☐ G-BYFF	Pegasus Quantum 912	☐ G-BYJP	Pitts S-1S	☐ G-BYNP	Rans S-6-ES Coyote II
☐ G-BYFG	Europa Avn Europa XS	☐ G-BYJR	Lindstrand LBL 77B	☐ G-BYNR	Avtech Jabiru UL-450
☐ G-BYFI	Starstreak Shadow Sa-Ii	☐ G-BYJS	SOCATA TB-20 Trinidad	☐ G-BYNS	Avtech Jabiru SK
☐ G-BYFJ	Cameron N-105	☐ G-BYJT	Zenair CH.601HDS Zodiac	☐ G-BYNU	Thunder Ax7-77
☐ G-BYFL	Diamond HK 36 TTS	☐ G-BYJU	Raj Hamsa X'Air 582	☐ G-BYNV	Sky 105-24
☐ G-BYFM	Replica Jodel DR1050-M1	☐ G-BYJW	Cameron Sphere-105	☐ G-BYNW	Cameron H-34
☐ G-BYFR	Piper PA-32R-301T Saratoga	☐ G-BYJX	Cameron C-70	☐ G-BYNX	Cameron RX-105
☐ G-BYFT	Pietenpol Air Camper	☐ G-BYJZ	Lindstrand LBL 105A	☐ G-BYNY	Beech 76 Duchess
☐ G-BYFU	Lindstrand LBL 105B	☐ G-BYKA	Lindstrand LBL 69A	☐ G-BYOB	Slingsby T67M260
☐ G-BYFV	TEAM Mini-MAX 91	☐ G-BYKB	Commander 114	☐ G-BYOD	Slingsby T67M260
☐ G-BYFX	Colt 77A	☐ G-BYKC	Mainair Blade 912	☐ G-BYOG	Pegasus Quantum 912
☐ G-BYFY	Mudry CAP.10B	☐ G-BYKD	Mainair Blade 912	☐ G-BYOH	Raj Hamsa X'Air 582
☐ G-BYGA	Boeing 747-436	☐ G-BYKF	Enstrom F-28F	☐ G-BYOI	Sky 80-16
☐ G-BYGB	Boeing 747-436	☐ G-BYKG	Pietenpol Air Camper	☐ G-BYOJ	Raj Hamsa X'Air 582
☐ G-BYGC	Boeing 747-436	☐ G-BYKI	Cameron N-105	☐ G-BYOK	Cameron N-90
☐ G-BYGD	Boeing 747-436	☐ G-BYKJ	Westland Scout AH1	☐ G-BYOM	Sikorsky S-76A
☐ G-BYGE	Boeing 747-436	☐ G-BYKK	Robinson R44	☐ G-BYON	Mainair Blade
☐ G-BYGF	Boeing 747-436	☐ G-BYKL	Piper PA-28-181 Archer II	☐ G-BYOO	CFM Streak Shadow SA
☐ G-BYGG	Boeing 747-436	☐ G-BYKP	PA-28RT-201T Arrow IV		

35

☐ G-BYOR	Raj Hamsa X'Air 582	☐ G-BYUC	Grob G115E Tutor	☐ G-BYXA	Grob G115E Tutor
☐ G-BYOT	Rans S-6-ES Coyote II	☐ G-BYUD	Grob G115E Tutor	☐ G-BYXB	Grob G115E Tutor
☐ G-BYOU	Rans S-6-ES Coyote II	☐ G-BYUE	Grob G115E Tutor	☐ G-BYXC	Grob G115E Tutor
☐ G-BYOW	Mainair Blade	☐ G-BYUF	Grob G115E Tutor	☐ G-BYXD	Grob G115E Tutor
☐ G-BYOX	Cameron Z-90	☐ G-BYUG	Grob G115E Tutor	☐ G-BYXE	Grob G115E Tutor
☐ G-BYOZ	Mainair Rapier	☐ G-BYUH	Grob G115E Tutor	☐ G-BYXF	Grob G115E Tutor
☐ G-BYPB	Pegasus Quantum 912	☐ G-BYUI	Grob G115E Tutor	☐ G-BYXG	Grob G115E Tutor
☐ G-BYPD	Cameron A-105	☐ G-BYUJ	Grob G115E Tutor	☐ G-BYXH	Grob G115E Tutor
☐ G-BYPE	Gardan GY80-160D	☐ G-BYUK	Grob G115E Tutor	☐ G-BYXI	Grob G115E Tutor
☐ G-BYPF	Thruster T600N	☐ G-BYUL	Grob G115E Tutor	☐ G-BYXJ	Grob G115E Tutor
☐ G-BYPG	Thruster T600N	☐ G-BYUM	Grob G115E Tutor	☐ G-BYXK	Grob G115E Tutor
☐ G-BYPH	Thruster T600N	☐ G-BYUN	Grob G115E Tutor	☐ G-BYXL	Grob G115E Tutor
☐ G-BYPJ	Pegasus Quantum 912	☐ G-BYUO	Grob G115E Tutor	☐ G-BYXM	Grob G115E Tutor
☐ G-BYPL	Pegasus Quantum 912	☐ G-BYUP	Grob G115E Tutor	☐ G-BYXN	Grob G115E Tutor
☐ G-BYPM	Europa Avn Europa XS	☐ G-BYUR	Grob G115E Tutor	☐ G-BYXO	Grob G115E Tutor
☐ G-BYPN	Morane Saulnier MS.880B	☐ G-BYUS	Grob G115E Tutor	☐ G-BYXP	Grob G115E Tutor
☐ G-BYPO	Raj Hamsa X'Air 582	☐ G-BYUT	Grob G115E Tutor	☐ G-BYXR	Grob G115E Tutor
☐ G-BYPP	Medway Rebel SS	☐ G-BYUU	Grob G115E Tutor	☐ G-BYXS	Grob G115E Tutor
☐ G-BYPR	Zenair CH.601HD Zodiac	☐ G-BYUV	Grob G115E Tutor	☐ G-BYXT	Grob G115E Tutor
☐ G-BYPT	Rans S-6-ESN Coyote II	☐ G-BYUW	Grob G115E Tutor	☐ G-BYXV	Medway EclipseR
☐ G-BYPU	Piper PA-32R-301 Saratoga	☐ G-BYUX	Grob G115E Tutor	☐ G-BYXW	Medway EclipseR
☐ G-BYPW	Raj Hamsa X'Air 582	☐ G-BYUY	Grob G115E Tutor	☐ G-BYXX	Grob G115E Tutor
☐ G-BYPY	Ryan ST3KR	☐ G-BYUZ	Grob G115E Tutor	☐ G-BYXY	Grob G115E Tutor
☐ G-BYPZ	Rans S-6-S-116 Super Six	☐ G-BYVA	Grob G115E Tutor	☐ G-BYXZ	Grob G115E Tutor
☐ G-BYRC	Westland Wessex HC2	☐ G-BYVB	Grob G115E Tutor	☐ G-BYYA	Grob G115E Tutor
☐ G-BYRG	Rans S-6-ES Coyote II	☐ G-BYVC	Grob G115E Tutor	☐ G-BYYB	Grob G115E Tutor
☐ G-BYRH	Hybred 44XLR	☐ G-BYVD	Grob G115E Tutor	☐ G-BYYC	HAPI Cygnet SF-2A
☐ G-BYRJ	Pegasus Quantum 912	☐ G-BYVE	Grob G115E Tutor	☐ G-BYYD	Cameron A-250
☐ G-BYRK	Cameron V-42	☐ G-BYVF	Grob G115E Tutor	☐ G-BYYE	Lindstrand LBL 77A
☐ G-BYRO	Mainair Blade	☐ G-BYVG	Grob G115E Tutor	☐ G-BYYG	Slingsby T67C
☐ G-BYRP	Mainair Blade 912	☐ G-BYVH	Grob G115E Tutor	☐ G-BYYJ	Lindstrand LBL 25A
☐ G-BYRR	Mainair Blade 912	☐ G-BYVI	Grob G115E Tutor	☐ G-BYYL	Avtech Jabiru UL-450
☐ G-BYRS	Rans S-6-ES Coyote II	☐ G-BYVJ	Grob G115E Tutor	☐ G-BYYM	Raj Hamsa X'Air 582
☐ G-BYRU	Pegasus Quantum 912	☐ G-BYVK	Grob G115E Tutor	☐ G-BYYN	Pegasus Quantum 912
☐ G-BYRV	Raj Hamsa X'Air 582	☐ G-BYVL	Grob G115E Tutor	☐ G-BYYO	Piper PA-28R-201 Arrow III
☐ G-BYRX	Westland Scout AH1	☐ G-BYVM	Grob G115E Tutor	☐ G-BYYP	Pegasus Quantum 15
☐ G-BYRY	Slingsby T67M200	☐ G-BYVN	Grob G115E Tutor	☐ G-BYYR	Raj Hamsa X'Air 582
☐ G-BYRZ	Lindstrand LBL 77M	☐ G-BYVO	Grob G115E Tutor	☐ G-BYYT	Avtech Jabiru UL-450
☐ G-BYSA	Europa Avn Europa XS	☐ G-BYVP	Grob G115E Tutor	☐ G-BYYX	TEAM Mini-MAX 91
☐ G-BYSE	Agusta-Bell 206B JetRanger	☐ G-BYVR	Grob G115E Tutor	☐ G-BYYY	Pegasus Quantum 912
☐ G-BYSF	Avtech Jabiru UL-450	☐ G-BYVS	Grob G115E Tutor	☐ G-BYYZ	Staaken Z-21A Flitzer
☐ G-BYSG	Robin HR.200/120B	☐ G-BYVT	Grob G115E Tutor	☐ G-BYZA	AS355F2 Ecureuil 2
☐ G-BYSI	PZL-110 Koliber 160A	☐ G-BYVU	Grob G115E Tutor	☐ G-BYZB	Mainair Blade
☐ G-BYSJ	DHC-1 Chipmunk 22	☐ G-BYVV	Grob G115E Tutor	☐ G-BYZF	Raj Hamsa X'Air 582
☐ G-BYSK	Cameron A-275	☐ G-BYVW	Grob G115E Tutor	☐ G-BYZG	Cameron A-275
☐ G-BYSM	Cameron A-210	☐ G-BYVX	Grob G115E Tutor	☐ G-BYZJ	Boeing 737-3Q8
☐ G-BYSN	Rans S-6-ES Coyote II	☐ G-BYVY	Grob G115E Tutor	☐ G-BYZL	Cameron GP-65
☐ G-BYSP	Piper PA-28-181 Archer II	☐ G-BYVZ	Grob G115E Tutor	☐ G-BYZO	Rans S-6-ES Coyote II
☐ G-BYSS	Medway EclipseR	☐ G-BYWA	Grob G115E Tutor	☐ G-BYZP	Robinson R22 Beta
☐ G-BYSV	Cameron N-120	☐ G-BYWB	Grob G115E Tutor	☐ G-BYZR	III Sky Arrow 650 TC
☐ G-BYSW	Enstrom 280FX	☐ G-BYWC	Grob G115E Tutor	☐ G-BYZS	Avtech Jabiru UL-450
☐ G-BYSX	Pegasus Quantum 912	☐ G-BYWD	Grob G115E Tutor	☐ G-BYZT	Nova Vertex 26
☐ G-BYSY	Raj Hamsa X'Air 582	☐ G-BYWE	Grob G115E Tutor	☐ G-BYZU	Pegasus Quantum 15
☐ G-BYTA	Kolb Twinstar Mk3	☐ G-BYWF	Grob G115E Tutor	☐ G-BYZV	Sky 90-24
☐ G-BYTB	SOCATA TB-20 Trinidad	☐ G-BYWG	Grob G115E Tutor	☐ G-BYZW	Raj Hamsa X'Air 582
☐ G-BYTC	Pegasus Quantum 912	☐ G-BYWH	Grob G115E Tutor	☐ G-BYZX	Cameron R-90
☐ G-BYTG	Glaser-Dirks DG-400	☐ G-BYWI	Grob G115E Tutor	☐ G-BYZY	Pietenpol Air Camper
☐ G-BYTH	Airbus A320-231	☐ G-BYWJ	Grob G115E Tutor	☐ G-BYZZ	Robinson R22 Beta
☐ G-BYTI	Piper PA-24-250 Comanche	☐ G-BYWK	Grob G115E Tutor	☐ G-BZAA	Mainair Blade
☐ G-BYTJ	Cameron C-80	☐ G-BYWL	Grob G115E Tutor	☐ G-BZAB	Mainair Rapier
☐ G-BYTK	Avtech Jabiru SPL-450	☐ G-BYWM	Grob G115E Tutor	☐ G-BZAE	Cessna 152
☐ G-BYTL	Mainair Blade 912	☐ G-BYWN	Grob G115E Tutor	☐ G-BZAF	Raj Hamsa X'Air 582
☐ G-BYTM	Dyn'Aero MCR-01 Club	☐ G-BYWO	Grob G115E Tutor	☐ G-BZAG	Lindstrand LBL 105A
☐ G-BYTN	DH.82A Tiger Moth	☐ G-BYWP	Grob G115E Tutor	☐ G-BZAH	Cessna 208B
☐ G-BYTR	Raj Hamsa X'Air 582	☐ G-BYWR	Grob G115E Tutor	☐ G-BZAI	Pegasus Quantum 15
☐ G-BYTS	Montgomerie-Bensen B8MR	☐ G-BYWS	Grob G115E Tutor	☐ G-BZAK	Raj Hamsa X'Air 582
☐ G-BYTU	Mainair Blade 912	☐ G-BYWT	Grob G115E Tutor	☐ G-BZAL	Mainair Blade 912
☐ G-BYTV	Avtech Jabiru UL-450	☐ G-BYWU	Grob G115E Tutor	☐ G-BZAM	Europa Avn Europa
☐ G-BYTW	Cameron O-90	☐ G-BYWV	Grob G115E Tutor	☐ G-BZAO	Rans S-12XL Airaile
☐ G-BYTX	Whittaker MW6-S	☐ G-BYWW	Grob G115E Tutor	☐ G-BZAP	Avtech Jabiru UL-450
☐ G-BYTZ	Raj Hamsa X'Air 582	☐ G-BYWX	Grob G115E Tutor	☐ G-BZAR	Denney Kitfox 4-1200
☐ G-BYUA	Grob G115E Tutor	☐ G-BYWY	Grob G115E Tutor	☐ G-BZAS	Isaacs Fury II
☐ G-BYUB	Grob G115E Tutor	☐ G-BYWZ	Grob G115E Tutor	☐ G-BZAT	Avro 146-RJ100

Registration	Type	Registration	Type	Registration	Type
G-BZAU	Avro 146-RJ100	G-BZFR	Extra EA.300/L	G-BZJN	Mainair Blade 912
G-BZAV	Avro 146-RJ100	G-BZFS	Mainair Blade 912	G-BZJO	Pegasus Quantum 15
G-BZAW	Avro 146-RJ100	G-BZFT	Murphy Rebel	G-BZJP	Zenair CH.701UL
G-BZAX	Avro 146-RJ100	G-BZFU	Lindstrand LBL Hs-110	G-BZJU	Cameron A-200
G-BZAY	Avro 146-RJ100	G-BZFV	Zenair CH.601UL Zodiac	G-BZJV	CASA 1-131E Jungmann
G-BZAZ	Avro 146-RJ100	G-BZGA	DHC-1 Chipmunk 22	G-BZJW	Cessna 150F
G-BZBC	Rans S-6-ES Coyote II	G-BZGB	DHC-1 Chipmunk 22	G-BZJX	Ultramagic N-250
G-BZBE	Cameron A-210	G-BZGF	Rans S-6-ES Coyote II	G-BZJZ	Pegasus Quantum 15
G-BZBF	Cessna 172M	G-BZGG	SE.313B Alouette II	G-BZKC	Raj Hamsa X'Air 582
G-BZBH	Thunder Ax7-65 Bolt	G-BZGH	Cessna F172N	G-BZKD	Starduster Too
G-BZBI	Cameron V-77	G-BZGI	Ultramagic M-145	G-BZKE	Lindstrand LBL 77B
G-BZBJ	Lindstrand LBL 77A	G-BZGJ	Thunder Ax10-180 S2	G-BZKF	Rans S-6-ES Coyote II
G-BZBL	Lindstrand LBL 120A	G-BZGK	Ov-10B Bronco	G-BZKG	Extreme/Silex
G-BZBO	Glasair III	G-BZGL	Ov-10B Bronco	C BZKH	Doodle Bug/Target
G-BZBP	Raj Hamsa X'Air 582	G-BZGM	Mainair Blade 912	G-BZKI	Doodle Bug/Target
G-BZBR	Pegasus Quantum 15	G-BZGN	Raj Hamsa X'Air 582	G-BZKJ	Doodle Bug/Target
G-BZBS	Piper PA-28-161 Warrior III	G-BZGO	Robinson R44	G-BZKK	Cameron V-56
G-BZBT	Cameron H-34	G-BZGR	Rans S-6-ES Coyote II	G-BZKL	Piper PA-28R-201 Arrow III
G-BZBU	Robinson R22	G-BZGS	Mainair Blade 912S	G-BZKN	Campbell Cricket Mk.4
G-BZBW	RotorWay Executive 162F	G-BZGT	Avtech Jabiru UL-450	G-BZKO	Rans S-6-ES Coyote II
G-BZBX	Rans S-6-ES Coyote II	G-BZGU	Raj Hamsa X'Air 582	G-BZKU	Cameron Z-105
G-BZBZ	Jodel D9	G-BZGV	Lindstrand LBL 77A	G-BZKV	Sky 90-24
G-BZDA	Piper PA-28-161 Warrior III	G-BZGW	Mainair Blade	G-BZKW	Ultramagic M-77
G-BZDB	Thruster T600T 450	G-BZGX	Raj Hamsa X'Air 582	G-BZKX	Cameron V-90
G-BZDC	Mainair Blade	G-BZGY	Dyn'Aero CR100	G-BZLC	PZL-110 Koliber 160A
G-BZDD	Mainair Blade 912	G-BZGZ	Pegasus Quantum 912	G-BZLE	Rans S-6-ES Coyote II
G-BZDE	Lindstrand LBL 210A	G-BZHA	Boeing 767-336	G-BZLF	CFM Shadow CD
G-BZDF	CFM Streak Shadow SA	G-BZHB	Boeing 767-336	G-BZLG	Robin HR.200/120B
G-BZDH	Piper PA-28R-200 Arrow II	G-BZHC	Boeing 767-336	G-BZLH	Piper PA-28-161 Warrior II
G-BZDI	Aero L-39C Albatros	G-BZHE	Cessna 152	G-BZLI	SOCATA TB-21 Trinidad TC
G-BZDJ	Cameron Z-105	G-BZHF	Cessna 152	G-BZLK	Cadet III Motor Glider
G-BZDK	Raj Hamsa X'Air 582	G-BZHG	Tecnam P92-EM Echo	G-BZLL	Pegasus Quantum 912
G-BZDM	Stoddard-Hamilton GlaStar	G-BZHI	Enstrom F-28A-UK	G-BZLP	Robinson R44
G-BZDN	Cameron N-105	G-BZHJ	Raj Hamsa X'Air 582	G-BZLS	Sky 77-24
G-BZDP	Scottish Avn Bulldog	G-BZHK	Piper PA-28-181 Archer III	G-BZLT	Raj Hamsa X'Air 582
G-BZDR	Tri-R Kis	G-BZHL	AT-16 Harvard IIB	G-BZLU	Lindstrand LBL 90A
G-BZDS	Pegasus Quantum 912	G-BZHN	Pegasus Quantum 912	G-BZLV	Avtech Jabiru UL-450
G-BZDU	DHC-1 Chipmunk 22	G-BZHO	Pegasus Quantum 15	G-BZLX	Pegasus Quantum 912
G-BZDV	SA.341C Gazelle HT2	G-BZHP	Quad City Challenger II	G-BZLY	Grob G109B
G-BZDX	Colt Sugarbox-90	G-BZHR	Avtech Jabiru UL-450	G-BZLZ	Pegasus Quantum 912
G-BZDY	Colt Sugarbox-90	G-BZHS	Europa Avn Europa	G-BZMB	Piper PA-28R-201 Arrow III
G-BZDZ	Avtech Jabiru SP-430	G-BZHT	Piper PA-18A-150 Super Cub	G-BZMC	Avtech Jabiru UL-450
G-BZEA	Cessna A152	G-BZHU	Wag-Aero Sport Trainer	G-BZMD	Scottish Avn Bulldog
G-BZEB	Cessna 152	G-BZHV	Piper PA-28-181 Archer III	G-BZME	Scottish Avn Bulldog
G-BZEC	Cessna 152	G-BZHX	Thunder Ax11-250 S2	G-BZMF	Rutan LongEz
G-BZED	Pegasus Quantum 15	G-BZIA	Raj Hamsa X'Air 700	G-BZMG	Robinson R44
G-BZEE	Agusta-Bell 206B JetRanger	G-BZIC	Lindstrand Sun	G-BZMH	Scottish Avn Bulldog
G-BZEG	Mainair Blade 912	G-BZID	Montgomerie-Bensen B8MR	G-BZMI	Pegasus Quantum 912
G-BZEH	Piper PA-28-235 Pathfinder	G-BZIG	Thruster T600N	G-BZMJ	Rans S-6-ES Coyote II
G-BZEI	Agusta A109E Power	G-BZIH	Lindstrand LBL 31A	G-BZML	Scottish Avn Bulldog
G-BZEJ	Raj Hamsa X'Air 582	G-BZII	Extra EA.300/L	G-BZMM	Robin DR.400-180R Remo
G-BZEK	Cameron C-70	G-BZIJ	Robin DR.400/500	G-BZMO	Robinson R22 Beta
G-BZEL	Mainair Blade	G-BZIK	Cameron A-250	G-BZMR	Raj Hamsa X'Air 582
G-BZEN	Avtech Jabiru UL-450	G-BZIL	Colt 120A	G-BZMS	Mainair Blade
G-BZEP	Scottish Avn Bulldog	G-BZIM	Pegasus Quantum 912	G-BZMT	Piper PA-28-161 Warrior III
G-BZER	Raj Hamsa X'Air R100	G-BZIO	Piper PA-28-161 Warrior III	G-BZMV	Cameron C-80
G-BZES	RotorWay Executive 90	G-BZIP	Montgomerie-Bensen B8MR	G-BZMW	Pegasus Quantum 912
G-BZET	Robin HR.200/120B	G-BZIS	Raj Hamsa X'Air 582	G-BZMY	Yak C.11
G-BZEU	Raj Hamsa X'Air 582	G-BZIT	Beech 95-B55 Baron	G-BZMZ	CFM Streak Shadow
G-BZEV	Semicopter I	G-BZIV	Avtech Jabiru SPL-450	G-BZNB	Pegasus Quantum 15
G-BZEW	Rans S-6-ES Coyote II	G-BZIW	Pegasus Quantum 912	G-BZNC	Pegasus Quantum 912
G-BZEX	Raj Hamsa X'Air R100	G-BZIX	Cameron N-90	G-BZND	Replica Sopwith Pup
G-BZEY	Cameron N-90	G-BZIY	Raj Hamsa X'Air 582	G-BZNE	Beech B300
G-BZEZ	CFM Streak Shadow SA	G-BZIZ	Ultramagic H-31	G-BZNF	Colt 120A
G-BZFB	Robin R2112 Alpha	G-BZJA	Cameron Fire-90	G-BZNG	Raj Hamsa X'Air Jabiru
G-BZFC	Pegasus Quantum 15	G-BZJB	Yakovlev Yak-52	G-BZNH	Rans S-6-ES Coyote II
G-BZFD	Cameron N-90	G-BZJC	Thruster T600N	G-BZNI	Bell 206B JetRanger
G-BZFF	Pegasus Quantum 912	G-BZJD	Thruster T600T UK	G-BZNJ	Rans S-6-ES Coyote II
G-BZFI	Avtech Jabiru UL-450	G-BZJH	Cameron Z-90	G-BZNK	Morane Saulnier MS.315ER
G-BZFK	TEAM Mini-MAX	G-BZJI	Nova X-Large 37	G-BZNM	Pegasus Quantum 15
G-BZFN	Scottish Avn Bulldog	G-BZJJ	Robinson R22 Beta	G-BZNN	Beech 76 Duchess
G-BZFO	Mainair Blade	G-BZJL	Mainair Blade 912S	G-BZNP	Thruster T600N 450
G-BZFP	DHC-6 Twin Otter Series 3	G-BZJM	VPM M16 Tandem Trainer	G-BZNS	Mainair Blade

Registration	Type	Registration	Type	Registration	Type
G-BZNU	Cameron A-300	G-BZST	Avtech Jabiru UL-450	G-BZWX	Whittaker MW5-D Sorcerer
G-BZNV	Lindstrand LBL 31A	G-BZSU	Cameron A-315	G-BZWY	CFM Streak Shadow SA
G-BZNW	Isaacs Fury II	G-BZSV	Barracuda	G-BZWZ	Van's RV-6
G-BZNX	Morane Saulnier MS.880B	G-BZSX	Pegasus Quantum 912	G-BZXA	Raj Hamsa X'Air V2
G-BZNY	Europa Avn Europa XS	G-BZSY	Stampe SV4A	G-BZXB	Van's RV-6
G-BZNZ	Lindstrand Cake	G-BZSZ	Avtech Jabiru UL-450	G-BZXD	RotorWay Executive 162F
G-BZOB	Slepcev Storch	G-BZTA	Robinson R44	G-BZXF	Cameron A-210
G-BZOD	Pegasus Quantum 912	G-BZTC	TEAM Mini-MAX 91	G-BZXG	Dyn'Aero MCR-01 ULC
G-BZOE	Pegasus Quantum 15	G-BZTD	Thruster T600T 450	G-BZXI	Nova Philou 26
G-BZOF	Montgomerie-Bensen B8MR	G-BZTF	Yakovlev Yak-52	G-BZXJ	Schweizer 269C-1
G-BZOG	Dornier 328-100	G-BZTG	Piper PA-34-220T Seneca	G-BZXK	Robin HR.200-120B
G-BZOI	Nicollier HN700 Menestrel	G-BZTH	Europa Avn Europa	G-BZXL	Whittaker MW5-D Sorcerer
G-BZOL	Robin R3000/140	G-BZTI	Europa Avn Europa XS	G-BZXM	Mainair Blade 912
G-BZOM	RotorWay Executive 162F	G-BZTJ	Bü.133C Jungmeister	G-BZXN	Avtech Jabiru UL-450
G-BZON	Scottish Avn Bulldog	G-BZTK	Cameron V-90	G-BZXO	Cameron Z-105
G-BZOO	Pegasus Quantum 912	G-BZTM	Mainair Blade	G-BZXP	Air Création 582/Kiss 400
G-BZOP	Robinson R44	G-BZTN	Europa Avn Europa XS	G-BZXR	Cameron N-90
G-BZOR	TEAM Mini-MAX 91	G-BZTR	Mainair Blade	G-BZXS	Scottish Avn Bulldog
G-BZOU	Pegasus Quantum 912	G-BZTS	Cameron Bertie Bassett-90	G-BZXT	Mainair Blade 912
G-BZOV	Pegasus Quantum 912	G-BZTT	Cameron A-275	G-BZXV	Pegasus Quantum 912
G-BZOW	Whittaker MW7	G-BZTU	Mainair Blade 912	G-BZXW	VPM M16 Tandem Trainer
G-BZOX	Colt 90B	G-BZTV	Mainair Blade 912S	G-BZXX	Pegasus Quantum 912
G-BZOY	Beech 76 Duchess	G-BZTW	Hunt Wing/Avon 582	G-BZXY	Robinson R44
G-BZOZ	Van's RV-6	G-BZTX	Mainair Blade 912	G-BZXZ	Scottish Avn Bulldog
G-BZPA	Mainair Blade 912S	G-BZTY	Avtech Jabiru UL-450	G-BZYA	Rans S-6-ES Coyote II
G-BZPB	Hawker Hunter GA11	G-BZUB	Mainair Blade	G-BZYD	SA.341B Gazelle AH1
G-BZPC	Hawker Hunter GA11	G-BZUC	Pegasus Quantum 912	G-BZYE	Robinson R22 Beta
G-BZPD	Cameron V-65	G-BZUD	Lindstrand LBL 105A	G-BZYG	DG-500MB
G-BZPE	Lindstrand LBL 310A	G-BZUE	Pegasus Quantum 15	G-BZYI	Nova Phocus 123
G-BZPF	Scheibe SF24B Motorspatz	G-BZUF	Mainair Rapier	G-BZYK	Avtech Jabiru UL-450
G-BZPG	Beech C24R Sierra	G-BZUG	TLAC Sherwood Ranger	G-BZYL	Rans S-6-ES Coyote II
G-BZPH	Van's RV-4	G-BZUH	Rans S-6-ES Coyote II	G-BZYM	Raj Hamsa X'Air 133
G-BZPI	SOCATA TB-20 Trinidad	G-BZUI	Pegasus Quantum 912	G-BZYN	Pegasus Quantum 912
G-BZPJ	Beech 76 Duchess	G-BZUK	Lindstrand LBL 31A	G-BZYO	Colt 210A
G-BZPK	Cameron C-80	G-BZUL	Avtech Jabiru UL-450	G-BZYR	Cameron N-31
G-BZPL	Robinson R44	G-BZUN	Mainair Blade 912	G-BZYS	Bantam B22 S
G-BZPN	Mainair Blade 912S	G-BZUO	Cameron A-340HL	G-BZYT	Interavia 80Ta
G-BZPP	Westland Wasp HAS1	G-BZUU	Cameron O-90	G-BZYU	Whittaker MW6 Merlin
G-BZPR	Ultramagic N-210	G-BZUV	Cameron H-24	G-BZYV	Snowbird Mk.V 582
G-BZPS	Scottish Avn Bulldog	G-BZUX	Pegasus Quantum 15	G-BZYW	Cameron N-90
G-BZPT	Ultramagic N-210	G-BZUY	Van's RV-6	G-BZYX	Raj Hamsa X'Air 700
G-BZPV	Lindstrand LBL 90B	G-BZUZ	Hunt Avon-Blade R100	G-BZYY	Cameron N-90
G-BZPW	Cameron V-77	G-BZVA	Zenair CH.701UL	G-BZZD	Cessna F172M
G-BZPX	Ultramagic S-105	G-BZVB	Cessna FR172H	G-CAHA	Piper PA-34-200T Seneca II
G-BZPY	Ultramagic H-31	G-BZVC	Mickleburgh L107	G-CALL	Piper PA-23-250 Aztec F
G-BZPZ	Mainair Blade	G-BZVD	Colt Forklift-105	G-CAMB	AS355F2 Ecureuil 2
G-BZRA	Rans S-6-ES Coyote II	G-BZVE	Cameron N-133	G-CAMM	Replica Hawker Cygnet
G-BZRB	Mainair Blade	G-BZVH	Raj Hamsa X'Air 582	G-CAMP	Cameron N-105
G-BZRG	Hunt Wing/Avon 582	G-BZVI	Nova Vertex 24	G-CAMR	BFC Challenger II
G-BZRJ	Pegasus Quantum 912	G-BZVJ	Pegasus Quantum 15	G-CAPI	Mudry CAP.10B
G-BZRO	PA-30 Twin Comanche C	G-BZVK	Raj Hamsa X'Air 582	G-CAPX	Mudry CAP.10B
G-BZRP	Pegasus Quantum 912	G-BZVM	Rans S-6-ES Coyote II	G-CBAB	Scottish Avn Bulldog
G-BZRR	Pegasus Quantum 912	G-BZVN	Van's RV-6	G-CBAD	Mainair Blade 912
G-BZRS	Eurocopter EC.135 T2	G-BZVO	Cessna TR182	G-CBAF	Lancair 320
G-BZRT	Beech 76 Duchess	G-BZVR	Raj Hamsa X'Air 582	G-CBAH	Raj Hamsa X'Air 133
G-BZRU	Cameron V-90	G-BZVT	III Sky Arrow 650 T	G-CBAI	Flight Design CT2K
G-BZRV	Van's RV-6	G-BZVU	Cameron Z-105	G-CBAK	Robinson R44
G-BZRW	Mainair Blade 912S	G-BZVV	Pegasus Quantum 912	G-CBAL	Piper PA-28-161 Warrior II
G-BZRX	Ultramagic M-105	G-BZVW	Ilyushin Il-2 Stormovik	G-CBAN	Scottish Avn Bulldog
G-BZRY	Rans S-6-ES Coyote II	G-BZVX	Ilyushin Il-2	G-CBAP	Zenair CH.601UL Zodiac
G-BZRZ	Thunder Ax11-250 S2	G-BZWB	Mainair Blade 912	G-CBAR	Stoddard-Hamilton GlaStar
G-BZSA	Pegasus Quantum 15	G-BZWF	Raj Hamsa X'Air Falcon 912	G-CBAS	Rans S-6-ES Coyote II
G-BZSB	Pitts S-1S	G-BZWG	Piper PA-28-140 Cruiser	G-CBAT	Cameron Z-90
G-BZSC	Replica Sopwith Camel F.1	G-BZWH	Cessna 152	G-CBAU	Rand KR-2
G-BZSE	Hawker Hunter T8B	G-BZWJ	Medway EclipseR	G-CBAV	Raj Hamsa X'Air V2
G-BZSG	Pegasus Quantum 912	G-BZWJ	CFM Streak Shadow SA	G-CBAW	Cameron A-300
G-BZSH	Ultramagic H-77	G-BZWK	Avtech Jabiru SK	G-CBAX	Tecnam P92-EM Echo
G-BZSI	Pegasus Quantum 15	G-BZWM	Pegasus XL-Q	G-CBAZ	Rans S-6-ES Coyote II
G-BZSL	Sky 25-16	G-BZWN	Van's RV-8	G-CBBA	Robin DR.400-180 Régent
G-BZSM	Pegasus Quantum 15	G-BZWS	Pegasus Quantum 912	G-CBBB	Pegasus Quantum 912
G-BZSO	Ultramagic M-77C	G-BZWT	Tecnam P92-EA Echo	G-CBBC	Scottish Avn Bulldog
G-BZSP	Stemme S10	G-BZWU	Pegasus Quantum 912	G-CBBF	Beech 76 Duchess
G-BZSS	Pegasus Quantum 912	G-BZWV	Steen Skybolt	G-CBBG	Mainair Blade

Registration	Type	Registration	Type	Registration	Type
☐ G-CBBH	Raj Hamsa X'Air V2	☐ G-CBFK	Murphy Rebel	☐ G-CBJH	Aeroprakt A22 Foxbat
☐ G-CBBK	Robinson R22 Beta	☐ G-CBFM	SOCATA TB-21 Trinidad GT	☐ G-CBJJ	Scottish Avn Bulldog
☐ G-CBBL	Scottish Avn Bulldog	☐ G-CBFN	Robin HR.100/200B Royal	☐ G-CBJL	Air Création 582/Kiss 400
☐ G-CBBM	ICP MXP-740 Savannah	☐ G-CBFO	Cessna 172S	☐ G-CBJM	Avtech Jabiru SP-470
☐ G-CBBN	Pegasus Quantum 912	☐ G-CBFP	Scottish Avn Bulldog	☐ G-CBJN	RAF 2000 GTX-SE
☐ G-CBBO	Whittaker MW5-D Sorcerer	☐ G-CBFU	Scottish Avn Bulldog	☐ G-CBJO	Pegasus Quantum 912
☐ G-CBBP	Pegasus Quantum 912	☐ G-CBFV	Comco Ikarus C42	☐ G-CBJP	Zenair CH.601UL Zodiac
☐ G-CBBR	Scottish Avn Bulldog	☐ G-CBFW	Montgomerie-Bensen B8MR	☐ G-CBJR	EV-97 Eurostar
☐ G-CBBS	Scottish Avn Bulldog	☐ G-CBFX	Rans S-6-ESN Coyote II	☐ G-CBJS	Cameron C-60
☐ G-CBBT	Scottish Avn Bulldog	☐ G-CBFY	Cameron Z-250	☐ G-CBJT	Mainair Blade
☐ G-CBBU	Scottish Avn Bulldog	☐ G-CBFZ	Avtech Jabiru SPL-450	☐ G-CBJU	Van's RV-7A
☐ G-CBBW	Scottish Avn Bulldog	☐ G-CBGA	PZL-110 Koliber 160A	☐ G-CBJV	RotorWay Executive 162F
☐ G-CBBX	Lindstrand LBL 69A	☐ G-CBGB	Zenair CH.601UL Zodiac	☐ G-CBJW	Comco Ikarus C42
☐ G-CBCB	Scottish Avn Bulldog	☐ G-CBGC	SOCATA TB-10 Tobago	☐ G-CBJX	Raj Hamsa X'Air Falcon
☐ G-CBCD	Pegasus Quantum 15	☐ G-CBGD	Zenair CH.701UL	☐ G-CBJY	Avtech Jabiru UL-450
☐ G-CBCF	Pegasus Quantum 912	☐ G-CBGE	Tecnam P92-EA Echo	☐ G-CBJZ	SA.341G Gazelle HT3
☐ G-CBCH	Zenair CH.701UL	☐ G-CBGG	Pegasus Quantum 15	☐ G-CBKA	SA.341G Gazelle HT3
☐ G-CBCI	Raj Hamsa X'Air 582	☐ G-CBGH	Teverson Bisport	☐ G-CBKB	Bü.181C Bestmann
☐ G-CBCJ	RAF 2000 GTX-SE	☐ G-CBGJ	Aeroprakt A22 Foxbat	☐ G-CBKC	SA.341G Gazelle HT3
☐ G-CBCK	Nipper T.66 Series 3	☐ G-CBGL	Max Holste MH.1521M	☐ G-CBKD	SA.341G Gazelle HT3
☐ G-CBCL	Stoddard-Hamilton GlaStar	☐ G-CBGO	Murphy Maverick 430	☐ G-CBKE	Air Création 582/Kiss 400
☐ G-CBCM	Raj Hamsa X'Air 700	☐ G-CBGP	Comco Ikarus C42	☐ G-CBKF	Reality Easy Raider J2.2
☐ G-CBCN	Schweizer 269C-1	☐ G-CBGR	Avtech Jabiru UL-450	☐ G-CBKG	Thruster T600N 450
☐ G-CBCP	Van's RV-6A	☐ G-CBGS	Cyclone AX2000	☐ G-CBKI	Cameron Z-90
☐ G-CBCR	Scottish Avn Bulldog	☐ G-CBGU	Thruster T600N 450	☐ G-CBKJ	Cameron Z-90
☐ G-CBCV	Scottish Avn Bulldog	☐ G-CBGV	Thruster T600N 450	☐ G-CBKK	Ultramagic S-130
☐ G-CBCX	Pegasus Quantum 15	☐ G-CBGW	Thruster T600N 450	☐ G-CBKL	Raj Hamsa X'Air 582
☐ G-CBCY	Beech C24R Sierra	☐ G-CBGX	Scottish Avn Bulldog	☐ G-CBKM	Mainair Blade 912
☐ G-CBCZ	CFM Streak Shadow SLA	☐ G-CBGZ	SA.341C Gazelle HT2	☐ G-CBKN	Mainair Blade 912S
☐ G-CBDC	Thruster T600N 450	☐ G-CBHA	SOCATA TB-10 Tobago	☐ G-CBKO	Mainair Blade 912S
☐ G-CBDD	Mainair Blade	☐ G-CBHB	Raj Hamsa X'Air 582	☐ G-CBKR	Piper PA-28-161 Warrior III
☐ G-CBDG	Zenair CH.601HD Zodiac	☐ G-CBHC	RAF 2000 GTX-SE	☐ G-CBKS	Air Création 582/Kiss 400
☐ G-CBDH	Flight Design CT2K	☐ G-CBHD	Cameron Z-160	☐ G-CBKU	Comco Ikarus C42
☐ G-CBDI	Denney Kitfox 2	☐ G-CBHG	Mainair Blade 912S	☐ G-CBKV	Cameron Z-77
☐ G-CBDJ	Flight Design CT2K	☐ G-CBHI	Europa Avn Europa XS	☐ G-CBKW	Pegasus Quantum 912
☐ G-CBDK	Scottish Avn Bulldog	☐ G-CBHJ	Mainair Blade 912S	☐ G-CBKY	Avtech Jabiru SP-470
☐ G-CBDL	Mainair Blade	☐ G-CBHK	Pegasus Quantum 15	☐ G-CBLA	Aero Designs Pulsar XP
☐ G-CBDM	Tecnam P92-EM Echo	☐ G-CBHM	Mainair Blade 912	☐ G-CBLD	Tecnam P92-EM Echo
☐ G-CBDN	Mainair Blade	☐ G-CBHN	Pegasus Quantum 912	☐ G-CBLD	Mainair Blade 912S
☐ G-CBDO	Raj Hamsa X'Air 582	☐ G-CBHO	Gloster Gladiator II	☐ G-CBLE	Robin R2120U
☐ G-CBDP	Mainair Blade 912	☐ G-CBHP	Corby CJ-1 Starlet	☐ G-CBLF	Raj Hamsa X'Air 582
☐ G-CBDS	Scottish Avn Bulldog	☐ G-CBHR	Laser Z200	☐ G-CBLH	Raj Hamsa X'Air 582
☐ G-CBDT	Zenair CH.601HD Zodiac	☐ G-CBHT	Dassault Falcon 900EX	☐ G-CBLJ	Yakovlev Yak-52
☐ G-CBDU	Quad City Challenger II	☐ G-CBHU	TLAC Sherwood Ranger	☐ G-CBLK	Hawker Hind
☐ G-CBDV	Raj Hamsa X'Air 582	☐ G-CBHW	Cameron Z-105	☐ G-CBLL	Pegasus Quantum 912
☐ G-CBDW	Raj Hamsa X'Air Jabiru	☐ G-CBHX	Cameron V-77	☐ G-CBLM	Mainair Blade 912
☐ G-CBDX	Pegasus Quantum 15	☐ G-CBHY	Pegasus Quantum 912	☐ G-CBLN	Cameron Z-31
☐ G-CBDZ	Pegasus Quantum 912	☐ G-CBHZ	RAF 2000 GTX-SE	☐ G-CBLO	Lindstrand LBL 42A
☐ G-CBEB	Air Création 582/Kiss 400	☐ G-CBIB	Flight Design CT2K	☐ G-CBLP	Raj Hamsa X'Air Falcon
☐ G-CBEC	Cameron Z-105	☐ G-CBIC	Raj Hamsa X'Air V2	☐ G-CBLS	Fiat CR42
☐ G-CBED	Cameron Z-90	☐ G-CBID	Scottish Avn Bulldog	☐ G-CBLT	Mainair Blade 912
☐ G-CBEE	Piper PA-28R-200 Arrow II	☐ G-CBIE	Flight Design CT2K	☐ G-CBLU	Cameron C-90
☐ G-CBEF	Scottish Avn Bulldog	☐ G-CBIF	Avtech Jabiru UL-450	☐ G-CBLV	Flight Design CT2K
☐ G-CBEH	Scottish Avn Bulldog	☐ G-CBIH	Cameron Z-31	☐ G-CBLW	Raj Hamsa X'Air Falcon
☐ G-CBEI	Piper PA-22-108 Colt	☐ G-CBIJ	Comco Ikarus C42	☐ G-CBLX	Air Création 582/Kiss 400
☐ G-CBEJ	Colt 120A	☐ G-CBIK	RotorWay Executive 162F	☐ G-CBLY	Grob G109B
☐ G-CBEK	Scottish Avn Bulldog	☐ G-CBIL	Cessna 182S	☐ G-CBLZ	Rutan LongEz
☐ G-CBEL	Hawker Fury 11	☐ G-CBIM	Lindstrand LBL 90A	☐ G-CBMA	Raj Hamsa X'Air 582
☐ G-CBEM	Mainair Blade	☐ G-CBIN	TEAM Mini-MAX 91	☐ G-CBMB	Cyclone AX2000
☐ G-CBEN	Pegasus Quantum 912	☐ G-CBIO	Thruster T600N 450	☐ G-CBMC	Cameron Z-105
☐ G-CBES	Europa Avn Europa	☐ G-CBIP	Thruster T600N 450	☐ G-CBMD	Yakovlev Yak-52
☐ G-CBET	Mainair Blade 912S	☐ G-CBIR	Thruster T600N 450	☐ G-CBME	Cessna F172M
☐ G-CBEU	Pegasus Quantum 912	☐ G-CBIS	Raj Hamsa X'Air 582	☐ G-CBMI	Yakovlev Yak-52
☐ G-CBEV	Pegasus Quantum 912	☐ G-CBIT	RAF 2000 GTX-SE	☐ G-CBMK	Cameron Z-120
☐ G-CBEW	Flight Design CT2K	☐ G-CBIU	Cameron Flame-95	☐ G-CBML	DHC-6 Twin Otter Series 3
☐ G-CBEX	Flight Design CT2K	☐ G-CBIV	Best Off Sky Ranger	☐ G-CBMM	Mainair Blade 912
☐ G-CBEY	Cameron C-80	☐ G-CBIW	Lindstrand LBL 310A	☐ G-CBMO	Piper PA-28-180 Cherokee D
☐ G-CBEZ	Robin DR.400-180 Régent	☐ G-CBIX	Zenair CH.601UL Zodiac	☐ G-CBMR	Cessna R182
☐ G-CBFA	Diamond DA.40 Star	☐ G-CBIY	EV-97 Eurostar	☐ G-CBMS	Medway EclipseR
☐ G-CBFE	Raj Hamsa X'Air 582	☐ G-CBIZ	Pegasus Quantum 912	☐ G-CBMR	Medway EclipseR
☐ G-CBFF	Cameron O-260	☐ G-CBJD	Stoddard-Hamilton GlaStar	☐ G-CBMT	Robin DR.400-180 Régent
☐ G-CBFH	Thunder Ax8-105 S2	☐ G-CBJE	RAF 2000 GTX-SE	☐ G-CBMU	Whittaker MW6-S
☐ G-CBFJ	Robinson R44	☐ G-CBJG	DHC-1 Chipmunk 22	☐ G-CBMV	Pegasus Quantum 15

Registration	Type	Registration	Type	Registration	Type
G-CBMW	Zenair CH.701UL	G-CBSH	SA.341G Gazelle HT3	G-CBWE	EV-97 Eurostar
G-CBMX	Air Création 582/Kiss 400	G-CBSI	SA.341G Gazelle HT3	G-CBWG	EV-97A Eurostar
G-CBMZ	EV-97 Eurostar	G-CBSK	SA.341G Gazelle HT3	G-CBWI	Thruster T600N 450
G-CBNA	Flight Design CT2K	G-CBSL	Yakovlev Yak-52	G-CBWJ	Thruster T600N 450
G-CBNB	EC.120B Colibri	G-CBSM	Mainair Blade 912	G-CBWK	Ultramagic H-77
G-CBNC	Mainair Blade 912	G-CBSO	Piper PA-28-181 Archer II	G-CBWM	Mainair Blade 912
G-CBNF	Rans S-7 Courier	G-CBSP	Pegasus Quantum 912	G-CBWN	Campbell Cricket Mk.6
G-CBNG	Robin R2112 Alpha	G-CBSR	Yakovlev Yak-52	G-CBWO	RotorWay Executive 162F
G-CBNI	Lindstrand LBL 90A	G-CBSS	Yakovlev Yak-52	G-CBWP	Europa Avn Europa
G-CBNJ	Raj Hamsa X'Air 582	G-CBSU	Avtech Jabiru UL-450	G-CBWS	Whittaker MW6 Merlin
G-CBNL	Dyn'Aero MCR-01 Club	G-CBSV	Montgomerie-Bensen B8MR	G-CBWU	RotorWay Executive 162F
G-CBNO	CFM Streak Shadow	G-CBSX	Air Création 582/Kiss 400	G-CBWV	Falconar F-12A
G-CBNT	Pegasus Quantum 912	G-CBSZ	Mainair Blade 912S	G-CBWW	Best Off Sky Ranger
G-CBNU	Spitfire LF.IX	G-CBTB	III Sky Arrow 650 T	G-CBWY	Raj Hamsa X'Air 582
G-CBNV	Rans S-6-ES Coyote II	G-CBTD	Pegasus Quantum 912	G-CBWZ	Robinson R22 Beta
G-CBNW	Cameron N-105	G-CBTE	Mainair Blade 912S	G-CBXA	Raj Hamsa X'Air 582
G-CBNX	Montgomerie-Bensen B8MR	G-CBTG	Comco Ikarus C42	G-CBXC	Comco Ikarus C42
G-CBNY	Air Création 582/Kiss 400	G-CBTK	Raj Hamsa X'Air 582	G-CBXE	Reality Easy Raider J2.2
G-CBNZ	TEAM Hi-MAX 1700R	G-CBTL	Monnett Moni	G-CBXF	Reality Easy Raider J2.2
G-CBOA	Auster B8	G-CBTM	Mainair Blade	G-CBXG	Thruster T600N 450
G-CBOC	Raj Hamsa X'Air 582	G-CBTN	Piper PA-31 Navajo C	G-CBXJ	Cessna 172S
G-CBOE	Hawker Hurricane IIB	G-CBTO	Rans S-6-ES Coyote II	G-CBXK	Robinson R22 Mariner
G-CBOF	Europa Avn Europa XS	G-CBTR	Lindstrand LBL 120A	G-CBXM	Mainair Blade
G-CBOG	Mainair Blade 912S	G-CBTS	Replica Gloster Gamecock	G-CBXN	Robinson R22 Beta
G-CBOK	Rans S-6-ES Coyote II	G-CBTT	Piper PA-28-181 Archer II	G-CBXR	Raj Hamsa X'Air Falcon 582
G-CBOM	Mainair Blade 912	G-CBTW	Mainair Blade 912	G-CBXS	Best Off Sky Ranger
G-CBON	Cameron Bull-110	G-CBTX	Denney Kitfox 2	G-CBXU	TEAM Mini-MAX 91A
G-CBOO	Mainair Blade 912S	G-CBTZ	Pegasus Quantum 912	G-CBXV	Mainair Blade
G-CBOP	Avtech Jabiru UL-450	G-CBUA	Extra EA.230	G-CBXW	Europa Avn Europa XS
G-CBOR	Cessna F172N	G-CBUC	Raj Hamsa X'Air 582	G-CBXZ	Rans S-6-ESN Coyote II
G-CBOS	Rans S-6-ES Coyote II	G-CBUD	Pegasus Quantum 912	G-CBYB	RotorWay Executive 162F
G-CBOT	Robinson R44	G-CBUE	Ultramagic N-250	G-CBYC	Cameron Z-275
G-CBOU	Bensen-Parsons Two Place	G-CBUF	Flight Design CT2K	G-CBYD	Rans S-6-ESA Coyote II
G-CBOW	Cameron Z-120	G-CBUG	Tecnam P92-EM Echo	G-CBYE	Pegasus Quik
G-CBOY	Pegasus Quantum 912	G-CBUH	Westland Scout AH1	G-CBYF	Mainair Blade
G-CBOZ	Yakovlev Yak-52	G-CBUI	Westland Wasp HAS1	G-CBYH	Aeroprakt A22 Foxbat
G-CBPC	Sportavia RF5B	G-CBUJ	Raj Hamsa X'Air 582	G-CBYI	Pegasus Quantum 15
G-CBPD	Comco Ikarus C42	G-CBUK	Van's RV-6A	G-CBYJ	Steen Skybolt
G-CBPE	SOCATA TB-10 Tobago	G-CBUN	Barker Charade	G-CBYM	Mainair Blade
G-CBPG	Firefly 7	G-CBUO	Cameron O-90	G-CBYN	Europa Avn Europa XS
G-CBPH	Lindstrand LBL 105A	G-CBUP	VPM M16 Tandem Trainer	G-CBYO	Pegasus Quik
G-CBPI	Piper PA-28R-201 Arrow	G-CBUR	Zenair CH.601UL Zodiac	G-CBYP	Whittaker MW6-S
G-CBPL	TEAM Mini-MAX 93	G-CBUS	Pegasus Quantum 15	G-CBYS	Lindstrand LBL 21A
G-CBPM	Yakovlev Yak-50	G-CBUU	Pegasus Quantum 912	G-CBYT	Thruster T600N 450
G-CBPN	Thruster T600N 450	G-CBUW	Cameron Z-133	G-CBYU	Piper PA-28-161 Warrior III
G-CBPP	Avtech Jabiru UL-450	G-CBUX	Cyclone AX2000	G-CBYV	Pegasus Quantum 912
G-CBPR	Avtech Jabiru UL-450	G-CBUY	Rans S-6-ES Coyote II	G-CBYW	Hatz CB-1
G-CBPU	Raj Hamsa X'Air R100	G-CBUZ	Pegasus Quantum 15	G-CBYX	Bell 206B JetRanger
G-CBPV	Zenair CH.601UL Zodiac	G-CBVA	Thruster T600N 450	G-CBYY	Robinson R44
G-CBPW	Lindstrand LBL 105A	G-CBVB	Robin R2120U	G-CBYZ	Tecnam P92 Echo Super
G-CBPZ	Ultramagic N-300	G-CBVC	Raj Hamsa X'Air 582	G-CBZA	Mainair Blade
G-CBRB	Ultramagic S-105	G-CBVD	Cameron C-60	G-CBZB	Mainair Blade
G-CBRC	Jodel D18	G-CBVE	Raj Hamsa X'Air Falcon 912	G-CBZD	Mainair Blade
G-CBRD	Jodel D18	G-CBVF	Murphy Maverick	G-CBZE	Robinson R44
G-CBRE	Mainair Blade 912	G-CBVG	Mainair Blade 912S	G-CBZF	Robinson R22 Beta
G-CBRF	Comco Ikarus C42	G-CBVH	Lindstrand LBL 120A	G-CBZG	Rans S-6-ES Coyote II
G-CBRG	Cessna 560XL Citation Excel	G-CBVI	Robinson R44	G-CBZH	Pegasus Quik
G-CBRH	Yakovlev Yak-52	G-CBVK	Fire Balloons G	G-CBZI	RotorWay Executive 162F
G-CBRJ	Mainair Blade 912	G-CBVL	Robinson R22 Beta	G-CBZJ	Lindstrand LBL 25A
G-CBRK	Ultramagic M-77	G-CBVM	EV-97 Eurostar	G-CBZK	Robin DR.400-180 Régent
G-CBRM	Mainair Blade	G-CBVN	Pegasus Quik	G-CBZL	SA.341G Gazelle HT3
G-CBRO	Robinson R44	G-CBVO	Raj Hamsa X'Air 582	G-CBZM	Avtech Jabiru SPL-450
G-CBRP	Yakovlev Yak-52	G-CBVR	Best Off Sky Ranger	G-CBZN	Rans S-6-ES Coyote II
G-CBRR	EV-97 Eurostar	G-CBVS	Best Off Sky Ranger	G-CBZP	Hawker Fury 1
G-CBRT	Murphy Elite	G-CBVT	Yakovlev Yak-52	G-CBZR	Piper PA-28R-201 Arrow III
G-CBRU	Yakovlev Yak-52	G-CBVU	Piper PA-28R-200 Arrow II	G-CBZS	Lynden Aurora
G-CBRV	Cameron C-90	G-CBVV	Cameron N-120	G-CBZT	Pegasus Quik
G-CBRW	Yakovlev Yak-52	G-CBVX	Cessna 182P	G-CBZU	Lindstrand LBL 180A
G-CBRX	Zenair CH.601UL Zodiac	G-CBVY	Comco Ikarus C42	G-CBZV	Ultramagic S-130
G-CBRY	Pegasus Quik	G-CBVZ	Flight Design CT2K	G-CBZW	Zenair CH.701UL
G-CBRZ	Air Création 582/Kiss 400	G-CBWA	Flight Design CT2K	G-CBZX	Dyn'Aero MCR-01 ULC
G-CBSD	SA.341C Gazelle HT2	G-CBWB	Piper PA-34-200T Seneca II	G-CBZY	Doodle Bug/Target
G-CBSF	SA.341C Gazelle HT2	G-CBWD	Piper PA-28-161 Warrior III	G-CBZZ	Cameron Z-275

G-CCAB	Mainair Blade
G-CCAC	EV-97 Eurostar
G-CCAD	Pegasus Quik
G-CCAE	Avtech Jabiru UL-450
G-CCAF	Best Off Sky Ranger
G-CCAG	Mainair Blade 912
G-CCAK	Zenair CH.601HD Zodiac
G-CCAL	Tecnam P92-EM Echo
G-CCAM	Mainair Blade
G-CCAN	Cessna 182P
G-CCAP	Robinson R22 Beta
G-CCAR	Cameron N-77
G-CCAS	Pegasus Quik
G-CCAT	Gulfstream AA-5A
G-CCAU	Eurocopter EC.135 T1
G-CCAV	Piper PA-28-181 Archer II
G-CCAW	Mainair Blade 912
G-CCAY	Cameron Z-42
G-CCAZ	Pegasus Quik
G-CCBA	Best Off Sky Ranger
G-CCBB	Cameron N-90
G-CCBC	Thruster T600N 450
G-CCBF	Maule M5-235C
G-CCBG	Best Off Sky Ranger V2
G-CCBH	Piper PA-28-235 Pathfinder
G-CCBJ	Best Off Sky Ranger
G-CCBK	EV-97 Eurostar
G-CCBL	Agusta-Bell 206B JetRanger
G-CCBM	EV-97 Eurostar
G-CCBN	Replica Plans SE.5A
G-CCBP	Lindstrand LBL 60X
G-CCBR	Jodel D120
G-CCBT	Cameron Z-90
G-CCBU	Raj Hamsa X'Air 582
G-CCBV	Cameron Z-225
G-CCBW	TLAC Sherwood Ranger
G-CCBX	Raj Hamsa X'Air 582
G-CCBY	Avtech Jabiru UL-450
G-CCBZ	Aero Designs Pulsar
G-CCCA	Spitfire Tr.IX
G-CCCB	Thruster T600N 450
G-CCCD	Pegasus Quantum 15
G-CCCE	Aeroprakt A22 Foxbat
G-CCCF	Thruster T600N 450
G-CCCG	Pegasus Quik
G-CCCI	Medway EclipseR
G-CCCJ	Nicollier HN700 Menestrel
G-CCCK	Best Off Sky Ranger
G-CCCM	Best Off Sky Ranger
G-CCCN	Robin R3000/160
G-CCCO	EV-97 Eurostar
G-CCCP	Yakovlev Yak-52
G-CCCR	Best Off Sky Ranger
G-CCCT	Comco Ikarus C42
G-CCCU	Thruster T600N 450
G-CCCV	Raj Hamsa X'Air Falcon
G-CCCW	Pereira Osprey 2
G-CCCY	Best Off Sky Ranger
G-CCDB	Pegasus Quik
G-CCDC	Rans S-6-ES Coyote II
G-CCDD	Pegasus Quik
G-CCDE	Robinson R22 Beta
G-CCDF	Pegasus Quik
G-CCDG	Best Off Sky Ranger
G-CCDH	Best Off Sky Ranger
G-CCDJ	Raj Hamsa X'Air Falcon
G-CCDK	Pegasus Quantum 912
G-CCDL	Raj Hamsa X'Air Falcon
G-CCDM	Mainair Blade
G-CCDO	Pegasus Quik
G-CCDP	Raj Hamsa X'Air 582
G-CCDR	Raj Hamsa X'Air Falcon
G-CCDS	Nicollier HN700 Menestrel
G-CCDU	Tecnam P92-EM Echo
G-CCDV	Thruster T600N 450
G-CCDW	Best Off Sky Ranger
G-CCDX	EV-97 Eurostar
G-CCDY	Best Off Sky Ranger
G-CCDZ	Pegasus Quantum 912
G-CCEA	Pegasus Quik
G-CCEB	Thruster T600N 450
G-CCED	Zenair CH.601UL Zodiac
G-CCEE	Piper PA-15 Vagabond
G-CCEF	Europa Avn Europa
G-CCEG	Rans S-6-ES Coyote II
G-CCEH	Best Off Sky Ranger
G-CCEI	Evans VP-2
G-CCEJ	EV-97 Eurostar
G-CCEK	Air Création 582/Kiss 400
G-CCEL	Avtech Jabiru UL-450
G-CCEM	EV-97A Eurostar
G-CCEN	Cameron Z-120
G-CCEO	Thunder Ax10-180 S2
G-CCEP	Raj Hamsa X'Air Falcon
G-CCES	Raj Hamsa X'Air 2706
G-CCET	Nova Vertex 28
G-CCEU	RAF 2000 GTX-SE
G-CCEW	Pegasus Quik
G-CCEY	Raj Hamsa X'Air 582
G-CCEZ	Reality Easy Raider J2.2
G-CCFA	Air Création 582/Kiss 400
G-CCFB	Pegasus Quik
G-CCFC	Robinson R44 Beta II
G-CCFD	Quad City Challenger II
G-CCFE	Tipsy Nipper T.66
G-CCFG	Dyn'Aero MCR-01 Club
G-CCFI	Piper PA-32-300
G-CCFJ	Kolb Twinstar Mk3 Extra
G-CCFK	Europa Avn Europa XS
G-CCFL	Pegasus Quik
G-CCFN	Cameron N-105
G-CCFO	Pitts S-1S
G-CCFR	Diamond DA.40D Star
G-CCFS	Diamond DA.40D Star
G-CCFT	Pegasus Quantum 912
G-CCFU	Diamond DA.40D Star
G-CCFV	Lindstrand LBL 77A
G-CCFW	Replica War Fw190
G-CCFX	EAA Acrosport II
G-CCFY	RotorWay Executive 162F
G-CCFZ	Comco Ikarus C42
G-CCGB	TEAM Mini-MAX 91A
G-CCGC	Pegasus Quik
G-CCGE	Robinson R22 Beta
G-CCGF	Robinson R22 Beta
G-CCGG	Avtech Jabiru J400
G-CCGH	Super Marine Spitfire Mk.26
G-CCGI	Pegasus Quik
G-CCGK	Mainair Blade
G-CCGL	SOCATA TB-20 Trinidad
G-CCGM	Air Création 582/Kiss 400
G-CCGO	Medway AV8R
G-CCGP	Bristol Type 2000
G-CCGR	Raj Hamsa X'Air 133
G-CCGS	Dornier 328-100
G-CCGT	Cameron Z-425
G-CCGU	Van's RV-9A
G-CCGW	Europa Avn Europa
G-CCGY	Cameron Z-105
G-CCGZ	Cameron Z-250
G-CCHA	Diamond DA.40D Star
G-CCHC	Diamond DA.40D Star
G-CCHD	Diamond DA.40D Star
G-CCHF	Diamond DA.40D Star
G-CCHG	Diamond DA.40D Star
G-CCHH	Pegasus Quik
G-CCHI	Pegasus Quik
G-CCHJ	Air Création 582/Kiss 400
G-CCHK	Diamond DA.40D Star
G-CCHL	Piper PA-28-181 Archer III
G-CCHM	Air Création 582/Kiss 400
G-CCHN	Corby CJ-1 Starlet
G-CCHO	Pegasus Quik
G-CCHP	Cameron Z-31
G-CCHR	Reality Easy Raider 503
G-CCHS	Raj Hamsa X'Air 582
G-CCHT	Cessna 152
G-CCHV	Mainair Rapier
G-CCHW	Cameron Z-77
G-CCHX	Scheibe SF25C Falke
G-CCHY	Bü.131 Jungmann
G-CCID	Avtech Jabiru J400
G-CCIE	Colt 315A
G-CCIF	Mainair Blade
G-CCIG	Aero Designs Pulsar
G-CCIH	Pegasus Quantum 15
G-CCII	ICP MXP-740 Savannah
G-CCIJ	Piper PA-28R-180 Arrow
G-CCIK	Best Off Sky Ranger
G-CCIO	Best Off Sky Ranger
G-CCIR	Van's RV-8
G-CCIS	SF28A Tandem Falke
G-CCIT	Zenair CH.701UL
G-CCIU	Cameron N-105
G-CCIV	Pegasus Quik
G-CCIW	Raj Hamsa X'Air 582
G-CCIY	Best Off Sky Ranger
G-CCJA	Best Off Sky Ranger
G-CCJB	Zenair CH.701 STOL
G-CCJD	BAe 146-200
G-CCJD	Pegasus Quantum 15
G-CCJF	Cameron C-90
G-CCJG	Cameron A-200
G-CCJH	Lindstrand LBL 90A
G-CCJI	Van's RV-6
G-CCJK	Medway SLA 80 Executive
G-CCJK	Yakovlev Yak-52
G-CCJL	Super Marine Spitfire Mk.26
G-CCJM	Pegasus Quik
G-CCJN	Rans S-6-ES Coyote II
G-CCJO	ICP MXP-740 Savannah
G-CCJP	BAe 146-200
G-CCJT	Best Off Sky Ranger
G-CCJU	ICP MXP-740 Savannah
G-CCJV	Aeroprakt A22 Foxbat
G-CCJW	Best Off Sky Ranger
G-CCJX	Europa Avn Europa XS
G-CCJY	Cameron Z-42
G-CCKF	Best Off Sky Ranger
G-CCKG	Best Off Sky Ranger
G-CCKH	Diamond DA.40D Star
G-CCKI	Diamond DA.40D Star
G-CCKJ	Raj Hamsa X'Air 133
G-CCKL	EV-97 Eurostar
G-CCKM	Pegasus Quik
G-CCKN	Nicollier HN700 Menestrel
G-CCKO	Pegasus Quik
G-CCKP	Robin DR.400-120
G-CCKR	Pietenpol Air Camper
G-CCKT	HAPI Cygnet SF-2A
G-CCKU	C.H.R. Safari
G-CCKV	Isaacs Fury II
G-CCKW	Piper PA-18-135 Super Cub
G-CCKX	Lindstrand LBL 210A
G-CCKY	Lindstrand LBL 240A
G-CCKZ	Customcraft A25
G-CCLB	Diamond DA.40D Star
G-CCLC	Diamond DA.40D Star
G-CCLF	Best Off Sky Ranger

G-CCLH	Rans S-6-ES Coyote II
G-CCLJ	Piper PA-28-140 Cruiser
G-CCLL	Zenair CH.601XL Zodiac
G-CCLM	Pegasus Quik
G-CCLO	Ultramagic H-77
G-CCLP	ICP MXP-740 Savannah
G-CCLR	Schleicher ASH 26E
G-CCLS	Comco Ikarus C42
G-CCLU	Best Off Sky Ranger
G-CCLV	Diamond DA.40D Star
G-CCLW	Diamond DA.40D Star
G-CCLX	Pegasus Quik
G-CCMC	Avtech Jabiru UL-450
G-CCMD	Pegasus Quik
G-CCME	Pegasus Quik
G-CCMF	Diamond DA.40D Star
G-CCMH	Miles M.2 Hawk
G-CCMI	Scottish Avn Bulldog
G-CCMJ	Reality Easy Raider J2.2
G-CCMK	Raj Hamsa X'Air Falcon
G-CCML	Pegasus Quik
G-CCMM	Dyn'Aero MCR-01 ULC
G-CCMN	Cameron C-90
G-CCMO	EV-97A Eurostar
G-CCMP	EV-97A Eurostar
G-CCMR	Robinson R22 Beta
G-CCMS	Pegasus Quik
G-CCMT	Thruster T600N 450
G-CCMU	RotorWay Executive 162F
G-CCMW	CFM Shadow DD
G-CCMX	Best Off Sky Ranger
G-CCMZ	Best Off Sky Ranger
G-CCNA	Replica Jodel DR100A
G-CCNB	Rans S-6-ES Coyote II
G-CCNC	Cameron Z-275
G-CCND	Van's RV-9A
G-CCNE	Pegasus Quantum 15
G-CCNF	Raj Hamsa X'Air Falcon
G-CCNG	Flight Design CT2K
G-CCNH	Rans S-6-ES Coyote II
G-CCNJ	Best Off Sky Ranger
G-CCNM	Pegasus Quik
G-CCNN	Cameron Z-90
G-CCNP	Flight Design CT2K
G-CCNR	Best Off Sky Ranger
G-CCNS	Best Off Sky Ranger
G-CCNT	Comco Ikarus C42
G-CCNU	Best Off Sky Ranger
G-CCNV	Cameron Z-210
G-CCNW	Pegasus Quantum 15
G-CCNX	Mudry CAP.10B
G-CCNY	Robinson R44
G-CCNZ	Raj Hamsa X'Air 133
G-CCOB	Aero C-104
G-CCOC	Pegasus Quantum 15
G-CCOF	Rans S-6-ESA Coyote II
G-CCOG	Pegasus Quik
G-CCOH	Raj Hamsa X'Air Falcon
G-CCOK	Pegasus Quik
G-CCOM	Westland Lysander IIIA
G-CCOO	Raj Hamsa X'Air 133
G-CCOP	Ultramagic M-105
G-CCOR	Falco F8L
G-CCOS	Cameron Z-350
G-CCOT	Cameron Z-105
G-CCOU	Pegasus Quik
G-CCOV	Europa Avn Europa XS
G-CCOW	Pegasus Quik
G-CCOX	Piper J-3C-65 Cub
G-CCOY	AT-6D Harvard III
G-CCOZ	Monnett Sonerai 2
G-CCPA	Air Création 582/Kiss 400
G-CCPC	Pegasus Quik
G-CCPD	Campbell Cricket Mk.4
G-CCPE	Steen Skybolt
G-CCPF	Best Off Sky Ranger
G-CCPG	Pegasus Quik
G-CCPH	EV-97 teamEurostar UK
G-CCPJ	EV-97 teamEurostar UK
G-CCPK	Murphy Rebel
G-CCPL	Best Off Sky Ranger
G-CCPM	Mainair Blade 912
G-CCPN	Dyn'Aero MCR-01 Club
G-CCPO	Cameron N-77
G-CCPP	Cameron C-70
G-CCPS	Comco Ikarus C42
G-CCPT	Cameron Z-90
G-CCPV	Avtech Jabiru J400
G-CCPW	BAe Jetstream 31
G-CCPX	Diamond DA.40D Star
G-CCPY	Hughes 369D
G-CCPZ	Cameron Z-225
G-CCRA	DG-800B
G-CCRB	Kolb Twinstar Mk3
G-CCRC	Cessna TU206G
G-CCRF	Pegasus Quantum 15
G-CCRG	Ultramagic M-77
G-CCRH	Cameron Z-315
G-CCRI	Raj Hamsa X'Air 582
G-CCRJ	Europa Avn Europa
G-CCRK	Luscombe 8A
G-CCRN	Thruster T600N 450
G-CCRP	Thruster T600N 450
G-CCRR	Best Off Sky Ranger
G-CCRS	Lindstrand LBL 210A
G-CCRT	Pegasus Quantum 15
G-CCRV	Best Off Sky Ranger
G-CCRW	Pegasus Quik
G-CCRX	Avtech Jabiru UL-450
G-CCSA	Cameron Z-350
G-CCSD	Pegasus Quik
G-CCSF	Pegasus Quik
G-CCSG	Cameron Z-275
G-CCSH	Pegasus Quik
G-CCSI	Cameron Z-42
G-CCSJ	Cameron A-275
G-CCSL	Pegasus Quik
G-CCSM	Lindstrand LBL 105A
G-CCSN	Cessna U206G
G-CCSO	Raj Hamsa X'Air Falcon
G-CCSP	Cameron N-77
G-CCSR	EV-97A Eurostar
G-CCSS	Lindstrand LBL 90A
G-CCST	Piper PA-32R-301 Saratoga
G-CCSU	Yakovlev Yak-52
G-CCSV	ICP MXP-740 Savannah
G-CCSW	Nott PA
G-CCSX	Best Off Sky Ranger
G-CCSY	Pegasus Quik
G-CCTA	Zenair CH.601UL Zodiac
G-CCTC	Pegasus Quik
G-CCTD	Pegasus Quik
G-CCTE	Dyn'Aero MCR-01 Club
G-CCTF	Pitts S-2A
G-CCTG	Van's RV-3B
G-CCTH	EV-97 teamEurostar UK
G-CCTI	EV-97 teamEurostar UK
G-CCTL	Robinson R44 Beta II
G-CCTM	Mainair Blade
G-CCTN	Ultramagic T-180
G-CCTO	EV-97 Eurostar
G-CCTP	EV-97 Eurostar
G-CCTR	Best Off Sky Ranger
G-CCTS	Cameron Z-120
G-CCTT	Cessna 172S
G-CCTU	Pegasus Quik
G-CCTV	Rans S-6-ES Coyote II
G-CCTW	Cessna 152
G-CCTX	Rans S-6-ES Coyote II
G-CCTZ	Pegasus Quik
G-CCUA	Pegasus Quik
G-CCUB	Piper J-3C-65 Cub
G-CCUD	Best Off Sky Ranger
G-CCUE	Ultramagic T-180
G-CCUF	Best Off Sky Ranger
G-CCUH	RAF 2000 GTX-SE
G-CCUI	Dyn'Aero MCR-01
G-CCUJ	Cameron C-90
G-CCUK	Agusta A109A II
G-CCUL	Europa Avn Europa XS
G-CCUO	Hughes 369D
G-CCUP	Westland Wessex HC2
G-CCUR	Pegasus Quantum 912
G-CCUS	Diamond DA.40D Star
G-CCUT	EV-97 Eurostar
G-CCUU	Vahdat-Hagh Shiraz
G-CCUV	Piper PA-25-260 Pawnee C
G-CCUY	Europa Avn Europa
G-CCUZ	Thruster T600N 450
G-CCVA	EV-97 Eurostar
G-CCVB	Pegasus Quik
G-CCVD	Cameron Z-105
G-CCVF	Lindstrand LBL 105A
G-CCVH	Curtiss H-5A-1
G-CCVI	Zenair CH.701SP
G-CCVJ	Raj Hamsa X'Air Falcon
G-CCVK	TLAC Sherwood Ranger
G-CCVL	Zenair CH.601XL Zodiac
G-CCVM	Van's RV-7A
G-CCVN	Avtech Jabiru SP-470
G-CCVO	Bell 206B JetRanger
G-CCVP	Beech 58 Baron
G-CCVR	Best Off Sky Ranger
G-CCVS	Van's RV-6A
G-CCVT	Zenair CH.601UL Zodiac
G-CCVU	Robinson R22 Beta
G-CCVW	Nicollier HN700 Menestrel
G-CCVX	Striker/Tri-Flyer 250
G-CCVZ	Cameron O-120
G-CCWB	Aero L-39ZA Albatros
G-CCWC	Best Off Sky Ranger
G-CCWD	Robinson R44
G-CCWE	Lindstrand LBL 330A
G-CCWF	Raj Hamsa X'Air 133
G-CCWG	Whittaker MW6 Merlin
G-CCWH	Dyn'Aero MCR-01 Club
G-CCWJ	Robinson R44 Beta II
G-CCWK	AS355F2 Ecureuil 2
G-CCWL	Mainair Blade
G-CCWM	Robin DR.400-180 Régent
G-CCWN	Pegasus Quantum 912
G-CCWO	Pegasus Quantum 912
G-CCWP	EV-97 teamEurostar UK
G-CCWR	Pegasus Quik
G-CCWT	Balony Kubicek BB20GP
G-CCWU	Best Off Sky Ranger
G-CCWV	Pegasus Quik
G-CCWW	Pegasus Quantum 912
G-CCWZ	Raj Hamsa X'Air Falcon
G-CCXA	Boeing A75N1
G-CCXB	Boeing A75L3
G-CCXC	Mudry CAP.10B
G-CCXD	Lindstrand LBL 105B
G-CCXE	Cameron Z-120
G-CCXF	Cameron Z-90
G-CCXG	Replica Plans SE.5A
G-CCXH	Best Off Sky Ranger
G-CCXI	Thorp T211
G-CCXJ	Cessna 340A

Registration	Type	Registration	Type	Registration	Type
G-CCXK	Pitts S-1S	G-CDBB	Pegasus Quik	G-CDER	Piper PA-28-161 Warrior II
G-CCXL	Best Off Sky Ranger	G-CDBC	Magnum	G-CDET	Culver LCA Cadet
G-CCXM	Best Off Sky Ranger	G-CDBD	Avtech Jabiru J400	G-CDEU	Lindstrand LBL 90B
G-CCXN	Best Off Sky Ranger	G-CDBE	Montgomerie-Bensen B8M	G-CDEV	Reality Escapade 912
G-CCXO	Corby CJ-1 Starlet	G-CDBG	Robinson R22 Beta	G-CDEW	Pegasus Quik
G-CCXP	ICP MXP-740 Savannah	G-CDBJ	Yakovlev Yak-3	G-CDEX	Europa Avn Europa
G-CCXR	Mainair Blade	G-CDBK	RotorWay Executive 162F	G-CDFA	Kolb Twinstar Mk3 Extra
G-CCXS	Montgomerie-Bensen B8MR	G-CDBM	Robin DR.400-180 Régent	G-CDFC	Ultramagic S-160
G-CCXT	Pegasus Quik	G-CDBO	Best Off Sky Ranger	G-CDFD	Scheibe SF25C Falke
G-CCXU	Diamond DA.40D Star	G-CDBR	Starduster Too Sa300	G-CDFE	Yakovlev Yak-52
G-CCXV	Thruster T600N 450	G-CDBS	MBB BÖ.105DBS-4	G-CDFF	ATR42-300
G-CCXW	Thruster T600N 450	G-CDBU	Comco Ikarus C42	G-CDFG	Pegasus Quik
G-CCXX	American General AG-5B	G-CDBV	Best Off Sky Ranger	G-CDFI	Colt 31A
G-CCXZ	Pegasus Quik	G-CDBX	Europa Avn Europa XS	G-CDFJ	Best Off Sky Ranger
G-CCYA	Avtech Jabiru J430	G-CDBY	Dyn'Aero MCR-01 ULC	G-CDFK	Avtech Jabiru SPL-450
G-CCYB	Reality Escapade 912	G-CDBZ	Thruster T600N 450	G-CDFL	Zenair CH.601UL Zodiac
G-CCYC	Robinson R44 Beta II	G-CDCB	Robinson R44 Beta II	G-CDFM	Raj Hamsa X'Air 582
G-CCYE	Pegasus Quik	G-CDCC	EV-97A Eurostar	G-CDFN	Thunder Ax7-77
G-CCYF	Aerophile 5500	G-CDCD	Van's RV-9A	G-CDFO	Pegasus Quik
G-CCYG	Robinson R44 Beta II	G-CDCE	Mudry CAP.10B	G-CDFP	Best Off Sky Ranger
G-CCYI	Cameron O-105	G-CDCF	Pegasus Quik	G-CDFR	Pegasus Quantum 15
G-CCYJ	Pegasus Quik	G-CDCG	Comco Ikarus C42	G-CDFU	Rans S-6-ES Coyote II
G-CCYL	Pegasus Quantum 15	G-CDCH	Best Off Sky Ranger	G-CDFW	Sheffy Gyroplane
G-CCYM	Best Off Sky Ranger	G-CDCI	Pegasus Quik	G-CDFY	B200 Super King Air
G-CCYO	Christen Eagle II	G-CDCK	Pegasus Quik	G-CDGA	Taylor Monoplane
G-CCYP	Colt 56A	G-CDCM	Comco Ikarus C42	G-CDGB	Rans S-6-116 Coyote II
G-CCYR	Comco Ikarus C42	G-CDCO	Comco Ikarus C42	G-CDGC	Pegasus Quik
G-CCYS	Cessna F182Q	G-CDCP	Avtech Jabiru J400	G-CDGD	Pegasus Quik
G-CCYT	Robinson R44 Beta II	G-CDCR	ICP MXP-740 Savannah	G-CDGE	AirBorne XT912-B-Streak III-B
G-CCYU	Ultramagic S-90	G-CDCS	Piper PA-12 Super Cruiser	G-CDGF	Ultramagic S-105
G-CCYX	Bell 412	G-CDCT	EV-97 teamEurostar UK	G-CDGG	Dyn'Aero MCR-01 Club
G-CCYY	Piper PA-28-161 Warrior II	G-CDCU	Mainair Blade	G-CDGH	Rans S-6-ES Coyote II
G-CCYZ	Dornier EKW C-3605	G-CDCV	Robinson R44 Beta II	G-CDGI	Thruster T600N 450
G-CCZA	Morane Saulnier MS.894A	G-CDCW	Reality Escapade 912	G-CDGN	Cameron C-90
G-CCZB	Pegasus Quantum 15	G-CDCX	Cessna 750 Citation X	G-CDGO	Pegasus Quik
G-CCZD	Van's RV-7	G-CDCY	Pegasus Quantum 15	G-CDGP	Zenair CH.601XL Zodiac
G-CCZH	Robinson R44	G-CDDA	SOCATA TB-20 Trinidad	G-CDGR	Zenair CH.701UL
G-CCZI	Cameron A-275	G-CDDB	Standard Cirrus	G-CDGS	American General AG-5B
G-CCZJ	Raj Hamsa X'Air Falcon	G-CDDC	Cameron Z-275	G-CDGT	Montgomerie-Parsons 2-str
G-CCZK	Zenair CH.601UL Zodiac	G-CDDD	Cameron Z-275	G-CDGU	Spitfire I
G-CCZL	Comco Ikarus C42	G-CDDE	PZL-110 Koliber 160A	G-CDGW	Piper PA-28-181 Archer II
G-CCZM	Best Off Sky Ranger	G-CDDF	Pegasus Quantum 912	G-CDGX	Pegasus Quantum 912
G-CCZN	Rans S-6-ES Coyote II	G-CDDG	Piper PA-28-161 Warrior II	G-CDGY	Spitfire Vc
G-CCZO	Pegasus Quik	G-CDDH	Raj Hamsa X'Air Falcon	G-CDHA	Best Off Sky Ranger
G-CCZP	Super Marine Spitfire Mk.26	G-CDDI	Thruster T600N 450	G-CDHB	BAC167 Strikemaster 80A
G-CCZR	Medway EclipseR	G-CDDK	Cessna 172M	G-CDHC	Slingsby T67C
G-CCZS	Raj Hamsa X'Air Falcon	G-CDDL	Cameron Z-350	G-CDHD	Balony Kubicek BB22
G-CCZT	Van's RV-9A	G-CDDM	Lindstrand LBL 90A	G-CDHE	Best Off Sky Ranger
G-CCZU	Diamond DA.40D Star	G-CDDN	Lindstrand LBL 90A	G-CDHF	PA-30 Twin Comanche B
G-CCZV	Piper PA-28-151 Warrior	G-CDDO	Raj Hamsa X'Air 133	G-CDHG	Pegasus Quik
G-CCZW	Mainair Blade	G-CDDP	Laser Z230	G-CDHH	Robinson R44 Beta II
G-CCZX	Robin DR.400-180 Régent	G-CDDR	Best Off Sky Ranger	G-CDHK	Lindstrand LBL 330A
G-CCZY	Van's RV-9A	G-CDDS	Zenair CH.601HD Zodiac	G-CDHL	Lindstrand LBL 330A
G-CCZZ	EV-97 Eurostar	G-CDDT	SOCATA TB-20 Trinidad	G-CDHN	Lindstrand LBL 317A
G-CDAA	Pegasus Quantum 912	G-CDDU	Best Off Sky Ranger	G-CDHO	Raj Hamsa X'Air 133
G-CDAB	Glasair II/S RG	G-CDDV	Cameron Z-250	G-CDHP	Lindstrand LBL 150A
G-CDAC	EV-97 teamEurostar UK	G-CDDW	Aeropract A22 Foxbat	G-CDHR	Comco Ikarus C42
G-CDAD	Lindstrand LBL 25A	G-CDDX	Thruster T600N 450	G-CDHS	Cameron N-90
G-CDAE	Van's RV-6A	G-CDDY	Van's RV-8	G-CDHU	Best Off Sky Ranger
G-CDAF	Bell 412	G-CDEA	SAAB 2000	G-CDHX	Aeropract A22 Foxbat
G-CDAG	Mainair Blade	G-CDEB	SAAB 2000	G-CDHY	Cameron Z-90
G-CDAI	Robin DR.400-140B Major	G-CDEC	Pegasus Quik	G-CDHZ	Nicollier HN700 Menestrel
G-CDAK	Zenair CH.601UL Zodiac	G-CDED	Robinson R22 Beta	G-CDIA	Thruster T600N 450
G-CDAL	Zenair CH.601UL Zodiac	G-CDEF	Piper PA-28-161 Cadet	G-CDIB	Cameron Z-350
G-CDAO	Pegasus Quantum 912	G-CDEG	Boeing 737-8BK	G-CDIF	Mudry CAP.10B
G-CDAP	EV-97 teamEurostar UK	G-CDEH	ICP MXP-740 Savannah	G-CDIG	EV-97 Eurostar
G-CDAR	Pegasus Quik	G-CDEJ	Diamond DA.40D Star	G-CDIH	Cameron Z-275
G-CDAT	ICP MXP-740 Savannah	G-CDEK	Diamond DA.40D Star	G-CDIJ	Best Off Sky Ranger
G-CDAW	Robinson R22 Beta	G-CDEL	Diamond DA.40D Star	G-CDIK	Cameron Z-120
G-CDAX	Pegasus Quik	G-CDEM	Raj Hamsa X'Air 133	G-CDIL	Pegasus Quantum 912
G-CDAY	Best Off Sky Ranger	G-CDEN	Pegasus Quantum 15	G-CDIM	Robin DR.400-180 Régent
G-CDAZ	EV-97 Eurostar	G-CDEO	Piper PA-28-180 Archer	G-CDIO	Cameron Z-90
G-CDBA	Best Off Sky Ranger	G-CDEP	EV-97 teamEurostar UK	G-CDIP	Best Off Sky Ranger

Registration	Type	Registration	Type	Registration	Type
G-CDIR	Pegasus Quantum 912	G-CDMK	Montgomerie-Bensen B8MR	G-CDRH	Thruster T600N
G-CDIS	Cessna 150F	G-CDML	P&M Quik	G-CDRI	Cameron O-105
G-CDIT	Cameron Z-105	G-CDMM	Cessna 172P	G-CDRJ	A C Tanarg 912S/iXess 15
G-CDIU	Best Off Sky Ranger	G-CDMN	Van's RV-9	G-CDRM	Van's RV-7A
G-CDIV	Lindstrand LBL 90A	G-CDMO	Cameron S Can-100	G-CDRN	Cameron Z-225
G-CDIX	Comco Ikarus C42	G-CDMP	Best Off Sky Ranger	G-CDRO	Comco Ikarus C42
G-CDIY	EV-97 Eurostar	G-CDMS	Comco Ikarus C42	G-CDRP	Comco Ikarus C42
G-CDIZ	Reality Escapade 912	G-CDMT	Zenair CH.601XL Zodiac	G-CDRR	P&M Quantum 912
G-CDJB	Van's RV-4	G-CDMU	P&M Quik	G-CDRS	RotorWay Executive 162F
G-CDJC	Best Off Sky Ranger	G-CDMV	Best Off Sky Ranger	G-CDRT	P&M Quik
G-CDJD	ICP MXP-740 Savannah	G-CDMX	Piper PA-28-161 Warrior II	G-CDRU	CASA 1-131E Jungmann
G-CDJE	Thruster T600N 450	G-CDMY	Piper PA-28-161 Warrior II	G-CDRV	Van's RV-9A
G-CDJF	Flight Design CT2K	G-CDMZ	P&M Quik	G-CDRW	P&M Quik
G-CDJG	Zenair CH.601UL Zodiac	G-CDNA	Grob G109B	G-CDRX	Cameron Z-275
G-CDJI	Ultramagic M-120	G-CDND	Gulfstream American GA-7	G-CDRY	Comco Ikarus C42
G-CDJJ	Yakovlev Yak-52	G-CDNE	Best Off Sky Ranger	G-CDRZ	Balony Kubicek BB22
G-CDJK	Comco Ikarus C42	G-CDNF	Aero Designs Pulsar 3	G-CDSA	P&M Quik
G-CDJL	Avtech Jabiru J400	G-CDNG	EV-97 teamEurostar UK	G-CDSB	Alpi Pioneer 200
G-CDJM	Zenair CH.601XL Zodiac	G-CDNH	P&M Quik	G-CDSC	Scheibe SF25C Falke
G-CDJN	RAF 2000 GTX-SE	G-CDNI	EV-97 teamEurostar UK	G-CDSD	Alpi Pioneer 300
G-CDJO	DH.82A (Aus) Tiger Moth	G-CDNJ	Colomban MC-15 Cri-Cri	G-CDSF	Diamond DA.40D Star
G-CDJP	Best Off Sky Ranger	G-CDNK	Learjet 45	G-CDSG	SA.316B Alouette III
G-CDJR	EV-97 teamEurostar UK	G-CDNM	EV-97 teamEurostar UK	G-CDSH	ICP MXP-740 Savannah
G-CDJT	SA.341G Gazelle 1	G-CDNO	SA.341B Gazelle AH1	G-CDSI	Avtech Jabiru J400
G-CDJU	CASA 1-131E Jungmann	G-CDNP	EV-97 teamEurostar UK	G-CDSJ	SA.316B Alouette III
G-CDJV	Beech A36 Bonanza	G-CDNR	Comco Ikarus C42	G-CDSK	Reality Escapade Jabiru
G-CDJW	Van's RV-7	G-CDNS	SA.341B Gazelle AH1	G-CDSM	P&M Quik GT450
G-CDJX	Cameron N-56	G-CDNT	Zenair CH.601XL Zodiac	G-CDSN	Raj Hamsa X'Air Jabiru
G-CDJY	Cameron C-80	G-CDNW	Comco Ikarus C42	G-CDSO	Thruster T600N 450
G-CDKA	SAAB 2000	G-CDNY	Avtech Jabiru SP-470	G-CDSR	Learjet 45
G-CDKB	SAAB 2000	G-CDNZ	Ultramagic M-120	G-CDSS	P&M Quik
G-CDKC	Raj Hamsa X'Air 582	G-CDOA	EV-97 teamEurostar UK	G-CDST	Ultramagic N-250
G-CDKE	Rans S-6-ES Coyote II	G-CDOB	Cameron C-90	G-CDSU	Robinson R22 Beta
G-CDKF	Reality Escapade 912	G-CDOC	P&M Quik GT450	G-CDSV	AS332L Super Puma
G-CDKH	Best Off Sky Ranger	G-CDOD	Aviat A-1B Husky	G-CDSW	Comco Ikarus C42
G-CDKI	Best Off Sky Ranger	G-CDOG	Lindstrand Dog	G-CDSX	EE Canberra T4
G-CDKJ	Silence Twister	G-CDOI	Cameron Z-90	G-CDSY	Robinson R44
G-CDKK	Pegasus Quik	G-CDOJ	Schweizer 269C-1	G-CDSZ	Diamond DA.42 Twin Star
G-CDKL	Reality Escapade 912	G-CDOK	Comco Ikarus C42	G-CDTA	EV-97 teamEurostar UK
G-CDKM	Pegasus Quik	G-CDOM	Pegasus Quik	G-CDTB	P&M Quantum 912
G-CDKN	ICP MXP-740 Savannah	G-CDON	Piper PA-28-161 Warrior II	G-CDTC	P&M Quantum 912
G-CDKO	ICP MXP-740 Savannah	G-CDOO	P&M Quantum 912	G-CDTD	AS350B2 Ecureuil
G-CDKP	Avtech Jabiru UL-D	G-CDOP	P&M Quik	G-CDTE	Tecnam P2002-JF
G-CDKR	Diamond DA.42 Twin Star	G-CDOR	Mainair Blade	G-CDTG	Diamond DA.42 Twin Star
G-CDKT	Boeing 737-683	G-CDOT	Comco Ikarus C42	G-CDTH	S-H Nimbus 4DM
G-CDKX	Best Off Sky Ranger	G-CDOV	Best Off Sky Ranger	G-CDTI	Messerschmitt Bf109E
G-CDKY	Robinson R44	G-CDOY	Robin DR.400-180R Remo	G-CDTJ	Reality Escapade Jabiru
G-CDKZ	Thunder Ax10-160 S2	G-CDOZ	EV-97 Eurostar	G-CDTL	Avtech Jabiru J400
G-CDLA	Pegasus Quik	G-CDPA	Alpi Pioneer 300	G-CDTM	Seafire F XVII
G-CDLB	Cameron Z-120	G-CDPB	Best Off Sky Ranger	G-CDTO	P&M Quik GT450
G-CDLC	CASA 1-131E Jungmann	G-CDPC	Cameron C-90	G-CDTP	Best Off Sky Ranger
G-CDLD	Pegasus Quik	G-CDPD	Pegasus Quik	G-CDTR	P&M Quik GT450
G-CDLE	Reality Escapade 912	G-CDPE	Best Off Sky Ranger	G-CDTT	ICP MXP-740 Savannah
G-CDLG	Best Off Sky Ranger	G-CDPG	Crofton Auster J1-A	G-CDTU	EV-97 teamEurostar UK
G-CDLI	DH.9	G-CDPH	TLAC Sherwood Ranger	G-CDTV	Tecnam P2002-EA Sierra
G-CDLJ	Pegasus Quik	G-CDPI	Zenair CH.601UL Zodiac	G-CDTX	Cessna F152
G-CDLK	Best Off Sky Ranger	G-CDPJ	Van's RV-8	G-CDTY	ICP MXP-740 Savannah
G-CDLL	Dyn'Aero MCR-01 ULC	G-CDPL	EV-97 teamEurostar UK	G-CDTZ	Aeroprakt A22 Foxbat
G-CDLR	ICP MXP-740 Savannah	G-CDPM	Jurca Spitfire	G-CDUE	Robinson R44
G-CDLS	Avtech Jabiru J400	G-CDPN	Ultramagic S-105	G-CDUH	P&M Quik GT450
G-CDLT	Hawker 800XP	G-CDPP	Comco Ikarus C42	G-CDUJ	Lindstrand LBL 31A
G-CDLV	Lindstrand LBL 105A	G-CDPR	Piper PA-18-95 Super Cub	G-CDUK	Comco Ikarus C42
G-CDLW	Zenair CH.601UL Zodiac	G-CDPS	Raj Hamsa X'Air Falcon	G-CDUL	Best Off Sky Ranger
G-CDLY	Cirrus SR20	G-CDPT	Boeing 767-319ER	G-CDUS	Best Off Sky Ranger
G-CDLZ	Pegasus Quantum 912	G-CDPV	Piper PA-34-200T Seneca II	G-CDUT	Avtech Jabiru J400
G-CDMA	Piper PA-28-151 Warrior	G-CDPW	P&M Quantum 912	G-CDUU	P&M Quik GT450
G-CDMC	Cameron Z-105	G-CDPX	Schleicher ASH 25M	G-CDUV	ICP MXP-740 Savannah
G-CDMD	Robin DR.400/500	G-CDPY	Europa Avn Europa	G-CDUW	Aeronca C3
G-CDME	Van's RV-7	G-CDPZ	Flight Design CT2K	G-CDUX	Piper PA-32-300
G-CDMF	Van's RV-9A	G-CDRC	Cessna 182Q	G-CDUY	Colt 77A
G-CDMG	Robinson R22 Beta	G-CDRD	AirBorne XT912-B-Streak III-B	G-CDVA	Best Off Sky Ranger
G-CDMH	Cessna P210N	G-CDRF	Cameron Z-90	G-CDVD	EV-97 Eurostar
G-CDMJ	Pegasus Quik	G-CDRG	P&M Quik	G-CDVF	Rans S-6-ES Coyote II

☐ G-CDVG	P&M Quik	☐ G-CDYR	Bell 206L LongRanger	☐ G-CECR	Bilsam Sky Cruiser
☐ G-CDVH	P&M Quantum 15	☐ G-CDYT	Comco Ikarus C42	☐ G-CECS	Lindstrand LBL 105A
☐ G-CDVI	Comco Ikarus C42	☐ G-CDYU	Zenair CH.701UL	☐ G-CECU	Boeing 767-222
☐ G-CDVJ	Montgomerie-Bensen B8MR	☐ G-CDYW	Schweizer 269C-1	☐ G-CECV	Van's RV-7
☐ G-CDVK	ICP MXP-740 Savannah	☐ G-CDYX	Lindstrand LBL 77B	☐ G-CECW	Robinson R44 Beta II
☐ G-CDVL	Alpi Pioneer 300	☐ G-CDYY	Alpi Pioneer 300	☐ G-CECX	Robinson R44 Beta II
☐ G-CDVN	P&M Quik GT450	☐ G-CDYZ	Van's RV-7	☐ G-CECY	EV-97 Eurostar
☐ G-CDVO	P&M Quik	☐ G-CDZA	Alpi Pioneer 300	☐ G-CECZ	Zenair CH.601XL Zodiac
☐ G-CDVR	P&M Quik GT450	☐ G-CDZB	Zenair CH.601UL Zodiac	☐ G-CEDA	Cameron Z-105
☐ G-CDVS	Europa Avn Europa XS	☐ G-CDZD	Van's RV-9A	☐ G-CEDB	Reality Escapade Jabiru
☐ G-CDVT	Van's RV-6	☐ G-CDZG	Comco Ikarus C42	☐ G-CEDC	Comco Ikarus C42
☐ G-CDVU	EV-97 teamEurostar UK	☐ G-CDZH	Boeing 737-804	☐ G-CEDD	Piper PA-28RT-201 Arrow IV
☐ G-CDVV	Scottish Avn Bulldog	☐ C-CDZI	Boeing 737-804	☐ G-CEDE	Flight Design CTSW
☐ G-CDVX	Curtiss P-47G-10-CU	☐ G-CDZJ	Tecnam P92-JS	☐ G-CEDF	Cameron N-105
☐ G-CDVZ	P&M Quik GT450	☐ G-CDZK	Tecnam P92-JS	☐ G-CEDG	Robinson R44
☐ G-CDWA	Balony Kubicek BB27	☐ G-CDZL	Boeing 737-804	☐ G-CEDI	Best Off Sky Ranger
☐ G-CDWB	Best Off Sky Ranger	☐ G-CDZM	Boeing 737-804	☐ G-CEDJ	Aero Designs Pulsar XP
☐ G-CDWD	Cameron Z-105	☐ G-CDZO	Lindstrand LBL 60X	☐ G-CEDK	Cessna 750 Citation X
☐ G-CDWE	Nord NC856	☐ G-CDZR	Nicollier HN700 Menestrel	☐ G-CEDL	TEAM Mini-MAX 91
☐ G-CDWG	Dyn'Aero MCR-01 Club	☐ G-CDZS	Kolb Twinstar Mk3 Extra	☐ G-CEDM	Flight Design CTSW
☐ G-CDWH	Curtiss P-40B	☐ G-CDZT	B200 Super King Air	☐ G-CEDN	P&M Quik
☐ G-CDWI	Comco Ikarus C42	☐ G-CDZU	ICP MXP-740 Savannah	☐ G-CEDO	Raj Hamsa X'Air Falcon
☐ G-CDWJ	Flight Design CTSW	☐ G-CDZW	Cameron N-105	☐ G-CEDR	Comco Ikarus C42
☐ G-CDWK	Robinson R44 Beta II	☐ G-CDZY	Medway SLA 80 Executive	☐ G-CEDT	A C Tanarg 912S/iXess15
☐ G-CDWL	Raj Hamsa X'Air 582	☐ G-CDZZ	Rotorsport UK MT-03	☐ G-CEDV	EV-97 teamEurostar UK
☐ G-CDWM	Best Off Sky Ranger	☐ G-CEAE	Boeing 737-229	☐ G-CEDW	TEAM Mini-MAX 91
☐ G-CDWN	Ultramagic N-210	☐ G-CEAF	Boeing 737-229	☐ G-CEDX	EV-97 teamEurostar UK
☐ G-CDWO	P&M Quik GT450	☐ G-CEAH	Boeing 737-229	☐ G-CEDZ	Best Off Sky Ranger
☐ G-CDWP	P&M Quik GT450	☐ G-CEAK	Comco Ikarus C42	☐ G-CEEA	ELA Aviacion ELA 07R
☐ G-CDWR	P&M Quik GT450	☐ G-CEAM	EV-97 teamEurostar UK	☐ G-CEEB	Cameron C-80
☐ G-CDWS	P&M Quik GT450	☐ G-CEAN	Comco Ikarus C42	☐ G-CEEC	Raj Hamsa X'Air Hawk
☐ G-CDWT	Flight Design CTSW	☐ G-CEAO	Jurca Sirocco	☐ G-CEED	ICP MXP-740 Savannah
☐ G-CDWU	Zenair CH.601UL Zodiac	☐ G-CEAR	Alpi Pioneer 300	☐ G-CEEE	Robinson R44 Beta II
☐ G-CDWV	Lindstrand LBL House	☐ G-CEAT	Zenair CH.601HDS Zodiac	☐ G-CEEF	ELA Aviacion ELA 07R
☐ G-CDWW	P&M Quik GT450	☐ G-CEAU	Robinson R44 Beta II	☐ G-CEEG	Alpi Pioneer 300
☐ G-CDWX	Lindstrand LBL 77A	☐ G-CEAV	Ultramagic M-105	☐ G-CEEI	P&M Quik GT450
☐ G-CDWY	Agusta A109S Grand	☐ G-CEAW	Schweizer 269C-1	☐ G-CEEJ	Rans S-7S Courier
☐ G-CDWZ	P&M Quik GT450	☐ G-CEAX	Ultramagic S-130	☐ G-CEEK	Cameron Z-105
☐ G-CDXA	Robinson R44	☐ G-CEAY	Ultramagic H-42	☐ G-CEEL	Ultramagic S-90
☐ G-CDXB	Robinson R44	☐ G-CEBA	Zenair CH.601XL Zodiac	☐ G-CEEM	P&M Quik GT450
☐ G-CDXD	Medway SLA 100 Executive	☐ G-CEBC	ICP MXP-740 Savannah	☐ G-CEEN	Piper PA-28-161 Cadet
☐ G-CDXE	SA.341B Gazelle AH1	☐ G-CEBD	P&M Quik GT450	☐ G-CEEO	Flight Design CTSW
☐ G-CDXF	Lindstrand LBL 31A	☐ G-CEBE	Schweizer 269C-1	☐ G-CEEP	Van's RV-9A
☐ G-CDXG	P&M Quantum 912	☐ G-CEBF	EV-97A Eurostar	☐ G-CEER	ELA Aviacion ELA 07R
☐ G-CDXH	Avro 146-RJ100	☐ G-CEBG	Balony Kubicek BB26	☐ G-CEES	Cameron C-90
☐ G-CDXI	Cessna 182P	☐ G-CEBH	A C Tanarg 912S/iXess 15	☐ G-CEEU	Piper PA-28-161 Cadet
☐ G-CDXJ	Avtech Jabiru J400	☐ G-CEBI	Kolb Twinstar Mk3 Extra	☐ G-CEEV	Piper PA-28-161 Warrior III
☐ G-CDXK	Diamond DA.42 Twin Star	☐ G-CEBK	Piper PA-31-350 Chieftain	☐ G-CEEW	Comco Ikarus C42
☐ G-CDXL	Flight Design CTSW	☐ G-CEBL	Balony Kubicek BB20GP	☐ G-CEEY	ICP MXP-740 Savannah
☐ G-CDXM	P&M Quik	☐ G-CEBM	P&M Quik GT450	☐ G-CEEZ	Piper PA-28-161 Warrior III
☐ G-CDXN	P&M Quik GT450	☐ G-CEBN	Avro 146-RJ100	☐ G-CEFA	Comco Ikarus C42
☐ G-CDXO	Zenair CH.601UL Zodiac	☐ G-CEBO	Ultramagic M-65C	☐ G-CEFB	Ultramagic H-31
☐ G-CDXP	EV-97 Eurostar	☐ G-CEBP	EV-97 teamEurostar UK	☐ G-CEFC	Super Marine Spitfire Mk.26
☐ G-CDXR	Replica Fokker Dr1	☐ G-CEBT	P&M Quik GT450	☐ G-CEFE	Rep-7319ER
☐ G-CDXS	EV-97 teamEurostar UK	☐ G-CEBV	Europa Avn Europa XS	☐ G-CEFJ	Sonex Aircraft Sonex
☐ G-CDXT	Van's RV-9	☐ G-CEBW	North American P-51D	☐ G-CEFK	EV-97 teamEurostar UK
☐ G-CDXU	Chilton DW1A	☐ G-CEBY	A C Tanarg 912S/iXess 15	☐ G-CEFM	Cessna 152
☐ G-CDXV	Campbell Cricket Mk.6A	☐ G-CEBZ	Zenair CH.601XL Zodiac	☐ G-CEFP	Avtech Jabiru J430
☐ G-CDXW	Cameron Orange-120	☐ G-CECA	P&M Quik GT450	☐ G-CEFS	Cameron C-100
☐ G-CDXX	Robinson R44 Beta II	☐ G-CECB	ELA Aviacion ELA 07S	☐ G-CEFT	Whittaker MW5-D Sorcerer
☐ G-CDXY	Skystar Kitfox 7	☐ G-CECD	Comco Ikarus C42	☐ G-CEFV	Cessna 182T
☐ G-CDYA	Gippsland GA-8 Airvan	☐ G-CECE	Cameron C-90	☐ G-CEFY	ICP MXP-740 Savannah
☐ G-CDYB	Rans S-6-ES Coyote II	☐ G-CECF	Reality Escapade Jabiru	☐ G-CEFZ	EV-97 teamEurostar UK
☐ G-CDYC	Piper PA-28RT-201 Arrow IV	☐ G-CECG	Avtech Jabiru UL-D	☐ G-CEGC	Cameron Z-105
☐ G-CDYD	Comco Ikarus C42	☐ G-CECH	Jodel D150	☐ G-CEGE	Swearingen SA226-TC
☐ G-CDYF	Rotorsport UK MT-03	☐ G-CECI	Pilatus PC-6/B2-H4	☐ G-CEGG	Lindstrand LBL 25A
☐ G-CDYG	Cameron Z-105	☐ G-CECJ	Aeromot AMT-200S	☐ G-CEGH	Van's RV-9A
☐ G-CDYI	BAe Jetstream 4100	☐ G-CECK	ICP MXP-740 Savannah	☐ G-CEGI	Van's RV-8
☐ G-CDYJ	Best Off Sky Ranger	☐ G-CECL	Comco Ikarus C42	☐ G-CEGJ	P&M Quik GT450
☐ G-CDYL	Lindstrand LBL 77A	☐ G-CECM	P&M Quik GT450	☐ G-CEGK	ICP MXP-740 Savannah
☐ G-CDYM	Murphy Maverick 430	☐ G-CECO	Hughes 269C	☐ G-CEGL	Comco Ikarus C42
☐ G-CDYO	Comco Ikarus C42	☐ G-CECP	Best Off Sky Ranger	☐ G-CEGO	EV-97A Eurostar
☐ G-CDYP	EV-97 teamEurostar UK				

Registration	Type	Registration	Type	Registration	Type
G-CEGP	Beech 200 Super King Air	G-CEKD	Flight Design CTSW	G-CENK	S-H Nimbus 4DT
G-CEGR	Beech 200 Super King Air	G-CEKE	Robin DR.400-180 Régent	G-CENL	P&M Quik GT450
G-CEGS	Piper PA-28-161 Warrior II	G-CEKF	Robinson R44 Beta II	G-CENM	EV-97 Eurostar
G-CEGT	P&M Quik GT450	G-CEKG	P&M Quik GT450	G-CENN	Cameron C-60
G-CEGU	Piper PA-28-151 Warrior	G-CEKH	Ultramagic M-105	G-CENO	Dynamic WT9 UK
G-CEGV	P&M Quik GT450	G-CEKI	Cessna 172P	G-CENP	Magic Laser
G-CEGW	P&M Quik GT450	G-CEKJ	EV-97A Eurostar	G-CENR	ELA Aviacion ELA 07S
G-CEGY	ELA Aviacion ELA 07R	G-CEKK	Best Off Sky Ranger Swift	G-CENS	Best Off Sky Ranger Swift
G-CEGZ	Comco Ikarus C42	G-CEKL	Replica Plans SE.5A	G-CENU	ICP MXP-740 Savannah
G-CEHC	P&M Quik GT450	G-CEKM	Avtech Jabiru UL-450	C-CNV	P&M Quik GT450
G-CEHD	Best Off Sky Rangor	G-CEKO	Robin DR.400-100 Cadet	G-CENW	EV-97 Eurostar
G-CEHE	Medway SLA 100 Executive	G-CEKS	Cameron Z-105	G-CENX	Lindstrand LBL 360A
G-CEHG	Comco Ikarus C42	G-CEKT	Flight Design CTSW	G-CENZ	Discus/Alize
G-CEHH	AirBorne XT912-B-Streak III-B	G-CEKU	Europa Avn Europa	G-CEOB	Pitts S-1
G-CEHI	P&M Quik GT450	G-CEKW	Avtech Jabiru J430	G-CEOC	Tecnam P2002-EA Sierra
G-CEHJ	Short S312 Tucano T1	G-CEKX	Robinson R44 Beta II	G-CEOD	Boeing 767-319ER
G-CEHK	Robinson R44 Beta II	G-CELA	Boeing 737-377	G-CEOE	Champion 8KCAB
G-CEHL	EV-97 teamEurostar UK	G-CELB	Boeing 737-377	G-CEOF	Piper PA-28R-201 Arrow III
G-CEHM	Rotorsport UK MT-03	G-CELC	Boeing 737-33A	G-CEOG	Piper PA-28R-201 Arrow III
G-CEHN	Rotorsport UK MT-03	G-CELD	Boeing 737-33A	G-CEOH	Raj Hamsa X'Air Falcon
G-CEHR	Auster AOP9	G-CELE	Boeing 737-33A	G-CEOI	Cameron C-60
G-CEHS	Mudry CAP.10B	G-CELF	Boeing 737-377	G-CEOJ	Eurocopter EC.155 B
G-CEHT	Rand KR-2	G-CELG	Boeing 737-377	G-CEOK	Cessna 150M
G-CEHU	Cameron Z-105	G-CELH	Boeing 737-330	G-CEOL	Flylight Lightfly-Discus
G-CEHV	Comco Ikarus C42	G-CELI	Boeing 737-330	G-CEOM	Avtech Jabiru UL-450
G-CEHW	P&M Quik GT450	G-CELJ	Boeing 737-330	G-CEON	Raj Hamsa X'Air Hawk
G-CEHX	Lindstrand LBL 9A	G-CELK	Boeing 737-330	G-CEOO	P&M Quik GT450
G-CEHZ	AirBorne XT912-Streak III-B	G-CELM	Cameron C-80	G-CEOP	Aeroprakt A22-L Foxbat
G-CEIA	Rotorsport UK MT-03	G-CELN	Ultramagic S-105	G-CEOS	Cameron C-90
G-CEIB	Yakovlev Yak-18A	G-CELO	Boeing 737-33A	G-CEOT	Bailey Quattro 175-Dudek
G-CEID	Van's RV-7	G-CELP	Boeing 737-330	G-CEOU	Lindstrand LBL 31A
G-CEIE	Flight Design CTSW	G-CELR	Boeing 737-330	G-CEOV	Lindstrand LBL 120A
G-CEIG	Van's RV-7	G-CELS	Boeing 737-377	G-CEOW	Europa Avn Europa XS
G-CEIH	Avro 146-RJ100	G-CELU	Boeing 737-377	G-CEOX	Rotorsport UK MT-03
G-CEII	Medway SLA 80 Executive	G-CELV	Boeing 737-377	G-CEOY	Schweizer 269C-1
G-CEIK	Ultramagic M-90	G-CELW	Boeing 737-377	G-CEOZ	Passion Chariot Z-Paramania GT26
G-CEIL	Reality Escapade 912	G-CELX	Boeing 737-377		
G-CEIM	Robinson R44 Beta II	G-CELY	Boeing 737-377	G-CEPA	McDonnell Douglas MD-82
G-CEIN	Cameron Z-105	G-CELZ	Boeing 737-377	G-CEPB	McDonnell Douglas MD-82
G-CEIR	BN2T-4S Islander	G-CEMA	Alpi Pioneer 200	G-CEPC	McDonnell Douglas MD-82
G-CEIS	Jodel DR.1050	G-CEMB	P&M Quik GT450	G-CEPD	McDonnell Douglas MD-82
G-CEIT	Van's RV-7A	G-CEMC	Robinson R44 Beta II	G-CEPE	McDonnell Douglas MD-82
G-CEIV	A C Tanarg 912S/iXess 15	G-CEMD	Piper PA-28R-201 Arrow III	G-CEPG	McDonnell Douglas MD-82
G-CEIW	Europa Avn Europa	G-CEME	EV-97 Eurostar	G-CEPI	McDonnell Douglas MD-82
G-CEIX	Alpi Pioneer 300	G-CEMF	Cameron C-80	G-CEPJ	McDonnell Douglas MD-82
G-CEIY	Ultramagic M-120	G-CEMG	Ultramagic M-105	G-CEPK	McDonnell Douglas MD-82
G-CEIZ	Piper PA-28-161 Warrior II	G-CEMH	Cessna 172S	G-CEPL	Super Marine Spitfire Mk.26
G-CEJA	Cameron V-77	G-CEMI	Europa Avn Europa XS	G-CEPM	Avtech Jabiru J430
G-CEJB	Piper PA-46-500TP	G-CEMK	Boeing 737-222	G-CEPN	Kolb Firefly
G-CEJC	Cameron N-77	G-CEML	P&M Quik	G-CEPP	P&M Quik GT450
G-CEJD	Piper PA-28-161 Warrior III	G-CEMM	P&M Quik GT450	G-CEPR	Cameron Z-90
G-CEJE	Wittman W10 Tailwind	G-CEMN	Ultramagic S-130	G-CEPS	TL 2000 Sting Carbon
G-CEJF	Piper PA-28-161 Warrior II	G-CEMO	P&M Quik GT450	G-CEPT	SOCATA TB-20 Trinidad
G-CEJG	Ultramagic M-56	G-CEMP	Tria 503	G-CEPU	Cameron Z-77
G-CEJI	Lindstrand LBL 105A	G-CEMR	Mainair Blade 912	G-CEPV	Cameron Z-77
G-CEJJ	P&M Quik GT450	G-CEMS	MD.900 Explorer	G-CEPW	Alpi Pioneer 300
G-CEJK	Lindstrand LBL 260A	G-CEMT	P&M Quik GT450	G-CEPX	Cessna 152
G-CEJL	Ultramagic H-31	G-CEMU	Cameron C-80	G-CEPY	Comco Ikarus C42
G-CEJM	Boeing 757-28A	G-CEMV	Lindstrand LBL 105A	G-CEPZ	DR 107 One Design
G-CEJN	Mooney M20F	G-CEMW	Lindstrand Bananas	G-CERA	Flight Design CTSW
G-CEJO	Boeing 737-8BK	G-CEMX	P&M Quik	G-CERB	Best Off Sky Ranger Swift
G-CEJP	Boeing 737-8BK	G-CEMY	Alpi Pioneer 300	G-CERC	Cameron Z-350
G-CEJR	Cameron Z-90	G-CEMZ	P&M Quik	G-CERD	DHC-1 Chipmunk 22
G-CEJT	Cameron Z-31	G-CENA	Dyn'Aero MCR-01 ULC	G-CERE	EV-97 teamEurostar UK
G-CEJU	Bell P-39-Q6	G-CENB	EV-97 teamEurostar UK	G-CERF	Rotorsport UK MT-03
G-CEJV	Piper PA-28-161 Cadet	G-CENC	Christen Eagle II	G-CERG	Magni M16C
G-CEJW	Comco Ikarus C42	G-CEND	EV-97 teamEurostar UK	G-CERH	Cameron C-90
G-CEJX	P&M Quik GT450	G-CENE	Flight Design CTSW	G-CERJ	Europa Avn Europa XS
G-CEJY	Dynamic WT9 UK	G-CENF	ELA Aviacion ELA 07S	G-CERK	Van's RV-9A
G-CEJZ	Cameron C-90	G-CENG	Best Off Sky Ranger	G-CERL	Ultramagic M-77
G-CEKA	Robinson R44 Beta II	G-CENH	Tecnam P2002-EA Sierra	G-CERN	Balony Kubicek BB22
G-CEKB	Taylor Monoplane	G-CENI	Super Marine Spitfire Mk.26	G-CERN	P&M Quik GT450
G-CEKC	Medway SLA 100 Executive	G-CENJ	Medway SLA 100 Executive	G-CERO	Agusta A109C

Registration	Type	Registration	Type	Registration	Type
G-CERP	P&M Quik GT450	G-CEVB	P&M Quik GT450	G-CEZE	Best Off Sky Ranger Swift
G-CERS	Robinson R44 Beta II	G-CEVC	Van's RV-4	G-CEZF	EV-97 teamEurostar UK
G-CERT	Mooney M20K	G-CEVD	Rolladen-Schneider LS3	G-CEZG	Diamond DA.42 Twin Star
G-CERV	P&M Quik GT450	G-CEVE	Centrair 101A	G-CEZH	Aerochute Dual
G-CERW	P&M Quik	G-CEVG	P&M Quik GT450	G-CEZI	Piper PA-28-161 Cadet
G-CERX	Hawker 850XP	G-CEVH	Cameron V-65	G-CEZK	Stolp Acroduster Too
G-CERY	SAAB 2000	G-CEVI	Robinson R44 Beta II	G-CEZL	Piper PA-28-161 Cadet
G-CERZ	SAAB 2000	G-CEVJ	Alpi Pioneer 200	G-CEZM	Cessna 152
G-CESA	Jodel DR1050-M1	G-CEVK	Schleicher Ka 6CR	G-CEZN	Pulse 2/Skycycle
G-CESB	Robinson R44	G-CEVL	Fairchild M62	G-CEZO	Piper PA-28-161 Cadet
G-CESC	Cameron Z-105	G-CEVM	Tecnam P2002-EA Sierra	G-CEZP	Diamond DA.40D Star
G-CESD	Best Off Sky Ranger Swift	G-CEVN	Rolladen-Schneider LS7	G-CEZR	Diamond DA.40D Star
G-CESF	EV-97 teamEurostar UK	G-CEVO	Grob G109B	G-CEZS	Zenair CH.601HDS Zodiac
G-CESG	P&M Quik GT450	G-CEVP	P&M Quik GT450	G-CEZT	P&M Quik GT450
G-CESH	Cameron Z-90	G-CEVS	EV-97 teamEurostar UK	G-CEZU	CFM Streak Shadow SA
G-CESI	Aeroprakt A22-L Foxbat	G-CEVT	Dudek Reaction 27/Bailey	G-CEZV	Zenair CH.601HDS Zodiac
G-CESJ	Raj Hamsa X'Air Hawk	G-CEVU	ICP MXP-740 Savannah	G-CEZW	Jodel D150
G-CESL	Silex L/Flyke/Monster	G-CEVV	Rolladen-Schneider LS3	G-CEZX	P&M Quik GT450
G-CESM	TL 2000 Sting Carbon	G-CEVW	P&M Quik GT450	G-CEZZ	Flight Design CTSW
G-CESN	Robinson R22 Beta	G-CEVX	Aeriane Swift Light PAS	G-CFAA	Avro 146-RJ100
G-CESO	Robinson R44 Beta II	G-CEVY	Rotorsport UK MT-03	G-CFAG	Rotorsport UK MT-03
G-CESP	Rutan Cozy Mk.4	G-CEVZ	Centrair ASW 20FL	G-CFAI	Rotorsport UK MT-03
G-CESR	P&M Quik GT450	G-CEWC	Schleicher ASK 21	G-CFAJ	Glaser-Dirks DG-300
G-CESS	Cessna F172G	G-CEWD	P&M Quik GT450	G-CFAK	Rotorsport UK MT-03
G-CEST	Robinson R44	G-CEWE	Schempp-Hirth Nimbus-2	G-CFAM	S-H Nimbus-3/24.5
G-CESU	Robinson R22 Beta	G-CEWF	Jacobs V35 Airchair	G-CFAN	Robinson R44
G-CESV	EV-97 teamEurostar UK	G-CEWG	Aerola Alatus-M	G-CFAO	Rolladen-Schneider LS4
G-CESW	Flight Design CTSW	G-CEWH	P&M Quik GT450	G-CFAP	Interplane ZJ-Viera
G-CESX	Cameron Z-31	G-CEWI	Schleicher ASW 19B	G-CFAR	Rotorsport UK MT-03
G-CESY	Cameron Z-31	G-CEWK	Cessna 172S	G-CFAS	Reality Escapade Jabiru
G-CESZ	CZAW Sportcruiser	G-CEWL	Alpi Pioneer 200	G-CFAT	P&M Quik GT450
G-CETB	Robin DR.400-180 Régent	G-CEWM	DHC-6 Twin Otter Series 3	G-CFAU	Cameron Z-105
G-CETD	Piper PA-28-161 Warrior III	G-CEWN	Diamond DA.42 Twin Star	G-CFAV	Comco Ikarus C42
G-CETE	Piper PA-28-161 Warrior III	G-CEWO	Schleicher Ka 6CR	G-CFAW	Lindstrand LBL 35A
G-CETF	Flight Design CTSW	G-CEWP	Grob G102 Astir CS	G-CFAX	Comco Ikarus C42
G-CETG	Alpha R2160I	G-CEWR	Aeroprakt A22 Foxbat	G-CFAY	Sky 120-24
G-CETH	Flight Design CTSW	G-CEWS	Zenair CH.701SP	G-CFAZ	Flight Design CTSW
G-CETI	Van's RV-8	G-CEWT	Flight Design CTSW	G-CFBA	Schleicher ASW 20BL
G-CETJ	Slingsby T59D	G-CEWU	Ultramagic H-77	G-CFBB	Standard Cirrus
G-CETK	Cameron Z-145	G-CEWW	Robinson R44 Beta II	G-CFBC	Schleicher ASW 15B
G-CETL	P&M Quik GT450	G-CEWW	Grob G102 Astir CS77	G-CFBE	Comco Ikarus C42
G-CETM	P&M Quik GT450	G-CEWX	Cameron Z-350	G-CFBH	Lindstrand LBL 203T
G-CETN	Hummel Bird	G-CEWY	Quicksilver GT500	G-CFBH	Glasflügel H303
G-CETO	Best Off Sky Ranger Swift	G-CEWZ	Schempp-Hirth Discus bT	G-CFBI	Colt 56A
G-CETP	Van's RV-9A	G-CEXL	Comco Ikarus C42	G-CFBJ	Rotorsport UK MT-03
G-CETR	Comco Ikarus C42	G-CEXM	Best Off Sky Ranger Swift	G-CFBK	BAC167 Strikemaster 80A
G-CETS	Van's RV-7	G-CEXN	Cameron A-120	G-CFBL	Best Off Sky Ranger Swift
G-CETT	EV-97 teamEurostar UK	G-CEXO	Piper PA-28-161 Warrior III	G-CFBM	P&M Quantum 912
G-CETU	Best Off Sky Ranger Swift	G-CEXR	Piper PA-28-161 Warrior III	G-CFBN	Glasflügel H303
G-CETV	Best Off Sky Ranger Swift	G-CEXX	Rotorsport UK MT-03	G-CFBO	Reality Escapade Jabiru
G-CETX	Alpi Pioneer 300	G-CEXY	Schleicher ASW 19B	G-CFBP	HS.125 Series 700A
G-CETY	Rans S-6-ES Coyote II	G-CEYA	Robinson R44 Beta II	G-CFBS	Best Off Sky Ranger Swift
G-CETZ	Comco Ikarus C42	G-CEYC	Glaser-Dirks DG-505	G-CFBT	Schempp-Hirth Ventus bT
G-CEUB	BN2B-26 Islander	G-CEYD	Cameron N-31	G-CFBV	Schleicher ASK 21
G-CEUC	BN2B-20 Islander	G-CEYE	Piper PA-32R-300 Lance	G-CFBW	Glaser-Dirks DG-100G
G-CEUD	BN2B-20 Islander	G-CEYF	Eurocopter EC.135 T1	G-CFBX	Beech C90GTI King Air
G-CEUE	BN2B-20 Islander	G-CEYG	Cessna 152	G-CFBY	Best Off Sky Ranger Swift
G-CEUF	P&M Quik GT450	G-CEYH	Cessna 152	G-CFBZ	Schleicher Ka 6CR
G-CEUG	Schleicher ASW 27	G-CEYI	Cessna 152	G-CFCA	Schempp-Hirth Discus b
G-CEUH	P&M Quik GT450	G-CEYK	Europa Avn Europa XS	G-CFCB	Centrair 101 Pegase
G-CEUJ	Best Off Sky Ranger Swift	G-CEYL	Global Express	G-CFCC	Cameron Z-275
G-CEUL	Ultramagic M-105	G-CEYM	Van's RV-6	G-CFCD	Best Off Sky Ranger Swift
G-CEUM	Ultramagic M-120	G-CEYN	Grob G109B	G-CFCE	Raj Hamsa X'Air Hawk
G-CEUN	Schempp-Hirth Discus CS	G-CEYO	AS350B2 Ecureuil	G-CFCF	Aerochute Dual
G-CEUO	Cessna 550 Citation II	G-CEYP	NWD Stratus/ATF	G-CFCG	Rotorsport UK MT-03
G-CEUR	Schempp-Hirth Ventus 2cT	G-CEYR	Rotorsport UK MT-03	G-CFCH	Campbell Cricket Mk.4
G-CEUT	Hoffmann H 36 Dimona	G-CEYU	AS365N1 Dauphin 2	G-CFCI	Cessna F172N
G-CEUU	Robinson R44 Beta II	G-CEYX	Rotorsport UK MT-03	G-CFCJ	Grob G102 Astir CS
G-CEUV	Cameron C-90	G-CEYY	EV-97 teamEurostar UK	G-CFCK	Best Off Sky Ranger
G-CEUW	Zenair CH.601XL Zodiac	G-CEYZ	Sikorsky S-76C	G-CFCL	Rotorsport UK MT-03
G-CEUX	Robinson R44 Beta II	G-CEZA	Comco Ikarus C42	G-CFCM	Robinson R44
G-CEUZ	P&M Quik GT450	G-CEZB	ICP MXP-740 Savannah	G-CFCN	S-H Standard Cirrus
G-CEVA	Comco Ikarus C42	G-CEZD	EV-97 teamEurostar UK	G-CFCO	Ultramagic M-130

Reg	Type	Reg	Type	Reg	Type
☐ G-CFCP	Rolladen-Schneider LS6-a	☐ G-CFFV	SZD-51-1 Junior	☐ G-CFJD	Campbell Cricket Mk.6A
☐ G-CFCR	Schleicher Ka 6E	☐ G-CFFW	AS365N3 Dauphin 2	☐ G-CFJE	Schleicher ASW 20BL
☐ G-CFCS	Schempp-Hirth Nimbus-2C	☐ G-CFFX	Schempp-Hirth Discus b	☐ G-CFJF	Schempp-Hirth SHK-1
☐ G-CFCT	EV-97 teamEurostar UK	☐ G-CFFY	SZD-51-1 Junior	☐ G-CFJG	Best Off Sky Ranger Swift
☐ G-CFCU	Lindstrand LBL 203T	☐ G-CFGA	Spitfire Tr.VII	☐ G-CFJH	Grob G102 Astir CS77
☐ G-CFCV	Schleicher ASW 20	☐ G-CFGB	Cessna 680 Sovereign	☐ G-CFJI	Ultramagic M-105
☐ G-CFCW	Rotorsport UK MT-03	☐ G-CFGC	Demoiselle	☐ G-CFJJ	Best Off Sky Ranger Swift
☐ G-CFCX	Rans S-6-ES Coyote II	☐ G-CFGD	P&M Quik GT450	☐ G-CFJK	Centrair 101A Pegase
☐ G-CFCY	Best Off Sky Ranger Swift	☐ G-CFGE	Stinson 108-1	☐ G-CFJL	Raj Hamsa X'Air Hawk
☐ G-CFCZ	P&M Quik GT450	☐ G-CFGF	Schempp-Hirth Nimbus-3T	☐ G-CFJM	Rolladen-Schneider LS4-a
☐ G-CFDA	Schleicher ASW 15	☐ G-CFGG	Rotorsport UK MT-03	☐ G-CFJN	Diamond DA.40D Star
☐ G-CFDC	P&M Quik GT450	☐ G-CFGH	Avtech Jabiru J160	☐ G-CFJO	Diamond DA.40D Star
☐ G-CFDD	Fokker F.28 Mk.0100	☐ G-CFGI	Seafire F.IIc	☐ G-CFJP	Cameron N-56
☐ G-CFDE	Schempp-Hirth Ventus bT	☐ G-CFGJ	Spitfire I	☐ G-CFJR	Glaser-Dirks DG-300
☐ G-CFDF	Ultramagic S-90	☐ G-CFGK	Grob G102 Astir CS	☐ G-CFJS	Glaser-Dirks DG-300
☐ G-CFDG	Schleicher Ka 6CR	☐ G-CFGM	Comco Ikarus C42	☐ G-CFJU	Raj Hamsa X'Air Hawk
☐ G-CFDH	BAe 146-200	☐ G-CFGN	Spitfire IA	☐ G-CFJV	Schleicher ASW 15
☐ G-CFDI	Van's RV-6	☐ G-CFGO	Best Off Sky Ranger Swift	☐ G-CFJW	Schleicher K7
☐ G-CFDJ	EV-97 teamEurostar UK	☐ G-CFGP	Schleicher ASW 19B	☐ G-CFJX	Glaser-Dirks DG-300
☐ G-CFDK	Rans S-6-ES Coyote II	☐ G-CFGR	Schleicher ASK 13	☐ G-CFJZ	Schempp-Hirth SHK-1
☐ G-CFDL	P&M Quik R	☐ G-CFGT	P&M Quik GT450	☐ G-CFKA	Rotorsport UK MT-03
☐ G-CFDM	Schempp-Hirth Discus b	☐ G-CFGU	S-H Standard Cirrus	☐ G-CFKB	CZAW Sportcruiser
☐ G-CFDN	Best Off Sky Ranger Swift	☐ G-CFGV	P&M Quik GT450	☐ G-CFKC	Robinson R44 Beta II
☐ G-CFDO	Flight Design CTSW	☐ G-CFGW	Centrair 101A Pegase	☐ G-CFKD	Raj Hamsa X'Air Falcon
☐ G-CFDP	Flight Design CTSW	☐ G-CFGX	EV-97 teamEurostar UK	☐ G-CFKE	Raj Hamsa X'Air Hawk
☐ G-CFDR	Schleicher Ka 6CR	☐ G-CFGY	Rotorsport UK MT-03	☐ G-CFKF	Cameron Z-210
☐ G-CFDS	TL 2000 Sting Carbon	☐ G-CFGZ	Flight Design CTSW	☐ G-CFKG	Rolladen-Schneider LS4-a
☐ G-CFDT	Aerola Alatus-M	☐ G-CFHB	Bantam B22 J	☐ G-CFKH	Zenair CH.601XL Zodiac
☐ G-CFDU	BB03 Trya/BB103	☐ G-CFHC	Bantam B22 J	☐ G-CFKI	Cameron Z-120
☐ G-CFDV	Sikorsky S-76C	☐ G-CFHD	Schleicher ASW 20BL	☐ G-CFKJ	P&M Quik GT450
☐ G-CFDX	SZD-48-1 Jantar Standard 2	☐ G-CFHF	SZD-51-1 Junior	☐ G-CFKK	Flylight Dragonfly
☐ G-CFDY	P&M Quik GT450	☐ G-CFHG	S-H Mini-Nimbus C	☐ G-CFKL	Schleicher ASW 20BL
☐ G-CFDZ	Flight Design Exxtacy/Alize	☐ G-CFHI	Van's RV-9	☐ G-CFKM	Schempp-Hirth Discus b
☐ G-CFEA	Cameron C-90	☐ G-CFHJ	Centrair 101A Pegase	☐ G-CFKN	Lindstrand GA22 MkII
☐ G-CFEB	Cameron C-80	☐ G-CFHK	Aeroprakt A22 Foxbat	☐ G-CFKO	P&M Quik GT450
☐ G-CFED	Van's RV-9	☐ G-CFHL	Rolladen-Schneider LS4	☐ G-CFKP	Performance Barnstormer
☐ G-CFEE	EV-97 Eurostar	☐ G-CFHM	Schleicher ASK 13	☐ G-CFKR	P&M Quik
☐ G-CFEF	Grob G102 Astir CS	☐ G-CFHN	Schleicher K 8B	☐ G-CFKS	Flight Design CTSW
☐ G-CFEG	Schempp-Hirth Ventus b	☐ G-CFHO	Grob G103 Twin II	☐ G-CFKT	Schleicher K 8B
☐ G-CFEH	Centrair 101 Pegase	☐ G-CFHP	Comco Ikarus C42	☐ G-CFKU	P&M Quik GT450
☐ G-CFEI	RAF 2000 GTX-SE	☐ G-CFHR	Schempp-Hirth Discus b	☐ G-CFKV	ICP MXP-740 Savannah
☐ G-CFEJ	Schempp-Hirth Discus b	☐ G-CFHS	Tchemma T01/77	☐ G-CFKW	Alpi Pioneer 200
☐ G-CFEK	Cameron Z-105	☐ G-CFHT	Grob G102 Astir CS	☐ G-CFKX	Cameron Z-160
☐ G-CFEL	EV-97 Eurostar	☐ G-CFHU	Robinson R22 Beta	☐ G-CFKY	Schleicher Ka 6CR
☐ G-CFEM	P&M Quik GT450	☐ G-CFHV	SZD-48-1 Jantar Standard 2	☐ G-CFKZ	Europa Avn Europa XS
☐ G-CFEN	SZD-50-3	☐ G-CFHW	Grob G102 Astir CS	☐ G-CFLA	P&M Quik GT450
☐ G-CFEO	EV-97 Eurostar	☐ G-CFHX	Fire Balloons G22/24	☐ G-CFLB	Paratoys 28/Lowboy 313
☐ G-CFER	Schempp-Hirth Discus b	☐ G-CFHY	Replica Fokker Dr1	☐ G-CFLC	Glaser-Dirks DG-300
☐ G-CFES	Schempp-Hirth Discus b	☐ G-CFHZ	Schleicher Ka 6CR	☐ G-CFLD	Comco Ikarus C42
☐ G-CFET	Van's RV-7	☐ G-CFIA	Best Off Sky Ranger Swift	☐ G-CFLE	Schempp-Hirth Discus b
☐ G-CFEV	P&M Quik	☐ G-CFIB	Aeriane Swift Light PAS	☐ G-CFLF	Rolladen-Schneider LS4-a
☐ G-CFEW	Lindstrand LBL 240A	☐ G-CFIC	CEA Jodel DR.1050-M1	☐ G-CFLG	CZAW Sportcruiser
☐ G-CFEX	P&M Quik GT450	☐ G-CFID	A C Tanarg 912S/iXess15	☐ G-CFLH	Schleicher K 8B
☐ G-CFEY	Aerola Alatus-M	☐ G-CFIE	Rotorsport UK MT-03	☐ G-CFLI	Europa Avn Europa
☐ G-CFEZ	CZAW Sportcruiser	☐ G-CFIF	Christen Eagle II	☐ G-CFLK	Cameron C-90
☐ G-CFFA	Ultramagic M-90	☐ G-CFIG	P&M Quik GT450	☐ G-CFLL	EV-97 Eurostar
☐ G-CFFB	Grob G102 Astir CS	☐ G-CFIH	Piel CP.1320	☐ G-CFLM	P&M Quik
☐ G-CFFC	Centrair 101A Pegase	☐ G-CFII	DH.82A Tiger Moth	☐ G-CFLN	Best Off Sky Ranger Swift
☐ G-CFFD	Robinson R44	☐ G-CFIJ	Christen Eagle II	☐ G-CFLO	Rotorsport UK MT-03
☐ G-CFFE	EV-97 teamEurostar UK	☐ G-CFIK	Lindstrand LBL 60X	☐ G-CFLP	Druine D.31 Turbulent
☐ G-CFFF	Pitts S-1S	☐ G-CFIL	P&M Quik GT450	☐ G-CFLR	P&M Quik GT450
☐ G-CFFG	Aerochute Dual	☐ G-CFIM	P&M Quik GT450	☐ G-CFLS	Schleicher Ka 6CR
☐ G-CFFH	Discus/Dragonfly	☐ G-CFIO	Cessna 172S	☐ G-CFLU	SAAB 2000
☐ G-CFFJ	Flight Design CTSW	☐ G-CFIP	Raj Hamsa X'Air Falcon	☐ G-CFLV	SAAB 2000
☐ G-CFFK	S-H Nimbus 3/24.5	☐ G-CFIS	Avtech Jabiru UL-D	☐ G-CFLW	S-H Standard Cirrus
☐ G-CFFL	Lindstrand LBL 317A	☐ G-CFIT	Comco Ikarus C42	☐ G-CFLX	Glaser-Dirks DG-300
☐ G-CFFM	Bell 206B JetRanger	☐ G-CFIU	CZAW Sportcruiser	☐ G-CFLZ	Scheibe SF27A
☐ G-CFFN	P&M Quik GT450	☐ G-CFIW	Balony Kubicek BB20XR	☐ G-CFMA	BB03 Trya/BB103
☐ G-CFFO	P&M Quik GT450	☐ G-CFIY	Comco Ikarus C42	☐ G-CFMB	P&M Quik GT450
☐ G-CFFP	EC.120B Colibri	☐ G-CFIZ	Best Off Sky Ranger	☐ G-CFMC	Van's RV-9A
☐ G-CFFS	Centrair 101A Pegase	☐ G-CFJA	EMB-135BJ Legacy	☐ G-CFMD	P&M Quik GT450
☐ G-CFFT	Schempp-Hirth Discus b	☐ G-CFJB	Rotorsport UK MT-03	☐ G-CFME	SOCATA TB-10 Tobago
☐ G-CFFU	Glaser-Dirks DG-100C	☐ G-CFJC	Sikorsky S-76C	☐ G-CFMF	Lindstrand LBL 203T

Reg	Type	Reg	Type	Reg	Type
G-CFMH	Schleicher ASK 13	G-CFPM	SZD-51-1 Junior	G-CFTZ	EV-97 Eurostar
G-CFMI	Best Off Sky Ranger	G-CFPN	Schleicher ASW 20	G-CFUA	Van's RV-9A
G-CFMK	Centrair 101 Pegase	G-CFPO	Aero L-39C Albatros	G-CFUB	Schleicher Ka 6CR
G-CFML	Schleicher ASW 15B	G-CFPP	Schempp-Hirth Nimbus 2B	G-CFUD	Best Off Sky Ranger Swift
G-CFMM	Cessna 172S	G-CFPR	P&M Quik R	G-CFUG	Grob G109B
G-CFMN	Schempp-Hirth Ventus-cT	G-CFPS	Sky 25-16	G-CFUH	Schempp-Hirth Ventus c
G-CFMO	Schempp-Hirth Discus b	G-CFPT	Schleicher ASW 20	G-CFUJ	Glaser-Dirks DG-300
G-CFMP	Europa Avn Europa XS	G-CFPU	Sikorsky S-76C-2	G-CFUL	Schempp-Hirth Discus b
G-CFMR	Ultramagic V-14	G-CFPW	Glaser-Dirks DG-600	G-CFUN	Schleicher ASW 20CL
G-CFMS	Schleicher ASW 15	G-CFPX	Schleicher ASK 13	G-CFUP	Schempp-Hirth Discus b
G-CFMT	S-H Standard Cirrus	G-CFPY	Sikorsky S-76C	G-CFUR	Schempp-Hirth Ventus-cT
G-CFMU	S-H Standard Cirrus	G-CFRB	Schempp-Hirth Ventus c	G-CFUS	SZD-51-1 Junior
G-CFMV	Aerola Alatus-M	G-CFRC	Schempp-Hirth Nimbus 2B	G-CFUT	Glaser-Dirks DG-300
G-CFMW	Scheibe SF25C Falke	G-CFRE	Schleicher Ka 6E	G-CFUU	Glaser-Dirks DG-300
G-CFMX	Piper PA-28-161 Warrior II	G-CFRF	Lindstrand LBL 31A	G-CFUV	Rolladen-Schneider LS7-WL
G-CFMY	Rolladen-Schneider LS3	G-CFRH	Schleicher ASW 20CL	G-CFUY	SZD-50-3 Puchacz
G-CFMZ	Agusta A109E Power	G-CFRJ	S-H Standard Cirrus	G-CFUZ	CZAW Sportcruiser
G-CFNB	Cameron TR-70	G-CFRK	Schleicher ASW 15B	G-CFVC	Schleicher ASK 13
G-CFNC	Flylight Dragonfly	G-CFRL	Grob G102 Astir CS	G-CFVE	Schempp-Hirth Nimbus-2C
G-CFND	Schleicher Ka 6E	G-CFRM	Best Off Sky Ranger Swift	G-CFVH	Rolladen-Schneider LS7
G-CFNE	SZD-38A Jantar 1	G-CFRP	Centrair 101A Pegase	G-CFVJ	Cvjetkovic CA-65 Skyfly
G-CFNF	Robinson R44 Beta II	G-CFRR	Centrair 101A Pegase	G-CFVK	Best Off Sky Ranger
G-CFNG	Schleicher ASW 24	G-CFRS	Scheibe Zugvogel IIIB	G-CFVL	Scheibe Zugvogel IIIB
G-CFNH	Schleicher ASW 19B	G-CFRT	EV-97 teamEurostar UK	G-CFVM	Centrair 101A Pegase
G-CFNI	AirBorne XT912-B-Streak III-B	G-CFRV	Centrair 101A Pegase	G-CFVN	Centrair 101A Pegase
G-CFNJ	Cameron Z-120	G-CFRW	Schleicher ASW 20L	G-CFVP	Centrair 101A Pegase
G-CFNK	Slingsby T65A	G-CFRX	Centrair 101A Pegase	G-CFVS	Standard Cirrus
G-CFNL	Schempp-Hirth Discus b	G-CFRY	Zenair CH.601UL Zodiac	G-CFVT	Schempp-Hirth Nimbus 2
G-CFNM	Centrair 101B Pegase	G-CFRZ	S-H Standard Cirrus	G-CFVU	Schleicher ASK 13
G-CFNN	Schempp-Hirth Ventus cT	G-CFSA	Piper PA-44-180 Seminole	G-CFVV	Centrair 101A Pegase
G-CFNO	Best Off Sky Ranger Swift	G-CFSB	Tecnam P2002-RG Sierra	G-CFVW	Schempp-Hirth Ventus bT
G-CFNP	Schleicher Ka 6CR	G-CFSC	CL605 Challenger	G-CFVZ	Schleicher Ka 6E
G-CFNR	Schempp-Hirth Discus b	G-CFSD	Schleicher ASK 13	G-CFWA	Schleicher Ka 6CR
G-CFNS	Glaser-Dirks DG-300	G-CFSF	P&M Quik R	G-CFWB	Schleicher ASK 13
G-CFNT	Glaser-Dirks DG-600	G-CFSH	Grob G102 Astir CS	G-CFWC	Grob G103C Twin III Acro
G-CFNU	Rolladen-Schneider LS4-a	G-CFSI	Aerola Alatus-M	G-CFWE	SZD-50-3 Puchacz
G-CFNV	CZAW Sportcruiser	G-CFSJ	Avtech Jabiru J160	G-CFWF	Rolladen-Schneider LS7
G-CFNW	EV-97 teamEurostar UK	G-CFSK	Dyn'Aero MCR-01	G-CFWH	Scheibe SF27A
G-CFNX	A C Tanarg 912S/iXess	G-CFSM	Cessna 172Q	G-CFWK	Schempp-Hirth Nimbus 3DT
G-CFNY	Flylight Dragonfly	G-CFSN	Aerola Alatus-M	G-CFWL	Schleicher K 8B
G-CFNZ	AirBorne XT912-B-Streak III-B	G-CFSO	Flylight Dragonfly	G-CFWM	Glaser-Dirks DG-300
G-CFOB	Schleicher ASW 15B	G-CFSR	Glaser-Dirks DG-300	G-CFWP	Schleicher ASW 19B
G-CFOC	Glaser-Dirks DG-202	G-CFSS	Schleicher Ka 6E	G-CFWR	Best Off Sky Ranger
G-CFOE	Cameron Z-210	G-CFST	Schleicher ASH 25E	G-CFWS	Schleicher ASW 20C
G-CFOF	Scheibe SF27A	G-CFSU	Scheibe Zugvogel IIIA	G-CFWT	SZD-50-3 Puchacz
G-CFOG	Comco Ikarus C42	G-CFSV	Piper PA-18-150 Super Cub	G-CFWU	Rolladen-Schneider LS7-WL
G-CFOH	Gulfstream IV	G-CFSW	Best Off Sky Ranger Swift	G-CFWW	Schleicher ASH 25E
G-CFOI	Cessna 172N	G-CFSX	ICP MXP-740 Savannah	G-CFWY	Centrair 101A Pegase
G-CFOK	Grob G103C Twin III Acro	G-CFSY	Lindstrand LBL 120A	G-CFWZ	Schleicher ASW 19B
G-CFOL	Ultramagic M-90	G-CFSZ	Grob G102 Astir CS77	G-CFXA	Grob G104 Speed Astir IIB
G-CFOM	Scheibe SF27A	G-CFTA	Magic Laser	G-CFXB	Schleicher K 8B
G-CFON	Wittman W8 Tailwind	G-CFTB	Schleicher Ka 6CR	G-CFXC	Schleicher Ka 6E
G-CFOO	P&M Quik R	G-CFTC	SZD-51-1 Junior	G-CFXD	Centrair 101A Pegase
G-CFOP	Cameron Shopping Bag-120	G-CFTD	Schleicher ASW 15B	G-CFXH	Schleicher K7
G-CFOR	Schleicher K 8B	G-CFTF	P&M Quik R	G-CFXJ	Schleicher ASW 24
G-CFOS	Flylight Dragonfly	G-CFTG	P&M Quik R	G-CFXM	Schempp-Hirth Discus bT
G-CFOT	SZD-48-3 Jantar Standard	G-CFTH	SZD-50-3 Puchacz	G-CFXO	SZD-50-3 Puchacz
G-CFOU	Schleicher K7	G-CFTI	EV-97A Eurostar	G-CFXS	Schleicher Ka 6E
G-CFOV	CZAW Sportcruiser	G-CFTJ	EV-97A Eurostar	G-CFXU	Schleicher Ka 6E
G-CFOW	Best Off Sky Ranger Swift	G-CFTK	Grob G102 Astir CS	G-CFVW	Schleicher K 8B
G-CFOX	Marganski MDM-1 Fox	G-CFTL	Schleicher ASW 20CL	G-CFXY	Schleicher ASW 15B
G-CFOY	Schempp-Hirth Discus b	G-CFTM	Cameron C-80	G-CFYA	SZD-50-3 Puchacz
G-CFOZ	Rolladen-Schneider LS1-f	G-CFTN	Schleicher K 8B	G-CFYB	Rolladen-Schneider LS7
G-CFPA	CZAW Sportcruiser	G-CFTO	Comco Ikarus C42	G-CFYC	Schempp-Hirth Ventus-b
G-CFPB	Schleicher ASW 15B	G-CFTP	Schleicher ASW 20CL	G-CFYE	Scheibe Zugvogel IIIB
G-CFPC	Gulfstream AA-5B	G-CFTR	Grob G102 Astir CS77	G-CFYF	Schleicher ASK 21
G-CFPD	Rolladen-Schneider LS3	G-CFTS	Glaser-Dirks DG-300	G-CFYG	Glasflügel H205
G-CFPE	Schempp-Hirth Ventus-cT	G-CFTT	Van's RV-7	G-CFYH	Rolladen-Schneider LS4-a
G-CFPF	Scheibe L-Spatz 55	G-CFTU	Flylight Dragonfly	G-CFYJ	Standard Cirrus
G-CFPH	Centrair A20F	G-CFTW	Rolladen-Schneider LS7-WL	G-CFYK	Rolladen-Schneider LS7-WL
G-CFPI	P&M Quik GT450	G-CFTW	Schempp-Hirth Discus b	G-CFYL	SZD-50-3 Puchacz
G-CFPJ	CZAW Sportcruiser	G-CFTX	Avtech Jabiru J160	G-CFYM	Schempp-Hirth Discus bT
G-CFPL	Schempp-Hirth Ventus c	G-CFTY	Rolladen-Schneider LS7-WL	G-CFYN	Schempp-Hirth Discus b

Registration	Type	Registration	Type	Registration	Type
G-CFYR	LET L-23 Super Blanik	G-CGDO	Grob G102 Astir CS	G-CHDC	Schleicher ASK 13
G-CFYU	Glaser-Dirks DG-100	G-CGDR	Schempp-Hirth Discus CS	G-CHDD	Centrair 101B Pegase 90
G-CFYV	Schleicher ASK 21	G-CGDS	Schleicher ASW 15B	G-CHDE	Pilatus B4-PC11AF
G-CFYW	Rolladen-Schneider LS7	G-CGDT	Schleicher ASW 24	G-CHDJ	Schleicher ASW 20CL
G-CFYX	Schempp-Hirth Discus bT	G-CGDU	Schleicher ASW 24	G-CHDL	Schleicher ASW 20
G-CFYY	Schleicher ASK 13	G-CGDX	Schempp-Hirth Discus CS	G-CHDN	Schleicher K 8B
G-CFYZ	Schleicher ASH 25	G-CGDY	Schleicher ASW 15B	G-CHDP	SZD-50-3 Puchacz
G-CFZA	SZD-51-1 Junior	G-CGDZ	Schleicher ASW 24	G-CHDR	Glaser-Dirks DG-300
G-CFZB	Glasflügel H201B	G-CGEB	Grob G102 Astir CS77	G-CHDU	SZD-51-1 Junior
G-CFZF	SZD-51-1 Junior	G-CGEE	Glasflügel H201B	G-CHDV	Schleicher ASW 19B
G-CFZH	Schempp-Hirth Ventus cT	G-CGEG	Schleicher K 8B	G-CHDX	Rolladen-Schneider LS7-WL
G-CFZK	S-H Standard Cirrus	G-CGEH	Schleicher ASW 15B	G-CHDY	Schleicher K 8B
G-CFZL	Schleicher ASW 20CL	G-CGEL	SZD-50-3 Puchacz	G-CHEB	Europa Avn Europa
G-CFZN	Schleicher ASK 13	G-CGEM	Schleicher Ka 6CR	G-CHEC	SZD-55-1 Promyk
G-CFZO	S-H Nimbus 3DT	G-CGEP	Grob Standard Cirrus	G-CHEE	Schempp-Hirth Discus b
G-CFZP	SZD-51-1 Junior	G-CGGG	Robinson R44	G-CHEF	Glaser-Dirks DG-500
G-CFZR	Schleicher Ka 6CR	G-CGHM	Piper PA-28-140 Cruiser	G-CHEG	AB Sportine LAK-12
G-CFZV	Rolladen-Schneider LS7	G-CGIJ	Agusta AW139	G-CHEH	Rolladen-Schneider LS7-WL
G-CFZW	Glaser-Dirks DG-300	G-CGJB	S-H Duo Discus T	G-CHEJ	Schleicher ASW 15B
G-CFZZ	LET L-33 Solo	G-CGMU	Sikorsky S-92A	G-CHEK	SZD-51-1 Junior
G-CGAB	AB Sportine LAK-12	G-CGOC	Sikorsky S-92A	G-CHEL	Colt 77B
G-CGAD	Rolladen-Schneider LS3	G-CGOD	Cameron N-57	G-CHEM	Piper PA-34-200T Seneca II
G-CGAF	Schleicher ASK 21	G-CGRD	Cirrus SR22	G-CHEN	Schempp-Hirth Discus b
G-CGAG	Schleicher ASK 21	G-CGRI	Agusta A109S Grand	G-CHEO	Schleicher ASW 20
G-CGAH	S-H Standard Cirrus	G-CGWB	Agusta AW139	G-CHEP	SZD-50-3 Puchacz
G-CGAM	Schleicher ASK 21	G-CGWD	Robinson R44	G-CHER	Piper PA-38-112 Tomahawk
G-CGAN	Glasflügel H301 Libelle	G-CHAB	Schleicher Ka 6CR	G-CHET	Europa Avn Europa XS
G-CGAP	Schempp-Hirth Ventus-bT	G-CHAC	SZD-50-3 Puchacz	G-CHEW	Rolladen-Schneider LS6-c18
G-CGAR	Rolladen-Schneider LS6-c	G-CHAD	Aeroprakt A22 Foxbat	G-CHEY	PA-31T2 Cheyenne IIXL
G-CGAS	Schempp-Hirth Ventus cT	G-CHAF	SZD-50-3 Puchacz	G-CHEZ	BN2B-20 Islander
G-CGAT	Grob G102 Astir CS	G-CHAH	Europa Avn Europa XS	G-CHFA	Schempp-Hirth Ventus-b
G-CGAU	Glasflügel H201B	G-CHAI	CL601-3R Challenger	G-CHFB	Schleicher Ka 6CR
G-CGAV	Scheibe SF27A	G-CHAM	Cameron Pot-90	G-CHFF	S-H Standard Cirrus
G-CGAW	Beech 200 Super King Air	G-CHAN	Robinson R22 Beta	G-CHFH	SZD-50-3 Puchacz
G-CGAX	SZD-55-1 Promyk	G-CHAO	Rolladen-Schneider LS6-b	G-CHFV	Schempp-Hirth Ventus b
G-CGBA	Schleicher ASK 13	G-CHAP	Robinson R44	G-CHFW	Schleicher K 8B
G-CGBB	Schleicher ASK 21	G-CHAR	Grob G109B	G-CHFX	Schempp-Hirth Nimbus-4T
G-CGBD	SZD-50-3 Puchacz	G-CHAS	Piper PA-28-181 Archer II	G-CHFY	Schempp-Hirth Ventus-cT
G-CGBF	Schleicher ASK 21	G-CHAX	S-H Standard Cirrus	G-CHGB	Grob G102 Astir CS
G-CGBG	Rolladen-Schneider LS6-c	G-CHAY	Rolladen-Schneider LS7	G-CHGF	Schleicher ASW 15B
G-CGBJ	Grob G102 Astir CS	G-CHBA	Rolladen-Schneider LS7	G-CHGG	S-H Standard Cirrus
G-CGBK	Grob G102 Astir CS	G-CHBB	Schleicher ASW 24	G-CHGK	Schempp-Hirth Discus bT
G-CGBL	Rolladen-Schneider LS7-WL	G-CHBC	Rolladen-Schneider LS6-c	G-CHGL	Bell 206B JetRanger
G-CGBN	Schleicher ASK 21	G-CHBD	Glaser-Dirks DG-200	G-CHGO	AB Sportine LAK-12
G-CGBO	Rolladen-Schneider LS6	G-CHBE	Glaser-Dirks DG-300	G-CHGP	Rolladen-Schneider LS6-c
G-CGBR	Rolladen-Schneider LS6-c	G-CHBF	Schempp-Hirth Nimbus 2C	G-CHGR	AB Sportine LAK-12
G-CGBS	Glaser-Dirks DG-300	G-CHBG	Schleicher ASW 24	G-CHGS	Schempp-Hirth Discus b
G-CGBU	Centrair 101A Pegase	G-CHBH	Grob G103C Twin III Acro	G-CHGT	Diamant 16.5
G-CGBV	Schleicher ASK 21	G-CHBK	Grob G103 Twin Astir Trainer	G-CHGW	Glaser-Dirks DG-500
G-CGBX	Schleicher ASW 22	G-CHBL	Grob G102 Astir CS77	G-CHGW	Centrair ASW 20F
G-CGBY	Rolladen-Schneider LS7	G-CHBM	Grob G102 Astir CS77	G-CHGX	AB Sportine LAK-12
G-CGBZ	Glaser-Dirks DG-500	G-CHBO	Schleicher Ka 6CR	G-CHGZ	Schempp-Hirth Discus bT
G-CGCA	Schleicher ASW 19B	G-CHBP	Glaser-Dirks DG-500	G-CHHH	Rolladen-Schneider LS6-c
G-CGCC	SZD-51-1 Junior	G-CHBS	SZD-41A Jantar Standard 1	G-CHHK	Schleicher ASW 19B
G-CGCD	S-H Standard Cirrus	G-CHBT	Grob G102 Astir CS	G-CHHN	AB Sportine LAK-12
G-CGCF	Schleicher ASK 23	G-CHBU	Centrair ASW 20F	G-CHHN	Schempp-Hirth Ventus-b
G-CGCK	SZD-50-3 Puchacz	G-CHBV	Schempp-Hirth Nimbus 2B	G-CHHO	Schempp-Hirth Discus b
G-CGCL	Grob G102 Astir CS	G-CHCD	Sikorsky S-76A	G-CHHP	Schempp-Hirth Discus b
G-CGCM	Rolladen-Schneider LS6-c	G-CHCF	AS332L Super Puma	G-CHHR	SZD-55-1 Promyk
G-CGCO	Schempp-Hirth Cirrus VTC	G-CHCG	AS332L Super Puma	G-CHHS	Schleicher ASW 20
G-CGCP	Schleicher Ka 6CR	G-CHCH	AS332L Super Puma	G-CHHT	Rolladen-Schneider LS6-c
G-CGCR	Schleicher ASW 15B	G-CHCI	AS332L Super Puma	G-CHHU	Rolladen-Schneider LS6-c
G-CGCT	Schempp-Hirth Discus b	G-CHCK	Sikorsky S-92A	G-CHHW	AB Sportine LAK-12
G-CGCU	SZD-50-3 Puchacz	G-CHCL	EC225LP SuperPuma	G-CHHY	Wassmer WA.26
G-CGCX	Schleicher ASW 15	G-CHCM	EC225LP SuperPuma	G-CHIK	Cessna F152
G-CGCY	Centrair 101A Pegase	G-CHCN	EC225LP SuperPuma	G-CHIP	Piper PA-28-181 Archer II
G-CGDA	Rolladen-Schneider LS3-17	G-CHCO	AS365N2 Dauphin 2	G-CHIS	Robinson R22 Beta
G-CGDB	Schleicher K 8B	G-CHCP	Agusta AB139	G-CHIX	Robin DR.400/500
G-CGDD	Bölkow Phoebus C	G-CHCR	AS365N2 Dauphin 2	G-CHJA	Fokker FK-3
G-CGDE	Schleicher Ka 6BR	G-CHCT	Agusta AB139	G-CHJC	Rolladen-Schneider LS6-c
G-CGDF	Schleicher Ka 6BR	G-CHCV	Agusta AW139	G-CHJE	Schleicher K 8B
G-CGDJ	Piper PA-28-161 Warrior II	G-CHDA	Pilatus B4-PC11AF	G-CHJF	Rolladen-Schneider LS6-c
G-CGDK	Schleicher K 8B	G-CHDB	SZD-51-1 Junior	G-CHJH	Schempp-Hirth Discus bT

Reg	Type	Reg	Type	Reg	Type
☐ G-CHJL	Schempp-Hirth Discus bT	☐ G-CHPA	Robinson R22 Beta	☐ G-CHVK	Grob G102 Astir CS
☐ G-CHJP	Schleicher Ka 6CR	☐ G-CHPD	Rolladen-Schneider LS6-c18	☐ G-CHVL	Rolladen-Schneider LS8-18
☐ G-CHJR	Glasflügel H201B	☐ G-CHPE	Schleicher ASK 13	☐ G-CHVM	Glaser-Dirks DG-300
☐ G-CHJT	Centrair ASW 20F	☐ G-CHPH	Schempp-Hirth Discus CS	☐ G-CHVO	Schleicher ASK 13
☐ G-CHJV	Grob G102 Astir CS	☐ G-CHPK	Van's RV-8	☐ G-CHVP	Schleicher ASW 20
☐ G-CHJX	Rolladen-Schneider LS6-c	☐ G-CHPL	Rolladen-Schneider LS4-b	☐ G-CHVR	Schempp-Hirth Discus b
☐ G-CHJY	S-H Standard Cirrus	☐ G-CHPO	Schleicher Ka 6CR	☐ G-CHVT	Schempp-Hirth Ventus 2b
☐ G-CHKA	Schempp-Hirth Discus CS	☐ G-CHPR	Robinson R22 Beta	☐ G-CHVU	Rolladen-Schneider LS8-a
☐ G-CHKB	Grob G102 Astir CS77	☐ G-CHPT	Federov ME7 Mechta	☐ G-CHVV	Rolladen-Schneider LS4-b
☐ G-CHKC	Standard Cirrus	☐ G-CHPV	Schleicher ASK 21	☐ G-CHVW	Schleicher ASK 13
☐ G-CHKD	Standard Cirrus	☐ G-CHPW	Schleicher ASK 21	☐ G-CHVX	Centrair ASW 20F
☐ G-CHKK	Schleicher K 8B	☐ G-CHPX	Schempp-Hirth Discus CS	☐ G-CHVZ	Standard Cirrus
☐ G-CHKM	Grob G102 Astir CS	☐ G-CHPY	DHC-1 Chipmunk 22	☐ G-CHWA	Schempp-Hirth Ventus-2c
☐ G-CHKN	Air Création 582/Kiss 400	☐ G-CHRA	Grob G102 Astir CS	☐ G-CHWB	Schempp-Hirth Duo Discus
☐ G-CHKR	Standard Cirrus	☐ G-CHRB	AB Sportine LAK-12	☐ G-CHWC	Glasflügel H201B
☐ G-CHKS	Standard Cirrus	☐ G-CHRC	Glaser-Dirks DG-500	☐ G-CHWF	Standard Cirrus
☐ G-CHKU	S-H Standard Cirrus	☐ G-CHRG	SZD-51-1 Junior	☐ G-CHWH	Schempp-Hirth Ventus cT
☐ G-CHKV	Scheibe Zugvogel IIIA	☐ G-CHRH	Schempp-Hirth Discus 2cT	☐ G-CHWL	Rolladen-Schneider LS8-a
☐ G-CHKX	Rolladen-Schneider LS4-b	☐ G-CHRJ	Schleicher K 8B	☐ G-CHWP	Glaser-Dirks DG-100
☐ G-CHKY	Schempp-Hirth Discus b	☐ G-CHRK	Centrair 101 Pegase	☐ G-CHWS	Rolladen-Schneider LS8-18
☐ G-CHKZ	CARMAM JP 15-36AR	☐ G-CHRL	S-H Standard Cirrus	☐ G-CHWW	Grob G103A Twin Acro
☐ G-CHLB	Rolladen-Schneider LS4-b	☐ G-CHRN	Schleicher ASK 18	☐ G-CHWX	SZD-59 Acro
☐ G-CHLC	Pilatus B4-PC11AF	☐ G-CHRS	Schempp-Hirth Discus CS	☐ G-CHXA	Scheibe Zugvogel IIIB
☐ G-CHLH	Schleicher K 8B	☐ G-CHRW	Schempp-Hirth Duo Discus	☐ G-CHXB	Grob G102 Astir CS77
☐ G-CHLK	Glasflügel H301 Libelle	☐ G-CHRX	Schempp-Hirth Discus a	☐ G-CHXC	Rolladen-Schneider LS8-18
☐ G-CHLL	Lindstrand LBL 90A	☐ G-CHSA	Rolladen-Schneider LS6-18W	☐ G-CHXD	Schleicher ASW 27
☐ G-CHLM	Schleicher ASW 19B	☐ G-CHSB	Glaser-Dirks DG-300	☐ G-CHXE	Schleicher ASW 19B
☐ G-CHLN	Schempp-Hirth Discus CS	☐ G-CHSD	Schempp-Hirth Discus b	☐ G-CHXH	Schempp-Hirth Discus b
☐ G-CHLP	Schleicher ASK 21	☐ G-CHSE	Grob G102 Astir CS77	☐ G-CHXJ	Schleicher ASK 13
☐ G-CHLS	Schempp-Hirth Discus b	☐ G-CHSG	Scheibe SF27A	☐ G-CHXM	Grob G102 Astir CS
☐ G-CHLV	Schleicher ASW 19B	☐ G-CHSK	Schleicher ASW 20CL	☐ G-CHXO	Schleicher ASH 25
☐ G-CHLX	Schleicher ASH 25	☐ G-CHSM	Schleicher ASK 13	☐ G-CHXP	Schleicher ASK 13
☐ G-CHLY	Schempp-Hirth Discus CS	☐ G-CHSN	Schleicher Ka 6CR	☐ G-CHXT	Schempp-Hirth Ventus cT
☐ G-CHMA	SZD-51-1 Junior	☐ G-CHSO	Schempp-Hirth Discus b	☐ G-CHXU	Rolladen-Schneider LS4-a
☐ G-CHMB	Glaser-Dirks DG-300	☐ G-CHSU	Eurocopter EC.135 T1	☐ G-CHXU	Schleicher ASW 19B
☐ G-CHMG	ICA IS-28B2	☐ G-CHSX	Scheibe SF27A	☐ G-CHXV	Schleicher ASK 13
☐ G-CHMK	Rolladen-Schneider LS6-18W	☐ G-CHSZ	Rolladen-Schneider LS8-a	☐ G-CHXW	Rolladen-Schneider LS8-18
☐ G-CHML	Schempp-Hirth Discus CS	☐ G-CHTA	Grumman AA-5A Cheetah	☐ G-CHXX	S-H Standard Cirrus
☐ G-CHMM	Glasflügel 304B	☐ G-CHTB	Schempp-Hirth Janus	☐ G-CHXY	Grob G102 Astir CS77
☐ G-CHMO	Schempp-Hirth Discus CS	☐ G-CHTC	Schleicher ASW 15B	☐ G-CHXZ	Rolladen-Schneider LS6-c18
☐ G-CHMS	Glaser-Dirks DG-100	☐ G-CHTD	Grob G102 Astir CS	☐ G-CHYA	Rolladen-Schneider LS6-c18
☐ G-CHMT	Glasflügel H303	☐ G-CHTE	Grob G102 Astir CS77	☐ G-CHYD	Schleicher ASW 24
☐ G-CHMU	CARMAM JP 15-36AR	☐ G-CHTF	AB Sportine LAK-12	☐ G-CHYE	Glaser-Dirks DG-505
☐ G-CHMV	Schleicher ASK 13	☐ G-CHTJ	Schleicher ASK 13	☐ G-CHYF	Rolladen-Schneider LS8-18
☐ G-CHMX	Rolladen-Schneider LS4-a	☐ G-CHTM	Rolladen-Schneider LS8-18	☐ G-CHYH	Rolladen-Schneider LS3-17
☐ G-CHMY	S-H Standard Cirrus	☐ G-CHTN	Schleicher ASW 22	☐ G-CHYJ	Schleicher ASK 21
☐ G-CHMZ	Federov ME7 Mechta	☐ G-CHTR	Grob G102 Astir CS	☐ G-CHYK	Centrair ASW 20FL
☐ G-CHNA	Glaser-Dirks DG-505	☐ G-CHTS	Rolladen-Schneider LS8-18	☐ G-CHYL	Robinson R22 Beta
☐ G-CHNC	Schleicher ASW 19B	☐ G-CHTU	Schempp-Hirth Cirrus	☐ G-CHYP	SZD-50-3 Puchacz
☐ G-CHNE	Schempp-Hirth Nimbus 2B	☐ G-CHTV	Schleicher ASK 21	☐ G-CHYR	Schleicher ASW 27
☐ G-CHNF	Schempp-Hirth Duo Discus	☐ G-CHTY	LET L-13 Blanik	☐ G-CHYS	Schleicher ASK 21
☐ G-CHNG	Schleicher K 8B	☐ G-CHUA	Schleicher ASW 19B	☐ G-CHYT	Schleicher ASK 21
☐ G-CHNH	Schempp-Hirth Nimbus-2C	☐ G-CHUD	Schleicher ASK 13	☐ G-CHYU	Schempp-Hirth Discus CS
☐ G-CHNK	SZD-51-1 Junior	☐ G-CHUE	Schleicher ASW 27	☐ G-CHYW	Schleicher K 8B
☐ G-CHNM	Standard Cirrus	☐ G-CHUF	Schleicher ASK 13	☐ G-CHYX	Schleicher K 8B
☐ G-CHNN	Schempp-Hirth Duo Discus	☐ G-CHUG	Europa Avn Europa	☐ G-CHYY	S-H Nimbus 3DT
☐ G-CHNT	Schleicher ASW 15	☐ G-CHUH	Schempp-Hirth Janus	☐ G-CHZA	S-H Nimbus-3/24.5
☐ G-CHNU	Schempp-Hirth Nimbus-4DT	☐ G-CHUJ	Centrair ASW 20F	☐ G-CHZB	PZL-Swidnik PW-5 Smyk
☐ G-CHNV	Rolladen-Schneider LS4-b	☐ G-CHUK	Cameron O-77	☐ G-CHZD	Schleicher ASW 15B
☐ G-CHNW	Schempp-Hirth Duo Discus	☐ G-CHUL	Schempp-Hirth Cirrus	☐ G-CHZE	Schempp-Hirth Discus CS
☐ G-CHNY	Centrair 101A Pegase	☐ G-CHUM	Robinson R44	☐ G-CHZG	Rolladen-Schneider LS8-18
☐ G-CHNZ	Centrair 101A Pegase	☐ G-CHUN	Grob G102 Astir CS	☐ G-CHZH	Schleicher Ka 6CR
☐ G-CHOD	Schleicher ASW 20	☐ G-CHUO	Federov ME7 Mechta	☐ G-CHZJ	S-H Standard Cirrus
☐ G-CHOF	CARMAM M.100S	☐ G-CHUR	Schempp-Hirth Cirrus	☐ G-CHZN	Rolladen-Schneider LS4-a
☐ G-CHOM	Schempp-Hirth Discus b	☐ G-CHUS	Scheibe SF27A	☐ G-CHZO	Robinson R22 Beta
☐ G-CHOP	Westland Bell 47G-3B-1	☐ G-CHUT	Centrair ASW 20F	☐ G-CHZP	Schleicher ASW 27
☐ G-CHOR	Schempp-Hirth Discus b	☐ G-CHUU	Schleicher ASK 13	☐ G-CHZR	Schleicher ASK 21
☐ G-CHOS	Grob G103 Twin Astir	☐ G-CHUW	Rolladen-Schneider LS8-18	☐ G-CHZU	S-H Standard Cirrus
☐ G-CHOV	SZD-51-1 Junior	☐ G-CHUY	Schempp-Hirth Ventus cT	☐ G-CHZV	S-H Standard Cirrus
☐ G-CHOW	Schempp-Hirth Discus b	☐ G-CHUZ	Schempp-Hirth Discus bT	☐ G-CHZX	Schleicher K 8B
☐ G-CHOX	Europa Avn Europa XS	☐ G-CHVF	Rolladen-Schneider LS6-18	☐ G-CHZZ	Rolladen-Schneider LS4
☐ G-CHOY	S-H Mini-Nimbus C	☐ G-CHVG	Schleicher ASK 21	☐ G-CHZZ	Schleicher ASW 20L
☐ G-CHOZ	Rolladen-Schneider LS6-18W	☐ G-CHVH	Pilatus B4-PC11	☐ G-CIAO	III Sky Arrow 650 T

Registration	Type	Registration	Type	Registration	Type
G-CIAS	BN2B-21 Islander	G-CJCM	Schleicher ASW 27	G-CJGY	S-H Standard Cirrus
G-CIBO	Cessna 180K	G-CJCN	S-H Standard Cirrus	G-CJGZ	Glasflügel H201B
G-CICI	Cameron R-15	G-CJCP	Rolladen-Schneider LS8-18	G-CJHD	Schleicher Ka 6E
G-CIDA	Robinson R44 Beta II	G-CJCT	Schempp-Hirth Nimbus 4T	G-CJHG	Grob G102 Astir CS
G-CIDD	Bellanca 7ECA	G-CJCU	S-H Standard Cirrus	G-CJHJ	Glasflügel H201B
G-CIDR	Robinson R44 Raven II	G-CJCV	Schleicher ASH 25E	G-CJHK	Schleicher K 8B
G-CIEL	Cessna 560XL Citation Excel	G-CJCW	Grob G102 Astir CS77	G-CJHL	Schleicher Ka 6E
G-CIGY	Westland Bell 47G-3B-1	G-CJCX	Schempp-Hirth Discus bT	G-CJHM	Schempp-Hirth Discus b
G-CIRI	Cirrus SR20	G-CJCY	Rolladen-Schneider LS8-18	G-CJHN	Grob G102 Astir CS
G-CIRS	Cirrus SR20	G-CJCZ	Schleicher Ka 6CR	G-CJHO	Schleicher ASK 18
G-CITJ	Cessna 525	G-CJDB	Cessna 525	G-CJHP	Flight Design CTSW
G-CITR	Cameron Z-105	G-CJDC	Schleicher ASW 27	G-CJHR	Centrair SNC34C
G-CITY	Piper PA-31-350 Chieftain	G-CJDD	Glaser-Dirks DG-202	G-CJHS	Schleicher ASW 19B
G-CIVA	Boeing 747-436	G-CJDE	Rolladen-Schneider LS8-18	G-CJHU	Rolladen-Schneider LS8-18
G-CIVB	Boeing 747-436	G-CJDF	Schleicher ASH 25E	G-CJHW	Glaser-Dirks DG-200
G-CIVC	Boeing 747-436	G-CJDG	Rolladen-Schneider LS6-b	G-CJHX	Bölkow Phoebus C
G-CIVD	Boeing 747-436	G-CJDJ	Rolladen-Schneider LS3	G-CJHY	Rolladen-Schneider LS8-18
G-CIVE	Boeing 747-436	G-CJDK	Rolladen-Schneider LS8-18	G-CJHZ	Schleicher ASW 20
G-CIVF	Boeing 747-436	G-CJDM	Schleicher ASW 15B	G-CJJB	Rolladen-Schneider LS4
G-CIVG	Boeing 747-436	G-CJDP	Glaser-Dirks DG-202	G-CJJD	Schempp-Hirth Discus bT
G-CIVH	Boeing 747-436	G-CJDR	Schleicher ASW 15	G-CJJE	Schempp-Hirth Discus a
G-CIVI	Boeing 747-436	G-CJDS	S-H Standard Cirrus	G-CJJF	Schleicher ASW 27
G-CIVJ	Boeing 747-436	G-CJDT	Rolladen-Schneider LS8-a	G-CJJH	DG-800S
G-CIVK	Boeing 747-436	G-CJDU	LET L-13 Blanik	G-CJJJ	S-H Standard Cirrus
G-CIVL	Boeing 747-436	G-CJDV	Glaser-Dirks DG-300	G-CJJK	Rolladen-Schneider LS8-18
G-CIVM	Boeing 747-436	G-CJDX	Wassmer WA.28	G-CJJL	Schleicher ASW 19B
G-CIVN	Boeing 747-436	G-CJDY	Rolladen-Schneider LS8-18	G-CJJP	Schempp-Hirth Duo Discus
G-CIVO	Boeing 747-436	G-CJDZ	Schempp-Hirth Nimbus 4T	G-CJJR	Schleicher ASK 21
G-CIVP	Boeing 747-436	G-CJEA	Rolladen-Schneider LS8-18	G-CJJT	Schleicher ASW 27
G-CIVR	Boeing 747-436	G-CJEB	Schleicher ASW 24	G-CJJX	Schleicher ASW 15B
G-CIVS	Boeing 747-436	G-CJEC	SZD-50-3 Puchacz	G-CJJZ	Schempp-Hirth Discus bT
G-CIVT	Boeing 747-436	G-CJED	S-H Nimbus 3/24.5	G-CJKA	Schleicher ASK 21
G-CIVU	Boeing 747-436	G-CJEE	Schleicher ASW 20L	G-CJKB	PZL-Swidnik PW-5 Smyk
G-CIVV	Boeing 747-436	G-CJEH	Glasflügel H303	G-CJKD	Rolladen-Schneider LS8-18
G-CIVW	Boeing 747-436	G-CJEL	Schleicher ASW 24	G-CJKE	PZL-Swidnik PW-5 Smyk
G-CIVX	Boeing 747-436	G-CJEM	Schempp-Hirth Duo Discus	G-CJKF	Glaser-Dirks DG-200
G-CIVY	Boeing 747-436	G-CJEP	Rolladen-Schneider LS4-b	G-CJKG	Schleicher ASK 18
G-CIVZ	Boeing 747-436	G-CJER	S-H Standard Cirrus	G-CJKJ	Schleicher ASK 21
G-CIZZ	Beech 58 Baron	G-CJEU	Glasflügel H201B	G-CJKK	Schleicher ASK 21
G-CJAB	Dornier 328-300	G-CJEV	S-H Standard Cirrus	G-CJKM	Glaser-Dirks DG-202
G-CJAD	Cessna 525	G-CJEW	Schleicher Ka 6CR	G-CJKN	Rolladen-Schneider LS8-18
G-CJAG	Raytheon 390	G-CJEX	Schempp-Hirth Ventus 2a	G-CJKO	Schleicher ASK 21
G-CJAI	P&M Quik GT450	G-CJEZ	Glaser-Dirks DG-100	G-CJKP	Rolladen-Schneider LS4-b
G-CJAL	Schleicher Ka 6E	G-CJFA	S-H Standard Cirrus	G-CJKR	Schempp-Hirth Discus b
G-CJAO	Schempp-Hirth Discus b	G-CJFC	Schempp-Hirth Discus CS	G-CJKS	Schleicher ASW 19B
G-CJAR	Schempp-Hirth Discus bT	G-CJFE	Schempp-Hirth Janus Ce	G-CJKT	Schleicher ASK 13
G-CJAS	Glasflügel H201B	G-CJFF	Schempp-Hirth Duo Discus	G-CJKU	Schleicher ASK 18
G-CJAT	Schleicher K 8B	G-CJFH	Schempp-Hirth Duo Discus	G-CJKV	Grob G103A Twin Acro
G-CJAV	Schleicher ASK 21	G-CJFJ	Schleicher ASW 20CL	G-CJKW	Grob G102 Astir CS77
G-CJAW	Glaser-Dirks DG-202	G-CJFK	Schleicher ASW 20L	G-CJKX	Schempp-Hirth Discus b
G-CJAX	Schleicher ASK 21	G-CJFM	Schleicher ASK 13	G-CJKY	Schempp-Hirth Ventus cT
G-CJAY	P&M Quik GT450	G-CJFR	Schempp-Hirth Ventus cT	G-CJKZ	Schleicher ASK 21
G-CJAZ	Grob G102 Astir CS	G-CJFT	Schleicher K 8B	G-CJLA	Schempp-Hirth Ventus-2cT
G-CJBB	Rolladen-Schneider LS8-a	G-CJFU	Schleicher ASW 19B	G-CJLC	Schempp-Hirth Discus CS
G-CJBC	Piper PA-28-180 Cherokee D	G-CJFX	Rolladen-Schneider LS8-a	G-CJLG	SZD-51-1 Junior
G-CJBH	Pik 20D	G-CJFY	Federov ME7 Mechta	G-CJLH	Rolladen-Schneider LS4
G-CJBJ	Standard Cirrus	G-CJFZ	Federov ME7 Mechta	G-CJLJ	Rolladen-Schneider LS4-b
G-CJBK	Schleicher ASW 19B	G-CJGB	Schleicher K 8B	G-CJLK	Rolladen-Schneider LS7
G-CJBM	Schleicher ASK 21	G-CJGD	Schleicher K 8B	G-CJLL	Robinson R44 Beta II
G-CJBO	Rolladen-Schneider LS8-18	G-CJGE	Schleicher ASK 21	G-CJLN	Rolladen-Schneider LS8-18
G-CJBR	Schempp-Hirth Discus b	G-CJGF	Schempp-Hirth Ventus-c	G-CJLO	Schleicher ASK 13
G-CJBS	AB Sportine LAK-12	G-CJGG	P&M Quik GT450	G-CJLP	Schempp-Hirth Discus b
G-CJBT	Schleicher ASW 19B	G-CJGH	Schempp-Hirth Nimbus 2C	G-CJLR	Grob G102 Astir CS
G-CJBW	Schempp-Hirth Discus bT	G-CJGJ	Schleicher ASK 21	G-CJLS	Schleicher K 8B
G-CJBX	Rolladen-Schneider LS4-a	G-CJGK	Pik 20D	G-CJLV	Schleicher Ka 6E
G-CJBY	AB Sportine LAK-12	G-CJGL	Schempp-Hirth Discus CS	G-CJLW	Schempp-Hirth Discus CS
G-CJCA	Schleicher ASW 15B	G-CJGM	Schempp-Hirth Discus CS	G-CJLY	Schleicher ASW 27
G-CJCC	Cessna 680 Sovereign	G-CJGN	S-H Standard Cirrus	G-CJLZ	Grob G103A Twin Acro
G-CJCD	Schleicher ASW 24	G-CJGR	Schempp-Hirth Discus bT	G-CJMA	Schleicher ASK 18
G-CJCF	Grob G102 Astir CS77	G-CJGS	Rolladen-Schneider LS8-18	G-CJMB	Canadair CRJ850
G-CJCG	PZL-Swidnik PW-5 Smyk	G-CJGU	S-H Mini-Nimbus B	G-CJMD	EMB-135BJ Legacy
G-CJCJ	Standard Cirrus	G-CJGV	Schleicher ASK 13	G-CJMG	SZD-51-1 Junior
G-CJCK	Schempp-Hirth Discus bT	G-CJGX	Schleicher K 8B	G-CJMH	S-H Standard Cirrus

Registration	Type	Registration	Type	Registration	Type
G-CJMJ	Schleicher ASK 13	G-CJRJ	SZD-50-3 Puchacz	G-CJWD	Schleicher ASK 21
G-CJMK	Schleicher ASK 18	G-CJRL	Glaser-Dirks DG-100G	G-CJWF	Schleicher ASW 27
G-CJML	Grob G102 Astir CS77	G-CJRR	Schempp-Hirth Discus bT	G-CJWG	Schempp-Hirth Nimbus 3DT
G-CJMN	Schempp-Hirth Nimbus-2	G-CJRT	S-H Standard Cirrus	G-CJWJ	Schleicher ASK 13
G-CJMO	Rolladen-Schneider LS8-18	G-CJRU	Schleicher ASW 24	G-CJWK	Schempp-Hirth Discus bT
G-CJMP	Schleicher ASK 13	G-CJRV	Schleicher ASW 19B	G-CJWM	Grob G103 Twin Astir II
G-CJMR	Rolladen-Schneider LS8-18	G-CJRX	Schleicher ASK 13	G-CJWP	Phoebus B1
G-CJMS	Schleicher ASK 21	G-CJSD	Grob G102 Astir CS	G-CJWT	Glaser-Dirks DG-200
G-CJMT	Rolladen-Schneider LS8-18	G-CJSE	Schempp-Hirth Discus b	G-CJWU	Schempp-Hirth Ventus-bT
G-CJMU	Rolladen-Schneider LS8-18	G-CJSG	Schleicher Ka 6E	G-CJWV	Glasflügel H201B
G-CJMV	Schempp-Hirth Nimbus 2C	G-CJSH	Grob G102 Club Astir IIIB	G-CJWX	Schempp-Hirth Ventus 2cT
G-CJMW	Schleicher ASK 13	G-CJSJ	Grob G102 Astir CS	G-CJXA	Schempp-Hirth Nimbus 3DT
G-CJMX	Schleicher ASK 13	G-CJSK	Grob G102 Astir CS	G-CJXA	Schempp-Hirth Nimbus 3DT
G-CJMY	SZD-51-1 Junior	G-CJSL	Schempp-Hirth Ventus cT	G-CJXB	Centrair 201A
G-CJMZ	Schleicher ASK 13	G-CJSN	Schleicher K 8B	G-CJXC	Wassmer WA.28
G-CJNA	Grob G102 Astir CS	G-CJSS	Schleicher ASW 27	G-CJXG	Pik 20D
G-CJNB	Rolladen-Schneider LS8-18	G-CJST	Rolladen-Schneider LS1-c	G-CJXL	Schempp-Hirth Discus CS
G-CJNE	Schempp-Hirth Discus 2a	G-CJSU	Rolladen-Schneider LS8-18	G-CJXM	Schleicher ASK 13
G-CJNF	Schempp-Hirth Discus 2a	G-CJSV	Schleicher ASK 13	G-CJXN	Centrair 201B
G-CJNG	Glasflügel H201B	G-CJSW	Rolladen-Schneider LS4-a	G-CJXP	Glaser-Dirks DG-100
G-CJNJ	Rolladen-Schneider LS8-18	G-CJSX	DG-500 Elan Orion	G-CJXR	Schempp-Hirth Discus b
G-CJNK	Rolladen-Schneider LS8-18	G-CJSZ	Schleicher ASK 18	G-CJXT	Schleicher ASW 24B
G-CJNM	Rolladen-Schneider LS8-18	G-CJTB	Schleicher ASW 24	G-CJXW	S-H Duo Discus T
G-CJNN	Schleicher K 8B	G-CJTF	Schleicher ASW 27	G-CJXX	Pilatus B4-PC11AF
G-CJNO	Glaser-Dirks DG-300	G-CJTH	Schleicher ASW 24	G-CJXY	Elfe S4A
G-CJNP	Rolladen-Schneider LS6-b	G-CJTJ	S-H Mini-Nimbus B	G-CJYC	Grob G102 Astir CS
G-CJNR	Glasflügel H303	G-CJTK	DG-303 Elan Acro	G-CJYD	Schleicher ASW 27
G-CJNT	Schleicher ASW 19B	G-CJTL	Rolladen-Schneider LS8-18	G-CJYE	Schleicher ASK 13
G-CJNX	LET L-13 Blanik	G-CJTM	Rolladen-Schneider LS8-18	G-CJYF	Schempp-Hirth Discus CS
G-CJNZ	Glaser-Dirks DG-100	G-CJTN	Glaser-Dirks DG-300	G-CJYL	AB Sportine LAK-12
G-CJOA	Schempp-Hirth Discus b	G-CJTO	Glasflügel H303	G-CJYN	Schempp-Hirth Discus 2b
G-CJOB	Schleicher K 8B	G-CJTP	Schleicher ASW 20L	G-CJYP	Grob G102 Astir CS
G-CJOC	Schempp-Hirth Discus bT	G-CJTR	Rolladen-Schneider LS7-WL	G-CJYR	S-H Duo Discus T
G-CJOD	Rolladen-Schneider LS8-18	G-CJTS	Schempp-Hirth Cirrus VTC	G-CJYS	S-H Mini-Nimbus C
G-CJOE	S-H Standard Cirrus	G-CJTU	S-H Duo Discus T	G-CJYU	Schempp-Hirth Ventus 2cT
G-CJOG	Grob G103A Twin Acro	G-CJTV	Glasflügel H303	G-CJYV	Rolladen-Schneider LS3-17
G-CJOH	AB Sportine LAK-12	G-CJTY	Rolladen-Schneider LS8-a	G-CJZB	DG-500 Elan Orion
G-CJOJ	Schleicher K 8B	G-CJUB	Schempp-Hirth Discus CS	G-CJZE	Schleicher ASK 13
G-CJON	Grob G102 Astir CS77	G-CJUD	Denney Kitfox 3	G-CJZG	Schempp-Hirth Discus bT
G-CJOO	Schempp-Hirth Duo Discus	G-CJUE	Rolladen-Schneider LS8-18	G-CJZH	Schleicher ASW 20CL
G-CJOP	Centrair 101A Pegase	G-CJUF	Schempp-Hirth Ventus-2cT	G-CJZK	DG-500 Elan Orion
G-CJOR	Schempp-Hirth Ventus 2cT	G-CJUG	Issoire E78 B	G-CJZL	S-H Mini-Nimbus B
G-CJOS	S-H Standard Cirrus	G-CJUH	Schleicher ASW 27	G-CJZM	Schempp-Hirth Ventus-2a
G-CJOU	AB Sportine LAK-17A	G-CJUJ	Schleicher ASW 27	G-CJZN	Schleicher ASW 28
G-CJOV	Schleicher ASW 27	G-CJUK	Grob G102 Astir CS	G-CJZX	Schleicher ASW 27B
G-CJOW	Schempp-Hirth Cirrus	G-CJUM	S-H Duo Discus T	G-CJZY	Grob G102 Standard Astir III
G-CJOX	Schleicher ASK 21	G-CJUN	Schleicher ASW 19B	G-CJZZ	Rolladen-Schneider LS7
G-CJOZ	Schleicher K 8B	G-CJUP	Schempp-Hirth Discus 2b	G-CKAC	Glaser-Dirks DG-200
G-CJPA	Schempp-Hirth Duo Discus	G-CJUR	Valentin Mistral C	G-CKAE	Centrair 101A Pegase
G-CJPC	Schleicher ASK 13	G-CJUS	Grob G102 Astir CS	G-CKAH	Schempp-Hirth Discus bT
G-CJPF	Glaser-Dirks DG-100	G-CJUU	S-H Standard Cirrus	G-CKAJ	Schempp-Hirth Ventus 2cT
G-CJPH	Rolladen-Schneider LS8-18	G-CJUV	Schempp-Hirth Discus b	G-CKAK	Schleicher ASW 28
G-CJPJ	Grob G104 Speed Astir IIB	G-CJUW	Schleicher ASW 19B	G-CKAL	Schleicher ASW 28
G-CJPL	Rolladen-Schneider LS8-18	G-CJUX	Aviastroitel AC-4C	G-CKAM	Glasflügel H205
G-CJPM	Grob G102 Astir CS	G-CJUZ	Schleicher ASW 19B	G-CKAN	SZD-50-3 Puchacz
G-CJPO	Schleicher ASK 18	G-CJVA	Schempp-Hirth Ventus 2cT	G-CKAP	Schempp-Hirth Discus CS
G-CJPP	Schempp-Hirth Discus b	G-CJVB	Schempp-Hirth Discus bT	G-CKAR	S-H Duo Discus T
G-CJPR	Rolladen-Schneider LS8-18	G-CJVC	SZD-51-1 Junior	G-CKAS	Schempp-Hirth Ventus-2cT
G-CJPS	Schleicher ASW 27	G-CJVE	Pik 20D	G-CKAU	DG-303 Elan Acro
G-CJPT	Schleicher ASW 27	G-CJVF	Schempp-Hirth Discus CS	G-CKAV	Rolladen-Schneider LS4-a
G-CJPW	Glaser-Dirks DG-200	G-CJVG	Schempp-Hirth Discus bT	G-CKAW	DG-505 Elan Orion
G-CJPX	Schleicher ASW 15	G-CJVJ	AB Sportine LAK-17A	G-CKAX	DG-505 Elan Orion
G-CJPY	Schleicher ASK 13	G-CJVL	Glaser-Dirks DG-300	G-CKAY	Grob G102 Astir CS
G-CJPZ	Schleicher ASK 18	G-CJVM	Schleicher ASW 27	G-CKBA	Centrair 101A Pegase
G-CJRA	Rolladen-Schneider LS8-18	G-CJVP	Glaser-Dirks DG-200	G-CKBC	Rolladen-Schneider LS6-c
G-CJRB	Schleicher ASW 19B	G-CJVS	Schleicher ASW 28	G-CKBD	Grob G102 Astir CS
G-CJRC	Glaser-Dirks DG-300	G-CJVU	S-H Standard Cirrus	G-CKBF	DG-303
G-CJRD	Grob G102 Astir CS	G-CJVV	Schempp-Hirth Janus C	G-CKBG	Schempp-Hirth Ventus-2cT
G-CJRE	Schleicher ASW 15	G-CJVW	Schempp-Hirth Ventus 15	G-CKBH	Rolladen-Schneider LS6
G-CJRF	SZD-50-3 Puchacz	G-CJVX	Schempp-Hirth Discus CS	G-CKBK	Schempp-Hirth Ventus 2cT
G-CJRG	S-H Standard Cirrus	G-CJVZ	Schleicher ASK 21	G-CKBM	Schleicher ASW 28
G-CJRH	Schleicher ASW 27	G-CJWB	Schleicher ASK 13	G-CKBN	SZD-55-1 Promyk

G-CKBS	Glaser-Dirks DG-600	G-CKGD	Schempp-Hirth Ventus 2cT	G-CKMB	AB Sportine LAK-19T
G-CKBT	S-H Standard Cirrus	G-CKGF	S-H Duo Discus T	G-CKMC	Grob G102 Astir CS77
G-CKBU	Schleicher ASW 28	G-CKGH	Grob G102 Club Astir II	G-CKMD	S-H Standard Cirrus
G-CKBV	Schleicher ASW 28	G-CKGK	Schleicher ASK 21	G-CKME	DG Flugzeugbau LS8-st
G-CKBX	Schleicher ASW 27	G-CKGL	Schempp-Hirth Ventus 2cT	G-CKMF	Centrair 101A Pegase
G-CKCB	Rolladen-Schneider LS4-a	G-CKGM	Centrair 101A Pegase	G-CKMG	Glaser-Dirks DG-100G
G-CKCD	Schempp-Hirth Ventus-2cT	G-CKGN	Schleicher ASW 28-18	G-CKMI	Schleicher K 8C
G-CKCE	Schempp-Hirth Ventus-2cT	G-CKGT	Standard Cirrus 75-VTC	G-CKMJ	Schleicher Ka 6CR
G-CKCH	Schempp-Hirth Ventus-2cT	G-CKGU	Schleicher ASW 19B	G-CKML	S-H Duo Discus T
G-CKCJ	Schleicher ASW 28	G-CKGV	Schleicher ASW 28-18	G-CKMM	Schleicher ASW 28-18
G-CKCK	Enstrom 280FX	G-CKGX	Schleicher ASK 21	G-CKMO	Rolladen-Schneider LS7-WL
G-CKCM	Glasflügel H201B	G-CKGY	Scheibe Bergfalke IV	G-CKMP	AB Sportine LAK-17A
G-CKCN	Schleicher ASW 27	G-CKHA	SZD-51-1 Junior	G-CKMR	Letov LF-107 Lunak
G-CKCP	Grob G102 Astir CS	G-CKHB	Rolladen-Schneider LS3	G-CKMT	Grob G103C Twin III Acro
G-CKCR	AB Sportine LAK-17A	G-CKHC	Glaser-Dirks DG-505	G-CKMV	Rolladen-Schneider LS3-17
G-CKCT	Schleicher ASK 21	G-CKHD	Schleicher ASW 27B	G-CKMW	Schleicher ASK 21
G-CKCV	S-H Duo Discus T	G-CKHE	AB Sportine LAK-17A	G-CKMY	Schleicher ASW 20L
G-CKCW	Glaser-Dirks DG-202	G-CKHF	Schleicher ASW 20	G-CKMZ	Schleicher ASW 28-18
G-CKCY	Schleicher ASW 20	G-CKHG	Schleicher ASW 27B	G-CKNB	S-H Standard Cirrus
G-CKCZ	Schleicher ASK 21	G-CKHH	Schleicher ASK 13	G-CKNC	Caproni Calif A-21S
G-CKDA	Schempp-Hirth Ventus 2b	G-CKHK	S-H Duo Discus T	G-CKND	DG-1000T
G-CKDB	Schleicher Ka 6CR	G-CKHM	Centrair 101A Pegase 90	G-CKNE	Standard Cirrus 75-VTC
G-CKDC	Centrair ASW 20F	G-CKHN	SZD-51-1 Junior	G-CKNF	DG-1000T
G-CKDF	Schleicher ASK 21	G-CKHP	Rolladen-Schneider LS8-18	G-CKNG	Schleicher ASW 28-18E
G-CKDH	Schleicher K 8B	G-CKHR	SZD-51-1 Junior	G-CKNJ	S-H Duo Discus xT
G-CKDK	Rolladen-Schneider LS4-a	G-CKHS	Rolladen-Schneider LS7-WL	G-CKNK	Glaser-Dirks DG-500
G-CKDN	Schleicher ASW 27B	G-CKHT	S-H Standard Cirrus	G-CKNL	Schleicher ASK 21
G-CKDO	Schempp-Hirth Ventus 2cT	G-CKHV	Glaser-Dirks DG-100	G-CKNM	Schleicher ASK 18
G-CKDP	Schleicher ASK 21	G-CKHW	SZD-50-3	G-CKNN	Slingsby T21B
G-CKDS	Schleicher ASW 27	G-CKJA	Schleicher ASW 28-18	G-CKNO	S-H Ventus 2cxT
G-CKDU	Glaser-Dirks DG-202	G-CKJB	Schempp-Hirth Ventus bT	G-CKNR	S-H Ventus 2cxT
G-CKDV	Schempp-Hirth Ventus b	G-CKJC	Schempp-Hirth Nimbus 3T	G-CKNS	Rolladen-Schneider LS4-a
G-CKDW	Schleicher ASW 27	G-CKJD	Standard Cirrus 75-VTC	G-CKNU	Schleicher ASW 27
G-CKDX	Glaser-Dirks DG-200	G-CKJE	DG Flugzeugbau LS8-18	G-CKNV	Schleicher ASW 28-18E
G-CKDY	Glaser-Dirks DG-100	G-CKJF	Standard Cirrus	G-CKOD	Schempp-Hirth Discus bT
G-CKDZ	S-H Standard Cirrus	G-CKJG	Schempp-Hirth Cirrus VTC	G-CKOE	Schleicher ASW 27-18
G-CKEA	Schempp-Hirth Cirrus	G-CKJH	DG-303 Elan	G-CKOH	DG-1000T
G-CKEB	S-H Standard Cirrus	G-CKJJ	DG-500 Elan Orion	G-CKOI	AB Sportine LAK-17AT
G-CKEC	Rolladen-Schneider LS4-a	G-CKJL	Schleicher ASK 13	G-CKOJ	Schempp-Hirth Duo Discus
G-CKED	Schleicher ASW 27	G-CKJM	Schempp-Hirth Ventus cT	G-CKOK	Schempp-Hirth Discus 2cT
G-CKEE	Grob G102 Astir CS	G-CKJN	Schleicher ASW 20	G-CKOL	S-H Duo Discus T
G-CKEJ	Schleicher ASK 21	G-CKJP	Schleicher ASK 21	G-CKOM	Schempp-Hirth Discus 27-18
G-CKEK	Schleicher ASK 21	G-CKJS	Schleicher ASW 28-18E	G-CKON	Schleicher ASW 27
G-CKEL	Rolladen-Schneider LS8-18	G-CKJV	Schleicher ASW 28-18E	G-CKOO	Schleicher ASW 27
G-CKEM	Robinson R44 Beta II	G-CKJZ	Schempp-Hirth Discus bT	G-CKOR	Glaser-Dirks DG-300
G-CKEP	Rolladen-Schneider LS6-b	G-CKKB	Centrair 101A Pegase	G-CKOT	Schleicher ASK 21
G-CKER	Schleicher ASW 19B	G-CKKC	DG-303 Elan Acro	G-CKOU	AB Sportine LAK-19T
G-CKES	Schempp-Hirth Cirrus	G-CKKD	Schleicher ASW 28-18E	G-CKOV	Issoire E 78 B
G-CKET	Rolladen-Schneider LS6-b	G-CKKE	S-H Duo Discus T	G-CKOW	DG-505 Elan Orion
G-CKEV	Schempp-Hirth Duo Discus	G-CKKF	Schempp-Hirth Ventus 2cT	G-CKOX	DG-505 Elan Orion
G-CKEX	Schleicher ASW 19B	G-CKKH	Schleicher ASW 27B	G-CKOY	Schleicher ASW 27
G-CKEY	Piper PA-28-161 Warrior II	G-CKKK	AB Sportine LAK-17A	G-CKOZ	Schleicher ASW 27
G-CKEZ	DG Flugzeugbau LS8-t	G-CKKN	Schempp-Hirth Duo Discus	G-CKPA	AB Sportine LAK-19T
G-CKFA	S-H Standard Cirrus	G-CKKP	Schleicher ASK 21	G-CKPE	Schempp-Hirth Duo Discus
G-CKFB	Schempp-Hirth Discus 2T	G-CKKR	Schleicher ASK 13	G-CKPG	Schempp-Hirth Discus 2cT
G-CKFC	Schempp-Hirth Ventus 2cT	G-CKKV	DG-1000S	G-CKPJ	Elfe S4D
G-CKFD	Schleicher ASW 27	G-CKKX	Rolladen-Schneider LS4-a	G-CKPK	Schempp-Hirth Ventus 2cT
G-CKFE	Pik 20D	G-CKKY	S-H Duo Discus T	G-CKPL	S-H Standard Cirrus
G-CKFG	Grob G103A Twin Acro	G-CKLA	Schleicher ASK 13	G-CKPM	DG Flugzeugbau LS8-t
G-CKFH	S-H Mini-Nimbus B	G-CKLB	Schleicher ASW 27B	G-CKPN	SZD-51-1 Junior
G-CKFJ	Schleicher ASK 13	G-CKLC	Glasflügel H206	G-CKPO	S-H Duo Discus T
G-CKFK	Standard Cirrus 75-VTC	G-CKLD	Schempp-Hirth Discus 2cT	G-CKPP	Schleicher ASK 21
G-CKFL	Rolladen-Schneider LS4	G-CKLF	Schempp-Hirth Janus	G-CKPU	Schleicher ASW 27
G-CKFM	Rolladen-Schneider LS8-18	G-CKLG	Rolladen-Schneider LS4	G-CKPV	S-H Mini-Nimbus B
G-CKFN	DG-1000S	G-CKLN	Rolladen-Schneider LS4	G-CKPX	PZL-Swidnik PW-6U
G-CKFP	Schempp-Hirth Ventus 2cT	G-CKLP	Schleicher ASW 28-18E	G-CKPY	Schempp-Hirth Ventus 2cT
G-CKFR	Schleicher ASK 13	G-CKLR	SZD-55-1 Promyk	G-CKPZ	Schleicher ASW 20
G-CKFT	S-H Duo Discus T	G-CKLS	Rolladen-Schneider LS4	G-CKRB	Schleicher ASK 13
G-CKFV	DG Flugzeugbau LS8-t	G-CKLT	S-H Nimbus 3/24.5	G-CKRC	Schleicher ASW 28-18E
G-CKFY	Schleicher ASK 21	G-CKLV	Schempp-Hirth Discus 2cT	G-CKRD	Schleicher ASW 27
G-CKGA	Schempp-Hirth Ventus 2cxT	G-CKLW	Schleicher ASK 21	G-CKRF	Glaser-Dirks DG-300
G-CKGB	Schempp-Hirth Ventus 2cT	G-CKLY	DG-1000T	G-CKRH	Grob G103 Twin Astir II
G-CKGC	Schempp-Hirth Ventus 2cxT	G-CKMA	DG Flugzeugbau LS8-st	G-CKRI	Schleicher ASK 21

☐ G-CKRJ	Schleicher ASW 27	☐ G-CONL	SOCATA TB-10 Tobago	☐ G-CSDJ	Avtech Jabiru UL-450
☐ G-CKRM	Schleicher ASW 27	☐ G-CONR	Champion 7GCBC	☐ G-CSDR	Corvus CA22
☐ G-CKRN	Grob G102 Astir CS	☐ G-COOT	Taylor Coot A	☐ G-CSFC	Cessna 150L
☐ G-CKRO	S-H Duo Discus T	☐ G-COPS	Piper J-3C-65 Cub	☐ G-CSFD	Ultramagic M-90
☐ G-CKRR	Schleicher ASW 15B	☐ G-COPZ	Van's RV-7	☐ G-CSGT	Piper PA-28-161 Warrior II
☐ G-CKRS	Diamant 16.5	☐ G-CORA	Europa Avn Europa XS	☐ G-CSIX	Piper PA-32-300
☐ G-CKRT	Schleicher ASW 27	☐ G-CORB	SOCATA TB-20 Trinidad	☐ G-CSMK	EV-97 Eurostar
☐ G-CKRU	PZL-Swidnik PW-6U	☐ G-CORD	Nipper T.66 Series 3	☐ G-CSPR	Van's RV-6A
☐ G-CKRV	Schleicher ASW 27	☐ G-CORL	AS350B3 Ecureuil	☐ G-CSUE	ICP MXP-740 Savannah
☐ G-CKRW	Schleicher ASK 21	☐ G-COSY	Lindstrand LBL 56A	☐ G-CSWH	Piper PA-28R-180 Arrow
☐ G-CKRX	PZL-Swidnik PW-6U	☐ G-COTT	Cameron House-60	☐ G-CSZM	Zenair CH.601XL Zodiac
☐ G-CKSD	Rolladen-Schneider LS8-a	☐ G-COUP	Ercoupe 415C	☐ G-CTAA	Schempp-Hirth Janus
☐ G-CKSH	SZD-30	☐ G COUZ	Raj Hamsa X'Air 582	☐ G-CTAG	Rolladen-Schneider LS8-18
☐ G-CKSK	Pilatus B4-PC11	☐ G-COVA	Piper PA-28-161 Warrior III	☐ G-CTAV	EV-97 teamEurostar UK
☐ G-CKSL	Schleicher ASW 15B	☐ G-COVB	Piper PA-28-161 Warrior III	☐ G-CTCD	Diamond DA.42 Twin Star
☐ G-CKSM	S-H Duo Discus T	☐ G-COVE	Avtech Jabiru UL-450	☐ G-CTCE	Diamond DA.42 Twin Star
☐ G-CKSO	Pilatus B4-PC11AF	☐ G-COXS	Aeroprakt A22 Foxbat	☐ G-CTCF	Diamond DA.42 Twin Star
☐ G-CKSY	Rolladen-Schneider LS7-WL	☐ G-COXY	Air Création 582/Kiss 400	☐ G-CTCH	Diamond DA.42 Twin Star
☐ G-CLAC	Piper PA-28-161 Warrior II	☐ G-COZI	Rutan Cozy	☐ G-CTCL	SOCATA TB-10 Tobago
☐ G-CLAS	Short SD3-60 Variant 100	☐ G-CPCD	Jodel DR.221	☐ G-CTDH	Flight Design CT2K
☐ G-CLAV	Europa Avn Europa	☐ G-CPDW	Mudry CAP.10B	☐ G-CTDW	Flight Design CTSW
☐ G-CLAX	Jurca Sirocco	☐ G-CPEL	Boeing 757-236	☐ G-CTEC	Stoddard-Hamilton GlaStar
☐ G-CLAY	Bell 206B JetRanger	☐ G-CPEM	Boeing 757-236	☐ G-CTED	Van's RV-7A
☐ G-CLDS	Rotorsport UK Calidus	☐ G-CPEN	Boeing 757-236	☐ G-CTEL	Cameron N-90
☐ G-CLEA	Piper PA-28-161 Warrior II	☐ G-CPEO	Boeing 757-236	☐ G-CTEN	Cessna 750 Citation X
☐ G-CLEE	Rans S-6-ES Coyote II	☐ G-CPEP	Boeing 757-2Y0	☐ G-CTGR	Cameron N-77
☐ G-CLEG	Flight Design CTSW	☐ G-CPER	Boeing 757-236	☐ G-CTIO	SOCATA TB-20 Trinidad GT
☐ G-CLEM	Bölkow BO.208A2 Junior	☐ G-CPES	Boeing 757-236	☐ G-CTIX	Spitfire Tr.9
☐ G-CLEO	Zenair CH.601HD Zodiac	☐ G-CPET	Boeing 757-236	☐ G-CTKL	AT-16 Harvard IIB
☐ G-CLFC	Mainair Blade	☐ G-CPFC	Cessna F152	☐ G-CTLS	Flight Design CTLS
☐ G-CLGC	Schempp-Hirth Duo Discus	☐ G-CPHA	Robinson R44 Beta II	☐ G-CTOY	Denney Kitfox 3
☐ G-CLIC	Cameron A-105	☐ G-CPMK	DHC-1 Chipmunk 22	☐ G-CTRL	Robinson R22 Beta
☐ G-CLIF	Comco Ikarus C42	☐ G-CPMS	SOCATA TB-20 Trinidad	☐ G-CTSW	Flight Design CTSW
☐ G-CLIN	Comco Ikarus C42	☐ G-CPOL	AS355F1 Ecureuil	☐ G-CTUG	Piper PA-25-235 Pawnee
☐ G-CLOE	Sky 90-24	☐ G-CPPM	AT-16 Harvard II	☐ G-CTWO	S-H Standard Cirrus
☐ G-CLOP	Piper PA-32R-301T Saratoga	☐ G-CPRI	Learjet 45	☐ G-CTWW	Piper PA-34-200T Seneca II
☐ G-CLOS	Piper PA-34-200T Seneca II	☐ G-CPSF	Cameron N-90	☐ G-CTZO	SOCATA TB-20 Trinidad GT
☐ G-CLOT	Robinson R44	☐ G-CPSH	Eurocopter EC.135 T2	☐ G-CUBB	Piper PA-18-95 Super Cub
☐ G-CLOW	Beech 200 Super King Air	☐ G-CPTM	Piper PA-28-151 Warrior	☐ G-CUBE	Best Off Sky Ranger
☐ G-CLRK	Sky 77-24	☐ G-CPTS	Agusta-Bell 206B JetRanger	☐ G-CUBI	Piper PA-18-125 Super Cub
☐ G-CLUB	Cessna FRA150N	☐ G-CPXC	Mudry CAP.10B	☐ G-CUBJ	Piper PA-18-150 Super Cub
☐ G-CLUE	Piper PA-34-200T Seneca II	☐ G-CRAB	Best Off Sky Ranger	☐ G-CUBN	Piper PA-18-150 Super Cub
☐ G-CLUX	Cessna F172N	☐ G-CRAR	CZAW Sportcruiser	☐ G-CUBP	Piper PA-18-150 Super Cub
☐ G-CLWN	Cameron Clown	☐ G-CRAY	Robinson R22 Beta	☐ G-CUBS	Piper J-3C-65 Cub
☐ G-CMAF	EMB-135BJ Legacy	☐ G-CRBV	Balony Kubicek BB26	☐ G-CUBW	Wag-Aero Acro Trainer
☐ G-CMBL	Canadair CRJ200	☐ G-CRDY	Agusta-Bell 206A JetRanger	☐ G-CUBY	Piper J-3C-65 Cub
☐ G-CMBR	Cessna 172S	☐ G-CRES	Denney Kitfox 2	☐ G-CUCU	Colt 180A
☐ G-CMBS	MD.900 Explorer	☐ G-CREY	Searey	☐ G-CUDY	Enstrom 480B
☐ G-CMCC	Robinson R44 Beta II	☐ G-CRIB	Robinson R44	☐ G-CUIK	QAC Quickie Q200
☐ G-CMED	SOCATA TB-9 Tampico Club	☐ G-CRIC	Colomban Cri-Cri	☐ G-CULF	Robinson R44 Beta II
☐ G-CMGC	Piper PA-25-235 Pawnee D	☐ G-CRIK	Colomban MC-15 Cri-Cri	☐ G-CUMU	Schempp-Hirth Discus b
☐ G-CMLS	Cirrus SR20	☐ G-CRIL	Commander 112B	☐ G-CUPP	Pitts S-2A
☐ G-CMOR	Best Off Sky Ranger	☐ G-CRIS	Taylor Monoplane	☐ G-CUPS	Yakovlev Yak-52
☐ G-CMOS	Cessna T303	☐ G-CRJW	Schleicher ASW 27-18	☐ G-CURV	Avid Speedwing
☐ G-CMSN	Robinson R22 Beta	☐ G-CRLA	Cirrus SR20	☐ G-CUTE	Dyn'Aero MCR-01 Club
☐ G-CMWK	Grob G102 Astir CS	☐ G-CROB	Europa Avn Europa XS	☐ G-CUTY	Europa Avn Europa
☐ G-CMXX	Robinson R44 Beta II	☐ G-CROL	Maule MXT-7-180	☐ G-CVAL	Comco Ikarus C42
☐ G-CNAB	Avtech Jabiru UL-450	☐ G-CROO	Cessna 525A CJ2	☐ G-CVBF	Cameron A-210
☐ G-CNCN	Commander 112TCA	☐ G-CROP	Cameron Z-105	☐ G-CVII	DR 107 One Design
☐ G-COAI	Cranfield A.1	☐ G-CROW	Robinson R44	☐ G-CVIX	DH.110 Sea Vixen FAW2
☐ G-COCO	Cessna F172M	☐ G-CROY	Europa Avn Europa	☐ G-CVLH	Piper PA-28-181 Seneca II
☐ G-CODY	Kolb Twinstar Mk3 Extra	☐ G-CRPH	Airbus A320-231	☐ G-CVMI	Piper PA-18-150 Super Cub
☐ G-COIN	Bell 206B JetRanger	☐ G-CRUI	CZAW Sportcruiser	☐ G-CVPM	VPM M16 Tandem Trainer
☐ G-COLA	Beech F33C Bonanza	☐ G-CRUM	Westland Scout AH1	☐ G-CVST	Jodel D140
☐ G-COLH	Piper PA-28-140 Cherokee	☐ G-CRUZ	Cessna T303	☐ G-CVXN	Cessna F406
☐ G-COLI	Rotorsport UK MT-03	☐ G-CRWZ	CZAW Sportcruiser	☐ G-CVZT	Schempp-Hirth Ventus 2cT
☐ G-COLL	Enstrom 280C	☐ G-CRZA	CZAW Sportcruiser	☐ G-CWAG	Falco F8L
☐ G-COLS	Van's RV-7A	☐ G-CSAM	Van's RV-9A	☐ G-CWAL	Raj Hamsa X'Air 133
☐ G-COMB	PA-30 Twin Comanche B	☐ G-CSAV	Thruster T600N 450	☐ G-CWAY	Comco Ikarus C42
☐ G-COML	EC.120B Colibri	☐ G-CSAW	CZAW Sportcruiser	☐ G-CWBM	Currie Wot
☐ G-COMU	Flight Design CT2K	☐ G-CSBD	Piper PA-28-236 Dakota	☐ G-CWEB	P&M Quik GT450
☐ G-CONB	Robin DR.400-180 Régent	☐ G-CSBM	Cessna F150M	☐ G-CWFA	Piper PA-38-112 Tomahawk
☐ G-CONC	Cameron N-77	☐ G-CSCS	Cessna F172N	☐ G-CWFB	Piper PA-38-112 Tomahawk

Registration	Type	Registration	Type	Registration	Type
G-CWIC	Pegasus Quik	G-DAYZ	Pietenpol Air Camper	G-DCCR	Schleicher Ka 6E
G-CWIK	Pegasus Quik	G-DAZY	Piper PA-34-200T Seneca II	G-DCCT	Schleicher ASK 13
G-CWLC	Schleicher ASH 25	G-DAZZ	Van's RV-8	G-DCCU	Schleicher Ka 6E
G-CWMC	P&M Quik GT450	G-DBAT	Lindstrand LBL 56A	G-DCCV	Schleicher Ka 6E
G-CWMT	Dyn'Aero MCR-01	G-DBCA	Airbus A319-131	G-DCCW	Schleicher ASK 13
G-CWOT	Currie Wot	G-DBCB	Airbus A319-131	G-DCCX	Schleicher ASK 13
G-CWTD	Aeroprakt A22 Foxbat	G-DBCC	Airbus A319-131	G-DCCY	Schleicher ASK 13
G-CWVY	Pegasus Quik	G-DBCD	Airbus A319-131	G-DCCZ	Schleicher ASK 13
G-CXCX	Cameron N-90	G-DBCE	Airbus A319-131	G-DCDA	Schleicher Ka 6E
G-CXDZ	Cassutt Speed Two	G-DBCF	Airbus A319-131	G-DCDC	Lange E1 Antares
G-CXHK	Cameron N-77	G-DBCG	Airbus A319-131	G-DCDF	Schleicher Ka 6E
G-CXIP	Thruster T600N	G-DBCH	Airbus A319-131	G-DCDG	Diamant 18
G-CXSM	Cessna 172R	G-DBCI	Airbus A319-131	G-DCDH	S-H Standard Cirrus
G-CYLL	Falco F8L	G-DBCJ	Airbus A319-131	G-DCDW	Diamant 18
G-CYLS	Cessna T303	G-DBCK	Airbus A319-131	G-DCDZ	Schleicher Ka 6E
G-CYMA	Gulfstream American GA-7	G-DBDB	VPM M16 Tandem Trainer	G-DCEB	SZD-9bis Bocian 1E
G-CYOT	Rans S-6-ES Coyote II	G-DBIN	Medway SLA 80 Executive	G-DCEC	Schempp-Hirth Cirrus
G-CYPM	Cirrus SR22	G-DBJD	SZD-9bis Bocian 1D	G-DCEL	Schleicher Ka 6E
G-CYRA	Kolb Twinstar Mk3	G-DBLA	Boeing 767-35EER	G-DCEM	Schleicher Ka 6E
G-CYRS	Bell 206L LongRanger	G-DBLX	Aviat A-1B Husky	G-DCEO	Schleicher Ka 6E
G-CZAC	Zenair CH.601XL Zodiac	G-DBND	Schleicher Ka 6CR	G-DCEW	Schleicher Ka 6E
G-CZAF	Spitfire FR.IXe	G-DBNH	Schleicher Ka 6CR	G-DCEX	Schleicher ASK 13
G-CZAG	Sky 90-24	G-DBOK	AS355F2 Ecureuil 2	G-DCEY	Schleicher Ka 6E
G-CZAW	CZAW Sportcruiser	G-DBOL	Schleicher Ka 6CR	G-DCFA	Schleicher ASK 13
G-CZCZ	Mudry CAP.10B	G-DBRY	Slingsby T51 Dart 15	G-DCFE	Schleicher ASK 13
G-CZMI	Best Off Sky Ranger	G-DBSA	Slingsby T51 Dart 15	G-DCFF	Schleicher K 8B
G-CZNE	BN2B-20 Islander	G-DBSL	Slingsby T51 Dart 17	G-DCFG	Schleicher ASK 13
G-CZSC	CZAW Sportcruiser	G-DBSR	Kubicek BB26Z	G-DCFK	Schempp-Hirth Cirrus
G-DAAH	PA-28RT-201T Arrow IV	G-DBTJ	Schleicher Ka 6CR	G-DCFL	Schleicher Ka 6E
G-DAAM	Robinson R22 Beta	G-DBUF	Slingsby T51 Dart 15	G-DCFS	Glasflügel H201B
G-DAAT	Eurocopter EC.135 T2	G-DBUG	Robinson R44	G-DCFW	Glasflügel H201B
G-DAAZ	PA-28RT-201T Arrow IV	G-DBUZ	Schleicher Ka 6CR	G-DCFX	Glasflügel H201B
G-DABS	Robinson R22 Beta	G-DBVB	Schleicher K7	G-DCFY	Glasflügel H201B
G-DACA	Percival Sea Prince T1	G-DBVH	Slingsby T51 Dart 17R	G-DCGB	Schleicher Ka 6E
G-DACC	Cessna 401B	G-DBVR	Schleicher Ka 6CR	G-DCGD	Schleicher Ka 6E
G-DACF	Cessna 152	G-DBVX	Schleicher Ka 6CR	G-DCGE	Schleicher Ka 6E
G-DADA	Rotorsport UK MT-03	G-DBVY	LET L-13 Blanik	G-DCGH	Schleicher K 8B
G-DADG	Piper PA-18-150 Super Cub	G-DBVZ	Schleicher Ka 6CR	G-DCGM	Diamant 18
G-DADJ	Glaser-Dirks DG-200	G-DBWC	Schleicher Ka 6CR	G-DCGO	Schleicher ASK 13
G-DADZ	CZAW Sportcruiser	G-DBWJ	Slingsby T51 Dart 17R	G-DCGS	Diamant 18
G-DAFY	Beech 58 Baron	G-DBWM	Slingsby T51 Dart 17R	G-DCGT	Schempp-Hirth SHK-1
G-DAGJ	Zenair CH.601XL Zodiac	G-DBWO	Slingsby T51 Dart 15	G-DCGY	Schempp-Hirth Cirrus
G-DAIR	Luscombe 8A	G-DBWP	Slingsby T51 Dart 17R	G-DCHB	Schleicher Ka 6E
G-DAIV	Ultramagic H-77	G-DBWS	Slingsby T51 Dart 15	G-DCHC	Bölkow Phoebus C
G-DAJB	Boeing 757-2T7	G-DBXE	Slingsby T51 Dart 15	G-DCHJ	Bölkow Phoebus C
G-DAJC	Boeing 767-31K	G-DBXG	Slingsby T51 Dart 17R	G-DCHL	SZD-30
G-DAKI	Pilatus PC-12/47	G-DBXH	Slingsby T51 Dart 17R	G-DCHO	Aquila AT01
G-DAKK	Douglas DC-3C	G-DBYC	Slingsby T51 Dart 17R	G-DCHT	Schleicher ASW 15
G-DAKM	Diamond DA.40D Star	G-DBYL	Schleicher Ka 6CR	G-DCHU	Schleicher K 8B
G-DAKO	Piper PA-28-236 Dakota	G-DBYM	Schleicher Ka 6CR	G-DCHW	Schleicher ASK 13
G-DAMY	Europa Avn Europa	G-DBYU	Schleicher Ka 6CR	G-DCHZ	Schleicher Ka 6E
G-DANA	Replica Jodel DR200	G-DBYX	Schleicher Ka 6E	G-DCJB	Bölkow Phoebus C
G-DAND	SOCATA TB-10 Tobago	G-DBZF	Slingsby T51 Dart 17R	G-DCJK	Schempp-Hirth SHK-1
G-DANT	Commander 114	G-DBZX	Schleicher Ka 6CR	G-DCJN	Schempp-Hirth SHK-1
G-DANY	Avtech Jabiru UL-450	G-DBZZ	SZD-24-4A Foka 4	G-DCJR	Schempp-Hirth Cirrus
G-DANZ	AS355N Ecureuil 2	G-DCAE	Schleicher Ka 6E	G-DCJY	Schleicher Ka 6CR
G-DAPH	Cessna 180K	G-DCAG	Schleicher Ka 6E	G-DCKD	SZD-30
G-DARK	CFM Shadow DD	G-DCAO	Schempp-Hirth SHK-1	G-DCKK	Cessna F172N
G-DASH	Commander 112	G-DCAS	Schleicher Ka 6E	G-DCKL	Schleicher K 8B
G-DASS	Comco Ikarus C42	G-DCAZ	Slingsby T51 Dart 17R	G-DCKN	SZD-9bis Bocian 1E
G-DASY	Hughes 369E	G-DCBA	Slingsby T51 Dart 17R	G-DCKP	Schleicher ASW 15
G-DATG	Cessna F182P	G-DCBI	Schweizer 269C-1	G-DCKR	Schleicher ASK 13
G-DAUF	AS365N2 Dauphin 2	G-DCBW	Schleicher ASK 13	G-DCKU	Schleicher ASK 13
G-DAVD	Cessna FR172K	G-DCBY	Schleicher Ka 6CR	G-DCKV	Schleicher ASK 13
G-DAVE	Jodel D112	G-DCCA	Schleicher Ka 6E	G-DCKY	Glasflügel H201B
G-DAVG	Robinson R44 Beta II	G-DCCB	Schempp-Hirth SHK-1	G-DCKZ	S-H Standard Cirrus
G-DAVO	Gulfstream AA-5B	G-DCCE	Schleicher ASK 13	G-DCLA	S-H Standard Cirrus
G-DAVS	AB Sportine LAK-17AT	G-DCCF	Schleicher ASK 13	G-DCLM	Glasflügel H201B
G-DAVV	Robinson R44 Beta II	G-DCCG	Schleicher Ka 6E	G-DCLO	Schempp-Hirth Cirrus
G-DAVZ	Cessna 182Q	G-DCCJ	Schleicher Ka 6CR	G-DCLP	Glasflügel H201B
G-DAWG	Scottish Avn Bulldog	G-DCCL	Schleicher Ka 6E	G-DCLT	Schleicher K7
G-DAWZ	Glasflügel 304 CZ-17	G-DCCM	Schleicher ASK 13	G-DCLV	Glasflügel H201B
G-DAYS	Europa Avn Europa	G-DCCP	Schleicher ASK 13	G-DCLZ	Schleicher Ka 6E

☐ G-DCMF	SZD-32A Foka 5	
☐ G-DCMG	Schleicher K7	
☐ G-DCMH	Glasflügel H201B	
☐ G-DCMI	Pegasus Quik	
☐ G-DCMK	Schleicher ASK 13	
☐ G-DCMN	Schleicher K 8B	
☐ G-DCMO	Glasflügel H201B	
☐ G-DCMR	Glasflügel H201B	
☐ G-DCMS	Glasflügel H201B	
☐ G-DCMV	Glasflügel H201B	
☐ G-DCMW	Glasflügel H201B	
☐ G-DCNC	S-H Standard Cirrus	
☐ G-DCND	SZD-9bis Bocian 1E	
☐ G-DCNE	Glasflügel H201B	
☐ G-DCNF	Glasflügel H201B	
☐ G-DCNG	Glasflügel H201B	
☐ G-DCNJ	Glasflügel H201B	
☐ G-DCNM	SZD-9bis Bocian 1E	
☐ G-DCNP	Glasflügel H201B	
☐ G-DCNS	Slingsby T59A	
☐ G-DCNW	Slingsby T59F	
☐ G-DCNX	Slingsby T59F	
☐ G-DCNY	Glasflügel H201B	
☐ G-DCOJ	Slingsby T59A	
☐ G-DCON	Robinson R44	
☐ G-DCOR	Standard Cirrus	
☐ G-DCOY	S-H Standard Cirrus	
☐ G-DCPA	MBB BK-117C-1C	
☐ G-DCPD	Schleicher ASW 17	
☐ G-DCPJ	Schleicher Ka 6E	
☐ G-DCPM	Glasflügel H201B	
☐ G-DCPU	S-H Standard Cirrus	
☐ G-DCPV	SZD-30	
☐ G-DCRB	Glasflügel H201B	
☐ G-DCRH	Standard Cirrus	
☐ G-DCRN	S-H Standard Cirrus	
☐ G-DCRO	Glasflügel H201B	
☐ G-DCRS	Glasflügel H201B	
☐ G-DCRT	Schleicher ASK 13	
☐ G-DCRV	Glasflügel H201B	
☐ G-DCRW	Glasflügel H201B	
☐ G-DCSB	Slingsby T59F	
☐ G-DCSD	Slingsby T59D	
☐ G-DCSE	Robinson R44	
☐ G-DCSF	Slingsby T59F	
☐ G-DCSG	Robinson R44	
☐ G-DCSJ	Glasflügel H201B	
☐ G-DCSK	Slingsby T59D	
☐ G-DCSN	Pilatus B4-PC11AF	
☐ G-DCSP	Pilatus B4-PC11	
☐ G-DCSR	Glasflügel H201B	
☐ G-DCTA	BAe.125-800B	
☐ G-DCTB	Grob Standard Cirrus	
☐ G-DCTE	Schleicher ASW 17	
☐ G-DCTJ	Slingsby T59D	
☐ G-DCTL	Slingsby T59D	
☐ G-DCTM	Slingsby T59D	
☐ G-DCTO	Slingsby T59D	
☐ G-DCTP	Slingsby T59D	
☐ G-DCTR	Slingsby T59D	
☐ G-DCTT	S-H Standard Cirrus	
☐ G-DCTU	Glasflügel H201B	
☐ G-DCTV	SZD-30	
☐ G-DCTX	SZD-30	
☐ G-DCUB	Pilatus B4-PC11	
☐ G-DCUC	Pilatus B4-PC11	
☐ G-DCUD	Yorkshire Sailplanes YS53	
☐ G-DCUJ	Glasflügel H201B	
☐ G-DCUL	S-H Standard Cirrus	
☐ G-DCUO	Pilatus B4-PC11	
☐ G-DCUS	Schempp-Hirth Cirrus VTC	
☐ G-DCUT	Pilatus B4-PC11AF	
☐ G-DCVA	LET L-13 Blanik	
☐ G-DCVB	LET L-13 Blanik	
☐ G-DCVE	Schempp-Hirth Cirrus VTC	
☐ G-DCVG	Pilatus B4-PC11AF	
☐ G-DCVK	Pilatus B4-PC11AF	
☐ G-DCVL	Glasflügel H201B	
☐ G-DCVM	Pilatus B4-PC11AF	
☐ G-DCVS	SZD-36A	
☐ G-DCVV	Pilatus B4-PC11AF	
☐ G-DCVW	Slingsby T59D	
☐ G-DCVY	Slingsby T59D	
☐ G-DCWA	Slingsby T59D	
☐ G-DCWB	Slingsby T59D	
☐ G-DCWD	Slingsby T60D	
☐ G-DCWE	Glasflügel H201B	
☐ G-DCWF	Slingsby T59D	
☐ G-DCWG	Glasflügel H201B	
☐ G-DCWH	Schleicher ASK 13	
☐ G-DCWJ	Schleicher K7	
☐ G-DCWR	Schempp-Hirth Cirrus VTC	
☐ G-DCWS	Schempp-Hirth Cirrus VTC	
☐ G-DCWT	Glasflügel H201B	
☐ G-DCWX	Glasflügel H201B	
☐ G-DCWY	Glasflügel H201B	
☐ G-DCWZ	Glasflügel H201B	
☐ G-DCXK	Glasflügel H201B	
☐ G-DCXL	Jodel D140C	
☐ G-DCXM	Slingsby T59D	
☐ G-DCXV	Yorkshire Sailplanes YS53	
☐ G-DCYA	Pilatus B4-PC11	
☐ G-DCYD	SZD-30	
☐ G-DCYG	Glasflügel H201B	
☐ G-DCYM	S-H Standard Cirrus	
☐ G-DCYO	S-H Standard Cirrus	
☐ G-DCYT	S-H Standard Cirrus	
☐ G-DCYZ	Schleicher K 8B	
☐ G-DCZD	Pilatus B4-PC11	
☐ G-DCZE	SZD-30	
☐ G-DCZG	SZD-30	
☐ G-DCZJ	SZD-30	
☐ G-DCZN	Schleicher ASW 15B	
☐ G-DCZO	Slingsby T59D	
☐ G-DCZR	Slingsby T59D	
☐ G-DCZU	Slingsby T59D	
☐ G-DCZZ	Slingsby T59D	
☐ G-DDAC	SZD-36A	
☐ G-DDAJ	Schempp-Hirth Nimbus 2	
☐ G-DDAK	Schleicher K7	
☐ G-DDAN	SZD-30	
☐ G-DDAP	SZD-30	
☐ G-DDAS	S-H Standard Cirrus	
☐ G-DDAU	SZD-30	
☐ G-DDAV	Robinson R44 Beta II	
☐ G-DDAW	Schleicher Ka 6CR	
☐ G-DDAY	Piper PA-28R-201T Arrow III	
☐ G-DDBC	Pilatus B4-PC11	
☐ G-DDBD	Europa Avn Europa XS	
☐ G-DDBG	ICA IS-29D	
☐ G-DDBK	Slingsby T59D	
☐ G-DDBN	Slingsby T59D	
☐ G-DDBP	Glasflügel H205	
☐ G-DDBS	Slingsby T59D	
☐ G-DDBV	SZD-30	
☐ G-DDBX	SZD-9bis Bocian 1E	
☐ G-DDCA	SZD-36A	
☐ G-DDCC	Glasflügel H201B	
☐ G-DDCW	Schleicher Ka 6CR	
☐ G-DDDA	Standard Cirrus	
☐ G-DDDB	Schleicher ASK 13	
☐ G-DDDD	EV-97 teamEurostar UK	
☐ G-DDDE	SZD-38A Jantar 1	
☐ G-DDDL	Schleicher K 8B	
☐ G-DDDM	Schempp-Hirth Cirrus VTC	
☐ G-DDDN	SZD-9bis Bocian 1E	
☐ G-DDDR	Standard Cirrus	
☐ G-DDDW	SZD-30	
☐ G-DDDY	P&M Quik GT450	
☐ G-DDEA	Slingsby T59D	
☐ G-DDEG	ICA IS-28B2	
☐ G-DDEO	Glasflügel H205	
☐ G-DDEV	Schleicher Ka 6CR	
☐ G-DDEW	ICA IS-29D	
☐ G-DDEX	LET L-13 Blanik	
☐ G-DDFC	S-H Standard Cirrus	
☐ G-DDFE	PIK-20B	
☐ G-DDFK	PIK-20B	
☐ G-DDFL	SZD-38A Jantar 1	
☐ G-DDFN	Glaser-Dirks DG-100	
☐ G-DDFR	Grob G102 Astir CS	
☐ G-DDFV	SZD-38A Jantar 1	
☐ G-DDFW	SZD-30	
☐ G-DDFX	SZD-41A Jantar Standard 1	
☐ G-DDGA	Schleicher K 8B	
☐ G-DDGE	S-H Standard Cirrus	
☐ G-DDGG	Schleicher Ka 6E	
☐ G-DDGJ	Champion 8KCAB	
☐ G-DDGK	Schleicher Ka 6CR	
☐ G-DDGX	S-H Standard Cirrus	
☐ G-DDGY	Schempp-Hirth Nimbus-2B	
☐ G-DDHA	Schleicher K 8B	
☐ G-DDHC	SZD-41A Jantar Standard 1	
☐ G-DDHE	Slingsby T53B	
☐ G-DDHG	Schleicher Ka 6CR	
☐ G-DDHH	Pik 20B	
☐ G-DDHJ	Glaser-Dirks DG-100	
☐ G-DDHK	Glaser-Dirks DG-100	
☐ G-DDHL	Glaser-Dirks DG-100	
☐ G-DDHM	Schleicher Ka 6E	
☐ G-DDHN	Pik 20B	
☐ G-DDHT	Schleicher Ka 6E	
☐ G-DDHV	Pik 20B	
☐ G-DDHW	Schempp-Hirth Nimbus 2	
☐ G-DDHX	S-H Standard Cirrus	
☐ G-DDHZ	SZD-30	
☐ G-DDIG	Commander 114	
☐ G-DDJB	Schleicher K 8B	
☐ G-DDJD	Grob G102 Astir CS	
☐ G-DDJE	Schleicher Ka 6CR	
☐ G-DDJF	S-H Duo Discus T	
☐ G-DDJK	Schleicher ASK 18	
☐ G-DDJL	SZD-41A Jantar Standard 1	
☐ G-DDJM	SZD-41A Jantar Standard 1	
☐ G-DDJN	Pik 20B	
☐ G-DDJR	Schleicher Ka 6CR	
☐ G-DDJX	Grob G102 Astir CS	
☐ G-DDKC	Schleicher K 8B	
☐ G-DDKD	Glasflügel H206	
☐ G-DDKE	Schleicher ASK 13	
☐ G-DDKG	Schleicher Ka 6CR	
☐ G-DDKM	Schempp-Hirth Nimbus 2	
☐ G-DDKM	Glasflügel H206	
☐ G-DDKN	Schleicher Ka 6CR	
☐ G-DDKR	Grob G102 Astir CS	
☐ G-DDKS	Grob G102 Astir CS	
☐ G-DDKT	Pik 20B	
☐ G-DDKU	Grob G102 Astir CS	
☐ G-DDKW	Grob G102 Astir CS	
☐ G-DDKX	Grob G102 Astir CS	
☐ G-DDLA	Pilatus B4-PC11	
☐ G-DDLB	Schleicher ASK 18	
☐ G-DDLC	Schleicher ASK 13	
☐ G-DDLE	Schleicher Ka 6E	
☐ G-DDLH	Grob G102 Astir CS77	
☐ G-DDLJ	Pik 20B	
☐ G-DDLM	Grob G102 Astir CS	
☐ G-DDLP	Schleicher Ka 6CR	
☐ G-DDLS	Schleicher K 8B	

G-DDLT	ICA IS-28B2
G-DDLY	Pik 20D
G-DDMB	Schleicher K 8B
G-DDMD	Glaser-Dirks DG-100
G-DDMG	Schleicher K 8B
G-DDMH	Grob G102 Astir CS
G-DDMK	Schempp-Hirth SHK-1
G-DDML	Schleicher K7
G-DDMM	Schempp-Hirth Nimbus 2
G-DDMO	Schleicher Ka 6E
G-DDMP	Grob G102 Astir CS
G-DDMR	Grob G102 Astir CS
G-DDMS	Glasflügel H201B
G-DDMU	Pik 20D
G-DDMV	North American T-6G
G-DDMX	Schleicher ASK 13
G-DDNC	Grob G102 Astir CS
G-DDND	Pilatus B4-PC11AF
G-DDNE	Grob G102 Astir CS77
G-DDNF	SZD-9bis Bocian 1D
G-DDNG	Schempp-Hirth Nimbus-2
G-DDNJ	Schleicher ASK 18
G-DDNK	Grob G102 Astir CS
G-DDNT	SZD-30
G-DDNU	SZD-42 Jantar 2
G-DDNV	Schleicher ASK 13
G-DDNW	Schleicher Ka 6CR
G-DDNX	Schleicher Ka 6CR
G-DDNZ	Schleicher K 8B
G-DDOA	Schleicher ASK 13
G-DDOB	Grob G102 Astir CS77
G-DDOC	Schleicher Ka 6CR
G-DDOE	Grob G102 Astir CS77
G-DDOF	Schleicher Ka 6CR
G-DDOG	Scottish Avn Bulldog
G-DDOK	Schleicher Ka 6E
G-DDOR	Grob G102 Astir CS77
G-DDOU	Pik 20D
G-DDOX	Schleicher K7
G-DDOY	Schleicher K 8B
G-DDPA	Schleicher ASK 18
G-DDPH	S-H Mini-Nimbus B
G-DDPK	Glasflügel H303
G-DDPL	Pik 20D
G-DDPO	Grob G102 Astir CS
G-DDPY	Grob G102 Astir CS
G-DDRA	Schleicher Ka 6CR
G-DDRB	Glaser-Dirks DG-100
G-DDRD	Schleicher Ka 6CR
G-DDRE	Schleicher Ka 6CR
G-DDRJ	Schleicher ASK 13
G-DDRL	Scheibe SF26A
G-DDRM	Schleicher K7
G-DDRN	Glasflügel H303
G-DDRO	Grob G103 Twin Astir
G-DDRP	Pilatus B4-PC11
G-DDRT	Pik 20D
G-DDRU	Grob G102 Astir CS
G-DDRV	Schleicher K 8B
G-DDRW	Grob G102 Astir CS
G-DDRY	Schleicher Ka 6CR
G-DDRZ	Schleicher K 8B
G-DDSB	Schleicher Ka 6E
G-DDSF	Schleicher K 8B
G-DDSH	Grob G102 Astir CS
G-DDSJ	Grob G103 Twin Astir II
G-DDSL	Grob G103 Twin Astir
G-DDSP	S-H Mini-Nimbus B
G-DDST	Schleicher ASW 20L
G-DDSU	Grob G102 Astir CS
G-DDSV	Pilatus B4-PC11AF
G-DDSX	Schleicher ASW 19B
G-DDSY	Schleicher Ka 6CR
G-DDTA	Glaser-Dirks DG-200
G-DDTC	Schempp-Hirth Janus B
G-DDTE	Schleicher ASW 19B
G-DDTG	Schempp-Hirth SHK-1
G-DDTK	Glasflügel H303
G-DDTM	Glaser-Dirks DG-200
G-DDTN	Schleicher K 8B
G-DDTP	Schleicher ASW 20
G-DDTS	CARMAM M-100S
G-DDTU	Schempp-Hirth Nimbus 2B
G-DDTV	Glasflügel H303
G-DDTW	SZD-30
G-DDTX	Glasflügel H303
G-DDTY	Glasflügel H303
G-DDUB	Glasflügel H303
G-DDUE	Schleicher ASK 13
G-DDUF	Schleicher K 8B
G-DDUH	Scheibe L-Spatz 55
G-DDUK	Schleicher K 8B
G-DDUL	Grob G102 Astir CS77
G-DDUR	Schleicher Ka 6CR
G-DDUT	Schleicher ASW 20
G-DDUX	Grob G102 Astir CS
G-DDVB	Schleicher ASK 13
G-DDVC	Schleicher ASK 13
G-DDVD	LET L-13 Blanik
G-DDVG	Schleicher Ka 6CR
G-DDVH	Schleicher Ka 6E
G-DDVK	SZD-48 Jantar Standard 2
G-DDVL	Schleicher ASW 19B
G-DDVM	Glasflügel H205
G-DDVN	Pik 20D
G-DDVP	Schleicher ASW 19B
G-DDVS	S-H Standard Cirrus
G-DDVV	Schleicher ASW 20L
G-DDVX	Schleicher ASK 13
G-DDVY	Schempp-Hirth Cirrus
G-DDVZ	Glasflügel H303
G-DDWB	Glasflügel H303
G-DDWC	Schleicher Ka 6E
G-DDWG	Schleicher K 8B
G-DDWJ	Glaser-Dirks DG-200
G-DDWL	Glasflügel H303
G-DDWN	Schleicher K7
G-DDWR	Glasflügel H303
G-DDWS	Pik 20D
G-DDWT	Slingsby T65C
G-DDWU	Grob G102 Astir CS
G-DDWW	Slingsby T65A
G-DDXA	Glasflügel H303
G-DDXB	Schleicher ASW 20
G-DDXD	Slingsby T65A
G-DDXE	Slingsby T65C
G-DDXF	Slingsby T65A
G-DDXG	Slingsby T65A
G-DDXH	Schleicher Ka 6E
G-DDXJ	Grob G102 Astir CS77
G-DDXK	Centrair ASW 20F
G-DDXL	Standard Cirrus
G-DDXN	Glaser-Dirks DG-200
G-DDXT	S-H Mini-Nimbus C
G-DDXW	Glasflügel H303
G-DDXX	Schleicher ASW 19B
G-DDYC	Schleicher Ka 6CR
G-DDYE	Schleicher ASW 20L
G-DDYF	Grob G102 Astir CS77
G-DDYH	Glaser-Dirks DG-200
G-DDYJ	Schleicher Ka 6E
G-DDYL	CARMAM JP 15-36AR
G-DDYR	Schleicher K7
G-DDYU	Schempp-Hirth Nimbus-2C
G-DDYX	Schleicher ASW 20
G-DDZA	Slingsby T65A
G-DDZB	Slingsby T65A
G-DDZF	S-H Standard Cirrus
G-DDZG	Schleicher ASW 19B
G-DDZJ	Grob G102 Astir CS
G-DDZM	Slingsby T65A Vega
G-DDZN	Slingsby T65A Vega
G-DDZP	Slingsby T65A Vega Vega
G-DDZR	ICA IS-28B2
G-DDZT	Pik 20D
G-DDZU	Grob G102 Astir CS
G-DDZY	Schleicher ASW 19B
G-DEAE	Schleicher ASW 20L
G-DEAF	Grob G102 Astir CS77
G-DEAG	Slingsby T65A Vega
G-DEAH	Schleicher Ka 6E
G-DEAJ	Schempp-Hirth Nimbus-2
G-DEAK	Glasflügel H303
G-DEAM	Schempp-Hirth Nimbus-2B
G-DEAN	Pegasus XL-Q
G-DEAR	Pik 20D
G-DEAT	Pik 20D
G-DEAW	Grob G102 Astir CS
G-DEBR	Europa Avn Europa
G-DEBT	Alpi Pioneer 300
G-DEBX	Schleicher ASW 20
G-DECC	Schleicher Ka 6E
G-DECF	Schleicher Ka 6CR
G-DECG	Schempp-Hirth SHK-1
G-DECH	Glasflügel H303
G-DECJ	Slingsby T65A Vega
G-DECK	Cessna T210N
G-DECL	Slingsby T65A Vega
G-DECM	Slingsby T65A Vega
G-DECO	Dyn'Aero MCR-01 Club
G-DECP	Rolladen-Schneider LS3-17
G-DECS	Glasflügel H303
G-DECW	Schleicher ASK 21
G-DECX	P&M Quik GT450
G-DECZ	Schleicher ASK 21
G-DEDB	CARMAM JP 15-36AR
G-DEDG	Schleicher Ka 6CR
G-DEDJ	Glasflügel H303
G-DEDK	Schleicher K7
G-DEDM	Glaser-Dirks DG-200
G-DEDN	Glaser-Dirks DG-100G
G-DEDU	Schleicher ASK 13
G-DEDX	Slingsby T65D
G-DEDY	Slingsby T65D
G-DEDZ	Slingsby T65C
G-DEEA	Slingsby T65C
G-DEEC	Schleicher ASW 20L
G-DEEF	Rolladen-Schneider LS3-17
G-DEEG	Slingsby T65C
G-DEEH	Schleicher ASW 19B
G-DEEJ	Schleicher ASW 20L
G-DEEK	Schempp-Hirth Nimbus-2C
G-DEEM	Schleicher K 8B
G-DEEN	S-H Standard Cirrus
G-DEEO	Grob G102 Club Astir II
G-DEEP	Wassmer WA.26
G-DEER	Robinson R22 Beta
G-DEES	Rolladen-Schneider LS3-17
G-DEEW	Schleicher Ka 6CR
G-DEEX	Rolladen-Schneider LS3-17
G-DEFA	Schleicher ASW 20L
G-DEFB	Schempp-Hirth Nimbus 2C
G-DEFE	Centrair ASW 20F
G-DEFF	Schempp-Hirth Nimbus 2C
G-DEFG	Schleicher K 8B
G-DEFM	BAe 146-200
G-DEFT	Flight Design CTSW
G-DEFV	Schleicher ASW 20
G-DEFW	Slingsby T65C

☐ G-DEFY	Robinson R22 Beta	☐ G-DENJ	Schempp-Hirth Ventus-b	☐ G-DEVP	Schleicher ASK 13
☐ G-DEFZ	Rollladen-Schneider LS3-a	☐ G-DENO	Glasflügel H201B	☐ G-DEVS	Piper PA-28-180 Cherokee B
☐ G-DEGD	Schleicher ASW 17	☐ G-DENS	Binder CP.301S Smaragd	☐ G-DEVV	Schleicher ASK 23
☐ G-DEGE	Rollladen-Schneider LS3-a	☐ G-DENT	Cameron N-145	☐ G-DEVW	Schleicher ASK 23
☐ G-DEGH	Slingsby T65C	☐ G-DENU	Glaser-Dirks DG-100G	☐ G-DEVX	Schleicher ASK 23
☐ G-DEGJ	Slingsby T65C	☐ G-DENV	Schleicher ASW 20L	☐ G-DEVY	Schleicher ASK 23
☐ G-DEGK	S-H Standard Cirrus	☐ G-DENX	SZD-48 Jantar Standard 2	☐ G-DEWE	Flight Design CTSW
☐ G-DEGN	Grob G103 Twin Astir II	☐ G-DENZ	Piper PA-44-180 Seminole	☐ G-DEWG	Grob G103A Twin Acro
☐ G-DEGR	Breguet 905	☐ G-DEOA	Rollladen-Schneider LS4	☐ G-DEWP	Grob G103A Twin Acro
☐ G-DEGS	Schempp-Hirth Nimbus 2CS	☐ G-DEOB	SZD-30	☐ G-DEWR	Grob G103A Twin Acro
☐ G-DEGT	Slingsby T65D	☐ G-DEOD	Grob G102 Astir CS77	☐ G-DEWZ	Grob G103A Twin Acro
☐ C-DEGW	S-H Mini-Nimbus C	☐ G-DEOE	Schleicher ASK 13	☐ G-DEXA	Grob G103A Twin Acro
☐ G-DEGX	Slingsby T65C	☐ G-DEOF	Schleicher ASK 13	☐ G-DEXP	ARV1 Super 2
☐ G-DEGZ	Schleicher ASK 21	☐ G-DEOJ	Centrair ASW 20FL	☐ G-DEYS	Grob G103A Twin Acro
☐ G-DEHG	Slingsby T65D	☐ G-DEON	S-H Nimbus 3/25.5	☐ G-DFAF	Schleicher ASW 20L
☐ G-DEHH	Schempp-Hirth Ventus a	☐ G-DEOT	Grob G103A Twin Acro	☐ G-DFAR	Glasflügel H205
☐ G-DEHK	Rollladen-Schneider LS4	☐ G-DEOU	Pilatus B4-PC11	☐ G-DFAT	Schleicher ASK 13
☐ G-DEHL	Rollladen-Schneider LS4	☐ G-DEOV	Schempp-Hirth Janus C	☐ G-DFAV	ICA IS-32A
☐ G-DEHM	Schleicher Ka 6E	☐ G-DEOW	Schempp-Hirth Janus C	☐ G-DFAW	Schempp-Hirth Ventus-b
☐ G-DEHO	Schleicher ASK 21	☐ G-DEOZ	Schleicher K 8B	☐ G-DFBD	Schleicher ASW 15B
☐ G-DEHP	Schempp-Hirth Nimbus-2C	☐ G-DEPD	Schleicher ASK 21	☐ G-DFBE	Rollladen-Schneider LS6
☐ G-DEHT	Schempp-Hirth Nimbus-2C	☐ G-DEPE	Schleicher ASW 19B	☐ G-DFBJ	Schleicher K 8B
☐ G-DEHU	Glasflügel 304	☐ G-DEPF	Centrair ASW 20FL	☐ G-DFBM	S-H Nimbus 3/24.5
☐ G-DEHV	Schleicher ASW 20L	☐ G-DEPP	Schleicher ASK 13	☐ G-DFBO	Schleicher ASW 20BL
☐ G-DEHW	ICA IS-28B2	☐ G-DEPS	Schleicher ASW 20L	☐ G-DFBY	Schempp-Hirth Discus b
☐ G-DEHY	Slingsby T65D	☐ G-DEPT	Schleicher K 8B	☐ G-DFCD	Centrair 101A Pegase
☐ G-DEHZ	Schleicher ASW 20L	☐ G-DEPU	Glaser-Dirks DG-101G	☐ G-DFCM	Glaser-Dirks DG-300
☐ G-DEJA	ICA IS-28B2	☐ G-DEPX	Schempp-Hirth Ventus b	☐ G-DFCW	Schleicher ASK 13
☐ G-DEJB	Slingsby T65C	☐ G-DERA	Centrair ASW 20FL	☐ G-DFCY	Schleicher ASW 15
☐ G-DEJC	Slingsby T65C	☐ G-DERB	Robinson R22 Beta	☐ G-DFDK	Slingsby T59D
☐ G-DEJE	Slingsby T65C	☐ G-DERH	Schleicher ASK 21	☐ G-DFDP	ICA IS-32
☐ G-DEJF	Schleicher K 8B	☐ G-DERI	Piper PA-46-500TP	☐ G-DFEA	Grob G103 Twin Astir
☐ G-DEJH	Eichelsdorfer SB-5E	☐ G-DERJ	Schleicher ASK 21	☐ G-DFEB	Grob G102 Club Astir III
☐ G-DEJR	Schleicher ASW 19B	☐ G-DERK	Piper PA-46-500TP	☐ G-DFEO	Schleicher ASK 13
☐ G-DEJZ	Scheibe SF26A	☐ G-DERP	Schleicher ASW 19B	☐ G-DFEX	Grob G102 Astir CS77
☐ G-DEKA	Cameron Z-90	☐ G-DERR	Schleicher ASW 19B	☐ G-DFFP	Schleicher ASW 19B
☐ G-DEKC	Schleicher Ka 6E	☐ G-DERS	Schleicher ASW 19B	☐ G-DFGJ	Schleicher Ka 6CR
☐ G-DEKD	Schleicher ASK 13	☐ G-DERV	Cameron Truck-56	☐ G-DFGT	Glaser-Dirks DG-300
☐ G-DEKF	Grob G102 Club Astir III	☐ G-DESB	Schleicher ASK 21	☐ G-DFHS	Schempp-Hirth Ventus-cT
☐ G-DEKG	Schleicher ASK 21	☐ G-DESC	Rollladen-Schneider LS4	☐ G-DFKB	Glaser-Dirks DG-600
☐ G-DEKJ	Schempp-Hirth Ventus b	☐ G-DESH	Centrair 101A Pegase	☐ G-DFKH	Schleicher Ka 6CR
☐ G-DEKS	Scheibe SF27A	☐ G-DESJ	Schleicher K 8B	☐ G-DFKI	SA.341C Gazelle HT2
☐ G-DEKT	Wassmer WA.30	☐ G-DESO	Glaser-Dirks DG-300	☐ G-DFLY	Piper PA-38-112 Tomahawk
☐ G-DEKU	Schleicher ASW 20L	☐ G-DEST	Mooney M20J	☐ G-DFMG	Schempp-Hirth Discus b
☐ G-DEKV	Rollladen-Schneider LS4	☐ G-DESU	Schleicher ASK 21	☐ G-DFOG	Rollladen-Schneider LS7
☐ G-DEKW	Schempp-Hirth Nimbus 2B	☐ G-DESW	Centrair 101A Pegase	☐ G-DFOX	AS355F1 Ecureuil 2
☐ G-DELA	Schleicher ASW 19B	☐ G-DETA	Schleicher ASK 21	☐ G-DFRA	Rollladen-Schneider LS6-b
☐ G-DELD	Slingsby T65C	☐ G-DETD	Schleicher K 8B	☐ G-DFSA	Grob G102 Astir CS
☐ G-DELF	Aero L-29 Delfin	☐ G-DETG	Rollladen-Schneider LS4	☐ G-DFTJ	SZD-48-1 Jantar Standard 2
☐ G-DELG	Schempp-Hirth Ventus b	☐ G-DETJ	Centrair 101A Pegase	☐ G-DFUN	Van's RV-6
☐ G-DELN	Grob G102 Astir CS	☐ G-DETK	SZD-48 Jantar Standard 2	☐ G-DGAW	Schleicher Ka 6CR
☐ G-DELO	Slingsby T65D	☐ G-DETM	Centrair 101A Pegase	☐ G-DGCL	DG-800B
☐ G-DELR	Schempp-Hirth Ventus b	☐ G-DETS	Schleicher ASK 13	☐ G-DGDJ	Rollladen-Schneider LS4-a
☐ G-DELX	Schleicher K7	☐ G-DETV	Rollladen-Schneider LS4	☐ G-DGET	CL604 Challenger
☐ G-DELZ	Schleicher ASW 20L	☐ G-DETY	Rollladen-Schneider LS4	☐ G-DGHI	Dyn'Aero MCR-01 Club
☐ G-DEMB	Rollladen-Schneider LS4	☐ G-DETZ	Schleicher ASW 20CL	☐ G-DGIK	DG-1000S
☐ G-DEME	Glaser-Dirks DG-202	☐ G-DEUC	Schleicher ASK 13	☐ G-DGIO	Glaser-Dirks DG-100G
☐ G-DEMF	Rollladen-Schneider LS4	☐ G-DEUD	Schleicher ASW 20C	☐ G-DGIV	DG-800B
☐ G-DEMG	Rollladen-Schneider LS4	☐ G-DEUF	SZD-50-3 Puchacz	☐ G-DGOD	Robinson R22 Beta
☐ G-DEMH	Cessna F172M	☐ G-DEUH	Rollladen-Schneider LS4	☐ G-DGSM	Glaser-Dirks DG-400
☐ G-DEMJ	Slingsby T65C	☐ G-DEUJ	Schempp-Hirth Ventus b	☐ G-DGWW	Rand KR-2
☐ G-DEMM	AS350B2 Ecureuil	☐ G-DEUK	Centrair ASW 20FL	☐ G-DHAA	Glasflügel H201B
☐ G-DEMN	Slingsby T65D	☐ G-DEUS	Schempp-Hirth Ventus b	☐ G-DHAD	Glasflügel H201B
☐ G-DEMP	Slingsby T65C	☐ G-DEUV	SZD-42 Jantar 2	☐ G-DHAH	Aeronca 7BCM Champion
☐ G-DEMR	Slingsby T65C	☐ G-DEUX	AS355F1 Ecureuil 2	☐ G-DHAL	Schleicher ASK 13
☐ G-DEMT	Rollladen-Schneider LS4	☐ G-DEUY	Schleicher ASW 20BL	☐ G-DHAP	Schleicher Ka 6E
☐ G-DEMU	Glaser-Dirks DG-202	☐ G-DEVF	Schempp-Hirth Nimbus-3T	☐ G-DHAT	Glaser-Dirks DG-202
☐ G-DEMZ	Slingsby T65A Vega	☐ G-DEVH	Schleicher Ka 10	☐ G-DHCA	Grob G103 Twin Astir
☐ G-DENB	Cessna F150G	☐ G-DEVJ	Schleicher ASK 13	☐ G-DHCC	DHC-1 Chipmunk 22
☐ G-DENC	Cessna F150G	☐ G-DEVK	Grob G102 Astir CS	☐ G-DHCE	Schleicher ASW 19B
☐ G-DEND	Cessna F150M	☐ G-DEVL	EC.120B Colibri	☐ G-DHCF	SZD-50-3 Puchacz
☐ G-DENE	Piper PA-28-140 Cherokee	☐ G-DEVM	Centrair 101A Pegase	☐ G-DHCH	Centrair ASW 20FL
☐ G-DENI	Piper PA-32-300	☐ G-DEVO	Centrair 101A Pegase	☐ G-DHCJ	Grob G103 Twin II

Registration	Type	Registration	Type	Registration	Type
G-DHCL	Schempp-Hirth Discus b	G-DIZZ	Hughes 369HE	G-DODG	EV-97A Eurostar
G-DHCO	Glasflügel H201B	G-DJAA	Schempp-Hirth Janus B	G-DOEA	Gulfstream AA-5A
G-DHCR	SZD-51-1 Junior	G-DJAB	Glaser-Dirks DG-300	G-DOFY	Bell 206B JetRanger
G-DHCU	Glaser-Dirks DG-300	G-DJAC	Schempp-Hirth Duo Discus	G-DOGE	Scottish Avn Bulldog
G-DHCV	Schleicher ASW 19B	G-DJAD	Schleicher ASK 21	G-DOGG	Scottish Avn Bulldog
G-DHCW	SZD-51-1 Junior	G-DJAE	Cessna 500 Citation I	G-DOGY	Aviat A-1B Husky
G-DHCX	Schleicher ASK 21	G-DJAH	Schempp-Hirth Discus b	G-DOGZ	Rogerson Horizon 1
G-DHCZ	DHC-2 Beaver AL1	G-DJAN	Schempp-Hirth Discus b	G-DOIG	CZAW Sportcruiser
G-DHDH	Glaser-Dirks DG-200	G-DJAY	Avtech Jabiru UL-450	G-DOIN	Best Off Sky Ranger
G-DHDV	DH.104 Dove 8	G-DJBC	Comco Ikarus C42	G-DOIT	AS350B2 Ecureuil
G-DHEB	Schleicher Ka 6CR	G-DJCR	Varga 2150A Kachina	G-DOLF	AS365N3 Dauphin 2
G-DHEM	Schempp-Hirth Discus CS	G-DJED	Schleicher ASW 15B	G-DOLI	Cirrus SR20
G-DHER	Schleicher ASW 19B	G-DJET	Diamond DA.42 Twin Star	G-DOLY	Cessna T303
G-DHES	Centrair 101A Pegase	G-DJGG	Schleicher ASW 15B	G-DOME	Piper PA-28-161 Warrior III
G-DHET	Rolladen-Schneider LS6-c18	G-DJHP	Valentin Mistral C	G-DOMS	EV-97A Eurostar
G-DHEV	Schempp-Hirth Cirrus	G-DJJA	Piper PA-28-181 Archer II	G-DONI	Gulfstream AA-5B
G-DHEZ	Rolladen-Schneider LS6-c	G-DJLL	Schleicher ASK 13	G-DONS	PA-28RT-201T Arrow IV
G-DHGL	Schempp-Hirth Discus b	G-DJMC	Schleicher ASK 21	G-DONT	Zenair CH.601XL Zodiac
G-DHJH	Airbus A321-211	G-DJMD	Schempp-Hirth Discus b	G-DOOM	Cameron Z-105
G-DHKL	Schempp-Hirth Discus bT	G-DJMM	Cessna 172S	G-DORA	Focke Wulf Fw190-D9
G-DHLI	Colt World 90	G-DJNC	IS-28B2	G-DORM	Robinson R44 Beta II
G-DHMP	Schempp-Hirth Discus b	G-DJNH	Denney Kitfox 3	G-DORN	Dornier C-3605
G-DHNX	Rolladen-Schneider LS4-b	G-DJST	A C Clipper 912/iXess	G-DORS	Eurocopter EC.135 T2+
G-DHOK	Schleicher ASW 20CL	G-DJWS	Schleicher ASW 15B	G-DOSC	Diamond DA.42M Twin Star
G-DHOP	Van's RV-9A	G-DKBA	DKBA AT 0301-0	G-DOTT	CFM Streak Shadow
G-DHOX	Schleicher ASW 15B	G-DKBW	Valentin Mistral C	G-DOTW	ICP MXP-740 Savannah
G-DHPA	Issoire E 78	G-DKDP	Grob G109	G-DOTY	Van's RV-7
G-DHPM	DHC-1 Chipmunk 22	G-DKEN	Rolladen-Schneider LS4-a	G-DOVE	Cessna 182Q
G-DHPR	Schempp-Hirth Discus b	G-DKEY	Piper PA-28-161 Warrior II	G-DOVS	Robinson R44 Beta II
G-DHRR	Schleicher ASK 21	G-DKFU	Schempp-Hirth Ventus 2cT	G-DOWN	Colt 31A
G-DHSJ	Schempp-Hirth Discus b	G-DKMK	Robinson R44 Beta II	G-DOZI	Comco Ikarus C42
G-DHSL	Schempp-Hirth Ventus 2c	G-DKNY	Robinson R44 Beta II	G-DOZZ	Best Off Sky Ranger Swift
G-DHSR	AB Sportine LAK-12	G-DLCB	Europa Avn Europa	G-DPEP	Aero AT-3 R100
G-DHSS	DH.112 Venom FB50	G-DLCH	Boeing 737-8Q8	G-DPHN	AS365N1 Dauphin 2
G-DHTG	Grob G102 Astir CS	G-DLDL	Robinson R22 Beta	G-DPJR	Sikorsky S-76B
G-DHTM	Replica DH82A Tiger Moth	G-DLEE	SOCATA TB-9 Tampico Club	G-DPPF	Agusta A109E Power
G-DHTT	DH.112 Venom FB1	G-DLOM	SOCATA TB-20 Trinidad	G-DPYE	Robin DR.400/500
G-DHUB	SZD-48-3	G-DLTR	Piper PA-28-180 Cherokee E	G-DRAM	Cessna FR172F
G-DHUK	Schleicher Ka 6CR	G-DMAC	Avtech Jabiru UL-450	G-DRAT	Slingsby T51 Dart 17R
G-DHUU	DH.112 Venom FB1	G-DMAH	SOCATA TB-20 Trinidad GT	G-DRAW	Colt 77A
G-DHVM	DH.112 Venom FB1	G-DMCD	Robinson R22 Beta	G-DRAY	Taylor Monoplane
G-DHVV	DH.115 Vampire T55	G-DMCI	Comco Ikarus C42	G-DRBG	Cessna 172M
G-DHWW	DH.115 Vampire T55	G-DMCS	Piper PA-28R-200 Arrow II	G-DRCS	Schleicher ASH 25E
G-DHXX	DH.100 Vampire FB6	G-DMCT	Flight Design CT2K	G-DREG	Cosmik Super Chaser
G-DHYL	Schempp-Hirth Ventus 2a	G-DMND	Diamond DA.42 Twin Star	G-DREX	Cameron Saturn-110
G-DHZF	DH.82A Tiger Moth	G-DMRA	Robinson R44 Beta II	G-DRFC	ATR42-320
G-DIAL	Cameron N-90	G-DMRS	Robinson R44 Beta II	G-DRGN	Cameron N-105
G-DIAM	Diamond DA.40D Star	G-DMSS	SA.341G Gazelle HT3	G-DRGS	Cessna 182S
G-DIAT	Piper PA-28-140 Cruiser	G-DMWW	CFM Shadow DD	G-DRID	Cessna FR172J
G-DICK	Thunder Ax6-56Z	G-DNBH	Raj Hamsa X'Air Hawk	G-DRIV	Robinson R44 Beta II
G-DIDG	Van's RV-7	G-DNGA	Balony Kubicek BB20	G-DRLH	EC.120B Colibri
G-DIDY	Thruster T600T 450	G-DNGR	Colt 31A	G-DRMM	Europa Avn Europa
G-DIGG	Robinson R44 Beta II	G-DNKS	Comco Ikarus C42	G-DRNT	Sikorsky S-76A
G-DIGI	Piper PA-32-300	G-DNOP	Piper PA-46-350P	G-DROP	Cessna U206C
G-DIGS	Robin DR.400-180 Régent	G-DOCA	Boeing 737-436	G-DRPK	Reality Escapade
G-DIKY	Murphy Rebel	G-DOCB	Boeing 737-436	G-DRSV	CEA DR315
G-DIMB	Boeing 767-31K	G-DOCE	Boeing 737-436	G-DRYI	Cameron N-77
G-DIME	Commander 114	G-DOCF	Boeing 737-436	G-DRYS	Cameron N-90
G-DINA	Gulfstream AA-5B	G-DOCG	Boeing 737-436	G-DRZF	Jodel DR.360
G-DING	Colt 77A	G-DOCH	Boeing 737-436	G-DSFT	Piper PA-28R-200 Arrow II
G-DINO	Pegasus Quantum 15	G-DOCL	Boeing 737-436	G-DSGC	Piper PA-25-260 Pawnee C
G-DINT	Bristol 156 Beaufighter M	G-DOCN	Boeing 737-436	G-DSID	Piper PA-34-220T Seneca
G-DIPI	Cameron Tub-80	G-DOCO	Boeing 737-436	G-DSKI	EV-97 Eurostar
G-DIPM	Piper PA-46-350P	G-DOCS	Boeing 737-436	G-DSLL	Pegasus Quantum 912
G-DIRK	Glaser-Dirks DG-400	G-DOCT	Boeing 737-436	G-DSMA	P&M Quik R
G-DISA	Scottish Avn Bulldog	G-DOCU	Boeing 737-436	G-DSPI	Robinson R44
G-DISK	Piper PA-24-250 Comanche	G-DOCV	Boeing 737-436	G-DSPK	Cameron Z-140
G-DISO	Jodel D150	G-DOCW	Boeing 737-436	G-DSPL	Diamond DA.40 Star
G-DIWY	Piper PA-32-300	G-DOCX	Boeing 737-436	G-DSPZ	Robinson R44 Beta II
G-DIXY	Piper PA-28-181 Archer III	G-DOCY	Boeing 737-436	G-DSVN	Rolladen-Schneider LS8-a
G-DIZI	Reality Escapade 912	G-DOCZ	Boeing 737-436	G-DTAR	P&M Quik GT450
G-DIZO	Jodel D120	G-DODB	Robinson R22 Beta	G-DTCP	Piper PA-32R-300 Lance
G-DIZY	Piper PA-28R-201T Arrow III	G-DODD	Cessna F172P	G-DTFF	Cessna T182T

Registration	Type	Registration	Type	Registration	Type
G-DTOY	Comco Ikarus C42	G-ECSW	Pilatus B4-PC11AF	G-EERV	Van's RV-6
G-DTSM	EV-97 teamEurostar UK	G-ECTF	Comper CLA7 Swift replica	G-EERY	Robinson R22 Beta
G-DTUG	Wag-Aero Super Sport	G-ECUB	Piper PA-18-150 Super Cub	G-EESA	Europa Avn Europa
G-DTWO	Schempp-Hirth Discus 2a	G-ECVB	Pietenpol Air Camper	G-EESY	Rolladen-Schneider LS4
G-DUBI	Lindstrand LBL 120A	G-EDAV	Scottish Avn Bulldog	G-EETG	Cessna 172Q
G-DUDE	Van's RV-8	G-EDCJ	Cessna 525 CitationJet	G-EEUP	Stampe SV4C
G-DUDZ	Robin DR.400-180 Régent	G-EDCK	Cessna 525 CitationJet	G-EEUX	Schleicher ASK 18
G-DUGE	Comco Ikarus C42	G-EDCL	Cessna 525A CJ2	G-EEVL	Grob G102 Astir CS77
G-DUGI	Lindstrand LBL 90A	G-EDCM	Cessna 525A CJ2	G-EEWS	Cessna T210N
G-DUKK	Extra EA.300/L	G-EDCS	Raytheon 400A	G-EEWZ	Pegasus Quik
G-DUKY	Robinson R44	G-EDDD	Schempp-Hirth Nimbus 2	G-EEYE	Mainair Blade 912
G-DUMP	Customcraft A25	G-EDDS	CZAW Sportcruiser	G-EEZA	Robinson R44 Beta II
G-DUNK	Cessna F172M	G-EDDV	SZD-38A Jantar 1	G-EEZO	DG-800B
G-DUOD	Canadair CRJ700	G-EDEE	Comco Ikarus C42	G-EEZR	Robinson R44 Beta II
G-DUOT	S-H Duo Discus T	G-EDEN	SOCATA TB-10 Tobago	G-EEZS	Cessna 182P
G-DUOX	Schempp-Hirth Duo Discus	G-EDES	Robinson R44 Beta II	G-EEZZ	Zenair CH.601XL Zodiac
G-DURO	Europa Avn Europa	G-EDFS	Pietenpol Air Camper	G-EFAM	Cessna 182S
G-DURX	Colt 77A	G-EDGA	Piper PA-28-161 Warrior II	G-EFBP	Cessna FR172K
G-DUSK	DH.115 Vampire T11	G-EDGE	Jodel D150	G-EFCM	Piper PA-28-180 Cherokee E
G-DUST	Starduster Too Sa300	G-EDGI	Piper PA-28-161 Warrior II	G-EFFI	RotorWay Executive 162F
G-DUVL	Cessna F172N	G-EDGY	Flight Test Edge 540	G-EFGH	Robinson R22 Beta
G-DVAA	Eurocopter EC.135 T2+	G-EDHO	Cirrus SR20	G-EFIR	Piper PA-28-181 Archer II
G-DVBF	Lindstrand LBL 210A	G-EDLY	AirBorne XT912-B-Streak III-B	G-EFJD	Bölkow BÖ.209 Monsun
G-DVON	DH.104 Dove 8	G-EDMC	Pegasus Quantum 912	G-EFLT	Glasflügel H201B
G-DWCE	Robinson R44 Beta II	G-EDMV	Pik 20D	G-EFLY	Centrair ASW 20FL
G-DWIA	Chilton DW1A	G-EDNA	Piper PA-38-112 Tomahawk	G-EFOF	Robinson R22 Beta
G-DWIB	Chilton DW1B	G-EDRE	Lindstrand LBL 90A	G-EFSM	Slingsby T67M260
G-DWJM	Cessna 550 Citation II	G-EDRV	Van's RV-6A	G-EFTE	Bölkow BÖ.207
G-DWMS	Avtech Jabiru UL-450	G-EDTO	Cessna FR172F	G-EFTF	AS350B Ecureuil
G-DWPF	Tecnam P92-EM Echo	G-EDVL	Piper PA-28R-200 Arrow II	G-EFUN	E-Plane
G-DWPH	Ultramagic M-77	G-EDYO	Piper PA-32-260	G-EGAG	SOCATA TB-20 Trinidad
G-DXCC	Ultramagic M-77	G-EEAD	Slingsby T65A Vega	G-EGAL	Christen Eagle II
G-DYCE	Robinson R44 Beta II	G-EEBA	Slingsby T65A Vega	G-EGAN	Enstrom F-28A-UK
G-DYKE	Dyke JD.2 Delta	G-EEBB	Sikorsky S-76C	G-EGBS	Van's RV-9A
G-DYMC	Dynamic WT9 UK	G-EEBD	Scheibe Bergfalke IV	G-EGEE	Cessna 310Q
G-DYNA	Dynamic WT9 UK	G-EEBE	Issoire E 78 B	G-EGEG	Cessna 172R
G-DYNM	Dynamic WT9 UK	G-EEBF	S-H Mini-Nimbus C	G-EGEL	Christen Eagle II
G-DZDZ	Rolladen-Schneider LS4	G-EEBJ	Cessna 525A CJ2	G-EGGI	Comco Ikarus C42
G-ECAC	Alpha R21620U	G-EEBK	S-H Mini-Nimbus C	G-EGGS	Robin DR.400-180 Régent
G-ECAD	Cessna FA152	G-EEBL	Schleicher ASK 13	G-EGHB	Ercoupe 415D
G-ECAN	DH.84 Dragon	G-EEBM	Grob G102 Astir CS77	G-EGHH	Hawker Hunter F.58
G-ECBH	Cessna F150K	G-EEBN	Centrair ASW 20F	G-EGIL	Christen Eagle
G-ECBI	Schweizer 269C-1	G-EEBR	Glaser-Dirks DG-202	G-EGJA	SOCATA TB-20 Trinidad
G-ECBO	EC.130 B4 Ecureuil	G-EEBS	Scheibe Zugvogel IIIA	G-EGKE	Rallye 180TS Galerien
G-ECDB	Schleicher Ka 6E	G-EEBZ	Schleicher ASK 13	G-EGLE	Christen Eagle II
G-ECDS	DH.82A Tiger Moth	G-EECC	Dynamic WT9 UK	G-EGLG	Piper PA-31 Turbo Navajo C
G-ECDX	Replica DH71 Tiger Moth	G-EECK	Slingsby T65A Vega	G-EGLL	Piper PA-28-161 Warrior II
G-ECEA	Schempp-Hirth Cirrus	G-EECO	Lindstrand LBL 25A	G-EGLS	Piper PA-28-181 Archer III
G-ECGC	Cessna F172N	G-EEDE	Centrair ASW 20F	G-EGLT	Cessna 310R
G-ECGO	Bölkow BÖ.208C Junior	G-EEEK	Extra EA.300/200	G-EGNA	Diamond DA.42 Twin Star
G-ECJI	Dassault Falcon 10	G-EEER	S-H Mini-Nimbus C	G-EGNS	Gulfstream V-SP
G-ECJM	Piper PA-28R-201T Arrow III	G-EEEZ	Champion 8KCAB	G-EGPG	Piper PA-18-135 Super Cub
G-ECKB	Reality Escapade 912	G-EEFA	Cameron N-90	G-EGSJ	Avtech Jabiru J400
G-ECLW	Glasflügel H201B	G-EEFK	Centrair ASW 20FL	G-EGTB	Piper PA-28-161 Warrior II
G-ECMK	Piper PA-18-150 Super Cub	G-EEFT	Schempp-Hirth Nimbus 2B	G-EGTC	Robinson R44
G-ECOA	DHC-8-402	G-EEGL	Christen Eagle II	G-EGTR	Piper PA-28-161 Cadet
G-ECOD	DHC-8-402	G-EEGU	Piper PA-28-161 Warrior II	G-EGUL	Christen Eagle II
G-ECOG	DHC-8-402	G-EEJE	Piper PA-31 Turbo Navajo C	G-EGUR	Jodel D140B
G-ECOH	DHC-8-402	G-EEKA	Glaser-Dirks DG-202	G-EGWN	Champion 7ECA
G-ECOI	DHC-8-402	G-EEKY	Piper PA-28-140 Cherokee B	G-EHAV	Glasflügel H201B
G-ECOJ	DHC-8-402	G-EELS	Cessna 208B	G-EHBJ	CASA 1-131E Jungmann
G-ECOK	DHC-8-402	G-EELT	Rolladen-Schneider LS4	G-EHCB	Schempp-Hirth Nimbus 3DT
G-ECOL	Schempp-Hirth Nimbus-2B	G-EELY	Schleicher Ka 6CR	G-EHCC	SZD-50-3 Puchacz
G-ECOM	DHC-8-402	G-EENA	Piper PA-32R-301 Saratoga	G-EHCZ	Schleicher K 8B
G-ECON	Cessna 172N	G-EENE	Rolladen-Schneider LS4	G-EHDS	CASA 1-131E Jungmann
G-ECOO	DHC-8-402	G-EENI	Europa Avn Europa	G-EHGF	Piper PA-28-181 Archer II
G-ECOU	AS355F2 Ecureuil 2	G-EENK	Schleicher ASK 21	G-EHIC	Jodel D140B
G-ECOV	DHC-8-402	G-EENN	S-H Nimbus 3/25.5	G-EHLX	Piper PA-28-181 Archer II
G-ECOW	DHC-8-402	G-EENT	Glasflügel 304	G-EHMF	Isaacs Fury II
G-ECOX	Pietenpol Air Camper Gn-1	G-EENW	Schleicher ASW 20L	G-EHMJ	Beech S35 Bonanza
G-ECOY	DHC-8-402	G-EENY	Gulfstream American GA-7	G-EHMM	Robin DR.400-180R Remo
G-ECOZ	DHC-8-402	G-EENZ	Schleicher ASW 19B	G-EHMS	MD.900 Explorer
G-ECPA	Glasflügel H201B	G-EERH	Ruschmeyer R90-230RG	G-EHTT	Schleicher ASW 20CL

Reg	Type	Reg	Type	Reg	Type
G-EHUP	SA.341G Gazelle 1	G-EMHK	Bölkow BÖ.209 Monsun	G-ERMO	ARV1 Super 2
G-EHXP	Commander 112	G-EMID	Eurocopter EC.135 P2+	G-ERMS	Thunder As-33
G-EIBM	Robinson R22 Beta	G-EMIN	Europa Avn Europa	G-ERNI	Piper PA-28-181 Archer II
G-EICK	Cessna 172S	G-EMJA	Replica Jungmann	G-EROL	SA.341G Gazelle 1
G-EIER	Swift S-1	G-EMLE	EV-97 Eurostar	G-EROM	Robinson R22 Beta
G-EIGG	BAe Jetstream 31	G-EMLI	CL604 Challenger	G-EROS	Cameron H-34
G-EIKY	Europa Avn Europa	G-EMLS	Cessna T210L	G-ERRI	Lindstrand LBL 77A
G-EIRE	Cessna T182T	G-EMLY	Pegasus Quantum 912	G-ERRY	Grumman AA-5B Tiger
G-EISG	Beech A36 Bonanza	G-EMMI	Robinson R44 Beta II	G-ERTE	Best Off Sky Ranger
G-EISO	Morane Saulnier MS.892A	G-EMMM	Diamond DA.40 Star	C-ERTI	Staaken Z-21A Flitzer
G-EITE	Luscombe 8F	G-EMMS	Piper PA-38-112 Tomahawk	G-ERYR	P&M Quik GT450
G-EIWT	Cessna FR182	G-EMMY	Rutan VariEze	G-ESCA	Reality Escapade Jabiru
G-EIZO	EC.120B Colibri	G-EMSB	Piper PA-22-160 Tri-Pacer	G-ESCC	Reality Escapade 912
G-EJAE	Glaser-Dirks DG-200	G-EMSI	Europa Avn Europa	G-ESCP	Reality Escapade Jabiru
G-EJAR	Airbus A319-111	G-EMSL	Piper PA-28-161 Warrior II	G-ESEX	Eurocopter EC.135 T2
G-EJEL	Cessna 550 Citation II	G-EMSY	DH.82A Tiger Moth	G-ESGA	Reality Escapade
G-EJGO	Zlin Z-226T Trener Spezial	G-ENBD	Lindstrand LBL 120A	G-ESKA	Reality Escapade 912
G-EJJB	Airbus A319-111	G-ENCE	Partenavia P68B	G-ESME	Cessna R182
G-EJMG	Cessna F150H	G-ENEE	CFM Streak Shadow	G-ESSL	Cessna 182R
G-EJOC	AS350B Ecureuil	G-ENES	Bell 206B JetRanger	G-ESSY	Robinson R44
G-EJRC	Robinson R44 Beta II	G-ENGO	Steen Skybolt	G-ESTA	Cessna 550 Citation II
G-EJRS	Piper PA-28-161 Cadet	G-ENGR	Head Ax8-105	G-ESTR	Van's RV-6
G-EJTC	Robinson R44 Beta II	G-ENHP	Enstrom 480B	G-ESUS	RotorWay Executive 162F
G-EKEY	Schleicher ASW 20CL	G-ENIA	Staaken Z-21 Flitzer	G-ETAT	Cessna 152S
G-EKIM	Alpi Pioneer 300	G-ENIE	Tipsy Nipper T.66 Series	G-ETBY	Piper PA-32-260
G-EKIR	Piper PA-28-161 Cadet	G-ENII	Cessna F172M	G-ETCW	Stoddard-Hamilton GlaStar
G-EKKL	Piper PA-28-161 Warrior II	G-ENIO	Pitts S-2C	G-ETDC	Cessna 172P
G-EKKO	Robinson R44	G-ENNA	Piper PA-28-161 Warrior II	G-ETFF	Robinson R44
G-EKMN	Zlin Z-242L	G-ENNI	Robin R3000/160	G-ETFL	Cirrus SR22
G-EKOS	Cessna FR182	G-ENNK	Cessna 172S	G-ETHY	Cessna 208
G-EKYD	Robinson R44 Beta II	G-ENNY	Cameron V-77	G-ETIM	EC.120B Colibri
G-ELAM	PA-30 Twin Comanche B	G-ENOA	Cessna F172F	G-ETIN	Robinson R22 Beta
G-ELDR	PA-32-260 Cherokee Six	G-ENRE	Avtech Jabiru UL-450	G-ETIV	Robin DR.400-180 Régent
G-ELEE	Cameron Z-105	G-ENRI	Lindstrand LBL 105A	G-ETME	Nord 1002
G-ELEN	Robin DR.400-180 Régent	G-ENRY	Cameron N-105	G-ETNT	Robinson R44
G-ELIS	Piper PA-34-200T Seneca II	G-ENST	CZAW Sportcruiser	G-ETOU	Agusta A109S Grand
G-ELIT	Bell 206L LongRanger	G-ENTS	Van's RV-9A	G-ETPS	Hawker Hunter FGA9
G-ELIZ	Denney Kitfox 2	G-ENTT	Cessna F152	G-EUAB	Europa Avn Europa XS
G-ELKA	Christen Eagle II	G-ENTW	Cessna F152	G-EUAN	Avtech Jabiru UL-D
G-ELKS	Avid Mk4	G-ENVO	Bölkow BÖ.105CBS-4	G-EUFO	Rollanden-Schneider LS7-WL
G-ELLA	Piper PA-32R-301 Saratoga	G-ENVY	Mainair Blade 912	G-EUJG	Avro 594 Avian Mk3
G-ELLE	Cameron N-90	G-ENZO	Cameron Z-105	G-EUOA	Airbus A319-131
G-ELLI	Bell 206B JetRanger	G-EODE	Piper PA-46-350P	G-EUOB	Airbus A319-131
G-ELMH	AT-6D Harvard III	G-EOFF	Taylor Titch	G-EUOC	Airbus A319-131
G-ELMO	Robinson R44 Beta II	G-EOFS	Europa Avn Europa	G-EUOD	Airbus A319-131
G-ELOA	Cessna 560XL Citation Excel	G-EOFW	Pegasus Quantum 912	G-EUOE	Airbus A319-131
G-ELSE	Diamond DA.42 Twin Star	G-EOHL	Cessna 182L	G-EUOF	Airbus A319-131
G-ELSI	A C Tanarg 912S/iXess 15	G-EOID	Aeroprakt A22-L Foxbat	G-EUOG	Airbus A319-131
G-ELTE	Agusta A109A II	G-EOIN	Zenair CH.701UL	G-EUOH	Airbus A319-131
G-ELUN	Robin DR.400-180R Remo	G-EOLD	Piper PA-28-161 Warrior II	G-EUOI	Airbus A319-131
G-ELUT	Piper PA-28R-200 Arrow II	G-EOLX	Cessna 172N	G-EUPA	Airbus A319-131
G-ELZN	Piper PA-28-161 Warrior II	G-EOMA	Airbus A330-243	G-EUPB	Airbus A319-131
G-ELZY	Piper PA-28-161 Warrior II	G-EOMK	Robin DR.400-180 Régent	G-EUPC	Airbus A319-131
G-EMAA	Eurocopter EC.135 T2	G-EORG	Piper PA-38-112 Tomahawk	G-EUPD	Airbus A319-131
G-EMAX	Piper PA-31-350 Chieftain	G-EORJ	Europa Avn Europa	G-EUPE	Airbus A319-131
G-EMBC	Embraer EMB-145EP	G-EPAR	Robinson R22 Beta	G-EUPF	Airbus A319-131
G-EMBI	Embraer EMB-145EU	G-EPDI	Cameron N-77	G-EUPG	Airbus A319-131
G-EMBJ	Embraer EMB-145EU	G-EPIC	Avtech Jabiru UL-450	G-EUPH	Airbus A319-131
G-EMBL	Embraer EMB-145EU	G-EPOC	Avtech Jabiru UL-450	G-EUPJ	Airbus A319-131
G-EMBM	Embraer EMB-145EU	G-EPOX	Aero Designs Pulsar XP	G-EUPK	Airbus A319-131
G-EMBN	Embraer EMB-145EP	G-EPSN	Ultramagic M-105	G-EUPL	Airbus A319-131
G-EMBP	Embraer EMB-145EU	G-EPTR	Piper PA-28R-200 Arrow II	G-EUPM	Airbus A319-131
G-EMBU	Embraer EMB-145EU	G-ERBL	Robinson R22 Beta	G-EUPN	Airbus A319-131
G-EMBV	Embraer EMB-145EU	G-ERCO	Ercoupe 415D	G-EUPO	Airbus A319-131
G-EMBW	Embraer EMB-145EU	G-ERDA	Staaken Z-21A Flitzer	G-EUPP	Airbus A319-131
G-EMBX	Embraer EMB-145EU	G-ERDS	DH.82A Tiger Moth	G-EUPR	Airbus A319-131
G-EMBY	Embraer EMB-145EU	G-ERFS	Piper PA-28-161 Warrior II	G-EUPS	Airbus A319-131
G-EMCA	Commander 114B	G-ERIC	Commander 112TC	G-EUPT	Airbus A319-131
G-EMDM	Diamond DA.40 Star	G-ERIK	Cameron N-77	G-EUPU	Airbus A319-131
G-EMEL	Robinson R44	G-ERIS	Hughes 369D	G-EUPV	Airbus A319-131
G-EMER	Piper PA-34-200 Seneca	G-ERIW	Staaken Z-21 Flitzer	G-EUPW	Airbus A319-131
G-EMHC	Agusta A109E Power	G-ERJA	Embraer EMB-145EP	G-EUPX	Airbus A319-131
G-EMHH	AS355F2 Ecureuil 2	G-ERJC	Embraer EMB-145EP	G-EUPY	Airbus A319-131

Reg	Type	Reg	Type	Reg	Type
☐ G-EUPZ	Airbus A319-131	☐ G-EXGC	Extra EA.300/200	☐ G-EZDI	Airbus A319-111
☐ G-EURT	Eurocopter EC.155 B1	☐ G-EXIT	Morane Saulnier MS.893E	☐ G-EZDJ	Airbus A319-111
☐ G-EUSO	Robin DR.400-140 Earl	☐ G-EXLL	Zenair CH.601XL Zodiac	☐ G-EZDK	Airbus A319-111
☐ G-EUUA	Airbus A320-232	☐ G-EXON	Piper PA-28-161 Cadet	☐ G-EZDL	Airbus A319-111
☐ G-EUUB	Airbus A320-232	☐ G-EXPD	Stemme S10-VT	☐ G-EZDM	Airbus A319-111
☐ G-EUUC	Airbus A320-232	☐ G-EXPL	Champion 7GCBC	☐ G-EZDN	Airbus A319-111
☐ G-EUUD	Airbus A320-232	☐ G-EXPS	Short SD3-60 Variant 100	☐ G-EZDO	Airbus A319-111
☐ G-EUUE	Airbus A320-232	☐ G-EXRS	Global Express	☐ G-EZDP	Airbus A319-111
☐ G-EUUF	Airbus A320-232	☐ G-EXTR	Extra EA.260	☐ G-EZDR	Airbus A319-111
☐ G-EUUG	Airbus A320-232	☐ G-EXXO	Piper PA-28-161 Cadet	☐ G-EZDS	Airbus A319-111
☐ G-EUUH	Airbus A320-232	☐ G-EYAK	Yakovlev Yak-50	☐ G-EZDT	Airbus A319-111
☐ G-EUUI	Airbus A320-232	☐ G-EYAS	Denney Kitfox 2	☐ G-EZDU	Airbus A319-111
☐ G-EUUJ	Airbus A320-232	☐ G-EYCO	Robin DR.400-180 Régent	☐ G-EZDV	Airbus A319-111
☐ G-EUUK	Airbus A320-232	☐ G-EYNL	Bölkow BÖ.105DBS-5	☐ G-EZDW	Airbus A319-111
☐ G-EUUL	Airbus A320-232	☐ G-EYOR	Van's RV-4	☐ G-EZDX	Airbus A319-111
☐ G-EUUM	Airbus A320-232	☐ G-EYRE	Bell 206L LongRanger	☐ G-EZDY	Airbus A319-111
☐ G-EUUN	Airbus A320-232	☐ G-EZAA	Airbus A319-111	☐ G-EZDZ	Airbus A319-111
☐ G-EUUO	Airbus A320-232	☐ G-EZAB	Airbus A319-111	☐ G-EZEA	Airbus A319-111
☐ G-EUUP	Airbus A320-232	☐ G-EZAC	Airbus A319-111	☐ G-EZEB	Airbus A319-111
☐ G-EUUR	Airbus A320-232	☐ G-EZAD	Airbus A319-111	☐ G-EZEC	Airbus A319-111
☐ G-EUUS	Airbus A320-232	☐ G-EZAE	Airbus A319-111	☐ G-EZED	Airbus A319-111
☐ G-EUUT	Airbus A320-232	☐ G-EZAF	Airbus A319-111	☐ G-EZEF	Airbus A319-111
☐ G-EUUU	Airbus A320-232	☐ G-EZAG	Airbus A319-111	☐ G-EZEG	Airbus A319-111
☐ G-EUUV	Airbus A320-232	☐ G-EZAH	Airbus A319-111	☐ G-EZEJ	Airbus A319-111
☐ G-EUUW	Airbus A320-232	☐ G-EZAI	Airbus A319-111	☐ G-EZEK	Airbus A319-111
☐ G-EUUX	Airbus A320-232	☐ G-EZAJ	Airbus A319-111	☐ G-EZEL	SA.341G Gazelle 1
☐ G-EUUY	Airbus A320-232	☐ G-EZAK	Airbus A319-111	☐ G-EZEO	Airbus A319-111
☐ G-EUUZ	Airbus A320-232	☐ G-EZAL	Airbus A319-111	☐ G-EZEP	Airbus A319-111
☐ G-EUXC	Airbus A321-231	☐ G-EZAM	Airbus A319-111	☐ G-EZER	Cameron H-34
☐ G-EUXD	Airbus A321-231	☐ G-EZAN	Airbus A319-111	☐ G-EZET	Airbus A319-111
☐ G-EUXE	Airbus A321-231	☐ G-EZAO	Airbus A319-111	☐ G-EZEU	Airbus A319-111
☐ G-EUXF	Airbus A321-231	☐ G-EZAP	Airbus A319-111	☐ G-EZEV	Airbus A319-111
☐ G-EUXG	Airbus A321-231	☐ G-EZAR	Pegasus Quik	☐ G-EZEW	Airbus A319-111
☐ G-EUXH	Airbus A321-231	☐ G-EZAS	Airbus A319-111	☐ G-EZEZ	Airbus A319-111
☐ G-EUXI	Airbus A321-231	☐ G-EZAT	Airbus A319-111	☐ G-EZFA	Airbus A319-111
☐ G-EUXJ	Airbus A321-231	☐ G-EZAU	Airbus A319-111	☐ G-EZFB	Airbus A319-111
☐ G-EUXK	Airbus A321-231	☐ G-EZAV	Airbus A319-111	☐ G-EZFC	Airbus A319-111
☐ G-EUXL	Airbus A321-231	☐ G-EZAW	Airbus A319-111	☐ G-EZFD	Airbus A319-111
☐ G-EUXM	Airbus A321-231	☐ G-EZAX	Airbus A319-111	☐ G-EZIA	Airbus A319-111
☐ G-EUYA	Airbus A320-232	☐ G-EZAY	Airbus A319-111	☐ G-EZIC	Airbus A319-111
☐ G-EUYB	Airbus A320-232	☐ G-EZAZ	Airbus A319-111	☐ G-EZID	Airbus A319-111
☐ G-EUYC	Airbus A320-232	☐ G-EZBA	Airbus A319-111	☐ G-EZIE	Airbus A319-111
☐ G-EUYD	Airbus A320-232	☐ G-EZBB	Airbus A319-111	☐ G-EZIG	Airbus A319-111
☐ G-EVAJ	Best Off Sky Ranger Swift	☐ G-EZBC	Airbus A319-111	☐ G-EZIH	Airbus A319-111
☐ G-EVBF	Cameron Z-350	☐ G-EZBD	Airbus A319-111	☐ G-EZII	Airbus A319-111
☐ G-EVET	Cameron C-80	☐ G-EZBE	Airbus A319-111	☐ G-EZIJ	Airbus A319-111
☐ G-EVEV	Robinson R44 Beta II	☐ G-EZBF	Airbus A319-111	☐ G-EZIK	Airbus A319-111
☐ G-EVEY	Thruster T600N 450	☐ G-EZBG	Airbus A319-111	☐ G-EZIL	Airbus A319-111
☐ G-EVIE	Piper PA-28-161 Warrior II	☐ G-EZBH	Airbus A319-111	☐ G-EZIM	Airbus A319-111
☐ G-EVIG	EV-97 teamEurostar UK	☐ G-EZBI	Airbus A319-111	☐ G-EZIN	Airbus A319-111
☐ G-EVII	Schempp-Hirth Ventus 2cT	☐ G-EZBJ	Airbus A319-111	☐ G-EZIO	Airbus A319-111
☐ G-EVLE	Rearwin 8125 Cloudster	☐ G-EZBK	Airbus A319-111	☐ G-EZIP	Airbus A319-111
☐ G-EVLN	Gulfstream IV	☐ G-EZBL	Airbus A319-111	☐ G-EZIR	Airbus A319-111
☐ G-EVPI	Evans VP-1 Series 2	☐ G-EZBM	Airbus A319-111	☐ G-EZIS	Airbus A319-111
☐ G-EVRD	Raytheon 390	☐ G-EZBN	Airbus A319-111	☐ G-EZIT	Airbus A319-111
☐ G-EVRO	EV-97 Eurostar	☐ G-EZBO	Airbus A319-111	☐ G-EZIU	Airbus A319-111
☐ G-EVTO	Piper PA-28-161 Warrior II	☐ G-EZBP	Airbus A319-111	☐ G-EZIV	Airbus A319-111
☐ G-EWAD	Robinson R44 Beta II	☐ G-EZBR	Airbus A319-111	☐ G-EZIW	Airbus A319-111
☐ G-EWAN	Prostar Pt-2C	☐ G-EZBT	Airbus A319-111	☐ G-EZIX	Airbus A319-111
☐ G-EWAW	Bell 206B JetRanger	☐ G-EZBU	Airbus A319-111	☐ G-EZIY	Airbus A319-111
☐ G-EWBC	Avtech Jabiru SK	☐ G-EZBV	Airbus A319-111	☐ G-EZIZ	Airbus A319-111
☐ G-EWES	Alpi Pioneer 300	☐ G-EZBW	Airbus A319-111	☐ G-EZJA	Boeing 737-73V
☐ G-EWEW	AB Sportine LAK-19T	☐ G-EZBX	Airbus A319-111	☐ G-EZJB	Boeing 737-73V
☐ G-EWHT	Robin R2112 Alpha	☐ G-EZBY	Airbus A319-111	☐ G-EZJC	Boeing 737-73V
☐ G-EWIZ	Pitts S-2S	☐ G-EZBZ	Airbus A319-111	☐ G-EZJF	Boeing 737-73V
☐ G-EWME	Piper PA-28-235 Pathfinder	☐ G-EZDA	Airbus A319-111	☐ G-EZJJ	Boeing 737-73V
☐ G-EWRT	Eurocopter EC.135 T2+	☐ G-EZDB	Airbus A319-111	☐ G-EZJK	Boeing 737-73V
☐ G-EWZZ	CZAW Sportcruiser	☐ G-EZDC	Airbus A319-111	☐ G-EZJL	Boeing 737-73V
☐ G-EXAM	PA-28RT-201T Arrow IV	☐ G-EZDD	Airbus A319-111	☐ G-EZJM	Boeing 737-73V
☐ G-EXEA	Extra EA.300/L	☐ G-EZDE	Airbus A319-111	☐ G-EZJN	Boeing 737-73V
☐ G-EXEC	Piper PA-34-200 Seneca	☐ G-EZDF	Airbus A319-111	☐ G-EZJO	Boeing 737-73V
☐ G-EXES	Europa Avn Europa XS	☐ G-EZDG	Rutan VariEze	☐ G-EZJP	Boeing 737-73V
☐ G-EXEX	Cessna 404 Titan	☐ G-EZDH	Airbus A319-111	☐ G-EZJR	Boeing 737-73V

Registration	Type	Registration	Type	Registration	Type
G-EZJS	Boeing 737-73V	G-FBPI	ANEC IV Missel Thrush	G-FICS	Flight Design CTSW
G-EZJT	Boeing 737-73V	G-FBRN	Piper PA-28-181 Archer II	G-FIFA	Cessna 404 Titan
G-EZJU	Boeing 737-73V	G-FBTT	Aeroprakt A22-L Foxbat	G-FIFE	Cessna FA152
G-EZJV	Boeing 737-73V	G-FBWH	Piper PA-28R-180 Arrow	G-FIFI	SOCATA TB-20 Trinidad
G-EZJW	Boeing 737-73V	G-FCAB	Diamond DA.42 Twin Star	G-FIFO	Cessna 152
G-EZJX	Boeing 737-73V	G-FCAP	Cessna 560XL Citation XLS	G-FIFT	Comco Ikarus C42
G-EZJY	Boeing 737-73V	G-FCAV	Schleicher ASK 13	G-FIGA	Cessna 152
G-EZJZ	Boeing 737-73V	G-FCBI	Schweizer 269C-1	G-FIGB	Cessna 152
G-EZKA	Boeing 737-73V	G-FCCC	Schleicher ASK 13	G-FIGP	Boeing 737-2E7
G-EZKB	Boeing 737-73V	G-FCDB	Cessna 550 Citation II	G-FIII	Extra EA.300/L
G-EZKC	Boeing 737-73V	G-FCED	PA-31T2 Cheyenne II XL	G-FIJJ	Cessna F177RG
G-EZKD	Boeing 737-73V	G-FCKD	EC.120B Colibri	G-FIJR	Lockheed L188C
G-EZKE	Boeing 737-73V	G-FCLB	Boeing 757-28A	G-FIJV	Lockheed L188C
G-EZKF	Boeing 737-73V	G-FCLC	Boeing 757-28A	G-FILE	Piper PA-34-200T Seneca II
G-EZKG	Boeing 737-73V	G-FCLE	Boeing 757-28A	G-FILL	Piper PA-31 Navajo C
G-EZMH	Airbus A319-111	G-FCLF	Boeing 757-28A	G-FINA	Cessna F150L
G-EZMS	Airbus A319-111	G-FCLG	Boeing 757-28A	G-FIND	Cessna F406
G-EZNC	Airbus A319-111	G-FCLH	Boeing 757-28A	G-FINK	BAe.125-1000B
G-EZNM	Airbus A319-111	G-FCLI	Boeing 757-28A	G-FINT	Piper L-4B Cub
G-EZPG	Airbus A319-111	G-FCLJ	Boeing 757-2Y0	G-FINZ	III Sky Arrow 650 T
G-EZSM	Airbus A319-111	G-FCLK	Boeing 757-2Y0	G-FIRM	Cessna 550 Citation II
G-EZTA	Airbus A319-111	G-FCOM	Slingsby T59F	G-FIRS	Robinson R22 Beta
G-EZUB	Zenair CH.601HD Zodiac	G-FCSL	Piper PA-31-350 Chieftain	G-FIRZ	Murphy Renegade 912
G-EZVS	Colt 77B	G-FCSP	Robin DR.400-180 Régent	G-FISH	Cessna 310R
G-EZXO	Colt 56A	G-FCUK	Pitts S-1C	G-FIXX	Van's RV-7
G-EZYU	Piper PA-34-200 Seneca	G-FCUM	Robinson R44 Beta II	G-FIZU	Lockheed L188C
G-EZZA	Europa Avn Europa XS	G-FDDY	Schleicher Ka 6CR	G-FIZY	Europa Avn Europa XS
G-EZZY	EV-97 Eurostar	G-FDPS	Pitts S-2C	G-FIZZ	Piper PA-28-161 Warrior II
G-FABB	Cameron V-77	G-FDZA	Boeing 737-8K5	G-FJCE	Thruster T600T
G-FABI	Robinson R44	G-FDZB	Boeing 737-8K5	G-FJET	Cessna 550 Citation II
G-FABM	Beech 95-B55A Baron	G-FDZD	Boeing 737-8K5	G-FJMS	Partenavia P68B
G-FABS	Thunder Ax9-120 S2	G-FDZE	Boeing 737-8K5	G-FJTH	Aeroprakt A22 Foxbat
G-FACE	Cessna 172S	G-FDZF	Boeing 737-8K5	G-FKNH	Piper PA-15 Vagabond
G-FAIR	SOCATA TB-10 Tobago	G-FDZG	Boeing 737-8K5	G-FKOS	Piper PA-28-181 Archer II
G-FAJC	Alpi Pioneer 300 Hawk	G-FDZJ	Boeing 737-8K5	G-FLAG	Colt 77A
G-FAJM	Robinson R44 Beta II	G-FDZO	Boeing 737-8K5	G-FLAK	Beech E55 Baron
G-FALC	Falco F8L Series 3	G-FDZR	Boeing 737-8K5	G-FLAV	Piper PA-28-161 Warrior II
G-FALO	Falco F8L	G-FEAB	Piper PA-28-181 Archer III	G-FLBI	Robinson R44 Beta II
G-FAME	Starstreak Shadow Sa-Ii	G-FEBB	Grob G104 Speed Astir IIB	G-FLBK	Cessna 510 Mustang
G-FAMH	Zenair CH.701 STOL	G-FEBJ	Schleicher ASW 19B	G-FLCA	Fleet Model 80
G-FANL	Cessna R172K	G-FECO	Grob G102 Astir CS77	G-FLCT	Hallam Fleche
G-FARA	BAe Jetstream 31	G-FEDA	EC.120B Colibri	G-FLDG	Best Off Sky Ranger
G-FARE	Robinson R44 Beta II	G-FEET	P&M Quik	G-FLEA	SOCATA TB-10 Tobago
G-FARL	Pitts S-1E	G-FEFE	Scheibe SF25B Falke	G-FLEE	Interplane ZJ-Viera
G-FARO	Star-Lite SL-1	G-FELL	Europa Avn Europa XS	G-FLEW	Lindstrand LBL 90A
G-FARR	Jodel D150	G-FELT	Cameron N-77	G-FLEX	Pegasus Quik
G-FARY	QAC Quickie Tri-Q	G-FELX	CZAW Sportcruiser	G-FLGT	Lindstrand LBL 105A
G-FATB	Commander 114B	G-FERN	Mainair Blade 912	G-FLIK	Pitts S-1S
G-FATE	Falco F8L	G-FERV	Rolladen-Schneider LS4	G-FLIP	Cessna FA152
G-FAUX	Cessna 182S	G-FESS	Pegasus Quantum 912	G-FLIT	RotorWay Executive 162F
G-FAVC	DH.80A Puss Moth	G-FEVS	SZD-50-3 Puchacz	G-FLIZ	Staaken Z-21 Flitzer
G-FAVS	Piper PA-32-300	G-FEWG	Fuji FA-200-160	G-FLKE	Scheibe SF25C Falke
G-FBAT	Aeroprakt A22 Foxbat	G-FEZZ	Agusta-Bell 206B JetRanger	G-FLKS	Scheibe SF25C Falke
G-FBEA	Embraer ERJ 190-200 LR	G-FFAB	Cameron N-105	G-FLOA	Cameron O-120
G-FBEB	Embraer ERJ 190-200 LR	G-FFAF	Cessna F150L	G-FLOP	Cessna 152
G-FBEC	Embraer ERJ 190-200 LR	G-FFEN	Cessna F150M	G-FLOR	Europa Avn Europa
G-FBED	Embraer ERJ 190-200 LR	G-FFFG	Dassault Falcon 900EX	G-FLOW	Cessna 172S
G-FBEE	Embraer ERJ 190-200 LR	G-FFFT	Lindstrand LBL 31A	G-FLOX	Europa Avn Europa
G-FBEF	Embraer ERJ 190-200 LR	G-FFIT	P&M Quik	G-FLPI	Commander 112
G-FBEG	Embraer ERJ 190-200 LR	G-FFOX	Hawker Hunter T7A	G-FLSH	Yakovlev Yak-52
G-FBEH	Embraer ERJ 190-200 LR	G-FFRA	Dassault Falcon 20DC	G-FLTA	BAe 146-200
G-FBEI	Embraer ERJ 190-200 LR	G-FFRI	AS355F1 Ecureuil 2	G-FLTB	BAe 146-200
G-FBEJ	Embraer ERJ 190-200 LR	G-FFTI	SOCATA TB-20 Trinidad	G-FLTC	BAe 146-200
G-FBEK	Embraer ERJ 190-200 LR	G-FFTT	Lindstrand Newspaper	G-FLTF	BAe 146-200
G-FBEL	Embraer ERJ 190-200 LR	G-FFUN	Pegasus Quantum 15	G-FLTG	Cameron A-140
G-FBEM	Embraer ERJ 190-200 LR	G-FFWD	Cessna 310R	G-FLTL	McDonnell Douglas MD-83
G-FBEN	Embraer ERJ 190-200 LR	G-FGAZ	Schleicher Ka 6E	G-FLTZ	Beech 58 Baron
G-FBII	Comco Ikarus C42	G-FGID	Vought Fo G-1D Corsair	G-FLUZ	Rolladen-Schneider LS8-18
G-FBLI	Cessna 510 Mustang	G-FGSI	Montgomerie-Bensen B8MR	G-FLYA	Mooney M20J
G-FBLK	Cessna 510 Mustang	G-FGSK	Cameron Beer Crate-120	G-FLYB	Comco Ikarus C42
G-FBMW	Cameron N-90	G-FHAS	SF25E Super Falke	G-FLYC	Comco Ikarus C42
G-FBNK	Cessna 510 Mustang	G-FIAT	Piper PA-28-140 Cherokee F	G-FLYF	Mainair Blade 912
G-FBOY	Skystar Kitfox 7	G-FIBS	AS350B3 Ecureuil	G-FLYG	Slingsby T67C

Registration	Type	Registration	Type	Registration	Type
☐ G-FLYH	Robinson R22 Beta	☐ G-FRGN	Piper PA-28-236 Dakota	☐ G-GAII	Hawker Hunter GA11
☐ G-FLYI	Piper PA-34-200 Seneca	☐ G-FRGT	P&M Quik GT450	☐ G-GAJB	Gulfstream AA-5B
☐ G-FLYM	Comco Ikarus C42	☐ G-FRIL	Lindstrand LBL 105A	☐ G-GALA	Piper PA-28-180 Cherokee E
☐ G-FLYP	Beagle B206 Series 2	☐ G-FRNK	Best Off Sky Ranger	☐ G-GALB	Piper PA-28-161 Warrior II
☐ G-FLYS	Robinson R44	☐ G-FROM	Comco Ikarus C42	☐ G-GALL	Piper PA-38-112 Tomahawk
☐ G-FLYT	Europa Avn Europa	☐ G-FROS	Piper PA-28R-201 Arrow	☐ G-GALX	Dassault Falcon 900EX
☐ G-FLYX	Robinson R44 Beta II	☐ G-FRYI	Beech 200 Super King Air	☐ G-GAME	Cessna T303
☐ G-FLYY	BAC167 Strikemaster 80A	☐ G-FRYL	Raytheon 390	☐ G-GAND	Agusta-Bell 206B JetRanger
☐ G-FLZR	Staaken Z-21 Flitzer	☐ G-FSEU	Beech 200 Super King Air	☐ G-GANE	Falco F8L
☐ G-FMAM	Piper PA-28-151 Warrior	☐ G-FSHA	Denney Kitfox 2	☐ G-GANG	Bell 206L LongRanger
☐ G-FMGG	Maule M5-235C	☐ G-FSZY	SOCATA TB-10 Tobago	☐ G-GAOH	Robin DR.400-2+2
☐ G-FMKA	Diamond HK 36 TC	☐ G-FTDF	Airbus A320-231	☐ G-GAOM	Robin DR.400-2+2
☐ G-FMSG	Cessna FA150K	☐ G-FTIL	Robin DR 400-180 Régent	☐ G-GASP	Piper PA-28-181 Archer II
☐ G-FNES	Dassault Falcon 900EX	☐ G-FTIN	Robin DR.400-100 Cadet	☐ G-GASS	Thunder Ax7-77
☐ G-FNEY	Cessna F177RG	☐ G-FTSE	BN2A Mk.III-2 Trislander	☐ G-GATE	Robinson R44 Beta II
☐ G-FNLD	Cessna 172N	☐ G-FTSL	CL604 Challenger	☐ G-GATT	Robinson R44 Beta II
☐ G-FNLY	Cessna F172M	☐ G-FUEL	Robin DR.400-180 Régent	☐ G-GAZA	SA.341G Gazelle 1
☐ G-FNPT	Piper PA-28-161 Warrior III	☐ G-FUFU	Agusta A109S Grand	☐ G-GAZN	P&M Quik GT450
☐ G-FOFO	Robinson R44 Beta II	☐ G-FUKM	SA.341B Gazelle AH1	☐ G-GAZZ	SA.341G Gazelle 1
☐ G-FOGG	Cameron N-90	☐ G-FULL	Piper PA-28R-200 Arrow II	☐ G-GBAB	Piper PA-28-161 Warrior II
☐ G-FOGI	Europa Avn Europa XS	☐ G-FULM	Sikorsky S-76C	☐ G-GBAO	Robin R1180TD Aiglon
☐ G-FOGY	Robinson R22 Beta	☐ G-FUND	Thunder Ax7-65Z	☐ G-GBBB	Schleicher ASH 25
☐ G-FOKK	Replica Fokker Dr1	☐ G-FUNK	Yakovlev Yak-50	☐ G-GBBT	Ultramagic M-90
☐ G-FOKR	Replica Fokker EIII	☐ G-FUNN	Plumb BGP-1	☐ G-GBEE	Pegasus Quik
☐ G-FOLI	Robinson R22 Beta	☐ G-FUNY	Robinson R44 Beta II	☐ G-GBEN	Robinson R44 Beta II
☐ G-FOLY	Pitts S-2A	☐ G-FURI	Isaacs Fury II	☐ G-GBFF	Cessna F172N
☐ G-FONZ	Best Off Sky Ranger	☐ G-FUSE	Cameron N-105	☐ G-GBFR	Cessna F177RG
☐ G-FOPP	Lancair 320	☐ G-FUZZ	Piper PA-18-95 Super Cub	☐ G-GBGA	Scheibe SF25C Falke
☐ G-FORA	Schempp-Hirth Ventus cT	☐ G-FVEL	Cameron Z-90	☐ G-GBGB	Ultramagic M-105
☐ G-FORC	Stampe SV4C	☐ G-FVRY	Colt 105A	☐ G-GBGF	Cameron Dragon
☐ G-FORD	Stampe SV4C(G)	☐ G-FWAB	Replica Focke-Wulf FW190	☐ G-GBHI	SOCATA TB-10 Tobago
☐ G-FORR	Piper PA-28-181 Archer III	☐ G-FWAY	Lindstrand LBL 90A	☐ G-GBJP	Pegasus Quantum 15
☐ G-FOSY	Pitts S-1S	☐ G-FWKS	A C Tanarg 912S/iXess 15	☐ G-GBJS	Robin HR.200-100 Club
☐ G-FOSY	Morane Saulnier MS.880B	☐ G-FWPW	Piper PA-28-236 Dakota	☐ G-GBLP	Cessna F172M
☐ G-FOWL	Colt 90A	☐ G-FXBT	Aeroprakt A22 Foxbat	☐ G-GBLR	Cessna F150L
☐ G-FOWS	Cameron N-105	☐ G-FYAN	Williams Hot Air Balloon	☐ G-GBMR	B200 Super King Air
☐ G-FOXA	Piper PA-28-161 Cadet	☐ G-FYAO	Williams Hot Air Balloon	☐ G-GBOB	Alpi Pioneer 300 Hawk
☐ G-FOXB	Aeroprakt A22 Foxbat	☐ G-FYAU	Williams Mk2	☐ G-GBPP	Rolladen-Schneider LS6-c
☐ G-FOXC	Denney Kitfox	☐ G-FYAV	Osprey Mk-4E2	☐ G-GBRB	Piper PA-28-180 Cherokee C
☐ G-FOXD	Denney Kitfox 2	☐ G-FYBD	Osprey Mk-1E	☐ G-GBRU	Bell 206B JetRanger
☐ G-FOXF	Denney Kitfox 4	☐ G-FYBE	Osprey Mk-4D	☐ G-GBSL	Beech 76 Duchess
☐ G-FOXG	Denney Kitfox	☐ G-FYBF	Osprey Mk-5	☐ G-GBTA	Boeing 737-436
☐ G-FOXI	Denney Kitfox	☐ G-FYBG	Osprey Mk4G2	☐ G-GBTB	Boeing 737-436
☐ G-FOXL	Zenair CH.601XL Zodiac	☐ G-FYBH	Osprey Mk-4G	☐ G-GBTL	Cessna 172S
☐ G-FOXM	Bell 206B JetRanger	☐ G-FYBI	Osprey Mk-4H	☐ G-GBUE	Robin DR.400-120A
☐ G-FOXS	Denney Kitfox 2	☐ G-FYCL	Osprey Mk-4G	☐ G-GBUN	Cessna 182T
☐ G-FOXX	Denney Kitfox 2	☐ G-FYCV	Osprey Mk-4D	☐ G-GBVX	Robin DR.400-120A
☐ G-FOXZ	Denney Kitfox	☐ G-FYCZ	Osprey Mk-4D2	☐ G-GBXF	Robin HR.200/120
☐ G-FOZZ	Beech A36 Bonanza	☐ G-FYDF	Osprey Mk-4F	☐ G-GBXS	Europa Avn Europa XS
☐ G-FPIG	Piper PA-28-151 Warrior	☐ G-FYDI	Westwind Two	☐ G-GCAC	Europa Avn Europa XS
☐ G-FPLB	B200 Super King Air	☐ G-FYDN	Eaves European 8C	☐ G-GCAT	Piper PA-28-140 Cherokee B
☐ G-FPLD	B200 Super King Air	☐ G-FYDO	Osprey Mk-4D	☐ G-GCCL	Beech 76 Duchess
☐ G-FPLE	B200 Super King Air	☐ G-FYDP	Westwind Three	☐ G-GCEA	P&M Quik
☐ G-FPSA	Piper PA-28-161 Warrior II	☐ G-FYDS	Osprey Mk-4D	☐ G-GCIY	Robin DR.400-140B Major
☐ G-FRAD	Dassault Falcon 20E	☐ G-FYEK	Unicorn Ue-1C	☐ G-GCJA	Rolladen-Schneider LS8-18
☐ G-FRAF	Dassault Falcon 20E	☐ G-FYEO	Eagle Mk-1A	☐ G-GCKI	Mooney M20K
☐ G-FRAG	Piper PA-32-300	☐ G-FYEV	Osprey Mk-1C	☐ G-GCMW	Grob G102 Astir CS
☐ G-FRAH	Dassault Falcon 20DC	☐ G-FYEZ	Firefly Mk1	☐ G-GCUF	Robin DR.400-160 Knight
☐ G-FRAI	Dassault Falcon 20E	☐ G-FYFI	Eaves European E.84PS	☐ G-GCYC	Cessna F182Q
☐ G-FRAJ	Dassault Falcon 20DC	☐ G-FYFJ	Westwind Two	☐ G-GDAV	Robinson R44 Beta II
☐ G-FRAK	Dassault Falcon 20DC	☐ G-FYFN	Osprey Saturn 2Dc3	☐ G-GDEF	Robin DR.400-120
☐ G-FRAL	Dassault Falcon 20DC	☐ G-FYFW	Rango Na-55	☐ G-GDER	Robin R1180TD Aiglon
☐ G-FRAN	Piper J-3C-65 Cub	☐ G-FYFY	Rango Na-55Rc	☐ G-GDJF	Robinson R44 Beta II
☐ G-FRAO	Dassault Falcon 20DC	☐ G-FYGI	Rango Na-55Rc	☐ G-GDKR	Robin DR.400-140B Major
☐ G-FRAP	Dassault Falcon 20DC	☐ G-FYGJ	Wells Airspeed-300	☐ G-GDMW	Beech 76 Duchess
☐ G-FRAR	Dassault Falcon 20DC	☐ G-FYGM	Saffery/Smith Princess	☐ G-GDOG	Piper PA-28R-200 Arrow II
☐ G-FRAS	Dassault Falcon 20C	☐ G-FZZA	General Avia F22-A	☐ G-GDOV	Robinson R44
☐ G-FRAT	Dassault Falcon 20C	☐ G-FZZI	Cameron H-34	☐ G-GDRV	Van's RV-6
☐ G-FRAU	Dassault Falcon 20C	☐ G-GABS	Cameron TR-70	☐ G-GDSG	Agusta A109E Power
☐ G-FRAW	Dassault Falcon 20C	☐ G-GACA	Percival Sea Prince T1	☐ G-GDTU	Mudry CAP.10B
☐ G-FRAY	Cassutt Racer IIIm	☐ G-GACB	Robinson R44 Beta II	☐ G-GEBJ	Cessna 525 CitationJet
☐ G-FRBA	Dassault Falcon 20C	☐ G-GAFA	Piper PA-34-200T Seneca II	☐ G-GEDY	Dassault Falcon 2000
☐ G-FRDY	Dynamic WT9 UK	☐ G-GAFT	Piper PA-44-180 Seminole	☐ G-GEEP	Robin R1180TD Aiglon

Reg	Type	Reg	Type	Reg	Type
☐ G-GEES	Cameron N-77	☐ G-GKKI	Mudry CAP.231EX	☐ G-GRYZ	Beech F33A Bonanza
☐ G-GEEZ	Cameron N-77	☐ G-GKUE	SOCATA TB-9 Tampico	☐ G-GRZZ	Robinson R44 Beta II
☐ G-GEHL	Cessna 172S	☐ G-GLAD	Gloster Gladiator II	☐ G-GSAL	Replica Fokker EIII
☐ G-GEHP	Piper PA-28RT-201 Arrow IV	☐ G-GLAK	AB Sportine LAK-12	☐ G-GSGZ	Mudry CAP.232
☐ G-GEMM	Cirrus SR20	☐ G-GLAW	Cameron N-90	☐ G-GSJH	Bell 206B JetRanger
☐ G-GEMS	Thunder Ax8-90 S2	☐ G-GLED	Cessna 150M	☐ G-GSMT	Rotorsport UK MT-03
☐ G-GEMX	P&M Quik GT450	☐ G-GLHI	Best Off Sky Ranger	☐ G-GSOO	Hughes 369E
☐ G-GENI	Robinson R44 Beta II	☐ G-GLIB	Robinson R44	☐ G-GSPG	Hughes 369HS
☐ G-GEOF	Pereira Osprey 2	☐ G-GLID	Schleicher ASW 28-18E	☐ G-GSPN	Boeing 737-31S
☐ G-GEOS	Diamond HK 36 TTC-ECO	☐ G-GLII	Great Lakes 2T-1A-2	☐ G-GSPY	Robinson R44 Beta II
☐ G-GERS	Robinson R44 Beta II	☐ G-GLKE	Robin DR.400-180 Régent	☐ G-GSRV	Robin DR.400/500
☐ G-GERT	Van's RV-7	☐ G-GLOC	Extra EA.300/200	☐ G-GSSA	Boeing 747-47UF
☐ G-GERY	Stoddard-Hamilton GlaStar	☐ G-GLST	Great Lakes Sports Tr.	☐ G-GSSB	Boeing 747-47UF
☐ G-GEST	Robinson R44 Beta II	☐ G-GLSU	Bü.181B-1 Bestmann	☐ G-GSSC	Boeing 747-47UF
☐ G-GEVO	Cessna 680 Sovereign	☐ G-GLTT	Piper PA-31-350 Chieftain	☐ G-GSSO	Gulfstream V-SP
☐ G-GEZZ	Bell 206B JetRanger	☐ G-GLUC	Van's RV-6	☐ G-GSST	Grob G102 Astir CS77
☐ G-GFAA	Slingsby T67A	☐ G-GLUE	Cameron N-65	☐ G-GSYJ	Diamond DA.42 Twin Star
☐ G-GFAB	Cameron N-105	☐ G-GMAA	Learjet 45	☐ G-GSYS	Piper PA-34-220T Seneca V
☐ G-GFCA	Piper PA-28-161 Cadet	☐ G-GMAB	BAe.125-1000B	☐ G-GTDL	Airbus A320-231
☐ G-GFCB	Piper PA-28-161 Cadet	☐ G-GMAX	Stampe SV4C	☐ G-GTEE	P&M Quik GT450
☐ G-GFCD	Piper PA-34-220T Seneca III	☐ G-GMED	PA-42-720 Cheyenne IIIA	☐ G-GTFC	P&M Quik
☐ G-GFDA	Diamond DA.42 Twin Star	☐ G-GMIB	Robin DR.400/500	☐ G-GTGT	P&M Quik GT450
☐ G-GFEA	Cessna 172S	☐ G-GMKD	Robin HR.200-120B	☐ G-GTHM	Piper PA-38-112 Tomahawk
☐ G-GFEY	Piper PA-34-200T Seneca II	☐ G-GMKE	Robin HR.200-120B	☐ G-GTJD	P&M Quik GT450
☐ G-GFFD	Boeing 737-59D	☐ G-GMPB	BN2T-4S Islander	☐ G-GTJM	EC.120B Colibri
☐ G-GFFH	Boeing 737-5H6	☐ G-GMPX	MD.900 Explorer	☐ G-GTOM	Alpi Pioneer 300
☐ G-GFFI	Boeing 737-528	☐ G-GMSI	SOCATA TB-9 Tampico	☐ G-GTPG	P&M Quik GT450
☐ G-GFFJ	Boeing 737-5H6	☐ G-GNAA	MD.900 Explorer	☐ G-GTTP	P&M Quik GT450
☐ G-GFIA	Cessna 152	☐ G-GNJW	Comco Ikarus C42	☐ G-GTWO	Schleicher ASW 15
☐ G-GFIB	Cessna F152	☐ G-GNRV	Van's RV-9A	☐ G-GUAY	Enstrom 480
☐ G-GFIC	Cessna 152	☐ G-GNTB	SAAB SF340A	☐ G-GUCK	Beech C23 Sundowner
☐ G-GFID	Cessna 152	☐ G-GNTF	SAAB SF340A	☐ G-GUFO	Cameron Saucer-80
☐ G-GFKY	Zenair CH.250 Zenith	☐ G-GNTZ	BAe 146-200	☐ G-GULP	III Sky Arrow 650 T
☐ G-GFLY	Cessna F150L	☐ G-GOAC	Piper PA-34-200T Seneca II	☐ G-GULZ	Christen Eagle II
☐ G-GFMT	Cessna 172S	☐ G-GOAL	Lindstrand LBL 105A	☐ G-GUMS	Cessna 182P
☐ G-GFNO	Robin ATL	☐ G-GOBD	Piper PA-32R-301 Saratoga	☐ G-GUNS	Cameron V-77
☐ G-GFOX	Aeroprakt A22 Foxbat	☐ G-GOBT	Colt 77A	☐ G-GUNZ	Van's RV-8
☐ G-GFPA	Piper PA-28-181 Archer III	☐ G-GOCX	Cameron N-90	☐ G-GURN	Piper PA-31 Navajo C
☐ G-GFPB	Piper PA-28-181 Archer III	☐ G-GOES	Robinson R44 Beta II	☐ G-GURU	Piper PA-28-161 Warrior II
☐ G-GFPC	Piper PA-28-181 Archer III	☐ G-GOGB	Lindstrand LBL 90A	☐ G-GUSS	Piper PA-28-151 Warrior
☐ G-GFRD	Robin ATL	☐ G-GOGS	Piper PA-34-200T Seneca II	☐ G-GUST	Agusta-Bell 206B JetRanger
☐ G-GFRO	Robin ATL	☐ G-GOGW	Cameron N-90	☐ G-GUYS	Piper PA-34-200T Seneca II
☐ G-GFSA	Cessna 172R	☐ G-GOLF	SOCATA TB-10 Tobago	☐ G-GVPI	Evans VP-1 Series 2
☐ G-GFTA	Piper PA-28-161 Warrior III	☐ G-GOLY	Cessna 150L	☐ G-GWIZ	Colt Clown
☐ G-GFTB	Piper PA-28-161 Warrior III	☐ G-GOMO	Learjet 45	☐ G-GWYN	Cessna F172M
☐ G-GGCT	Flight Design CT2K	☐ G-GOOD	SOCATA TB-20 Trinidad	☐ G-GYAK	Yakovlev Yak-50
☐ G-GGDV	Schleicher Ka 6E	☐ G-GORE	CFM Streak Shadow	☐ G-GYAT	Gardan GY80-180
☐ G-GGGG	Thunder Ax7-77	☐ G-GORV	Van's RV-8	☐ G-GYAV	Cessna 172N
☐ G-GGHZ	Robin ATL	☐ G-GOSL	Robin DR.400-180 Régent	☐ G-GYBO	Gardan GY80-180
☐ G-GGJK	Robin DR.400-140B Major	☐ G-GOTC	Gulfstream American GA-7	☐ G-GYMM	Piper PA-28R-200 Arrow II
☐ G-GGLE	Piper PA-22-108 Colt	☐ G-GOTF	Cessna 208B	☐ G-GYRO	Campbell Cricket
☐ G-GGNG	Robinson R44 Beta II	☐ G-GOTH	Piper PA-28-161 Warrior III	☐ G-GYTO	Piper PA-28-161 Warrior III
☐ G-GGOW	Colt 77A	☐ G-GOUP	Robinson R22 Beta	☐ G-GZDO	Cessna 172N
☐ G-GGRR	Scottish Avn Bulldog	☐ G-GPAG	Van's RV-6	☐ G-GZIP	Rolladen-Schneider LS8-18
☐ G-GGTT	Agusta-Bell 47G-4A	☐ G-GPAS	Avtech Jabiru UL-450	☐ G-GZZP	PA-42-720 Cheyenne IIIA
☐ G-GHEE	EV-97 Eurostar	☐ G-GPBV	Short SD3-60 Variant 100	☐ G-HAAH	Schempp-Hirth Ventus 2cT
☐ G-GHIA	Cameron N-120	☐ G-GPEG	Sky 90-24	☐ G-HAAT	MD.900 Explorer
☐ G-GHIN	Thunder Ax7-77	☐ G-GPFI	Boeing 737-229	☐ G-HABI	Best Off Sky Ranger Swift
☐ G-GHKX	Piper PA-28-161 Warrior II	☐ G-GPMW	PA-28RT-201T Arrow IV	☐ G-HABT	Super Marine Spitfire Mk.26
☐ G-GHOW	Cessna F182Q	☐ G-GPPN	Cameron TR-70	☐ G-HACE	Van's RV-6A
☐ G-GHPG	Cessna 550 Citation II	☐ G-GPSF	Avtech Jabiru J430	☐ G-HACK	Piper PA-18-150 Super Cub
☐ G-GHRW	PA-28RT-201 Arrow IV	☐ G-GREY	Piper PA-46-350P	☐ G-HAEC	Commonwealth Mustang 22
☐ G-GHZJ	SOCATA TB-9 Tampico	☐ G-GRIN	Van's RV-6	☐ G-HAFG	Cessna 340A
☐ G-GIBB	Robinson R44 Beta II	☐ G-GRMN	Dynamic WT9 UK	☐ G-HAFT	Diamond DA.42 Twin Star
☐ G-GIDY	Europa Avn Europa XS	☐ G-GRND	Agusta A109S Grand	☐ G-HAGL	Robinson R44 Beta II
☐ G-GIGI	Morane Saulnier MS.893A	☐ G-GROE	Grob G115	☐ G-HAIB	Aviat A-1B Husky
☐ G-GIGZ	Van's RV-8	☐ G-GROL	Maule MXT-7-180	☐ G-HAIG	Rutan LongEz
☐ G-GILI	Robinson R44	☐ G-GRPA	Comco Ikarus C42	☐ G-HAIR	Robin DR.400-180 Régent
☐ G-GIRY	American General AG-5B	☐ G-GRRR	Scottish Avn Bulldog	☐ G-HAJJ	Glaser-Dirks DG-400
☐ G-GIWT	Europa Avn Europa XS	☐ G-GRSR	Schempp-Hirth Discus bT	☐ G-HALC	Piper PA-28R-200 Arrow II
☐ G-GJCD	Robinson R22 Beta	☐ G-GRVE	Van's RV-6	☐ G-HALJ	Cessna 140
☐ G-GKAT	Enstrom 280C	☐ G-GRWL	Lilliput Type 4	☐ G-HALL	Piper PA-22-160 Tri-Pacer
☐ G-GKFC	TLAC Sherwood Ranger	☐ G-GRWW	Robinson R44 Beta II	☐ G-HALP	SOCATA TB-10 Tobago

Registration	Type	Registration	Type	Registration	Type
☐ G-HALT	Pegasus Quik	☐ G-HEXE	Colt 17A Cloudhopper	☐ G-HONK	Cameron O-105
☐ G-HAMI	Fuji FA-200-180	☐ G-HEYY	Cameron Bear-72	☐ G-HONY	Lilliput Type 1 Series A
☐ G-HAMM	Yakovlev Yak-50	☐ G-HFBM	Curtiss Robertson C-2 Robin	☐ G-HOOD	SOCATA TB-20 Trinidad GT
☐ G-HAMP	Aeronca 7ACA	☐ G-HFCA	Cessna A150L	☐ G-HOOV	Cameron N-56
☐ G-HAMR	Piper PA-28-161 Warrior II	☐ G-HFCB	Cessna F150L	☐ G-HOPA	Lindstrand LBL 35A
☐ G-HAMS	P&M Quik	☐ G-HFCL	Cessna F152	☐ G-HOPE	Beech F33A Bonanza
☐ G-HAMY	Van's RV-6	☐ G-HFCT	Cessna F152	☐ G-HOPI	Cameron N-42
☐ G-HANG	Diamond DA.42 Twin Star	☐ G-HFLY	Robinson R44 Beta II	☐ G-HOPR	Lindstrand LBL 25A
☐ G-HANS	Robin DR.400-2+2	☐ G-HGPI	SOCATA TB-20 Trinidad	☐ G-HOPY	Van's RV-6A
☐ G-HANY	Agusta-Bell 206B JetRanger	☐ G-HGRB	Robinson R44	☐ G-HORK	Alpi Pioneer 300
☐ G-HAPI	Lindstrand LBL 105A	☐ G-HGRC	Cessna 525A CJ2	☐ G-HOSS	Beech F33A Bonanza
☐ G-HAPY	DHC-1 Chipmunk 22	☐ G-HAAA	HS Buccaneer S 2B	☐ G-HOTA	EV-97 teamEurostar UK
☐ G-HARD	Dyn'Aero MCR-01 ULC	☐ G-HHAB	Hawker Hunter F.58	☐ G-HOTB	Eurocopter EC.155 B1
☐ G-HARE	Cameron N-77	☐ G-HHAC	Hawker Hunter F.58	☐ G-HOTT	Colt 77A
☐ G-HARI	Raj Hamsa X'Air V2	☐ G-HHAF	Hawker Hunter F.58	☐ G-HOTM	Cameron C-80
☐ G-HARK	CL604 Challenger	☐ G-HHAV	Morane Saulnier MS.894A	☐ G-HOTT	Cameron O-120
☐ G-HARN	Piper PA-28-181 Archer II	☐ G-HHDR	Cessna 182T	☐ G-HOTZ	Colt 77B
☐ G-HARR	Robinson R22 Beta	☐ G-HHII	Hawker Hurricane IIB	☐ G-HOUS	Colt 31A Air Chair
☐ G-HART	Cessna 152	☐ G-HHOG	Robinson R44 Beta II	☐ G-HOWE	Thunder Ax7-77
☐ G-HARY	Alon A-2	☐ G-HHUK	Robin HR.200-120B	☐ G-HOWL	RAF 2000 GTX-SE
☐ G-HASO	Diamond DA.40D Star	☐ G-HIBM	Cameron N-145	☐ G-HOXN	Van's RV-9
☐ G-HATF	Thorp T-18CW	☐ G-HIEL	Robinson R22 Beta	☐ G-HPAD	Bell 206B JetRanger
☐ G-HATZ	Hatz CB-1	☐ G-HIJK	Cessna 421C Golden Eagle	☐ G-HPOL	MD.900 Explorer
☐ G-HAUS	Hughes 369HM	☐ G-HIJN	Comco Ikarus C42	☐ G-HPPY	Learjet 40
☐ G-HAUT	S-H Mini-Nimbus C	☐ G-HILO	Commander 114	☐ G-HPSB	Commander 114B
☐ G-HAZE	Thunder Ax8-90	☐ G-HILS	Cessna F172H	☐ G-HPSF	Commander 114B
☐ G-HBBC	DH.104 Dove 8	☐ G-HILT	SOCATA TB-10 Tobago	☐ G-HPSL	Commander 114B
☐ G-HBBH	Comco Ikarus C42	☐ G-HILZ	Van's RV-8	☐ G-HPUX	Hawker Hunter T7
☐ G-HBEK	Agusta A109C	☐ G-HIND	Maule MT-7-235	☐ G-HRBS	Robinson R22 Beta
☐ G-HBJT	Eurocopter EC.155 B1	☐ G-HINZ	Avtech Jabiru SK	☐ G-HRCC	Robin HR.200-100 Club
☐ G-HBMW	Robinson R22	☐ G-HIPE	Sorrell SNS-7 Hyperbipe	☐ G-HRDS	Gulfstream V-SP
☐ G-HBOB	Eurocopter EC.135 T2+	☐ G-HIPO	Robinson R22 Beta	☐ G-HRHE	Robinson R22 Beta
☐ G-HBOS	Scheibe SF25C Falke	☐ G-HIRE	Gulfstream American GA-7	☐ G-HRHI	Beagle B206 Series 1
☐ G-HBRO	AS355N Ecureuil 2	☐ G-HISS	Pitts S-2A	☐ G-HRHS	Robinson R44
☐ G-HBUG	Cameron N-90	☐ G-HITM	Raj Hamsa X'Air Jabiru	☐ G-HRIO	Robin HR.100/210 Safari
☐ G-HCAC	Schleicher Ka 6E	☐ G-HITT	Hawker Hurricane 1	☐ G-HRLI	Hawker Hurricane 1
☐ G-HCBI	Schweizer 269C-1	☐ G-HIUP	Cameron A-250	☐ G-HRLK	SAAB 91D Safir
☐ G-HCGD	Learjet 45	☐ G-HIVA	Cessna 337A	☐ G-HRLM	Colibri MB2
☐ G-HCSA	Cessna 525A CJ2	☐ G-HIVE	Cessna F150M	☐ G-HRND	Cessna 182T
☐ G-HCSL	Piper PA-34-220T Seneca III	☐ G-HIYA	Best Off Sky Ranger	☐ G-HRNT	Cessna 182S
☐ G-HDAE	DHC-1 Chipmunk 22	☐ G-HIZZ	Robinson R22 Beta	☐ G-HROI	Commander 112
☐ G-HDAV	SZD-38A Jantar 1	☐ G-HJSM	S-H Nimbus 4DM	☐ G-HRPN	Robinson R44 Beta II
☐ G-HDEF	Robinson R44 Beta II	☐ G-HJSS	Stampe SV4C	☐ G-HRVD	CCF Harvard 4
☐ G-HDEW	Piper PA-32R-301 Saratoga	☐ G-HKAA	S-H Duo Discus T	☐ G-HRVS	Van's RV-8
☐ G-HDIX	Enstrom 280FX	☐ G-HKCF	Enstrom 280C-UK	☐ G-HRYZ	Piper PA-28-180 Archer
☐ G-HDTV	Agusta A109A II	☐ G-HKHM	Hughes 369D	☐ G-HSBC	Lindstrand LBL 69X
☐ G-HEAD	Colt Flying Head	☐ G-HKSD	Diamond HK 36 TC	☐ G-HSKE	Aviat A-1B Husky
☐ G-HEAN	AS355N Ecureuil 2	☐ G-HLCF	Starstreak Shadow Sa-II	☐ G-HSKI	Aviat A-1B Husky
☐ G-HEBB	Schleicher ASW 27	☐ G-HLEE	Best Off Sky Ranger	☐ G-HSLA	Robinson R22 Beta
☐ G-HEBE	Bell 206B JetRanger	☐ G-HMBJ	Commander 114B	☐ G-HSOO	Hughes 369HE
☐ G-HEBJ	Cessna 525 CitationJet	☐ G-HMCB	Best Off Sky Ranger Swift	☐ G-HSTH	Lindstrand LBL Hs-110
☐ G-HEBS	BN2B-26 Islander	☐ G-HMED	Piper PA-28-161 Warrior III	☐ G-HSXP	Hawker 850XP
☐ G-HEBZ	BN2A-26 Islander	☐ G-HMEI	Dassault Falcon 900	☐ G-HTEL	Robinson R44
☐ G-HECB	Fuji FA-200-160	☐ G-HMEV	Dassault Falcon 900	☐ G-HTRL	Piper PA-34-220T Seneca III
☐ G-HEHE	EC.120B Colibri	☐ G-HMJB	Piper PA-32R-301 Saratoga II	☐ G-HTWE	Rans S-6-116 Coyote II
☐ G-HEJB	Cirrus SR22	☐ G-HMPH	Bell 206B JetRanger	☐ G-HUBB	Partenavia P68B
☐ G-HEKK	RAF 2000 GTX-SE	☐ G-HMPT	Agusta-Bell 206B JetRanger	☐ G-HUCH	Cameron Carrots-80
☐ G-HEKL	Replica Percival Mew Gull	☐ G-HNGE	Comco Ikarus C42	☐ G-HUES	Hughes 369HS
☐ G-HELA	SOCATA TB-10 Tobago	☐ G-HNLY	Bell 206L LongRanger	☐ G-HUEW	Europa Avn Europa XS
☐ G-HELE	Bell 206B JetRanger	☐ G-HOBO	Denney Kitfox 4	☐ G-HUEY	Bell UH-1H-BF Iroquois
☐ G-HELM	AS350B2 Ecureuil	☐ G-HOCA	Robinson R44 Beta II	☐ G-HUFF	Cessna 182P
☐ G-HELN	Piper PA-18-95 Super Cub	☐ G-HOCK	Piper PA-28-180 Cherokee D	☐ G-HUGO	Colt 260A
☐ G-HELP	Colt 17A Cloudhopper	☐ G-HOFF	P&M Quik GT450	☐ G-HUGS	Robinson R22 Beta
☐ G-HELV	DH.115 Vampire T55	☐ G-HOFM	Cameron N-56	☐ G-HUKA	Hughes 369E
☐ G-HEMS	AS365N Dauphin 2	☐ G-HOGS	Cameron Pig-90	☐ G-HULK	Best Off Sky Ranger
☐ G-HENT	Rallye 110ST Galopin	☐ G-HOGZ	Yakovlev Yak-52	☐ G-HULL	Cessna F150M
☐ G-HENY	Cameron V-77	☐ G-HOJO	Schempp-Hirth Discus 2a	☐ G-HUMH	Van's RV-9A
☐ G-HERB	Piper PA-28R-201 Arrow III	☐ G-HOLI	Ultramagic M-77	☐ G-HUND	Aviat A-1B Husky
☐ G-HERC	Cessna 172S	☐ G-HOLM	Eurocopter EC.135 T2+	☐ G-HUNI	Bellanca 7GCBC
☐ G-HERD	Lindstrand LBL 77B	☐ G-HOLY	SOCATA ST-10 Diplomate	☐ G-HUPW	Hawker Hurricane 1
☐ G-HERT	BAe Herti UAV	☐ G-HOME	Colt 77A	☐ G-HURI	Hawker Hurricane IIA
☐ G-HEVN	SOCATA TB-200 Tobago XL	☐ G-HONG	Slingsby T67M200	☐ G-HURN	Robinson R22 Beta
☐ G-HEWI	Piper J-3C-65 Cub	☐ G-HONI	Robinson R22 Beta	☐ G-HUSK	Aviat A-1B Husky

67

Reg	Type	Reg	Type	Reg	Type
G-HUTE	Aerochute Dual	G-IFBP	AS350B2 Ecureuil	G-IJMI	Extra EA.300/L
G-HUTT	Denney Kitfox 2	G-IFDM	Robinson R44	G-IJNK	Robinson R44
G-HUTY	Van's RV-7	G-IFFR	Piper PA-32-300	G-IJOE	PA-28RT-201T Arrow IV
G-HVAN	TLAC Sherwood Ranger	G-IFIF	Cameron TR-60	G-IJYS	BAe Jetstream 31
G-HVBF	Lindstrand LBL 210A	G-IFIT	Piper PA-31-350 Chieftain	G-IKAH	Slingsby T51 Dart 17R
G-HVER	Robinson R44 Beta II	G-IFLE	EV-97 teamEurostar UK	G-IKAP	Cessna T303
G-HVRD	Piper PA-31-350 Chieftain	G-IFLI	Gulfstream AA-5A	G-IKBP	Piper PA-28-161 Warrior II
G-HVRZ	EC.120B Colibri	G-IFLP	Piper PA-34-200T Seneca II	G-IKEA	Cameron Ikea-120
G-HWAA	Eurocopter EC.135 T2	G-IFRH	Agusta A109C	G-IKES	Stoddard-Hamilton GlaStar
G-HXTD	Robin DR.400-180 Régent	G-IFTE	HS.125 Series 700B	G-IKEV	Avtech Jabiru UL-450
G-HYAK	Yakovlev Yak-52	G-IFTF	BAe.125-800B	G-IKON	Van's RV-4
G-HYLT	Piper PA-32R-301 Saratoga	G-IFTS	Robinson R44	G-IKOS	Cessna 550 Citation II
G-HYST	Enstrom 280FX	G-IFWD	Schempp-Hirth Ventus cT	G-IKRK	Europa Avn Europa
G-IACA	Sikorsky S-92A	G-IGGL	SOCATA TB-10 Tobago	G-IKRS	Comco Ikarus C42
G-IACB	Sikorsky S-92A	G-IGHH	Enstrom 480	G-IKUS	Comco Ikarus C42
G-IACC	Sikorsky S-92A	G-IGHT	Van's RV-8	G-ILBO	Rolladen-Schneider LS3-a
G-IACD	Sikorsky S-92A	G-IGIA	AS350B3 Ecureuil	G-ILDA	Spitfire T.IX
G-IACE	Sikorsky S-92A	G-IGIE	SIAI Marchetti F.260	G-ILEE	Colt 56A
G-IACF	Sikorsky S-92A	G-IGII	Europa Avn Europa	G-ILET	Robinson R44 Beta II
G-IAJJ	Robinson R44 Beta II	G-IGJC	Robinson R44 Beta II	G-ILIB	SZD-36A
G-IAJS	Comco Ikarus C42	G-IGLA	Colt 240A	G-ILLE	Boeing E75
G-IAMP	Cameron H-34	G-IGLE	Cameron V-90	G-ILLG	Robinson R44 Beta II
G-IANB	DG-800B	G-IGLY	P&M Quik GT450	G-ILLY	Piper PA-28-181 Archer II
G-IANC	SOCATA TB-10 Tobago	G-IGLZ	Champion 8KCAB	G-ILPY	Cessna 172S
G-IANH	SOCATA TB-10 Tobago	G-IGPW	EC.120B Colibri	G-ILRS	Comco Ikarus C42
G-IANI	Europa Avn Europa XS	G-IGZZ	Robinson R44 Beta II	G-ILSE	Corby CJ-1 Starlet
G-IANJ	Cessna F150K	G-IHDC	AS350B3 Ecureuil	G-ILTS	Piper PA-32-300
G-IANN	Kolb Twinstar Mk3 Extra	G-IHOP	Cameron Z-31	G-ILUA	Alpha R2160I
G-IANV	Diamond DA.42 Twin Star	G-IHOT	EV-97 teamEurostar UK	G-IMAB	Europa Avn Europa XS
G-IANW	AS350B3 Ecureuil	G-IIAC	Aeronca 11AC Chief	G-IMAC	CL601 Challenger
G-IARC	Stoddard-Hamilton GlaStar	G-IIAI	Mudry CAP.232	G-IMAD	Cessna 172P
G-IASL	Beech 60 Duke	G-IIAN	Aero Designs Pulsar	G-IMAN	Colt 31A Sky Chariot
G-IATU	Cessna 182P	G-IICI	Pitts S-2C	G-IMAR	Agusta A109E Power
G-IBAZ	Comco Ikarus C42	G-IICT	Schempp-Hirth Ventus 2cT	G-IMBI	QAC Quickie 1
G-IBBC	Cameron Sphere-105	G-IICX	Schempp-Hirth Ventus 2cxT	G-IMBY	Pietenpol Air Camper
G-IBBS	Europa Avn Europa	G-IIDI	Extra EA.300/L	G-IMCD	Van's RV-7
G-IBED	Robinson R22 Alpha	G-IIDY	Pitts S-2B	G-IMEA	Beech 200 Super King Air
G-IBEV	Cameron C-90	G-IIEX	Extra EA.300/L	G-IMEC	Piper PA-31 Navajo C
G-IBFC	BFC Challenger II Long Wing	G-IIFR	Robinson R22 Beta	G-IMEL	RAF 2000
G-IBFP	VPM M16 Tandem Trainer	G-IIGI	Van's RV-4	G-IMIC	Yakovlev Yak-52
G-IBFW	Piper PA-28R-201 Arrow III	G-IIHI	Extra EA.300/SC	G-IMLI	Cessna 310Q
G-IBHH	Hughes 269C	G-IIID	DR 107 One Design	G-IMME	Zenair CH.701 STOL
G-IBIG	Bell 206B JetRanger	G-IIIE	Pitts S-2B	G-IMMY	Robinson R44
G-IBLU	Cameron Z-90	G-IIIG	Boeing A75N1	G-IMNY	Reality Escapade 912
G-IBMS	Robinson R44 Beta II	G-IIII	Pitts S-2B	G-IMOK	HK 36R Super Dimona
G-IBUZ	CZAW Sportcruiser	G-IIIL	Pitts S-1T	G-IMPX	Commander 112B
G-IBZS	Cessna 182S	G-IIIM	Starduster Sa100	G-IMPY	Avid Flyer C
G-ICAS	Pitts S-2B	G-IIIO	Schempp-Hirth Ventus 2cM	G-IMUP	A C Tanarg 912S/iXess 15
G-ICBI	Schweizer 269C-1	G-IIIR	Pitts S-1	G-INCA	Glaser-Dirks DG-400
G-ICBM	Glasair III Turbine	G-IIIS	Sukhoi Su-26M2	G-INCE	Best Off Sky Ranger
G-ICCL	Robinson R22 Beta	G-IIIT	Pitts S-2A	G-INDC	Cessna T303
G-ICES	Thunder Ax6-56 Series SP.1	G-IIIV	Pitts Super Stinker 11-26	G-INDX	Robinson R44 Beta II
G-ICKY	Lindstrand LBL 77A	G-IIIX	Pitts S-1S	G-INGA	Thunder Ax8-84
G-ICMT	EV-97 Eurostar	G-IIIZ	Sukhoi Su-26M	G-INGE	Thruster T600N
G-ICOI	Lindstrand LBL 105A	G-IIJC	Midget Mustang	G-INGS	Champion 8KCAB
G-ICOM	Cessna F172N	G-IIMI	Extra EA.300/L	G-INJA	Comco Ikarus C42
G-ICON	Rutan LongEz	G-IIMT	Midget Mustang	G-INKY	Robinson R22 Beta
G-ICRS	Comco Ikarus C42	G-IINI	Van's RV-9A	G-INNI	Jodel D112
G-ICSG	AS355F1 Ecureuil 2	G-IIPB	DR 107 One Design	G-INNY	Replica Plans SE.5A
G-ICWT	Pegasus Quantum 912	G-IIPT	Robinson R22 Beta	G-INOW	Monnett Moni
G-IDAB	Cessna 550 Citation II	G-IIRG	Glasair IIS RG	G-INSR	Cameron N-90
G-IDAY	Skyfox CA-25N Gazelle	G-IIRW	Van's RV-8	G-INTO	Pilatus PC-12/45
G-IDDI	Cameron N-77	G-IIUI	Extra EA.300/S	G-INTS	Van's RV-4
G-IDER	Schempp-Hirth Discus CS	G-IIVI	Mudry CAP.232	G-IOCO	Beech 58 Baron
G-IDII	DR 107 One Design	G-IIXF	Van's RV-7	G-IOFR	Lindstrand LBL 105A
G-IDOL	EV-97 Eurostar	G-IIXI	Extra EA.300/L	G-IOIA	III Sky Arrow 650 T
G-IDSL	Flight Design CT2K	G-IIXX	Parsons Two Place Gyroplane	G-IONA	ATR42-300
G-IDUP	Enstrom 280C	G-IIYK	Yakovlev Yak-50	G-IOOI	Robin DR.400-160 Knight
G-IDWR	Hughes 369HS	G-IIZI	Extra EA.300	G-IOOP	Christen Eagle II
G-IEIO	Piper PA-34-200T Seneca II	G-IJAC	Avid Speedwing Mk4	G-IOPT	Cessna 182P
G-IEJH	Jodel D150	G-IJAG	Cessna 182T	G-IORG	Robinson R22 Beta
G-IEYE	Robin DR.400-180 Régent	G-IJBB	Enstrom 480	G-IORV	Van's RV-10
G-IFAB	Cessna F182Q	G-IJMC	VPM M16 Tandem Trainer	G-IOSI	Jodel DR.1051

Reg	Type	Reg	Type	Reg	Type
☐ G-IOSL	Van's RV-9	☐ G-IVJM	Agusta A109E Power	☐ G-JBAS	Lancair 200
☐ G-IOSO	Jodel DR.1050	☐ G-IVOR	Aeronca 11AC Chief	☐ G-JBBZ	AS350B3 Ecureuil
☐ G-IOWE	Europa Avn Europa XS	☐ G-IVYS	Parsons Two Place Gyroplane	☐ G-JBDB	Agusta-Bell 206B JetRanger
☐ G-IPAT	Avtech Jabiru SP-470	☐ G-IWIN	Raj Hamsa X'Air Hawk	☐ G-JBDH	Robin DR.400-180 Régent
☐ G-IPAX	Cessna 560XL Citation Excel	☐ G-IWIZ	Flylight Dragonfly	☐ G-JBEN	Mainair Blade 912
☐ G-IPFM	Montgomerie-Bensen B8MR	☐ G-IWON	Cameron V-90	☐ G-JBHH	Bell 206B JetRanger
☐ G-IPKA	Alpi Pioneer 300	☐ G-IWRB	Agusta A109A II	☐ G-JBII	Robinson R22 Beta
☐ G-IPSI	Grob G109B	☐ G-IWRC	Eurocopter EC.135 T2	☐ G-JBIS	Cessna 550 Citation II
☐ G-IPSY	Rutan VariEze	☐ G-IXCC	Spitfire IX	☐ G-JBIZ	Cessna 550 Citation II
☐ G-IPUP	Beagle B121 Pup 2	☐ G-IXES	A C Clipper/iXess 912	☐ G-JBJB	Colt 69A
☐ G-IRAF	RAF 2000 GTX-SE	☐ G-IXII	Christen Eagle II	☐ G-JBKA	Robinson R44
☐ G-IRAL	Thruster T600N 450	☐ G-IXXI	Schleicher ASW 27-18	☐ G-JBRE	Rotorsport UK MT-03
☐ G-IKAR	Van's RV-9	☐ G-IYCO	Robin DR.400/500	☐ G-JBRN	Cessna 182S
☐ G-IRGJ	Champion 7ECA	☐ G-IZII	Swift S-1	☐ G-JBRS	Van's RV-8
☐ G-IRIS	Gulfstream AA-5B	☐ G-IZIT	Rans S-6-116 Coyote II	☐ G-JBSP	Avtech Jabiru SP-470
☐ G-IRKB	Piper PA-28R-201 Arrow III	☐ G-IZZI	Cessna T182T	☐ G-JBTR	Van's RV-8
☐ G-IRLE	Schempp-Hirth Ventus-cT	☐ G-IZZS	Cessna 172S	☐ G-JBUZ	Robin DR.400-180R Remo
☐ G-IRLY	Colt 90A	☐ G-IZZY	Cessna 172R	☐ G-JCAP	Robinson R22 Beta
☐ G-IRLZ	Lindstrand LBL 60X	☐ G-IZZZ	Champion 8KCAB	☐ G-JCAS	Piper PA-46-350P
☐ G-IROE	Flight Design CTSW	☐ G-JAAB	Avtech Jabiru UL-D	☐ G-JCAS	Piper PA-28-181 Archer II
☐ G-IRON	Europa Avn Europa XS	☐ G-JABA	Avtech Jabiru SK	☐ G-JCBB	Gulfstream V-SP
☐ G-IRPC	Cessna 182Q	☐ G-JABB	Avtech Jabiru UL-450	☐ G-JCBC	Gulfstream V-SP
☐ G-IRPW	Europa Avn Europa XS	☐ G-JABE	Avtech Jabiru UL-D	☐ G-JCBJ	Sikorsky S-76C
☐ G-IRSH	EMB-135BJ Legacy	☐ G-JABI	Avtech Jabiru J400	☐ G-JCJC	Colt Flying Jeans
☐ G-IRTH	Lindstrand LBL 150A	☐ G-JABJ	Avtech Jabiru J400	☐ G-JCKT	Stemme S10-VT
☐ G-IRYC	Schweizer 269C-1	☐ G-JABS	Avtech Jabiru UL-450	☐ G-JCMW	Rand KR-2
☐ G-ISAX	Piper PA-28-181 Archer III	☐ G-JABU	Avtech Jabiru J430	☐ G-JCOP	AS350B3 Ecureuil
☐ G-ISAY	BAe Jetstream 41	☐ G-JABY	Avtech Jabiru SPL-450	☐ G-JCUB	Piper PA-18-135 Super Cub
☐ G-ISCA	Piper PA-28RT-201 Arrow IV	☐ G-JABZ	Avtech Jabiru UL-450	☐ G-JCWM	Robinson R44 Beta II
☐ G-ISDB	Piper PA-28-161 Warrior II	☐ G-JACA	Piper PA-28-161 Archer III	☐ G-JDBC	Piper PA-34-200T Seneca II
☐ G-ISDN	Boeing A75N1	☐ G-JACB	Piper PA-28-181 Archer III	☐ G-JDEE	SOCATA TB-20 Trinidad
☐ G-ISEH	Cessna 182R	☐ G-JACC	Piper PA-28-181 Archer III	☐ G-JDEL	Jodel D150
☐ G-ISEL	Best Off Sky Ranger	☐ G-JACH	Piper PA-28-181 Archer III	☐ G-JDIX	Mooney M20B
☐ G-ISEW	P&M Quik GT450	☐ G-JACK	Cessna 421C Golden Eagle	☐ G-JDJM	Piper PA-28-140 Cherokee C
☐ G-ISFC	Piper PA-31 Turbo Navajo B	☐ G-JACO	Avtech Jabiru UL-450	☐ G-JDPB	Piper PA-28R-201T Arrow III
☐ G-ISHA	Piper PA-28-161 Warrior III	☐ G-JACS	Piper PA-28-181 Archer III	☐ G-JEAJ	BAe 146-200
☐ G-ISHK	Cessna 172S	☐ G-JADJ	Piper PA-28-181 Archer III	☐ G-JEAM	BAe 146-300
☐ G-ISKA	WSK-PZL Mielec TS-11 Iskra	☐ G-JADW	Comco Ikarus C42	☐ G-JEAO	BAe 146-100
☐ G-ISLB	BAe Jetstream 32	☐ G-JAEE	Van's RV-6A	☐ G-JEAS	BAe 146-200
☐ G-ISLC	BAe Jetstream 32	☐ G-JAES	Bell 206B JetRanger	☐ G-JEAX	BAe 146-200
☐ G-ISLD	BAe Jetstream 32	☐ G-JAGS	Cessna FRA150L	☐ G-JEAY	BAe 146-200
☐ G-ISMA	Van's RV-7A	☐ G-JAIR	Mainair Blade	☐ G-JEBA	BAe 146-300
☐ G-ISMO	Robinson R22 Beta	☐ G-JAJA	Robinson R44 Beta II	☐ G-JEBB	BAe 146-300
☐ G-ISPH	Bell 206B JetRanger	☐ G-JAJB	Grumman AA-5A Cheetah	☐ G-JEBF	BAe 146-300
☐ G-ISST	Eurocopter EC.155 B1	☐ G-JAJK	Piper PA-31-350 Chieftain	☐ G-JEBG	BAe 146-300
☐ G-ISSU	Eurocopter EC.155 B1	☐ G-JAJP	Avtech Jabiru UL-450	☐ G-JEBV	Avro 146-RJ100
☐ G-ISSV	Eurocopter EC.155 B1	☐ G-JAKF	Robinson R44 Beta II	☐ G-JECE	DHC-8-402
☐ G-ISSW	Eurocopter EC.155 B1	☐ G-JAKI	Mooney M20R	☐ G-JECF	DHC-8-402
☐ G-ISSY	EC.120B Colibri	☐ G-JAKS	Piper PA-28-160 Cherokee	☐ G-JECG	DHC-8-402
☐ G-ITAF	SIAI Marchetti SF.260AM	☐ G-JAMA	Schweizer 269C-1	☐ G-JECH	DHC-8-402
☐ G-ITBT	Alpi Pioneer 300 Hawk	☐ G-JAME	Zenair CH.601UL Zodiac	☐ G-JECI	DHC-8-402
☐ G-ITFL	Diamond DA.42 Twin Star	☐ G-JAMP	Piper PA-28-151 Warrior	☐ G-JECJ	DHC-8-402
☐ G-ITIG	Dassault Falcon 2000EX	☐ G-JAMY	Europa Avn Europa XS	☐ G-JECK	DHC-8-402
☐ G-ITII	Pitts S-2A	☐ G-JANA	Piper PA-28-181 Archer II	☐ G-JECL	DHC-8-402
☐ G-ITOI	Cameron N-90	☐ G-JANI	Robinson R44	☐ G-JECM	DHC-8-402
☐ G-ITPH	Robinson R44 Beta II	☐ G-JANN	Piper PA-34-220T Seneca III	☐ G-JECN	DHC-8-402
☐ G-ITUG	Piper PA-28-180 Cherokee C	☐ G-JANO	Piper PA-28RT-201 Arrow IV	☐ G-JECO	DHC-8-402
☐ G-ITVM	Lindstrand LBL 105A	☐ G-JANS	Cessna FR172J	☐ G-JECP	DHC-8-402
☐ G-ITWB	DHC-1 Chipmunk 22	☐ G-JANT	Piper PA-28-181 Archer III	☐ G-JECR	DHC-8-402
☐ G-IUAN	Cessna 525 CitationJet	☐ G-JANV	Learjet 45	☐ G-JECS	DHC-8-402
☐ G-IUII	Yakovlev Yak-52	☐ G-JAPK	Grob G103A Twin Acro	☐ G-JECT	DHC-8-402
☐ G-IUMB	Schleicher ASW 20L	☐ G-JARA	Robinson R22 Beta	☐ G-JECU	DHC-8-402
☐ G-IVAC	Airtour AH-77B	☐ G-JASE	Piper PA-28-161 Warrior II	☐ G-JECV	DHC-8-402
☐ G-IVAL	Mudry CAP.10B	☐ G-JASS	Beech 200 Super King Air	☐ G-JECW	DHC-8-402
☐ G-IVAN	Shaw Twin-Ez	☐ G-JAST	Mooney M20J	☐ G-JECX	DHC-8-402
☐ G-IVAR	Yakovlev Yak-50	☐ G-JATD	Robinson R22 Beta	☐ G-JECY	DHC-8-402
☐ G-IVDM	S-H Nimbus 4DM	☐ G-JAVO	Piper PA-28-161 Warrior II	☐ G-JECZ	DHC-8-402
☐ G-IVEL	Fournier RF4D	☐ G-JAWC	Pegasus Quantum 912	☐ G-JEDH	Robin DR.400-180 Régent
☐ G-IVEN	Robinson R44 Beta II	☐ G-JAWZ	Pitts S-1S	☐ G-JEDI	DHC-8-402
☐ G-IVER	Europa Avn Europa XS	☐ G-JAXS	Avtech Jabiru UL-450	☐ G-JEDJ	DHC-8-402
☐ G-IVET	Europa Avn Europa	☐ G-JAYI	Auster V J/1 Autocrat	☐ G-JEDK	DHC-8-402
☐ G-IVII	Van's RV-7	☐ G-JAYS	Best Off Sky Ranger	☐ G-JEDL	DHC-8-402
☐ G-IVIV	Robinson R44	☐ G-JAYZ	CZAW Sportcruiser	☐ G-JEDM	DHC-8-402

69

Reg	Type	Reg	Type	Reg	Type
☐ G-JEDN	DHC-8-402	☐ G-JJIL	Extra EA.300/L	☐ G-JPRO	BAC 145 Jet Provost T5A
☐ G-JEDO	DHC-8-402	☐ G-JJJL	Agusta A109E Power	☐ G-JPSX	Dassault Falcon 900EX
☐ G-JEDP	DHC-8-402	☐ G-JJSI	BAe.125-800B	☐ G-JPTT	Enstrom 480
☐ G-JEDR	DHC-8-402	☐ G-JKAY	Robinson R44 Beta II	☐ G-JPTV	BAC 145 Jet Provost T5A
☐ G-JEDS	Andreasson BA4B	☐ G-JKMH	Diamond DA.42 Twin Star	☐ G-JPVA	BAC 145 Jet Provost T5A
☐ G-JEDT	DHC-8-402	☐ G-JKMJ	Diamond DA.42 Twin Star	☐ G-JPWM	Best Off Sky Ranger
☐ G-JEDU	DHC-8-402	☐ G-JLAT	EV-97 Eurostar	☐ G-JRED	Robinson R44 Beta II
☐ G-JEDV	DHC-8-402	☐ G-JLCA	Piper PA-34-200T Seneca II	☐ G-JREE	Maule MX-7-180
☐ G-JEDW	DHC-8-402	☐ G-JLEE	Agusta-Bell 206B JetRanger	☐ G-JRKD	Jodel D18
☐ G-JEEP	EV-97A Eurostar	☐ G-JLHS	Beech A36 Bonanza	☐ G-JRME	Jodel D140E
☐ G-JEFA	Robinson R44	☐ G-JLIN	Piper PA-28-161 Cadet	☐ G-JSAK	Robinson R22 Beta
☐ G-JEJE	RAF 2000 GTX-SE	☐ G-JLMW	Cameron V-77	☐ G-JSAR	AS332L Super Puma
☐ G-JEJH	Jodel DR.1050	☐ G-JLRW	Beech 76 Duchess	☐ G-JSAT	BN2T Islander
☐ G-JELI	Schweizer 269C-1	☐ G-JMAA	Boeing 757-3CQ	☐ G-JSON	Cameron N-105
☐ G-JEMA	British Aerospace ATP	☐ G-JMAB	Boeing 757-3CQ	☐ G-JSPL	Avtech Jabiru SPL-450
☐ G-JEMC	British Aerospace ATP	☐ G-JMAL	Avtech Jabiru UL-D	☐ G-JSRV	Van's RV-6
☐ G-JEMD	British Aerospace ATP	☐ G-JMAN	Mainair Blade 912S	☐ G-JTEM	Van's RV-7
☐ G-JEME	British Aerospace ATP	☐ G-JMAX	Hawker 800XP	☐ G-JTNC	Cessna 500 Citation I
☐ G-JEMH	AS355F2 Ecureuil 2	☐ G-JMCD	Boeing 757-25F	☐ G-JTPC	Aeromot AMT-200
☐ G-JEMI	Lindstrand LBL 90A	☐ G-JMCE	Boeing 757-25F	☐ G-JTSA	Robinson R44 Beta II
☐ G-JEMX	Short SD3-60 Variant 100	☐ G-JMCF	Boeing 757-28A	☐ G-JTWO	Piper J-2
☐ G-JENA	Mooney M20J	☐ G-JMCG	Boeing 757-2G5	☐ G-JUDD	Avtech Jabiru UL-450
☐ G-JENC	B300C Super King Air	☐ G-JMCL	Boeing 737-322	☐ G-JUDE	Robin DR.400-180 Régent
☐ G-JENI	Cessna R182	☐ G-JMDI	Schweizer 269C	☐ G-JUDI	AT-6D Harvard III
☐ G-JENK	Comco Ikarus C42	☐ G-JMDW	Cessna 550 Citation II	☐ G-JUDY	Grumman AA-5A Cheetah
☐ G-JENO	Lindstrand LBL 105A	☐ G-JMJR	Cameron Z-90	☐ G-JUGE	EV-97 teamEurostar UK
☐ G-JERO	Europa Avn Europa XS	☐ G-JMKE	Cessna 172S	☐ G-JUIN	Cessna T303
☐ G-JERS	Robinson R22 Beta	☐ G-JMMP	CL604 Challenger	☐ G-JULE	P&M Quik GT450
☐ G-JESA	Southdown Raven X	☐ G-JMMX	Dassault Falcon 900EX	☐ G-JULL	Stemme S10-VT
☐ G-JESI	AS350B Ecureuil	☐ G-JMON	Agusta A109A II	☐ G-JULU	Cameron V-90
☐ G-JESS	Piper PA-28R-201T Arrow III	☐ G-JMOS	Piper PA-34-220T Seneca V	☐ G-JULZ	Europa Avn Europa
☐ G-JETA	Cessna 550 Citation II	☐ G-JMRV	Van's RV-7	☐ G-JUNG	CASA 1-131E Jungmann
☐ G-JETC	Cessna 550 Citation II	☐ G-JMTS	Robin DR.400-180 Régent	☐ G-JUPP	Piper PA-32RT-300 Lance II
☐ G-JETF	Dassault Falcon 2000EX	☐ G-JMXA	Agusta A109E Power	☐ G-JURA	BAe Jetstream 31
☐ G-JETH	Hawker Seahawk FGA6	☐ G-JNAS	Grumman AA-5A Cheetah	☐ G-JURG	Commander 114A
☐ G-JETJ	Cessna 550 Citation II	☐ G-JNNB	Colt 90A	☐ G-JUST	Beech F33A Bonanza
☐ G-JETM	Gloster Meteor T7	☐ G-JNSC	Schempp-Hirth Janus CT	☐ G-JVBF	Lindstrand LBL 210A
☐ G-JETO	Cessna 550 Citation II	☐ G-JNUS	Schempp-Hirth Janus C	☐ G-JVBP	EV-97 teamEurostar UK
☐ G-JETU	AS355F2 Ecureuil 2	☐ G-JOAL	B200 Super King Air	☐ G-JVJK	Alpi Pioneer 300 Hawk
☐ G-JETX	Bell 206B JetRanger	☐ G-JOBA	P&M Quik GT450	☐ G-JWBI	Agusta-Bell 206B JetRanger
☐ G-JETZ	Hughes 369E	☐ G-JOBS	Cessna T182T	☐ G-JWCM	Scottish Avn Bulldog
☐ G-JEZZ	Best Off Sky Ranger	☐ G-JODI	Agusta A109A II	☐ G-JWDB	Comco Ikarus C42
☐ G-JFDI	Dynamic WT9 UK	☐ G-JODL	Jodel DR.1050-M	☐ G-JWDS	Cessna F150G
☐ G-JFER	Commander 114B	☐ G-JOEL	Bensen B8M	☐ G-JWEB	Robinson R44
☐ G-JFLO	Dynamic WT9 UK	☐ G-JOEW	Cirrus SR20	☐ G-JWFT	Robinson R22 Beta
☐ G-JFMK	Zenair CH.701SP	☐ G-JOEY	BN2A Mk.III-2 Trislander	☐ G-JWIV	Jodel DR.1051
☐ G-JFRV	Van's RV-7A	☐ G-JOIE	Champion 7GCAA	☐ G-JWJW	CASA 1-131E Jungmann
☐ G-JFWI	Cessna F172N	☐ G-JOJO	Cameron A-210	☐ G-JXTA	BAe Jetstream 31
☐ G-JGBI	Bell 206L LongRanger	☐ G-JOKR	Extra EA.300/L	☐ G-JXTC	BAe Jetstream 31
☐ G-JGMN	CASA 1-131E Jungmann	☐ G-JOLY	Cessna 120	☐ G-JYAK	Yakovlev Yak-50
☐ G-JGSI	Pegasus Quantum 912	☐ G-JONB	Robinson R22 Beta	☐ G-JYRO	Rotorsport UK MT-03
☐ G-JHAC	Cessna FRA150L	☐ G-JONG	RotorWay Executive 162F	☐ G-KAAT	MD.900 Explorer
☐ G-JHEW	Robinson R22 Beta	☐ G-JONH	Robinson R22 Beta	☐ G-KAEW	Fairey Gannet AEW3
☐ G-JHKP	Europa Avn Europa XS	☐ G-JONI	Cessna FA152	☐ G-KAFT	Diamond DA.40D Star
☐ G-JHNY	Cameron A-210	☐ G-JONM	Piper PA-28-181 Archer III	☐ G-KAIR	Piper PA-28-181 Archer II
☐ G-JHPC	Cessna 182T	☐ G-JONO	Colt 77A	☐ G-KALS	Challenger 300
☐ G-JHYS	Europa Avn Europa	☐ G-JONW	Agusta A109E Power	☐ G-KAMP	Piper PA-18-95 Super Cub
☐ G-JIFI	S-H Duo Discus T	☐ G-JONY	Cyclone AX2000 HKS	☐ G-KANE	SA.341G Gazelle 1
☐ G-JIII	Starduster Too Sa300	☐ G-JONZ	Cessna 172P	☐ G-KANZ	Westland Wasp HAS1
☐ G-JILL	Commander 112TCA	☐ G-JOOL	Mainair Blade 912	☐ G-KAOM	Scheibe SF25C Falke
☐ G-JILY	Robinson R44	☐ G-JOON	Cessna 182D	☐ G-KAOS	Van's RV-7
☐ G-JIMB	Beagle B121 Pup 1	☐ G-JOPT	Cessna 560 Citation Ultra	☐ G-KAPW	Percival Provost T1
☐ G-JIMG	B300C Super King Air	☐ G-JORD	Robinson R44 Beta II	☐ G-KARA	Colibri MB2
☐ G-JIMH	Cessna F152	☐ G-JOSH	Cameron N-105	☐ G-KARI	Fuji FA-200-160
☐ G-JIMM	Europa Avn Europa XS	☐ G-JOST	Europa Avn Europa	☐ G-KARK	Dyn'Aero MCR-01 Club
☐ G-JIMZ	Van's RV-4	☐ G-JOYD	Robinson R22 Beta	☐ G-KART	Piper PA-28-161 Warrior II
☐ G-JINI	Cameron V-77	☐ G-JOYT	Piper PA-28-181 Archer III	☐ G-KASX	Seafire F XVII
☐ G-JIVE	Hughes 369E	☐ G-JOYZ	Piper PA-28-181 Archer III	☐ G-KATG	Bell 206L LongRanger
☐ G-JJAB	Avtech Jabiru J400	☐ G-JPAL	AS355N Ecureuil 2	☐ G-KATI	Rans S-7 Courier
☐ G-JJAN	Piper PA-28-181 Archer II	☐ G-JPAT	Robin HR.200-100 Club	☐ G-KATS	Piper PA-28-140 Cruiser
☐ G-JJDC	Aviat A-1B Husky	☐ G-JPJR	Robinson R44 Beta II	☐ G-KATT	Cessna 152
☐ G-JJEN	Piper PA-28-181 Archer III	☐ G-JPMA	Avtech Jabiru UL-450	☐ G-KAWA	Denney Kitfox 2
☐ G-JJFB	EC.120B Colibri	☐ G-JPOT	Piper PA-32R-301 Saratoga	☐ G-KAXF	Hawker Hunter F6A

	Registration	Type		Registration	Type		Registration	Type
☐	G-KAXT	Westland Wasp HAS1	☐	G-KIMK	Partenavia P68B	☐	G-KURT	Piper J-3C-65 Cub
☐	G-KAYH	Extra EA.300/L	☐	G-KIMM	Europa Avn Europa XS	☐	G-KUTU	QAC Quickie Q2
☐	G-KAYI	Cameron Z-90	☐	G-KIMY	Robin DR.400-140B Major	☐	G-KUUI	Piper J-3C-65 Cub
☐	G-KAZA	Sikorsky S-76C	☐	G-KINE	Gulfstream AA-5A	☐	G-KVBF	Cameron A-340HL
☐	G-KAZB	Sikorsky S-76C	☐	G-KIPP	Thruster T600N 450	☐	G-KVIP	Beech 200 Super King Air
☐	G-KAZI	P&M Quantum 912	☐	G-KIRB	Europa Avn Europa XS	☐	G-KWAK	Scheibe SF25C Falke
☐	G-KBOX	Flight Design CTSW	☐	G-KIRC	Pietenpol/Challis Chaffin	☐	G-KWAX	Cessna 182E
☐	G-KBPI	Piper PA-28-161 Warrior II	☐	G-KIRK	Piper J-3C-65 Cub	☐	G-KWIC	Pegasus Quik
☐	G-KCHG	Schempp-Hirth Ventus cT	☐	G-KISS	Rand KR-2	☐	G-KWIN	Dassault Falcon 2000EX
☐	G-KCIG	Fournier RF5B	☐	G-KITF	Denney Kitfox	☐	G-KWKI	QAC Quickie Q200
☐	G-KCIN	Piper PA-28-161 Cadet	☐	G-KITH	Alpi Pioneer 300	☐	G-KWKR	P&M Quik R
☐	G-KDCC	Europa Avn Europa XS	☐	G-KITI	Pitts S-2E	☐	G-KWLI	Cessna 421C Golden Eagle
☐	G-KDCD	Thruster T600N	☐	G-KITS	Europa Avn Europa XS	☐	G-KXXI	Schleicher ASK 21
☐	G-KDET	Piper PA-28-161 Cadet	☐	G-KITT	Curtiss P-40N	☐	G-KYAK	Yak C.11
☐	G-KDEY	SF25E Super Falke	☐	G-KITY	Denney Kitfox 2	☐	G-KYLE	Thruster T600N 450
☐	G-KDIX	Jodel D9	☐	G-KIZZ	Air Création 582/Kiss 400	☐	G-KYTE	Piper PA-28-161 Warrior II
☐	G-KDMA	Cessna 560 Citation Ultra	☐	G-KKAM	Schleicher ASW 22BLE	☐	G-LAAC	Cameron C-90
☐	G-KDOG	Scottish Avn Bulldog	☐	G-KKCW	Flight Design CT2K	☐	G-LABS	Europa Avn Europa
☐	G-KEAM	Schleicher ASH 26E	☐	G-KKER	Avtech Jabiru UL-450	☐	G-LACA	Piper PA-28-161 Warrior II
☐	G-KEEF	Commander 114B	☐	G-KKEV	DHC-8-402	☐	G-LACB	Piper PA-28-161 Warrior II
☐	G-KEEN	Starduster Too Sa300	☐	G-KLAS	Robinson R44 Beta II	☐	G-LACD	Piper PA-28-181 Archer III
☐	G-KEES	Piper PA-28-180 Archer	☐	G-KLNR	Hawker 400A	☐	G-LACE	Europa Avn Europa
☐	G-KEHO	HOAC DV.20 Katana	☐	G-KLNW	Cessna 510 Mustang	☐	G-LACI	Cessna 172S
☐	G-KEIF	Robinson R44 Beta II	☐	G-KLYE	Best Off Sky Ranger Swift	☐	G-LACR	Denney Kitfox
☐	G-KEJY	EV-97 teamEurostar UK	☐	G-KLYN	B200 Super King Air	☐	G-LADD	Enstrom 480
☐	G-KELI	Robinson R44 Beta II	☐	G-KMRV	Van's RV-9A	☐	G-LADS	Commander 114
☐	G-KELL	Van's RV-6	☐	G-KNAP	Piper PA-28-161 Warrior II	☐	G-LADZ	Enstrom 480
☐	G-KELS	Van's RV-7	☐	G-KNCG	Piper PA-32-301FT 6X	☐	G-LAFT	Diamond DA.40D Star
☐	G-KELV	Diamond DA.42 Twin Star	☐	G-KNEE	Ultramagic M-77C	☐	G-LAGR	Cameron N-90
☐	G-KELY	AS350B2 Ecureuil	☐	G-KNEK	Grob G109B	☐	G-LAIN	Robinson R22 Beta
☐	G-KELZ	Van's RV-8	☐	G-KNIB	Robinson R22 Beta	☐	G-LAIR	Glasair IIS FT
☐	G-KEMC	Grob G109	☐	G-KNIX	Cameron Z-315	☐	G-LAKE	Lake La-250
☐	G-KEMI	Piper PA-28-181 Archer III	☐	G-KNOW	Piper PA-32-300	☐	G-LAKI	Jodel DR.1050
☐	G-KEMW	SOCATA TBM-850	☐	G-KNYT	Robinson R44	☐	G-LAMM	Europa Avn Europa
☐	G-KEMY	Cessna 182T	☐	G-KOBH	Schempp-Hirth Discus bT	☐	G-LAMP	Cameron Lightbulb-110
☐	G-KENB	Air Command 503	☐	G-KODA	Cameron O-77	☐	G-LAMS	Cessna F152
☐	G-KENG	Rotorsport UK MT-03	☐	G-KOFM	Glaser-Dirks DG-600	☐	G-LANE	Cessna F172N
☐	G-KENI	Rotorway Executive	☐	G-KOHF	Schleicher ASK 14	☐	G-LANS	Cessna 182T
☐	G-KENM	Luscombe 8E	☐	G-KOKL	Hoffmann H 36 Dimona	☐	G-LAOK	Yakovlev Yak-52
☐	G-KENW	Robin DR.400/500	☐	G-KOLB	Kolb Twinstar Mk3A	☐	G-LAOL	Piper PA-28RT-201 Arrow IV
☐	G-KENZ	Rutan VariEze	☐	G-KOLI	PZL-110 Koliber 150	☐	G-LAOR	Hawker 800XP
☐	G-KEPE	Schempp-Hirth Nimbus 3DT	☐	G-KONG	Slingsby T67M200	☐	G-LAPN	Avid Aerobat
☐	G-KEPP	Rans S-6-ES Coyote II	☐	G-KOOL	DH.104 Sea Devon	☐	G-LAPS	Lindstrand LBL 203T
☐	G-KESS	Glaser-Dirks DG-400	☐	G-KORN	Cameron Berentzen-70	☐	G-LARA	Robin DR.400-180 Régent
☐	G-KEST	Steen Skybolt	☐	G-KOTA	Piper PA-28-236 Dakota	☐	G-LARE	Piper PA-39 Twin Comanche
☐	G-KESY	Slingsby T59D	☐	G-KOYY	Schempp-Hirth Nimbus 4T	☐	G-LARK	Helton Lark 95
☐	G-KETH	Agusta-Bell 206B JetRanger	☐	G-KPAO	Robinson R44	☐	G-LARR	AS350B3 Ecureuil
☐	G-KEVB	Piper PA-28-181 Archer III	☐	G-KPEI	Cessna 560XL Citation XLS	☐	G-LARY	Robinson R44 Beta II
☐	G-KEVG	Rotorsport UK MT-03	☐	G-KPLG	Schempp-Hirth Ventus 2cM	☐	G-LASN	Best Off Sky Ranger
☐	G-KEVI	Avtech Jabiru J400	☐	G-KPTT	SOCATA TB-20 Trinidad	☐	G-LASR	Glasair Super II-SRG
☐	G-KEVS	P&M Quik GT450	☐	G-KRES	Glasair Super II-SRG	☐	G-LASS	Rutan VariEze
☐	G-KEWT	Ultramagic M-90	☐	G-KRIB	Robinson R44 Beta II	☐	G-LASU	Eurocopter EC.135 T2
☐	G-KEYS	Piper PA-23-250 Aztec F	☐	G-KRII	Rand KR-2	☐	G-LAVE	Cessna 172R
☐	G-KEYY	Cameron N-77	☐	G-KRMA	Cessna 425 Corsair	☐	G-LAXY	Everett Gyroplane
☐	G-KFAN	Scheibe SF25B Falke	☐	G-KRNW	Eurocopter EC.135 T2	☐	G-LAZA	Laser Z200
☐	G-KFLY	Flight Design CTSW	☐	G-KRUZ	CZAW Sportcruiser	☐	G-LAZL	Piper PA-28-161 Warrior II
☐	G-KFOX	Denney Kitfox	☐	G-KSFR	Challenger 300	☐	G-LAZZ	Stoddard-Hamilton GlaStar
☐	G-KFRA	Piper PA-32-300	☐	G-KSHI	Beech A36 Bonanza	☐	G-LBAC	Bell 206B JetRanger
☐	G-KFZI	KFZ-1 Tigerfalk	☐	G-KSIR	Glasair IIS RG	☐	G-LBLI	Lindstrand LBL 69A
☐	G-KGAO	SF25C-2000 Falke	☐	G-KSIX	Schleicher Ka 6E	☐	G-LBMM	Piper PA-28-161 Warrior II
☐	G-KGED	Campbell Cricket Mk.4	☐	G-KSKS	Cameron N-105	☐	G-LBRC	Piper PA-28RT-201 Arrow IV
☐	G-KHCC	Schempp-Hirth Ventus bT	☐	G-KSKY	Sky 77-24	☐	G-LBUK	Lindstrand LBL 77A
☐	G-KHEH	Grob G109B	☐	G-KSSH	MD.900 Explorer	☐	G-LBUZ	EV-97A Eurostar
☐	G-KHOM	Aeromot AMT-200	☐	G-KSVB	Piper PA-24-260 Comanche B	☐	G-LCGL	Comper CLA.7 Swift replica
☐	G-KHOP	Zenair CH.601HDS Zodiac	☐	G-KSWI	Hughes 369E	☐	G-LCKY	Flight Design CTSW
☐	G-KHRE	Rallye 150SV Garnement	☐	G-KTEE	Cameron V-77	☐	G-LCMW	TL 2000 Sting Carbon
☐	G-KICK	Pegasus Quantum 912	☐	G-KTKT	Sky 260-24	☐	G-LCOC	BN2A Mk.III-1 Trislander
☐	G-KIDD	Avtech Jabiru J430	☐	G-KTTY	Denney Kitfox 3	☐	G-LCPL	AS365N2 Dauphin 2
☐	G-KIDG	Robinson R44 Beta II	☐	G-KTWO	Cessna 182T	☐	G-LCUB	Piper PA-18-95 Super Cub
☐	G-KIEV	DKBA AT 0300-0	☐	G-KUIK	Pegasus Quik	☐	G-LCYA	Dassault Falcon 900EX
☐	G-KIII	Extra EA.300/L	☐	G-KUKI	Robinson R22 Beta	☐	G-LCYB	Avro 146-RJ85
☐	G-KIMA	Zenair CH.601XL Zodiac	☐	G-KULA	Best Off Sky Ranger	☐	G-LCYC	Avro 146-RJ85
☐	G-KIMB	Robin DR.300-140 Major	☐	G-KUPP	Flight Design CTSW	☐	G-LDAH	Best Off Sky Ranger

Registration	Type	Registration	Type	Registration	Type
G-LDER	Schleicher ASW 22	G-LGNH	SAAB SF340B	G-LOFC	Lockheed L188C
G-LDFM	Cessna 560XL Citation Excel	G-LGNI	SAAB SF340B	G-LOFD	Lockheed L188C
G-LDVO	Europa Avn Europa XS	G-LGNJ	SAAB SF340B	G-LOFE	Lockheed L188C
G-LDWS	Jodel D150	G-LGNK	SAAB SF340B	G-LOFM	Maule MX-7-180A
G-LDYS	Colt 56A	G-LGNL	SAAB SF340B	G-LOFT	Cessna 500 Citation I
G-LEAA	Cessna 510 Mustang	G-LGNM	SAAB SF340B	G-LOIS	Avtech Jabiru UL-450
G-LEAB	Cessna 510 Mustang	G-LGNN	SAAB SF340B	G-LOKI	Ultramagic M-77C
G-LEAC	Cessna 510 Mustang	G-LGOC	Aero AT-3 R100	G-LOKM	PZL-110 Koliber 160A
G-LEAF	Cessna F406	G-LGTE	Boeing 737-3Y0	G-LOKO	Cameron Loco-105
G-LEAH	Alpi Pioneer 300	G-LGTF	Boeing 737-382	G-LOLA	Beech A36 Bonanza
G-LEAI	Cessna 510 Mustang	G-LGTG	Boeing 737-3Q8	G-LOLL	Cameron V-77
G-LEAM	Piper PA-28-236 Dakota	G-LGTH	Boeing 737-3Y0	G-LONE	Bell 206L LongRanger
G-LEAP	BN2T Islander	G-LGTI	Boeing 737-3Y0	G-LOON	Cameron C-60
G-LEAS	Sky 90-24	G-LHCA	Robinson R22 Beta	G-LOOP	Pitts S-1C (4 Aileron)
G-LEAU	Cameron N-31	G-LHCB	Robinson R22 Beta	G-LORC	Piper PA-28-161 Cadet
G-LEBE	Europa Avn Europa	G-LHCC	EC.120B Colibri	G-LORD	Piper PA-34-200T Seneca II
G-LECA	AS355F1 Ecureuil	G-LHCI	Bell 47G-5	G-LORN	Mudry CAP.10B
G-LEDR	SA.341C Gazelle HT2	G-LHEL	AS355F2 Ecureuil 2	G-LORR	Piper PA-28-181 Archer III
G-LEED	Denney Kitfox 2	G-LHMS	EC.120B Colibri	G-LORT	Avid Speedwing Mk4
G-LEEE	Avtech Jabiru UL-450	G-LHXL	Robinson R44	G-LORY	Thunder Ax4-31Z
G-LEEH	Ultramagic M-90	G-LIBB	Cameron V-77	G-LOSI	Cameron Z-105
G-LEEK	Reality Escapade	G-LIBL	Glasflügel H201B	G-LOSM	Gloster Meteor NF11
G-LEEN	Aero Designs Pulsar XP	G-LIBS	Hughes 369HS	G-LOST	Denney Kitfox 3
G-LEES	Glaser-Dirks DG-400	G-LIBY	Glasflügel H201B	G-LOSY	EV-97 Eurostar
G-LEEZ	Bell 206L LongRanger	G-LICK	Cessna 172N	G-LOTA	Robinson R44
G-LEGG	Cessna F182Q	G-LIDA	HK 36R Super Dimona	G-LOTI	Replica Bleriot Xi
G-LEGO	Cameron O-77	G-LIDE	Piper PA-31-350 Chieftain	G-LOVB	BAe Jetstream 31
G-LEGY	Flight Design CTLS	G-LIDY	Schleicher ASW 27B	G-LOWS	Sky 77-24
G-LEIC	Cessna FA152	G-LIFE	Thunder Ax6-56Z	G-LOYA	Cessna FR172J
G-LELE	Lindstrand LBL 31A	G-LILA	Bell 206L LongRanger	G-LOYD	SA.341G Gazelle 1
G-LEMM	Ultramagic Z-90	G-LILP	Europa Avn Europa XS	G-LOYN	Robinson R44 Beta II
G-LEMO	Cessna U206G	G-LILY	Bell 206B JetRanger	G-LPAD	Lindstrand LBL 105A
G-LENF	Mainair Blade 912S	G-LIMO	Bell 206L LongRanger	G-LREE	Grob G109B
G-LENI	AS355F1 Ecureuil 2	G-LIMP	Cameron C-80	G-LRGE	Lindstrand LBL 330A
G-LENN	Cameron V-56	G-LINC	Hughes 369HS	G-LROY	PA-28RT-201T Arrow IV
G-LENS	Thunder Ax7-77Z	G-LINE	AS355N Ecureuil 2	G-LRSN	Robinson R44
G-LENX	Cessna 172N	G-LINN	Europa Avn Europa XS	G-LSAA	Boeing 757-236
G-LEOD	Pietenpol Air Camper	G-LINX	Schweizer 269C-1	G-LSAB	Boeing 757-27B
G-LEOS	Robin DR.400-120	G-LION	Piper PA-18-150 Super Cub	G-LSAC	Boeing 757-23A
G-LESZ	Skystar Kitfox 5	G-LIOT	Cameron O-77	G-LSAD	Boeing 757-236
G-LEVI	Aeronca 7AC Champion	G-LIPE	Robinson R22 Beta	G-LSAE	Boeing 757-27B
G-LEVO	Robinson R44 Beta II	G-LIPS	Cameron Lips-90	G-LSAG	Boeing 757-21B
G-LEXI	Cameron N-77	G-LISO	SIAI Marchetti SM.1019	G-LSAH	Boeing 757-21B
G-LEXX	Van's RV-8	G-LITE	Commander 112	G-LSAI	Boeing 757-21B
G-LEXY	Van's RV-8	G-LITZ	Pitts S-1E	G-LSAJ	Boeing 757-21B
G-LEZE	Rutan LongEz	G-LIVH	Piper J-3C-65 Cub	G-LSCM	Cessna 172S
G-LFIX	Spitfire Tr.9	G-LIVS	Schleicher ASH 26E	G-LSCP	Rolladen-Schneider LS6-18W
G-LFOR	Piper J-3C-65 Cub	G-LIZA	Cessna 340A	G-LSED	Rolladen-Schneider LS6-c
G-LFSA	Piper PA-38-112 Tomahawk	G-LIZI	Piper PA-28-160 Cherokee	G-LSFB	Rolladen-Schneider LS7-WL
G-LFSB	Piper PA-38-112 Tomahawk	G-LIZZ	Piper PA-E23-250 Aztec E	G-LSFI	Gulfstream AA-5A
G-LFSC	Piper PA-38-140 Cruiser	G-LJCC	Murphy Rebel	G-LSFT	Rolladen-Schneider LS6-b
G-LFSD	Piper PA-38-112 Tomahawk	G-LJRM	Sikorsky S-76C	G-LSGB	Rolladen-Schneider LS6-b
G-LFSG	Piper PA-28-180 Cherokee E	G-LKTB	Piper PA-28-181 Archer III	G-LSGM	Rolladen-Schneider LS3-17
G-LFSH	Piper PA-38-112 Tomahawk	G-LLAN	Grob G109B	G-LSHI	Colt 77A
G-LFSI	Piper PA-28-140 Cherokee C	G-LLCH	Cessna 172S	G-LSIF	Rolladen-Schneider LS1-f
G-LFSJ	Piper PA-28-161 Warrior II	G-LLEW	Aeromot AMT-200S	G-LSIV	Rolladen-Schneider LS4
G-LFSK	Piper PA-28-161 Warrior II	G-LLIZ	Robinson R44 Beta II	G-LSIX	Rolladen-Schneider LS4
G-LFSM	Piper PA-38-112 Tomahawk	G-LLLL	Rolladen-Schneider LS8-18	G-LSJE	Rolladen-Schneider LS6-18W
G-LFSN	Piper PA-38-112 Tomahawk	G-LLMW	Diamond DA.42 Twin Star	G-LSJE	Reality Escapade Jabiru
G-LFVB	Spitfire LF.V	G-LLOD	Learjet 45	G-LSKV	Rolladen-Schneider LS8-18
G-LGAR	Learjet 60	G-LLOY	Alpi Pioneer 300 Hawk	G-LSKY	P&M Quik
G-LGCA	Robin DR.400-180R Remo	G-LMBO	Robinson R44	G-LSLS	Rolladen-Schneider LS4
G-LGCB	Robin DR.400-180R Remo	G-LMCG	Robinson R44 Beta II	G-LSMI	Cessna F152
G-LGCC	Robin DR.400-180R Remo	G-LMLV	Dyn'Aero MCR-01 Club	G-LSPA	Agusta-Bell 206B JetRanger
G-LGEZ	Rutan LongEz	G-LNAA	MD.900 Explorer	G-LSPH	Van's RV-8
G-LGKO	CL604 Challenger	G-LNAD	Robinson R44	G-LSTR	Stoddard-Hamilton GlaStar
G-LGNA	SAAB SF340B	G-LNTY	AS355F1 Ecureuil	G-LSVI	Rolladen-Schneider LS6-c18
G-LGNB	SAAB SF340B	G-LNYS	Cessna F177RG	G-LSWL	Robinson R22 Beta
G-LGNC	SAAB SF340B	G-LOAD	DR 107 One Design	G-LTFB	Piper PA-28-140 Cherokee
G-LGND	SAAB SF340B	G-LOAN	Cameron N-77	G-LTFC	Piper PA-28-140 Cherokee B
G-LGNE	SAAB SF340B	G-LOBO	Cameron O-120	G-LTMM	Aviat A-1B Husky
G-LGNF	SAAB SF340B	G-LOCH	Piper J-3C Cub	G-LTRF	Fournier RF7
G-LGNG	SAAB SF340B	G-LOFB	Lockheed L188C	G-LTSB	Cameron LTSB-90

Registration	Type	Registration	Type	Registration	Type
G-LUBE	Cameron N-77	G-MAJA	BAe Jetstream 41	G-MBAB	Hovey Whing-Ding II
G-LUBY	Avtech Jabiru J430	G-MAJB	BAe Jetstream 41	G-MBAW	Pterodactyl Ptraveller
G-LUCK	Cessna F150M	G-MAJC	BAe Jetstream 41	G-MBBB	Skycraft Scout II
G-LUDM	Van's RV-8	G-MAJD	BAe Jetstream 41	G-MBBJ	Hiway Demon
G-LUED	Aero Designs Pulsar	G-MAJE	BAe Jetstream 41	G-MBBM	Quicksilver MX
G-LUKE	Rutan LongEz	G-MAJF	BAe Jetstream 41	G-MBCJ	Typhoon S/Tri-Flyer
G-LUKI	Robinson R44	G-MAJG	BAe Jetstream 41	G-MBCK	Quicksilver MX
G-LUKY	Robinson R44	G-MAJH	BAe Jetstream 41	G-MBCL	Typhoon/Sky-Trike
G-LULA	Cameron C-90	G-MAJI	BAe Jetstream 41	G-MBCU	Eagle Amphibian
G-LULI	Robinson R44 Beta II	G-MAJJ	BAe Jetstream 41	G-MBCX	Nimrod/Hornet 250
G-LULU	Grob G109	G-MAJK	BAe Jetstream 41	G-MBDG	Eurowing Goldwing
G-LULV	Diamond DA.42 Twin Star	G-MAJL	BAe Jetstream 41	G-MBDM	Sigma
G-LUMD	Beat Off Sky Ranger	G-MAJM	BAe Jetstream 41	G-MBET	Mistral
G-LUNA	Piper PA-32RT-300T Lance II	G-MAJP	BAe Jetstream 4100	G-MBEU	Domon/T250
G-LUND	Cessna 340	G-MAJR	DHC-1 Chipmunk 22	G-MBFK	Demon 175/Sky-Trike 250
G-LUNE	Pegasus Quik	G-MAJS	Airbus A300B4-605R	G-MBFO	Quicksilver MX
G-LUNG	Rotorsport UK MT-03	G-MAJT	BAe Jetstream 4100	G-MBFZ	Eurowing Goldwing
G-LUNY	Pitts S-1S	G-MAJU	BAe Jetstream 4100	G-MBGF	Cherokee Medium/Twamley T
G-LUSC	Luscombe 8E	G-MAJV	BAe Jetstream 4100	G-MBGS	Rotec Rally 2B
G-LUSH	Piper PA-28-151 Warrior	G-MAJW	BAe Jetstream 4100	G-MBGX	Lightning
G-LUSI	Luscombe 8F	G-MAJX	BAe Jetstream 4100	G-MBHE	Eagle 430B
G-LUST	Luscombe 8E	G-MAJY	BAe Jetstream 4100	G-MBHK	Solo Striker/Tri-Flyer
G-LUVY	AS355F1 Ecureuil	G-MAJZ	BAe Jetstream 4100	G-MBHZ	Pterodactyl Ptraveller
G-LUXE	BAe 146-301	G-MAKI	Robinson R44	G-MBIA	Sealander/Sky-Trike
G-LUXY	Cessna 551 Citation II/SP	G-MAKS	Cirrus SR22	G-MBIO	Eagle 215B
G-LVBF	Lindstrand LBL 330A	G-MALA	Piper PA-28-181 Archer II	G-MBIT	Demon/Sky-Trike
G-LVES	Cessna 182S	G-MALC	Grumman AA-5 Traveler	G-MBIY	Lightning Phase Ii/Tri-Pa
G-LVLV	CL604 Challenger	G-MALS	Mooney M20K	G-MBIZ	Vulcan/Tri-Flyer
G-LVPL	AirBorne XT912-B-Streak III-B	G-MALT	Colt Flying Hop	G-MBJD	Eagle 215B
G-LWAY	Robinson R44	G-MAMD	B200 Super King Air	G-MBJF	Vulcan/Sky-Trike 250
G-LWDC	CL601 Challenger	G-MAML	Robinson R44 Beta II	G-MBJG	Nimrod/Chargus T250
G-LWNG	Aero Designs Pulsar	G-MAMO	Cameron V-77	G-MBJK	Eagle
G-LXRS	Global Express	G-MANC	British Aerospace ATP	G-MBJL	Nimrod/Hornet 250
G-LXUS	Alpi Pioneer 300	G-MANH	British Aerospace ATP	G-MBJM	Lone Ranger
G-LYAK	Yakovlev Yak-52	G-MANN	SA.341G Gazelle 1	G-MBKY	Eagle 215B
G-LYDA	Hoffmann H 36 Dimona	G-MANS	BAe 146-200	G-MBKZ	Super Scorpion/Sky-Trike
G-LYDB	Piper PA-31-350 Chieftain	G-MANW	Tri R-Kis	G-MBLU	Lightning L195/Tri-Pacer
G-LYDC	Piper PA-31-350 Chieftain	G-MANX	Clutton FRED Series II	G-MBMG	Rotec Rally 2B
G-LYDF	Piper PA-31-350 Chieftain	G-MANZ	Robinson R44 Beta II	G-MBMT	Lightning 195/Tri-Flyer
G-LYDS	Schempp-Hirth Nimbus 3T	G-MAPL	Robinson R44	G-MBOF	Jack-Daw
G-LYFA	Yakovlev Yak-52	G-MAPP	Cessna 402B	G-MBOH	Mistral
G-LYNC	Robinson R22 Beta	G-MAPR	Beech A36 Bonanza	G-MBPB	Pterodactyl Ptraveller
G-LYND	Piper PA-25-235 Pawnee D	G-MARA	Airbus A321-231	G-MBPG	Typhoon/Tri-Flyer
G-LYNI	EV-97 Eurostar	G-MARE	Schweizer 269C	G-MBPJ	Moto Delta G11
G-LYNK	CFM Shadow DD	G-MARO	Best Off Sky Ranger	G-MBPU	Demon/Sky-Trike 250
G-LYPG	Avtech Jabiru UL-450	G-MARX	Van's RV-4	G-MBPX	Eurowing Goldwing SP
G-LYTB	P&M Quik GT450	G-MARZ	Thruster T600N 450	G-MBPY	Gryphon/Tri-Pacer 330
G-LYTE	Thunder Ax7-77	G-MASC	Jodel D150	G-MBRB	Eagle
G-LZII	Laser Z200	G-MASF	Piper PA-28-181 Archer II	G-MBRD	Eagle 215B
G-LZZY	PA-28RT-201T Arrow IV	G-MASH	Westland Bell 47G-4A	G-MBRH	Mirage Mkii
G-MAAN	Europa Avn Europa XS	G-MASI	P&M Quik GT450	G-MBST	Mainair Gemini Sprint
G-MAAX	Bell 206L LongRanger	G-MASS	Cessna 152	G-MBSX	Mirage Mkii
G-MABE	Cessna F150L	G-MATE	Zlin Z-50LX	G-MBTH	Whittaker MW4
G-MACA	Robinson R22 Beta	G-MATF	Gulfstream IV	G-MBTJ	Typhoon/Tri-Pacer
G-MACE	Hughes 369E	G-MATS	Colt GA-42	G-MBTW	Vector 600
G-MACH	SIAI Marchetti F.260	G-MATT	Robin R2160 Alpha Sport	G-MBUZ	Skycraft Scout II
G-MACK	Piper PA-28R-200 Arrow II	G-MATX	Pilatus PC-12/45	G-MBWG	Pathfinder Mkl
G-MACL	Cirrus SR22	G-MATY	Robinson R22 Beta	G-MBYI	Lazair IIIe
G-MAFA	Cessna F406	G-MATZ	Piper PA-28-140 Cruiser	G-MBYL	Pathfinder Mkl
G-MAFB	Cessna F406	G-MAUK	Colt 77A	G-MBYM	Quicksilver MX
G-MAFE	Dornier 228-202K	G-MAUS	Europa Avn Europa	G-MBZO	Striker/Tri-Flyer 330
G-MAFF	BN2T Islander	G-MAVI	Robinson R22 Beta	G-MBZV	Eagle 215B
G-MAFI	Dornier 228-202K	G-MAVV	Aero AT-3 R100	G-MCAB	Gardan GY-201 Minicab
G-MAFT	Diamond DA.40D Star	G-MAXG	Pitts S-1S	G-MCAI	Robinson R44 Beta II
G-MAGC	Cameron Grand Illusion	G-MAXI	Piper PA-34-200T Seneca II	G-MCAP	Cameron C-80
G-MAGG	Pitts S-1SE	G-MAXR	Ultramagic S-90	G-MCCF	Thruster T600N
G-MAGK	Schleicher ASW 20L	G-MAXS	Pegasus Quik	G-MCCG	Robinson R44
G-MAGL	Sky 77-24	G-MAXV	Van's RV-4	G-MCCY	Yakovlev Yak-52
G-MAGZ	Robin DR.400/500	G-MAYB	Robinson R44	G-MCDB	Spitfire LF.IX
G-MAIE	Piper PA-32R-301T Saratoga	G-MAYF	Bell 407	G-MCEL	Pegasus Quantum 912
G-MAIK	Piper PA-34-220T Seneca	G-MAYO	Piper PA-28-161 Warrior II	G-MCJL	Pegasus Quantum 912
G-MAIN	Mainair Blade 912	G-MAZA	Rotorsport UK MT-03	G-MCLY	Cessna 172P
G-MAIR	Piper PA-34-200T Seneca II	G-MBAA	Excalibur/Sky-Trike MkII	G-MCMC	SOCATA TBM-700

G-MCMS	Aero Designs Pulsar
G-MCOW	Lindstrand LBL 77A
G-MCOX	Fuji FA-200-180AO
G-MCOY	Flight Design CT2K
G-MCRO	Dyn'Aero MCR-01
G-MCUB	Reality Escapade
G-MCXV	Colomban MC-15 Cri-Cri
G-MDAC	Piper PA-28-181 Archer II
G-MDAY	Cessna 170B
G-MDBA	Dassault Falcon 2000
G-MDBC	Pegasus Quantum 912
G-MDBD	Airbus A330-243
G-MDDT	Robinson R44 Beta II
G-MDGE	Robinson R22 Beta
G-MDJE	Cessna 208
G-MDJN	Beech 95-B55 Baron
G-MDKD	Robinson R22 Beta
G-MDPI	Agusta A109A II
G-MDPY	Robinson R44 Beta II
G-MEDE	Airbus A320-232
G-MEDF	Airbus A321-231
G-MEDG	Airbus A321-231
G-MEDH	Airbus A320-232
G-MEDJ	Airbus A321-231
G-MEDK	Airbus A320-232
G-MEDL	Airbus A321-231
G-MEDM	Airbus A321-231
G-MEDN	Airbus A321-231
G-MEDS	Agusta A109E Power
G-MEDX	Agusta A109E Power
G-MEEE	Schleicher ASW 20L
G-MEEK	Enstrom 480
G-MEET	Learjet 40
G-MEGA	Piper PA-28R-201T Arrow III
G-MEGG	Europa Avn Europa XS
G-MEGN	B200 Super King Air
G-MEGS	Cessna 172S
G-MELL	CZAW Sportcruiser
G-MELS	Piper PA-28-181 Archer III
G-MELT	Cessna F172H
G-MEME	Piper PA-28R-201 Arrow III
G-MENU	Robinson R44 Beta II
G-MENY	Agusta A109S Grand
G-MEOW	CFM Streak Shadow
G-MEPU	Rotorsport UK MT-03
G-MERC	Colt 56A
G-MERE	Lindstrand LBL 77A
G-MERF	Grob G115A
G-MERL	Piper PA-28RT-201 Arrow IV
G-MESH	CZAW Sportcruiser
G-METH	Cameron C-90
G-MEUP	Cameron A-120
G-MFAC	Cessna F172H
G-MFEF	Cessna FR172J
G-MFHI	Europa Avn Europa
G-MFLI	Cameron V-90
G-MFLJ	P&M Quik GT450
G-MFLY	Mainair Rapier
G-MFMF	Bell 206B JetRanger
G-MFMM	Scheibe SF25C Falke
G-MGAA	BFC Challenger II
G-MGAG	Aviasud Mistral
G-MGAN	Robinson R44
G-MGCA	Avtech Jabiru UL-450
G-MGCB	Pegasus XL-Q
G-MGCK	Whittaker MW6 Merlin
G-MGDL	Pegasus Quantum 15
G-MGEC	Rans S-6-ESD-XL Coyote II
G-MGEF	Pegasus Quantum 912
G-MGFK	Pegasus Quantum 912
G-MGGG	Pegasus Quantum 912
G-MGGT	CFM Streak Shadow SA-M
G-MGGV	Pegasus Quantum 912
G-MGMC	Pegasus Quantum 912
G-MGMM	Piper PA-18-150 Super Cub
G-MGND	Rans S-6-ESD-XL Coyote II
G-MGOD	Medway Raven X
G-MGOO	Murphy Renegade Spirit
G-MGPA	Comco Ikarus C42
G-MGPD	Pegasus XL-R
G-MGPH	CFM Streak Shadow
G-MGPX	Kolb Twinstar Mk3 Extra
G-MGTG	Pegasus Quantum 912
G-MGTR	Hunt Wing/Experience
G-MGTV	Thruster T600N 450
G-MGTW	CFM Shadow DD
G-MGUN	Cyclone AX2000
G-MGUY	CFM Shadow CD
G-MGWH	Thruster T300
G-MGWI	Robinson R44
G-MHAR	PA-42-720 Cheyenne IIIA
G-MHCB	Enstrom 280C
G-MHCE	Enstrom F-28A
G-MHCG	Enstrom 280C-UK
G-MHCI	Enstrom 280C
G-MHCJ	Enstrom F-28C
G-MHCK	Enstrom 280FX
G-MHCL	Enstrom 280C-UK
G-MHCM	Enstrom 280FX
G-MHGS	Stoddard-Hamilton GlaStar
G-MHJK	Diamond DA.42 Twin Star
G-MHMH	Agusta-Bell 206B JetRanger
G-MHMR	Pegasus Quantum 912
G-MHRV	Van's RV-6A
G-MICE	Cessna 510 Mustang
G-MICH	Robinson R22 Beta
G-MICI	Cessna 182S
G-MICK	Cessna F172N
G-MICY	Everett Gyroplane
G-MIDC	Airbus A321-231
G-MIDD	Piper PA-28-140 Cruiser
G-MIDG	Midget Mustang
G-MIDL	Airbus A321-231
G-MIDO	Airbus A320-232
G-MIDP	Airbus A320-232
G-MIDR	Airbus A320-232
G-MIDS	Airbus A320-232
G-MIDT	Airbus A320-232
G-MIDX	Airbus A320-232
G-MIDY	Airbus A320-232
G-MIDZ	Airbus A320-232
G-MIFF	Robin DR.400-180 Régent
G-MIGG	PZL-Mielec Lim-5
G-MIII	Extra EA.300/L
G-MIKE	Brookland Hornet
G-MIKI	Rans S-6-ESA Coyote II
G-MIKS	Robinson R44 Beta II
G-MILA	Cessna F172N
G-MILD	Scheibe SF25C Falke
G-MILE	Cameron N-90
G-MILI	Bell 206B JetRanger
G-MILN	Cessna 182Q
G-MILO	Cessna T303
G-MILY	Grumman AA-5A Cheetah
G-MIMA	BAe 146-200
G-MIME	Europa Avn Europa
G-MIND	Cessna 404 Titan
G-MINN	Lindstrand LBL 90A
G-MINS	Nicollier HN700 Menestrel
G-MINT	Pitts S-1S
G-MIOO	Miles M.100 Student
G-MIRA	Avtech Jabiru SP-430
G-MIRN	Remos GX
G-MISH	Cessna 182R
G-MISJ	CZAW Sportcruiser
G-MISS	Taylor Titch
G-MITE	Raj Hamsa X'Air Falcon
G-MIWS	Cessna 310R
G-MJAE	Eagle
G-MJAJ	Eurowing Goldwing
G-MJAM	Quicksilver MX
G-MJAN	Hilander/Sky-Trike
G-MJAV	Demon 175
G-MJAY	Eurowing Goldwing
G-MJAZ	Vector 610
G-MJBK	Swallow B
G-MJBL	Eagle 215B
G-MJBS	Storm Buggy
G-MJBY	Eagle 215B
G-MJBZ	Pathfinder MkI
G-MJCE	Puma Sprint X
G-MJCU	Typhoon/Tarjani
G-MJDE	Pathfinder MkI
G-MJDJ	Demon/Sky-Trike
G-MJDP	Eurowing Goldwing
G-MJDR	Demon/Sky-Trike
G-MJEB	Puma Sprint
G-MJEE	Typhoon/Tri-Flyer
G-MJEO	Eagle 215B
G-MJER	Solo Striker/Tri-Pacer
G-MJFB	Solo Striker/Tri-Pacer
G-MJFM	Pathfinder MkI
G-MJFX	Skyhook TR1/Sabre
G-MJFZ	Demon/Sky-Trike
G-MJHC	Lightning Mkii/Tri-Pacer
G-MJHR	Lightning
G-MJHV	Demon/Sky-Trike 250
G-MJIA	Solo Striker/Tri-Pacer
G-MJIC	Solo Striker/Tri-Pacer
G-MJIF	Striker/Tri-Flyer
G-MJIR	Quicksilver MXII
G-MJJA	Pathfinder MkI
G-MJJK	Quicksilver MXII
G-MJKB	Sky Ranger
G-MJKF	Hiway Demon
G-MJKO	Gyr188/Farnell 250
G-MJKX	Phantom
G-MJMD	Demon/Sky-Trike
G-MJMN	Striker/Tri-Flyer 330
G-MJMR	Typhoon/Tri-Flyer 250
G-MJMS	Demon 175/Sky-Trike
G-MJNM	Eagle 430B
G-MJNO	Eagle Amphibian
G-MJNU	Skyhook TR1/Cutlass
G-MJNY	Skyhook TR1/Sabre
G-MJOC	Pathfinder
G-MJOE	Eurowing Goldwing
G-MJPA	Rotec Rally 2B
G-MJPE	Demon 175/Tri-Flyer 330
G-MJPV	Quicksilver MX
G-MJRL	Eurowing Goldwing
G-MJRO	Eurowing Goldwing
G-MJRR	Sky Ranger Series 1
G-MJRS	Eurowing Goldwing
G-MJRU	Tiger Cub 440
G-MJSE	Phantom
G-MJSF	Phantom
G-MJSL	Dragon 200
G-MJSO	Hiway Skytrike III/Demon 175
G-MJSP	Romain Tiger Cub 440
G-MJST	Pterodactyl Ptraveller
G-MJSY	Eurowing Goldwing
G-MJSZ	DH Wasp
G-MJTC	Typhoon Medium/Tri-Pacer
G-MJTE	Phantom
G-MJTM	Pipistrelle P2B
G-MJTP	Dual Sealander/Tri-Flyer
G-MJTR	Puma Ds MkI
G-MJTX	Phantom

Registration	Type	Registration	Type	Registration	Type
G-MJTZ	Phantom	G-MMDR	Pathfinder MkII	G-MMTJ	Puma Sprint
G-MJUC	Tiger Cub 440	G-MMEK	Hybred 44XI	G-MMTL	Mainair Gemini Sprint
G-MJUR	Phantom	G-MMFD	Dual Striker/Tri-Flyer	G-MMTR	Pegasus XL-R
G-MJUU	Eurowing Goldwing	G-MMFE	Striker/Tri-Flyer 440	G-MMTS	Typhoon XI/Panther
G-MJUW	Tiger Cub 440	G-MMFG	Dual Striker/Micro Trike	G-MMTV	Eagle 215B Seaplane
G-MJUX	Phantom	G-MMFS	Tiger Cub 440	G-MMTY	Koala Fp-202U
G-MJVE	Hybred 44XI	G-MMFV	Dual Striker/Tri-Flyer 44	G-MMUA	Puma Sprint
G-MJVF	CFM Shadow CD	G-MMFY	Dual Striker/Sims-Trike	G-MMUH	Mainair Tri-Flyer/Sprint
G-MJVN	Striker/Puma 440	G-MMGF	Tiger Cub 440	G-MMUM	Tiger Cub 440
G-MJVP	Quicksilver MXII	G-MMGL	Tiger Cub 440	G-MMUO	Mainair Gemini Flash
G-MJVU	Quicksilver MXII	G-MMGS	Panther XI	G-MMUR	Storm/Sky-Trike 250
G-MJVX	Phantom	G-MMGT	Hunt Wing Pegasus-Classic	G-MMUV	Puma Sprint
G-MJVY	Dragon 150	C MMGU	Sealander/Sky-Trike	G-MMUW	Mainair Gemini Flash
G-MJWB	Eurowing Goldwing	G-MMGV	Whittaker MW5 Scout/Trike	G-MMUX	Mainair Gemini Sprint
G-MJWF	Tiger Cub 440	G-MMHE	Mainair Gemini Sprint	G-MMVA	Puma Sprint
G-MJWK	Pathfinder MkI	G-MMHK	Super Scorpion/Sky-Trike	G-MMVH	Southdown Raven X
G-MJWW	Super Tiger Cub 440	G-MMHL	Super Scorpion/Sky-Trike	G-MMVI	Puma Sprint
G-MJWZ	Panther XI	G-MMHN	Tiger Cub 440	G-MMVS	Zeus/Pixie
G-MJXY	Demon/Sky-Trike 330	G-MMHS	Dual Striker/Gazelle	G-MMVX	Puma Sprint
G-MJYD	Tiger Cub 440	G-MMIE	Tiger Cub 440	G-MMVZ	Puma Sprint
G-MJYP	Striker/Gemini	G-MMIW	Puma Sprint	G-MMWA	Mainair Gemini Flash
G-MJYV	Solo Striker/Rapier	G-MMIX	Tiger Cub 440	G-MMWC	Quicksilver MXII
G-MJYW	Gryphon/Micro-Trike 330	G-MMIZ	Lightning Mkii	G-MMWG	Solo Striker/Tri-Flyer
G-MJYX	Demon/Tri-Flyer	G-MMJD	Puma Sprint	G-MMWL	Eurowing Goldwing
G-MJZE	Tiger Cub 440	G-MMJF	Panther XI-S	G-MMWS	Solo Striker/Tri-Pacer
G-MJZK	Puma Sprint	G-MMJG	Dual Striker/Tri-Flyer	G-MMWX	Puma Sprint
G-MJZU	Dual Striker/Tri-Flyer	G-MMJT	Mainair Gemini Sprint X	G-MMXD	Mainair Gemini Flash
G-MKAA	Boeing 747-2S4F	G-MMJV	Tiger Cub 440	G-MMXJ	Mainair Gemini Flash
G-MKAK	Colt 77A	G-MMJX	Teman Monofly	G-MMXL	Mainair Gemini Flash
G-MKAS	Piper PA-28-140 Cruiser	G-MMKA	Panther XI	G-MMXO	Puma Sprint
G-MKBA	Boeing 747-2B5F	G-MMKE	Chinook WT11	G-MMXU	Mainair Gemini Flash
G-MKCA	Boeing 747-2B5B	G-MMKL	Mainair Gemini Flash	G-MMXV	Mainair Gemini Flash
G-MKDA	Boeing 747-2B5F	G-MMKM	Dual Striker/Tri-Flyer	G-MMXW	Mainair Gemini Sprint
G-MKEA	Boeing 747-249F	G-MMKP	Tiger Cub 440	G-MMYA	Pegasus XL
G-MKFA	Boeing 747-245F	G-MMKR	Lightning Ds/Tri-Flyer 44	G-MMYF	Puma Sprint
G-MKGA	Boeing 747-2R7F	G-MMKX	Phantom	G-MMYL	Aerial Arts Alpha 130SX
G-MKHA	Boeing 747-2J6B	G-MMLE	Eurowing Goldwing SP	G-MMYN	Pegasus XL-R
G-MKIA	Spitfire I	G-MMLH	Demon/Sky-Trike 330	G-MMYO	Puma Sprint
G-MKII	EC.120B Colibri	G-MMMG	Quicksilver MXL	G-MMYT	Puma Sprint
G-MKJA	Boeing 747-246F	G-MMMH	Flexiform Striker	G-MMYU	Puma Sprint
G-MKVB	Spitfire LF.Vb	G-MMML	Dragon 150	G-MMYV	Striker/Tri-Flyer
G-MKXI	Spitfire PR.Mk.XI	G-MMMN	Panther XI-S	G-MMYY	Puma Sprint
G-MLAL	Avtech Jabiru J400	G-MMNA	Quicksilver MXII	G-MMZA	Mainair Gemini Flash
G-MLAW	P&M Quik GT450	G-MMNB	Quicksilver MX	G-MMZD	Mainair Gemini Flash
G-MLFF	Piper PA-23-250 Aztec E	G-MMNC	Quicksilver MX	G-MMZF	Mainair Gemini Flash
G-MLHI	Maule MX-7-180	G-MMNH	Dragon 150	G-MMZG	Panther XI-S
G-MLJL	Airbus A330-243	G-MMNN	Sherry Buzzard	G-MMZI	Aerial Arts Alpha 130SX
G-MLLA	SOCATA TB-200 Tobago XL	G-MMNS	U-2 Super Wing	G-MMZJ	Mainair Gemini Flash
G-MLLE	CEA DR220AB	G-MMNT	Solo Striker	G-MMZK	Mainair Gemini Flash
G-MLSA	Balony Kubicek BB37N	G-MMOB	Mainair Gemini Sprint	G-MMZM	Mainair Gemini Flash
G-MLSN	Hughes 369E	G-MMOH	Pegasus XL-R	G-MMZN	Mainair Gemini Flash
G-MLTY	AS365N2 Dauphin 2	G-MMOK	Panther XI-S	G-MMZV	Mainair Gemini Flash
G-MLWI	Thunder Ax7-77	G-MMOW	Mainair Gemini Flash	G-MMZW	Puma Sprint
G-MLZZ	Best Off Sky Ranger Swift	G-MMPG	Lightning Mkii/Tri-Pacer	G-MNAC	Mainair Gemini Flash
G-MMAC	Dragon 200	G-MMPH	Puma Sprint	G-MNAE	Mainair Gemini Flash
G-MMAG	Tiger Cub 440	G-MMPL	Dual Striker/Micro Trike	G-MNAI	Panther XI-S
G-MMAI	Dragon 150	G-MMPO	Mainair Gemini Flash	G-MNAR	Pegasus XL-R
G-MMAR	Mainair Gemini Sprint	G-MMPU	Typhoon/Tri-Pacer	G-MNAW	Pegasus XL-R
G-MMBL	Lightning Ds/Puma	G-MMPZ	Teman Monofly	G-MNAX	Pegasus XL-R
G-MMBN	Eurowing Goldwing	G-MMRH	Demon/Sky-Trike	G-MNAZ	Pegasus XL-R
G-MMBT	Tiger Cub 440	G-MMRL	Pegasus XL-R	G-MNBA	Pegasus XL-R
G-MMBU	Quicksilver MXII	G-MMRN	Puma Sprint	G-MNBB	Pegasus XL-R
G-MMBV	Pathfinder MkI	G-MMRP	Mainair Gemini Sprint	G-MNBC	Pegasus XL-R
G-MMBY	Panther XI	G-MMRW	Dual Striker/Gemini	G-MNBD	Mainair Gemini Flash
G-MMBZ	Typhoon P/Solar Trike	G-MMSA	Panther XI-S	G-MNBE	Puma Sprint
G-MMCI	Puma Sprint X	G-MMSG	Panther XI-S	G-MNBF	Mainair Gemini Flash
G-MMCN	Storm/Sky-Trike 250	G-MMSH	Panther XI-S	G-MNBG	Mainair Gemini Flash
G-MMCV	Typhoon/Sky-Trike	G-MMSO	Mainair Gemini Sprint	G-MNBI	Pegasus XL-R
G-MMCX	Super Tiger Cub 440	G-MMSP	Mainair Gemini Flash	G-MNBJ	Skyhook Pixie
G-MMCZ	Dual Striker	G-MMTA	Pegasus XL-R	G-MNBM	Puma Sprint
G-MMDF	Lightning Phase Ii/Wildca	G-MMTC	Pegasus XL-R	G-MNBN	Mainair Gemini Flash
G-MMDK	Striker/Tri-Flyer	G-MMTD	Demon 175/Tri-Flyer 330	G-MNBP	Mainair Gemini Flash
G-MMDN	Dual Striker/Tri-Flyer	G-MMTG	Mainair Gemini Sprint	G-MNBS	Mainair Gemini Flash

Registration	Type	Registration	Type	Registration	Type
☐ G-MNBT	Mainair Gemini Flash	☐ G-MNJH	Pegasus Flash	☐ G-MNSI	Mainair Gemini Flash II
☐ G-MNBV	Mainair Gemini Flash	☐ G-MNJJ	Pegasus Flash	☐ G-MNSJ	Mainair Gemini Flash II
☐ G-MNCA	Demon 175/Avon Sky-Trike	☐ G-MNJL	Pegasus Flash	☐ G-MNSL	Southdown Raven X
☐ G-MNCF	Mainair Gemini Flash	☐ G-MNJN	Pegasus Flash	☐ G-MNSX	Southdown Raven X
☐ G-MNCG	Mainair Gemini Flash	☐ G-MNJR	Pegasus Flash	☐ G-MNSY	Southdown Raven X
☐ G-MNCI	Puma Sprint	☐ G-MNJS	Puma Sprint	☐ G-MNTC	Southdown Raven X
☐ G-MNCJ	Mainair Gemini Flash	☐ G-MNJT	Southdown Raven X	☐ G-MNTD	Aerial Arts Chaser 110SX
☐ G-MNCM	CFM Shadow C	☐ G-MNJU	Mainair Gemini Flash	☐ G-MNTE	Southdown Raven X
☐ G-MNCO	Quicksilver MXII	☐ G-MNJX	Hybred 44XI	☐ G-MNTI	Mainair Gemini Flash II
☐ G-MNCP	Puma Sprint	☐ G-MNKB	Pegasus Photon	☐ G-MNTK	CFM Shadow CD
☐ G-MNCS	Phantom	☐ G-MNKC	Pegasus Photon	☐ G-MNTM	Southdown Raven X
☐ G-MNCU	Hybred 44XI	☐ G-MNKD	Pegasus Photon	☐ G-MNTN	Southdown Raven X
☐ G-MNCV	Hybred 44XI	☐ G-MNKE	Pegasus Photon	☐ G-MNTP	CFM Shadow C
☐ G-MNDC	Mainair Gemini Flash	☐ G-MNKG	Pegasus Photon	☐ G-MNTT	Aerial Arts Alpha 130SX
☐ G-MNDD	Mainair Scorcher	☐ G-MNKK	Pegasus Photon	☐ G-MNTU	Mainair Gemini Flash II
☐ G-MNDE	Aerial Arts Alpha 130SX	☐ G-MNKM	Tiger Cub 440	☐ G-MNTV	Mainair Gemini Flash II
☐ G-MNDF	Mainair Gemini Flash	☐ G-MNKO	Pegasus XL-Q	☐ G-MNTY	Southdown Raven X
☐ G-MNDM	Mainair Gemini Flash	☐ G-MNKP	Pegasus Flash	☐ G-MNTZ	Mainair Gemini Flash II
☐ G-MNDO	Pegasus Flash	☐ G-MNKU	Puma Sprint	☐ G-MNUA	Mainair Gemini Flash II
☐ G-MNDU	Sirocco 377Gb	☐ G-MNKV	Pegasus Flash	☐ G-MNUD	Pegasus Flash II
☐ G-MNDY	Puma Sprint	☐ G-MNKW	Pegasus Flash	☐ G-MNUF	Mainair Gemini Flash II
☐ G-MNEG	Mainair Gemini Flash	☐ G-MNKX	Pegasus Flash	☐ G-MNUG	Mainair Gemini Flash II
☐ G-MNEH	Mainair Gemini Flash	☐ G-MNKZ	Southdown Raven X	☐ G-MNUI	Cutlass/Tri-Flyer
☐ G-MNEI	Hybred 44XI	☐ G-MNLH	Cobra Biplane	☐ G-MNUO	Mainair Gemini Flash II
☐ G-MNEK	Aerial Arts Alpha 130SX	☐ G-MNLI	Mainair Gemini Flash II	☐ G-MNUR	Mainair Gemini Flash II
☐ G-MNER	CFM Shadow C	☐ G-MNLM	Southdown Raven X	☐ G-MNUU	Southdown Raven X
☐ G-MNET	Mainair Gemini Flash	☐ G-MNLN	Southdown Raven X	☐ G-MNUW	Southdown Raven X
☐ G-MNEV	Mainair Gemini Flash	☐ G-MNLT	Southdown Raven X	☐ G-MNUX	Pegasus XL-R
☐ G-MNEY	Mainair Gemini Flash	☐ G-MNLY	Mainair Gemini Flash	☐ G-MNVB	Pegasus XL-R
☐ G-MNFB	Puma Sprint	☐ G-MNLZ	Southdown Raven X	☐ G-MNVC	Pegasus XL-R
☐ G-MNFF	Mainair Gemini Flash	☐ G-MNMC	Mainair Gemini Sprint	☐ G-MNVE	Pegasus XL-R
☐ G-MNFG	Puma Sprint	☐ G-MNMD	Southdown Raven X	☐ G-MNVG	Pegasus Flash II
☐ G-MNFL	Chevvron	☐ G-MNMG	Mainair Gemini Flash II	☐ G-MNVH	Pegasus Flash II
☐ G-MNFM	Mainair Gemini Flash	☐ G-MNMI	Mainair Gemini Flash II	☐ G-MNVI	CFM Shadow C
☐ G-MNFN	Mainair Gemini Flash	☐ G-MNMK	Pegasus XL-R	☐ G-MNVJ	CFM Shadow CD
☐ G-MNFP	Mainair Gemini Flash	☐ G-MNML	Puma Sprint	☐ G-MNVK	CFM Shadow CD
☐ G-MNGD	Typhoon/Tri-Pacer	☐ G-MNMM	Aerotech MW-5(K) Sorcerer	☐ G-MNVL	Aerial Arts Alpha 130SX
☐ G-MNGG	Pegasus XL-R	☐ G-MNMU	Southdown Puma Raven	☐ G-MNVN	Southdown Puma Raven
☐ G-MNGK	Mainair Gemini Flash	☐ G-MNMV	Mainair Gemini Flash II	☐ G-MNVO	Hovey Whing-Ding II
☐ G-MNGM	Mainair Gemini Flash	☐ G-MNMW	Whittaker MW-6-1-1 Merlin	☐ G-MNVP	Southdown Raven X
☐ G-MNGT	Mainair Gemini Flash	☐ G-MNMY	Aerial Arts Chaser 110SX	☐ G-MNVT	Mainair Gemini Flash II
☐ G-MNGW	Mainair Gemini Flash	☐ G-MNNA	Southdown Raven X	☐ G-MNVV	Mainair Gemini Flash II
☐ G-MNGX	Puma Sprint	☐ G-MNNB	Southdown Raven	☐ G-MNVW	Mainair Gemini Flash II
☐ G-MNHD	Pegasus XL-R	☐ G-MNNC	Southdown Raven X	☐ G-MNVZ	Pegasus Photon
☐ G-MNHE	Pegasus XL-R	☐ G-MNNF	Mainair Gemini Flash II	☐ G-MNWD	Mainair Gemini Flash II
☐ G-MNHF	Pegasus XL-R	☐ G-MNNG	Pegasus Photon/Lightfly	☐ G-MNWG	Southdown Raven X
☐ G-MNHH	Panther XI-S	☐ G-MNNJ	Mainair Gemini Flash II	☐ G-MNWI	Mainair Gemini Flash II
☐ G-MNHI	Pegasus XL-R	☐ G-MNNL	Mainair Gemini Flash II	☐ G-MNWL	Aerial Arts Alpha 130SX
☐ G-MNHJ	Pegasus XL-R	☐ G-MNNM	Mainair Scorcher Solo	☐ G-MNWU	Pegasus Flash II
☐ G-MNHK	Pegasus XL-R	☐ G-MNNO	Southdown Raven X	☐ G-MNWW	Pegasus XL-R
☐ G-MNHL	Pegasus XL-R	☐ G-MNNS	Eurowing Goldwing	☐ G-MNWY	CFM Shadow C
☐ G-MNHM	Pegasus XL-R	☐ G-MNNV	Mainair Gemini Flash II	☐ G-MNXB	Photon/Tri-Flyer
☐ G-MNHN	Pegasus XL-R	☐ G-MNNY	Pegasus Flash	☐ G-MNXE	Southdown Raven X
☐ G-MNHR	Pegasus XL-R	☐ G-MNNZ	Pegasus Flash II	☐ G-MNXF	Southdown Puma Raven
☐ G-MNHS	Pegasus XL-R	☐ G-MNPA	Pegasus Flash II	☐ G-MNXG	Southdown Raven X
☐ G-MNHT	Pegasus XL-R	☐ G-MNPC	Mainair Gemini Flash II	☐ G-MNXI	Southdown Raven X
☐ G-MNIA	Mainair Gemini Flash	☐ G-MNPG	Mainair Gemini Flash II	☐ G-MNXO	Hybred 44XLR
☐ G-MNID	Mainair Gemini Flash	☐ G-MNPY	Mainair Scorcher Solo	☐ G-MNXP	Pegasus Flash II
☐ G-MNIE	Mainair Gemini Flash	☐ G-MNPZ	Mainair Scorcher Solo	☐ G-MNXS	Mainair Gemini Flash II
☐ G-MNIF	Mainair Gemini Flash	☐ G-MNRD	Lazair IIIe	☐ G-MNXU	Mainair Gemini Flash II
☐ G-MNIG	Mainair Gemini Flash	☐ G-MNRE	Mainair Scorcher Solo	☐ G-MNXX	CFM Shadow CD
☐ G-MNIH	Mainair Gemini Flash	☐ G-MNRI	Hornet Dual Trainer Raven	☐ G-MNXZ	Whittaker MW5 Sorcerer
☐ G-MNII	Mainair Gemini Flash	☐ G-MNRK	Hornet Dual Trainer Raven	☐ G-MNYA	Pegasus Flash II
☐ G-MNIK	Pegasus Photon	☐ G-MNRM	Hornet Dual Trainer Raven	☐ G-MNYC	Pegasus XL-R
☐ G-MNIL	Puma Sprint	☐ G-MNRP	Southdown Raven X	☐ G-MNYD	Aerial Arts Chaser 110SX
☐ G-MNIM	Maxair Hummer	☐ G-MNRS	Southdown Raven X	☐ G-MNYE	Aerial Arts Chaser 110SX
☐ G-MNIS	CFM Shadow C	☐ G-MNRT	Sirocco 377Gb	☐ G-MNYF	Aerial Arts Chaser 110SX
☐ G-MNIT	Aerial Arts Alpha 130SX	☐ G-MNRW	Mainair Gemini Flash II	☐ G-MNYG	Southdown Puma Raven
☐ G-MNIZ	Mainair Gemini Flash	☐ G-MNRX	Mainair Gemini Flash II	☐ G-MNYJ	Mainair Gemini Flash II
☐ G-MNJB	Southdown Raven X	☐ G-MNRZ	Mainair Scorcher Solo	☐ G-MNYK	Mainair Gemini Flash II
☐ G-MNJD	Mainair Gemini Sprint	☐ G-MNSA	Mainair Gemini Flash II	☐ G-MNYL	Southdown Raven X
☐ G-MNJF	Dragon 150	☐ G-MNSD	Typhoon S4/Tri-Pacer 250	☐ G-MNYM	Southdown Raven X
☐ G-MNJG	Mainair Gemini Sprint	☐ G-MNSH	Pegasus Flash II	☐ G-MNYP	Southdown Raven X

Registration	Type	Registration	Type	Registration	Type
G-MNYU	Pegasus XL-R	G-MRED	Christavia Mk1	G-MTCP	Aerial Arts Chaser 110SX
G-MNYW	Pegasus XL-R	G-MRJJ	Pegasus Quik	G-MTCT	CFM Shadow CD
G-MNYX	Pegasus XL-R	G-MRJK	Airbus A320-214	G-MTCU	Mainair Gemini Flash IIA
G-MNYZ	Pegasus Flash II	G-MRKI	Extra EA.300/200	G-MTDD	Aerial Arts Chaser 110SX
G-MNZB	Mainair Gemini Flash II	G-MRKS	Robinson R44	G-MTDE	Aerial Arts Chaser 110SX
G-MNZC	Mainair Gemini Flash II	G-MRKT	Lindstrand LBL 90A	G-MTDF	Mainair Gemini Flash II
G-MNZD	Mainair Gemini Flash II	G-MRLL	North American P-51D	G-MTDI	Pegasus XL-R
G-MNZF	Mainair Gemini Flash II	G-MRLN	Sky 240-24	G-MTDK	Aerotech MW-5B Sorcerer
G-MNZJ	CFM Shadow CD	G-MRMJ	AS365N3 Dauphin 2	G-MTDO	Quicksilver MXII
G-MNZK	Pegasus XL-R	G-MROC	Pegasus Quantum 912	G-MTDR	Mainair Gemini Flash
G-MNZP	CFM Shadow BD	G-MROD	Van's RV-7A	G-MTDU	CFM Shadow CD
G-MNZR	CFM Shadow BD	G-MROY	Comco Ikarus C42	G-MTDW	Mainair Gemini Flash II
G-MNZS	Aerial Arts Alpha 130SX	G-MRRR	Hughes 369E	G-MTDY	Mainair Gemini Flash II
G-MNZU	Eurowing Goldwing	G-MRRY	Robinson R44 Beta II	G-MTEC	Pegasus XL-R
G-MNZW	Southdown Raven X	G-MRSN	Robinson R22 Beta	G-MTED	Pegasus XL-R
G-MNZZ	CFM Shadow CD	G-MRST	Piper PA-28RT-201 Arrow IV	G-MTEE	Pegasus XL-R
G-MOAC	Beech F33A Bonanza	G-MRTN	SOCATA TB-10 Tobago	G-MTEK	Mainair Gemini Flash
G-MOAN	Aeromot AMT-200S	G-MRTY	Cameron N-77	G-MTER	Pegasus XL-R
G-MODE	EC.120B Colibri	G-MRVL	Van's RV-7	G-MTES	Pegasus XL-R
G-MOFB	Cameron O-120	G-MSAL	Morane Saulnier MS.733	G-MTET	Pegasus XL-R
G-MOFF	Cameron O-77	G-MSCM	Denney Kitfox 2	G-MTEU	Pegasus XL-R
G-MOFZ	Cameron O-90	G-MSFC	Piper PA-38-112 Tomahawk	G-MTEW	Pegasus XL-R
G-MOGI	Grumman AA-5A Cheetah	G-MSFT	Piper PA-28-161 Warrior II	G-MTEX	Pegasus XL-R
G-MOGY	Robinson R22 Beta	G-MSIX	DG-800B	G-MTEY	Mainair Gemini Flash
G-MOKE	Cameron V-77	G-MSJF	Boeing 737-7Q8	G-MTFA	Pegasus XL-R
G-MOLE	Taylor Titch	G-MSKY	Comco Ikarus C42	G-MTFB	Pegasus XL-R
G-MOLI	Cameron A-250	G-MSON	Cameron Z-90	G-MTFC	Hybred 44XLR
G-MOLL	Piper PA-32-301T Saratoga	G-MSPT	Eurocopter EC.135 T2	G-MTFG	Chevvron 2-32C
G-MOLO	Pilatus PC-12/47E	G-MSPY	Pegasus Quantum 912	G-MTFI	Mainair Gemini Flash II
G-MOMA	Thruster T600N 450	G-MSTC	Gulfstream AA-5A	G-MTFM	Pegasus XL-R
G-MONI	Monnett Moni	G-MSTG	North American P-51D	G-MTFN	Whittaker MW5 Sorcerer
G-MONJ	Boeing 757-2T7	G-MSTR	Cameron Monster-110	G-MTFP	Pegasus XL-R
G-MONK	Boeing 757-2T7	G-MTAA	Pegasus XL-R	G-MTFR	Pegasus XL-R
G-MONR	Airbus A300B4-605R	G-MTAB	Mainair Gemini Flash II	G-MTFT	Pegasus XL-R
G-MONS	Airbus A300B4-605R	G-MTAC	Mainair Gemini Flash II	G-MTFU	CFM Shadow BD
G-MONX	Airbus A320-212	G-MTAE	Mainair Gemini Flash II	G-MTGA	Mainair Gemini Flash II
G-MOOO	Learjet 40	G-MTAF	Mainair Gemini Flash II	G-MTGB	Thruster TST Mk1
G-MOOR	SOCATA TB-10 Tobago	G-MTAG	Mainair Gemini Flash II	G-MTGC	Thruster TST Mk1
G-MOOS	Percival Provost T1	G-MTAH	Mainair Gemini Flash II	G-MTGD	Thruster TST Mk1
G-MOOV	CZAW Sportcruiser	G-MTAI	Pegasus XL-R	G-MTGE	Thruster TST Mk1
G-MOPS	Best Off Sky Ranger Swift	G-MTAJ	Pegasus XL-R	G-MTGF	Thruster TST Mk1
G-MOSS	Beech D55 Baron	G-MTAL	Pegasus Photon	G-MTGJ	Pegasus XL-R
G-MOSY	Cameron O-84	G-MTAO	Pegasus XL-R	G-MTGK	Pegasus XL-R
G-MOTA	Bell 206B JetRanger	G-MTAP	Southdown Raven X	G-MTGL	Pegasus XL-R
G-MOTH	DH.82A Tiger Moth	G-MTAR	Mainair Gemini Flash II	G-MTGM	Pegasus XL-R
G-MOTI	Robin DR.500-200i	G-MTAS	Whittaker MW5 Sorcerer	G-MTGN	CFM Shadow BD
G-MOTO	Piper PA-24 Comanche	G-MTAV	Pegasus XL-R	G-MTGO	Mainair Gemini Flash IIA
G-MOTR	Enstrom 280C	G-MTAW	Pegasus XL-R	G-MTGR	Thruster TST Mk1
G-MOUL	Maule M6-235	G-MTAX	Pegasus XL-R	G-MTGS	Thruster TST Mk1
G-MOUR	Folland Gnat T1	G-MTAY	Pegasus XL-R	G-MTGT	Thruster TST Mk1
G-MOUT	Cessna 182T	G-MTAZ	Pegasus XL-R	G-MTGU	Thruster TST Mk1
G-MOVE	Piper PA-60-601P Aerostar	G-MTBD	Southdown Raven X	G-MTGV	CFM Shadow BD
G-MOVI	Piper PA-32R-301 Saratoga	G-MTBD	Mainair Gemini Flash II	G-MTGW	CFM Shadow CD
G-MOWG	Aeroprakt A22-L Foxbat	G-MTBE	CFM Shadow CD	G-MTGX	Hornet Dual Trainer Raven
G-MOZI	Glasflügel H303	G-MTBH	Mainair Gemini Flash II	G-MTHB	Aerotech MW-5B Sorcerer
G-MOZZ	Mudry CAP.10B	G-MTBJ	Mainair Gemini Flash II	G-MTHG	Pegasus XL-R
G-MPAA	Piper PA-28-181 Archer III	G-MTBK	Southdown Raven X	G-MTHH	Pegasus XL-R
G-MPAC	Pelican PI	G-MTBL	Pegasus XL-R	G-MTHI	Pegasus XL-R
G-MPBH	Cessna FA152	G-MTBN	Southdown Raven X	G-MTHJ	Pegasus XL-R
G-MPBI	Cessna 310R	G-MTBO	Southdown Raven X	G-MTHN	Pegasus XL-R
G-MPCD	Airbus A320-212	G-MTBP	Aerotech MW-5B Sorcerer	G-MTHT	CFM Shadow CD
G-MPCW	CL604 Challenger	G-MTBR	Aerotech MW-5B Sorcerer	G-MTHV	CFM Shadow BD
G-MPJM	CL604 Challenger	G-MTBS	Aerotech MW-5B Sorcerer	G-MTHW	Mainair Gemini Flash II
G-MPRL	Cessna 210M	G-MTBU	Pegasus XL-R	G-MTHZ	Mainair Gemini Flash IIA
G-MPSA	MBB BK-117C-2	G-MTBV	Pegasus XL-R	G-MTIA	Mainair Gemini Flash IIA
G-MPSB	MBB BK-117C-2	G-MTBY	Mainair Gemini Flash II	G-MTIB	Mainair Gemini Flash IIA
G-MPSC	MBB BK-117C-2	G-MTCA	CFM Shadow C	G-MTIE	Pegasus XL-R
G-MPWI	Robin HR.100/210 Safari	G-MTCE	Mainair Gemini Flash II	G-MTIH	Pegasus XL-R
G-MRAF	Aeroprakt A22 Foxbat	G-MTCH	Pegasus XL-R	G-MTIJ	Pegasus XL-R
G-MRAJ	Hughes 369E	G-MTCK	Pegasus Flash II	G-MTIK	Raven Aircraft Raven X
G-MRAM	Mignet HM-1000 Balerit	G-MTCM	Southdown Raven X	G-MTIL	Mainair Gemini Flash IIA
G-MRDC	Robinson R44 Beta II	G-MTCN	Pegasus XL-R	G-MTIM	Mainair Gemini Flash IIA
G-MRDS	CZAW Sportcruiser	G-MTCO	Pegasus XL-R	G-MTIN	Mainair Gemini Flash IIA

☐ G-MTIO Pegasus XL-R	☐ G-MTNV Thruster TST Mk1	☐ G-MTTY Pegasus XL-Q
☐ G-MTIR Pegasus XL-R	☐ G-MTNY Mainair Gemini Flash IIA	☐ G-MTTZ Pegasus XL-Q
☐ G-MTIS Pegasus XL-R	☐ G-MTOA Pegasus XL-R	☐ G-MTUA Pegasus XL-R
☐ G-MTIW Pegasus XL-R	☐ G-MTOB Pegasus XL-R	☐ G-MTUB Thruster TST Mk1
☐ G-MTIX Pegasus XL-R	☐ G-MTOD Pegasus XL-R	☐ G-MTUC Thruster TST Mk1
☐ G-MTIY Pegasus XL-R	☐ G-MTOE Pegasus XL-R	☐ G-MTUD Thruster TST Mk1
☐ G-MTIZ Pegasus XL-R	☐ G-MTOF Pegasus XL-R	☐ G-MTUI Pegasus XL-R
☐ G-MTJA Mainair Gemini Flash IIA	☐ G-MTOG Pegasus XL-R	☐ G-MTUJ Pegasus XL-R
☐ G-MTJB Mainair Gemini Flash IIA	☐ G-MTOH Pegasus XL-R	☐ G-MTUK Pegasus XL-R
☐ G-MTJC Mainair Gemini Flash IIA	☐ G-MTOJ Pegasus XL-R	☐ G-MTUL Pegasus XL-R
☐ G-MTJD Mainair Gemini Flash IIA	☐ G-MTON Pegasus XL-R	☐ G-MTUN Pegasus XL-Q
☐ G-MTJE Mainair Gemini Flash IIA	☐ G-MTOO Pegasus XL-R	☐ G-MTUP Pegasus XL-Q
☐ G-MTJG Hybrid 44XLR	☐ G-MTOP Pegasus XL-R	☐ G-MTUR Pegasus XL-Q
☐ G-MTJH Pegasus Flash	☐ G-MTOR Pegasus XL-R	☐ G-MTUS Pegasus XL-Q
☐ G-MTJL Mainair Gemini Flash IIA	☐ G-MTOT Pegasus XL-R	☐ G-MTUT Pegasus XL-R
☐ G-MTJS Pegasus XL-Q	☐ G-MTOU Pegasus XL-R	☐ G-MTUU Mainair Gemini Flash IIA
☐ G-MTJT Mainair Gemini Flash IIA	☐ G-MTOY Pegasus XL-R	☐ G-MTUV Mainair Gemini Flash IIA
☐ G-MTJV Mainair Gemini Flash IIA	☐ G-MTOZ Pegasus XL-R	☐ G-MTUX Hybred 44XLR
☐ G-MTJW Mainair Gemini Flash	☐ G-MTPB Mainair Gemini Flash IIA	☐ G-MTUY Pegasus XL-Q
☐ G-MTJX Hornet Dual Trainer Raven	☐ G-MTPC Raven Aircraft Raven X	☐ G-MTVB Pegasus XL-R
☐ G-MTJZ Mainair Gemini Flash IIA	☐ G-MTPE Pegasus XL-R	☐ G-MTVG Mainair Mercury
☐ G-MTKA Thruster TST Mk1	☐ G-MTPF Pegasus XL-R	☐ G-MTVH Mainair Gemini Flash IIA
☐ G-MTKB Thruster TST Mk1	☐ G-MTPG Pegasus XL-R	☐ G-MTVI Mainair Gemini Flash IIA
☐ G-MTKD Thruster TST Mk1	☐ G-MTPH Pegasus XL-R	☐ G-MTVJ Mainair Gemini Flash IIA
☐ G-MTKG Pegasus XL-R	☐ G-MTPI Pegasus XL-R	☐ G-MTVK Pegasus XL-R
☐ G-MTKH Pegasus XL-R	☐ G-MTPJ Pegasus XL-R	☐ G-MTVL Pegasus XL-R
☐ G-MTKI Pegasus XL-R	☐ G-MTPK Pegasus XL-R	☐ G-MTVO Pegasus XL-R
☐ G-MTKN Mainair Gemini Flash IIA	☐ G-MTPL Pegasus XL-R	☐ G-MTVP Thruster TST Mk1
☐ G-MTKR CFM Shadow CD	☐ G-MTPM Pegasus XL-R	☐ G-MTVR Thruster TST Mk1
☐ G-MTKW Mainair Gemini Flash IIA	☐ G-MTPN Pegasus XL-Q	☐ G-MTVS Thruster TST Mk1
☐ G-MTKX Mainair Gemini Flash IIA	☐ G-MTPP Pegasus XL-R	☐ G-MTVT Thruster TST Mk1
☐ G-MTKZ Mainair Gemini Flash IIA	☐ G-MTPR Pegasus XL-R	☐ G-MTVV Thruster TST Mk1
☐ G-MTLB Mainair Gemini Flash IIA	☐ G-MTPS Pegasus XL-Q	☐ G-MTVX Pegasus XL-Q
☐ G-MTLC Mainair Gemini Flash IIA	☐ G-MTPT Thruster TST Mk1	☐ G-MTWB Pegasus XL-R
☐ G-MTLG Pegasus XL-R	☐ G-MTPU Thruster TST Mk1	☐ G-MTWD Pegasus XL-R
☐ G-MTLI Pegasus XL-R	☐ G-MTPW Thruster TST Mk1	☐ G-MTWF Mainair Gemini Flash IIA
☐ G-MTLJ Pegasus XL-R	☐ G-MTPX Thruster TST Mk1	☐ G-MTWG Mainair Gemini Flash IIA
☐ G-MTLL Mainair Gemini Flash IIA	☐ G-MTPY Thruster TST Mk1	☐ G-MTWH CFM Shadow CD
☐ G-MTLM Thruster TST Mk1	☐ G-MTRA Mainair Gemini Flash IIA	☐ G-MTWK CFM Shadow CD
☐ G-MTLN Thruster TST Mk1	☐ G-MTRC Sirocco 377Gb	☐ G-MTWR Mainair Gemini Flash IIA
☐ G-MTLT Pegasus XL-R	☐ G-MTRL Hornet Dual Trainer/Raven	☐ G-MTWS Mainair Gemini Flash IIA
☐ G-MTLV Pegasus XL-R	☐ G-MTRM Pegasus XL-R	☐ G-MTWX Mainair Gemini Flash IIA
☐ G-MTLX Hybred 44XLR	☐ G-MTRO Pegasus XL-R	☐ G-MTWY Thruster TST Mk1
☐ G-MTLY Pegasus XL-R	☐ G-MTRS Pegasus XL-R	☐ G-MTWZ Thruster TST Mk1
☐ G-MTLZ Whittaker MW5 Sorcerer	☐ G-MTRT Raven Aircraft Raven X	☐ G-MTXA Thruster TST Mk1
☐ G-MTMA Mainair Gemini Flash IIA	☐ G-MTRV Pegasus XL-Q	☐ G-MTXB Thruster TST Mk1
☐ G-MTMC Mainair Gemini Flash IIA	☐ G-MTRW Raven Aircraft Raven X	☐ G-MTXC Thruster TST Mk1
☐ G-MTME Pegasus XL-R	☐ G-MTRX Whittaker MW5 Sorcerer	☐ G-MTXD Thruster TST Mk1
☐ G-MTMF Pegasus XL-R	☐ G-MTRZ Mainair Gemini Flash IIA	☐ G-MTXE Hornet Dual Trainer Raven
☐ G-MTMG Pegasus XL-R	☐ G-MTSC Mainair Gemini Flash IIA	☐ G-MTXI Pegasus XL-Q
☐ G-MTML Mainair Gemini Flash IIA	☐ G-MTSH Thruster TST Mk1	☐ G-MTXJ Pegasus XL-Q
☐ G-MTMO Raven Aircraft Raven X	☐ G-MTSJ Thruster TST Mk1	☐ G-MTXK Pegasus XL-Q
☐ G-MTMP Hornet Dual Trainer Raven	☐ G-MTSK Thruster TST Mk1	☐ G-MTXL Snowbird Mk.IV
☐ G-MTMR Hornet Dual Trainer Raven	☐ G-MTSM Thruster TST Mk1	☐ G-MTXM Mainair Gemini Flash IIA
☐ G-MTMT Mainair Gemini Flash IIA	☐ G-MTSN Pegasus XL-R	☐ G-MTXO Whittaker MW6 Merlin
☐ G-MTMV Mainair Gemini Flash IIA	☐ G-MTSP Pegasus XL-R	☐ G-MTXP Mainair Gemini Flash IIA
☐ G-MTMW Mainair Gemini Flash IIA	☐ G-MTSR Pegasus XL-R	☐ G-MTXR CFM Shadow CD
☐ G-MTMX CFM Shadow CD	☐ G-MTSS Pegasus XL-R	☐ G-MTXS Mainair Gemini Flash IIA
☐ G-MTMY CFM Shadow CD	☐ G-MTSY Pegasus XL-R	☐ G-MTXU Snowbird Mk.IV
☐ G-MTNC Mainair Gemini Flash IIA	☐ G-MTSZ Pegasus XL-R	☐ G-MTXZ Mainair Gemini Flash IIA
☐ G-MTNE Hybred 44XLR	☐ G-MTTA Pegasus XL-R	☐ G-MTYA Pegasus XL-Q
☐ G-MTNF Hybred 44XLR	☐ G-MTTB Pegasus XL-R	☐ G-MTYC Pegasus XL-Q
☐ G-MTNG Mainair Gemini Flash IIA	☐ G-MTTD Pegasus XL-Q	☐ G-MTYD Pegasus XL-Q
☐ G-MTNH Mainair Gemini Flash IIA	☐ G-MTTE Pegasus XL-Q	☐ G-MTYE Pegasus XL-Q
☐ G-MTNI Mainair Gemini Flash IIA	☐ G-MTTF Whittaker MW6 Merlin	☐ G-MTYF Pegasus XL-Q
☐ G-MTNJ Mainair Gemini Flash IIA	☐ G-MTTI Mainair Gemini Flash IIA	☐ G-MTYH Pegasus XL-Q
☐ G-MTNL Mainair Gemini Flash IIA	☐ G-MTTM Mainair Gemini Flash IIA	☐ G-MTYI Pegasus XL-Q
☐ G-MTNM Mainair Gemini Flash IIA	☐ G-MTTN Phantom	☐ G-MTYP Pegasus XL-Q
☐ G-MTNO Pegasus XL-Q	☐ G-MTTP Mainair Gemini Flash IIA	☐ G-MTYR Pegasus XL-Q
☐ G-MTNP Pegasus XL-Q	☐ G-MTTR Mainair Gemini Flash IIA	☐ G-MTYS Pegasus XL-Q
☐ G-MTNR Thruster TST Mk1	☐ G-MTTU Pegasus XL-R	☐ G-MTYT Pegasus XL-Q
☐ G-MTNT Thruster TST Mk1	☐ G-MTTW Mainair Gemini Flash IIA	☐ G-MTYU Pegasus XL-Q
☐ G-MTNU Thruster TST Mk1	☐ G-MTTX Pegasus XL-Q	

Registration	Type	Registration	Type	Registration	Type
G-MTYV	Raven Aircraft Raven X	G-MVBY	Pegasus XL-R	G-MVGF	Aerial Arts Chaser S
G-MTYW	Raven Aircraft Raven X	G-MVBZ	Pegasus XL-R	G-MVGG	Aerial Arts Chaser S
G-MTYX	Raven Aircraft Raven X	G-MVCA	Pegasus XL-R	G-MVGH	Aerial Arts Chaser S
G-MTYY	Pegasus XL-R	G-MVCB	Pegasus XL-R	G-MVGK	Aerial Arts Chaser S
G-MTZA	Thruster TST Mk1	G-MVCC	CFM Shadow CD	G-MVGM	Mainair Gemini Flash IIA
G-MTZB	Thruster TST Mk1	G-MVCD	Hybred 44XLR	G-MVGN	Pegasus XL-R
G-MTZC	Thruster TST Mk1	G-MVCE	Mainair Gemini Flash IIA	G-MVGO	Pegasus XL-R
G-MTZF	Thruster TST Mk1	G-MVCF	Mainair Gemini Flash IIA	G-MVGP	Pegasus XL-R
G-MTZG	Mainair Gemini Flash IIA	G-MVCI	Snowbird Mk.IV	G-MVGU	Pegasus XL-Q
G-MTZH	Mainair Gemini Flash IIA	G-MVCJ	Snowbird Mk.IV	G-MVGW	Pegasus XL-Q
G-MTZJ	Pegasus XL-R	G-MVCK	Profil 19/Cosmos	G-MVGY	Hybred 44XLR
G-MTZK	Pegasus XL-R	G-MVCL	Pegasus XL-Q	G-MVGZ	Lazair IIIe
G-MTZL	Mainair Gemini Flash IIA	G-MVCM	Pegasus XL-Q	G-MVHC	Powerchute Raider
G-MTZ7M	Mainair Gemini Flach IIA	G-MVCN	Pegasus XL-Q	G-MVHD	CFM Shadow CD
G-MTZO	Mainair Gemini Flash IIA	G-MVCP	Pegasus XL-Q	G-MVHE	Mainair Gemini Flash IIA
G-MTZP	Pegasus XL-Q	G-MVCR	Pegasus XL-Q	G-MVHF	Mainair Gemini Flash IIA
G-MTZR	Pegasus XL-Q	G-MVCS	Pegasus XL-Q	G-MVHG	Mainair Gemini Flash IIA
G-MTZS	Pegasus XL-Q	G-MVCT	Pegasus XL-Q	G-MVHH	Mainair Gemini Flash IIA
G-MTZV	Mainair Gemini Flash IIA	G-MVCV	Pegasus XL-Q	G-MVHI	Thruster TST Mk1
G-MTZW	Mainair Gemini Flash IIA	G-MVCW	CFM Shadow BD	G-MVHJ	Thruster TST Mk1
G-MTZX	Mainair Gemini Flash IIA	G-MVCY	Mainair Gemini Flash IIA	G-MVHK	Thruster TST Mk1
G-MTZY	Mainair Gemini Flash IIA	G-MVCZ	Mainair Gemini Flash IIA	G-MVHL	Thruster TST Mk1
G-MTZZ	Mainair Gemini Flash IIA	G-MVDA	Mainair Gemini Flash IIA	G-MVHP	Pegasus XL-Q
G-MUCK	Lindstrand LBL 77A	G-MVDD	Thruster TST Mk1	G-MVHR	Pegasus XL-Q
G-MUFY	Robinson R22 Beta	G-MVDE	Thruster TST Mk1	G-MVHS	Pegasus XL-Q
G-MUIR	Cameron V-65	G-MVDF	Thruster TST Mk1	G-MVHW	Pegasus XL-Q
G-MULT	Beech 76 Duchess	G-MVDG	Thruster TST Mk1	G-MVHY	Pegasus XL-Q
G-MUMM	Colt 180A	G-MVDH	Thruster TST Mk1	G-MVHZ	Hornet Dual Trainer Raven
G-MUMU	Agusta A109S Grand	G-MVDJ	Hybred 44XLR	G-MVIB	Mainair Gemini Flash IIA
G-MUMY	Van's RV-4	G-MVDK	Aerial Arts Chaser S	G-MVIE	Aerial Arts Chaser S
G-MUNI	Mooney M20J	G-MVDL	Aerial Arts Chaser S	G-MVIF	Medway Raven X
G-MURG	Van's RV-6	G-MVDP	Aerial Arts Chaser S	G-MVIG	CFM Shadow B
G-MURP	AS350B Ecureuil	G-MVDT	Mainair Gemini Flash IIA	G-MVIL	Mainair Gemini Flash IIA
G-MURR	Whittaker MW6 Merlin	G-MVDV	Pegasus XL-R	G-MVIL	Snowbird Mk.IV
G-MUSH	Robinson R44 Beta II	G-MVDW	Pegasus XL-R	G-MVIN	Snowbird Mk.IV
G-MUSO	Rutan LongEz	G-MVDY	Pegasus XL-R	G-MVIO	Snowbird Mk.IV
G-MUTE	Colt 31A Sky Chariot	G-MVDZ	Pegasus XL-R	G-MVIP	Chevvron 2-32C
G-MUTT	CZAW Sportcruiser	G-MVEC	Pegasus XL-R	G-MVIR	Thruster TST Mk1
G-MUTZ	Avtech Jabiru J430	G-MVED	Pegasus XL-R	G-MVIT	Thruster TST Mk1
G-MUZY	Titan T-51 Mustang	G-MVEE	Hybred 44XLR	G-MVIU	Thruster TST Mk1
G-MVAB	Mainair Gemini Flash IIA	G-MVEF	Pegasus XL-R	G-MVIV	Thruster TST Mk1
G-MVAC	CFM Shadow CD	G-MVEG	Pegasus XL-R	G-MVIX	Mainair Gemini Flash IIA
G-MVAD	Mainair Gemini Flash IIA	G-MVEH	Mainair Gemini Flash IIA	G-MVIZ	Mainair Gemini Flash IIA
G-MVAF	Puma Sprint	G-MVEI	CFM Shadow CD	G-MVJA	Mainair Gemini Flash IIA
G-MVAG	Thruster TST Mk1	G-MVEJ	Mainair Gemini Flash IIA	G-MVJC	Mainair Gemini Flash IIA
G-MVAH	Thruster TST Mk1	G-MVEK	Mainair Gemini Flash IIA	G-MVJD	Pegasus XL-R
G-MVAI	Thruster TST Mk1	G-MVEL	Mainair Gemini Flash IIA	G-MVJE	Mainair Gemini Flash IIA
G-MVAJ	Thruster TST Mk1	G-MVEN	CFM Shadow CD	G-MVJF	Aerial Arts Chaser S
G-MVAL	Thruster TST Mk1	G-MVER	Mainair Gemini Flash IIA	G-MVJG	Aerial Arts Chaser S
G-MVAM	CFM Shadow CD	G-MVES	Mainair Gemini Flash IIA	G-MVJH	Aerial Arts Chaser S
G-MVAN	CFM Shadow CD	G-MVET	Mainair Gemini Flash IIA	G-MVJI	Aerial Arts Chaser S
G-MVAO	Mainair Gemini Flash IIA	G-MVEV	Mainair Gemini Flash IIA	G-MVJJ	Aerial Arts Chaser S
G-MVAP	Mainair Gemini Flash IIA	G-MVEX	Pegasus XL-Q	G-MVJK	Aerial Arts Chaser S
G-MVAR	Pegasus XL-R	G-MVEZ	Pegasus XL-Q	G-MVJL	Mainair Gemini Flash IIA
G-MVAT	Pegasus XL-R	G-MVFA	Pegasus XL-Q	G-MVJM	Microflight Spectrum
G-MVAV	Pegasus XL-R	G-MVFB	Pegasus XL-Q	G-MVJN	Pegasus XL-Q
G-MVAW	Pegasus XL-Q	G-MVFC	Pegasus XL-Q	G-MVJP	Pegasus XL-Q
G-MVAX	Pegasus XL-Q	G-MVFD	Pegasus XL-Q	G-MVJR	Pegasus XL-Q
G-MVAY	Pegasus XL-Q	G-MVFE	Pegasus XL-Q	G-MVJS	Pegasus XL-Q
G-MVBB	CFM Shadow BD	G-MVFF	Pegasus XL-Q	G-MVJT	Pegasus XL-Q
G-MVBC	Aerial Arts Alpha 130SX	G-MVFH	CFM Shadow CD	G-MVJU	Pegasus XL-Q
G-MVBE	Mainair Scorcher	G-MVFJ	Thruster TST Mk1	G-MVJW	Pegasus XL-Q
G-MVBF	Mainair Gemini Flash IIA	G-MVFL	Thruster TST Mk1	G-MVKB	Hybred 44XLR
G-MVBG	Mainair Gemini Flash IIA	G-MVFM	Thruster TST Mk1	G-MVKC	Mainair Gemini Flash IIA
G-MVBI	Mainair Gemini Flash IIA	G-MVFO	Thruster TST Mk1	G-MVKF	Pegasus XL-R
G-MVBJ	Pegasus XL-R	G-MVFP	Pegasus XL-R	G-MVKH	Pegasus XL-R
G-MVBK	Mainair Gemini Flash IIA	G-MVFT	Pegasus XL-R	G-MVKJ	Pegasus XL-R
G-MVBL	Mainair Gemini Flash IIA	G-MVFY	Pegasus XL-R	G-MVKK	Pegasus XL-R
G-MVBM	Mainair Gemini Flash IIA	G-MVFZ	Pegasus XL-R	G-MVKL	Pegasus XL-R
G-MVBN	Mainair Gemini Flash IIA	G-MVGA	Aerial Arts Chaser S	G-MVKM	Pegasus XL-R
G-MVBO	Mainair Gemini Flash IIA	G-MVGB	Hybred 44XLR	G-MVKN	Pegasus XL-Q
G-MVBP	Thruster TST Mk1	G-MVGC	Chevvron 2-32C	G-MVKP	Pegasus XL-Q
G-MVBT	Thruster TST Mk1	G-MVGD	Chevvron 2-32C	G-MVKS	Pegasus XL-Q

☐ G-MVKT Pegasus XL-Q	☐ G-MVPE Mainair Gemini Flash IIA	☐ G-MVVK Pegasus XL-R
☐ G-MVKU Pegasus XL-Q	☐ G-MVPF Hybred 44XLR	☐ G-MVVN Pegasus XL-Q
☐ G-MVKV Pegasus XL-Q	☐ G-MVPH Whittaker MW6-S	☐ G-MVVO Pegasus XL-Q
☐ G-MVKW Pegasus XL-Q	☐ G-MVPI Mainair Gemini Flash IIA	☐ G-MVVP Pegasus XL-Q
☐ G-MVKZ Aerial Arts Chaser S	☐ G-MVPJ Rans S-5 Coyote	☐ G-MVVR Hybred 44XLR
☐ G-MVLA Aerial Arts Chaser S	☐ G-MVPK CFM Shadow CD	☐ G-MVVT CFM Shadow CD
☐ G-MVLB Aerial Arts Chaser S	☐ G-MVPL Hybred 44XLR	☐ G-MVVV Chevvron 2-32C
☐ G-MVLC Aerial Arts Chaser S	☐ G-MVPM Whittaker MW6 Merlin	☐ G-MVVZ Powerchute Raider
☐ G-MVLD Aerial Arts Chaser S	☐ G-MVPN Whittaker MW6 Merlin	☐ G-MVWJ Powerchute Raider
☐ G-MVLE Aerial Arts Chaser S	☐ G-MVPR Pegasus XL-Q	☐ G-MVWN Thruster T300
☐ G-MVLG Aerial Arts Chaser S	☐ G-MVPS Pegasus XL-Q	☐ G-MVWR Thruster T300
☐ G-MVLJ CFM Shadow CD	☐ G-MVPX Pegasus XL-Q	☐ G-MVWS Thruster T300
☐ G-MVLL Mainair Gemini Flash IIA	☐ G-MVPY Pegasus XL-Q	☐ G-MVWV Hybred 44XLR
☐ G-MVLP CFM Shadow C	☐ G-MVRA Mainair Gemini Flash IIA	☐ G-MVWW Aviasud Mistral
☐ G-MVLR Mainair Gemini Flash IIA	☐ G-MVRB Mainair Gemini Flash	☐ G-MVWZ Aviasud Mistral
☐ G-MVLS Aerial Arts Chaser S	☐ G-MVRD Mainair Gemini Flash IIA	☐ G-MVXA Whittaker MW6 Merlin
☐ G-MVLT Aerial Arts Chaser S	☐ G-MVRF Rotec Rally 2B	☐ G-MVXB Mainair Gemini Flash IIA
☐ G-MVLW Aerial Arts Chaser S	☐ G-MVRG Aerial Arts Chaser S	☐ G-MVXC Mainair Gemini Flash IIA
☐ G-MVLX Pegasus XL-Q	☐ G-MVRH Pegasus XL-Q	☐ G-MVXD Hybred 44XLR
☐ G-MVLY Pegasus XL-Q	☐ G-MVRI Pegasus XL-Q	☐ G-MVXE Hybred 44XLR
☐ G-MVMA Pegasus XL-Q	☐ G-MVRJ Pegasus XL-Q	☐ G-MVXI Hybred 44XLR
☐ G-MVMC Pegasus XL-Q	☐ G-MVRL Aerial Arts Chaser S	☐ G-MVXJ Hybred 44XLR
☐ G-MVMG Thruster TST Mk1	☐ G-MVRM Mainair Gemini Flash IIA	☐ G-MVXL Thruster TST Mk1
☐ G-MVMI Thruster TST Mk1	☐ G-MVRO CFM Shadow CD	☐ G-MVXM Hybred 44XLR
☐ G-MVMK Hybred 44XLR	☐ G-MVRP CFM Shadow CD	☐ G-MVXN Aviasud Mistral
☐ G-MVML Aerial Arts Chaser S	☐ G-MVRR CFM Shadow CD	☐ G-MVXR Mainair Gemini Flash IIA
☐ G-MVMM Aerial Arts Chaser S	☐ G-MVRT CFM Shadow CD	☐ G-MVXS Mainair Gemini Flash IIA
☐ G-MVMO Mainair Gemini Flash IIA	☐ G-MVRU Pegasus XL-Q	☐ G-MVXV Aviasud Mistral
☐ G-MVMR Mainair Gemini Flash IIA	☐ G-MVRV Powerchute Kestrel	☐ G-MVXX Chevvron 2-32
☐ G-MVMT Mainair Gemini Flash IIA	☐ G-MVRW Pegasus XL-Q	☐ G-MVYC Pegasus XL-Q
☐ G-MVMU Mainair Gemini Flash IIA	☐ G-MVRX Pegasus XL-Q	☐ G-MVYD Pegasus XL-Q
☐ G-MVMV Mainair Gemini Flash IIA	☐ G-MVRY Hybred 44XLR	☐ G-MVYE Thruster TST Mk1
☐ G-MVMW Mainair Gemini Flash IIA	☐ G-MVRZ Hybred 44XLR	☐ G-MVYK Hornet R-ZA
☐ G-MVMX Mainair Gemini Flash IIA	☐ G-MVSB Pegasus XL-Q	☐ G-MVYL Hornet R-ZA
☐ G-MVMY Mainair Gemini Flash IIA	☐ G-MVSD Pegasus XL-Q	☐ G-MVYN Hornet R-ZA
☐ G-MVMZ Mainair Gemini Flash IIA	☐ G-MVSE Pegasus XL-Q	☐ G-MVYP Hybred 44XLR
☐ G-MVNA Powerchute Raider	☐ G-MVSG Aerial Arts Chaser S	☐ G-MVYR Hybred 44XLR
☐ G-MVNB Powerchute Raider	☐ G-MVSI Hybred 44XLR	☐ G-MVYS Mainair Gemini Flash IIA
☐ G-MVNC Powerchute Raider	☐ G-MVSJ Aviasud Mistral	☐ G-MVYT Snowbird Mk.IV
☐ G-MVNK Powerchute Raider	☐ G-MVSM Sirocco 377Gb	☐ G-MVYU Snowbird Mk.IV
☐ G-MVNL Powerchute Raider	☐ G-MVSN Mainair Gemini Flash IIA	☐ G-MVYV Snowbird Mk.IV
☐ G-MVNM Mainair Gemini Flash IIA	☐ G-MVSO Mainair Gemini Flash IIA	☐ G-MVYW Snowbird Mk.IV
☐ G-MVNN Whittaker MW5-K Sorcerer	☐ G-MVSP Mainair Gemini Flash IIA	☐ G-MVYX Snowbird Mk.IV
☐ G-MVNO Whittaker MW5-K Sorcerer	☐ G-MVST Mainair Gemini Flash IIA	☐ G-MVYY Aerial Arts Chaser S
☐ G-MVNP Whittaker MW5-K Sorcerer	☐ G-MVSV Mainair Gemini Flash IIA	☐ G-MVYZ CFM Shadow BD
☐ G-MVNR Whittaker MW5-K Sorcerer	☐ G-MVSW Pegasus XL-Q	☐ G-MVZA Thruster T300
☐ G-MVNS Whittaker MW5-K Sorcerer	☐ G-MVSX Pegasus XL-Q	☐ G-MVZC Thruster T300
☐ G-MVNT Whittaker MW5-K Sorcerer	☐ G-MVSY Pegasus XL-Q	☐ G-MVZD Thruster T300
☐ G-MVNU Whittaker MW5-K Sorcerer	☐ G-MVSZ Pegasus XL-Q	☐ G-MVZG Thruster T300
☐ G-MVNW Mainair Gemini Flash IIA	☐ G-MVTA Pegasus XL-Q	☐ G-MVZI Thruster T300
☐ G-MVNX Mainair Gemini Flash IIA	☐ G-MVTD Whittaker MW6 Merlin	☐ G-MVZJ Pegasus XL-Q
☐ G-MVNY Mainair Gemini Flash IIA	☐ G-MVTF Aerial Arts Chaser S	☐ G-MVZK Quad City Challenger II
☐ G-MVNZ Mainair Gemini Flash IIA	☐ G-MVTI Pegasus XL-Q	☐ G-MVZL Pegasus XL-Q
☐ G-MVOB Mainair Gemini Flash IIA	☐ G-MVTJ Pegasus XL-Q	☐ G-MVZM Aerial Arts Chaser S
☐ G-MVOD Aerial Arts Chaser 110SX	☐ G-MVTK Pegasus XL-Q	☐ G-MVZO Hybred 44XLR
☐ G-MVOF Mainair Gemini Flash IIA	☐ G-MVTL Aerial Arts Chaser S	☐ G-MVZP Murphy Renegade Spirit
☐ G-MVOH CFM Shadow CD	☐ G-MVTM Aerial Arts Chaser S	☐ G-MVZS Mainair Gemini Flash IIA
☐ G-MVOJ Snowbird Mk.IV	☐ G-MVUA Mainair Gemini Flash IIA	☐ G-MVZT Pegasus XL-Q
☐ G-MVOL Snowbird Mk.IV	☐ G-MVUB Thruster T300	☐ G-MVZU Pegasus XL-Q
☐ G-MVON Mainair Gemini Flash IIA	☐ G-MVUF Pegasus XL-Q	☐ G-MVZW Hornet R-ZA
☐ G-MVOO Chevvron 2-32C	☐ G-MVUG Pegasus XL-Q	☐ G-MVZX Murphy Renegade Spirit
☐ G-MVOP Aerial Arts Chaser S	☐ G-MVUI Pegasus XL-Q	☐ G-MVZZ Chevvron 2-32
☐ G-MVOR Mainair Gemini Flash IIA	☐ G-MVUJ Pegasus XL-Q	☐ G-MWAB Mainair Gemini Flash IIA
☐ G-MVOT Thruster TST Mk1	☐ G-MVUK Pegasus XL-Q	☐ G-MWAC Pegasus XL-Q
☐ G-MVOU Thruster TST Mk1	☐ G-MVUL Pegasus XL-Q	☐ G-MWAD Pegasus XL-Q
☐ G-MVOV Thruster TST Mk1	☐ G-MVUM Pegasus XL-Q	☐ G-MWAE CFM Shadow CD
☐ G-MVOW Thruster TST Mk1	☐ G-MVUO Chevvron 2-32C	☐ G-MWAF Pegasus XL-R
☐ G-MVOX Thruster TST Mk1	☐ G-MVUP Aviasud Mistral	☐ G-MWAG Pegasus XL-R
☐ G-MVOY Thruster TST Mk1	☐ G-MVUR Hornet RS-ZA	☐ G-MWAJ Murphy Renegade Spirit
☐ G-MVPA Mainair Gemini Flash IIA	☐ G-MVUS Aerial Arts Chaser S	☐ G-MWAL Pegasus XL-Q
☐ G-MVPB Mainair Gemini Flash IIA	☐ G-MVUU Hornet R-ZA	☐ G-MWAN Thruster T300
☐ G-MVPC Mainair Gemini Flash IIA	☐ G-MVVH Hybred 44XLR	☐ G-MWAP Thruster T300
☐ G-MVPD Mainair Gemini Flash IIA	☐ G-MVVI Hybred 44XLR	☐ G-MWAR Thruster T300

- ☐ G-MWAT Pegasus XL-Q
- ☐ G-MWAV Pegasus XL-R
- ☐ G-MWAW Whittaker MW6 Merlin
- ☐ G-MWBJ Puma Sprint
- ☐ G-MWBK Pegasus XL-Q
- ☐ G-MWBL Pegasus XL-R
- ☐ G-MWBO Rans S-4 Coyote
- ☐ G-MWBP Hornet R-ZA
- ☐ G-MWBS Hornet R-ZA
- ☐ G-MWBU Hornet R-ZA
- ☐ G-MWBW Hornet R-ZA
- ☐ G-MWBY Hornet R-ZA
- ☐ G-MWCB Pegasus XL-Q
- ☐ G-MWCC Pegasus XL-R
- ☐ G-MWCE Mainair Gemini Flash IIA
- ☐ G-MWCF Pegasus XL-Q
- ☐ G-MWCG Microflight Spectrum
- ☐ G-MWCH Rans S-6-ESD Coyote II
- ☐ G-MWCI Powerchute Kestrel
- ☐ G-MWCK Powerchute Kestrel
- ☐ G-MWCM Powerchute Kestrel
- ☐ G-MWCN Powerchute Kestrel
- ☐ G-MWCO Powerchute Kestrel
- ☐ G-MWCR Puma Sprint
- ☐ G-MWCS Powerchute Kestrel
- ☐ G-MWCU Pegasus XL-R
- ☐ G-MWCW Mainair Gemini Flash IIA
- ☐ G-MWCY Hybred 44XLR
- ☐ G-MWCZ Hybred 44XLR
- ☐ G-MWDB CFM Shadow CD
- ☐ G-MWDC Pegasus XL-R
- ☐ G-MWDD Pegasus XL-Q
- ☐ G-MWDE Hornet RS-ZA
- ☐ G-MWDI Hornet RS-ZA
- ☐ G-MWDJ Mainair Gemini Flash IIA
- ☐ G-MWDK Pegasus XL-Q
- ☐ G-MWDL Pegasus XL-Q
- ☐ G-MWDN CFM Shadow CD
- ☐ G-MWDS Thruster T300
- ☐ G-MWDZ Quicksilver MXl li
- ☐ G-MWEE Pegasus XL-Q
- ☐ G-MWEG Pegasus XL-Q
- ☐ G-MWEH Pegasus XL-Q
- ☐ G-MWEK Whittaker MW5 Sorcerer
- ☐ G-MWEL Mainair Gemini Flash IIA
- ☐ G-MWEN CFM Shadow CD
- ☐ G-MWEO Whittaker MW5 Sorcerer
- ☐ G-MWEP Rans S-4 Coyote
- ☐ G-MWER Pegasus XL-Q
- ☐ G-MWES Rans S-4 Coyote
- ☐ G-MWEY Hornet R-ZA
- ☐ G-MWEZ CFM Shadow CD
- ☐ G-MWFB CFM Shadow CD
- ☐ G-MWFC TEAM Mini-MAX
- ☐ G-MWFD TEAM Mini-MAX
- ☐ G-MWFF Rans S-5 Coyote
- ☐ G-MWFG Powerchute Kestrel
- ☐ G-MWFI Powerchute Kestrel
- ☐ G-MWFL Powerchute Kestrel
- ☐ G-MWFT Tiger Cub 440
- ☐ G-MWFU Quad City Challenger II
- ☐ G-MWFV Quad City Challenger II
- ☐ G-MWFW Rans S-4 Coyote
- ☐ G-MWFX Quad City Challenger II
- ☐ G-MWFY Quad City Challenger II
- ☐ G-MWFZ Quad City Challenger II
- ☐ G-MWGA Rans S-5 Coyote
- ☐ G-MWGC Hybred 44XLR
- ☐ G-MWGG Mainair Gemini Flash IIA
- ☐ G-MWGI Whittaker MW5-K Sorcerer
- ☐ G-MWGJ Whittaker MW5-K Sorcerer
- ☐ G-MWGK Whittaker MW5-K Sorcerer
- ☐ G-MWGL Pegasus XL-Q
- ☐ G-MWGM Pegasus XL-Q
- ☐ G-MWGN Rans S-4 Coyote
- ☐ G-MWGO Aerial Arts Chaser 110SX
- ☐ G-MWGR Pegasus XL-Q
- ☐ G-MWGU Powerchute Kestrel
- ☐ G-MWGW Powerchute Kestrel
- ☐ G-MWGZ Powerchute Kestrel
- ☐ G-MWHC Pegasus XL-Q
- ☐ G-MWHF Pegasus XL-Q
- ☐ G-MWHG Pegasus XL-Q
- ☐ G-MWHH TEAM Mini-MAX
- ☐ G-MWHI Mainair Gemini Flash
- ☐ G-MWHL Pegasus XL-Q
- ☐ G-MWHM Whittaker MW6-S
- ☐ G-MWHO Mainair Gemini Flash
- ☐ G-MWHP Rans S-6-ESD Coyote II
- ☐ G-MWHR Mainair Gemini Flash IIA
- ☐ G-MWHT Pegasus Quasar TC
- ☐ G-MWHX Pegasus XL-Q
- ☐ G-MWIA Mainair Gemini Flash IIA
- ☐ G-MWIB Aviasud Mistral
- ☐ G-MWIC Whittaker MW5-C Sorcerer
- ☐ G-MWIE Pegasus XL-Q
- ☐ G-MWIF Rans S-6-ESD Coyote II
- ☐ G-MWIG Mainair Gemini Flash IIA
- ☐ G-MWIH Mainair Gemini Flash
- ☐ G-MWIL Hybred 44XLR
- ☐ G-MWIM Pegasus Quasar TC
- ☐ G-MWIO Rans S-4 Coyote
- ☐ G-MWIP Whittaker MW6 Merlin
- ☐ G-MWIS Pegasus XL-Q
- ☐ G-MWIU Pegasus Quasar TC
- ☐ G-MWIV Mainair Gemini Flash
- ☐ G-MWIW Pegasus Quasar TC
- ☐ G-MWIX Pegasus Quasar TC
- ☐ G-MWIY Pegasus Quasar TC
- ☐ G-MWIZ CFM Shadow CD
- ☐ G-MWJF CFM Shadow CD
- ☐ G-MWJH Pegasus Quasar
- ☐ G-MWJI Pegasus Quasar
- ☐ G-MWJJ Pegasus Quasar
- ☐ G-MWJK Pegasus Quasar
- ☐ G-MWJN Pegasus XL-Q
- ☐ G-MWJP Hybred 44XLR
- ☐ G-MWJR Hybred 44XLR
- ☐ G-MWJS Pegasus Quasar TC
- ☐ G-MWJT Pegasus Quasar TC
- ☐ G-MWJX Puma Sprint
- ☐ G-MWKA Murphy Renegade Spirit
- ☐ G-MWKE Hornet RS-ZA
- ☐ G-MWKO Pegasus XL-Q
- ☐ G-MWKX Microflight Spectrum
- ☐ G-MWKY Pegasus XL-Q
- ☐ G-MWKZ Pegasus XL-Q
- ☐ G-MWLA Rans S-4 Coyote
- ☐ G-MWLB Hybred 44XLR
- ☐ G-MWLD CFM Shadow CD
- ☐ G-MWLE Pegasus XL-R
- ☐ G-MWLF Pegasus XL-R
- ☐ G-MWLG Pegasus XL-R
- ☐ G-MWLH Pegasus Quasar
- ☐ G-MWLJ Pegasus Quasar
- ☐ G-MWLK Pegasus Quasar TC
- ☐ G-MWLL Pegasus XL-Q
- ☐ G-MWLM Pegasus XL-Q
- ☐ G-MWLN Whittaker MW6-S
- ☐ G-MWLO Whittaker MW6 Merlin
- ☐ G-MWLP Mainair Gemini Flash
- ☐ G-MWLS Hybred 44XLR
- ☐ G-MWLT Mainair Gemini Flash IIA
- ☐ G-MWLU Pegasus XL-Q
- ☐ G-MWLW TEAM Mini-MAX
- ☐ G-MWLX Mainair Gemini Flash IIA
- ☐ G-MWLZ Rans S-4 Coyote
- ☐ G-MWMB Powerchute Kestrel
- ☐ G-MWMC Powerchute Kestrel
- ☐ G-MWMD Powerchute Kestrel
- ☐ G-MWMG Powerchute Kestrel
- ☐ G-MWMH Powerchute Kestrel
- ☐ G-MWMI Pegasus Quasar TC
- ☐ G-MWMJ Pegasus Quasar
- ☐ G-MWMK Pegasus Quasar TC
- ☐ G-MWML Pegasus Quasar
- ☐ G-MWMM Mainair Gemini Flash IIA
- ☐ G-MWMN Pegasus XL-Q
- ☐ G-MWMO Pegasus XL-Q
- ☐ G-MWMP Pegasus XL-Q
- ☐ G-MWMR Pegasus XL-R
- ☐ G-MWMS Mainair Gemini Flash
- ☐ G-MWMT Mainair Gemini Flash IIA
- ☐ G-MWMU CFM Shadow CD
- ☐ G-MWMV Pegasus XL-R
- ☐ G-MWMW Murphy Renegade Spirit
- ☐ G-MWMX Mainair Gemini Flash IIA
- ☐ G-MWMY Mainair Gemini Flash IIA
- ☐ G-MWMZ Pegasus XL-Q
- ☐ G-MWNA Pegasus XL-Q
- ☐ G-MWNB Pegasus XL-Q
- ☐ G-MWNC Pegasus XL-Q
- ☐ G-MWND TLAC Sherwood Ranger
- ☐ G-MWNE Mainair Gemini Flash IIA
- ☐ G-MWNF Murphy Renegade Spirit
- ☐ G-MWNG Pegasus XL-Q
- ☐ G-MWNK Pegasus Quasar TC
- ☐ G-MWNL Pegasus Quasar
- ☐ G-MWNO Chevvron 2-32C
- ☐ G-MWNP Chevvron 2-32C
- ☐ G-MWNR Murphy Renegade Spirit
- ☐ G-MWNS Mainair Gemini Flash IIA
- ☐ G-MWNT Mainair Gemini Flash IIA
- ☐ G-MWNU Mainair Gemini Flash
- ☐ G-MWNV Powerchute Kestrel
- ☐ G-MWNX Powerchute Kestrel
- ☐ G-MWOC Powerchute Kestrel
- ☐ G-MWOD Powerchute Kestrel
- ☐ G-MWOE Powerchute Raider
- ☐ G-MWOH Pegasus XL-R
- ☐ G-MWOI Pegasus XL-R
- ☐ G-MWOJ Mainair Gemini Flash IIA
- ☐ G-MWOM Pegasus Quasar TC
- ☐ G-MWON CFM Shadow CD
- ☐ G-MWOO Murphy Renegade Spirit
- ☐ G-MWOP Pegasus Quasar TC
- ☐ G-MWOR Pegasus XL-Q
- ☐ G-MWOV Whittaker MW6 Merlin
- ☐ G-MWOY Pegasus XL-Q
- ☐ G-MWPB Mainair Gemini Flash IIA
- ☐ G-MWPC Mainair Gemini Flash IIA
- ☐ G-MWPD Mainair Gemini Flash
- ☐ G-MWPE Pegasus XL-Q
- ☐ G-MWPF Mainair Gemini Flash IIA
- ☐ G-MWPG Microflight Spectrum
- ☐ G-MWPH Microflight Spectrum
- ☐ G-MWPJ Pegasus XL-Q
- ☐ G-MWPK Pegasus XL-Q
- ☐ G-MWPN CFM Shadow CD
- ☐ G-MWPO Mainair Gemini Flash IIA
- ☐ G-MWPP CFM Streak Shadow M
- ☐ G-MWPR Whittaker MW6 Merlin
- ☐ G-MWPS Murphy Renegade Spirit
- ☐ G-MWPW Chevvron 2-32C
- ☐ G-MWPX Pegasus XL-R
- ☐ G-MWPZ Murphy Renegade Spirit
- ☐ G-MWRB Mainair Gemini Flash IIA
- ☐ G-MWRC Mainair Gemini Flash IIA
- ☐ G-MWRD Mainair Gemini Flash IIA

G-MWRE	Mainair Gemini Flash IIA
G-MWRF	Mainair Gemini Flash IIA
G-MWRH	Mainair Gemini Flash IIA
G-MWRI	Mainair Gemini Flash IIA
G-MWRJ	Mainair Gemini Flash IIA
G-MWRL	CFM Shadow CD
G-MWRM	Hybred 44XLR
G-MWRN	Pegasus XL-R
G-MWRP	Pegasus XL-R
G-MWRR	Mainair Gemini Flash IIA
G-MWRS	Super Pelican
G-MWRT	Pegasus XL-R
G-MWRU	Pegasus XL-R
G-MWRV	Pegasus XL-R
G-MWRW	Pegasus XL-Q
G-MWRX	Pegasus XL-Q
G-MWRY	CFM Shadow CD
G-MWRZ	Chevvron 2-32C
G-MWSA	TEAM Mini-MAX
G-MWSB	Mainair Gemini Flash IIA
G-MWSC	Rans S-6-ESD Coyote II
G-MWSD	Pegasus XL-Q
G-MWSE	Pegasus XL-R
G-MWSF	Pegasus XL-R
G-MWSI	Pegasus Quasar TC
G-MWSJ	Pegasus XL-Q
G-MWSK	Pegasus XL-Q
G-MWSL	Mainair Gemini Flash IIA
G-MWSM	Mainair Gemini Flash IIA
G-MWSO	Pegasus XL-R
G-MWSP	Pegasus XL-R
G-MWSR	Pegasus XL-R
G-MWSS	Hybred 44XLR
G-MWST	Hybred 44XLR
G-MWSU	Hybred 44XLR
G-MWSW	Whittaker MW6 Merlin
G-MWSX	Whittaker MW5 Sorcerer
G-MWSY	Whittaker MW5 Sorcerer
G-MWSZ	CFM Shadow CD
G-MWTB	Pegasus XL-Q
G-MWTC	Pegasus XL-Q
G-MWTD	Microflight Spectrum
G-MWTE	Microflight Spectrum
G-MWTH	Mainair Gemini Flash IIA
G-MWTI	Pegasus XL-Q
G-MWTJ	CFM Shadow CD
G-MWTL	Pegasus XL-R
G-MWTN	CFM Shadow CD
G-MWTO	Mainair Gemini Flash IIA
G-MWTP	CFM Shadow CD
G-MWTR	Mainair Gemini Flash IIA
G-MWTT	Rans S-6-ESD Coyote II
G-MWTU	Pegasus XL-R
G-MWTY	Mainair Gemini Flash IIA
G-MWTZ	Mainair Gemini Flash IIA
G-MWUA	CFM Shadow CD
G-MWUB	Pegasus XL-R
G-MWUC	Pegasus XL-R
G-MWUD	Pegasus XL-R
G-MWUH	Murphy Renegade Spirit
G-MWUI	Chevvron 2-32C
G-MWUK	Rans S-6-ESD Coyote II
G-MWUL	Rans S-6-ESD Coyote II
G-MWUN	Rans S-6-ESD Coyote II
G-MWUO	Pegasus XL-Q
G-MWUR	Pegasus XL-R
G-MWUS	Pegasus XL-R
G-MWUU	Pegasus XL-R
G-MWUV	Pegasus XL-R
G-MWUX	Pegasus XL-Q
G-MWUY	Pegasus XL-Q
G-MWUZ	Pegasus XL-Q
G-MWVA	Pegasus XL-Q
G-MWVE	Pegasus XL-R
G-MWVF	Pegasus XL-R
G-MWVG	CFM Shadow CD
G-MWVH	CFM Shadow CD
G-MWVK	Mainair Mercury
G-MWVL	Rans S-6 ESD Coyote II
G-MWVM	Pegasus Quasar IITC
G-MWVN	Mainair Gemini Flash IIA
G-MWVO	Mainair Gemini Flash IIA
G-MWVP	Murphy Renegade Spirit
G-MWVR	Mainair Gemini Flash IIA
G-MWVS	Mainair Gemini Flash IIA
G-MWVT	Mainair Gemini Flash IIA
G-MWVY	Mainair Gemini Flash IIA
G-MWVZ	Mainair Gemini Flash IIA
G-MWWB	Mainair Gemini Flash IIA
G-MWWC	Mainair Gemini Flash IIA
G-MWWD	Murphy Renegade Spirit
G-MWWE	TEAM Mini-MAX
G-MWWG	Pegasus XL-Q
G-MWWH	Pegasus XL-Q
G-MWWI	Mainair Gemini Flash IIA
G-MWWJ	Mainair Gemini Flash IIA
G-MWWK	Mainair Gemini Flash IIA
G-MWWN	Mainair Gemini Flash IIA
G-MWWP	Rans S-4 Coyote
G-MWWR	Microflight Spectrum
G-MWWS	Thruster T300
G-MWWV	Pegasus XL-Q
G-MWWZ	Cyclone Chaser S 447
G-MWXA	Mainair Gemini Flash IIA
G-MWXB	Mainair Gemini Flash IIA
G-MWXC	Mainair Gemini Flash IIA
G-MWXF	Mainair Mercury
G-MWXG	Pegasus Quasar IITC
G-MWXH	Pegasus Quasar IITC
G-MWXJ	Mainair Mercury
G-MWXK	Mainair Mercury
G-MWXL	Mainair Gemini Flash IIA
G-MWXP	Pegasus XL-Q
G-MWXR	Pegasus XL-Q
G-MWXU	Mainair Gemini Flash IIA
G-MWXV	Mainair Gemini Flash IIA
G-MWXW	Cyclone Chaser S
G-MWXX	Cyclone Chaser S 447
G-MWXY	Cyclone Chaser S 447
G-MWXZ	Cyclone Chaser S 508
G-MWYA	Mainair Gemini Flash IIA
G-MWYB	Pegasus XL-Q
G-MWYC	Pegasus XL-Q
G-MWYD	CFM Shadow C
G-MWYE	Rans S-6-ESD Coyote II
G-MWYG	Mainair Gemini Flash IIA
G-MWYH	Mainair Gemini Flash IIA
G-MWYI	Pegasus Quasar IITC
G-MWYJ	Pegasus Quasar IITC
G-MWYL	Mainair Gemini Flash IIA
G-MWYM	Cyclone Chaser S 1000
G-MWYS	Hawk I Arrow
G-MWYT	Mainair Gemini Flash IIA
G-MWYU	Pegasus XL-Q
G-MWYV	Mainair Gemini Flash IIA
G-MWYY	Pegasus XL-Q
G-MWYZ	Pegasus XL-Q
G-MWZA	Mainair Mercury
G-MWZC	Mainair Gemini Flash IIA
G-MWZE	Pegasus Quasar IITC
G-MWZF	Pegasus Quasar IITC
G-MWZG	Mainair Gemini Flash IIA
G-MWZI	Pegasus XL-R
G-MWZJ	Pegasus XL-R
G-MWZL	Mainair Gemini Flash IIA
G-MWZM	TEAM Mini-MAX 91
G-MWZN	Mainair Gemini Flash IIA
G-MWZO	Pegasus Quasar IITC
G-MWZP	Pegasus Quasar IITC
G-MWZR	Pegasus Quasar IITC
G-MWZS	Pegasus Quasar IITC
G-MWZT	Pegasus XL-R
G-MWZU	Pegasus XL-R
G-MWZV	Pegasus XL-R
G-MWZW	Pegasus XL-R
G-MWZY	Pegasus XL-R
G-MWZZ	Pegasus XL-R
G-MXMX	Piper PA-46R-350T
G-MXPH	BAC167 Strikemaster 84
G-MXVI	Spitfire LF.XVIe
G-MYAB	Pegasus XL-Q
G-MYAC	Pegasus XL-Q
G-MYAE	Pegasus XL-Q
G-MYAF	Pegasus XL-Q
G-MYAG	Quad City Challenger II
G-MYAH	Whittaker MW5 Sorcerer
G-MYAI	Mainair Mercury
G-MYAJ	Rans S-6-ESD Coyote II
G-MYAK	Pegasus Quasar IITC
G-MYAM	Murphy Renegade Spirit
G-MYAN	Whittaker MW5-K Sorcerer
G-MYAO	Mainair Gemini Flash IIA
G-MYAR	Thruster T300
G-MYAS	Mainair Gemini Flash IIA
G-MYAT	TEAM Mini-MAX
G-MYAU	Mainair Gemini Flash IIA
G-MYAY	Microflight Spectrum
G-MYAZ	Murphy Renegade Spirit
G-MYBA	Rans S-6-ESD Coyote II
G-MYBB	Uk Drifter
G-MYBC	CFM Shadow CD
G-MYBE	Pegasus Quasar IITC
G-MYBF	Pegasus XL-Q
G-MYBI	Rans S-6-ESD Coyote II
G-MYBJ	Mainair Gemini Flash IIA
G-MYBL	CFM Shadow CD
G-MYBM	TEAM Mini-MAX 91
G-MYBN	Hiway Skytrike II/Demon 175
G-MYBO	Pegasus XL-R
G-MYBP	Pegasus XL-R
G-MYBS	Pegasus XL-Q
G-MYBT	Pegasus Quasar IITC
G-MYBU	Cyclone Chaser S 447
G-MYBV	Pegasus XL-Q
G-MYBW	Pegasus XL-Q
G-MYBY	Pegasus XL-Q
G-MYBZ	Pegasus XL-Q
G-MYCA	Whittaker MW6-T Merlin
G-MYCB	Cyclone Chaser S 447
G-MYCE	Pegasus Quasar IITC
G-MYCJ	Mainair Mercury
G-MYCK	Mainair Gemini Flash IIA
G-MYCL	Mainair Mercury
G-MYCM	CFM Shadow CD
G-MYCN	Mainair Mercury
G-MYCO	Murphy Renegade Spirit
G-MYCP	Whittaker MW6 Merlin
G-MYCR	Mainair Gemini Flash IIA
G-MYCS	Mainair Gemini Flash IIA
G-MYCT	TEAM Mini-MAX 91
G-MYCU	Whittaker MW6 Merlin
G-MYCX	Powerchute Kestrel
G-MYCY	Powerchute Kestrel
G-MYCZ	Powerchute Kestrel
G-MYDA	Powerchute Kestrel
G-MYDC	Mainair Mercury
G-MYDD	CFM Shadow CD
G-MYDE	CFM Shadow CD

☐ G-MYDF	TEAM Mini-MAX 91	☐ G-MYIA	Quad City Challenger II	☐ G-MYLW	Rans S-6-ESD Coyote II
☐ G-MYDJ	Pegasus XL-R	☐ G-MYIE	Whittaker MW6-S	☐ G-MYLX	Medway Raven X
☐ G-MYDK	Rans S-6-ESD Coyote II	☐ G-MYIF	CFM Shadow CD	☐ G-MYLY	Medway Raven X
☐ G-MYDM	Whittaker MW6-S	☐ G-MYIH	Mainair Gemini Flash IIA	☐ G-MYLZ	Pegasus Quantum 15
☐ G-MYDN	Quad City Challenger II	☐ G-MYII	TEAM Mini-MAX 91	☐ G-MYMB	Pegasus Quantum 15
☐ G-MYDO	Rans S-5 Coyote	☐ G-MYIJ	Cyclone AX3/503	☐ G-MYMC	Pegasus Quantum 15
☐ G-MYDP	Kolb Twinstar Mk3	☐ G-MYIK	Kolb Twinstar Mk3	☐ G-MYME	Cyclone AX3/503
☐ G-MYDR	Thruster T300	☐ G-MYIL	Cyclone Chaser S 508	☐ G-MYMH	Rans S-6-ESD Coyote II
☐ G-MYDS	Quad City Challenger II	☐ G-MYIM	Pegasus Quasar IITC	☐ G-MYMI	Kolb Twinstar Mk3
☐ G-MYDT	Thruster T300	☐ G-MYIN	Pegasus Quasar IITC	☐ G-MYMJ	Medway Raven X
☐ G-MYDU	Thruster T300	☐ G-MYIO	Pegasus Quasar IITC	☐ G-MYMK	Mainair Gemini Flash IIA
☐ G-MYDV	Mainair Gemini Flash IIA	☐ G-MYIP	CFM Shadow CD	☐ G-MYML	Mainair Mercury
☐ G-MYDW	Whittaker MW6 Merlin	☐ G-MYIR	Rans S-6-ESD Coyote II	☐ G-MYMM	Ultraflight Fun 18S GTbis
☐ G-MYDX	Rans S-6-ESD Coyote II	☐ G-MYIS	Rans S-6-ESD Coyote II	☐ G-MYMN	Whittaker MW6 Merlin
☐ G-MYDZ	Mignet HM-1000 Balerit	☐ G-MYIT	Cyclone Chaser S 508	☐ G-MYMO	Mainair Gemini Flash IIA
☐ G-MYEA	Pegasus XL-Q	☐ G-MYIU	Cyclone AX3/503	☐ G-MYMP	Rans S-6-ESD Coyote II
☐ G-MYEC	Pegasus XL-Q	☐ G-MYIV	Mainair Gemini Flash IIA	☐ G-MYMR	Rans S-6-ESD Coyote II
☐ G-MYED	Pegasus XL-R	☐ G-MYIX	Quad City Challenger II	☐ G-MYMS	Rans S-6-ESD Coyote II
☐ G-MYEF	Whittaker MW6 Merlin	☐ G-MYIY	Mainair Gemini Flash IIA	☐ G-MYMW	Cyclone AX3/503
☐ G-MYEH	Pegasus XL-R	☐ G-MYIZ	TEAM Mini-MAX 91	☐ G-MYMX	Pegasus Quantum 15
☐ G-MYEI	Cyclone Chaser S 447	☐ G-MYJC	Mainair Gemini Flash IIA	☐ G-MYMY	Cyclone Chaser S 508
☐ G-MYEJ	Cyclone Chaser S 447	☐ G-MYJD	Rans S-6-ESD Coyote II	☐ G-MYMZ	Cyclone AX3/503
☐ G-MYEK	Pegasus Quasar IITC	☐ G-MYJF	Thruster T300	☐ G-MYNB	Pegasus Quantum 15
☐ G-MYEM	Pegasus Quasar IITC	☐ G-MYJG	Thruster T300	☐ G-MYNC	Mainair Mercury
☐ G-MYEN	Pegasus Quasar IITC	☐ G-MYJJ	Pegasus Quasar IITC	☐ G-MYND	Mainair Gemini Flash IIA
☐ G-MYEO	Pegasus Quasar IITC	☐ G-MYJK	Pegasus Quasar IITC	☐ G-MYNE	Rans S-6-ESD Coyote II
☐ G-MYEP	CFM Shadow CD	☐ G-MYJM	Mainair Gemini Flash IIA	☐ G-MYNF	Mainair Mercury
☐ G-MYER	Cyclone AX2000	☐ G-MYJO	Cyclone Chaser S 508	☐ G-MYNH	Rans S-6-ESD Coyote II
☐ G-MYES	Rans S-6-ESD Coyote II	☐ G-MYJR	Mainair Mercury	☐ G-MYNI	TEAM Mini-MAX 91
☐ G-MYET	Whittaker MW6 Merlin	☐ G-MYJS	Pegasus Quasar IITC	☐ G-MYNJ	Mainair Mercury
☐ G-MYEX	Powerchute Kestrel	☐ G-MYJT	Pegasus Quasar IITC	☐ G-MYNK	Pegasus Quantum 15
☐ G-MYFA	Powerchute Kestrel	☐ G-MYJU	Pegasus Quasar IITC	☐ G-MYNL	Pegasus Quantum 15
☐ G-MYFH	Quad City Challenger II	☐ G-MYJW	Cyclone Chaser S 508	☐ G-MYNN	Pegasus Quantum 15
☐ G-MYFI	Cyclone AX3/503	☐ G-MYJY	Rans S-6-ESD Coyote II	☐ G-MYNO	Pegasus Quantum 15
☐ G-MYFK	Pegasus Quasar IITC	☐ G-MYJZ	Whittaker MW5-D Sorcerer	☐ G-MYNP	Pegasus Quantum 15
☐ G-MYFL	Pegasus Quasar IITC	☐ G-MYKA	Cyclone AX3/503	☐ G-MYNR	Pegasus Quantum 15
☐ G-MYFM	Murphy Renegade Spirit	☐ G-MYKB	Kolb Twinstar Mk3	☐ G-MYNS	Pegasus Quantum 15
☐ G-MYFN	Rans S-5 Coyote	☐ G-MYKC	Mainair Gemini Flash IIA	☐ G-MYNT	Pegasus Quantum 15
☐ G-MYFP	Mainair Gemini Flash IIA	☐ G-MYKD	Cyclone Chaser S 508	☐ G-MYNV	Pegasus Quantum 15
☐ G-MYFR	Mainair Gemini Flash IIA	☐ G-MYKE	CFM Shadow BD	☐ G-MYNX	CFM Streak Shadow SA
☐ G-MYFS	Pegasus XL-R	☐ G-MYKF	Cyclone AX3/503	☐ G-MYNY	Kolb Twinstar Mk3
☐ G-MYFT	Mainair Scorcher	☐ G-MYKG	Mainair Gemini Flash IIA	☐ G-MYNZ	Pegasus Quantum 15
☐ G-MYFU	Mainair Gemini Flash IIA	☐ G-MYKH	Mainair Gemini Flash IIA	☐ G-MYOA	Rans S-6-ESD Coyote II
☐ G-MYFV	Cyclone AX3/503	☐ G-MYKJ	TEAM Mini-MAX	☐ G-MYOG	Kolb Twinstar Mk3
☐ G-MYFW	Cyclone AX3/503	☐ G-MYKN	Rans S-6-ESD Coyote II	☐ G-MYOH	CFM Shadow CD
☐ G-MYFX	Pegasus XL-Q	☐ G-MYKO	Whittaker MW6-S	☐ G-MYOI	Rans S-6-ESD Coyote II
☐ G-MYFZ	Cyclone AX3/503	☐ G-MYKP	Pegasus Quasar IITC	☐ G-MYOL	Air Création Fun 18S
☐ G-MYGD	Cyclone AX3/503	☐ G-MYKR	Pegasus Quasar IITC	☐ G-MYOM	Mainair Gemini Flash IIA
☐ G-MYGF	TEAM Mini-MAX 91	☐ G-MYKS	Pegasus Quasar IITC	☐ G-MYON	CFM Shadow CD
☐ G-MYGH	Rans S-6-ESDCoyote II	☐ G-MYKT	Cyclone AX3/503	☐ G-MYOO	Kolb Twinstar Mk3M
☐ G-MYGJ	Mainair Mercury	☐ G-MYKV	Mainair Gemini Flash IIA	☐ G-MYOR	Kolb Twinstar Mk3
☐ G-MYGK	Cyclone Chaser S 508	☐ G-MYKW	Mainair Mercury	☐ G-MYOS	CFM Shadow CD
☐ G-MYGM	Quad City Challenger II	☐ G-MYKX	Mainair Mercury	☐ G-MYOT	Rans S-6-ESD Coyote II
☐ G-MYGN	Chevvron 2-32C	☐ G-MYKY	Mainair Mercury	☐ G-MYOU	Pegasus Quantum 15
☐ G-MYGO	CFM Shadow CD	☐ G-MYKZ	TEAM Mini-MAX 91	☐ G-MYOV	Mainair Mercury
☐ G-MYGP	Rans S-6-ESD Coyote II	☐ G-MYLB	TEAM Mini-MAX 91	☐ G-MYOW	Mainair Gemini Flash IIA
☐ G-MYGR	Rans S-6-ESD Coyote II	☐ G-MYLC	Pegasus Quantum 15	☐ G-MYOX	Mainair Mercury
☐ G-MYGT	Pegasus XL-R	☐ G-MYLD	Rans S-6-ESD Coyote II	☐ G-MYOY	Cyclone AX3/503
☐ G-MYGU	Pegasus XL-R	☐ G-MYLE	Pegasus Quantum 15	☐ G-MYOZ	BFC Challenger II
☐ G-MYGV	Pegasus XL-R	☐ G-MYLF	Rans S-6-ESD Coyote II	☐ G-MYPA	Rans S-6-ESD Coyote II
☐ G-MYGZ	Mainair Gemini Flash IIA	☐ G-MYLG	Mainair Gemini Flash IIA	☐ G-MYPC	Kolb Twinstar Mk3
☐ G-MYHF	Mainair Gemini Flash IIA	☐ G-MYLH	Pegasus Quantum 15	☐ G-MYPE	Mainair Gemini Flash IIA
☐ G-MYHG	Cyclone AX3/503	☐ G-MYLI	Pegasus Quantum 15	☐ G-MYPG	Pegasus XL-Q
☐ G-MYHH	Cyclone AX3/503	☐ G-MYLK	Pegasus Quantum 15	☐ G-MYPH	Pegasus Quantum 15
☐ G-MYHI	Rans S-6-ESD Coyote II	☐ G-MYLL	Pegasus Quantum 15	☐ G-MYPI	Pegasus Quantum 15
☐ G-MYHJ	Rans S-6-ESD Coyote II	☐ G-MYLM	Pegasus Quantum 15	☐ G-MYPJ	Rans S-6-ESD Coyote II
☐ G-MYHK	Rans S-6-ESD Coyote II	☐ G-MYLN	Kolb Twinstar Mk3	☐ G-MYPL	CFM Shadow CD
☐ G-MYHL	Mainair Gemini Flash IIA	☐ G-MYLO	Rans S-6-ESD Coyote II	☐ G-MYPM	Cyclone AX3/503
☐ G-MYHM	Cyclone AX3/503	☐ G-MYLP	Kolb Twinstar Mk3	☐ G-MYPN	Pegasus Quantum 15
☐ G-MYHN	Mainair Gemini Flash IIA	☐ G-MYLR	Mainair Gemini Flash IIA	☐ G-MYPP	Whittaker MW6-S
☐ G-MYHP	Rans S-6-ESD Coyote II	☐ G-MYLS	Mainair Mercury	☐ G-MYPR	Cyclone AX3/503
☐ G-MYHR	Cyclone AX3/503	☐ G-MYLT	Mainair Blade 912	☐ G-MYPS	Whittaker MW6 Merlin
☐ G-MYHS	Powerchute Kestrel	☐ G-MYLV	CFM Shadow CD	☐ G-MYPT	CFM Shadow CD

G-MYPV	Mainair Mercury
G-MYPW	Mainair Gemini Flash IIA
G-MYPX	Pegasus Quantum 15
G-MYPY	Pegasus Quantum 15
G-MYPZ	BFC Challenger II
G-MYRB	Whittaker MW5 Sorcerer
G-MYRC	Mainair Blade
G-MYRD	Mainair Blade
G-MYRE	Cyclone Chaser S
G-MYRF	Pegasus Quantum 15
G-MYRG	TEAM Mini-MAX
G-MYRH	BFC Challenger II
G-MYRJ	BFC Challenger II
G-MYRK	Murphy Renegade Spirit
G-MYRL	TEAM Mini-MAX 91
G-MYRM	Pegasus Quantum 15
G-MYRN	Pegasus Quantum 15
G-MYRO	Cyclone AX3/503
G-MYRP	Letov LK-2M Sluka
G-MYRR	Letov LK-2M Sluka
G-MYRS	Pegasus Quantum 15
G-MYRT	Pegasus Quantum 15
G-MYRU	Cyclone AX3/503
G-MYRV	Cyclone AX3/503
G-MYRW	Mainair Mercury
G-MYRY	Pegasus Quantum 15
G-MYRZ	Pegasus Quantum 15
G-MYSA	Cyclone Chaser S 508
G-MYSB	Pegasus Quantum 15
G-MYSC	Pegasus Quantum 15
G-MYSD	BFC Challenger II
G-MYSG	Mainair Mercury
G-MYSI	Mignet HM.14/93
G-MYSJ	Mainair Gemini Flash IIA
G-MYSK	TEAM Mini-MAX 91
G-MYSL	Aviasud Mistral
G-MYSM	CFM Shadow CD
G-MYSO	Cyclone AX3/503
G-MYSP	Rans S-6-ESD Coyote II
G-MYSR	Pegasus Quantum 15
G-MYSU	Rans S-6-ESD Coyote II
G-MYSV	Aerial Arts Chaser S
G-MYSW	Pegasus Quantum 15
G-MYSX	Pegasus Quantum 15
G-MYSY	Pegasus Quantum 15
G-MYSZ	Mainair Mercury
G-MYTB	Mainair Mercury
G-MYTC	Pegasus XL-Q
G-MYTD	Mainair Blade
G-MYTE	Rans S-6-ESD Coyote II
G-MYTG	Mainair Blade
G-MYTH	CFM Shadow CD
G-MYTI	Pegasus Quantum 15
G-MYTJ	Pegasus Quantum 15
G-MYTK	Mainair Mercury
G-MYTL	Mainair Blade
G-MYTM	Cyclone AX3/503
G-MYTN	Pegasus Quantum 15
G-MYTO	Quad City Challenger II
G-MYTP	Arrowflight Hawk II
G-MYTT	Quad City Challenger II
G-MYTU	Mainair Blade
G-MYTV	Hunt Wing/Skytrike
G-MYTX	Mainair Mercury
G-MYTY	CFM Streak Shadow M
G-MYTZ	Ultraflight Fun 18S Gtbis
G-MYUA	Ultraflight Fun 18S Gtbis
G-MYUB	Mainair Mercury
G-MYUC	Mainair Blade
G-MYUD	Mainair Mercury
G-MYUE	Mainair Mercury
G-MYUF	Murphy Renegade Spirit
G-MYUH	Pegasus XL-Q
G-MYUI	Cyclone AX3/503
G-MYUK	Mainair Mercury
G-MYUL	Quad City Challenger II
G-MYUN	Mainair Blade
G-MYUO	Pegasus Quantum 15
G-MYUP	Letov LK-2M Sluka
G-MYUR	Hunt Wing/Skytrike
G-MYUS	CFM Shadow CD
G-MYUU	Pegasus Quantum 15
G-MYUV	Pegasus Quantum 15
G-MYUW	Mainair Mercury
G-MYUZ	Rans S-6-ESD Coyote II
G-MYVA	Kolb Twinstar Mk3
G-MYVB	Mainair Blade
G-MYVC	Pegasus Quantum 15
G-MYVE	Mainair Blade
G-MYVG	Letov LK-2M Sluka
G-MYVH	Mainair Blade
G-MYVI	Air Création Fun 18S
G-MYVJ	Pegasus Quantum 15
G-MYVK	Pegasus Quantum 15
G-MYVL	Mainair Mercury
G-MYVM	Pegasus Quantum 15
G-MYVN	Cyclone AX3/503
G-MYVO	Mainair Blade
G-MYVP	Rans S-6-ESD Coyote II
G-MYVR	Pegasus Quantum 15
G-MYVS	Mainair Mercury
G-MYVT	Letov LK-2M Sluka
G-MYVV	Hybred 44XLR
G-MYVY	Mainair Blade
G-MYVZ	Mainair Blade
G-MYWA	Mainair Mercury
G-MYWC	Hunt Wing/Skytrike
G-MYWD	Thruster T600
G-MYWE	Thruster T600
G-MYWG	Pegasus Quantum 15
G-MYWH	Hunt Wing/Experience
G-MYWI	Pegasus Quantum 15
G-MYWJ	Pegasus Quantum 15
G-MYWK	Pegasus Quantum 15
G-MYWL	Pegasus Quantum 15
G-MYWM	CFM Shadow CD
G-MYWN	Cyclone Chaser S 508
G-MYWO	Pegasus Quantum 15
G-MYWP	Kolb Twinstar Mk3
G-MYWR	Pegasus Quantum 15
G-MYWS	Cyclone Chaser S 447
G-MYWT	Pegasus Quantum 15
G-MYWU	Pegasus Quantum 15
G-MYWV	Rans S-4C Coyote
G-MYWW	Pegasus Quantum 15
G-MYWY	Pegasus Quantum 15
G-MYWZ	Thruster TST Mk1
G-MYXA	TEAM Mini-MAX 91
G-MYXB	Rans S-6-ESD Coyote II
G-MYXC	Quad City Challenger II
G-MYXD	Pegasus Quasar IITC
G-MYXE	Pegasus Quantum 15
G-MYXF	Air Création Fun 18S
G-MYXG	Rans S-6-ESD Coyote II
G-MYXH	Cyclone AX3/503
G-MYXI	Aries I
G-MYXJ	Mainair Blade
G-MYXK	BFC Challenger II
G-MYXL	Mignet HM-1000 Balerit
G-MYXM	Mainair Blade
G-MYXN	Mainair Blade
G-MYXO	Letov LK-2M Sluka
G-MYXP	Rans S-6-ESD Coyote II
G-MYXR	Murphy Renegade Spirit
G-MYXS	Kolb Twinstar Mk3
G-MYXT	Pegasus Quantum 15
G-MYXU	Thruster T300
G-MYXV	Quad City Challenger II
G-MYXW	Pegasus Quantum 15
G-MYXX	Pegasus Quantum 15
G-MYXY	CFM Shadow CD
G-MYXZ	Pegasus Quantum 15
G-MYYA	Mainair Blade
G-MYYB	Pegasus Quantum 15
G-MYYC	Pegasus Quantum 15
G-MYYD	Cyclone Chaser S 447
G-MYYE	Hunt Wing/Avon 462
G-MYYF	Quad City Challenger II
G-MYYG	Mainair Blade
G-MYYH	Mainair Blade
G-MYYI	Pegasus Quantum 15
G-MYYJ	Hunt Wing/Skytrike
G-MYYK	Pegasus Quantum 15
G-MYYL	Cyclone AX3/503
G-MYYN	Pegasus Quantum 15
G-MYYP	Chevvron 2-32C
G-MYYR	TEAM Mini-MAX 91
G-MYYS	TEAM Mini-MAX
G-MYYU	Mainair Mercury
G-MYYV	Rans S-6-ESD-XL Coyote II
G-MYYW	Mainair Blade
G-MYYX	Pegasus Quantum 15
G-MYYY	Mainair Blade
G-MYYZ	Medway Raven X
G-MYZB	Pegasus Quantum 15
G-MYZC	Cyclone AX3/503
G-MYZE	TEAM Mini-MAX 91
G-MYZF	Cyclone AX3/503
G-MYZG	Cyclone AX3/503
G-MYZH	Chargus Titan 38
G-MYZJ	Pegasus Quantum 15
G-MYZK	Pegasus Quantum 15
G-MYZL	Pegasus Quantum 15
G-MYZM	Pegasus Quantum 15
G-MYZO	Medway Raven X
G-MYZP	CFM Shadow DD
G-MYZR	Rans S-6-ESD-XL Coyote II
G-MYZV	Rans S-6-ESD-XL Coyote II
G-MYZY	Pegasus Quantum 15
G-MZAA	Mainair Blade
G-MZAB	Mainair Blade
G-MZAC	BFC Challenger II
G-MZAE	Mainair Blade
G-MZAF	Mainair Blade
G-MZAG	Mainair Blade
G-MZAH	Rans S-6-ESD Coyote II
G-MZAJ	Mainair Blade
G-MZAM	Mainair Blade
G-MZAN	Pegasus Quantum 15
G-MZAP	Mainair Blade 912
G-MZAR	Mainair Blade
G-MZAS	Mainair Blade
G-MZAT	Mainair Blade
G-MZAU	Mainair Blade
G-MZAV	Mainair Blade
G-MZAW	Pegasus Quantum 15
G-MZAX	Pegasus Quantum 15
G-MZAY	Mainair Blade
G-MZAZ	Mainair Blade
G-MZBA	Mainair Blade 912
G-MZBB	Pegasus Quantum 15
G-MZBC	Pegasus Quantum 15
G-MZBD	Rans S-6-ESD-XL Coyote II
G-MZBF	Letov LK-2M Sluka
G-MZBG	Whittaker MW6-S
G-MZBI	Rans S-6-ESD Coyote II
G-MZBJ	Pegasus Quantum 15
G-MZBK	Letov LK-2M Sluka
G-MZBL	Mainair Blade

☐ G-MZBN	CFM Shadow CD	☐ G-MZEX	Pegasus Quantum 15	☐ G-MZIL	Mainair Rapier
☐ G-MZBO	Pegasus Quantum 15	☐ G-MZEY	Bantam B22 S	☐ G-MZIM	Mainair Rapier
☐ G-MZBR	Southdown Raven X	☐ G-MZEZ	Pegasus Quantum 912	☐ G-MZIR	Mainair Blade
☐ G-MZBS	CFM Shadow D	☐ G-MZFA	Cyclone AX2000	☐ G-MZIS	Mainair Blade
☐ G-MZBT	Pegasus Quantum 912	☐ G-MZFB	Mainair Blade	☐ G-MZIT	Mainair Blade 912
☐ G-MZBU	Rans S-6-ESD-XL Coyote II	☐ G-MZFC	Letov LK-2M Sluka	☐ G-MZIU	Pegasus Quantum 15
☐ G-MZBV	Rans S-6-ESD-XL Coyote II	☐ G-MZFD	Mainair Rapier	☐ G-MZIV	Cyclone AX2000
☐ G-MZBW	Quad City Challenger II	☐ G-MZFE	Hunt Wing/Skytrike	☐ G-MZIW	Mainair Blade
☐ G-MZBX	Whittaker MW6-S	☐ G-MZFF	Hunt Wing Avon 503	☐ G-MZIX	Mignet HM-1000 Balerit
☐ G-MZBY	Pegasus Quantum 15	☐ G-MZFG	Pegasus Quantum 15	☐ G-MZIY	Rans S-6-ESD-XL Coyote II
☐ G-MZBZ	Quad City Challenger II	☐ G-MZFH	Chevvron 2-32C	☐ G-MZIZ	Murphy Renegade Spirit
☐ G-MZCA	Rans S-6-ESD-XL Coyote II	☐ G-MZFI	Iolaire	☐ G-MZJA	Mainair Blade
☐ G-MZCB	Cyclone Chaser S 508	☐ G-MZFK	Whittaker MW6 Merlin	☐ G-MZJB	Aviasud Mistral
☐ G-MZCC	Mainair Blade 912	☐ G-MZFL	Rans S-6-ESD-XL Coyote II	☐ G-MZJD	Mainair Blade
☐ G-MZCD	Mainair Blade	☐ G-MZFN	Rans S-6-ESD Coyote II	☐ G-MZJE	Mainair Rapier
☐ G-MZCE	Mainair Blade	☐ G-MZFO	Thruster T600N	☐ G-MZJF	Cyclone AX2000
☐ G-MZCF	Mainair Blade	☐ G-MZFR	Thruster T600N	☐ G-MZJG	Pegasus Quantum 15
☐ G-MZCG	Mainair Blade	☐ G-MZFS	Mainair Blade	☐ G-MZJH	Pegasus Quantum 15
☐ G-MZCH	Whittaker MW6-S	☐ G-MZFT	Pegasus Quantum 912	☐ G-MZJI	Rans S-6-ESD-XL Coyote II
☐ G-MZCI	Pegasus Quantum 15	☐ G-MZFU	Thruster T600N 450	☐ G-MZJJ	Murphy Maverick
☐ G-MZCJ	Pegasus Quantum 15	☐ G-MZFV	Pegasus Quantum 912	☐ G-MZJK	Mainair Blade
☐ G-MZCK	Chevvron 2-32C	☐ G-MZFX	Cyclone AX2000	☐ G-MZJL	Cyclone AX2000
☐ G-MZCM	Pegasus Quantum 15	☐ G-MZFY	Rans S-6-ESD-XL Coyote II	☐ G-MZJM	Rans S-6-ESD-XL Coyote II
☐ G-MZCN	Mainair Blade	☐ G-MZFZ	Mainair Blade	☐ G-MZJN	Pegasus Quantum 15
☐ G-MZCO	Mainair Mercury	☐ G-MZGB	Cyclone AX2000	☐ G-MZJO	Pegasus Quantum 15
☐ G-MZCR	Pegasus Quantum 15	☐ G-MZGC	Cyclone AX2000	☐ G-MZJP	Whittaker MW6-S
☐ G-MZCS	TEAM Mini-MAX 91	☐ G-MZGD	Rans S-5 Coyote	☐ G-MZJR	Cyclone AX2000
☐ G-MZCT	CFM Shadow CD	☐ G-MZGF	Letov LK-2M Sluka	☐ G-MZJS	Murphy Maverick 430
☐ G-MZCU	Mainair Blade	☐ G-MZGH	Hunt Wing/Avon 462	☐ G-MZJT	Pegasus Quantum 912
☐ G-MZCV	Pegasus Quantum 15	☐ G-MZGI	Mainair Blade 912	☐ G-MZJV	Mainair Blade 912
☐ G-MZCX	Hunt Wing/Skytrike	☐ G-MZGJ	Kolb Twinstar Mk3	☐ G-MZJW	Pegasus Quantum 15
☐ G-MZCY	Pegasus Quantum 15	☐ G-MZGK	Pegasus Quantum 15	☐ G-MZJX	Mainair Blade
☐ G-MZDA	Rans S-6-ESD-XL Coyote II	☐ G-MZGL	Mainair Rapier	☐ G-MZJY	Pegasus Quantum 15
☐ G-MZDB	Pegasus Quantum 912	☐ G-MZGM	Cyclone AX2000	☐ G-MZJZ	Mainair Blade 912
☐ G-MZDC	Pegasus Quantum 15	☐ G-MZGN	Pegasus Quantum 15	☐ G-MZKA	Pegasus Quantum 912
☐ G-MZDD	Pegasus Quantum 15	☐ G-MZGO	Pegasus Quantum 15	☐ G-MZKC	Cyclone AX2000
☐ G-MZDE	Pegasus Quantum 15	☐ G-MZGP	Cyclone AX2000	☐ G-MZKD	Pegasus Quantum 912
☐ G-MZDF	Mainair Blade	☐ G-MZGS	CFM Shadow DD	☐ G-MZKE	Rans S-6-ESD-XL Coyote II
☐ G-MZDG	Rans S-6-ESD-XL Coyote II	☐ G-MZGT	RH7B Tiger Light	☐ G-MZKF	Pegasus Quantum 912
☐ G-MZDH	Pegasus Quantum 912	☐ G-MZGU	Arrowflight Hawk II (UK)	☐ G-MZKG	Mainair Blade
☐ G-MZDJ	Medway Raven X	☐ G-MZGV	Pegasus Quantum 15	☐ G-MZKH	CFM Shadow DD
☐ G-MZDK	Mainair Blade	☐ G-MZGW	Mainair Blade	☐ G-MZKI	Mainair Rapier
☐ G-MZDL	Whittaker MW6-S	☐ G-MZGY	Thruster T600N	☐ G-MZKK	Mainair Blade 912
☐ G-MZDM	Rans S-6-ESD-XL Coyote II	☐ G-MZGZ	Thruster T600N	☐ G-MZKL	Pegasus Quantum 15
☐ G-MZDN	Pegasus Quantum 15	☐ G-MZHA	Thruster T600T	☐ G-MZKM	Mainair Blade 912
☐ G-MZDP	Chevvron 2-32C	☐ G-MZHB	Mainair Blade	☐ G-MZKN	Mainair Rapier
☐ G-MZDR	Rans S-6-ESD-XL Coyote II	☐ G-MZHD	Thruster T600T	☐ G-MZKR	Thruster T600N
☐ G-MZDS	Cyclone AX3/503	☐ G-MZHE	Thruster T600N	☐ G-MZKS	Thruster T600N
☐ G-MZDT	Mainair Blade	☐ G-MZHF	Thruster T600N	☐ G-MZKT	Thruster T600T
☐ G-MZDU	Pegasus Quantum 912	☐ G-MZHG	Whittaker MW6-T	☐ G-MZKU	Thruster T600T
☐ G-MZDV	Pegasus Quantum 15	☐ G-MZHI	Pegasus Quantum 15	☐ G-MZKV	Mainair Blade 912
☐ G-MZDX	Letov LK-2M Sluka	☐ G-MZHJ	Mainair Rapier	☐ G-MZKW	Quad City Challenger II
☐ G-MZDY	Pegasus Quantum 15	☐ G-MZHK	Pegasus Quantum 15	☐ G-MZKY	Pegasus Quantum 15
☐ G-MZDZ	Hunt Wing/Skytrike	☐ G-MZHM	TEAM Hi-MAX 1700R	☐ G-MZKZ	Mainair Blade
☐ G-MZEA	BFC Challenger II	☐ G-MZHN	Pegasus Quantum 15	☐ G-MZLA	Pegasus Quantum 15
☐ G-MZEB	Mainair Blade	☐ G-MZHO	Quad City Challenger II	☐ G-MZLC	Mainair Blade
☐ G-MZEC	Pegasus Quantum 15	☐ G-MZHP	Pegasus Quantum 15	☐ G-MZLD	Pegasus Quantum 912
☐ G-MZED	Mainair Blade	☐ G-MZHR	Cyclone AX2000	☐ G-MZLE	Murphy Maverick 430
☐ G-MZEE	Pegasus Quantum 15	☐ G-MZHS	Thruster T600T	☐ G-MZLF	Pegasus Quantum 15
☐ G-MZEG	Mainair Blade	☐ G-MZHT	Whittaker MW6 Merlin	☐ G-MZLG	Rans S-6-ESD-XL Coyote II
☐ G-MZEH	Pegasus Quantum 15	☐ G-MZHU	Thruster T600N 450	☐ G-MZLI	Mignet HM-1000 Balerit
☐ G-MZEJ	Mainair Blade	☐ G-MZHV	Thruster T600N	☐ G-MZLJ	Pegasus Quantum 15
☐ G-MZEK	Mainair Mercury	☐ G-MZHW	Thruster T600N	☐ G-MZLK	Typhoon/Tri-Pacer (Modifi
☐ G-MZEL	Cyclone AX3/503	☐ G-MZHY	Thruster T600N	☐ G-MZLL	Rans S-6-ESD-XL Coyote II
☐ G-MZEM	Pegasus Quantum 912	☐ G-MZIB	Pegasus Quantum 15	☐ G-MZLM	Cyclone AX2000
☐ G-MZEN	Rans S-6-ESD Coyote II	☐ G-MZIC	Pegasus Quantum 15	☐ G-MZLN	Pegasus Quantum 15
☐ G-MZEO	Rans S-6-ESD-XL Coyote II	☐ G-MZID	Whittaker MW6 Merlin	☐ G-MZLP	CFM Shadow D
☐ G-MZEP	Mainair Rapier	☐ G-MZIE	Pegasus Quantum 15	☐ G-MZLR	Pegasus XL-Q
☐ G-MZER	Cyclone AX2000	☐ G-MZIF	Pegasus Quantum 15	☐ G-MZLS	Cyclone AX2000
☐ G-MZES	Letov LK-2M Sluka	☐ G-MZIH	Mainair Blade	☐ G-MZLT	Pegasus Quantum 912
☐ G-MZEU	Rans S-6-ESD-XL Coyote II	☐ G-MZII	TEAM Mini-MAX	☐ G-MZLU	Cyclone AX2000
☐ G-MZEV	Mainair Rapier	☐ G-MZIJ	Pegasus Quantum 15	☐ G-MZLV	Pegasus Quantum 15
☐ G-MZEW	Mainair Blade	☐ G-MZIK	Pegasus Quantum 15	☐ G-MZLW	Pegasus Quantum 15

G-MZLX	Bantam B22 S
G-MZLY	Letov LK-2M Sluka
G-MZLZ	Mainair Blade 912
G-MZMA	Pegasus Quasar IITC
G-MZMC	Pegasus Quantum 912
G-MZMD	Mainair Blade 912
G-MZME	Medway EclipseR
G-MZMF	Pegasus Quantum 15
G-MZMG	Pegasus Quantum 15
G-MZMH	Pegasus Quantum 912
G MZMJ	Mainair Blade 912
G-MZMK	Chevvron 2-32C
G-MZML	Mainair Blade 912
G-MZMM	Mainair Blade
G-MZMN	Pegasus Quantum 912
G-MZMO	TEAM Mini-MAX 91
G-MZMP	Mainair Blade
G-MZMS	Rans S-6-ES Coyote II
G-MZMT	Pegasus Quantum 15
G-MZMU	Rans S-6-ESD-XL Coyote II
G-MZMV	Mainair Blade
G-MZMW	Mignet HM-1000 Balerit
G-MZMX	Cyclone AX2000
G-MZMY	Mainair Blade
G-MZMZ	Mainair Blade
G-MZNA	Quad City Challenger II
G-MZNB	Pegasus Quantum 912
G-MZNC	Mainair Blade 912
G-MZND	Mainair Rapier
G-MZNE	Whittaker MW6-S
G-MZNG	Pegasus Quantum 912
G-MZNH	CFM Shadow DD
G-MZNI	Mainair Blade 912
G-MZNJ	Mainair Blade
G-MZNL	Mainair Blade 912
G-MZNM	TEAM Mini-MAX 91
G-MZNN	TEAM Mini-MAX 91
G-MZNO	Mainair Blade
G-MZNP	Pegasus Quantum 912
G-MZNR	Pegasus Quantum 15
G-MZNS	Pegasus Quantum 912
G-MZNT	Pegasus Quantum 912
G-MZNU	Mainair Rapier
G-MZNV	Rans S-6-ESD-XL Coyote II
G-MZNX	Thruster T600N
G-MZNY	Thruster T600N
G-MZNZ	Letov LK-2M Sluka
G-MZOC	Mainair Blade 912
G-MZOD	Pegasus Quantum 912
G-MZOF	Mainair Blade
G-MZOG	Pegasus Quantum 15
G-MZOH	Whittaker MW5-D Sorcerer
G-MZOI	Letov LK-2M Sluka
G-MZOJ	Pegasus Quantum 15
G-MZOK	Whittaker MW6 Merlin
G-MZOM	CFM Shadow DD
G-MZOP	Mainair Blade 912
G-MZOR	Mainair Blade 912
G-MZOS	Pegasus Quantum 912
G-MZOV	Pegasus Quantum 15
G-MZOW	Pegasus Quantum 912
G-MZOX	Letov LK-2M Sluka
G-MZOY	TEAM Mini-MAX 91
G-MZOZ	Rans S-6-ESD-XL Coyote II
G-MZPD	Pegasus Quantum 15
G-MZPH	Mainair Blade
G-MZPJ	TEAM Mini-MAX 91
G-MZPW	Pegasus Quasar IITC
G-MZRC	Pegasus Quantum 15
G-MZRH	Pegasus Quantum 15
G-MZRM	Pegasus Quantum 912
G-MZSC	Pegasus Quantum 912
G-MZSD	Mainair Blade 912
G-MZSM	Mainair Blade
G-MZTA	Mignet HM-1000 Balerit
G-MZTS	Aerial Arts Chaser S
G-MZUB	Rans S-6-ESD-XL Coyote II
G-MZZT	Kolb Twinstar Mk3
G-MZZY	Mainair Blade 912
G-NAAA	MBB BÖ.105DBS-4
G-NAAB	MBB BÖ.105DBS-4
G-NACA	Norman NAC-2 Freelance 180
G-NACI	Norman NAC-2 Freelance 180
G-NADO	Titan Tornado SS
G-NADS	TEAM Mini-MAX 91
G-NADZ	Van's RV-4
G-NAGG	Rotorsport UK MT-03
G-NANI	Robinson R44 Beta II
G-NANO	Avid Speedwing
G-NAPO	Pegasus Quantum 912
G-NAPP	Van's RV-7
G-NARG	A C Tanarg 912S/Ixess 15
G-NARR	Starduster Too
G-NATT	Commander 114A
G-NATX	Cameron O-65
G-NATY	Folland Gnat T1
G-NBDD	Robin DR.400-180 Régent
G-NCCI	Comco Ikarus C42
G-NCFC	Piper PA-38-112 Tomahawk
G-NCUB	Piper J-3C-65 Cub
G-NDAA	MBB BÖ.105DBS-4
G-NDOL	Europa Avn Europa
G-NDOT	Thruster T600N 450
G-NDPA	Comco Ikarus C42
G-NEAL	Piper PA-32-260
G-NEAT	Europa Avn Europa
G-NEAU	Eurocopter EC.135 T2
G-NEEL	RotorWay Executive 90
G-NEGG	EAA Acrosport II
G-NEGS	Thunder Ax7-77
G-NEIL	Thunder Ax3
G-NELI	Piper PA-28R-180 Arrow
G-NELY	MD.600N
G-NEMO	Raj Hamsa X'Air Jabiru
G-NEON	Piper PA-32-300
G-NERC	Piper PA-31-350 Chieftain
G-NERO	Cameron Z-105
G-NESA	Europa Avn Europa XS
G-NESE	Tecnam P2002-JF
G-NESH	Robinson R44 Beta II
G-NEST	Christen Eagle II
G-NESV	Eurocopter EC.135 T1
G-NESW	Piper PA-34-220T Seneca III
G-NESY	Piper PA-18-95 Super Cub
G-NETB	Cirrus SR22
G-NETR	AS355F1 Ecureuil 2
G-NETY	Piper PA-18-150 Super Cub
G-NEWT	Beech 35 Bonanza
G-NEWZ	Bell 206B JetRanger
G-NFLA	BAe Jetstream 31
G-NFLY	Tecnam P2002-EA Sierra
G-NFNF	Robin DR.400-180 Régent
G-NGEL	Cessna 510 Mustang
G-NGLS	Dynamic WT9 UK
G-NGRM	Spezio Dal-1
G-NHRH	Piper PA-28-140 Cherokee
G-NHRJ	Europa Avn Europa XS
G-NICC	EV-97 teamEurostar UK
G-NICI	Robinson R44 Beta II
G-NICS	Best Off Sky Ranger Swift
G-NICY	B300C Super King Air
G-NIDG	EV-97 Eurostar
G-NIEN	Van's RV-9A
G-NIFE	Stampe SV4A
G-NIGC	Avtech Jabiru UL-450
G-NIGE	Luscombe 8E
G-NIGL	Europa Avn Europa
G-NIGS	Thunder Ax7-65
G-NIJM	Piper PA-28R-180 Arrow
G-NIKE	Piper PA-28-181 Archer II
G-NIKK	Diamond DA.20-C1 Katana
G-NIKO	Airbus A321-211
G-NIKX	Robinson R44 Beta II
G-NIMA	Balony Kubicek BB30Z
G-NIMB	Schempp-Hirth Nimbus-2C
G-NINA	Piper PA-28-161 Warrior II
G-NINB	Piper PA-28-180 Challenger
G-NINC	Piper PA-28-180 Cherokee G
G-NIND	Piper PA-28-180 Cherokee G
G-NINE	Murphy Renegade 912
G-NIOG	Robinson R44 Beta II
G-NIOS	Piper PA-32R-301 Saratoga
G-NIPA	Nipper T.66 Series 3
G-NIPP	Nipper T.66 Series 3
G-NIPR	Nipper T.66 Series 3
G-NITA	Piper PA-28-180 Cherokee C
G-NIVA	Eurocopter EC.155 B1
G-NIVT	Schempp-Hirth Nimbus-4T
G-NJAG	Cessna 207
G-NJBA	RotorWay Executive 162F
G-NJET	Schempp-Hirth Ventus-cT
G-NJIM	Piper PA-32R-301T Saratoga
G-NJPW	P&M Quik GT450
G-NJSH	Robinson R22 Beta
G-NJSP	Avtech Jabiru J430
G-NJTC	Aeroprakt A22-L Foxbat
G-NLEE	Cessna 182Q
G-NLYB	Cameron N-105
G-NMAK	Airbus A319-115
G-NMBG	Avtech Jabiru J400
G-NMID	Eurocopter EC.135 T2
G-NMOS	Cameron C-80
G-NMRM	Cessna 525A CJ2
G-NMRV	Van's RV-6
G-NNAC	Piper PA-18-135 Super Cub
G-NNON	Mainair Blade
G-NOBI	Spezio Dal-1
G-NOCK	Cessna FR182
G-NODE	Gulfstream AA-5B
G-NODY	American General AG-5B
G-NOIR	Bell 222
G-NOIZ	Yakovlev Yak-55M
G-NOMO	Cameron O-31
G-NONE	Dyn'Aero MCR-01 ULC
G-NONI	Grumman AA-5 Traveler
G-NOOR	Commander 114B
G-NORA	Comco Ikarus C42
G-NORB	Saturne S110K
G-NORD	Nord NC854
G-NORT	Robinson R22 Beta
G-NOSE	Cessna 402B
G-NOSS	BAe Jetstream 31
G-NOSY	Robinson R44
G-NOTE	Piper PA-28-181 Archer III
G-NOTS	Best Off Sky Ranger
G-NOTT	Uld2 Free Balloon
G-NOTY	Westland Scout AH1
G-NOUS	Cessna 172S
G-NOWW	Mainair Blade 912S
G-NPKJ	Van's RV-6
G-NPPL	Comco Ikarus C42
G-NROY	Piper PA-32RT-300 Lance II
G-NRRA	SIAI Marchetti SF.260W
G-NRSC	Piper PA-23-250 Aztec E
G-NRYL	Mooney M20R
G-NSBB	Comco Ikarus C42
G-NSEW	Robinson R44
G-NSJS	Cessna 680 Sovereign
G-NSOF	Robin HR.200-120B

☐ G-NSTG	Cessna F150F	☐ G-OASH	Robinson R22 Beta	☐ G-OCCD	Diamond DA.40D Star
☐ G-NSUK	Piper PA-34-220T Seneca	☐ G-OASJ	Thruster T600N 450	☐ G-OCCE	Diamond DA.40D Star
☐ G-NTWK	AS355F2 Ecureuil 2	☐ G-OASP	AS355F2 Ecureuil 2	☐ G-OCCF	Diamond DA.40D Star
☐ G-NUFC	Best Off Sky Ranger Swift	☐ G-OASW	Schleicher ASW 27B	☐ G-OCCG	Diamond DA.40D Star
☐ G-NUGC	Grob G103A Twin Acro	☐ G-OATE	Pegasus Quantum 912	☐ G-OCCH	Diamond DA.40D Star
☐ G-NUKA	Piper PA-28-181 Archer II	☐ G-OATV	Cameron V-77	☐ G-OCCK	Diamond DA.40D Star
☐ G-NULA	Flight Design CT2K	☐ G-OAVA	Robinson R22 Beta	☐ G-OCCL	Diamond DA.40D Star
☐ G-NUNI	Lindstrand LBL 77A	☐ G-OAWD	AS350B Ecureuil	☐ G-OCCM	Diamond DA.40D Star
☐ G-NURA	Nicollier HN700 Menestrel	☐ G-OAWS	Colt 77A	☐ G-OCCN	Diamond DA.40D Star
☐ G-NUTA	Christen Eagle II	☐ G-OBAK	Piper PA-28R-201T Arrow III	☐ G-OCCO	Diamond DA.40D Star
☐ G-NUTS	Cameron Mr Peanut	☐ G-OBAL	Mooney M20J	☐ G-OCCP	Diamond DA.40D Star
☐ G-NUTT	Pegasus Quik	☐ G-OBAM	Bell 206B JetRanger	☐ G-OCCR	Diamond DA.40D Star
☐ G-NUTY	AS350B Ecureuil	☐ G-OBAN	Jodel D140B	☐ G-OCCS	Diamond DA.40D Star
☐ G-NVBF	Lindstrand LBL 210A	☐ G-OBAX	Thruster T600N 450	☐ G-OCCT	Diamond DA.40D Star
☐ G-NWAA	Eurocopter EC.135 T2	☐ G-OBAZ	Best Off Sky Ranger	☐ G-OCCU	Diamond DA.40D Star
☐ G-NWDC	Robinson R22 Beta	☐ G-OBBC	Colt 90A	☐ G-OCCV	Diamond DA.42 Twin Star
☐ G-NWFA	Cessna 150M	☐ G-OBBO	Cessna 182S	☐ G-OCCW	Diamond DA.42 Twin Star
☐ G-NWFC	Cessna 172P	☐ G-OBBY	Robinson R44	☐ G-OCCX	Diamond DA.42 Twin Star
☐ G-NWFG	Cessna 172P	☐ G-OBCC	Cessna 560 Citation Ultra	☐ G-OCCY	Diamond DA.42 Twin Star
☐ G-NWPR	Cameron N-77	☐ G-OBDA	Diamond DA.20-A1 Katana	☐ G-OCCZ	Diamond DA.42 Twin Star
☐ G-NWPS	Eurocopter EC.135 T1	☐ G-OBDM	Europa Avn Europa XS	☐ G-OCDP	Flight Design CTSW
☐ G-NXUS	Nexus Mustang	☐ G-OBDN	Piper PA-28-161 Warrior III	☐ G-OCDW	Avtech Jabiru UL-450
☐ G-NYLE	Robinson R44 Beta II	☐ G-OBEE	Boeing A75N1	☐ G-OCEG	B200 Super King Air
☐ G-NYMB	Schempp-Hirth Nimbus 3DT	☐ G-OBEI	SOCATA TB-200 Tobago GT	☐ G-OCFC	Robin R2160 Alpha Sport
☐ G-NYMF	Piper PA-25-235 Pawnee D	☐ G-OBEN	Cessna 152	☐ G-OCFD	Bell 206B JetRanger
☐ G-NYNA	Van's RV-9A	☐ G-OBET	Sky 77-24	☐ G-OCFM	Piper PA-34-200 Seneca
☐ G-NYZS	Cessna 182G	☐ G-OBEV	Europa Avn Europa	☐ G-OCHM	Robinson R44
☐ G-NZGL	Cameron O-105	☐ G-OBFC	Piper PA-28-161 Warrior III	☐ G-OCJK	Schweizer 269C
☐ G-NZSS	Boeing B75	☐ G-OBFE	Sky 120-24	☐ G-OCJZ	Cessna 525A CJ2
☐ G-OAAA	Piper PA-28-161 Warrior II	☐ G-OBFS	Piper PA-28-161 Warrior III	☐ G-OCLC	Aviat A-1B Husky
☐ G-OAAF	British Aerospace ATP	☐ G-OBGC	SOCATA TB-20 Trinidad	☐ G-OCMM	Agusta A109A II
☐ G-OABB	Jodel D150	☐ G-OBHD	Short SD3-60 Variant 100	☐ G-OCMT	EV-97 teamEurostar UK
☐ G-OABC	Colt 69A	☐ G-OBIB	Colt 120A	☐ G-OCOK	Champion 8KCAB
☐ G-OABO	Enstrom F-28A	☐ G-OBIL	Robinson R22 Beta	☐ G-OCON	Robinson R44
☐ G-OABR	American General AG-5B	☐ G-OBIO	Robinson R22 Beta	☐ G-OCOV	Robinson R22 Beta
☐ G-OACA	Piper PA-44-180 Seminole	☐ G-OBJB	Lindstrand LBL 90A	☐ G-OCPC	Cessna FA152
☐ G-OACE	Taifun 17E	☐ G-OBJH	Colt 77A	☐ G-OCRI	Colomban MC-15 Cri-Cri
☐ G-OACF	Robin DR.400-180 Régent	☐ G-OBJM	Taylor Monoplane	☐ G-OCRZ	CZAW Sportcruiser
☐ G-OACI	Morane Saulnier MS.893E	☐ G-OBJP	Pegasus Quantum 912	☐ G-OCSA	Global 5000
☐ G-OACP	DHC-1 Chipmunk 22	☐ G-OBJT	Europa Avn Europa	☐ G-OCSD	CL604 Challenger
☐ G-OADY	Beech 76 Duchess	☐ G-OBLC	Beech 76 Duchess	☐ G-OCSE	CL604 Challenger
☐ G-OAER	Lindstrand LBL 105A	☐ G-OBLU	Cameron H-34	☐ G-OCSF	CL604 Challenger
☐ G-OAFF	Cessna 208	☐ G-OBMI	Mainair Blade	☐ G-OCST	Agusta-Bell 206B JetRanger
☐ G-OAFR	Cameron Z-105	☐ G-OBMP	Boeing 737-3Q8	☐ G-OCTI	Piper PA-32-260
☐ G-OAGI	FLS Aerospace Sprint 160	☐ G-OBMS	Cessna F172N	☐ G-OCTU	Piper PA-28-161 Cadet
☐ G-OAGL	Bell 206B JetRanger	☐ G-OBMW	Grumman AA-5 Traveler	☐ G-OCUB	Piper J-3C-90 Cub
☐ G-OAHC	Beech F33C Bonanza	☐ G-OBNA	Piper PA-34-220T Seneca	☐ G-OCZA	CZAW Sportcruiser
☐ G-OAJB	Cyclone AX2000	☐ G-OBNC	BN2B-20 Islander	☐ G-ODAC	Cessna F152
☐ G-OAJC	Robinson R44	☐ G-OBNL	BN2A-21 Islander	☐ G-ODAD	Colt 77A
☐ G-OAJL	Comco Ikarus C42	☐ G-OBPP	Schleicher ASW 27	☐ G-ODAF	Lindstrand LBL 105A
☐ G-OAJS	Piper PA-39 Twin Comanche	☐ G-OBRA	Cameron Z-315	☐ G-ODAG	Cessna 525A CJ2
☐ G-OAKI	BAe Jetstream 31	☐ G-OBRY	Cameron N-180	☐ G-ODAK	Piper PA-28-236 Dakota
☐ G-OAKR	Cessna 172S	☐ G-OBSM	Robinson R44	☐ G-ODAT	Aero L-29 Delfin
☐ G-OALD	SOCATA TB-20 Trinidad	☐ G-OBTS	Cameron C-80	☐ G-ODAY	Cameron N-56
☐ G-OALH	Tecnam P92-EA Echo	☐ G-OBUN	Cameron A-250	☐ G-ODAZ	Robinson R44 Beta II
☐ G-OAMF	Pegasus Quantum 912	☐ G-OBUP	DG-800B	☐ G-ODBN	Lindstrand Flowers
☐ G-OAMG	Bell 206B JetRanger	☐ G-OBUU	Comper CLA.7 Swift replica	☐ G-ODCC	Bell 206L LongRanger
☐ G-OAMI	Bell 206B JetRanger	☐ G-OBUY	Colt 69A	☐ G-ODCH	Schleicher ASW 20L
☐ G-OAML	Cameron AML-105	☐ G-OBUZ	Van's RV-6	☐ G-ODCM	Cessna 525B CJ3
☐ G-OAMP	Cessna F177RG	☐ G-OBWP	British Aerospace ATP	☐ G-ODCR	Robinson R44 Beta II
☐ G-OANI	Piper PA-28-161 Warrior II	☐ G-OBYD	Boeing 767-304ER	☐ G-ODCS	Robinson R22 Beta
☐ G-OANN	Zenair CH.601HDS Zodiac	☐ G-OBYE	Boeing 767-304ER	☐ G-ODDS	Pitts S-2A
☐ G-OAPE	Cessna T303	☐ G-OBYF	Boeing 767-304ER	☐ G-ODDY	Lindstrand LBL 105A
☐ G-OAPR	Brantly B2B	☐ G-OBYG	Boeing 767-304ER	☐ G-ODDZ	S-H Duo Discus T
☐ G-OAPW	Glaser-Dirks DG-400	☐ G-OBYH	Boeing 767-304ER	☐ G-ODEE	Van's RV-6
☐ G-OARA	Piper PA-28R-201 Arrow III	☐ G-OBYI	Boeing 767-304ER	☐ G-ODEN	Piper PA-28-161 Cadet
☐ G-OARC	Piper PA-28RT-201 Arrow IV	☐ G-OBYJ	Boeing 767-304ER	☐ G-ODEX	Cessna 182T
☐ G-OARG	Cameron C-80	☐ G-OBYT	Agusta-Bell 206A JetRanger	☐ G-ODGS	Avtech Jabiru UL-450
☐ G-OARI	Piper PA-28R-201 Arrow III	☐ G-OCAD	Falco F8L	☐ G-ODHB	Robinson R44 Beta II
☐ G-OARO	Piper PA-28R-201 Arrow III	☐ G-OCAM	Gulfstream AA-5A	☐ G-ODIN	Mudry CAP.10B
☐ G-OART	Piper PA-23-250 Aztec D	☐ G-OCAR	Colt 77A	☐ G-ODJB	Robinson R22 Beta
☐ G-OARU	Piper PA-28R-201 Arrow III	☐ G-OCBI	Schweizer 269C-1	☐ G-ODJD	Raj Hamsa X'Air 582
☐ G-OARV	ARV1 Super 2	☐ G-OCBT	Yakovlev Yak-52	☐ G-ODJF	Lindstrand LBL 90A

G-ODJG	Europa Avn Europa
G-ODJH	Mooney M20C
G-ODLY	Cessna 310J
G-ODOC	Robinson R44
G-ODOG	Piper PA-28R-200 Arrow II
G-ODPJ	VPM M16 Tandem Trainer
G-ODRY	EV-97 teamEurostar UK
G-ODSK	Boeing 737-37Q
G-ODTW	Europa Avn Europa
G-ODUD	Piper PA-28-181 Archer II
G-ODUO	Schempp Hirth Duo Discus
G-ODUR	Hawker 900XP
G-ODVB	CFM Shadow DD
G-OEAC	Mooney M20J
G-OEAT	Robinson R22 Beta
G-OEBJ	Cessna 525 CitationJet
G-OECM	Commander 114B
G-OECO	Flylight Dragonfly
G-OEDB	Piper PA-38-112 Tomahawk
G-OEDP	Cameron N-77
G-OEGG	Cameron Egg-65
G-OEGL	Christen Eagle II
G-OEJC	Robinson R44
G-OEKS	Comco Ikarus C42
G-OELD	Pegasus Quantum 912
G-OELZ	Wassmer WA.52
G-OEMT	MBB BK-117C-1
G-OERR	Lindstrand LBL 60A
G-OERS	Cessna 172N
G-OERX	Cameron O-65
G-OESY	Reality Easy Raider J2.2
G-OETI	Bell 206B JetRanger
G-OETV	Piper PA-31-350 Chieftain
G-OEVA	Piper PA-32-260
G-OEWD	Raytheon 390
G-OEZY	Europa Avn Europa
G-OFAA	Cameron Z-105
G-OFAL	Ozone /Bailey Quattro
G-OFAS	Robinson R22 Beta
G-OFBJ	Thunder Ax7-77
G-OFBU	Comco Ikarus C42
G-OFCH	Agusta-Bell 206B JetRanger
G-OFCM	Cessna F172L
G-OFDT	P&M Quik GT450
G-OFER	Piper PA-18-150 Super Cub
G-OFFA	Pietenpol Air Camper
G-OFFO	Extra EA.300/L
G-OFIL	Robinson R44
G-OFIT	SOCATA TB-10 Tobago
G-OFIX	Grob G109B
G-OFLY	Cessna 210M
G-OFMC	Avro 146-RJ100
G-OFOA	BAe 146-200
G-OFOM	BAe 146-100
G-OFOX	Denney Kitfox 2
G-OFRB	Everett Gyroplane
G-OFRY	Cessna 152
G-OFST	Bell 206L LongRanger
G-OFTI	Piper PA-28-140 Cruiser
G-OGAN	Europa Avn Europa
G-OGAR	SZD-45A Ogar
G-OGAY	Balony Kubicek BB26
G-OGAZ	SA.341G Gazelle 1
G-OGBD	Boeing 737-3L9
G-OGBE	Boeing 737-3L9
G-OGBR	Mudry CAP.232
G-OGCE	Bell 206L LongRanger
G-OGEM	Piper PA-28-181 Archer II
G-OGEO	SA.341G Gazelle 1
G-OGES	Enstrom 280FX
G-OGET	Piper PA-39 Twin Comanche
G-OGGB	Grob G102 Astir CS
G-OGGY	Aviat A-1B Husky
G-OGJM	Cameron C-80
G-OGJP	Hughes 369E
G-OGJS	Rutan Cozy
G-OGKB	Falco F8L
G-OGLY	Cameron Z-105
G-OGOH	Robinson R22 Beta
G-OGOS	Everett Gyroplane
G-OGSA	Avtech Jabiru UL-450
G-OGSK	EMB-135BJ Legacy
G-OGSS	Lindstrand LBL 120A
G-OGT3	Air Command 532 Elite
G-OHAC	Cessna F182Q
G-OHAL	Pietenpol Air Camper
G-OHAV	Hybrid Air Vehicle HAV-3
G-OHCP	AS355F1 Ecureuil 2
G-OHGA	Hughes 369A
G-OHGC	Scheibe SF25C Falke
G-OHHI	Bell 206L LongRanger
G-OHIO	Dyn'Aero MCR-01
G-OHIY	Van's RV-10
G-OHJE	Alpi Pioneer 300 Hawk
G-OHJV	Robinson R44
G-OHKS	Pegasus Quantum 15
G-OHLI	Robinson R44 Beta II
G-OHMS	AS355F1 Ecureuil 2
G-OHNO	Yakovlev Yak-55
G-OHOV	RotorWay Executive 162F
G-OHPC	Cessna 208
G-OHSA	Cameron N-77
G-OHVA	Mainair Blade 912
G-OHVR	Robinson R44 Beta II
G-OHWV	Raj Hamsa X'Air 582
G-OHYE	Thruster T600N 450
G-OIBM	Commander 114
G-OIBO	Piper PA-28-180 Cherokee C
G-OIBU	Bell 412EP
G-OICO	Lindstrand LBL 42A
G-OIFM	Cameron Dude-90
G-OIHC	Piper PA-32R-301 Saratoga
G-OIIO	Robinson R22 Beta
G-OIMC	Cessna 152
G-OINK	Piper J-3C-65 Cub
G-OINV	BAe 146-300
G-OIOB	Mudry CAP.10B
G-OIOZ	Thunder Ax9-120 S2
G-OISO	Cessna FRA150L
G-OITV	Enstrom 280C
G-OIVN	Liberty XI-2
G-OJAB	Avtech Jabiru SK
G-OJAC	Mooney M20J
G-OJAE	Hughes 269C
G-OJAG	Cessna 172S
G-OJAJ	Dassault Falcon 2000EX
G-OJAN	Robinson R22 Beta
G-OJAS	Auster J/1U Workmaster
G-OJAV	BN2A Mk.III-2 Trislander
G-OJAZ	Robinson R44 Beta II
G-OJBB	Enstrom 280FX
G-OJBM	Cameron N-90
G-OJBS	Cameron N-105
G-OJBW	Lindstrand J & B Bottle
G-OJCH	Robinson R44 Beta II
G-OJCW	Piper PA-32RT-300 Lance II
G-OJDA	EAA Acrosport II
G-OJDC	Thunder Ax7-77
G-OJDS	Comco Ikarus C42
G-OJEG	Airbus A321-231
G-OJEH	Piper PA-28-181 Archer II
G-OJEN	Cameron V-77
G-OJGT	Maule M5-235C
G-OJHB	Colt Flying Ice Cream Cone
G-OJHC	Cessna 182P
G-OJHL	Europa Avn Europa
G-OJIB	Boeing 757-23A
G-OJIL	Piper PA-31-350 Chieftain
G-OJIM	Piper PA-28R-201T Arrow III
G-OJJB	Mooney M20K
G-OJJF	Druine D.31 Turbulent
G-OJJV	P&M Quik
G-OJKM	Rans S-7 Courier
G-OJLH	TEAM Mini-MAX 91
G-OJMB	Airbus A330-243
G-OJMC	Airbus A330-243
G-OJMF	Enstrom 280FX
G-OJMR	Airbus A300B4-605R
G-OJMS	Cameron Z-90
G-OJNB	Lindstrand LBL 21A
G-OJNE	Schempp-Hirth Nimbus 3T
G-OJOD	Jodel D18
G-OJON	Taylor Titch
G-OJPS	Bell 206B JetRanger
G-OJRH	Robinson R44
G-OJRM	Cessna T182T
G-OJSA	BAe Jetstream 31
G-OJSH	Thruster T600N 450
G-OJVH	Van's RV-6
G-OJVH	Cessna F150H
G-OJVL	Van's RV-6
G-OJWB	Hawker 800XP
G-OJWS	Piper PA-28-161 Warrior II
G-OKAG	Piper PA-28R-180 Arrow
G-OKAY	Pitts S-1E
G-OKBT	Colt 25A Sky Chariot MkII
G-OKCC	Cameron N-90
G-OKCP	Lindstrand Battery
G-OKED	Cessna 150L
G-OKEM	Pegasus Quik
G-OKEN	Piper PA-28R-201T Arrow III
G-OKER	Van's RV-7
G-OKEV	Europa Avn Europa
G-OKEY	Robinson R22 Beta
G-OKID	Escapade Kid
G-OKIM	Best Off Sky Ranger
G-OKIS	Tri-R Kis
G-OKLL	Schempp-Hirth Discus b
G-OKMA	Tri R-Kis
G-OKPW	Tri-R Kis
G-OKTI	Aquila AT01
G-OKYA	Cameron V-77
G-OKYM	Piper PA-28-140 Cherokee
G-OLAA	Alpi Pioneer 300 Hawk
G-OLAU	Robinson R22 Beta
G-OLAW	Lindstrand LBL 25A
G-OLCP	AS355N Ecureuil 2
G-OLCT	Cirrus SR22
G-OLDG	Cessna T182T
G-OLDH	SA.341G Gazelle 1
G-OLDK	Learjet 45
G-OLDM	Pegasus Quantum 912
G-OLDN	Bell 206L LongRanger
G-OLDO	EC.120B Colibri
G-OLDP	Pegasus Quik
G-OLDT	Learjet 45
G-OLDW	Learjet 45
G-OLEE	Cessna F152
G-OLEM	Jodel D18
G-OLEO	Thunder Ax10-210 S2
G-OLEZ	Piper J-3C Cub
G-OLFA	AS350B3 Ecureuil
G-OLFC	Pegasus Quantum 912
G-OLFO	Piper PA-38-112 Tomahawk
G-OLFO	Robinson R44
G-OLFZ	P&M Quik GT450
G-OLGA	Starstreak Shadow Sa-li
G-OLJT	Mainair Gemini Flash IIA

☐ G-OLLI	Cameron Golly-31 Special	☐ G-ONET	Piper PA-28-180 Cherokee E	☐ G-OPAZ	Pazmany PL-2
☐ G-OLLS	Cessna T206H	☐ G-ONEZ	Glaser-Dirks DG-202	☐ G-OPCG	Cessna 182T
☐ G-OLMA	Partenavia P68B	☐ G-ONFL	Murphy Maverick 430	☐ G-OPCS	Hughes 369E
☐ G-OLNT	AS365N1 Dauphin 2	☐ G-ONGA	Robinson R44 Beta II	☐ G-OPDG	Robinson R44 Beta II
☐ G-OLOW	Robinson R44	☐ G-ONGC	Robin DR.400-180R Remo	☐ G-OPDS	Denney Kitfox 4
☐ G-OLRT	Robinson R22 Beta	☐ G-ONHH	Forney F-1A	☐ G-OPEJ	TEAM Mini-MAX 91
☐ G-OLSF	Piper PA-28-161 Warrior II	☐ G-ONIG	Murphy Elite	☐ G-OPEN	Bell 206B JetRanger
☐ G-OLTT	Pilatus PC-12/45	☐ G-ONIX	Cameron C-80	☐ G-OPEP	PA-28RT-201T Arrow IV
☐ G-OLUG	Cameron Z-120	☐ G-ONKA	Aeronca K	☐ G-OPET	Piper PA-28-181 Archer II
☐ G-OMAF	Dornier 228-202K	☐ G-ONMT	Robinson R22 Beta	☐ G-OPFA	Alpi Pioneer 300
☐ G-OMAG	Cessna 182B	☐ G-ONON	RAF 2000 GTX-SE	☐ G-OPFR	Diamond DA.42 Twin Star
☐ G-OMAL	Thruster T600N 450	☐ G-ONPA	Piper PA-31-350 Chieftain	☐ G-OPFT	Cessna 172R
☐ G-OMAO	SOCATA TB-20 Trinidad	☐ G-ONSO	Pitts S-1S	☐ G-OPFW	HS.748 Series 2A
☐ G-OMAS	Cessna A150M	☐ G-ONTV	Agusta-Bell 206B JetRanger	☐ G-OPHA	Robinson R44
☐ G-OMAT	Piper PA-28-140 Cherokee D	☐ G-ONUN	Van's RV-6A	☐ G-OPHT	Schleicher ASH 26E
☐ G-OMAX	Brantly B2B	☐ G-ONUP	Enstrom F-28C	☐ G-OPIC	Cessna FRA150L
☐ G-OMBI	Cessna 525B CJ3	☐ G-ONYX	Bell 206B JetRanger	☐ G-OPIK	Pik 20E
☐ G-OMCC	AS350B Ecureuil	☐ G-ONZO	Cameron N-77	☐ G-OPIT	CFM Streak Shadow
☐ G-OMCD	Robinson R44 Beta II	☐ G-OOAN	Boeing 767-39H	☐ G-OPJB	Boeing 757-23A
☐ G-OMDB	Van's RV-6A	☐ G-OOAR	Airbus A320-214	☐ G-OPJD	PA-28RT-201T Arrow IV
☐ G-OMDD	Thunder Ax8-90 S2	☐ G-OOAV	Airbus A321-211	☐ G-OPJK	Europa Avn Europa
☐ G-OMDG	Hoffmann H 36 Dimona	☐ G-OOBC	Boeing 757-28A	☐ G-OPJS	Pietenpol Air Camper
☐ G-OMDH	Hughes 369E	☐ G-OOBD	Boeing 757-28A	☐ G-OPKF	Cameron Bowler-90
☐ G-OMDR	Agusta-Bell 206B JetRanger	☐ G-OOBE	Boeing 757-28A	☐ G-OPLC	DH.104 Dove 8
☐ G-OMEA	Cessna 560XL Citation Excel	☐ G-OOBF	Boeing 757-28A	☐ G-OPME	Piper PA-23-250 Aztec D
☐ G-OMEL	Robinson R44	☐ G-OOBI	Boeing 757-2B7	☐ G-OPMT	Lindstrand LBL 105A
☐ G-OMEN	Cameron Z-90	☐ G-OOBJ	Boeing 757-2B7	☐ G-OPNH	Glasair Super II-SRG
☐ G-OMEX	Zenair CH.701UL	☐ G-OOBK	Boeing 767-324	☐ G-OPPL	Gulfstream AA-5A
☐ G-OMEZ	Zenair CH.601HDS Zodiac	☐ G-OOBL	Boeing 767-324	☐ G-OPRC	Europa Avn Europa XS
☐ G-OMGH	Robinson R44 Beta II	☐ G-OOBM	Boeing 767-324ER	☐ G-OPSF	Piper PA-38-112 Tomahawk
☐ G-OMGR	Cameron Z-105	☐ G-OOCH	Ultramagic H-42	☐ G-OPSL	Piper PA-32R-301 Saratoga
☐ G-OMHC	Piper PA-28RT-201 Arrow IV	☐ G-OODE	Stampe SV4C	☐ G-OPSS	Cirrus SR20
☐ G-OMHD	EE Canberra PR9	☐ G-OODI	Pitts S-1D	☐ G-OPST	Cessna 182R
☐ G-OMHI	Mills MH-1	☐ G-OODM	Cessna 525A CJ2	☐ G-OPTF	Robinson R44 Beta II
☐ G-OMHP	Avtech Jabiru UL-450	☐ G-OODW	Piper PA-28-181 Archer II	☐ G-OPTI	Piper PA-28-161 Warrior II
☐ G-OMIA	Morane Saulnier MS.893A	☐ G-OOER	Lindstrand LBL 25A	☐ G-OPUB	Slingsby T67M
☐ G-OMIK	Europa Avn Europa	☐ G-OOFE	Thruster T600N 450	☐ G-OPUK	Piper PA-28-161 Warrior III
☐ G-OMIW	P&M Quik	☐ G-OOFR	Robinson R44 Beta II	☐ G-OPUP	Beagle B121 Pup 2
☐ G-OMJA	Piper PA-28-181 Archer II	☐ G-OOFT	Piper PA-28-161 Warrior III	☐ G-OPUS	Avtech Jabiru SK
☐ G-OMJC	Raytheon 390	☐ G-OOGA	Gulfstream American GA-7	☐ G-OPVM	Van's RV-9A
☐ G-OMJT	Rutan LongEz	☐ G-OOGI	Gulfstream American GA-7	☐ G-OPWK	Grumman AA-5A Cheetah
☐ G-OMKA	Robinson R44 Beta II	☐ G-OOGL	Hughes 369E	☐ G-OPWS	Mooney M20K
☐ G-OMLC	EAA Acrosport II	☐ G-OOGO	Grumman American GA-7	☐ G-OPYE	Cessna 172S
☐ G-OMLS	Bell 206B JetRanger	☐ G-OOGS	Gulfstream American GA-7	☐ G-ORAC	Cameron Van-110
☐ G-OMMA	Robinson R44 Beta II	☐ G-OOIO	AS350B3 Ecureuil	☐ G-ORAE	Van's RV-7
☐ G-OMMG	Robinson R22 Beta	☐ G-OOJC	Bensen B8MR	☐ G-ORAF	CFM Streak Shadow
☐ G-OMMM	Colt 90A	☐ G-OOJP	Commander 114B	☐ G-ORAL	HS.748 Series 2A
☐ G-OMNI	Piper PA-28R-200 Arrow II	☐ G-OOLE	Cessna 172M	☐ G-ORAM	Thruster T600N 450
☐ G-OMOL	Maule MX-7-180C	☐ G-OOLL	A C Tanarg 912S/iXess 15	☐ G-ORAN	Cessna 525 CitationJet
☐ G-OMOO	Ultramagic T-150	☐ G-OOMF	Piper PA-18-150 Super Cub	☐ G-ORAR	Piper PA-28-181 Archer II
☐ G-OMPW	Pegasus Quik	☐ G-OONA	Robinson R44 Beta II	☐ G-ORAS	Clutton FRED Series II
☐ G-OMRB	Cameron V-77	☐ G-OONE	Mooney M20J	☐ G-ORAU	EV-97A Eurostar
☐ G-OMRH	Cessna 550 Citation II	☐ G-OONK	Cirrus SR22	☐ G-ORAY	Cessna F182Q
☐ G-OMRP	Flight Design CTSW	☐ G-OONY	Piper PA-28-161 Warrior II	☐ G-ORBK	Robinson R44 Beta II
☐ G-OMSS	Best Off Sky Ranger	☐ G-OOON	Piper PA-34-220T Seneca III	☐ G-ORBS	Mainair Blade
☐ G-OMST	Piper PA-28-161 Warrior II	☐ G-OOPE	Airbus A321-211	☐ G-ORCA	Van's RV-4
☐ G-OMUM	Commander 114	☐ G-OOPH	Airbus A321-211	☐ G-ORCW	Schempp-Hirth Ventus 2cT
☐ G-OMWE	Zenair CH.601HD Zodiac	☐ G-OOPU	Airbus A320-214	☐ G-ORDH	AS355N Ecureuil 2
☐ G-OMYA	Airbus A320-214	☐ G-OOPW	Airbus A320-214	☐ G-ORDS	Thruster T600N 450
☐ G-OMYJ	Airbus A321-211	☐ G-OOPX	Airbus A320-214	☐ G-ORED	BN2T Islander
☐ G-OMYT	Airbus A330-243	☐ G-OORV	Van's RV-6	☐ G-OREV	Revolution Mini-500
☐ G-ONAF	Naval Aircraft Factory N3N-3	☐ G-OOSE	Rutan VariEze	☐ G-ORGY	Cameron Z-210
☐ G-ONAL	Beech 200 Super King Air	☐ G-OOSH	Zenair CH.601UL Zodiac	☐ G-ORHE	Cessna 500 Citation I
☐ G-ONAT	Grob G102 Astir CS77	☐ G-OOSI	Cessna 404 Titan	☐ G-ORIG	Glaser-Dirks DG-800A
☐ G-ONAV	Piper PA-31 Navajo C	☐ G-OOSY	DH.82A Tiger Moth	☐ G-ORIX	ARV K1 Super 2
☐ G-ONCB	Lindstrand LBL 31A	☐ G-OOTC	Piper PA-28RT-201T Arrow III	☐ G-ORJA	B200 Super King Air
☐ G-ONCL	Colt 77A	☐ G-OOTT	AS350B3 Ecureuil	☐ G-ORJW	Falco F8L Series 4
☐ G-ONCS	Tipsy Nipper T.66 Series	☐ G-OOTW	Cameron Z-275	☐ G-ORKY	AS350B2 Ecureuil
☐ G-ONED	DR 107 One Design	☐ G-OOWS	AS350B3 Ecureuil	☐ G-ORLA	P&M Quik
☐ G-ONEL	Agusta A109C	☐ G-OOXP	Aero Designs Pulsar XP	☐ G-ORLE	Agusta A109E
☐ G-ONEP	Robinson R44 Beta II	☐ G-OPAG	Piper PA-34-200 Seneca	☐ G-ORMA	AS355F1 Ecureuil 2
☐ G-ONER	Van's RV-8	☐ G-OPAM	Cessna F152	☐ G-ORMB	Robinson R22 Beta
☐ G-ONES	Slingsby T67M 200	☐ G-OPAT	Beech 76 Duchess	☐ G-ORMG	Cessna 172R

G-ORMW	Comco Ikarus C42
G-OROD	Piper PA-18-150 Super Cub
G-OROO	Cessna 560XL Citation Excel
G-OROS	Comco Ikarus C42
G-ORPC	Europa Avn Europa XS
G-ORPR	Cameron O-77
G-ORRG	Robin DR.400-180 Régent
G-ORTH	Beech E90 King Air
G-ORUG	Thruster T600N 450
G-ORVE	Van's RV-6
G-ORVG	Van's RV-6
G-ORVI	Van's RV-6
G-ORVR	Partenavia P68B
G-ORVS	Van's RV-9
G-ORZA	Diamond DA.42 Twin Star
G-OSAT	Cameron Z-105
G-OSAW	QAC Quickie Q2
G-OSCC	Piper PA-32-300
G-OSCO	TEAM Mini-MAX 91
G-OSDF	Schempp-Hirth Ventus a
G-OSDI	Beech 58 Baron
G-OSEA	BN2B-26 Islander
G-OSEP	Mainair Blade 912
G-OSFA	Diamond HK 36 TC
G-OSFS	Cessna F177RG
G-OSHK	Schempp-Hirth SHK-1
G-OSHL	Robinson R22 Beta
G-OSIC	Pitts S-1C
G-OSII	Cessna 172N
G-OSIS	Pitts S-1S
G-OSIT	Pitts S-1T
G-OSIX	Piper PA-32-260
G-OSJF	Piper PA-23-250 Aztec F
G-OSJL	Robinson R44 Beta II
G-OSJN	Europa Avn Europa XS
G-OSKP	Enstrom 480
G-OSKR	Best Off Sky Ranger
G-OSKY	Cessna 172M
G-OSLD	Europa Avn Europa XS
G-OSLO	Schweizer 269C
G-OSMD	Bell 206B JetRanger
G-OSND	Cessna FRA150M
G-OSOE	HS.748 Series 2A
G-OSOH	Cessna 525 CitationJet
G-OSPD	EV-97 teamEurostar UK
G-OSPK	Cessna 172S
G-OSPS	Piper PA-18-95 Super Cub
G-OSPY	Cirrus SR20
G-OSRL	Learjet 45
G-OSSA	Cessna TU206B
G-OSSF	Gulfstream AA-5A
G-OSST	Colt 77A
G-OSTC	Gulfstream AA-5A
G-OSTL	Comco Ikarus C42
G-OSTU	Gulfstream AA-5A
G-OSTY	Cessna F150G
G-OSUP	Lindstrand LBL 90A
G-OSUS	Mooney M20K
G-OSUT	SF-25C Rotax-Falke
G-OSVM	Cessna 560XL Citation XLS
G-OSZA	Pitts S-2A
G-OSZB	Pitts S-2B
G-OTAL	ARV1 Super 2
G-OTAM	Cessna 172M
G-OTAN	Piper PA-18-135 Super Cub
G-OTBA	HS.748 Series 2A
G-OTBY	Piper PA-32-300
G-OTCH	CFM Streak Shadow
G-OTCS	B300C Super King Air
G-OTCV	Best Off Sky Ranger
G-OTCZ	Schempp-Hirth Ventus 2cT
G-OTDA	Boeing 737-31S
G-OTDI	Diamond DA.40D Star
G-OTFL	EC.120B Colibri
G-OTFT	Piper PA-38-112 Tomahawk
G-OTGA	Piper PA-28R-201 Arrow III
G-OTHE	Enstrom 280C-UK
G-OTIB	Robin DR.400-180R Remo
G-OTIG	Gulfstream AA-5B
G-OTIM	Bensen B8MV
G-OTIV	Dynamic WT9 UK
G-OTJB	Robinson R44
G-OTJH	Pegasus Quantum 912
G-OTJS	Robinson R44 Beta II
G-OTNA	Robinson R44 Beta II
G-OTOE	Aeronca 7AC Champion
G-OTOO	Starduster Too Sa300
G-OTOY	Robinson R22 Beta
G-OTRV	Van's RV-6
G-OTRY	Schleicher ASW 24
G-OTSP	AS355F1 Ecureuil
G-OTTI	Cameron Otti-34
G-OTTO	Cameron Katalog-82
G-OTTZ	Robinson R44 Beta II
G-OTUG	Piper PA-18-150 Super Cub
G-OTUI	SOCATA TB-20 Trinidad
G-OTUN	EV-97 Eurostar
G-OTUP	Lindstrand LBL 180A
G-OTVI	Robinson R44 Beta II
G-OTVR	Piper PA-34-220T Seneca
G-OTWO	Rutan Defiant
G-OTYE	EV-97 Eurostar
G-OTYP	Piper PA-28-180 Challenger
G-OUCH	Cameron N-105
G-OUHI	Europa Avn Europa XS
G-OUIK	Pegasus Quik
G-OUMC	Lindstrand LBL 105A
G-OUNI	Cirrus SR20
G-OURO	Europa Avn Europa
G-OUVI	Cameron O-105
G-OVAA	Colt Jumbo
G-OVAG	Tipsy Nipper T.66
G-OVAL	Comco Ikarus C42
G-OVBF	Cameron A-250
G-OVET	Cameron O-56
G-OVFM	Cessna 120
G-OVFR	Cessna F172N
G-OVIA	Lindstrand LBL 105A
G-OVIC	Cameron A-250
G-OVID	Avid Flyer
G-OVII	Van's RV-7
G-OVIN	Commander 112TC
G-OVLA	Comco Ikarus C42
G-OVMC	Cessna F152
G-OVNR	Robinson R22 Beta
G-OVOL	Best Off Sky Ranger Swift
G-OVON	Piper PA-18-95 Super Cub
G-OVWM	Cessna F152
G-OWAC	Cessna F152
G-OWAI	Schleicher ASK 21
G-OWAK	Cessna F152
G-OWAL	Piper PA-34-220T Seneca III
G-OWAN	Cessna 210D
G-OWAP	Piper PA-28-161 Warrior II
G-OWAR	Piper PA-28-161 Warrior II
G-OWAZ	Pitts S-1C
G-OWCS	Cessna 182J
G-OWEL	Colt 105A
G-OWEN	Jungster 1
G-OWET	Thurston Tsc-1A2
G-OWFS	Cessna F152
G-OWGC	Slingsby T61F Venture
G-OWLC	Piper PA-31 Turbo Navajo
G-OWMC	Thruster T600N 450
G-OWND	Robinson R44
G-OWOW	Cessna 152
G-OWRD	Agusta A109C
G-OWRT	Cessna 182G
G-OWST	Cessna 172S
G-OWWW	Europa Avn Europa XS
G-OWYE	Lindstrand LBL 240A
G-OWYN	Aviamilano F14 Nibbio
G-OXBA	Cameron Z-160
G-OXBC	Cameron A-140
G-OXBY	Cameron N-90
G-OXKB	Cameron Sports Car-110
G-OXLS	Cessna 560XL Citation XLS
G-OXOM	Piper PA-28-161 Cadet
G-OXTC	Piper PA-23-250 Aztec D
G-OXVI	Spitfire LF.XVIe
G-OYAK	Yak C.11
G-OYES	Mainair Blade 912
G-OYIO	Robin DR.400-120
G-OYST	Agusta-Bell 206B JetRanger
G-OYTE	Rans S-6-ES Coyote II
G-OZAC	Bell 407
G-OZAR	Enstrom 480
G-OZBB	Airbus A320-212
G-OZBE	Airbus A321-231
G-OZBF	Airbus A321-231
G-OZBG	Airbus A321-231
G-OZBH	Airbus A321-231
G-OZBI	Airbus A321-231
G-OZBK	Airbus A320-214
G-OZBL	Airbus A321-231
G-OZBM	Airbus A321-231
G-OZBN	Airbus A321-231
G-OZBO	Airbus A321-231
G-OZBP	Airbus A321-231
G-OZBR	Airbus A321-231
G-OZBS	Airbus A321-231
G-OZEE	Avid Speedwing Mk4
G-OZEF	Europa Avn Europa XS
G-OZIE	Avtech Jabiru J400
G-OZOI	Cessna R182
G-OZOO	Cessna 172N
G-OZOZ	Schempp-Hirth Nimbus 3DT
G-OZRH	BAe 146-200
G-OZZI	Avtech Jabiru SK
G-OZZO	Mudry CAP.231
G-OZZY	Robinson R22 Beta
G-PACE	Robin R1180T Aiglon
G-PACL	Robinson R22 Beta
G-PACT	Piper PA-28-181 Archer III
G-PADD	Gulfstream AA-5A
G-PADE	Reality Escapade Jabiru
G-PADI	Cameron V-77
G-PAFR	Glaser-Dirks DG-300
G-PAIZ	Piper PA-12 Super Cruiser
G-PALY	Piper PA-28-181 Archer III
G-PAMY	Robinson R44 Beta II
G-PARG	Pitts S-1S
G-PARI	Cessna 172RG
G-PART	Partenavia P68B
G-PASH	AS355F1 Ecureuil 2
G-PASN	Enstrom F-28F
G-PASX	MBB BÖ.105DBS-4
G-PATF	Europa Avn Europa
G-PATG	Cameron O-90
G-PATM	AS350B2 Ecureuil
G-PATN	SOCATA TB-10 Tobago
G-PATO	Zenair CH.601UL Zodiac
G-PATP	Lindstrand LBL 77A
G-PATS	Europa Avn Europa
G-PATX	Lindstrand LBL 90A
G-PATZ	Europa Avn Europa
G-PAVL	Robin R3000/160
G-PAWL	Piper PA-28-140 Cherokee
G-PAWN	Piper PA-25-260 Pawnee C
G-PAWS	Gulfstream AA-5A

Reg	Type	Reg	Type	Reg	Type
☐ G-PAWZ	Best Off Sky Ranger Swift	☐ G-PGUY	Sky 70-16	☐ G-PLAZ	Commander 112
☐ G-PAXX	Piper PA-20-135 Pacer	☐ G-PHAA	Cessna F150M	☐ G-PLEE	Cessna 182Q
☐ G-PAYD	Robin DR.400-180 Régent	☐ G-PHEW	Cirrus SR22	☐ G-PLIV	Pazmany PL-4A
☐ G-PAZY	Pazmany PL-4A	☐ G-PHIL	Brookland Hornet	☐ G-PLMB	AS350B Ecureuil
☐ G-PBEC	Van's RV-7	☐ G-PHLB	RAF 2000 GTX-SE	☐ G-PLMH	AS350B2 Ecureuil
☐ G-PBEE	Robinson R44	☐ G-PHLY	Cessna FRA150L	☐ G-PLMI	SA.365C1 Dauphin 2
☐ G-PBEK	Agusta A109A	☐ G-PHMG	Van's RV-8	☐ G-PLOD	Tecnam P92-EM Echo
☐ G-PBEL	CFM Shadow DD	☐ G-PHNX	S-Hirth Duo Discus xT	☐ G-PLOW	Hughes 269B
☐ G-PBIX	Spitfire LF.XVIe	☐ G-PHOR	Cessna FRA150L	☐ G-PLPC	Schweizer 269C
☐ G-PBRL	Robinson R22 Beta	☐ G-PHOX	Aeroprakt A22-L Foxbat	☐ G-PLPL	Agusta A109E Power
☐ G-PBUS	Avtech Jabiru SK	☐ G-PHSI	Colt 90A	☐ G-PLPM	Europa Avn Europa XS
☐ G-PBYA	Consolidated PBY-5A	☐ G-PHTG	SOCATA TB-10 Tobago	☐ G-PLSA	Aero Designs Pulsar XP
☐ G-PBYY	Enstrom 280FX	☐ G-PI ITO	Raythoon 390	☐ G-PLXI	British Aerospace ATP
☐ G-PCAF	Pietenpol Air Camper	☐ G-PHUN	Cessna FRA150L	☐ G-PMAM	Cameron V-65
☐ G-PCAM	BN2A Mk.III-2 Trislander	☐ G-PHVM	Van's RV-8	☐ G-PMHT	SOCATA TBM-850
☐ G-PCAT	SOCATA TB-10 Tobago	☐ G-PHXS	Europa Avn Europa XS	☐ G-PMNF	Spitfire HF.IX
☐ G-PCCC	Alpi Pioneer 300	☐ G-PHYL	Denney Kitfox 4	☐ G-PNEU	Colt Bibendum-110
☐ G-PCDP	Zlin Z-526F Trener	☐ G-PHYS	Avtech Jabiru SP-470	☐ G-PNGC	Schleicher ASK 21
☐ G-PCOP	B200 Super King Air	☐ G-PHYZ	Avtech Jabiru J430	☐ G-PNIX	Cessna FRA150L
☐ G-PDGE	EC.120B Colibri	☐ G-PIAF	Thunder Ax7-65	☐ G-POCO	Cessna 152
☐ G-PDGF	AS350B2 Ecureuil	☐ G-PICX	P&M Quik R	☐ G-POGO	Flight Design CT2K
☐ G-PDGG	Falco F8L Series 3	☐ G-PIDG	Robinson R44	☐ G-POLL	Best Off Sky Ranger
☐ G-PDGN	AS365N Dauphin 2	☐ G-PIEL	Piel CP.301A	☐ G-POLY	Cameron N-77
☐ G-PDGR	AS350B2 Ecureuil	☐ G-PIES	Thunder Ax7-77Z	☐ G-POND	Oldfield Baby Lakes
☐ G-PDGT	AS355F2 Ecureuil 2	☐ G-PIET	Pietenpol Air Camper	☐ G-POOH	Piper J-3C-65 Cub
☐ G-PDHJ	Cessna T182	☐ G-PIGG	Lindstrand Flying Pig	☐ G-POOL	ARV1 Super 2
☐ G-PDOC	Piper PA-44-180 Seminole	☐ G-PIGI	EV-97 teamEurostar UK	☐ G-POOP	Dyn'Aero MCR-01 Club
☐ G-PDOG	Cessna 305C	☐ G-PIGS	Rallye 150ST	☐ G-POPA	Beech A36 Bonanza
☐ G-PDSI	Cessna 172N	☐ G-PIGY	Short SC7 Skyvan 3 101	☐ G-POPE	Pik 20E
☐ G-PEAK	Agusta-Bell 206B JetRanger	☐ G-PIIT	Pitts S-2AE	☐ G-POPI	SOCATA TB-10 Tobago
☐ G-PEAR	P&M Quik	☐ G-PIIX	Cessna P210N	☐ G-POPP	Colt 105A
☐ G-PECK	Piper PA-32-300	☐ G-PIKB	Pik 20B	☐ G-POPW	Cessna 182S
☐ G-PEGA	Pegasus Quantum 912	☐ G-PIKD	Pik 20D	☐ G-POPY	Best Off Sky Ranger Swift
☐ G-PEGE	Best Off Sky Ranger	☐ G-PIKK	Piper PA-28-140 Cherokee	☐ G-PORK	Grumman AA-5B Tiger
☐ G-PEGG	Colt 90A	☐ G-PILE	RotorWay Executive 90	☐ G-PORT	Bell 206B JetRanger
☐ G-PEGI	Piper PA-34-200T Seneca II	☐ G-PILL	Avid Flyer Mk4	☐ G-POSH	Colt 56A
☐ G-PEGY	Europa Avn Europa	☐ G-PILY	Pilatus B4-PC11	☐ G-POUX	Pou du Ciel - Bifly
☐ G-PEGZ	Centrair 101A Pegase	☐ G-PILZ	Rotorsport UK MT-03	☐ G-POWB	Beech B300
☐ G-PEJM	Piper PA-28-181 Archer III	☐ G-PIMM	Ultramagic M-77	☐ G-POWC	Boeing 737-33A
☐ G-PEKT	SOCATA TB-20 Trinidad	☐ G-PIMP	Robinson R44	☐ G-POWL	Cessna 182R
☐ G-PELS	Agusta-Bell 206A JetRanger	☐ G-PINC	Cameron Z-90	☐ G-POZA	Reality Escapade Jabiru
☐ G-PENH	Ultramagic M-90	☐ G-PING	Gulfstream AA-5A	☐ G-PPIO	Cameron C-90
☐ G-PEPA	Cessna 206H	☐ G-PINT	Cameron Barrel-60	☐ G-PPLC	Cessna 560 Citation Ultra
☐ G-PEPS	Robinson R44	☐ G-PINX	Lindstrand Pink Panther	☐ G-PPLG	Rotorsport UK MT-03
☐ G-PERC	Cameron N-90	☐ G-PION	Alpi Pioneer 300	☐ G-PPLL	Van's RV-7A
☐ G-PERE	Robinson R22 Beta	☐ G-PIPI	Pegasus Quik	☐ G-PPOD	Europa Avn Europa XS
☐ G-PERZ	Bell 206B JetRanger	☐ G-PIPP	Piper PA-32R-301T Saratoga	☐ G-PPPP	Denney Kitfox 3
☐ G-PEST	Hawker Tempest II	☐ G-PIPR	Piper PA-18-95 Super Cub	☐ G-PPTS	Robinson R44
☐ G-PETH	Piper PA-24-260 Comanche C	☐ G-PIPS	Van's RV-4	☐ G-PRAG	Colibri MB2
☐ G-PETR	Piper PA-28-140 Cruiser	☐ G-PIPY	Cameron Pipe-105	☐ G-PRAH	Flight Design CT2K
☐ G-PETS	Diamond DA.42 Twin Star	☐ G-PIRO	Cameron TR-70	☐ G-PRDH	AS355F2 Ecureuil 2
☐ G-PEYO	Gefa-Flug AS105GD	☐ G-PITS	Pitts S-2A	☐ G-PREI	Raytheon 390
☐ G-PFAA	EAA Biplane Model P2	☐ G-PITZ	Pitts S-2A	☐ G-PRET	Robinson R44
☐ G-PFAF	Clutton FRED Series II	☐ G-PIXE	Colt 31A	☐ G-PREY	Pereira Osprey 2
☐ G-PFAG	Evans VP-1	☐ G-PIXI	Pegasus Quantum 912	☐ G-PREZ	Robin DR.400/500
☐ G-PFAH	Evans VP-1	☐ G-PIXL	Robinson R44 Beta II	☐ G-PRII	Hawker Hunter PR11
☐ G-PFAL	Clutton FRED Series II	☐ G-PIXX	Robinson R44 Beta II	☐ G-PRIM	Piper PA-38-112 Tomahawk
☐ G-PFAP	Currie Wot	☐ G-PIXY	Super Marine Spitfire Mk.26	☐ G-PRKR	CL604 Challenger
☐ G-PFAR	Isaacs Fury II	☐ G-PIZZ	Lindstrand LBL 105A	☐ G-PRLY	Avtech Jabiru SK
☐ G-PFAT	Monnett Sonerai 2	☐ G-PJCC	Piper PA-28-161 Warrior II	☐ G-PRNT	Cameron V-90
☐ G-PFAW	Evans VP-1	☐ G-PJLO	Boeing 767-35EER	☐ G-PROB	AS350B2 Ecureuil
☐ G-PFAY	EAA Biplane	☐ G-PJMT	Lancair 320	☐ G-PROJ	Robinson R44 Beta II
☐ G-PFCI	Piper PA-34-220T Seneca	☐ G-PJNZ	Commander 114B	☐ G-PROM	AS350B Ecureuil
☐ G-PFCL	Cessna 172S	☐ G-PJSY	Van's RV-6	☐ G-PROS	Van's RV-7A
☐ G-PFFN	Beech 200 Super King Air	☐ G-PJTM	Cessna FR172K	☐ G-PROV	P84 Jet Provost
☐ G-PFOX	Robinson R44	☐ G-PKPK	Schweizer 269C	☐ G-PROW	EV-97 Eurostar
☐ G-PFSL	Cessna F152	☐ G-PKRG	Cessna 560XL Citation XLS	☐ G-PRSI	Pegasus Quantum 912
☐ G-PGAC	Dyn'Aero MCR-01 Club	☐ G-PLAC	Piper PA-31-350 Chieftain	☐ G-PRTT	Cameron N-31
☐ G-PGFG	Tecnam P92-EM Echo	☐ G-PLAD	Kolb Twinstar Mk3 Extra	☐ G-PRXI	Spitfire PR.XI
☐ G-PGGY	Robinson R44 Beta II	☐ G-PLAJ	BAe Jetstream 31	☐ G-PSAX	Lindstrand LBL 77B
☐ G-PGHM	Air Création 582/Kiss 450	☐ G-PLAL	Eurocopter EC.135 T2	☐ G-PSFG	Robin R2160i
☐ G-PGSA	Thruster T600N	☐ G-PLAN	Cessna F150L	☐ G-PSGC	Piper PA-25-260 Pawnee C
☐ G-PGSI	Robin R2160 Alpha Sport	☐ G-PLAY	Robin R2112 Alpha	☐ G-PSHK	Schempp-Hirth SHK-1

G-PSHR	Agusta-Bell 206B JetRanger
G-PSKY	Best Off Sky Ranger
G-PSNI	Eurocopter EC.135 T2
G-PSON	Colt Cylinder One
G-PSRT	Piper PA-28-151 Warrior
G-PSST	Hawker Hunter F.58A
G-PSTR	Beech 200 Super King Air
G-PSUE	CFM Shadow CD
G-PSUK	Thruster T600N 450
G-PTAG	Europa Avn Europa
G-PTAR	Best Off Sky Ranger
G-PTDP	Bü.133C Jungmeister
G-PTRE	SOCATA TB-20 Trinidad
G-PTRI	Cessna 182T
G-PTTS	Pitts S-2A
G-PTWO	Pilatus P2-05
G-PUDL	Piper PA-18-150 Super Cub
G-PUDS	Europa Avn Europa
G-PUFF	Thunder Ax7-77 Bolt
G-PUGS	Cessna 182H
G-PUKA	Avtech Jabiru J300
G-PUMA	AS332L Super Puma
G-PUMB	AS332L Super Puma
G-PUME	AS332L Super Puma
G-PUMN	AS332L Super Puma
G-PUMO	AS332L Super Puma
G-PUMS	AS332L Super Puma
G-PUNK	Thunder Ax8-105
G-PUPP	Beagle B121 Pup 2
G-PUPY	Europa Avn Europa XS
G-PURL	Piper PA-32R-301 Saratoga
G-PURR	Grumman AA-5A Cheetah
G-PURS	RotorWay Executive
G-PUSH	Rutan LongEz
G-PUSI	Cessna T303
G-PUSS	Cameron N-77
G-PUSY	TLAC Sherwood Ranger
G-PUTT	Cameron Golf-76
G-PVBF	Lindstrand LBL 260S
G-PVCV	Robin DR.400-140 Earl
G-PVET	DHC-1 Chipmunk 22
G-PVIP	Cessna 421C Golden Eagle
G-PVML	Robin DR.400-140B Major
G-PVPC	Pilatus PC-12/45
G-PVSS	P&M Quik GT450
G-PVST	Thruster T600N 450
G-PWBE	DH 82A Tiger Moth (Replica
G-PWIT	Bell 206L LongRanger
G-PWNS	Cessna 525 CitationJet
G-PWUL	Van's RV-6
G-PXII	Pitts S-12
G-PYNE	Thruster T600N 450
G-PYPA	Robinson R44 Beta II
G-PYPE	Van's RV-7
G-PYRO	Cameron N-65
G-PZAZ	Piper PA-31-350 Chieftain
G-PZIZ	Piper PA-31-350 Chieftain
G-RABA	Cessna FR172H
G-RABS	Alpi Pioneer 300
G-RACI	Beech C90 King Air
G-RACO	Piper PA-28R-200 Arrow II
G-RACR	Ultramagic M-65C
G-RACY	Cessna 182S
G-RADA	Soko P-2 Kraguj
G-RADI	Piper PA-28-181 Archer II
G-RADR	Skyraider Ad4-Na
G-RAEF	Schempp-Hirth SHK-1
G-RAEM	Rutan LongEz
G-RAES	Boeing 777-236
G-RAFA	Grob G115
G-RAFB	Grob G115
G-RAFC	Robin R2112 Alpha
G-RAFD	B200GT Super King Air
G-RAFE	Thunder Ax7-77 Bolt
G-RAFG	Slingsby T67C
G-RAFH	Thruster T600N 450
G-RAFI	P84 Jet Provost Mk.4
G-RAFO	B200 Super King Air
G-RAFP	B200 Super King Air
G-RAFR	Best Off Sky Ranger
G-RAFS	Thruster T600N 450
G-RAFT	Rutan LongEz
G-RAFV	Avid Speedwing
G-RAFW	Mooney M20E
G-RAFX	B200GT Super King Air
G-RAFY	Best Off Sky Ranger Swift
G-RAFZ	RAF 2000 GTX-SE
G-RAGE	Wilson Cassutt IIIM
G-RAGS	Pietenpol Air Camper
G-RAGT	Piper PA-32-301FT 6X
G-RAIG	Scottish Avn Bulldog
G-RAIL	Colt 105A
G-RAIR	Schleicher ASH 25
G-RAIX	CCF Harvard 4
G-RAJA	Raj Hamsa X'Air 582
G-RALA	Robinson R44 Beta II
G-RALD	Robinson R22
G-RAMA	Cameron C-70
G-RAMI	Bell 206B JetRanger
G-RAMP	Piper J-3C-65 Cub
G-RAMS	Piper PA-32R-301 Saratoga
G-RAMY	Bell 206B JetRanger
G-RANS	Rans S-10 Sakota
G-RAPD	Hughes 369E
G-RAPH	Cameron O-77
G-RAPI	Lindstrand LBL 105A
G-RARB	Cessna 172N
G-RASA	Diamond DA.42 Twin Star
G-RASC	Evans VP-2
G-RASH	Grob G109B
G-RATA	Robinson R22 Beta
G-RATC	Van's RV-4
G-RATE	Gulfstream AA-5A
G-RATH	RotorWay Executive 162F
G-RATI	Cessna F172M
G-RATV	PA-28RT-201T Arrow IV
G-RATZ	Europa Avn Europa
G-RAVE	Southdown Raven X
G-RAVN	Robinson R44
G-RAWS	RotorWay Executive 162F
G-RAYA	Denney Kitfox 4
G-RAYB	P&M Quik GT450
G-RAYH	Zenair CH.701UL
G-RAYO	Lindstrand LBL 90A
G-RAYS	Zenair CH.250 Zenith
G-RAYY	Cirrus SR22
G-RAYZ	Tecnam P2002-EA Sierra
G-RAZY	Piper PA-28-181 Archer II
G-RAZZ	Maule MX-7-180
G-RBBB	Europa Avn Europa
G-RBCI	BN2A Mk.III-2 Trislander
G-RBCT	Schempp-Hirth Ventus 2cT
G-RBJW	Europa Avn Europa XS
G-RBMS	Cirrus SR22
G-RBMV	Cameron O-31
G-RBOW	Thunder Ax7-65
G-RBSN	Comco Ikarus C42
G-RCED	Commander 114
G-RCHY	EV-97 Eurostar
G-RCKT	Harmon Rocket II
G-RCMF	Cameron V-77
G-RCML	Sky 77-24
G-RCOM	EC.120B Colibri
G-RCOM	Bell 206L LongRanger
G-RCRC	P&M Quik
G-RCST	Avtech Jabiru J430
G-RCWK	Cessna 182T
G-RDCO	Avtech Jabiru J400
G-RDDT	Schempp-Hirth Duo Discus T
G-RDEL	Robinson R44
G-RDHS	Europa Avn Europa XS
G-RDNS	Rans S-6-S Super Six Coyote
G-READ	Colt 77A
G-REAL	AS350B2 Ecureuil
G-REAN	Enstrom 480B
G-REAP	Pitts S-1S
G-REAR	Lindstrand LBL 69X
G-REAS	Van's RV-6A
G-REBB	Murphy Rebel
G-RECE	Cameron C-80
G-RECK	Piper PA-28-140 Cherokee B
G-RECO	Jurca Sirocco
G-RECS	Piper PA-38-112 Tomahawk
G-REDB	Cessna 310Q
G-REDC	Pegasus Quantum 912
G-REDD	Cessna 310R
G-REDI	Robinson R44
G-REDJ	AS332L Super Puma
G-REDK	AS332L Super Puma
G-REDL	AS332L Super Puma
G-REDM	AS332L Super Puma
G-REDN	AS332L Super Puma
G-REDO	AS332L Super Puma
G-REDP	AS332L Super Puma
G-REDR	EC225LP SuperPuma
G-REDS	Cessna 560XL Citation Excel
G-REDT	EC225LP SuperPuma
G-REDU	EC225LP SuperPuma
G-REDX	Experimental Avn Berkut
G-REDY	Robinson R22 Beta
G-REDZ	Thruster T600N 450
G-REEC	Falco F8L
G-REED	Mainair Blade 912S
G-REEF	Mainair Blade
G-REEM	AS355F1 Ecureuil 2
G-REER	Centrair 101A Pegase
G-REES	Jodel D140C
G-REET	Grumman AA-5B Tiger
G-REGC	Zenair CH.601XL Zodiac
G-REGE	Robinson R44
G-REGS	Thunder Ax7-77
G-REJP	Europa Avn Europa XS
G-REKO	Pegasus Quasar IITC
G-RELL	Druine D.62B Condor
G-REMH	Bell 206B JetRanger
G-RENO	SOCATA TB-10 Tobago
G-REPH	Pegasus Quantum 912
G-RESC	MBB BK-117C-1
G-RESG	Dyn'Aero MCR-01 Club
G-REST	Beech P35 Bonanza
G-RETA	CASA 1-131E Jungmann
G-REVE	Van's RV-6
G-REVO	Best Off Sky Ranger
G-REYG	Dassault Falcon 900EX
G-REYS	CL604 Challenger
G-RFIO	Aeromot AMT-200
G-RFLY	Extra EA.300/L
G-RFOX	Denney Kitfox 3
G-RFSB	Sportavia RF5B
G-RFUN	Robinson R44
G-RGAP	Cessna 172S
G-RGEN	Cessna T337D
G-RGNT	Robinson R44 Beta II
G-RGTS	Schempp-Hirth Discus b
G-RGUS	Fairchild 24R-46A Argus III
G-RGZT	Cirrus SR20
G-RHAM	Best Off Sky Ranger
G-RHCB	Schweizer 269C-1
G-RHHT	Piper PA-32RT-300 Lance II

G-RHMS	EMB-135BJ Legacy
G-RHYM	Piper PA-31 Turbo Navajo B
G-RHYS	RotorWay Executive 90
G-RIAM	SOCATA TB-10 Tobago
G-RIBA	P&M Quik GT450
G-RICK	Beech 95-B55 Baron
G-RICO	American General AG-5B
G-RICS	Europa Avn Europa
G-RIDA	AS355N Ecureuil 2
G-RIDE	Stephens Akro
G-RIDG	Van's RV-7
G-RIDL	Robinson R22 Beta
G-RIEF	DG-1000T
G-RIET	Hoffmann H 36 Dimona
G-RIEV	Rolladen-Schneider LS8-18
G-RIFB	Hughes 269C
G-RIFN	Mudry CAP.10B
G-RIFS	Rotorsport UK MT-03
G-RIFY	Christen Eagle II
G-RIGB	Thunder Ax7-77
G-RIGH	Piper PA-32R-301 Saratoga
G-RIGS	Piper PA-60-601P Aerostar
G-RIHN	DR 107 One Design
G-RIII	Van's RV-3B
G-RIIN	PZL-104M Wilga 2000
G-RIIV	Van's RV-4
G-RIKI	Mainair Blade 912
G-RIKS	Europa Avn Europa XS
G-RIKY	Pegasus Quik
G-RILA	Flight Design CTSW
G-RILY	Monnett Sonerai 2L
G-RIMB	Lindstrand LBL 105A
G-RIME	Lindstrand LBL 25A
G-RIMM	Westland Wasp HAS1
G-RINN	Mainair Blade
G-RINO	Thunder Ax7-77
G-RINS	Rans S-6-ESD Coyote II
G-RINT	CFM Streak Shadow
G-RINZ	Van's RV-7
G-RIOT	Silence Twister
G-RISE	Cameron V-90
G-RISH	RotorWay Executive 162F
G-RISK	Hughes 369E
G-RISY	Van's RV-7A
G-RITT	P&M Quik
G-RIVE	Jodel D153
G-RIVR	Thruster T600N
G-RIVT	Van's RV-6
G-RIXA	Piper J-3C Cub
G-RIXS	Europa Avn Europa XS
G-RIXY	Cameron Z-77
G-RIZE	Cameron O-90
G-RIZI	Cameron N-90
G-RIZZ	Piper PA-28-161 Warrior III
G-RJAH	Boeing A75N1
G-RJAM	Falco F8L
G-RJCC	Cessna 172S
G-RJMS	Piper PA-28-201 Arrow III
G-RJRJ	EV-97A Eurostar
G-RJWW	Maule M5-235C
G-RJWX	Europa Avn Europa XS
G-RJXA	Embraer EMB-145EP
G-RJXB	Embraer EMB-145EP
G-RJXC	Embraer EMB-145EP
G-RJXD	Embraer EMB-145EP
G-RJXE	Embraer EMB-145EP
G-RJXF	Embraer EMB-145EP
G-RJXG	Embraer EMB-145EP
G-RJXH	Embraer EMB-145EP
G-RJXI	Embraer EMB-145EP
G-RJXJ	Embraer EMB-135ER
G-RJXK	Embraer EMB-135ER
G-RJXL	Embraer EMB-135ER
G-RJXM	Embraer EMB-145EU
G-RJXN	Embraer EMB-145EU
G-RJXO	Embraer EMB-145EU
G-RJXP	Embraer EMB-135ER
G-RJXR	Embraer EMB-145EP
G-RKEL	Agusta-Bell 206B JetRanger
G-RKET	Taylor Titch
G-RKKT	Cessna FR172G
G-RLEF	Hawker Hurricane Mk.XII
G-RLMW	Tecnam P2002-EA Sierra
G-RLON	BN2A Mk.III-2 Trislander
G-RLWG	Ryan ST3KR
G-RMAC	Europa Avn Europa
G-RMAN	Aero Designs Pulsar
G-RMAX	Cameron C-80
G-RMBM	Robinson R44 Beta II
G-RMHE	Dynamic WT9 UK
G-RMIT	Van's RV-4
G-RMMT	Europa Avn Europa XS
G-RMPY	EV-97 Eurostar
G-RMRV	Van's RV-7A
G-RMSM	Champion 8KCAB
G-RMSY	Cameron TR-70
G-RNAC	Yakovlev Yak-52
G-RNBW	Bell 206B JetRanger
G-RNCH	Piper PA-28-181 Archer II
G-RNDD	Robin DR.400/500
G-RNGO	Robinson R22 Beta
G-RNHF	Hawker Sea Fury T20
G-RNIE	Cameron Ball-70
G-RNLI	Supermarine Walrus Mk1
G-RNRM	Cessna A185F
G-RNRS	Scottish Avn Bulldog
G-ROAD	Robinson R44 Beta II
G-ROBD	Europa Avn Europa
G-ROBJ	Robin DR.400/500
G-ROBN	Robin R1180T Aiglon
G-ROBT	Hawker Hurricane 1
G-ROBZ	Grob G109B
G-ROCH	Cessna T303
G-ROCK	Thunder Ax7-77
G-ROCR	Schweizer 269C
G-ROCT	Robinson R44 Beta II
G-RODC	Steen Skybolt
G-RODD	Cessna 310R
G-RODG	Avtech Jabiru UL-450
G-RODI	Isaacs Fury
G-RODJ	Comco Ikarus C42
G-RODZ	Van's RV-3A
G-ROEI	Replica Avro Roe 1
G-ROGE	Robinson R44 Beta II
G-ROGY	Cameron C-60
G-ROKT	Cessna FR172E
G-ROLF	Piper PA-32R-301 Saratoga
G-ROLL	Pitts S-2A
G-ROLY	Cessna F172N
G-ROME	III Sky Arrow 650 TC
G-ROMP	Extra EA.230H
G-ROMS	Lindstrand LBL 105G
G-ROMW	Cyclone AX2000
G-RONA	Europa Avn Europa
G-RONG	Piper PA-28R-200 Arrow II
G-RONI	Cameron V-77
G-RONS	Robin DR.400-180 Régent
G-RONW	Clutton FRED Series II
G-ROOK	Cessna F172P
G-ROOV	Europa Avn Europa XS
G-RORI	Folland Gnat T1
G-RORY	Piaggio Fw P149D
G-ROSI	Thunder Ax7-77
G-ROSS	Practavia Sprite
G-ROTF	Robinson R22 Beta
G-ROTG	Robinson R44 Beta II
G-ROTI	Luscombe 8A
G-ROTR	Brantly B2B
G-ROTS	CFM Streak Shadow
G-ROUP	Cessna F172M
G-ROUS	Piper PA-34-200T Seneca II
G-ROUT	Robinson R22 Beta
G-ROVE	Piper PA-18-135 Super Cub
G-ROVY	Robinson R22 Beta
G-ROWA	Aquila AT01
G-ROWE	Cessna F182P
G-ROWI	Europa Avn Europa XS
G-ROWL	Grumman AA-5B Tiger
G-ROWR	Robinson R44
G-ROWS	Piper PA-28-151 Warrior
G-ROXI	Cameron C-90
G-ROYC	Avtech Jabiru UL-450
G-ROYM	Robinson R44 Beta II
G-ROZI	Robinson R44
G-ROZY	Cameron R-36
G-ROZZ	Comco Ikarus C42
G-RPAF	Europa Avn Europa XS
G-RPBM	Cameron Z-210
G-RPCC	Europa Avn Europa XS
G-RPEZ	Rutan LongEz
G-RPRV	Van's RV-9A
G-RRAK	Enstrom 480B
G-RRAT	CZAW Sportcruiser
G-RRAZ	EMB-135BJ Legacy
G-RRCU	Jodel DR.221B
G-RRED	Piper PA-28-181 Archer III
G-RRFC	SOCATA TB-20 Trinidad GT
G-RRGN	Spitfire PR.XIX
G-RROB	Robinson R44 Beta II
G-RROD	PA-30 Twin Comanche
G-RROW	Lindstrand LBL 105A
G-RRRT	Beech F33A Bonanza
G-RRSR	Piper J-3C-65 Cub
G-RRVX	Van's RV-10
G-RSAF	BAC167 Strikemaster 80A
G-RSHI	Piper PA-34-220T Seneca
G-RSKR	Piper PA-28-161 Warrior II
G-RSKY	Best Off Sky Runner
G-RSMC	Medway SLA 100 Executive
G-RSMT	Rotorsport UK MT-03
G-RSSF	Denney Kitfox 2
G-RSVP	Robinson R22 Beta
G-RSWO	Cessna 172R
G-RSWW	Robinson R22 Beta
G-RSXL	Cessna 560XL Citation XLS
G-RTBI	Thunder Ax6-56
G-RTFM	Avtech Jabiru J400
G-RTHS	Rans S-6-ES Coyote II
G-RTIN	Rotorsport UK MT-03
G-RTMS	Rans S-6-ES Coyote II
G-RTMY	Comco Ikarus C42
G-RTRT	PZL-104M Wilga 2000
G-RTWW	Robinson R44
G-RUBB	Grumman AA-5B Tiger
G-RUBY	PA-28RT-201T Arrow IV
G-RUES	Robin HR.100/210 Safari
G-RUFF	Mainair Blade 912
G-RUFS	Avtech Jabiru UL-450
G-RUGS	Campbell Cricket Mk.4
G-RUIA	Cessna F172N
G-RULE	Robinson R44 Beta II
G-RUMI	Snowbird Mk.IV
G-RUMM	Grumman F8F-2P
G-RUMN	American AA-1A Trainer
G-RUMW	Grumman FM2
G-RUNT	Cassutt Racer IIIM
G-RUSL	Van's RV-6A
G-RUVE	Van's RV-8
G-RUVI	Zenair CH.601UL Zodiac

G-RUVY	Van's RV-9A
G-RUZZ	Robinson R44 Beta II
G-RVAB	Van's RV-7
G-RVAC	Van's RV-7
G-RVAL	Van's RV-8
G-RVAN	Van's RV-6
G-RVAW	Van's RV-6
G-RVBA	Van's RV-8A
G-RVBC	Van's RV-6A
G-RVBF	Cameron A-340HL
G-RVCE	Van's RV-6A
G-RVCG	Van's RV-6A
G-RVCH	Van's RV-8A
G-RVCL	Van's RV-6
G-RVDG	Van's RV-9
G-RVDJ	Van's RV-6
G-RVDP	Van's RV-4
G-RVDR	Van's RV-6A
G-RVDX	Van's RV-4
G-RVEE	Van's RV-6A
G-RVET	Van's RV-6
G-RVGA	Van's RV-6A
G-RVIA	Van's RV-6A
G-RVIB	Van's RV-6
G-RVIC	Van's RV-6A
G-RVII	Van's RV-7
G-RVIN	Van's RV-6
G-RVIO	Van's RV-10
G-RVIS	Van's RV-8
G-RVIT	Van's RV-6
G-RVIV	Van's RV-4
G-RVIX	Van's RV-9A
G-RVJM	Van's RV-6
G-RVJO	Van's RV-9A
G-RVJP	Van's RV-9A
G-RVJW	Van's RV-4
G-RVLC	Van's RV-9A
G-RVMB	Van's RV-9A
G-RVMC	Van's RV-7
G-RVMJ	Van's RV-4
G-RVMT	Van's RV-6
G-RVMZ	Van's RV-8
G-RVNH	Van's RV-9A
G-RVNS	Van's RV-4
G-RVPH	Van's RV-8
G-RVPL	Van's RV-8
G-RVPM	Van's RV-4
G-RVPW	Van's RV-6A
G-RVRA	Piper PA-28-140 Cruiser
G-RVRB	Piper PA-34-200T Seneca II
G-RVRC	Piper PA-23-250 Aztec E
G-RVRD	Piper PA-23-250 Aztec E
G-RVRE	Partenavia P68B
G-RVRF	Piper PA-38-112 Tomahawk
G-RVRG	Piper PA-38-112 Tomahawk
G-RVRH	Van's RV-3B
G-RVRI	Cessna 172N
G-RVRJ	Piper PA-E23-250 Aztec E
G-RVRK	Piper PA-38-112 Tomahawk
G-RVRL	Piper PA-38-112 Tomahawk
G-RVRM	Piper PA-38-112 Tomahawk
G-RVRN	Piper PA-28-161 Warrior II
G-RVRO	Piper PA-38-112 Tomahawk
G-RVRP	Van's RV-7
G-RVRR	Piper PA-38-112 Tomahawk
G-RVRT	Piper PA-28-140 Cherokee C
G-RVRU	Piper PA-38-112 Tomahawk
G-RVRV	Van's RV-4
G-RVRW	Piper PA-23-250 Aztec E
G-RVSA	Van's RV-6A
G-RVSD	Van's RV-9A
G-RVSG	Van's RV-9A
G-RVSH	Van's RV-6A
G-RVSR	Van's RV-8
G-RVSX	Van's RV-6
G-RVTE	Van's RV-6
G-RVTN	Van's RV-10
G-RVTT	Van's RV-7
G-RVUK	Van's RV-7
G-RVVI	Van's RV-6
G-RVVY	Van's RV-10
G-RWAY	RotorWay Executive 162F
G-RWEW	Robinson R44 Beta II
G-RWGS	Robinson R44 Beta II
G-RWGW	Learjet 45
G-RWHC	Cameron A-180
G-RWIA	Robinson R22 Beta
G-RWIN	Rearwin 175
G-RWLA	Eurocopter EC.135 T2+
G-RWLY	Europa Avn Europa XS
G-RWMW	Zenair CH.601XL Zodiac
G-RWRW	Ultramagic M-77
G-RWSS	Denney Kitfox 2
G-RXUK	Lindstrand LBL 105A
G-RYAL	Avtech Jabiru UL-450
G-RYDR	Rotorsport UK MT-03
G-RYNS	Piper PA-32-301FT 6X
G-RYPE	DG-1000T
G-RYPH	Mainair Blade 912
G-RYZZ	Robinson R44 Beta II
G-RZEE	Schleicher ASW 19B
G-RZLY	Flight Design CTSW
G-SAAA	Flight Design CTSW
G-SAAB	Commander 112TC
G-SAAL	Piper PA-34-220T Seneca
G-SAAM	Cessna T182
G-SAAW	Boeing 737-8Q8
G-SABA	Piper PA-28R-201T Arrow III
G-SABI	Dassault Falcon 900EX
G-SABR	North American F86A Sabre
G-SACB	Cessna F152
G-SACD	Cessna F172H
G-SACH	Stoddard-Hamilton GlaStar
G-SACI	Piper PA-28-161 Warrior II
G-SACK	Robin R2160 Alpha Sport
G-SACM	TL 2000 Sting Carbon
G-SACO	Piper PA-28-161 Warrior II
G-SACR	Piper PA-28-161 Cadet
G-SACS	Piper PA-28-161 Cadet
G-SACT	Piper PA-28-161 Cadet
G-SACX	Aero AT-3 R100
G-SACY	Aero AT-3 R100
G-SAFE	Cameron N-77
G-SAFI	Piel CP.1320
G-SAFR	SAAB 91D Safir
G-SAGA	Grob G109B
G-SAGE	Luscombe 8A
G-SAHI	FLS Aerospace Sprint 160
G-SAIG	Robinson R44 Beta II
G-SAIX	Cameron N-77
G-SAJA	Schempp-Hirth Discus 2c
G-SALA	Piper PA-32-300
G-SALE	Cameron Z-90
G-SALL	Cessna F150L
G-SAMG	Grob G109B
G-SAMJ	Partenavia P68B
G-SAMM	Cessna 340A
G-SAMP	Agusta A109E Power
G-SAMY	Europa Avn Europa XS
G-SAMZ	Cessna 150D
G-SAOC	Schempp-Hirth Discus 2cT
G-SAPM	SOCATA TB-20 Trinidad
G-SARA	Piper PA-28-181 Archer II
G-SARC	Sikorsky S-92A
G-SARD	Agusta AW139
G-SARH	Piper PA-28-161 Warrior II
G-SARM	Comco Ikarus C42
G-SARO	Skeeter 12
G-SARV	Van's RV-4
G-SASA	Eurocopter EC.135 T2
G-SASB	Eurocopter EC.135 T2+
G-SASC	Beech B200C
G-SASD	Beech B200C
G-SASG	Schleicher ASW 27
G-SASH	MD.900 Explorer
G-SASI	CZAW Sportcruiser
G-SATL	Cameron Sphere-105
G-SATN	Piper PA-25-260 Pawnee C
G-SAUF	Colt 90A
G-SAUK	Rans S-6-ES Coyote II
G-SAVY	ICP MXP-740 Savannah
G-SAWI	Piper PA-32RT-300T Lance II
G-SAXC	Cameron N-105
G-SAXN	Beech 200 Super King Air
G-SAXT	S-H Duo Discus xT
G-SAYS	RAF 2000 GTX-SE
G-SAZY	Avtech Jabiru J400
G-SAZZ	Piel CP.328 Super Emeraude
G-SBAE	Cessna F172P
G-SBHH	Schweizer 269C
G-SBIZ	Cameron Z-90
G-SBKR	SOCATA TB-10 Tobago
G-SBKS	Cessna 206H
G-SBLT	Steen Skybolt
G-SBMM	Piper PA-28R-180 Arrow
G-SBMO	Robin R2160 Alpha Sport
G-SBOL	Steen Skybolt
G-SBRA	Robinson R44 Beta II
G-SBRK	Aero AT-3 R100
G-SBUS	BN2A-26 Islander
G-SBUT	Robinson R22 Beta
G-SCAN	Wallis WA116/100/R
G-SCBI	SOCATA TB-20 Trinidad
G-SCCZ	CZAW Sportcruiser
G-SCFO	Cameron O-77
G-SCHI	AS350B2 Ecureuil
G-SCHO	Robinson R22 Beta
G-SCII	Agusta A109C
G-SCIP	SOCATA TB-20 Trinidad GT
G-SCLX	FLS Aerospace Sprint 160
G-SCNN	S-H Standard Cirrus
G-SCOI	Agusta A109E Power
G-SCOL	Gippsland GA-8 Airvan
G-SCPD	Reality Escapade 912
G-SCPI	CZAW Sportcruiser
G-SCPL	Piper PA-28-140 Cruiser
G-SCRZ	CZAW Sportcruiser
G-SCSC	CZAW Sportcruiser
G-SCTA	Westland Scout AH1
G-SCUB	Piper PA-18-135 Super Cub
G-SCUD	Montgomerie-Bensen B8MR
G-SCUL	Rutan Cozy
G-SCZR	CZAW Sportcruiser
G-SDAT	Flight Design CTSW
G-SDAY	AS355F2 Ecureuil
G-SDCI	Bell 206B JetRanger
G-SDEV	DH.104 Dove 6
G-SDFM	EV-97 Eurostar
G-SDLW	Cameron O-105
G-SDOB	Tecnam P2002-EA Sierra
G-SDOI	Aeroprakt A22 Foxbat
G-SDOZ	Tecnam P92 Echo Super
G-SEAI	Cessna U206G
G-SEAJ	Cessna 525 CitationJet
G-SEAT	Colt 42A
G-SEBY	Ultramagic M-105
G-SEDO	Cameron N-105
G-SEED	Piper J-3C-65 Cub

Reg	Type	Reg	Type	Reg	Type
G-SEEE	P&M Quik GT450	G-SIIS	Pitts S-1S	G-SLII	Cameron O-90
G-SEEK	Cessna T210N	G-SIJJ	North American P-51D	G-SLIP	Reality Easy Raider R100
G-SEFC	Boeing 737-7Q8	G-SIJW	Scottish Avn Bulldog	G-SLMG	Diamond HK 36 TTC
G-SEFI	Robinson R44 Beta II	G-SILS	Pietenpol Skyscout	G-SLNT	Flight Design CTSW
G-SEGA	Cameron Sonic-90	G-SILY	Pegasus Quantum 15	G-SLNW	Robinson R22 Beta
G-SEIL	BN2B-26 Islander	G-SIMI	Cameron A-315	G-SLOK	Robinson R44 Beta II
G-SEJW	Piper PA-28-161 Warrior II	G-SIMM	Comco Ikarus C42	G-SLTN	SOCATA TB-20 Trinidad
G-SELC	Diamond DA.42 Twin Star	G-SIMP	Avtech Jabiru UL-450	G-SLYN	Piper PA-28-161 Warrior II
G-SELF	Europa Avn Europa	G-SIMS	Robinson R22 Beta	G-SMAC	MD.500N
G-SELL	Robin DR.400-180 Régent	G-SIMY	Piper PA-32-300	G-SMAN	Airbus A330-243
G-SELY	Agusta-Bell 206B JetRanger	G-SINK	Schleicher ASH 25	G-SMAS	BAC167 Strikemaster 80A
G-SEMI	Piper PA-44-180 Seminole	G-SIPA	SIPA 903	G-SMBM	Pegasus Quantum 912
G-SEMR	Cessna T206H	G-SIRA	EMB-135BJ Legacy	G-SMCL	Cessna 150M
G-SENA	Rutan LongEz	G-SIRD	Robinson R44 Beta II	G-SMDH	Europa Avn Europa XS
G-SEND	Colt 90A	G-SIRE	Best Off Sky Ranger Swift	G-SMDJ	AS350B2 Ecureuil
G-SENE	Piper PA-34-200T Seneca II	G-SIRJ	Cessna 680 Sovereign	G-SMIG	Cameron O-65
G-SENX	Piper PA-34-200T Seneca II	G-SIRO	Dassault Falcon 900EX	G-SMKM	Cirrus SR20
G-SEPT	Cameron N-105	G-SIRS	Cessna 560XL Citation Excel	G-SMMA	Cessna F406
G-SERE	Diamond DA.42 Twin Star	G-SISI	Schempp-Hirth Duo Discus	G-SMMB	Cessna F406
G-SERL	SOCATA TB-10 Tobago	G-SISU	P&M Quik GT450	G-SMRS	Cessna 172F
G-SERV	Cameron N-105	G-SITA	Pegasus Quantum 912	G-SMRT	Lindstrand LBL 260A
G-SETI	Sky 80-16	G-SIVJ	SA.341C Gazelle HT2	G-SMTH	Piper PA-28-140 Cherokee C
G-SEVA	Replica Plans SE.5A	G-SIVR	MD.900 Explorer	G-SMTJ	Airbus A321-211
G-SEVE	Cessna 172N	G-SIVW	Lake LA-250	G-SMYK	PZL-Swidnik PW-5 Smyk
G-SEVN	Van's RV-7	G-SIXC	Douglas DC-6B	G-SNAK	Lindstrand LBL 105A
G-SEWP	AS355F2 Ecureuil	G-SIXD	Piper PA-32-300	G-SNAL	Cessna 182T
G-SEXE	SF25C-2000 Falke	G-SIXS	Whittaker MW6-S	G-SNAP	Cameron V-77
G-SEXI	Cessna 172M	G-SIXT	Piper PA-28-161 Warrior II	G-SNEV	CFM Streak Shadow SA
G-SEXX	Piper PA-28-161 Warrior II	G-SIXX	Colt 77A	G-SNIF	Cameron A-300
G-SFAR	Comco Ikarus C42	G-SIXY	Van's RV-6	G-SNOG	Air Création 582/Kiss 400
G-SFCJ	Cessna 525 CitationJet	G-SIZZ	Avtech Jabiru J400	G-SNOP	Europa Avn Europa
G-SFLA	Comco Ikarus C42	G-SJBI	Pitts S-2C	G-SNOW	Cameron V-77
G-SFLB	Comco Ikarus C42	G-SJCH	BN2T-4S Islander	G-SNOZ	Europa Avn Europa
G-SFLY	Diamond DA.40 Star	G-SJEN	Comco Ikarus C42	G-SNUZ	Piper PA-28-161 Warrior II
G-SFOX	RotorWay Executive 90	G-SJES	EV-97 teamEurostar UK	G-SNZY	Learjet 45
G-SFPB	Cessna F406	G-SJKR	Lindstrand LBL 90A	G-SOAF	BAC167 Strikemaster 82A
G-SFRY	Thunder Ax7-77	G-SJMH	Robin DR.400-140B Major	G-SOAR	Pik 20E
G-SFSL	Cameron Z-105	G-SJPI	Dynamic WT9 UK	G-SOBI	Piper PA-28-181 Archer II
G-SFTZ	Slingsby T67M	G-SJSS	CL604 Challenger	G-SOCK	Pegasus Quik
G-SGEC	B200 Super King Air	G-SKAN	Cessna F172M	G-SOCT	Yakovlev Yak-50
G-SGEN	Comco Ikarus C42	G-SKCI	Rutan VariEze	G-SOEI	HS.748 Series 2A
G-SGSE	Piper PA-28-181 Archer II	G-SKEW	Mudry CAP.232	G-SOHO	Diamond DA.40D Star
G-SHAA	Enstrom 280-UK	G-SKIE	Steen Skybolt	G-SOKO	P-2 Kraguj
G-SHAF	Robinson R44 Beta II	G-SKII	Agusta-Bell 206B JetRanger	G-SOLA	Star-Lite SL-1
G-SHAK	Cameron Cabin	G-SKKY	Cessna 172S	G-SONA	SOCATA TB-10 Tobago
G-SHAN	Robinson R44 Beta II	G-SKNT	Pitts S-2A	G-SONX	Sonex
G-SHAR	Cessna 182T	G-SKOT	Cameron V-42	G-SOOC	Hughes 369HS
G-SHAY	Piper PA-28R-201T Arrow III	G-SKPG	Best Off Sky Ranger	G-SOOM	Glaser-Dirks DG-500M
G-SHED	Piper PA-28-181 Archer II	G-SKPH	Yakovlev Yak-50	G-SOOS	Colt 21A Cloudhopper
G-SHEE	P&M Quik GT450	G-SKRA	Best Off Sky Ranger	G-SOOT	Piper PA-28-180 Cherokee C
G-SHEZ	Pegasus Quik	G-SKRG	Best Off Sky Ranger	G-SOOZ	Rans S-6-ESN Coyote II
G-SHHH	Glaser-Dirks DG-100G	G-SKSW	Best Off Sky Ranger Swift	G-SOPH	Best Off Sky Ranger
G-SHIM	CFM Streak Shadow	G-SKUA	Stoddard-Hamilton GlaStar	G-SOPP	Enstrom 280FX
G-SHMI	EV-97 teamEurostar UK	G-SKYC	Slingsby T67M	G-SORA	Glaser-Dirks DG-500
G-SHMS	Agusta-Bell 206B JetRanger	G-SKYE	Cessna TU206G	G-SORT	Cameron N-90
G-SHOG	Colomban MC-15 Cri-Cri	G-SKYF	SOCATA TB-10 Tobago	G-SOUL	Cessna 310R
G-SHRK	Enstrom 280	G-SKYJ	Cameron Z-315	G-SOVA	Cessna 550 Citation II
G-SHRN	Schweizer 269C-1	G-SKYK	Cameron A-275	G-SOVB	Learjet 45
G-SHSH	Europa Avn Europa	G-SKYL	Cessna 182S	G-SOVC	Learjet 45
G-SHSP	Cessna 172S	G-SKYN	AS355F1 Ecureuil 2	G-SPAM	Avid Aerobat
G-SHUF	Mainair Blade	G-SKYO	Slingsby T67M200	G-SPAO	Eurocopter EC.135 T2+
G-SHUG	Piper PA-28R-201T Arrow III	G-SKYR	Cameron A-180	G-SPAT	Aero AT-3 R100
G-SHUU	Enstrom 280C	G-SKYT	III Sky Arrow 650 TC	G-SPCZ	CZAW Sportcruiser
G-SHUV	Woods Woody Pusher	G-SKYU	Cameron A-210	G-SPDR	DH.115 Sea Vampire T11
G-SHWK	Cessna 172S	G-SKYV	PA-28RT-201T Arrow IV	G-SPDY	Raj Hamsa X'Air Hawk
G-SIAI	SIAI Marchetti SF.260W	G-SKYW	AS355F1 Ecureuil	G-SPED	Alpi Pioneer 300
G-SIAM	Cameron V-90	G-SKYX	Cameron A-210	G-SPEE	Robinson R22 Beta
G-SICA	BN2B-20 Islander	G-SKYY	Cameron A-250	G-SPEL	Sky 220-24
G-SICB	BN2B-20 Islander	G-SLAC	Cameron N-77	G-SPEY	Agusta-Bell 206B JetRanger
G-SIGN	Piper PA-39 Twin Comanche	G-SLAK	Thruster T600N 450	G-SPFX	Rutan Cozy
G-SIIB	Pitts S-2B	G-SLCE	Cameron C-80	G-SPHU	Eurocopter EC.135 T2
G-SIIE	Pitts S-2B	G-SLCT	Diamond DA.42 Twin Star	G-SPIN	Pitts S-2A
G-SIII	Extra EA.300	G-SLEA	Mudry CAP.10B	G-SPIT	Spitfire FR.XIVe

Registration	Type	Registration	Type	Registration	Type
G-SPJE	Robinson R44 Beta II	G-STVT	CZAW Sportcruiser	G-TAGT	Robinson R22 Beta
G-SPMM	Best Off Sky Ranger Swift	G-STWO	ARV1 Super 2	G-TAIL	Cessna 150J
G-SPOG	Jodel DR.1050	G-STYL	Pitts S-1S	G-TAJF	Lindstrand LBL 77A
G-SPOR	B200 Super King Air	G-SUCH	Cameron V-77	G-TAKE	AS355F1 Ecureuil 2
G-SPUR	Cessna 550 Citation II	G-SUCK	Cameron Z-105	G-TALA	Cessna 152
G-SPVK	AS350B3 Ecureuil	G-SUCT	Robinson R22 Beta	G-TALB	Cessna 152
G-SPYS	Robinson R44 Beta II	G-SUEA	Diamond DA.42 Twin Star	G-TALC	Cessna 152
G-SRAH	S-H Mini-Nimbus C	G-SUEB	Piper PA-28-181 Archer III	G-TALD	Cessna F152
G-SRAW	Alpi Pioneer 300	G-SUED	Thunder Ax8-90	G-TALE	Piper PA-28-181 Archer II
G-SRDG	Dassault Falcon 7X	G-SUEL	P&M Quik GT450	G-TALF	Piper PA-24-250 Comanche
G-SRII	Reality Easy Raider 503	G-SUEY	Bell 206L LongRanger	G-TALG	Piper PA-28-151 Warrior
G-SROE	Westland Scout AH1	G-SUEZ	Agusta-Bell 206B JetRanger	G-TALH	Piper PA-28-181 Archer II
G-SRPH	Robinson R44	G-SUFF	Eurocopter EC.135 T1	G-TALN	RotorWay A600 Talon
G-SRUM	Aero AT-3 R100	G-SUFK	Eurocopter EC.135 P2+	G-TAMB	Schweizer 269D
G-SRVA	Cirrus SR20	G-SUKI	Piper PA-38-112 Tomahawk	G-TAMC	Schweizer 269D
G-SRVO	Cameron N-90	G-SULI	Diamond DA.40 Star	G-TAMD	Schweizer 269D
G-SRWN	Piper PA-28-161 Warrior II	G-SUMX	Robinson R22 Beta	G-TAME	Schweizer 269D
G-SRYY	Europa Avn Europa XS	G-SUMZ	Robinson R44 Beta II	G-TAMF	Bell 206B JetRanger
G-SSBS	Colt 77A	G-SUNN	Robinson R44	G-TAMR	Cessna 172S
G-SSCL	Hughes 369E	G-SUPA	Piper PA-18-150 Super Cub	G-TAMS	Beech A23-24
G-SSEA	ATR42-300	G-SURG	PA-30 Twin Comanche B	G-TANA	A C Tanarg 912S/iXess 15
G-SSEX	RotorWay Executive 162F	G-SURY	Eurocopter EC.135 T2	G-TAND	Robinson R44
G-SSIX	Rans S-6-116 Coyote II	G-SUSE	Europa Avn Europa XS	G-TANJ	Raj Hamsa X'Air 582
G-SSKY	BN2B-26 Islander	G-SUSI	Cameron V-77	G-TANK	Cameron N-90
G-SSLF	Lindstrand LBL 210A	G-SUSX	MD.900 Explorer	G-TANS	SOCATA TB-20 Trinidad
G-SSSC	Sikorsky S-76C	G-SUTD	Avtech Jabiru UL-D	G-TANY	EAA Acrosport II
G-SSSD	Sikorsky S-76C	G-SUTN	III Sky Arrow 650 TC	G-TAPE	Piper PA-23-250 Aztec D
G-SSSE	Sikorsky S-76C	G-SUZN	Piper PA-28-161 Warrior II	G-TAPS	PA-28RT-201T Arrow IV
G-SSTI	Cameron N-105	G-SUZY	Taylor Monoplane	G-TARN	Pietenpol Air Camper
G-SSWV	Sportavia RF5B	G-SVDG	Avtech Jabiru SK	G-TARR	P&M Quik
G-SSXX	Eurocopter EC.135 T2	G-SVEA	Piper PA-28-161 Warrior II	G-TART	Piper PA-28-236 Dakota
G-STAA	Robinson R44	G-SVEN	Centrair 101A Pegase	G-TASH	Cessna 172N
G-STAT	Cessna U206F	G-SVET	Yakovlev Yak-50	G-TASK	Cessna 404 Titan
G-STAV	Cameron O-84	G-SVGN	Cessna 680 Sovereign	G-TATA	Rotorsport UK MT-03
G-STAY	Cessna FR172K	G-SVIP	Cessna 421B Golden Eagle	G-TATO	Robinson R22 Beta
G-STCC	CL604 Challenger	G-SVIV	Stampe SV4C(G)	G-TATS	AS350B3 Ecureuil
G-STCH	Fiesler F156A-1	G-SVNC	Rolladen-Schneider LS4	G-TATT	Gardan GY-20 Minicab
G-STDL	Phillips ST2 Speedtwin	G-SVPN	Piper PA-32R-301T Saratoga	G-TAXI	Piper PA-23-250 Aztec E
G-STEA	Piper PA-28R-200 Arrow II	G-SVSB	Cessna 680 Sovereign	G-TAYC	Gulfstream IV-X
G-STEM	Stemme S10-V	G-SWAK	Oldfield Great Lakes	G-TAYI	Grob G115
G-STEN	Stemme S10	G-SWAT	Robinson R44 Beta II	G-TAYS	Cessna F152
G-STEP	Schweizer 269C	G-SWAY	Piper PA-18-95 Super Cub	G-TAZZ	DR 107 One Design
G-STER	Bell 206B JetRanger	G-SWCT	Flight Design CTSW	G-TBAE	BAe 146-200
G-STEU	Rolladen-Schneider LS6-18W	G-SWEE	Beech 95-B55 Baron	G-TBAG	Murphy Renegade 912
G-STEV	Jodel DR.221	G-SWEL	Hughes 369HS	G-TBBC	Pegasus Quantum 912
G-STGR	Agusta A109S Grand	G-SWLL	Aero AT-3 R100	G-TBEA	Cessna 525A CJ2
G-STHA	Piper PA-31-350 Chieftain	G-SWON	Pitts S-1S	G-TBGL	Agusta A109 II
G-STIG	Focke Wulf Fw44J	G-SWOT	Currie Super Wot	G-TBGT	SOCATA TB-20 Trinidad GT
G-STME	Stemme S10-VT	G-SWPR	Cameron N-56	G-TBHH	AS355F2 Ecureuil 2
G-STMP	Stampe SV4A	G-SWSW	Schempp-Hirth Ventus bT	G-TBIC	BAe 146-200
G-STNG	TL 2000 Sting Carbon	G-SWWM	SA.341C Gazelle HT2	G-TBIO	SOCATA TB-10 Tobago
G-STNS	Agusta A109A II	G-SXIX	Rans S-19	G-TBJP	Pegasus Quik
G-STOB	Raytheon 400A	G-SXTY	Learjet 60	G-TBLB	P&M Quik GT450
G-STOK	Colt 77B	G-SYCO	Europa Avn Europa	G-TBLY	EC.120B Colibri
G-STON	AS355N Ecureuil 2	G-SYEL	Aero AT-3 R100	G-TBMR	P&M Quik GT450
G-STOO	Starduster Too	G-SYFW	Replica War Fw190	G-TBMW	Murphy Renegade Spirit
G-STOP	Robinson R44 Beta II	G-SYGA	B200 Super King Air	G-TBOK	SOCATA TB-10 Tobago
G-STOW	Cameron Wine Box-90	G-SYLJ	EMB-135BJ Legacy	G-TBSV	SOCATA TB-20 Trinidad GT
G-STPH	Robinson R44	G-SYPS	MD.900 Explorer	G-TBTB	Robinson R44
G-STPI	Cameron A-250	G-SYWL	Aero AT-3 R100	G-TBTN	SOCATA TB-10 Tobago
G-STRF	Boeing 737-76N	G-TAAB	Cirrus SR22	G-TBXX	SOCATA TB-20 Trinidad
G-STRG	Cyclone AX2000	G-TAAC	Cirrus SR20	G-TBZI	SOCATA TB-21 Trinidad TC
G-STRH	Boeing 737-76N	G-TABS	Embraer EMB-110 P1	G-TBZO	SOCATA TB-20 Trinidad
G-STRL	AS355N Ecureuil 2	G-TABY	Cirrus SR20	G-TCAL	Robinson R44 Beta II
G-STRM	Cameron N-90	G-TACK	Grob G109B	G-TCAN	Colt 69A
G-STRX	Boeing 757-2Q8	G-TADC	Aeroprakt A22 Foxbat	G-TCAS	Cameron Z-275
G-STRY	Boeing 757-2Q8	G-TAFC	Maule M-7-235B	G-TCBA	Boeing 757-28A
G-STRZ	Boeing 757-258	G-TAFF	CASA 1-131E Jungmann	G-TCCA	Boeing 767-31K
G-STUA	Pitts S-2A	G-TAFI	Bü.133C Jungmeister	G-TCEE	Hughes 369HS
G-STUB	Pitts S-2B	G-TAGA	CL604 Challenger	G-TCHI	Spitfire Tr.9
G-STUE	Europa Avn Europa	G-TAGG	Eurocopter EC.135 T2	G-TCHO	Spitfire 9
G-STUF	Learjet 40	G-TAGH	B200 Super King Air	G-TCMM	Agusta-Bell 206B JetRanger
G-STUY	Robinson R44 Beta II	G-TAGR	Europa Avn Europa	G-TCNM	Tecnam P92-EA Echo

☐ G-TCNY	Pegasus Quik	
☐ G-TCOM	PA-30 Twin Comanche C	
☐ G-TCSM	Bell 206B JetRanger	
☐ G-TCTC	PA-28RT-201T Arrow IV	
☐ G-TCUB	Piper J-3C-65 Cub	
☐ G-TCXA	Airbus A330-243	
☐ G-TDOG	Scottish Avn Bulldog	
☐ G-TDRA	Cessna 172S	
☐ G-TDSA	Cessna F406	
☐ G-TDVB	Dyn'Aero MCR-01 ULC	
☐ G-TDYN	Dynamic WT9 UK	
☐ G-TEAS	A C Tanarg 912S/iXess 15	
☐ G-TEBZ	Piper PA-28R-201 Arrow III	
☐ G-TECC	Aeronca 7AC Champion	
☐ G-TECH	Commander 114	
☐ G-TECK	Cameron V-77	
☐ G-TECM	Tecnam P92-EM Echo	
☐ G-TECO	Tecnam P92-EA Echo	
☐ G-TECS	Tecnam P2002-EA Sierra	
☐ G-TEDB	Cessna F150L	
☐ G-TEDF	Cameron N-90	
☐ G-TEDI	Best Off Sky Ranger	
☐ G-TEDW	Air Création 582/Kiss 450	
☐ G-TEDY	Evans VP-1	
☐ G-TEEE	P&M Quik GT450	
☐ G-TEFC	Piper PA-28-140 Cherokee F	
☐ G-TEGS	Bell 206B JetRanger	
☐ G-TEHL	CFM Streak Shadow M	
☐ G-TELC	Rotorsport UK MT-03	
☐ G-TELY	Agusta A109A II	
☐ G-TEMB	Tecnam P2002-EA Sierra	
☐ G-TEMP	Piper PA-28-180 Cherokee E	
☐ G-TEMT	Hawker Tempest II	
☐ G-TENG	Extra EA.300/L	
☐ G-TENS	HOAC DV.20 Katana	
☐ G-TENT	Auster J/1N Alpha	
☐ G-TERN	Europa Avn Europa	
☐ G-TERR	Pegasus Quik	
☐ G-TERY	Piper PA-28-181 Archer II	
☐ G-TESI	Tecnam P2002-EA Sierra	
☐ G-TESR	Tecnam P2002-RG Sierra	
☐ G-TEST	Piper PA-34-200 Seneca	
☐ G-TETI	Cameron N-90	
☐ G-TEWS	Piper PA-28-140 Cherokee B	
☐ G-TEXA	BAe Jetstream 4101	
☐ G-TEXN	North American T-6G	
☐ G-TEXS	Van's RV-6	
☐ G-TEZZ	CZAW Sportcruiser	
☐ G-TFIN	Piper PA-32RT-300T Lance II	
☐ G-TFIX	Pegasus Quantum 912	
☐ G-TFLX	P&M Quik GT450	
☐ G-TFLY	Air Création 582/Kiss 450	
☐ G-TFOG	Best Off Sky Ranger	
☐ G-TFOX	Denney Kitfox 2	
☐ G-TFUN	Taifun 17E	
☐ G-TFYN	Piper PA-32RT-300 Lance II	
☐ G-TGDL	Robinson R44 Beta II	
☐ G-TGER	Gulfstream AA-5B	
☐ G-TGGR	EC.120B Colibri	
☐ G-TGRA	Agusta A109A	
☐ G-TGRD	Robinson R22 Beta	
☐ G-TGRE	Robinson R22 Alpha	
☐ G-TGRS	Robinson R22 Beta	
☐ G-TGRZ	Bell 206B JetRanger	
☐ G-TGTT	Robinson R44 Beta II	
☐ G-TGUN	Aero AT-3 R100	
☐ G-THAT	Raj Hamsa X'Air Falcon	
☐ G-THEA	Boeing E75	
☐ G-THEO	TEAM Mini-MAX 91	
☐ G-THIN	Cessna FR172E	
☐ G-THLA	Robinson R22 Beta	
☐ G-THMB	Van's RV-9A	
☐ G-THOE	Boeing 737-3Q8	
☐ G-THOF	Boeing 737-3Q8
☐ G-THOG	Boeing 737-31S
☐ G-THOH	Boeing 737-31S
☐ G-THOI	Boeing 737-36Q
☐ G-THOK	Boeing 737-36Q
☐ G-THOL	Boeing 737-36N
☐ G-THOM	Thunder Ax6-56
☐ G-THON	Boeing 737-36N
☐ G-THOO	Boeing 737-33V
☐ G-THOP	Boeing 737-3U3
☐ G-THOS	Thunder Ax7-77
☐ G-THOT	Avtech Jabiru SK
☐ G-THRF	Cessna 182S
☐ G-THRM	Schleicher ASW 27
☐ G-THSL	Piper PA-28R-201 Arrow III
☐ G-THZL	SOCATA TB-20 Trinidad
☐ G-TICH	Taylor Titch
☐ G-TIDS	Jodel D150
☐ G-TIGA	DH.82A Tiger Moth
☐ G-TIGC	AS332L Super Puma
☐ G-TIGE	AS332L Super Puma
☐ G-TIGF	AS332L Super Puma
☐ G-TIGG	AS332L Super Puma
☐ G-TIGJ	AS332L Super Puma
☐ G-TIGS	AS332L Super Puma
☐ G-TIGV	AS332L Super Puma
☐ G-TIII	Pitts S-2A
☐ G-TILE	Robinson R22 Beta
☐ G-TILI	Bell 206B JetRanger
☐ G-TIMB	Rutan VariEze
☐ G-TIMC	Robinson R44 Beta II
☐ G-TIMG	Beagle Terrier 3
☐ G-TIMH	Robinson R22 Beta
☐ G-TIMK	Piper PA-28-181 Archer II
☐ G-TIML	Cessna 172S
☐ G-TIMM	Folland Gnat T1
☐ G-TIMP	Aeronca 7BCM Champion
☐ G-TIMS	Falconar F-12A
☐ G-TIMY	Gardan GY80-160
☐ G-TIMZ	Robinson R44
☐ G-TINA	SOCATA TB-10 Tobago
☐ G-TING	Cameron O-120
☐ G-TINK	Robinson R22 Beta
☐ G-TINS	Cameron N-90
☐ G-TINT	EV-97A Eurostar
☐ G-TINY	Zlin Z-526F Trener
☐ G-TIPS	Tipsy Nipper T.66 Series
☐ G-TIVS	Rans S-6-ES Coyote II
☐ G-TIVV	EV-97 Eurostar
☐ G-TJAL	Avtech Jabiru UL-450
☐ G-TJAV	Pegasus Quik
☐ G-TJAY	Piper PA-22-135 Tri-Pacer
☐ G-TJDM	Van's RV-6A
☐ G-TKAY	Europa Avn Europa
☐ G-TKGR	Lindstrand Racing Car
☐ G-TKIS	Tri-R Kis
☐ G-TKPZ	Cessna 310R
☐ G-TLDK	Piper PA-22-150 Caribbean
☐ G-TLDL	Medway SLA 100 Executive
☐ G-TLEL	American Blimp A-60+
☐ G-TLET	Piper PA-28-161 Cadet
☐ G-TLFK	Cessna 680 Sovereign
☐ G-TLTL	Schempp-Hirth Discus CS
☐ G-TMAN	Roadster/Adventure Funflyer
☐ G-TMCB	Best Off Sky Ranger
☐ G-TMCC	Cameron N-90
☐ G-TMKI	Percival Provost T1
☐ G-TMOL	SOCATA TB-20 Trinidad
☐ G-TMRA	Short SD3-60 Variant 100
☐ G-TMRB	Short SD3-60 Variant 100
☐ G-TMRO	Short SD3-60 Variant 100
☐ G-TMUR	Agusta A109A II
☐ G-TNGO	Van's RV-9
☐ G-TNRG	A C Tanarg 912S/iXess 15
☐ G-TNTN	Thunder Ax6-56
☐ G-TOAD	Jodel D140B
☐ G-TOAK	SOCATA TB-20 Trinidad
☐ G-TOBA	SOCATA TB-10 Tobago
☐ G-TOBI	Cessna F172K
☐ G-TODG	Flight Design CTSW
☐ G-TOFT	Colt 90A
☐ G-TOGO	Van's RV-6A
☐ G-TOHS	Cameron V-31
☐ G-TOIL	Enstrom 480B
☐ G-TOLI	Robinson R44 Beta II
☐ G-TOLL	Piper PA-28R-201 Arrow III
☐ G-TOLY	Robinson R22 Beta
☐ G-TOMC	AT-6D Harvard III
☐ G-TOMJ	Flight Design CT2K
☐ G-TOMM	Robinson R22 Beta
☐ G-TOMS	Piper PA-38-112 Tomahawk
☐ G-TOMX	Dyn'Aero MCR-01
☐ G-TOMZ	Denney Kitfox 2
☐ G-TONN	Pegasus Quik
☐ G-TONS	Slingsby T67M200
☐ G-TOOB	Schempp-Hirth Discus 2b
☐ G-TOOL	Thunder Ax8-105
☐ G-TOOT	Dyn'Aero MCR-01 Club
☐ G-TOPC	AS355F1 Ecureuil 2
☐ G-TOPK	Europa Avn Europa XS
☐ G-TOPO	Piper PA-23-250 Aztec E
☐ G-TOPS	AS355F1 Ecureuil 2
☐ G-TOPZ	SA.342J Gazelle
☐ G-TORC	Piper PA-28R-200 Arrow II
☐ G-TORI	Zenair CH.701SP
☐ G-TORK	Cameron Z-105
☐ G-TORN	Flight Design CTSW
☐ G-TOSH	Robinson R22 Beta
☐ G-TOTN	Cessna 210M
☐ G-TOTO	Cessna F177RG
☐ G-TOUR	Robin R2112 Alpha
☐ G-TOWS	Piper PA-25-260 Pawnee C
☐ G-TOYA	Boeing 737-3Q8
☐ G-TOYB	Boeing 737-3Q8
☐ G-TOYC	Boeing 737-3Q8
☐ G-TOYD	Boeing 737-3Q8
☐ G-TOYE	Boeing 737-33A
☐ G-TOYF	Boeing 737-36N
☐ G-TOYG	Boeing 737-36N
☐ G-TOYH	Boeing 737-36N
☐ G-TOYI	Boeing 737-3Q8
☐ G-TOYJ	Boeing 737-36N
☐ G-TOYK	Boeing 737-33R
☐ G-TOYM	Boeing 737-36Q
☐ G-TOYZ	Bell 206B JetRanger
☐ G-TPAL	P&M Quik GT450
☐ G-TPSL	Cessna 182S
☐ G-TPWL	P&M Quik GT450
☐ G-TRAC	Robinson R44
☐ G-TRAM	Pegasus Quantum 912
☐ G-TRAN	Beech 76 Duchess
☐ G-TRAT	Pilatus PC-12/47
☐ G-TRAX	Cessna F172M
☐ G-TRBO	Schleicher ASW 28-18E
☐ G-TRCY	Robinson R44
☐ G-TREC	Cessna 421C Golden Eagle
☐ G-TREE	Bell 206B JetRanger
☐ G-TREK	Jodel D18
☐ G-TREX	Alpi Pioneer 300
☐ G-TRIB	Lindstrand LBL Hs-110
☐ G-TRIC	DHC-1 Chipmunk 22A
☐ G-TRIG	Cameron Z-90
☐ G-TRIM	Monnett Moni
☐ G-TRIN	SOCATA TB-20 Trinidad
☐ G-TRNT	Robinson R44 Beta II
☐ G-TROP	Cessna T310R

Registration	Type	Registration	Type	Registration	Type
G-TROY	North American T28A	G-TWSR	Silence Twister	G-UPFS	Waco UPF-7
G-TRTM	DG-800B	G-TWSS	Silence Twister	G-UPHI	Best Off Sky Ranger Swift
G-TRUD	Enstrom 480	G-TWST	Silence Twister	G-UPHL	Cameron C-80
G-TRUE	Hughes 369E	G-TWTW	Denney Kitfox 2	G-UPPI	BAC167 Strikemaster 80A
G-TRUK	Glasair RG	G-TXAN	AT-6D Harvard III	G-UPPP	Colt 77A
G-TRUX	Colt 77A	G-TYAK	Yakovlev Yak-52	G-UPPY	Cameron DP-80
G-TRYK	Air Création 582//Kiss 450	G-TYCN	Agusta A109E Power	G-UPTA	Best Off Sky Ranger
G-TRYX	Enstrom 480B	G-TYER	Robin DR.400/500	G-UPUP	Cameron V-77
G-TSAC	Tecnam P2002-EA Sierra	G-TYGA	Gulfstream AA-5B	G-UPUZ	Lindstrand LBL 120A
G-TSDS	Piper PA-32R-301 Saratoga	G-TYGR	Best Off Sky Ranger	G-UROP	Beech 95-B55 Baron
G-TSGA	Piper PA-28R-201 Arrow III	G-TYKE	Avtech Jabiru UL-450	G-URRR	Air Command 582 Sport
G-TSGE	Cirrus SR20	G-TYMO	DH.82A Tiger Moth	G-URUS	Maule MX-7-180B
G-TSGJ	Piper PA-28-181 Archer II	G-TYMS	Cessna 172P	G-USAA	Cessna F150G
G-TSIX	AT-6C Harvard IIA	G-TYNE	SOCATA TB-20 Trinidad	G-USAM	Cameron Uncle Sam
G-TSJF	Cessna 525B CJ3	G-TYRE	Cessna F172M	G-USAR	Cessna 441 Conquest
G-TSKD	Raj Hamsa X'Air Jabiru	G-TZEE	SOCATA TB-10 Tobago	G-USIL	Thunder Ax7-77
G-TSKY	Beagle B121 Pup 2	G-TZII	Thorp T211(B)	G-USKY	Aviat A-1B Husky
G-TSLC	Schweizer 269C-1	G-UACA	Best Off Sky Ranger	G-USMC	Cameron Chesty-90
G-TSOB	Rans S-6-ES Coyote II	G-UAKE	North American P-51D	G-USRV	Van's RV-8
G-TSOL	EAA Acrosport	G-UANO	Chipmunk Mk20	G-USSI	Glasair III
G-TSUE	Europa Avn Europa	G-UANT	Piper PA-28-140 Cherokee F	G-USSR	Cameron Doll-90
G-TSWI	Lindstrand LBL 90A	G-UAPA	Robin DR.400-140B Major	G-USSY	Piper PA-28-181 Archer II
G-TTDD	Zenair CH.701 STOL	G-UAPO	Ruschmeyer R90-230RG	G-USTH	Agusta A109A II
G-TTFG	Colt 77B	G-UAVA	PA-30 Twin Comanche	G-USTS	Agusta A109A II
G-TTHC	Robinson R22 Beta	G-UCCC	Cameron Sign-90	G-USTY	Clutton FRED Series III
G-TTIC	Airbus A321-231	G-UCLU	Schleicher ASK 21	G-UTSI	Rand KR-2
G-TTID	Airbus A321-231	G-UDGE	Thruster T600N	G-UTSY	Piper PA-28R-201 Arrow III
G-TTIE	Airbus A321-231	G-UDMS	Piper PA-46R-350T	G-UTTS	Robinson R44
G-TTIF	Airbus A321-231	G-UDOG	Scottish Avn Bulldog	G-UTZI	Robinson R44 Beta II
G-TTIG	Airbus A321-231	G-UFAW	Raj Hamsa X'Air 582	G-UURO	EV-97 Eurostar
G-TTIH	Airbus A321-231	G-UFCB	Cessna 172S	G-UVBF	Lindstrand LBL 400A
G-TTII	Airbus A321-231	G-UFCC	Cessna 172S	G-UVIP	Cessna 421C Golden Eagle
G-TTMB	Bell 206B JetRanger	G-UFCD	Cessna 172S	G-UVNR	BAC167 Strikemaster 87
G-TTOB	Airbus A320-232	G-UFCE	Cessna 172S	G-UYAD	CL604 Challenger
G-TTOC	Airbus A320-232	G-UFCF	Cessna 172S	G-UZEL	SA.341G Gazelle 1
G-TTOD	Airbus A320-232	G-UFCG	Cessna 172S	G-UZLE	Colt 77A
G-TTOE	Airbus A320-232	G-UFCH	Cessna 172S	G-UZUP	EV-97 Eurostar
G-TTOF	Airbus A320-232	G-UFCI	Cessna 172S	G-UZZY	Enstrom 480
G-TTOG	Airbus A320-232	G-UFCJ	Cessna 172S	G-VAAC	Piper PA-28-181 Archer III
G-TTOH	Airbus A320-232	G-UFLY	Cessna F150H	G-VAIR	Airbus A340-313
G-TTOI	Airbus A320-232	G-UHIH	Bell UH-1H Iroquois	G-VALI	Cessna 182S
G-TTOJ	Airbus A320-232	G-UILA	Aquila AT01	G-VALS	Pietenpol Air Camper
G-TTOY	CFM Streak Shadow SA	G-UILD	Grob G109B	G-VALV	Robinson R44
G-TTRL	Van's RV-9A	G-UILE	Lancair 320	G-VALY	SOCATA TB-21 Trinidad
G-TUBB	Avtech Jabiru UL-450	G-UILT	Cessna T303	G-VALZ	Cameron N-120
G-TUCK	Van's RV-8	G-UINN	Starduster Too Sa300	G-VANA	Gippsland GA-8 Airvan
G-TUDR	Cameron V-77	G-UIST	BAe Jetstream 31	G-VAND	Gippsland GA-8 Airvan
G-TUGG	Piper PA-18-150 Super Cub	G-UJAB	Avtech Jabiru UL-450	G-VANN	Van's RV-7A
G-TUGI	CZAW Sportcruiser	G-UJGK	Avtech Jabiru UL-450	G-VANS	Van's RV-4
G-TUGS	Piper PA-25-235 Pawnee D	G-UKAT	Aero AT-3	G-VANX	Gippsland GA-8 Airvan
G-TUGY	Robin DR.400-180 Régent	G-UKAW	Agusta A109E Power	G-VANZ	Van's RV-6A
G-TULP	Lindstrand Tulips	G-UKOZ	Avtech Jabiru SK	G-VARG	Varga 2150A Kachina
G-TUNE	Robinson R22 Beta	G-UKPS	Cessna 208	G-VART	RotorWay Executive 90
G-TURF	Cessna F406	G-UKUK	Head Ax8-105	G-VAST	Boeing 747-41R
G-TUSA	Pegasus Quantum 912	G-ULAS	DHC-1 Chipmunk 22	G-VATL	Airbus A340-642
G-TUTU	Cameron O-105	G-ULES	AS355F2 Ecureuil 2	G-VBCA	Cirrus SR22
G-TVAM	MBB BÖ.105DBS-4	G-ULHI	Scottish Avn Bulldog	G-VBFA	Ultramagic N-250
G-TVBF	Lindstrand LBL 310A	G-ULIA	Cameron V-77	G-VBFB	Ultramagic N-355
G-TVCO	Gippsland GA-8 Airvan	G-ULPS	Everett Gyroplane	G-VBFC	Ultramagic N-250
G-TVEE	Hughes 369HS	G-ULSY	Comco Ikarus C42	G-VBFD	Ultramagic N-250
G-TVHD	AS355F2 Ecureuil 2	G-ULTR	Cameron A-105	G-VBFE	Ultramagic N-355
G-TVII	Hawker Hunter T7	G-UMAS	Rotorsport UK MT-03	G-VBFF	Lindstrand LBL 360A
G-TVIJ	CCF Harvard 4	G-UMMI	Piper PA-31 Navajo C	G-VBFG	Cameron Z-350
G-TVTV	Cameron TV-90	G-UMMY	Best Off Sky Ranger	G-VBFH	Cameron Z-350
G-TWAZ	Rolladen-Schneider LS7-WL	G-UNDD	Piper PA-23-250 Aztec E	G-VBFJ	Cameron Z-350
G-TWEL	Piper PA-28-181 Archer III	G-UNER	Lindstrand LBL 90A	G-VBFK	Cameron Z-350
G-TWEY	Colt 69A	G-UNGE	Lindstrand LBL 90A	G-VBFM	Cameron Z-375
G-TWIN	Piper PA-44-180 Seminole	G-UNGO	Pietenpol Air Camper	G-VBFN	Cameron Z-375
G-TWIZ	Commander 114	G-UNIN	Schempp-Hirth Ventus b	G-VBFO	Cameron Z-375
G-TWNN	Beech 76 Duchess	G-UNIV	Montgomerie Two Place	G-VBFF	Ultramagic N-425
G-TWOA	Schempp-Hirth Discus 2a	G-UNIX	VPM M16 Tandem Trainer	G-VBIG	Boeing 747-4Q8
G-TWOC	Schempp-Hirth Ventus 2cT	G-UNNA	Avtech Jabiru UL-450WW	G-VBLU	Airbus A340-642
G-TWOT	Schempp-Hirth Discus 2T	G-UNRL	Lindstrand LBL RR21		

Registration	Type	Registration	Type	Registration	Type
☐ G-VBUG	Airbus A340-642	☐ G-VIKY	Cameron A-120	☐ G-VROM	Boeing 747-443
☐ G-VCED	Airbus A320-231	☐ G-VILA	Avtech Jabiru UL-450	☐ G-VROS	Boeing 747-443
☐ G-VCIO	EAA Acrosport II	☐ G-VILL	Laser Z200	☐ G-VROY	Boeing 747-443
☐ G-VCJH	Robinson R22 Beta	☐ G-VINH	Flight Design CTSW	☐ G-VRTX	Enstrom 280FX
☐ G-VCML	Beech 58 Baron	☐ G-VINO	Sky 90-24	☐ G-VRVI	Cameron O-90
☐ G-VCXT	Schempp-Hirth Ventus 2cT	☐ G-VIPA	Cessna 182S	☐ G-VSEA	Airbus A340-311
☐ G-VDOG	Cessna 305C	☐ G-VIPH	Agusta A109C	☐ G-VSGE	Cameron O-105
☐ G-VECD	Robin R1180T Aiglon	☐ G-VIPI	BAe.125-800B	☐ G-VSHY	Airbus A340-642
☐ G-VECG	Robin R2160 Alpha Sport	☐ G-VIPP	Piper PA-31-350 Chieftain	☐ G-VSIX	Schempp-Hirth Ventus 2cT
☐ G-VECT	Cessna 560XL Citation XLS	☐ G-VIPR	EC.120B Colibri	☐ G-VSSH	Airbus A340-642
☐ G-VEGA	Slingsby T65A Vega	☐ G-VIPU	Piper PA-31-350 Chieftain	☐ G-VSUN	Airbus A340-313
☐ G-VFII	Airbus A340-642	☐ G-VIPV	Piper PA-31-350 Chieftain	☐ G-VTAL	Beech V35 Bonanza
☐ G-VEIT	Robinson R44 Beta II	☐ G-VIPW	Piper PA-31-350 Chieftain	☐ G-VTCT	Schempp-Hirth Ventus 2cT
☐ G-VELA	SIAI Marchetti S.205 22/R	☐ G-VIPX	Piper PA-31-350 Chieftain	☐ G-VTII	DH.115 Vampire T11
☐ G-VELD	Airbus A340-313	☐ G-VIPY	Piper PA-31-350 Chieftain	☐ G-VTOP	Boeing 747-4Q8
☐ G-VENC	Schempp-Hirth Ventus 2cT	☐ G-VIPZ	Sikorsky S-61N	☐ G-VTUS	Schempp-Hirth Ventus 2cT
☐ G-VENI	DH.112 Venom FB1	☐ G-VITE	Robin R1180T Aiglon	☐ G-VTWO	Schempp-Hirth Ventus 2c
☐ G-VENM	DH.112 Venom FB1	☐ G-VITL	Lindstrand LBL 105A	☐ G-VUEA	Cessna 550 Citation II
☐ G-VENT	Schempp-Hirth Ventus 2cM	☐ G-VIVA	Thunder Ax7-65 Bolt	☐ G-VUEM	Cessna 501 Citation I
☐ G-VERA	Gardan GY-201 Minicab	☐ G-VIVI	Taylor Titch	☐ G-VUEZ	Cessna 550 Citation II
☐ G-VERN	Piper PA-32R-300 Lance	☐ G-VIVM	P84 Jet Provost	☐ G-VVBF	Colt 315A
☐ G-VETA	Hawker Hunter T7	☐ G-VIVO	Nicollier HN700 Menestrel	☐ G-VVBK	Piper PA-34-200T Seneca II
☐ G-VETS	Enstrom 280C-UK	☐ G-VIVS	Piper PA-28-151 Warrior	☐ G-VVBL	Robinson R44 Beta II
☐ G-VEYE	Robinson R22	☐ G-VIXN	DH.110 Sea Vixen	☐ G-VVIP	Cessna 421C Golden Eagle
☐ G-VEZE	Rutan VariEze	☐ G-VIXX	Alpi Pioneer 300	☐ G-VVPA	CL604 Challenger
☐ G-VFAB	Boeing 747-4Q8	☐ G-VIZA	Lindstrand LBL 260A	☐ G-VVTV	Diamond DA.42 Twin Star
☐ G-VFAR	Airbus A340-313	☐ G-VIZZ	Sportavia Rs180	☐ G-VVVV	Best Off Sky Ranger
☐ G-VFAS	Piper PA-28R-200 Arrow II	☐ G-VJAB	Avtech Jabiru UL-450	☐ G-VVWW	Enstrom 280FX
☐ G-VFIT	Airbus A340-642	☐ G-VJET	Avro Vulcan B2	☐ G-VWEB	Airbus A340-642
☐ G-VFIZ	Airbus A340-642	☐ G-VJIM	Colt Jumbo-2	☐ G-VWIN	Airbus A340-642
☐ G-VFOX	Airbus A340-642	☐ G-VKIT	Europa Avn Europa	☐ G-VWKD	Airbus A340-642
☐ G-VGAG	Cirrus SR20	☐ G-VKUP	Cameron Z-90	☐ G-VWOW	Boeing 747-41R
☐ G-VGAL	Boeing 747-443	☐ G-VLCC	Schleicher ASW 27	☐ G-VXLG	Boeing 747-41R
☐ G-VGAS	Airbus A340-642	☐ G-VLCN	Avro Vulcan B2	☐ G-VYGR	Colt 120A
☐ G-VGMB	Eurocopter EC.135 P2+	☐ G-VLIP	Boeing 747-443	☐ G-VYOU	Airbus A340-642
☐ G-VGMC	AS355N Ecureuil 2	☐ G-VMCG	Piper PA-38-112 Tomahawk	☐ G-WAAC	Cameron N-56
☐ G-VGOA	Airbus A340-642	☐ G-VMDE	Cessna P210N	☐ G-WAAN	MBB BÖ.105DB
☐ G-VGVG	ICP MXP-740 Savannah	☐ G-VMEG	Airbus A340-642	☐ G-WAAS	MBB BÖ.105DBS-4
☐ G-VHOL	Airbus A340-311	☐ G-VMJM	SOCATA TB-10 Tobago	☐ G-WACB	Cessna F152
☐ G-VHOT	Boeing 747-4Q8	☐ G-VMSL	Robinson R22 Alpha	☐ G-WACE	Cessna F152
☐ G-VIBA	Cameron DP-80	☐ G-VNAP	Airbus A340-642	☐ G-WACF	Cessna 152
☐ G-VICC	Piper PA-28-161 Warrior II	☐ G-VNOM	DH.112 Venom FB50	☐ G-WACG	Cessna 152
☐ G-VICE	Hughes 369E	☐ G-VNON	Reality Escapade Jabiru	☐ G-WACH	Cessna FA152
☐ G-VICI	DH.112 Venom FB1	☐ G-VNTS	Schempp-Hirth Ventus bT	☐ G-WACI	Beech 76 Duchess
☐ G-VICM	Beech F33C Bonanza	☐ G-VNUS	Hughes 269C	☐ G-WACJ	Beech 76 Duchess
☐ G-VICS	Commander 114B	☐ G-VOAR	Piper PA-28-181 Archer III	☐ G-WACL	Cessna F172N
☐ G-VICT	Piper PA-31 Turbo Navajo B	☐ G-VOCE	Robinson R22 Beta	☐ G-WACO	Waco UPF-7
☐ G-VIEW	Wallis WA116/L	☐ G-VODA	Cameron N-77	☐ G-WACT	Cessna F152
☐ G-VIIA	Boeing 777-236	☐ G-VOGE	Airbus A340-642	☐ G-WACU	Cessna FA152
☐ G-VIIB	Boeing 777-236	☐ G-VOID	Piper PA-28RT-201 Arrow IV	☐ G-WACW	Cessna 172P
☐ G-VIIC	Boeing 777-236	☐ G-VOIP	SA.341G Gazelle HT3	☐ G-WACY	Cessna F172P
☐ G-VIID	Boeing 777-236	☐ G-VOLO	Alpi Pioneer 300	☐ G-WADI	Piper PA-46-350P
☐ G-VIIE	Boeing 777-236	☐ G-VOLP	Lindstrand LBL 150A	☐ G-WADS	Robinson R22 Beta
☐ G-VIIF	Boeing 777-236	☐ G-VONA	Sikorsky S-76A	☐ G-WAGG	Robinson R22 Beta
☐ G-VIIG	Boeing 777-236	☐ G-VONB	Sikorsky S-76B	☐ G-WAGN	Stinson 108-3
☐ G-VIIH	Boeing 777-236	☐ G-VONC	Sikorsky S-76B	☐ G-WAGS	Robinson R44 Beta II
☐ G-VIIJ	Boeing 777-236	☐ G-VOND	Bell 222	☐ G-WAHL	QAC Quickie
☐ G-VIIK	Boeing 777-236	☐ G-VONE	AS355N Ecureuil 2	☐ G-WAIN	Cessna 550 Citation II
☐ G-VIIL	Boeing 777-236	☐ G-VONG	AS355F1 Ecureuil 2	☐ G-WAIR	Piper PA-32-301 Saratoga
☐ G-VIIM	Boeing 777-236	☐ G-VONH	AS355F1 Ecureuil 2	☐ G-WAIT	Cameron V-77
☐ G-VIIN	Boeing 777-236	☐ G-VONJ	Raytheon RB390 Premier 1	☐ G-WAKE	Mainair Blade 912
☐ G-VIIO	Boeing 777-236	☐ G-VONK	AS355F1 Ecureuil 2	☐ G-WAKY	Cyclone AX2000
☐ G-VIIP	Boeing 777-236	☐ G-VONS	Piper PA-32R-301T Saratoga	☐ G-WALI	Robinson R44 Beta II
☐ G-VIIR	Boeing 777-236	☐ G-VOOM	Pitts S-1S	☐ G-WALY	Maule MX-7-180
☐ G-VIIS	Boeing 777-236	☐ G-VORN	EV-97 Eurostar	☐ G-WAMS	Piper PA-28R-201 Arrow
☐ G-VIIT	Boeing 777-236	☐ G-VPAT	Evans VP-1 Series 2	☐ G-WANT	Robinson R22 Beta
☐ G-VIIU	Boeing 777-236	☐ G-VPCB	Evans VP-1 Series 2	☐ G-WARA	Piper PA-28-161 Warrior III
☐ G-VIIV	Boeing 777-236	☐ G-VPPL	SOCATA TB-20 Trinidad	☐ G-WARB	Piper PA-28-161 Warrior III
☐ G-VIIW	Boeing 777-236	☐ G-VPSJ	Europa Avn Europa	☐ G-WARD	Taylor Monoplane
☐ G-VIIX	Boeing 777-236	☐ G-VRED	Airbus A340-642	☐ G-WARE	Piper PA-28-161 Warrior III
☐ G-VIIY	Boeing 777-236	☐ G-VROC	Boeing 747-41R	☐ G-WARH	Piper PA-28-161 Warrior III
☐ G-VIIZ	CZAW Sportcruiser	☐ G-VROD	Aeroprakt A22 Foxbat	☐ G-WARO	Piper PA-28-161 Warrior III
☐ G-VIKE	Bellanca 17-30A	☐ G-VROE	Avro 652A Anson T21	☐ G-WARP	Cessna 182F

☐ G-WARR	Piper PA-28-161 Warrior II	
☐ G-WARS	Piper PA-28-161 Warrior III	
☐ G-WARU	Piper PA-28-161 Warrior III	
☐ G-WARV	Piper PA-28-161 Warrior III	
☐ G-WARW	Piper PA-28-161 Warrior III	
☐ G-WARX	Piper PA-28-161 Warrior III	
☐ G-WARY	Piper PA-28-161 Warrior III	
☐ G-WARZ	Piper PA-28-161 Warrior III	
☐ G-WASN	Eurocopter EC.135 T2+	
☐ G-WATJ	B200GT Super King Air	
☐ G-WATR	Christen A-1 Husky	
☐ G-WAVA	Robin HR.200/120B	
☐ G-WAVE	Grob G109B	
☐ G-WAVI	Robin HR.200/120B	
☐ G-WAVN	Robin HR.200-120B	
☐ G-WAVS	Piper PA-28-161 Warrior III	
☐ G-WAVT	Robin R2160i	
☐ G-WAVV	Robin HR.200-120B	
☐ G-WAVY	Grob G109B	
☐ G-WAZP	Best Off Sky Ranger	
☐ G-WAZZ	Pitts S-1S	
☐ G-WBAT	Wombat	
☐ G-WBEV	Cameron N-77	
☐ G-WBHH	Bell 206B JetRanger	
☐ G-WBLY	Pegasus Quik	
☐ G-WBMG	Cameron N Ele-90	
☐ G-WBTS	Falconar F-11	
☐ G-WBVS	Diamond DA.40D Star	
☐ G-WCAO	Eurocopter EC.135 T2	
☐ G-WCAT	Colt Flying Mitt	
☐ G-WCCI	EMB-135BJ Legacy	
☐ G-WCCP	B200 Super King Air	
☐ G-WCEI	Morane Saulnier MS.894E	
☐ G-WCOM	Robinson R44	
☐ G-WCRD	SA.341G Gazelle 1	
☐ G-WCUB	Piper PA-18-150 Super Cub	
☐ G-WDEB	Thunder Ax7-77	
☐ G-WDEV	SA.341G Gazelle 1	
☐ G-WDGC	Rolladen-Schneider LS8-18	
☐ G-WDKR	AS355F1 Ecureuil 2	
☐ G-WEBS	Champion 7ECA	
☐ G-WEEK	Best Off Sky Ranger	
☐ G-WEGO	Robinson R44 Beta II	
☐ G-WELI	Cameron N-77	
☐ G-WELS	Cameron N-65	
☐ G-WELY	Agusta A109E Power	
☐ G-WEMS	Robinson R44	
☐ G-WENA	AS355F2 Ecureuil 2	
☐ G-WEND	Piper PA-28RT-201 Arrow IV	
☐ G-WERY	SOCATA TB-20 Trinidad	
☐ G-WESX	CFM Streak Shadow	
☐ G-WETI	Cameron N-31	
☐ G-WFFW	Piper PA-28-161 Warrior II	
☐ G-WFLY	Pegasus Quik	
☐ G-WFOX	Robinson R22 Beta	
☐ G-WGCS	Piper PA-18-95 Super Cub	
☐ G-WGHB	Lockheed T-33 Silver Star	
☐ G-WGSC	Pilatus PC-6/B2-H4	
☐ G-WGSI	A C Tanarg 912S/iXess 15	
☐ G-WHAM	AS350B3 Ecureuil	
☐ G-WHAT	Colt 77A	
☐ G-WHEE	Pegasus Quantum 912	
☐ G-WHEN	Tecnam P92-EM Echo	
☐ G-WHIM	Colt 77A	
☐ G-WHOA	EV-97 Eurostar	
☐ G-WHOG	CFM Streak Shadow	
☐ G-WHOO	RotorWay Executive 162F	
☐ G-WHRL	Schweizer 269C	
☐ G-WHST	AS350B2 Ecureuil	
☐ G-WIBB	Jodel D18	
☐ G-WIBS	CASA 1-131E Jungmann	
☐ G-WICH	Clutton FRED Series II	
☐ G-WIDZ	Staaken Z-21 Flitzer	
☐ G-WIEZ	Cameron C-80	
☐ G-WIFE	Cessna R182	
☐ G-WIFI	Cameron Z-90	
☐ G-WIGY	Pitts S-1S	
☐ G-WIII	Schempp-Hirth Ventus-bT	
☐ G-WIIZ	Agusta-Bell 206B JetRanger	
☐ G-WILB	Ultramagic M-105	
☐ G-WILD	Pitts S-1T	
☐ G-WILG	PZL-104 Wilga 35	
☐ G-WILT	Comco Ikarus C42	
☐ G-WIMP	Colt 56A	
☐ G-WINA	Cessna 560XL Citation Excel	
☐ G-WINH	EV-97 teamEurostar UK	
☐ G-WINK	Grumman AA-5B Tiger	
☐ G-WINN	Starduster Too Sa200	
☐ G-WINS	Piper PA-32-300	
☐ G-WINT	Pilatus PC-12/47	
☐ G-WIRE	AS355F1 Ecureuil 2	
☐ G-WIRL	Robinson R22 Beta	
☐ G-WISE	Piper PA-28-181 Archer III	
☐ G-WISZ	Steen Skybolt	
☐ G-WIWI	Sikorsky S-76C	
☐ G-WIXI	Mudry CAP.10B	
☐ G-WIZA	Robinson R22 Beta	
☐ G-WIZI	Enstrom 280FX	
☐ G-WIZR	Robinson R22 Beta	
☐ G-WIZS	Pegasus Quik	
☐ G-WIZY	Robinson R22 Beta	
☐ G-WIZZ	Agusta-Bell 206B JetRanger	
☐ G-WJAC	Cameron TR-70	
☐ G-WJCJ	Eurocopter EC.155 B1	
☐ G-WLAC	Piper PA-18-150 Super Cub	
☐ G-WLDN	Robinson R44	
☐ G-WLGC	Piper PA-28-181 Archer III	
☐ G-WLKI	Lindstrand LBL 150A	
☐ G-WLLS	Rolladen-Schneider LS8-18	
☐ G-WLMS	Mainair Blade 912	
☐ G-WLSN	Best Off Sky Ranger	
☐ G-WLVS	Dassault Falcon 2000EX	
☐ G-WMAO	Eurocopter EC.135 P2+	
☐ G-WMAS	Eurocopter EC.135 T2	
☐ G-WMLT	Cessna 182Q	
☐ G-WMTM	Gulfstream AA-5B	
☐ G-WMWM	Robinson R44	
☐ G-WNAA	Agusta A109E Power	
☐ G-WNCH	B200 Super King Air	
☐ G-WNGS	Cameron N-105	
☐ G-WNTR	Piper PA-28-161 Warrior II	
☐ G-WOCO	Waco YMF-5C	
☐ G-WOFM	Agusta A109E Power	
☐ G-WOLF	Piper PA-28-140 Cruiser	
☐ G-WONE	Schempp-Hirth Ventus 2cT	
☐ G-WONN	Eurocopter EC.135 T2+	
☐ G-WOOD	Beech 95-B55A Baron	
☐ G-WOOF	Enstrom 480	
☐ G-WOOL	Colt 77A	
☐ G-WORM	Thruster T600N	
☐ G-WOWA	DHC-8-311	
☐ G-WOWB	DHC-8-311	
☐ G-WOWC	DHC-8-311	
☐ G-WOWD	DHC-8-311	
☐ G-WOWE	DHC-8-311	
☐ G-WPAS	MD.900 Explorer	
☐ G-WRBI	Agusta A109E Power	
☐ G-WREN	Pitts S-2A	
☐ G-WRFM	Enstrom 280C-UK	
☐ G-WRIT	Colt 77A	
☐ G-WRSY	Enstrom 480B	
☐ G-WRWR	Robinson R22 Beta	
☐ G-WSKY	Enstrom 280C-UK	
☐ G-WSSX	Comco Ikarus C42	
☐ G-WTAV	Robinson R44 Beta II	
☐ G-WTEC	Cirrus SR22	
☐ G-WTOR	Dassault Falcon 900EX	
☐ G-WTWO	Aquila AT01	
☐ G-WUFF	Europa Avn Europa	
☐ G-WULF	Replica War Fw190	
☐ G-WUSH	EC.120B Colibri	
☐ G-WVBF	Lindstrand LBL 210A	
☐ G-WVIP	B200 Super King Air	
☐ G-WWAL	Piper PA-28R-180 Arrow	
☐ G-WWAY	Piper PA-28-181 Archer II	
☐ G-WWBB	Airbus A330-243	
■ G-WWBD	Airbus A330-243	
☐ G-WWBM	Airbus A330-243	
☐ G-WWIZ	Beech 58 Baron	
☐ G-WWOW	Robinson R44	
☐ G-WWZZ	CZAW Sportcruiser	
☐ G-WYAT	CFM Streak Shadow SA	
☐ G-WYCH	Cameron Witch-90	
☐ G-WYDE	Schleicher ASW 20	
☐ G-WYKD	A C Tanarg 912S/iXess 15	
☐ G-WYLE	Rans S-6-ES Coyote II	
☐ G-WYND	Wittman W8 Tailwind	
☐ G-WYNE	BAe.125-800B	
☐ G-WYNT	Cameron N-56	
☐ G-WYPA	MBB BÖ.105DBS-4	
☐ G-WYSZ	Robin DR.400-100 Cadet	
☐ G-WYVN	DG-1000T	
☐ G-WZOL	TLAC Sherwood Ranger	
☐ G-WZOY	Rans S-6-ES Coyote II	
☐ G-WZRD	EC.120B Colibri	
☐ G-XALT	Piper PA-38-112 Tomahawk	
☐ G-XARV	ARV1 Super 2	
☐ G-XATS	Pitts S-2A	
☐ G-XAVI	Piper PA-28-161 Warrior II	
☐ G-XAXA	BN2A-26 Islander	
☐ G-XAYR	Raj Hamsa X'Air 582	
☐ G-XBCI	Bell 206B JetRanger	
☐ G-XBEL	Cessna 560XL Citation XLS	
☐ G-XBGA	Glaser-Dirks DG-500	
☐ G-XBLU	Cessna 680 Sovereign	
☐ G-XBOX	Bell 206B JetRanger	
☐ G-XCBI	Schweizer 269C-1	
☐ G-XCCC	Extra EA.300/L	
☐ G-XCIT	Alpi Pioneer 300	
☐ G-XCIV	Rolladen-Schneider LS4-a	
☐ G-XCUB	Piper PA-18-150 Super Cub	
☐ G-XDUO	S-H Duo Discus xT	
☐ G-XDWE	P&M Quik GT450	
☐ G-XELA	Robinson R44 Beta II	
☐ G-XELL	Schleicher ASW 27	
☐ G-XENA	Piper PA-28-161 Warrior II	
☐ G-XERO	CZAW Sportcruiser	
☐ G-XFLY	Mission M212-100	
☐ G-XHOT	Cameron Z-105	
☐ G-XIII	Van's RV-7	
☐ G-XINE	Piper PA-28-161 Warrior II	
☐ G-XIOO	Raj Hamsa X'Air 133	
☐ G-XIXI	EV-97 teamEurostar UK	
☐ G-XIXX	Glaser-Dirks DG-300	
☐ G-XJCB	Sikorsky S-76C	
☐ G-XJJM	P&M Quik	
☐ G-XJON	Schempp-Hirth Ventus 2b	
☐ G-XKEN	Piper PA-34-200T Seneca II	
☐ G-XKKA	Diamond HK 36 TTC	
☐ G-XLAG	Boeing 737-86N	
☐ G-XLAM	Best Off Sky Ranger	
☐ G-XLAO	Boeing 737-86N	
☐ G-XLGB	Cessna 560XL Citation XLS	
☐ G-XLII	Schleicher ASW 27	
☐ G-XLLL	AS355F1 Ecureuil 2	
☐ G-XLNT	Zenair CH.601XL Zodiac	
☐ G-XLTG	Cessna 182S	
☐ G-XLXL	Robin DR.400-160 Knight	
☐ G-XMGO	Aeromot AMT-200S	

Registration	Type	Registration	Type	Registration	Type
☐ G-XMII	Eurocopter EC.135 T2	☐ G-YAWW	PA-28RT-201T Arrow IV	☐ G-YVET	Cameron V-90
☐ G-XOAR	Schleicher ASW 27	☐ G-YBAA	Cessna FR172J	☐ G-YYAK	Yakovlev Yak-52
☐ G-XOIL	AS355N Ecureuil 2	☐ G-YCII	Yak C.11	☐ G-YYYY	Max Holste MH.1521C1
☐ G-XONE	CL604 Challenger	☐ G-YCUB	Piper PA-18-150 Super Cub	☐ G-YZYZ	Mainair Blade 912
☐ G-XPBI	Letov LK-2M Sluka	☐ G-YCUE	Agusta A109A	☐ G-ZAAP	CZAW Sportcruiser
☐ G-XPDA	Cameron Z-120	☐ G-YEAH	Robinson R44 Beta II	☐ G-ZAAZ	Van's RV-8
☐ G-XPII	Cessna R172K	☐ G-YEHA	Schleicher ASW 27	☐ G-ZABC	Sky 90-24
☐ G-XPWW	Cameron TR-77	☐ G-YELL	Murphy Rebel	☐ G-ZACE	Cessna 172S
☐ G-XPXP	Aero Designs Pulsar XP	☐ G-YELO	Rotorsport UK MT-03	☐ G-ZACH	Robin DR.400-100 Cadet
☐ G-XRAF	Raj Hamsa X'Air 582	☐ G-YEOM	Piper PA-31-350 Chieftain	☐ G-ZADA	Best Off Sky Ranger
☐ G-XRAY	Rand KR-2	☐ G-YEWS	Rotorway Executive	☐ G-ZAIR	Zenair CH.601HD Zodiac
☐ G-XRED	Pitts S-1C	☐ G-YFLY	VPM M16 Tandem Trainer	☐ G-ZANG	Piper PA-28-140 Cherokee E
☐ G-XRLD	Cameron A-250	☐ G-YFUT	Yakovlev Yak-52	☐ G-ZANY	Diamond DA.40D Star
☐ G-XRVB	Van's RV-8	☐ G-YFZT	Cessna 172S	☐ G-ZAPH	Bell 206B JetRanger
☐ G-XRVX	Van's RV-10	☐ G-YHPV	Cessna 310N	☐ G-ZAPK	BAe 146-200
☐ G-XRXR	Raj Hamsa X'Air 582	☐ G-YIII	Cessna F150L	☐ G-ZAPN	BAe 146-200
☐ G-XSAM	Van's RV-9A	☐ G-YIPI	Cessna FR172K	☐ G-ZAPO	BAe 146-200
☐ G-XSDJ	Europa Avn Europa XS	☐ G-YJET	Bensen B8MR	☐ G-ZAPR	BAe 146-200
☐ G-XSEA	Van's RV-8	☐ G-YKCT	Yakovlev Yak-52	☐ G-ZAPU	Boeing 757-2Y0
☐ G-XSEL	Silence Twister	☐ G-YKSO	Yakovlev Yak-50	☐ G-ZAPV	Boeing 737-3Y0
☐ G-XSFT	Piper PA-23-250 Aztec F	☐ G-YKSS	Yakovlev Yak-55	☐ G-ZAPW	Boeing 737-3L9
☐ G-XSKY	Cameron N-77	☐ G-YKSZ	Yakovlev Yak-52	☐ G-ZAPX	Boeing 757-256
☐ G-XTEE	AirBorne XT912-B-Streak III-B	☐ G-YKYK	Yakovlev Yak-52	☐ G-ZAPY	Robinson R22 Beta
☐ G-XTEK	Robinson R44	☐ G-YLYB	Cameron N-105	☐ G-ZAPZ	Boeing 737-33A
☐ G-XTHT	AirBorne XT912-B-Streak III-B	☐ G-YMBO	Robinson R22 Mariner	☐ G-ZARI	Grumman AA-5B Tiger
☐ G-XTNI	AirBorne XT912-B-Streak III-B	☐ G-YMFC	Waco YMF	☐ G-ZARV	ARV1 Super 2
☐ G-XTNR	AirBorne XT912-B-Streak III-B	☐ G-YMMA	Boeing 777-236	☐ G-ZAVI	Comco Ikarus C42
☐ G-XTOR	BN2A Mk.III-2 Trislander	☐ G-YMMB	Boeing 777-236	☐ G-ZAZA	Piper PA-18-95 Super Cub
☐ G-XTRA	Extra EA.230	☐ G-YMMC	Boeing 777-236	☐ G-ZAZZ	Lindstrand LBL 120A
☐ G-XTRM	Robinson R44 Beta II	☐ G-YMMD	Boeing 777-236	☐ G-ZBED	Robinson R22 Beta
☐ G-XTUN	Westland Bell 47G-3B-1	☐ G-YMME	Boeing 777-236	☐ G-ZBLT	Cessna 182S
☐ G-XVBF	Lindstrand LBL 330A	☐ G-YMMF	Boeing 777-236	☐ G-ZBOP	SZD-36A
☐ G-XVOM	Van's RV-6	■ G-YMMG	Boeing 777-236	☐ G-ZEBO	Thunder Ax8-105 S2
☐ G-XWEB	Best Off Sky Ranger	☐ G-YMMH	Boeing 777-236	☐ G-ZEBY	Piper PA-28-140 Cherokee F
☐ G-XWON	Rolladen-Schneider LS8-18	☐ G-YMMI	Boeing 777-236	☐ G-ZECH	CZAW Sportcruiser
☐ G-XXBH	Agusta-Bell 206B JetRanger	☐ G-YMMJ	Boeing 777-236	☐ G-ZEIN	Slingsby T67M260
☐ G-XXEA	Sikorsky S-76C	☐ G-YMMK	Boeing 777-236	☐ G-ZELE	SA.341C Gazelle HT2
☐ G-XXIV	Agusta-Bell 206B JetRanger	☐ G-YMML	Boeing 777-236	☐ G-ZENA	Zenair CH.701UL
☐ G-XXIX	Schleicher ASW 27	☐ G-YMMN	Boeing 777-236	☐ G-ZENI	Zenair CH.601HD Zodiac
☐ G-XXRS	BD-700-1A10 Global Exp.	☐ G-YMMO	Boeing 777-236	☐ G-ZENN	Schempp-Hirth Ventus 2cT
☐ G-XXRV	Van's RV-9	☐ G-YMMP	Boeing 777-236	☐ G-ZENR	Zenair CH.601HD Zodiac
☐ G-XXTR	Extra EA.300/L	☐ G-YNOT	Druine D.62B Condor	☐ G-ZEPI	Colt GA-42
☐ G-XXVB	Schempp-Hirth Ventus b	☐ G-YNYS	Cessna 172S	☐ G-ZERO	Grumman AA-5B Tiger
☐ G-XXVI	Sukhoi Su-26M	☐ G-YOBI	Schleicher ASH 25	☐ G-ZETA	Lindstrand LBL 105A
☐ G-XYAK	Yakovlev Yak-52	☐ G-YODA	Schempp-Hirth Ventus 2cT	☐ G-ZEXL	Extra EA.300/L
☐ G-XYJY	Best Off Sky Ranger	☐ G-YOGI	Robin DR.400-140B Major	☐ G-ZGZG	Cessna 182T
☐ G-XYZT	Aeromot AMT-200S	☐ G-YOHO	Glasflügel H201B	☐ G-ZHKF	Reality Escapade 912
☐ G-XZXZ	Robinson R44 Beta II	☐ G-YOLK	P&M Quik GT450	☐ G-ZHWH	RotorWay Executive 162F
☐ G-YAAK	Yakovlev Yak-50	☐ G-YORK	Cessna F172M	☐ G-ZIGI	Robin DR.400-180 Régent
☐ G-YACB	Robinson R22 Beta	☐ G-YOTS	Yakovlev Yak-52	☐ G-ZIGY	Europa Avn Europa XS
☐ G-YADA	Comco Ikarus C42	☐ G-YOYO	Pitts S-1E	☐ G-ZILI	Pitts S-2B
☐ G-YAKA	Yakovlev Yak-50	☐ G-YPDN	Rotorsport UK MT-03	☐ G-ZINT	Cameron Z-77
☐ G-YAKB	Yakovlev Yak-52	☐ G-YPOL	MD.900 Explorer	☐ G-ZIPA	Commander 114A
☐ G-YAKC	Yakovlev Yak-52	☐ G-YPRS	Cessna 550 Citation II	☐ G-ZIPI	Robin DR.400-180 Regent
☐ G-YAKD	Yakovlev Yak-52	☐ G-YPSY	Andreasson BA4B	☐ G-ZIPY	Wittman W8 Tailwind
☐ G-YAKF	Yakovlev Yak-52	☐ G-YRAF	RAF 2000 GTX-SE	☐ G-ZIRA	Z-1RA Stummelflitzer
☐ G-YAKH	Yakovlev Yak-52	☐ G-YRIL	Luscombe 8E	☐ G-ZITZ	AS355F2 Ecureuil
☐ G-YAKI	Yakovlev Yak-52	☐ G-YROC	Rotorsport UK MT-03	☐ G-ZIZI	Cessna 525 CitationJet
☐ G-YAKK	Yakovlev Yak-50	☐ G-YROE	ELA Aviacion ELA 07R	☐ G-ZIZZ	Agusta A109A II
☐ G-YAKM	Yakovlev Yak-50	☐ G-YROI	Air Command 532 Elite	☐ G-ZJET	Cessna 510 Mustang
☐ G-YAKN	Yakovlev Yak-52	☐ G-YROJ	RAF 2000 GTX-SE	☐ G-ZLLE	SA.341G Gazelle 1
☐ G-YAKO	Yakovlev Yak-52	☐ G-YROM	Rotorsport UK MT-03	☐ G-ZLOJ	Beech A36 Bonanza
☐ G-YAKP	Yakovlev Yak-9	☐ G-YROO	RAF 2000 GTX-SE	☐ G-ZMAM	Piper PA-28-181 Archer II
☐ G-YAKR	Yakovlev Yak-52	☐ G-YROX	Rotorsport UK MT-03	☐ G-ZODY	Zenair CH.601UL Zodiac
☐ G-YAKT	Yakovlev Yak-52	☐ G-YROY	Montgomerie-Bensen B8MR	☐ G-ZOGT	Cirrus SR20
☐ G-YAKU	Yakovlev Yak-52	☐ G-YRUS	Jodel D140E	☐ G-ZONX	Sonex Aircraft Sonex
☐ G-YAKV	Yakovlev Yak-52	☐ G-YSMO	Pegasus Quik	☐ G-ZOOL	Cessna FA152
☐ G-YAKX	Yakovlev Yak-52	☐ G-YSPY	Cessna 172Q	☐ G-ZOOS	Balony Kubicek BB20XR
☐ G-YAKY	Yakovlev Yak-52	☐ G-YSTT	Piper PA-32R-301 Saratoga	☐ G-ZOOT	Robinson R44 Beta II
☐ G-YAKZ	Yakovlev Yak-50	☐ G-YULL	Piper PA-28-180 Cherokee E	☐ G-ZORO	Europa Avn Europa
☐ G-YANK	Piper PA-28-181 Archer II	☐ G-YUMM	Cameron N-90	☐ G-ZOSA	Champion 7GCAA
☐ G-YARR	Mainair Rapier	☐ G-YUPI	Cameron N-90	☐ G-ZRZZ	Cirrus SR22
☐ G-YARV	ARV1 Super 2	☐ G-YVES	Alpi Pioneer 300		

☐	G-ZSKD	Cameron Z-90
☐	G-ZSKY	Best Off Sky Ranger Swift
☐	G-ZTED	Europa Avn Europa
☐	G-ZUMI	Van's RV-8
☐	G-ZUMO	Pilatus PC-12/47
☐	G-ZVKO	Edge 360
☐	G-ZXCL	Extra EA.300/L
☐	G-ZXEL	Extra EA.300/L
☐	G-ZXZX	Learjet 45
☐	G-ZYAK	Yakovlev Yak-52
☐	G-ZZAC	EV-97 Eurostar
☐	G-ZZAJ	Schleicher ASH 26E
☐	G-ZZAP	Champion 8KCAB
☐	G-ZZDG	Cirrus SR20
☐	G-ZZEL	SA.341B Gazelle AH1
☐	G-ZZLE	SA.341C Gazelle HT2
☐	G-ZZOE	EC.120B Colibri
☐	G-ZZOW	Medway EclipseR
☐	G-ZZSA	EC.225LP SuperPuma
☐	G-ZZSB	EC.225LP SuperPuma
☐	G-ZZSC	EC.225LP SuperPuma
☐	G-ZZSD	EC.225LP SuperPuma
☐	G-ZZSE	EC.225LP SuperPuma
☐	G-ZZSF	EC.225LP SuperPuma
☐	G-ZZSG	EC.225LP SuperPuma
☐	G-ZZTT	Schweizer 269C
☐	G-ZZXX	P&M Quik GT450
☐	G-ZZZA	Boeing 777-236
☐	G-ZZZB	Boeing 777-236
☐	G-ZZZC	Boeing 777-236
☐	G-ZZZG	Alpi Pioneer 300
☐	G-ZZZS	EC.120B Colibri

UK Aircraft Bases and Radio Frequencies guide

Presented below is an extract from the ABIX on-line aircraft database. This extract covers all currently registered aircraft, including those with not based on airfields, but excluding balloons and airships, as at mid-February 2009

For each airfield in the complete database the following details are given: name, map ref (Lat/Long and OS map), location map and in most cases an aerial photograph plus a listing of aircraft based. When this list is opened further the details of a last noted date are shown. These dates are generated by members' reports for that airfield and these reports also update the database.

The database was conceived and is maintained by Dave Reid, with thanks.

PLEASE NOTE
The inclusion of any airfield in this section should not be taken as an indication of public access rights. You should always seek permission before entering any airfield. This listing does not imply that any permission has been granted.

Abbey Warren Farm, Bucknall, Lincoln
G-BSUA   CEMZ   MVXN   REED

Abbeyshrule, County Longford
G-ATMC   BUZA   BVPD   ZBLT

Abbots Hill Farm, Hemel Hempstead
G-CBCK

Aberdeen *APP 119.050, TWR 118.1*
G-BHBF	BIBG	BJFL	BKZE
BKZG	BLXR	BSIZ	BTUX
BUXS	BUZD	BWWI	BWZX
BZRS	CCXX	CDEA	CDEB
CDSV	CEYZ	CFDV	CFJC
CGWB	CHCF	CHCG	CHCH
CHCI	CHCK	CHCL	CHCM
CHCN	CHCO	CHCR	CVXN
EERH	EMBN	EMBY	GNTZ
HAMR	IACA	IACD	IACE
IACF	ISST	ISSU	ISSV
ISSW	KAZA	KAZB	ODUD
PUMA	PUMB	PUME	PUMN
PUMO	PUMS	REDJ	REDK
REDL	REDM	REDN	REDR
REDT	REDU	RJXO	RJXR
ROOK	SASC	SASD	SSSC
SSSD	SSSE	TIGC	TIGE
TIGF	TIGG	TIGS	TIGV
WMTM	ZZSA	ZZSB	ZZSC
ZZSD	ZZSE	ZZSG	

Aberporth
G-BHYA   MTPY   VMCG

Aboyne *A/G 130.100*
G-BAHP	BCBJ	BFSD	BLRM
BXSP	BYHT	CCRA	CENI
CFWE	CFYL	CFZL	CHHP
CHRB	CHXH	CKFA	DCDA
DCWD	DHAT	DHCW	FEVS
KCIG	ODDZ	ODUO	ORCW
TUGS			

Addiston Mains, Dalmahoy, Edinburgh
G-EIZO   EURT

Ahrensburg, Germany
G-NANI

Airfield Farm, Hardwick
G-AMVD	BPZE	BUTD	CCND
DEMH	EHBJ	ELMH	MRLL
MSTG			

Albacete, Spain
G-CKFR

Aldenham Grange, Letchmore Heath
G-MRMJ

Alderney *APP 128.65, TWR 125.35*
G-BEDP	BGXC	BXRG	DIKY
EGJA	FIFA	GBSL	KBOX
LCOC	PYPA	XAXA	

Allensmore, Hereford
G-BIPT

Alresford
G-BPPU

Alston, Cumbria
G-BOIK

Alzate Brianza, Italy
G-CJCY   CJYN   CKCR

Andorra la Vella, Andorra
G-GUAY

Andreas, Isle of Man
G-AHAU	AVFU	AWIT	BAEB
BMFI	BOYR	BSYA	BTAM
BXVM	BYTV	CDIA	CJGX
DCVA	MZBV	MZHG	

Andrewsfield *A/G 130.550*
ARJU	ARUY	ASIJ	ASRC
ASUD	ATAS	ATTV	ATWB
AVGK	AWBB	AXCG	AYOZ
AYWE	BAOB	BCDY	BCOR
BEVC	BGND	BMXC	BNDO
BNGV	BNID	BRDB	BRVB
BRXF	BSFB	BSJX	BTUR
BVIE	BWEV	BXSE	BZDH
BZHE	CCIJ	DASH	DIGI
EEGL	EXGC	HFCL	IKRK
JABU	JFER	MASS	MKAS
MZBN	OFTI	OKAY	OPTI
ORMG	OSII	OTAN	RJCC
RONG	SMRS	TEMP	WEBS
WWAY	YAKC		

Anspach-Wehrheim, Germany
G-CKMR

Antequera, Malaga, Spain
G-MGMC

Antigny, France
G-BPUL   BYJR

Antwerp, Belgium
G-DHCC   WACO

Anwick
G-AVOA   PVST

Apperley, Gloucestershire
G-BIPI

Arbroath
G-AZIL

Archerfield Estate, Dirleton
G-ARIM   BWEZ   JIII

Arclid Green, Sandbach *APP 128.175*
G-BYOZ	BZNS	CBJO	CBZB
CDTU	CDWW	CEGW	MDBC
MNGT	MTWR	MVIB	MWAF
MWHO	MWUV	MYIY	MYUB
MZAJ	MZDH	MZEK	MZKD
MZKZ	OASJ	TEEE	TPWL

Ardenagh Great, Taghmon, Co Wexford
G-CBRZ   MVVR

Armagh Field, Woodview
G-BVRV

Armshold Farm, Kington
G-BCCR	BDGB	BTKP	CBJP
OCDP	RCKT		

Ashby Lane, Bitteswell
G-EGGI

Ashcroft Farm, Winsford *A/G 122.525*
G-AWOU	BIDX	CBHU	CDBA
IGLY	LAZZ	MMBU	MTCU
MWFU	OBMI	SUZY	

Ashley Farm, Bracknell
G-ASZB   BFIY   BXMY   MTAS

Aston Down
G-BBOL	BXGZ	BZSP	CFER
CFMU	CFST	CFWB	CFWH
CFZR	CJRL	CJSN	CKAV
CKDX	CKNK	CKRU	CKRX
CUMU	DCMV	DCSF	DCUO
DDMK	DDXL	DDYR	DECF
DECM	DEEP	DEEX	DEFZ
DEJF	DEOZ	DETD	DEUY
DFRA	DHGL	DHSL	DJAC
EENK	GSAL	KDEY	POPE
PSHK	RBCT	REER	VTWO

Audley End
G-ATTR	BCIH	BNPF	BRBC
BTOG	BTZD	BZPS	MOTH
TSOB			

Augher
G-VGMB

Bacau, Romania
G-BPNT CEIH JEAJ JEAY

Badminton
G-ATHT DIME

Bagby *APP 125.00, A/G 123.25*
G-ARLR	ASJY	ATGY	AVGZ
AVMD	AVZP	AWLA	AXDV
AXHS	AXHT	AXPC	AYZU
AZCP	AZSW	BAVL	BDAP
BFGH	BGGG	BIYU	BMKK
BNDT	BPHL	BSPE	BWUV
BYEK	BYME	BZEN	CBMO
CDDP	CEEJ	DEND	DJET
GBUE	GBXS	IVII	JAME
LUNA	MNVV	MNZJ	MTMY
MVEG	MVSE	MYED	NAPO
NNAC	NUTT	OMLS	SKYC

Baileys Farm, Long Crendon
G-CJVS RIOT TWST

Baker Street Farm, Maidstone
G-BJOV

Bakersfield, Northamptonshire
G-AHCN	CBGP	CBIV	CBXU
CEDX	CMOR	TEZZ	

Balado Bridge
G-CCYJ	CDDF	CDTO	CECM
CEFV	CEVW	CEZT	CFSF

Balen-Keiheuvel, Belgium
G-MIRA OPNH

Balgrummo Steading, Bonnybank
G-CDHG

Ballinspittle, County Cork
G-MMPO

Ballymageough, Kilkeel
G-ARDO BPHO CECH CWAL

Ballymoney, County Antrim
G-BHMA BPMM OJMF

Ballyvally, Killaloe, County Clare
G-CCYC

Banbury
G-ZZOE

Baneasa, Bucharest, Romania
G-JEME

Bank End Farm, Cockerham
G-BKPC

Bardown, Wadhurst
G-MYXL

Barkston Heath (RAF)
APP 119.375, TWR 120.425
G-BWXA	BWXB	BWXC	BWXD
BWXE	BWXF	BWXG	BWXI
BWXJ	BWXK	BWXL	BWXM
BWXN	BWXO	BWXR	BWXS
BWXT	BWXU	BWXV	BWXW
BWXX	BWXY	BWXZ	

Barlow, Sheffield
G-MZBC

Barthol Chapel
G-XRAY

Barton *A/G 122.700*
G-AJEE	APUY	AREV	ARMR
ARVU	ARYH	ASHX	ASXR
ASZV	AVER	AVGI	AVSA
AWJE	AWOF	AWPU	AWWA
AYEF	AYGC	AYGX	AZGF
AZJY	BADC	BBPY	BCBX
BCGI	BCPG	BECF	BEIP
BEYW	BEZZ	BFHP	BFIG
BHAX	BHEK	BHRB	BIDG
BITM	BITO	BJXB	BLTM
BMSA	BNHB	BNJD	BNKE
BNTP	BOIL	BONG	BOPT
BOPU	BOYU	BPVA	BRPY
BRWV	BRXS	BSLV	BTHP
BTJA	BTRS	BTRT	BUZE
BUZN	BXLW	BXNT	BXWP
BYFM	BZDD	BZDR	BZGO
BZGW	BZXT	CBOR	CCKM
CCXZ	CDHE	CDKF	CDKO
CDMJ	CDMU	CDNW	CDOM
CDXM	CDZG	CEAK	CEGZ
CEHV	CENE	CERA	CEVG
CFAN	CFAZ	CLEG	CWIC
DAWG	DCBI	EDNA	EFAM
EWAW	FFAF	GCYC	GFDA
GFEA	GFIA	GFIB	GFMT
GFPA	GFSA	GGHZ	GGTT
GKKI	GMPX	GOTH	HALC
HDIX	HIZZ	HYST	IDWR
IIII	ISAX	ISHA	JFWI
JLAT	JONI	KDIX	LACA
LACB	LADZ	LEGG	LUBY
LYFA	MHCE	MNRZ	MVNX
MYBM	MYYY	MZDT	MZFO
MZLG	MZMM	MZNY	OFDT
OGES	OUHI	PAWL	PLAN
RACO	ROTS	RVRG	RVRI
RVRM	RVRO	SAMZ	SFAR
SGSE	SKIE	SWEL	TASH
TAXI	TIMB	WHOA	XJJM

Basingstoke
G-BHWH

Baxby Manor, Husthwaite
G-AJIS	BWVB	BZIW	BZKO
CBBO	CBZT	CCBY	CCGB
CCWV	CDIJ	CDYD	CEVB
CFEO	FLYF	IZIT	LYPG
MJMD	MMGL	MNBG	MTDR
MTSM	MTUY	MTXB	MTXD
MTYT	MTYU	MVED	MVPB
MWYT	MYCS	MYNC	MZAB
MZJI	OBAX	OEKS	OJDS
OSEP	PROW	RAYH	RHAM
SHEE	SOCK	TIVV	

Bealbury, Callington
G-BHXY YCUB

Beckley, Oxford
G-BXUF

Beckwithshaw, Harrogate
G-BHUM

Bedlands Gate, Little Strickland
G-BZIY CCZW MVOJ MYJK

Bedwell Hey Farm, Little Thetford, Ely
G-BEAH

Beeches Farm, South Scarle
G-ARHZ BICD BKUI BPRA
BWYI

Beeston, Nottingham
G-ABXL

Belfast City *APP 130.75, TWR 119.2*
G-BBNT CELY EEBB JEDU
OSVM SOVB

Belfast International
APP 122.9, TWR 118.3
G-APXR	BAJR	BKVT	BRME
BRTX	BSWR	BUUM	CALL
CBRG	IPAX	ITFL	JAJK
KENZ	KNAP	KPEI	PSNI
SVGN			

Bellarena
G-BKSP	BSWM	BVYG	CFSU
CFTK	CHHU	CHTJ	CHYH
CJCG	CKJJ	CKJN	CKOT
DDAW	DEFV	DFKH	DGSM
OKLL	RIET	TUGG	

Belle Vue Farm, Yarnscombe
A/G 123.575
G-BDEX	BUDT	BYOH	BZEL
CFUZ	CIDD	MWIP	OJJF
XPXP			

Bembridge *A/G 123.250*
G-ACZE	ATRX	AVCN	AWTP
AXZK	AZYU	BDPN	BDZI
BEDW	BHGC	BXRS	BYCX
CBUI	CEIR	CEUB	CEUC
CEUD	CEUE	CFDT	CKNC
DCZN	DEVF	MLLA	OBNC
OBNL	ORED	RNAC	ZACH

Bennett's Field, Denham
G-BRTT

Benson (RAF)
APP 136.450, TWR 127.15
G-ARRD	ASAJ	ATVX	AVNW
BBMH	BBPP	BDOD	BEFA
BHDM	BIZI	BNUL	BWDX
BWFI	BYVB	BYVL	BYVU
BYWA	BYWU	BYXA	BYXC
BYXR	CHSU	HBOB	KEVG
MEPU	ODPJ	RUVE	ULAS

Benson's Farm, Laindon
G-AIDS ARXP AWVE BAGF
BKCN BKHY CCGM MVPK
OSCO

Bentwaters
G-BLAG BOMB BPVO LFIX RIII
RUNT

Bere Alston, Yelverton
G-STMP

Bere Farm, Warnford
G-AYJB BSNF IIYK

Bericote Farm, Blackdown, Leamington Spa
G-AVPJ

Berlin, Germany
G-EZBK

Berry Grove Farm, Liss
G-BIYP CCEE

Bexhill-on-Sea
G-ACXE

Bicester A/G 129.975
G-ADRA	AHAN	AISA	AKKH
AYUP	BBCH	BFPR	BKVC
BSDJ	BVYZ	BXTO	CBRU
CCZT	CDWZ	CEZS	CFHD
CFHT	CFMW	CFWW	CHMV
CHNM	CJJL	CJXM	CKBS
CTAA	DCAZ	DCJY	DDFR
DDXH	DHAL	DTUG	DTWO
EMJA	LABS	MYPS	OFFA
OTIB	PAYD	RCMC	SKYT
USRV	VKIT		

Bidford
G-ALWW	ATRB	AVKG	AVOM
AXCM	AYBP	BEER	BGKC
BODO	BSWL	BTZX	BVLV
BVPN	BVYP	BWBY	BYEL
CFPE	CHBL	CHNG	CHNU
CHVO	CJCX	CJGE	CJRJ
CJUF	CJYR	CKGD	CKJE
CKKE	CKOM	CUBB	DEHU
DFBJ	DURO	IOSI	KPLG
LIDA	LYDS	NEGG	OBGC
PREZ	VNTS	WINN	XDUO

Biel-Kappelen, Switzerland
G-BSDS BSLH

Biggin Hill APP 129.400, TWR 134.800
G-ABNT	ABYA	AEOF	AEZJ
AKVZ	ALJF	APPL	ARUG
ASJL	ASKT	ASOH	ASSW
ATDN	ATJG	ATRW	ATXN
AVWO	AXNX	AYPE	AYRM
AZWY	BABK	BAJA	BAKJ
BAMS	BANX	BATR	BBLH
BBTG	BEBE	BEUP	BEYZ
BFYC	BFZN	BGBR	BGFI
BGPH	BGRM	BGUB	BHIT
BHOR	BHRO	BICG	BIMX
BKEW	BLKM	BMGG	BMIM
BMIX	BMJB	BMMM	BMPR
BMTO	BNAJ	BNNY	BNNZ
BNXT	BNXX	BOGO	BOLU
BONR	BOPX	BOZO	BPCR
BPWP	BRDG	BRGT	BSCN
BSFR	BSGT	BSKL	BSPK
BSTE	BSVM	BSXA	BSZF
BTDV	BTES	BTGZ	BTII
BUIK	BUSW	BWOI	BWYG
BXGX	BXHH	BXWO	BZEP

CBTN	CCPY	CCST	CDEO
CEPT	CEUO	CEXR	CHTA
CPFC	DANT	DPHN	DWJM
EMMY	EMSL	FCSP	FLYI
GOLF	GOMO	IANC	IBHH
IFTE	IFTF	IMBI	IPSY
JAMA	JMMP	JOYZ	JUDY
LAKE	LARE	LDFM	LIZZ
LLMW	LSFT	LUVY	MOTI
MPAA	MTXJ	OABR	OALD
OCBI	OFOA	OFOM	OIHC
OJAC	OJEH	OJIM	OLDG
OLDW	OMST	OPAG	ORTH
ORVG	OXTC	PLAC	PMNF
RADA	RIFB	ROOV	SBHH
SFCJ	SOHO	STUF	TBHH
TBZI	TKIS	TRIN	TTMB
TWIZ	UTSI	VEZE	WARS
WBHH	WYNE	ZARI	ZOOL

Billund, Denmark
G-CDFF SSEA

Binstead, Isle of Wight
G-ORVS

Birmingham
G-BNWY	BZAT	BZAU	BZAV
ECOO	IRSH	JECK	JECL
JECM	JECT	JECU	JETO
JOPT	JTNC	TOYC	VCED

Bishops Castle, Shropshire
G-MVFP

Bishops Court
G-JETA

Black Bank Farm, Foxt, Stoke-on-Trent
G-GACB

Black Spring Farm, Castle Bytham
G-AWUB AXGR BGLF IIAC
PFAP SEED

Blackacre Farm, Holt, Trowbridge
G-ATBL LCGL LOCH

Blackbrook Farm, Sheffield
G-BNYX

Blackbushe APP 125.250, TWR 122.300
G-ARLB	ARYI	ATEF	AVSF
BBPX	BBRC	BDFW	BERI
BFIV	BFLX	BICW	BLJO
BLMN	BLTK	BLWV	BLXA
BMFP	BMTB	BMWR	BNJR
BOEE	BOJI	BOJK	BOMU
BOTI	BOWY	BPTI	BSEU
BWDT	BWTK	BYNA	BYOM
BZEA	BZEB	BZYE	CBBC
CBEK	CBGC	CBWD	CCAT
CCYG	CDTX	CEOJ	CEYF
CEZI	CGDJ	CLAC	DONS
ENTT	EXXO	GBFF	GFCD
HBJT	HILS	HOOD	ICBI
JJAN	LNYS	NETB	NLEE
NODE	NSUK	OIBM	OJCW
OJIL	OLCP	OMUM	OPPL
OSPY	PDSI	RICO	RUBB

RVSH	SIGN	SMDH	TAND
TPSL	VONA	VONB	VONC
VOND	VONK	WJCJ	XXEA
ZITZ			

Blacklaw Farm, Aberbothrie
G-BPIT

Blackpool APP 119.950, TWR 118.400
G-ANWB	APTY	ARJS	ASNK
ATMJ	AVUT	AVWG	AWAJ
AXAB	AXSW	AYNN	AYRG
AYUP	AZFR	AZIB	AZRD
AZUY	BAHX	BAJE	BAJN
BAJO	BBEF	BBKB	BCDJ
BCWH	BDGM	BDWY	BEJD
BELT	BFZB	BGHM	BIUV
BIYX	BJKY	BJUC	BJWW
BKXD	BLDK	BLEZ	BLLP
BLTF	BLUM	BLWD	BLYE
BNOJ	BNOM	BNOP	BNOZ
BNXV	BOER	BORL	BORS
BPGZ	BPNJ	BPRN	BRBW
BRPE	BRPL	BRZS	BSEK
BSHA	BSSE	BSTZ	BTEF
BTUE	BUHO	BULH	BVOU
BVOV	BVPR	BXIA	BXOU
BYBR	BZBU	BZGB	BZOZ
CEMH	CYLS	DAKM	DOLI
DPYE	DYCE	FOZZ	FTIN
GFAA	GFIC	GFID	GFNO
GFPC	HMJB	JANO	JEJH
JEMA	JEMC	JEMD	JMAX
JMMX	JMXA	KHOM	LACI
LFSJ	MACA	MAYO	NAAA
NWAA	OPFW	ORAL	OSOE
OTBA	OTVR	OWFS	OWRT
OWST	RABA	RACI	REDD
RIXS	SBAE	SOEI	TAIL
TFUN	UANT	UFLY	UILT
WMLT			

Blair Athol
G-AHUV BDKC CECB

Blakedown, Kidderminster
G-AZMZ AZUT

Bledington, Chipping Norton
G-MDDT

Blockmoor Farm, Barway, Ely
G-BSKG

Bloomfield, Castle Blayney, County Monaghan
G-CDSY

Blooms Farm, Sible Hedingham
G-AXNW

Blue Tile Farm, Hindolveston
G-BYJD BYJO MYRP

Boarhunt Farm, Fareham
G-GRIN

Boddelwydden
G-BATC NWPS

Bodmin APP 128.725, TWR 122.700

G-AKIB	ARRY	AXDC	BACN
BBMR	BCZM	BGFF	BGSA
BKOA	BKRH	BMFZ	BNSM
BNSN	BPFI	BPFM	BRCT
BRCW	BRER	BSNE	BUAG
BUVO	BWDP	BXEZ	BXOI
BXWR	BYNK	BZLV	BZZD
CBPR	CCKR	CDCC	CDJK
CEYH	CEYI	CFJG	DOZZ
FMGG	GAOM	GLKE	IVOR
KDET	MEME	OCFC	OPIC
OTUN	YELL		

Boones Farm, Braintree
G-CPXC

Bordeaux-Leognan, Saucats, France
G-CHHM

Boreham
G-ESEX SSXX

Borgo San Lorenzo, Italy
G-CHBP

Borken-Gemen, Germany
G-APIH

Boscombe Down
APP 130.000, TWR 130.75

G-ACEJ	AFGE	AYYO	BTEL
BUUI	BYUL	BYWW	BYXB
BYXD	BYXJ	DOSC	IIRW
SEVA			

Bossington
G-ANKZ AOET BRGW

Bounds Farm, Ardleigh
G-BSFW ONCS

Bourg-en-Bresse, France
G-BTHH

Bourn A/G 124.350

G-ASLH	AVEN	AXUA	BCUB
BGBI	BIZF	BKNI	BKOT
BNSU	BNSV	BPIL	BTGT
BUEF	BUTG	CCDK	CCFG
CCGW	CCZZ	EDES	GBJS
GMKD	HARY	JVBP	OTUI
TFIN	WIZS	YBAA	

Bourne Park, Hurstbourne Tarrant

G-AJXC	AKVF	ARLG	ATRK
AXZO	BAAT	BDEU	BFDF
BFHR	BHXK	BWVI	CBSI
CDNS	DOGG	EMSY	LUSI
MDAY	MELT		

Bournemouth
APP 119.475, TWR 125.60

G-AGSH	ASEO	ASWW	AVGE
AWAX	AWBC	AXJX	AYND
AZCL	AZFM	BAMJ	BBNH
BBTB	BFOJ	BGLN	BGOL
BGRG	BHJS	BJWI	BLDV
BLFW	BNDE	BNPH	BNTT
BNUO	BODX	BOIX	BOKY

BOSR	BPJP	BRFC	BRPU
BSPM	BSTP	BTGP	BTHJ
BUTT	BUXN	BWAF	BWJW
BWOF	BXHD	BXTY	BXTZ
BYBF	BYDG	BYHJ	BZLH
BZNN	BZOY	BZPJ	BZRT
BZXK	CBBF	CBEL	CBOT
CBUG	CBZR	CBZX	CCTW
CDRC	CEAE	CEAF	CEGS
CEGU	CELO	CERY	CEVM
CFPC	CTCE	CTCF	CVIX
CXSM	DAKI	DHTT	DORN
DUSK	ECJM	EDHO	ELSE
ESSL	EZYU	FAVC	FCBI
FFRA	FIGP	FPIG	FRAD
FRAF	FRAH	FRAI	FRAJ
FRAK	FRAO	FRAP	FRAT
FRBA	GBXF	GHKX	GLTT
GPFI	HGPI	HOPE	IATU
IEIO	IGIE	IMAD	IMEA
IMEC	IRYC	JMDW	JOAL
MACK	MAFE	MAFF	MAFI
MOVE	MPWI	MULT	NATY
OAAA	OACE	OBFC	OCTU
ODEN	OLSF	OMAF	PORK
PROJ	RCED	RSHI	TBEA
THOE	THOF	TRAT	TRNT
TWNN	WAVV	WINT	WWIZ
ZAPW	ZLOJ		

Bovingdon
G-ATEM PADI

Bow, Totnes
G-BJZB

Bowerchalke, Salisbury
G-BGVH

Bradley Ashbourne, Derby
MZEC

Bradley's Lawn, Heathfield
G-AKTH ARKS BAMR BOEH
BYBP

Brandon, Suffolk
G-WSKY

Brandy Wharf, Waddingham
G-BGTI

Bratton Clovelly, Okehampton
G-ASBH

Breighton A/G 129.800

G-ABVE	AEVS	AEXF	AIXN
AKAT	AKSY	AMAW	AOBG
AOIS	APVF	AVKI	AVPM
AXMT	AYDV	AYFC	BAAD
BACL	BAHL	BBCS	BDTB
BGWO	BHAW	BICP	BJAL
BJZN	BMSE	BNVD	BRSY
BSGF	BSYG	BTWF	BUTX
BVEH	BVGZ	BVXJ	BWNK
BYLL	BZME	CBEI	CBZK
CCYO	CDSJ	CUBJ	DIZO
ECUB	EJGO	GBRU	MZBH
OELZ	RLWG	RVDR	TAFF
TYAK	WUFF		

Bremridge Farm, Shillingford
G-BXGG

Brenchley, Kent
G-ATKH

Brent Tor
G-BGCB CFDR CFUB CFXB
CFYE CHKV CKEZ DBVB
DCGY DCVV DDMX DDVH
DDWG HDAV

Brenzett, Kent
G-MTMC

Bridge of Weir
G-FOXF

Bristol International
APP 125.650, TWR 133.850

G-AYLA	BABG	BARP	BEWY
BKBW	BNKD	BOIZ	BOSD
BRTJ	BUYY	BXSY	BXTS
CBXN	CITJ	DIAT	ELIS
ERJA	ERJC	EZAA	EZAC
EZAG	EZAZ	FILE	FSEU
LECA	LTFC	MAIR	MFMF
OCJZ	OHMS	ROTF	ROTG
TEBZ	YEOM		

Brize Norton (RAF)
APP 127.250, TWR 123.725
G-ATOI BDIE BNRG BUKB
BXIM MVKT OJVH

Broad Farm, Eastbourne
G-CBWJ MZKC

Broadford, Isle of Skye
G-MWPW MWST

Broadmeadow Farm, Hereford

G-BZGS	BZWM	CBRE	CDKI
CDVD	CDVO	CDXP	CEZF
MNYL	MTJS	MTYR	MVGC
MVHR	MVHW	MVJC	MVSX
MVYE	MWIY	MWJH	MWSR
MYEP	MYSZ	MZAM	OUIK

Brock Farm, Billericay
G-CDJB NJSP PCDP RTHS

Brook Farm, Boylestone
G-BHZU BXHJ CCPN

Brook Farm, Pilling

BDAD	BHZV	BROI	BYPO
BZMJ	BZMR	BZYM	CBFE
CBIC	CBVY	CBZS	CCEH
CCYM	CDIG	CEFY	CEHI
CETU	MMXD	MTGV	MTVR
MVAM	MVAO	MWDI	MWFD
MWHR	MWND	MWTJ	MYOH
MYPJ	MYSK	MZNC	

Brooke Farm, Hulcote
G-CEHH OHCP

Brooke Manor, Brooke, Norwich
G-GOES

Brooklands			
G-LOTI	ROEI		

Broomclose Farm, Longbridge Deverill
G-BYOR	CCWN	MVMA	MVSZ
MYDT	MZGY	POZA	

Broomhill Farm, West Calder
G-CCMD	CDEC	CDTY

Brown Farm, Hitcham, Ipswich
G BOTU	BOWN

Brown Shutters Farm, Norton St.Philips, Somerset
G-AFWI	BZSS	MTPE

Bruntingthorpe A/G 122.825
G-BKFC	BKRN	BVLD	CPPM
HRVD	ISKA	SUMZ	TOMC
VLCN			

Brunton
G-AYAN	CBMM	CCKN	MVLE

Bryngwyn Bach
G-AOTY	CTIX	JUDI

Bucharest, Romania
G-BTPG	BTPJ	CEPA	CEPB
CEPD	CEPE		

Budel, Netherlands
G-KAYH

Builth Wells
G-CRIB

Bulkington, Bedworth
G-IBAZ

Burn
G-BEII	CGBA	CGCP	CHBK
CHGT	CHTU	CHZB	CJHW
CJJD	CJKE	CJPW	CJVM
CJVP	CKKC	DAVS	DBVH
DCCM	DCJB	DDMS	DDWS
DECC	DHPA	EEBD	FHAS

Burnwood Farm, Stevenage
G-MZEZ

Bury Farm, High Easter
G-BRKC	BUTF	XSEA

Butlers Gyhll, Southwater
G-BCOM	MFEF

Buttermilk Farm, Bliswell
G-MWTN

Buttermilk Hall Farm, Blisworth
G-BUTM

Caerleon
G–MTYS

Caernarfon A/G 122.250
G-AYPJ	BAGR	BAOJ	BNDW
BYCA	BYTU	CBDS	CBXJ
CCTT	CDCU	CEGL	CGHM

GFEY	LION	MTIA	MTKG
MZGI	MZNB	OKYM	PBYY
TFIX	YNYS	ZZOW	

Calcot
G-ERIW

Caledon Castle, County Tyrone
G-MARE

Callington, Plymouth
G-OMCD

Calton Moor Farm, Ashbourne
G-CBEM	CBPV	MVUP	MWGG
MWNF			

Cambridge APP 123.600, TWR 122.200
G-AHIZ	AOEI	AXMW	AYPH
AZGL	BAIG	BATN	BBZN
BFWB	BKMA	BMVG	BOYF
BXCG	BXMF	BZNY	CBGZ
DECO	EFSM	EFUN	EKYD
FIRM	FLYS	GLOC	HERC
IRPC	JASE	KEMY	LMLV
MASF	MATY	MEGS	NDOT
NESA	NIVA	OOON	OPVM
ORAN	PGAC	RACY	RALA
RIKS	RMRV	ROCH	SBMM
SHWK	UFCB	UFCD	WYAT
ZARV			

Camphill
G-CFDE	CFML	CFPW	CFVT
CFWZ	CFYX	CHDC	CHGF
CHGP	CHJE	CHRL	CHTC
CJDP	CJLA	CJOZ	CJPM
CJVA	CKHW	CKMB	CKRB
CKRR	CKSL	DCFF	DCGD
DCJN	DCNP	DDNJ	DEAW
DEDJ	DEDX	DEES	EEBL
EEBN	EHTT	SSWV	TLTL

Cannes-Mandelieu/La Bocca, France
G-BBIH	BBTS	ELEN

Cardiff APP 126.625, TWR 125.000
G-ASUP	ASXY	AWMI	AZCZ
AZDJ	AZOF	BBTY	BJVV
BNSY	BRWR	BVMA	BXVA
CBLE	CBVB	CRIL	CWFB
ECBH	EDGI	ERYR	GALL
MEGN	MERL	OPET	PLAZ
SENX			

Cardiff Heliport
G-BTKL	OZAC	SEWP	STON

Cardington
G-AKUH	BBDV	OHAV

Cark-in-Cartmel
G-BEEG	CBDT

Carlisle APP 123.600, A/G 123.600
G-AVYM	BAKM	BFLZ	BGBG
BGSH	BJNN	BLHJ	BOIO
BRJV	BSEG	BTDW	BUNH
BURR	BWBI	BZOF	CBDP
CBNG	CCWC	CDRH	CDRP
CFFE	CFIE	EDCS	EJRS

FIFT	GAJB	GBRB	HEJB
IFBP	JLIN	MAVI	MWPJ
MZDS	MZNU	NJTC	OECM
OPWK	RNCH	STGR	STOB
SVPN	VIVS	YROY	

Carlton Moor
G-DCEX	DCNS

Carnmore, Galway, County Galway
G-AOFJ	AXTP

Carnowen, County Donegal
G-CBKU

Carr Farm, Thorney, Newark
G-AIKE	AJAS	AJXV	ANHU
ANHX	APTR	BXON	CBOA

Carstown, Ballymakenny, Drogheda, County Louth
G-MYTG

Cascais-Tires, Portugal
G-BPJB	DEFY

Castle Kennedy, Stranraer
G-MZLE

Chalgrove
G-BGRE

Chalksole Green Farm, Alkham
G-CBFU

Challock
G-AZHD	BFPS	BKPS	BKTM
BMVA	CEVK	CEVV	CEXY
CFPM	CFYM	CGAD	CGCK
CGEH	CHEC	CHTE	CHUW
CJMG	CJSS	CJSZ	CJWV
CKBA	CKCT	CKDP	CKRI
DCDH	DDHN	DDXX	DDZT
DEEC	DEHZ	DFCD	DUOT
EEBS	JEDH	MGMM	VTCT
XWON			

Chalmington Manor, Chalmington
G-CFKP

Charity Farm, Baxterley
G-ADPC	AKVP	ANKK	AOES
AOIR	CFLG	CORD	

Charlton Park, Malmesbury
G-AXVB

Charlwood, Surrey
G-BLID	DACA	GACA	JETH
JETM	VIXN		

Charmy Down, Bath
G-MURR	MVLB	MWXH	MWZM

Charterhall
G-AYCE	CCPS	CCPV	UINN

Chase Farm, Chipping Sodbury
G-CFGO	CFRM

Chase Farm, Little Bursted
BYMN	CBUD	MYKR	MYWD
MYYW	MZMZ		

Chauvigny, France
G-CHHX

Chavenage, Tetbury
G-BEVS	BSDI	CFVJ	MWFT
TUBB			

Cheddington
G-AIJM BUSR BWID

Chelwood Gate, Haywards Heath
G-EJTC

Cherry Tree Farm, Monewden
AZJN	BAAW	BCNX	BSFD
BVVW	FELX	FFEN	HFCB

Chestnut Farm, Tipps End, Welney
G-BSTI PFAH

Chiddingley, East Sussex
G-MYDR

Chilbolton A/G 129.825
G-AAZG	AICX	BTCJ	BTJC
CENG	FORD	JABS	MNDE
MTBE	MTPT	MVJN	MVWZ
MVZC	MWJF	MYFZ	MZPH
PRIM	WBTS	ZHKF	

Childerditch
G-BLVK

Chilsford Farm, Kirdford
G-BSMT BTRC IJAC SASI

Chiltern Park, Wallingford A/G 134.025
G-DYNA	FROM	KFLY	MFLY
MTAX	MWRC	MYLN	YROC

Chilton Foliat, Hungerford
G-ORRG

Chipping
CDRT	CEUP	CFFU	CGDT
CHUL	CJDD	CJKB	CJLO
CKHK	CKHV	CKKP	CKPX
DCRT	DCSP	DCUS	DCVY
DCXV	DDSU	DDTU	DDWJ
DEAM	DELN	DEOU	DESJ
GRSR	VTUS		

Church Farm, Askern
G-BRSP	BZIP	CBIN	CDZZ
MGCK	MMGV	MMSO	MTWS
MYDW			

Church Farm, Piltdown
G-FJMS

Church Farm, Shotteswell
G-CBMZ NIDG OTAL RMPY

Church Farm, Wellingborough
G-MNJH

Church Fenton (RAF)
APP 126.500, TWR 122.100
G-BLES	BYUA	BYUJ	BYUS
BYVG	BYVJ	BYVX	BYVZ
BYWP	BYWV	BYXE	BYXG

City of Derry
G-BASO	BGLK	BHYC	BOLL
BSZI	BVYO	BWWG	BXPM
BYCN	CBKY	CCWD	CDHA
CESU	CHPR	FLOW	HENT
HMED	JBKA	NWDC	PRLY

Clacton A/G 118.150
G-AKTN	BIGJ	BIMM	BJTB
BKIJ	BNKP	BOHI	MWCI
OAHC			

Cleeves Farm, Chilmark, Salisbury
G-ENHP

Clench Common A/G 129.825
G-BZDB	BZHP	CBHN	CBNT
CDTE	CDZJ	CDZK	CEDO
CERN	CFBE	MJCE	MNRW
MTKA	MTTY	MVCV	MVJR
MVPX	MVVO	MVXV	MWKO
MWMZ	MWUD	MWZF	MWZV
MYAF	MYFX	MYRJ	MZFU
MZJR			

Cliffe, Selby
G-RVDJ

Clipgate Farm, Denton
G-AXUC	BATJ	BBNZ	BCUY
BFRS	BFTX	BIEO	BKJS
BKZT	BPFD	BTBY	BWPE
BXUX	BZSZ	CBTL	HALL
LAKI	MPAC	MTSK	MYRO
MZEL	OKED	ONUN	OROS

Cloghan, Mullingar, County Westmeath
G-BVGE

Clough Farm, Croft, Skegness
G-CCMU KOTA

Clutton Hill Farm, Clutton
G-BODM RECK

Coagh, County Londonderry
G-BANF

Coal Aston
G-CBNL NICI

Coldharbour Farm, Willingham
G-AKUN	AYWH	BAFV	BJDF
BZIV	CCNJ	CENZ	JABB
MGDL	MVPY	MWOH	

Coleman Green, Hertfordshire
G-BKKN MRAM

Colemore Common, Hampshire
G-MNZU

Colerne APP 120.075, TWR 120.075
G-BYUH	BYUT	BYUV	BYVW
BYWC	BYWE	BYWK	BYXH

BZDP CBAN

Coll
G-BXDB

Colthrop Manor, Thatcham
G-AIBM KWKI

Comber, County Down
G-BVCT MYAN RSSF

Combrook
G-BLDD FOXI

Compton Abbas A/G 122.7
G-AGIV	ANOO	AOIL	APMH
ATHK	AVIN	AZCV	BAAF
BADM	BEYL	BFSY	BHPL
BJBW	BNNX	BPCK	BPOB
BPVE	BRBD	BRUB	BSXC
BXAH	BXMX	CFAT	DUST
GERT	GRRR	HBBC	HNGE
JUNG	MDAC	MTBR	OCDW
ONER	OONY	SVET	TIML
YAKM	YAKN	YAKU	YAKZ
ZERO			

Compton Chamberlayne, Salisbury
G-BICX

Coney Park, Leeds
G-BOYC BRVI CDYR MRSN
RAMI

Coningsby (RAF)
APP 120.800, TWR 134.675
G-BMSB BOZI MUSO

Conington A/G 129.725
G-AOTR	BAGX	BEZF	BFKF
BFXS	BGAE	BGKU	BGNT
BICJ	BIVA	BNJB	BYKB
CDAC	CESB	EJRC	GCCL
GDOG	IFDM	LWAY	MGAN
NIJM	OBIL	ODEX	OEZY
PLOD	POPW	RAFC	TOPS
WINI			

Coombe Farm, Spreyton, Crediton
G-OTOE

Copenhagen, Denmark
G-DUOD

Cork Farm, Streethay
G-BXEJ

Cork, County Cork
G-AVIC

Corn Wood Farm, Adversane
G-BXZU BYRO JULE MYOW
MZMW

Cosford (RAF)
APP 135.875, TWR 128.650
G-AOUO	AYKZ	BHNO	BUJA
BYUF	BYVY	BYXF	BYXL
BYXO	CFCV	CJHO	CJKY
CJWJ	WMAS		

Costock
G-BYZA DMRS EFOF EMHC
EMHH GATE ISPH JEMH
MUSH ODCR ODJB REMH
SCHO WAGG WDKR

Cottage Farm, Bloxholm, Sleaford
G-ALBJ

Cottage Farm, Norton Juxta, Twycross
G-BYBU BYMV BZHO BZRA
CBYF CCAM CCRX CDPW
CDTB CFKW IKRS MGGV
MJDE MYOI MYSB MZAT
SKPG

Cottered, Hertford
G-ARHR

Cottesmore (RAF)
G-HAIG

Coulommiers, Seine-et-Marne, France
G-ADKL

Coventry APP 119.250, TWR 124.800
G-AGTM AIDL AKUJ AMPY
AMRA ANAF APJB APLO
APRS ARHW ARYS AWEX
AWWE AZKS BAHF BBKG
BCPK BCRT BFLU BOBA
BODY BOFL BOFM BOMS
BOZR BPBK BPFL BSEY
BTHI BTOC BTPA BTPE
BTPF BTPL BTPL BTTO
BUKJ BUUP BUUR BUWE
BVWC BWDS BWFG BWMF
BXES BXJA BXOJ BYEE
BYSE CBBW CBDK CBSU
CDSX CDZM CEGE CEYG
CFJN CFJO CLEM CLOS
COVA COVB DHDV DHVM
DRFC EGLT FIJR FIJV
FIND FIZU GAFT GBLR
HAFT HANG HART HELV
HSLA JAYI JHPC JMCL
JXTA KAFT LAFT LOFB
LOFC LOFD LOFE LOFM
LOSM MAFT MANH MATZ
MIDD MIND NERC NJIM
NOSE OAAF OGEM OOSI
OVMC PIKK PLAJ RENO
SDEV SOUL SVEA TASK
THOG THOH THOL THOO
VENM XKEN YMFC

Cowdray Park
G-LEAF

Crabtree Farm, Crowborough
G-SFOX

Cranfield APP 122.850, TWR 134.925
G-APVG ARCW ARXH ASZU
ATHR AVGD AVGU AVWI
AWFZ AWOT AXDW AXIO
AYCP AZLH AZVG BADJ
BAIX BBCI BBKE BCCC
BCOU BCUO BDOW BEUD
BEZI BFSA BGBN BGGL
BGGM BGGN BGOG BGRX

BHFE BHLX BIFY BJDE
BJNZ BLFI BMSG BMUT
BMVL BNPM BNPO BNRP
BODS BOUJ BOXR BSHP
BTNT BWLF BWOJ BWWW
BXAY BZLC CBRO CCBL
CCHF CCHG CCHK CCMF
CCMR CCZU CDAW CDEJ
CDXK COAI ECGC EGTC
EMHK EODE ERIC FDPS
FLYP FOPP GALA GHRW
GUST HASO HIPO HONI
HRHI JONW KNYT LAIN
LENX LUCK LUXE MAPP
MILY MOGI MRKS MRST
MWDZ NFLA OARO OARU
OBAL OCCD OCCE OCCF
OCCG OCCH OCCK OCCL
OCCM OCCN OCCO OCCP
OCCS OCCT OCCU OCCV
OCCW OCCX OCCY OCCZ
OJSA OLFC OOGI OPEP
OPFR PLAY PTRI RATE
REDY RSVP SCHI SHAN
SNOP TILE TILI TIPS
TREC TWEL TWIN TZII
VAAC VMDE WIZA WLDN

Cranwell (RAF)
APP 119.375, TWR 125.050
G-BCKN BIPN BPNO BUDA
BYHL BYUB BYUC BYUE
BYUI BYUP BYUY BYVA
BYVR BYVS BYWB BYWF
BYWG BYWL BYWY BYWZ
BYXM BYXN BYXZ CJLP
CJLR CJPY CJPZ CKDZ
CKMW CKPZ DEDG LSED
RAFA RAFB RAFD RAFO
RAFP RAFX RFSB SINK
XOAR

Cranwell North
G-NUGC

Crawley Park, Husborne Crawley, Bedford
G-ASXD

Craysmarsh Farm, Melksham
G-AJUE BJAF BUAB BYLT
CBUZ CCDL CCEB CDCM
MCCF MEOW MWAT MYNT
MYOS PLAD VNON

Cripps Farm, Eastchurch
G-CENJ

Croft Farm, Croft-on-Tees
G-BPVZ BYFV

Croft Farm, Defford
G-ASAT AYTR BARC BJTP
BKPX BTUS BWPJ BXRA
BXWH BZNB CCAE CCUT
CDXY LAPN MNNY MVTJ
MWMM MYJO MYYZ MZRS
SACH WCUB

Crosland Moor A/G 122.200
G-ATDO AVZV BKKO BPMB
BUVM CCIO GLUC MWDJ

OSEA PSKY RJMS RUFF
SONX WFLY ZAIR ZZAC

Cross Hayes
G-CGAT DCXK DDPK DDRN
DEJB DFCM FDDY

Croughton
G-CCSL MVKJ

Crowfield A/G 122.750
G-AHIP BCLU BEOY BSJU
BSOG BTON BVVE CBCP
CBMT CCCN CCID CDYZ
CEGH DUDE HIPE IEJH
JJDC PHVM VCIO

Crowland A/G 129.975
G-ASNC AVEH BDZA BDZG
BLMW CFYC CHAC CHEP
CHKR CHPO CHVK CJWP
CKED DCTX DDHZ DDLP
DDXF DECP DEHL DEPE
DEVK DHCJ PSGC

Croydon
G-CKBD

Cuatro Vientos, Spain
G-AEML

Cublington
G-PIEL

Cuckoo Tye Farm, Long Melford
G-MILA

Culdrose (RNAS)
APP 134.050, TWR 122.100
G-BYFL CFTC CKOX HAJJ
HITM LSJE UJGK WEEK
XIXI

Cumbernauld A/G 120.6
AWAT AXIG BBRX BDJV
BHAI BHDR BHMR BIID
BJEE BJEF BJEJ BKOK
BMKG BPCI BPRJ BULY
BUTE BVER BVLG BZMF
CDUE EGPG HEBZ INGS
JADJ KAIR MDJE MWXU
NETR ORMB PDGE PICX
PIXI PLMI TBTN

Cumnock
MYHG

Cuneo, Italy
G-JAES

Currock Hill
G-BXST CFEN CHDL CHJY
CJCA DBXE DEDN DENX
KNEK

Dairy House Farm, Worleston
G-CESA FARR

Dalscote, Northampton
G-AXOT

Damyn's Hall, Upminster
G-AYBR	BHLT	BLHW	BXDU
BYDV	CCXA	CCXB	CCXC
CDHO	DMWW	EERV	FICS
JABE	LEXX	MTOZ	MZHS
NEMO	OOFE	OURO	PPLL
PRSI	PWUL	TEDI	VINH

Danehill
G-BXWT

Darley Moor, Ashbourne
G-CDDU	CDIU	JGSI	MJYD
MVCJ	MVIN	MYUA	MZDG
MZHR	WHEE	WLSN	

Darlton
G-BXAN	CFOF	CFOM	CFPB
CGAV	CGEE	CGEG	CHZH
CJFM	CJGH	CJGW	CJRE
DDBS	DDLE	DDTC	DEFW
DEJC			

Davidstow Moor A/G 129.825
G-BUCG	BYID	BZVR	CBDV
CDTJ	MCXV	MJDP	MNGG
MNHE	MNHT	MNJN	MNTV
MNUU	MTES	MTPG	MTUC
MVEC	MVOT	MWAN	MWNR
MWRY	MWSX	MWSY	MWWK
MYOT	MYTL	MYVL	MZIR
MZIZ	OHWV	RODG	TONN

De Kooy, Netherlands
G-BUOR

Deanland A/G 129.725
G-AWDO	AWIR	AXUK	BPEO
BRKY	BVSF	BWCT	BWFH
BWUN	BYFY	BYIJ	CBIP
CDMM	CEFM	CRWZ	EVPI
FLIZ	FOXD	MNZP	MWKA
MZKH	OHIO	SCLX	SIMP
TYKE	XARV	YSPY	

Deenethorpe A/G 127.575
G-BOHW	BOOX	BOVU	BWKT
BYKT	BYSX	BZAI	BZSM
CBYI	CCNW	CCOC	CCZB
CDVH	EZAR	ICBM	KAZI
MFLJ	MGEC	MMWA	MNNC
MTAJ	MTBK	MTHW	MTPK
MTRM	MTUT	MTYA	MVAR
MVBF	MVCP	MVFA	MVFV
MVGP	MVZJ	MWCR	MWEL
MWGR	MWIG	MWLT	MWNS
MWVA	MWVK	MWYY	MYEO
MYFU	MYLK	MYNJ	MYUD
MYWI	MYWT	MZLF	MZMC
RCNB			

Deer Park Farm, Babcary
G-CDNO	CDXE	FUKM	LEDR
SWWM			

Den Helder, Netherlands
G-BDOC	BIMU	JSAR	MVTM

Denford Manor, Hungerford
G-AAUP AFGH AMCM

Denham A/G 130.725
G-ASEP	ATHD	AVSB	AXIE
AYAW	AZAB	BAEM	BAGT
BASM	BFVS	BHCM	BIBA
BLME	BMMK	BMTJ	BNHJ
BOJS	BOLI	BOPA	BPJR
BPJS	BRSE	BSDP	BSFP
BURS	BURT	BWGO	BWVH
BZKL	CBTT	CBVZ	CCWJ
CEXO	CEZL	CFET	DAKO
DEFT	DERB	DIGG	DMCD
DNOP	EHMS	FCKD	FIFI
GDSG	GOTC	GWYN	HEWI
HRND	HUBB	HUNI	HXTD
IJAG	JAMP	JANT	JEFA
JRED	JUIN	KIII	LENI
LREE	NODY	OARI	OBFS
OBIO	ODLY	OHLI	OJWS
OLCT	OOFT	OOGA	OTDI
OWAR	OWET	PATZ	PIMP
PIXL	PIXX	REEM	RRED
RRFC	SHAF	SHAR	TAAB
TAAC	TOTO	VONE	VONG
VONH	WARV	WRSY	XINE
XLTG	XOIL	XYAK	

Denton
G-BUFY

Deopham Green
G-MWML

Deppers Bridge, Southam
G-CFRT	DREG	ENEE	MNMY
MNZS	MVGA	MVOD	MZFX

Deptford Farm, Wylye
G-MTLN	MWZT	MZGT	ULSY

Derby A/G 118.450
G-ACSP	ALTO	ARAX	AREO
ARFB	ARKN	ARWS	ASOK
AVLM	AVYK	AXIF	AXJI
AXJJ	AXPN	AZCN	AZFA
AZTF	BAEY	BDBF	BETE
BGXR	BHAV	BHXA	BHZS
BITH	BJXZ	BKVF	BMEU
BMKC	BNMD	BRND	BSUD
BSWH	BVLP	BYBD	BZBC
CBBU	CBME	CDAI	CSMK
DACF	FIJJ	FNLY	GBFR
JVJK	KWAX	ODAC	TRAX

Derryogue, Kilkeel, County Down
G-ASIS

Derrytrasna Glen, Bannfoot
G-BDWA BFHI PFAL

Devizes
G-WPAS

Diest, Belgium
G-BZSY

Dinan, France
G-HOTB

Dishforth (AAC)
APP 130.100, TWR 122.100
G-AOTF AZBI BARZ BCCX

Doncaster
BUGZ	CJKT	CKCE	CKGK
CKHF	DBZX	DDEG	DEKT

Doncaster
G-VOCE

Doncaster-Sheffield-Robin Hood
G-BMCN	CDYW	LLOD	SHRN
THOI	THOK	THON	

Dornoch
G-RVSA

Dortmund, Germany
G-EZAH

Dowland, Winkleigh
G-CCXV MZGM

Doynton
G-BJEL	BTGG	BZUZ	CBYW
MGOD	MNZW	MRJJ	MTBO
MTSN	MTZF	MVDE	MWNU
MZDJ	RAMP		

Draycott Farm, Chiseldon
G-APAF	ASNW	BBGI	BIAP
BJAJ	BKXR	BKBF	BKDH
BRNX	BSGD	BSZD	BWOV
CCMZ	CRUM	ESME	JABJ
JREE	NOTY	OJGT	STWO
TECM	TECS	WIIZ	

Dreemore Road, Dungannon
G-ONEP

Droitwich
G-MHMR MJTE

Droppingwell Farm, Bewdley
G-CCOO MJVX

Drummaird Farm, Bonnybank
G-MNCM MNKB MYBC

Drumnahare, Banbridge, County Down
G-BZTD

Drumshade Farm, Roundyhill, Forfar
G-CFOB	CHKK	DCND	DCWJ
DDHG	DDNT	DDZB	

Dublin, Ireland
G-DJAE HOCA JAKI

Dundee APP 122.900 TWR 122.900
G-AVXD	BNOF	BNON	BVHC
BVHE	BVHF	BVHG	CCET
EVIE	MRAJ		

Dungannon
G-MNIF

Dunkery, Wootton Courtenay, Minehead
G-CDIZ

Dunkeswell A/G 123.475
G-AHCR	AHVV	AJON	ATLT
AVSC	AWVZ	AYEW	AYPT
BACE	BBBO	BEDD	BFBY
BFEH	BFWD	BGSJ	BHNL

BHUG	BIOA	BJFE	BJIG	SOBI	SUZN	TERY	TSGJ	**East Hatley, Tadlow**			
BJNF	BJNG	BKAY	BKPE	VBCA	WBVS	YYAK	ZIPA	G-DAPH			
BOLC	BPFC	BPFZ	BRHP								
BRJA	BTIV	BTKD	BUBT	**Duxford** *AFIS 122.075*				**East Hunsbury, Northampton**			
BUDR	BVTA	BXRP	BYPG	G-AANM	ACMN	AGJG	AGTO	G-MTOA			
BZVV	CBAX	CBBN	CBGD	AIYR	AKAZ	AKIF	ANPE				
CBKR	CBLT	CBPP	CCDU	ANRM	APAO	ARUL	ASJV	**East Kirkby**			
CCGU	CCOX	CDGE	CDIL	ASTG	AWHE	AYGE	BEDF	G-APVS			
CDIR	CDJC	CDOT	CEDC	BGPB	BKGL	BOHO	BPHZ				
CEEC	CETL	CFIC	CVAL	BPIV	BPTS	BRVE	BSGJ	**East Leys Farm, Grindale**			
DENE	DERK	DLEE	DUNK	BSTM	BTCC	BTCD	BTXI	G-ASVN			
IXII	JODL	MCUB	MGPA	BUCM	BUOS	BURZ	BWEM				
MNKV	MNYM	MTNU	MVJF	BWUE	BWUT	BWWK	DXCP	**East Midlands**			
MVOH	MVOR	MVOW	MWWS	BXDI	BYNF	BZGL	BZTF	*APP 134.175, TWR 124.000*			
MYGT	MYIK	MYMP	MYSC	CBAB	CBLK	CBLS	CCCA	G-BAEZ	BAGB	BAPL	BFJR
MYVG	MYWU	MZBW	MZBZ	CCDR	CCKP	CCOM	CCVH	BGGO	BGGP	BHDD	BIKC
MZCH	MZGV	NONE	OAJL	CCWB	CDVX	CDWH	CEJU	BIKF	BIKG	BIKI	BIKJ
OFRY	OJAE	OLMA	OOSH	CFGI	CFGJ	CFGN	CSDR	BIKK	BIKM	BIKN	BIKO
OSLO	OSTL	OVAL	OVLA	CZAF	DHCZ	FGID	FWAB	BIKP	BIKS	BIKU	BIKV
PIPR	RJAM	RONW	RUVY	GBAB	GLAD	HURI	IXCC	BIKZ	BLZP	BMJD	BMPC
SILS	TBOK	THEO	VANA	JPOT	LFVB	MKVB	OISO	BMRA	BMRB	BMRC	BMRD
VCML				OXVI	PBYA	RAGE	RRSR	BMRE	BMRF	BMRH	BMRJ
				RUMM	RUMW	SABR	SBKR	BNEN	BNIW	BNUN	BOTG
Dunsfold *APP 135.175, TWR 124.325*				SPIT	TROY	VFAS		BOUK	BPRY	BVKB	BVKD
G-AOFE	APSA	ARXG	AXGS					BVZE	BWNT	BYZJ	CBIL
BDXJ	BGPA	BKDI	BWDF	**Eagle Moor, Grantham**				CDON	CECU	CEMK	CLOW
BYLZ	CEUU	DASY	DBLX	G-MYLF				COLA	DBCK	EMAA	FFWD
IANI	IICI	JJAB	KSSH					FNEY	JCBB	JCBC	JCBJ
LGEZ	MAUS	MUMU	MVZZ	**Eaglescott** *A/G 123.000*				LVES	OBMP	OCSD	ODSK
PHEW	RAIX	REAL	RVAL	G-AJCP	AKRP	APWL	ARIH	OGBD	OGBE	OIMC	RJXA
SIXC	STME			ARZW	AVIL	AVNN	BAMB	RJXB	RJXC	RJXE	RJXG
				BOLD	BOLG	BRHX	BTIL	RJXH	RJXM	RJXP	TOYA
Dunstable Downs				BTKX	BVLA	BXFG	BXGP	TOYB	TOYD	TOYE	TOYF
G-ALJR	BCHT	BEUA	BLGS	BYJP	BZLZ	CBLF	CCEF	TOYG	TOYH	TOYI	TOYJ
BMLL	BVYM	CEWC	CCLR	CCXP	CDNP	CFLP	CKGY	TOYK	TOYM	TYRE	WATJ
CFBV	CFCA	CFCP	CFHL	DAAT	DADG	DDLS	DDTW	XJCB			
CFNK	CFOY	CFWP	CFYF	KFOX	LEEN	MVRJ	MYNV				
CFYG	CGCM	CGCT	CGDU	MYZC	MZIK	MZJO	NDAA	**East Wellow, Romsey**			
CHEH	CHHH	CHJP	CHLS	PAIZ	RASH			G-PORT			
CHRK	CHSD	CHTN	CHUD								
CHUE	CHUO	CHVH	CJBF	**Earls Colne** *A/G 122.425*				**East Winch**			
CJBO	CJDC	CJDT	CJDZ	G-AHSP	AOZL	ARHB	ATRI	G-BBKI	BILL	BUXD	BYPU
CJKS	CJLH	CJMR	CJNM	ATTX	AVYR	BBDC	BCFR	DIWY	LEMO	PUGS	
CJPL	CJTH	CJWD	CKAH	BCHP	BDUM	BENK	BJDW				
CKBF	CKBM	CKBV	CKCJ	BKIT	BNRL	BOHS	BOLY	**Eastbach Farm, Coleford**			
CKEJ	CKET	CKFD	CKHD	BOOG	BPCX	BRHA	BSCV	G-AKXP	ASCM	BDAO	BDHK
CKHG	CKHP	CKKD	CKLC	BSXI	BZET	CBSD	CCIR	BDWE	BGXA	BJEV	BRXE
CKMG	CKNJ	CKNV	CKOI	CCLP	CEOK	DRZF	ECAC	BTFL	CBWY	CCBK	MJBZ
CKOZ	CKRJ	CKRT	CLGC	ECAD	GLIB	IRKB	LOKM	MYRT	NORD		
CWLC	DCFX	DCRN	DDMP	LOLA	OJRM	RDHS	SAAB				
DDPL	DDRM	DDST	DDWU	SHAY	TZEE			**Easter Farm, Fearn**			
DDYE	DDZA	DDZY	DEEJ					G-BGKS			
DEFA	DEGR	DEPD	DESB	**East Barling, Essex**							
DEVW	DEVX	DEVY	DFMG	G-CBBM	DDDD	MYHP	MZHO	**Easter Poldar Farm, Thornhill**			
DJAN	DSVN	EWEW	FLKS					G-BSPT	BYRG	CWIK	MGTW
GGDV	IMOK	JCKT	LDER	**East Chinnock, Yeovil**				MNPG	MTJE	MWRN	MYZB
LGCA	LGCB	LGCC	MSIX	G-ABEV	FUEL			MZDB	MZFS	RIKI	RIKY
OGGB	OTRY	SISI	STEU					RYPH			
SVNC	TIMY	XLII		**East Fortune** *A/G 129.825*							
				G-BGXB	BJOE	BUKF	BYJK	**Easterton**			
Durham Tees Valley				BYOW	BYZU	BZFC	BZOR	G-BCSA	BTRU	BVLX	CFTY
APP 118.850, TWR 119.800				CBYO	CCEA	CCPC	CCRT	CHYJ	CJFH	CJGM	CJMY
G-ATRM	AVWL	AYSY	BBDL	CDVR	CDWS	CEBD	CEKG	CJOG	CJON	CJYC	DCHU
BBSA	BCTF	BIXH	BKAS	CERV	CESR	CFIG	CFPI	DDBX	DDFX	GLAK	GSST
BKWY	BLVI	BMJC	BOHT	CFTG	DTAR	MMSP	MNEY				
BOLF	BPOS	BPPS	BRDO	MTCA	MTHZ	MTIM	MTRL	**Eastfield Farm, Manby**			
BRLO	BYIA	CFSA	EHXP	MTTM	MTXM	MVIX	MVLG	G-BSHY	BVDC		
EORG	FPLB	FPLD	FPLE	MVXR	MWLP	MWNT	MWPD				
FRAL	FRAR	FRAS	FRAU	MWRM	MWTH	MWYL	MWZL	**Easton Maudit**			
FRAW	HELM	JLCA	MICK	MYCJ	RIBA	TPAL		G-BHSY			
NEAU	ONAL	OPFT	SIMS								

Eddsfield, Octon Lodge Farm, Thwing

G-ARFV	ATML	AWUN	BBIO
BIFO	BIWN	BKAO	BKTZ
BPNA	BXCL	CBIJ	CBLP
CBRX	CCFK	CNAB	GCUF
GERY	ROWS	THMB	VECD

Edinburgh APP 121.200, TWR 118.70

G-BDFY	BEHV	BMCI	BNGT
BNNU	BPFH	BSNG	CDEG
CDKT	CEBE	CEJO	CEJP
CEOD	CJAD	CLAS	DLCH
DRGS	EZAS	MSJF	SAAW
SEFC			

Edington Hill, Keevil

G-BYYL	CDJR	CFSB

Eggington

G-AXMX	BNHK	BOPH	BPHP
BWFN	CFCI		

Eglington

G-RVTE

Eindhoven, Netherlands

G-JXTC

Ellens Green, West Sussex

G-BSDA

Ellough, Beccles A/G 120.375

G-ASMY	ATHZ	AVZU	AWTX
AZKZ	BAOP	BDBJ	BEIG
BEZK	BSKA	CCVL	CERS
DOTY	EGAN	GTHM	JBRE
KIPP	SUFF		

Elm Farm, Wickford

G-CCMS	CDKK	MVEN

Elm Tree Farm, Manton

G-CDCK

Elstree A/G 122.400

G-ARYV	ASWL	ATPT	AVRU
AVWU	AWOA	AWOE	AWTJ
AXRT	AXTJ	AZDA	AZDE
AZDG	BARV	BCUH	BDLO
BEVG	BFBB	BFDO	BFSR
BFZO	BGON	BHDX	BHVR
BHZK	BJWH	BMIG	BMNL
BNRR	BNTD	BOFW	BOLT
BONS	BORH	BPJO	BPSL
BRBJ	BRHR	BRRK	BSVP
BTIM	BUBW	BVDH	BWGY
BWJG	BWOH	BXJJ	BYBI
BZJB	BZVO	CCZV	CEEN
CEEU	CEEV	CEEY	CEEZ
CETD	CETE	CPMK	CYMA
DAVO	DBOK	DEVL	DFOX
DJJA	DONI	EDEN	EGEG
EGTR	ENTW	EXON	FNPT
GIRY	GLED	GZDO	INDX
IOPT	JAST	JATD	JESS
KCIN	KEVB	KINE	LEAM
LHMS	LICK	MASH	MOSS
MPBI	NOTE	OARC	OBNA
OCCR	OJAB	OLTT	ONAV
ONET	OOGO	OOIO	OONA
OTIG	OWOW	PEPS	PFCL

Emberton, Olney

G-DAIR LADS

Emley Moor, Huddersfield

G-OJRH

Emlyn's Field Rhuallt

G-ASPF	COVE	MTRO	MWAC
MZOP			

Enemonzo, Italy

G-CKGT

Englefield

G-AORB	EIRE	MZOZ

Enniskillen A/G 123.200

G-ATSL	AWKT	BBUG	BXJV
BXJW	CCNM	CDCB	CDVA
CEBI	ETNT	HARR	HRHE
KWIN	MWWV	OCON	ORHE
OUNI	STPH	SUCT	TAFC
TOAK	WIZY	XCBI	

Enstone A/G 129.875

G-AJJU	ALGA	ARDY	ATCD
ATJL	AWAC	AWBG	AWSP
AXPF	AYDZ	AYEJ	BAFX
BCEF	BDJP	BHJN	BIXZ
BJSZ	BLMG	BLMT	BLXH
BMKF	BMVB	BNFI	BOJW
BPAF	BPJV	BPMX	BSPA
BTCE	BTUW	BUDC	BUGV
BUIP	BWAT	BWCV	BXCH
BXDH	BXJS	BXOY	BYLC
BYMB	BYPE	BZKD	CBEH
CBYE	CCII	CCMW	CCNG
CCXM	CMED	CPCD	CXDZ
EMDM	EOFW	EOID	FALC
FAME	FRDY	FRGT	FSZY
GGRR	GKFC	GTGT	HDAE
HEVN	IIJC	JIMB	KXXI
LSKY	LULU	MARX	MNDD
MTAY	MTSJ	MTYE	MVHI
MVLX	MWVN	MYLE	MYNE
MYTN	MYTY	MZDC	MZOD
MZOV	OBBO	OBEI	OHYE
OMIW	OOMF	OSFA	RVMB
SCBI	TCNY	TENS	UAVA
VMJM	VPSJ	XDWE	

Errol

G-ATCJ	AVID	AXZU	BBCY
FOXG	MNAI	MTFN	

Eshott A/G 122.850

G-AVVC	AZWS	BACJ	BITE
BRIY	BTHN	BWVR	BYIZ
BZKF	BZLX	BZUH	BZXG
CBWE	CBXF	CBYT	CCEG
CCKF	CDAT	CDAX	CDBB
CDOV	CDSH	CEEO	CEII
CEWD	DCMI	DSKI	EDMC
GKUE	JABZ	JOYT	MMZF
MNKG	MTJL	MTTX	MTUU
MTZY	MVSN	MVUS	MWBL

Etthornes Farm, Swaffham

G-BOSJ

Euxton, Chorley

G-SCOI

Exeter APP 128.975, TWR 119.800

G-APXY	ASII	ATRO	ATSX
ATZS	AYII	AZJV	BAZT
BBKZ	BBZH	BCCJ	BCFF
BDLT	BFVU	BGFG	BGHP
BGTT	BGVK	BHJI	BJCA
BJSV	BKGM	BLLR	BMJO
BMOE	BMOI	BOFC	BOJR
BPGH	BPZM	BRLI	BTID
BUEG	BUKX	BVGH	BWEG
BWFT	BXWA	BXYO	BXYR
BYNY	BZOL	BZSE	CCJC
CDYO	CEKO	DCPA	DVAA
ECOD	ECOG	ECOH	ECOI
ECOJ	ECOK	ECOM	ECOV
ECOW	ECOY	ECOZ	ENCE
ETPS	FBEA	FBEB	FBEC
FBED	FBEE	FBEF	FBEG
FBEH	FBEI	FBEJ	FBEK
FBEL	FBEM	FBEN	FIGA
FPSA	GAII	GAOH	GCIY
GMIB	HAGL	HYAK	JEBF
JEBG	JECN	JECO	JECP
JECR	JECS	JECV	JECW
JECX	JECY	JECZ	JEDM
JEDN	JEDO	JEDP	JEDR
JEDT	JEDV	JEDW	JLRW
KKEV	KVIP	LSCM	MAFA
MAFB	NONI	OECO	OONK
OWAC	PEJM	PIGI	PRII
PSST	PVCV	ROSS	RYNS
SOOT	TACK	TVII	UPPI
VETA	VIPP	VIPU	VIPV
VIPW	VIPX	VIPY	VIZZ
WACW	WARO	WVIP	YOYO

Eyres Field, Gallows Hill

G-ATMH	AYBG	BFUD	CFGK
CFNN	CFOR	CKCM	DCHW
DCTE	DCWX	DDKD	DDMG
DDMM	DDPO	DERS	DFAT
NIMB			

Ezenridge Farm, Bere Alston, Yelverton

G-MVAF

Fairoaks AFIS 123.425

G-AXZP	BAXS	BDSB	BFBR
BFGD	BFGO	BFMG	BGFX
BGVN	BHJF	BHWZ	BIOB
BMKD	BOEN	BOKA	BOLV
BPIU	BPYR	BSBA	BTBC
BTNH	BWMI	BXLT	BYDY
BYFA	BYFR	BZLI	CBPI
CBWB	CCYY	CEDG	CEJB
DENC	EXEA	GASP	GDER
GRYZ	HONG	HRYZ	JANN
JJJL	LGOC	MCOX	MTTN
NEON	OAMG	ONPA	OPCG

PLPL	RATV	SAMM	SNUZ
SURY	SYGA	TAPE	TAPS
TRUK	WARH	WARU	WNCH
ZAPH			

Falgunzeon
G-AFGM	CGCO	CHPE	CKMP

Falkirk
G-OGEO

Fannors Farm, Great Waltham
G-BGIX

Farley Farm, Romsey
G-ADKM	AOHZ	ASHU	ASJZ
ASMA	AXFN	BFJJ	BRIJ
BRXW	BWCK	OGET	

Farnborough *APP 134.350, TWR 122.500*
G-BBKX	BDDD	BVJT	CBHT
CDLT	CEYL	CFJA	CFOH
CFSC	CHAI	CJMB	CJMD
CMAF	CMBL	CPRI	DAUF
DGET	ELOA	FBLI	FBLK
FBNK	FFFG	FLBK	GEVO
GHPG	GMAA	GMAB	GSSO
HCGD	HCSA	HPPY	IMAC
ITIG	JETF	JJSI	LGAR
LGKO	LVLV	MATF	MDBA
MEET	OEWD	OGSK	OMJC
PHTO	PRKR	REYS	SIRJ
SJSS	SNZY	SRDG	SYLJ
TAGA	TAYC	TDSA	TLFK
VECT	VIPI	VONJ	VVPA
WTOR	XONE	XXRS	ZXZX

Fearn
G-BFAS	BTXD	ORAS

Feathard, County Tipperary
G-JOON

Felthorpe *TWR 123.500*
G-AIBR	ANFL	APKN	ARAT
BTEW	BXDG	CBLL	CCRN
MWLL	MYYG		

Fen End Farm, Smith Fen, Cotttenham
G-BWMX CURV

Fenland *A/G 122.925*
G-AFNI	AJAP	AMRF	AVHM
AZIJ	BALH	BEVW	BEZH
BFGL	BGCY	BIHI	BIIK
BIYY	BIZR	BLPF	BLVS
BORY	BOVT	BRBG	BREZ
BRSW	BSME	BSUW	BSUZ
BSYV	BTLM	BTWZ	BTYI
BXRC	CCOR	CDAP	CFSJ
CUPS	EDTO	ENII	FNLD
LINC	MWFL	VORN	

Ferryhill
G-BZNX	BZVC	HOLY

Feshiebridge
G-BZMM	CFYA	CGAR	CGCD
CHHN	CKER	DCCA	DCPU
DDXG	DFBE	DRAT	JAPK

KOFM	LSFB	UNIN

Fetterangus
G-BVSB	MBFZ	MJWB	MMJV
MZGP			

Field Farm, Hillington
G-ARHN

Field Farm, Launton, Bicester
G-LBDC

Field Farm, Oakley
G-BVOR	BZAK	BZHG	BZOU
BZUI	BZWT	CBMS	CLUB
MBRH	MMUR	MTCM	MVNU
MVUJ	MWTI	MWUO	MYBW
MYMW	PVSS	ROYC	

Fieldhead Farm, Denholme, Bradford
G-BUOK

Filton *APP 122.725, TWR 132.350*
G-ALGT	ASSS	ATTI	AWFB
BASJ	BBXW	BFZM	BKMI
BLWY	BSEF	BSSW	BYKP
BZYD	GEMM	JEAO	RRGN
SAPM	SPHU	WARE	WCAO

Finmere
G-ASXS	BDBH	BFAF	BUXK
BWMB	CBET	CCTU	GBEE
KWKR	MAIN	MISH	MNJU
MTJA	MVPR	MYIV	MZKK
SKRA			

Finnentrop, Germany
G-CHBU

Firenze, Italy
G-CJJE

Flamstone Park, Bishopstone
G-CORB

Flint Farm, Longham, Dereham
G-SIRE

Folly Farm, Cop Hill, Slaithwaite, Huddersfield
G-PRET

Folly Farm, Hungerford
G-AAZP APAM

Forest Farm, Welshpool
G-BXXH PFAW

Fowle Hall Farm, Laddingford
G-ALUC	ANCX	AYME	BHHE
BMLB	BWVT	BXDY	CCOV
CDCI	FLOX	PIPS	TOPK

Fowlmere *A/G 135.700*
G-AZUM	BONC	BSII	BZHK
CERT	DIXY	GURN	IKAP
JACS	KEMI	MAIK	OPWS
RIGH			

Fradswell, Stafford
G-MZAC

Franklyn's Field, Chewton Mendip
G-AJJT	AMIV	ANEW	AZTA
CCWR	CDPH	KHRE	MMHS
MVLS	MVZT	MWSC	PGFG
PUKA			

Fridd Farm, Bethersden, Kent
G-BALJ DGHI

Frogland Cross
G-BKHG MMTY

Fuentemilanos, Spain
G-BYTG

Fulbeck, Lincoln
G-BKAZ BSGG

Fulford, York
G-BTRP

Full Sutton *A/G 132.325*
G-AHUF	ASAU	ASMS	ASZD
ATLA	AVYL	AYCT	AYOW
BAEU	BATV	BBDT	BBXB
BCKV	BDFZ	BEUI	BGAX
BHBZ	BILU	BJOT	BLHR
BNSO	BOSM	BPUU	BVST
BWZA	BYOO	CDJW	CEZK
COLH	COMB	CONL	CVST
DFKI	EEJE	FLOP	FLYA
JWJW	MNXI	OACI	OOGS
REDB	RFLY	RJWW	ZEBY

Furze Farm, Haddon, Peterborough
G-ARCS

Furze Hill Farm, Rosemarket, Milford Haven
G-BJNY

Fyfield
G-CFBL

Gamston *A/G 130.475*
G-APXJ	ATMM	AVUG	AWLP
AXKX	AXNS	BBJZ	BBYS
BCOL	BCPN	BDIG	BDOG
BDTV	BEOK	BFPH	BGXS
BHEV	BIUW	BJVT	BMSU
BNCO	BNPY	BODZ	BOIG
BOJM	BOUE	BPTZ	BRDD
BRPV	BTVX	BVUV	BXLS
BYSI	BYTI	BYZR	CBFO
CCHA	CCHC	CCLC	CCLV
CCLW	CDEL	CDHC	CETI
CEWN	CEZG	CMSN	CTCD
CTCH	CTCL	EHMJ	EMMM
FOFO	GSYS	GUYS	HSOO
ICON	KDMA	KIDG	KWLI
LEOS	LLMW	LYNC	MAMD
MHJK	MOAN	MOLL	MOOR
MZEN	OEAC	ORAY	ORJA
OWAL	PECK	PLSA	RAMS
RATI	ROLY	SGEC	STAA
SUEA	WAGS		

Garden Piece, Basingstoke
G-BFGZ CBAR

Garston Farm, Marshfield
G-AZLF	BDIH	BMEH	BOZV
BPTA	BRJL	BSWB	BUWL
BVAF	BVAI	CCMM	CEIX
CZCZ	DENS	JOLY	NINE
OLEM	TJAY		

Garton, Insch
G-AXAT

Gedney Dyke, Lutton
G-CHKN

Gedney Marsh Farm, Gedney, Wells
G-ASXZ

Geneva, Switzerland
G-OCSA

Genoa, Italy
G-GOBD

Gerpins Farm, Upminster
G-BYYX	DOZI	MJOC	MNXZ
MTGR	MVYU		

Gibraltar
G-CKEM

Gilmerton Helipad, Edinburgh
G-CDKY

Ginge, Wantage
G-MNWW ORDS RIVR

Gipsy Wood Farm, Warthill
G-FUZZ

Glasgow APP 119.100, TWR 118.800
G-BAPI	BFZH	BGIG	BGIY
BNIM	BNVT	BSYZ	BVVK
BYUD	BYVD	BYVN	BZFP
CEFG	CEJM	CELR	EDCK
EDCM	EZAO	EZAT	GNTB
GNTF	GSPN	HEBJ	IZZS
LGNA	LGNB	LGNC	LGND
LGNE	LGNF	LGNG	LGNH
LGNI	LGNJ	LGNK	LGNL
LGNM	LIZA	ODAG	ODCM
OTDA	PCOP	RJXJ	

Glasgow City Heliport
G-SASA SASB

Glassonby
G-BSCH	CBTD	CCNS	MMPZ
MWFV	MWLS	MWOV	MYBV
MZDF	MZJX		

Glastullich Farm, Tain
G-CIGY

Glebe Farm, Southam
G-ATUH RVCE

Glebe Farm, Stockton
G-ARJF AXCX BDFR HAMI

Glencorrig, Shinrone Birr, Co Offaly
G-BZDF

Glenforsa, Isle of Mull
G-TSLC

Glenrothes A/G 130.450
G-ANRF	AREH	BBTH	BFFE
BHDS	BHJK	BIOK	BITF
BKUE	BLAT	BMIZ	BRBY
BURD	BVHD	BVUM	CCIT
CDMT	CDNT	EIWT	FIFE
GBHI	GBLP	GEOS	IDAY
KLYE	LLEW	LOST	MMYU
MYMC	MZBB	TAYS	WEND
WWZZ			

Glentham Grange, Market Rasen
G-CEZB

Gloucestershire
APP 128.550, TWR 122.900
G-AHLK	APIK	ASRO	ATSR
AVGC	AVJJ	AXEV	AXVM
AYWM	AYZE	AZBE	BBJY
BEBU	BEOH	BEPF	BEZO
BFEK	BFOF	BGBA	BGPM
BGRR	BHFG	BIMT	BIMZ
BIZE	BKCC	BKGC	BKIF
BKJB	BLGV	BMTR	BOPC
BOUP	BOXT	BPKR	BPMR
BPON	BRBB	BRBN	BRBP
BSGK	BSOK	BSWC	BSXB
BTHV	BUPA	BUUF	BUZZ
BVMM	BVSD	BWLR	BWNM
BXRV	BXSG	BXUC	BZHU
BZNE	BZRO	CAHA	CBRP
CCUO	CEHL	CHPA	CZNE
DAFY	DUKY	EELS	EKIR
EKMN	ESTA	EWHT	FABM
FORC	GDRV	GEHP	GEZZ
GFCA	GFRO	GJCD	GYMM
HIVA	IANV	IGHH	IGZZ
IJBB	IWRC	JPSX	JPTT
KNCG	LEZE	LNTY	LUKY
LUST	MAXI	MEEK	MLSN
NIFE	OABO	OASH	OGJP
OJAN	OJBB	OMNI	OPFA
ORIX	OSFS	OTUG	OTWO
OVON	OZAR	PASX	PMHT
PRDH	PSHR	PWIT	RAFT
RCOM	RCWK	REAN	RNGO
ROWA	RYZZ	SAZZ	SCPL
SHED	SRVA	TBGL	TFYN
TMOL	TWSR	UILE	USKY
VALY	VONS	WEGO	WIRL
WOCO	XSDJ	YPRS	ZZTT
ZZXX			

Glountha, Kilkenny
G-CONR

Gooderstone
G-BGTJ ODHB

Goodwood AFIS 122.450
G-ADXT	ANEN	APFU	ARKJ
ASCZ	AZBN	AZSC	BAWG
BBMW	BECT	BEMB	BFTT
BGXO	BHBT	BHCZ	BKDJ
BKII	BMKR	BNGW	BNKH
BOLO	BPVI	BPVW	BPWI
BRNV	BTGJ	BUCC	BWYO
BZXB	CECY	CFME	CMOS

COUP CPMS DMAC DMCS
ELUT	ELZY	EOLD	GBUN
GRRC	HOCK	IANH	IKBP
IZZZ	KBPI	LAOL	LARA
LILY	OODW	ORAR	OSUS
PAWS	PSFG	SNAL	TART
TIMP	TOUR	TSAC	UNDD
WHAM	WIZZ		

Goole
G-BWSZ

Goudhurst, Cranbrook
G-BHOA

Gowles Farm, Sherrington, Buckingham
G-GSPC

Gowran Grange, Dublin
G-AVOO KOHF

Grange Farm, Frogland Cross
G-AAOR ADYS AESE BANC
BIVC

Grange Farm, Woodwalton
G-BVHS LAIR

Gransden Lodge
G-AXZH	BETL	BODU	CEWI
CFFS	CFUT	CFVV	CHAY
CHBA	CHDD	CHDU	CHEK
CHJF	CHLV	CHMK	CHNW
CHOM	CHSK	CHTS	CHTV
CHXC	CJCD	CJEC	CJFX
CJGB	CJSJ	CJUN	CJXR
CJZZ	CKAK	CKCN	CKEL
CKFY	CKGC	CKGF	CKLP
CKPM	CKPU	CRJW	DCAS
DCRH	DCUB	DDTY	DDXA
DEBX	DECH	DETG	DEVO
DEWP	DHAA	DRCS	EUFO
PHNX	SVEN		

Gransha, Rathfriland
G-APUR BTKV

Grantham
G-BZBL MTRC

Graveley Hall Farm, Graveley
G-BBMT	BGBE	BVIK	BZYN
CBOM	CCDZ	CCGK	CDLJ
CENB	JSRV	MMXU	MVKK
MVKZ	MWYI	MYDZ	OVOL
PBEL			

Great Ashfield, Suffolk
G-CBJY

Great Eversden
G-BRXY

Great Fryup, Egton, Whitby
G-ANLS

Great Massingham
G-AHSS	BRUN	BUNJ	CBMP
CDVL	RVPL		

Great Yeldham Hall, Halstead
G-BJML   CBCZ

Green Farm, Combrook
G-AVPO   AXXC

Greenlands
G-MJMR

Gregory Farm, Mirfield
G-BHVP

Gresford, Wrexham
G-CCXG

Griffins Farm, Temple Bruer
G-AJAM   ARAZ   AWEP   BGEI
BVLF   CBDJ   CBIX   DAVE
ENIE   MYSL   SWOT

Grimbergen, Belgium
G-BWVZ

Grimmet Farm, Maybole
G-RWMW

Grindale
G-ATCE   STAT

Grove Farm, Needham
G-CBIB   CCNH   CCTV   MNNM

Grove Farm, Raveningham
G-BUWR

Grove Moor Farm, Treswell, Retford
G-BLXI

Guernsey APP 128.650, TWR 119.950
G-AVRZ   BAJB   BBHY   BDTN
BDTO   BEVT   BGAJ   BGTG
BLKY   BSUF   BWDA   BWDB
BXTN   BYDF   BZIJ   CFBP
CFKS   CIAS   DAAZ   DWPF
EHLX   FTSE   GFTA   GFTB
HIJK   HMBJ   HPSB   HPSF
HPSL   ISEH   JOEY   OWLC
OXLS   PBEE   PCAM   RBCI
RGZT   RLON   VICS   XAVI
XTOR   YULL   ZIZI

Gunton Park, Somerton
G-BJGY

Guttin, Germany
G-ILTS

Guy Lane Farm, Waverton
G-APRT   BUXC   BZTV   CBVM
MTRA   MYSG   MZCV   MZHB
RINN

Gyor-Per, Hungary
G-BTZE   SPDR

Hackettstown, County Carlow
G-BWWF

Haddenham
G-CHDN

Haddock Stone Farm, Markington
G-AZII

Halesland
G-AVHY   BTTZ   CFTN   CFVC
CHTD   CKJM   DCVW   DDJM
DDMR   DDNE   DDOY   DDZJ
DEPP   KESY   KWAK   WIII

Halstead, Essex
G-AJUL   OLGA

Halton (RAF) A/G 130.425
G-AOSK   ASIY   ATEX   ATJT
ATZM   BCXN   BDPJ   BHGJ
BLZA   BNKI   BSCZ   BTYH
BVTM   BXCD   CEKL   CEMB
CEOB   CEUN   CFFB   CFLS
CFPT   CGAB   CHAR   CJFF
CJGL   CJJB   CJJR   CJKG
CJKJ   CJKZ   CJRX   CJYU
CJZX   CKRW   EDGA   EGWN
FLKE   ICRS   MWDN   NADS
NEWT   OHAC   PLIV   RAFH
RAFR   RAFS   RAFV   RAFY
RUMN   SAMG   SATN   SAXT
UCLU

Halwell
G-ASVG   BTDC   CCHR   DIDY
MBCL   MTPF   MYZE

Hamburg, Germany
G-BYIR

Hampden Manor, Little Hampden, Great Missenden
G-BPXE

Hamstead Marshall
G-AGVG   ANEM

Hamstreet, Ashford
G-MTKI

Hanbeck Farm, Wilsford, Grantham
G-BPWG

Hannington, Rushden
G-HAUS   RMBM

Hanover, Germany
G-BUPH   CDTD

Hardings Farm, Ingatestone
G-KEYS

Harpsden Court, Henley-on-Thames
G-BBEN   ILLY

Harringe Court, Sellindge, Folkestone
CCZO   CDAZ   CDBV   KUIK
MZIF   UACA

Hartpury, Gloucester
G-OJLH

Haughton Farm, Haughton, Ellesmere
G-CDHX

Haughton Farm, Shifnal
G-MYGM

Haverfordwest A/G 122.200
G-AFZK   ARRI   ARXW   ASOC
AVAR   AVJF   AVSD   AWVB
AWXS   AXXW   AYLP   AYNJ
AYPG   AYRF   AYRH   AZTK
BAOH   BAYO   BBXK   BCHK
BFOG   BGXT   BKCR   BKVB
BMMI   BMNV   BMSF   BNAI
BPPE   BPWR   BRCV   BSPN
BSSB   BTFE   BTSN   BUDO
BVYF   BWJH   BZJP   CBRH
CCGL   CECV   CEEM   CFGA
CFGZ   CTSW   FANL   GFRD
IMLI   IMPY   IZZY   JFRV
JMAL   MMVX   MTJT   MVOX
MWZR   OPAZ   PJTM   REKO
STAY   TEDB   UMMI   WARP
YAKF

Haw Farm, Hampstead Norrey's
G-AFYD   ANHK   APBE   AYDI

Hawarden APP 123.35, TWR 124.95
ASAZ   ASIB   AXNP   AXOZ
BBMJ   BCOO   BEUX   BFYI
BHKJ   BKIB   BLCT   BLWP
BNJT   BNYD   BODP   BPIK
BSDZ   BSRP   BTHY   BVHI
BVSP   BWGF   BWSG   BXRY
BYMD   BZDI   BZXA   CCDE
CDBG   CDJD   CEHJ   CHEZ
CLUX   CWFA   ELLI   FABI
FLYY   FZZA   GURU   KMRV
MHCI   MHCJ   MNUF   OEDB
OMDR   OMRH   ONUP   OSKP
RAZY   REDS   RSAF   SCCZ
SHUU   SMAS   SOAF   UVNR
WIZI   WOOF   XTUN

Hawksbridge Farm, Oxenhope
G-AWFW   AYGA   BWVV   CCEM
CDGG   CDLK   CDTP   CFWR

Headcorn A/G 122.0
G-ACDC   ADGT   AMTF   APTZ
APVZ   ARBZ   ARGZ   ARKP
ARMZ   ARNZ   ASKP   ASTI
ATCC   ATWJ   AVEF   AVEM
AVIS   AWEF   AXSM   AXUB
AYIJ   AZHB   BAJZ   BAKD
BAPJ   BBDP   BBYB   BCEX
BCID   BCXE   BEWX   BFIE
BFJZ   BFMR   BGHU   BGMP
BHZO   BIAY   BJCW   BJKF
BLYP   BMLX   BNFV   BNYL
BOCM   BOKX   BOMY   BPZD
BRAR   BRHO   BRNZ   BRXH
BRZL   BSAJ   BSZG   BTDZ
BTWY   BUKH   BURI   BVDI
BXHT   BYYZ   BZNH   BZVT
CBKF   CBMD   CBOZ   CDCE
CECC   CEFP   CFSW   DSFT
ERNI   EUSO   GDKR   GGJK
GUCK   HLEE   ICOM   JSAK
LCUB   MAML   MIDG   OHNO
OHPC   OODE   PACT   PFSL
PTWO   PVML   ROCT   ROVE
SAIG   SEXX   SOCT   SUPA

SUTN	TBXX	THLA	TOAD
UILA	XKKA	XXVI	YKSS

Headlinks Farm, Clitheroe
G-PURS

Headon Farm, Retford

G-BVFR	BYTC	BZMC	CBKM
CBKN	CBTM	CCDF	CCRV
CCTD	CDLR	CDWP	CDXN
FARY	FEET	IBFP	JONY
MGCB	MTLJ	MVHY	MVJU
MWIH	MWSP	MYIZ	MYJW
MYLL	MYND	MZCG	MZEO
MZKM	XERO		

Heathfield
G-ARLK BSPG

Heckington, Sleaford
G-BPUS MVBE MVZO PBUS

Hemswell
G-BZHL PEST

Henlow (RAF) *TWR 121.100*

G-ACDA	ACUS	ADHD	AIYS
AJVE	ANZT	APAP	ASYP
AZGY	AZTW	AZZZ	BCEE
BCGC	BGBF	BHNX	BJVJ
BLTC	BLUZ	BRUD	BTBX
BUHZ	BYAV	BYLO	CBGR
CDMA	CENS	DRBG	IFFR
KHEH	MNJT	MTIH	MYIN
OKIM	OSND	OTFT	PACE
RVGA	RWIN		

Henstridge *A/G 130.250*

G-AHGZ	ALYG	AWIF	AYPZ
AZVI	BFXR	BJAO	BLLA
BLLB	BMOT	BSMN	BUEP
BVPX	BXHU	BXUA	CBSV
CCCE	CDGP	CEAT	EECC
EYOR	FARO	HALJ	IRAF
MCRO	NAAB	NUTA	OBJM
OGAN	PUSI	SAZY	SCPI
SHOG	STOO	VIXX	WHRL

Heworth, York
G-BOGV

Hexham
G-BVML CCGZ

Hibaldstow
G-ANHR ASDK ATJV BXZB

High Cross, Ware

G-AXZD	BJUS	BJYN	HFBM
OPSF	OWWW	ROLF	

High Flatts Farm, Chester-le-Street
G-RVAW

High Ham, Langport
G-AROC BSEJ BUEC BZWN

Higher Barn Farm, Hoghton

G-BTET	CCKJ	CRES	EPAR
IMNY	MNIZ	MVBL	MWHP
MYXC	MYXG	MZJK	MZOH
SUMX			

Higherlands Farm, Branscombe

G-AOBH	ASPV	BGKO	BZFT
FOXX	IIXI	SAGE	

Hill Farm, Durley

G-ABDA	ABDX	ABLS	ACET
ACNS	AFDO	AFJB	ALJL
ARTH	ECDX	EUJG	

Hill Farm, Hughley, Shrewsbury
G-MWSB

Hill Farm, Nayland

G-AHEC	APUW	ATUF	AXHR
AYCO	AYUS	BCGH	BEIL
BFOP	BIDO	BMWV	BPBB
BRXG	BTTE	BUGI	BUYK
BWLJ	KEHO	WIBB	

Hillfoots Nurseries, Tillicoultry, Stirling
G-MBMT MJTR

Hilltop Farm, Hambledon
G-CUBN ONKA

Hilversum, Netherlands
G-BWWX

Hinckley
G-JHEW

Hinton-in-the-Hedges *A/G 119.450*

G-ASOX	ASVP	AVEX	AVOH
AYCC	AYEE	AYJP	AYRO
AZKW	BAIZ	BAPW	BBEX
BCGJ	BCPD	BCTI	BEBG
BEGG	BEYT	BFIU	BGPI
BIRH	BIZY	BLTW	BMAO
BONU	BRGF	BSYU	BTVW
BTXZ	BUFG	BUGW	CCOZ
CDDG	CGBJ	CHKU	CHXV
CKDB	CKKR	CSBM	CSIX
CUBW	DCGM	DEMF	DESU
DOMS	MNVT	SARV	SKYE

Hollow Hill Farm, Granborough
G-CBGB

Holly Hill Farm, Guist, Dereham
G-APYI EEZS

Holmbeck Farm, Leighton Buzzard
G-BVZR CBLA HOBO MNXF

Homefield Farm, Redhill
G-KENW

Hoogeveen, Netherlands
G-AGYY BUVN

Hook, Norton
G-CBNA

Horam, Eye
G-HOXN

Hordle, Lymington
G-BYJL ERDA

Horsford
G-MAGG

Horsham
G-CBPG CEYD CUPP DKBA

Hougham, Lincoln
G-MVRR

Hucknall *A/G 130.800*

G-AEDB	AVRW	AXHV	BHRH
BJWT	BKPB	BPWD	BXTD
CCOF	MTMR	MTTR	OODI
RRCU	YIII		

Hulcote Farm, Hulcote, Milton Keynes
G-BBUU BRCE CDWG IIIR
NITA

Humberside *APP 119.125, TWR 124.900*

G-AWPJ	BAEP	BAIW	BAXY
BBBC	BCLD	BCRL	BDIJ
BGHJ	BIZM	BPOM	BRWO
BSCE	BTEU	BTNC	BVTC
BWDR	BWSH	CBRJ	CDKB
CDYI	CERZ	CFBX	CFLU
CFLV	FMSG	FOSY	HIVE
HPOL	IJYS	JPRO	LFSI
MAJA	MAJB	MAJC	MAJD
MAJE	MAJF	MAJG	MAJH
MAJI	MAJJ	MAJK	MAJL
MAJM	MAJP	MAJT	MAJU
MAJV	MAJW	MAJX	MAJY
MAJZ	OOLE	PATN	RAMY

Hunsdon *A/G 129*

G-CCCG	CCIV	CCNP	CCRR
CCUF	CCWO	CECP	CJAY
COXY	FAMH	MNKP	MVCM
MWLH	MWLM	MWTR	MYPW
MZFV	MZHN	MZOW	WAZP
YZYZ	ZSKY		

Hunterston Farm, Stair
G-CCJW CDJP MWZE MZFI

Hunterswood Farm, Dunsfold
G-IDUP

Huntington, York
G-BMZW

Husbands Bosworth
Launch Control 129.975

G-AVTV	AWGN	BBNA	BBSS
BCOY	BFAW	BSIY	BUNC
BVTX	BVZZ	CDPX	CDTZ
CETB	CEUT	CFHZ	CFNM
CFRH	CFWF	CFWT	CFWU
CFXD	CFXO	CFXY	CGCC
CGDX	CHGR	CHJC	CHOV
CHTF	CHUH	CHZM	CHZO
CJCJ	CJEA	CJGY	CJJH
CJJJ	CJKD	CJKN	CJMO
CJNO	CJPA	CJRR	CJRT
CJUB	CJUE	CJUH	CJWF
CJZN	CKBC	CKGX	CKKN
CKLN	CKLY	CKMV	CKNR
CKNS	CKNU	CKPA	CKPP
CKRM	DCGT	DCOY	DCTU
DCYM	DCZJ	DDVZ	DDWL
DEDB	DEMT	DEUD	DUOX
EEBE	EFLT	EKEY	FLEE
HBOS	IBFC	IXXI	TUGY
YOBI			

Ilkeston
G-AVIP　BRVR　BRVS

Ince Blundell A/G 129.825
G-BYBO	BYII	BYIM	BYNM
BYRP	BYZS	BZDL	BZGZ
BZIS	BZJL	BZOO	BZTU
BZUN	CBHM	CBIE	CBLW
CBVN	CBVR	CCJM	CCTP
CDBU	CDCG	CDDO	CDFG
CDFO	CDKM	CDOA	CDRW
CDUII	CEFK	CFFO	CFLM
CFTJ	EEYE	FLEX	GTSO
HARI	HIJN	HVAN	INCE
JOOL	MMAC	MMZD	MNEH
MNIL	MNUG	MTAG	MTGL
MTIL	MTIO	MTJX	MTNJ
MTZW	MVNW	MVPC	MVUM
MWOJ	MWTY	MYAK	MYCK
MYGH	MYVA	MYYU	MZAP
MZAR	MZCD	MZCE	MZFF
MZGS	MZJA	MZJZ	MZKG
MZLJ	MZOR	OJJV	OLDP
SCPD	VJAB		

Inglenook Farm, Maydensole, Dover
G-CFNV　CZAW　MVFL　MWEP

Ingthorpe Farm, Ingthorpe, Great Casterton, Stamford
G-AJYB　APAL　RVIT

Insch TWR 129.825
G-AIJT	AISS	AKTS	ARWR
AWMT	AWUE	BDAG	BEZV
BSYH	BUOB	BZFO	BZVA
CBUR	CEBA	CEBZ	CENH
MMPL	MMXV	MTXK	MVCL
MVHZ	MVPI	MVYY	MWTT
MWVH	MYMX	MYNS	MYRN
MYRS	NIPP		

Inverkip
G-CBAP　MNWI

Inverness APP 122.600, TWR 122.600
G-ARNY	ASEU	ATBP	AZAW
AZWF	BCJO	BCYR	BHJO
BIIT	BKET	BLHS	BNHG
BRLP	BTCI	BTXG	BWUP
BXET	CCGF	CCPW	CEGT
DDIG	EIGG	EXAM	FARA
HEMS	IFAB	INTS	JURA
NOSS	NTWK	OAKI	OINV
PDGF	PDGN	PDGR	PLMB
PLMH	RICK	SMMA	SMMB
TEXA	THZL	TURF	UIST

Ipswich
G-SROE

Iron Pear Tree Farm, Kirdford
G-BUKK　SAHI

Jackrells Farm, Southwater
G-BAEE　BSVK　BXRZ　BZEZ
MNIK

Jefferies Farm, Billingshurst
G-SOPP

Jena, Germany
G-JENA

Jenkin's Farm, Navestock
G-CCCP　CCXW　CDOZ　IVAR

Jericho Farm, Lambley
G-AZYS　BAHD　BHFK

Jersey APP 120.300, TWR 119.450
G-AORG	ASYJ	AVLJ	AVUZ
AVWN	AWBN	AWPW	AYPU
AZRH	BAGG	BCBZ	BFUB
BGTF	BHTA	BOET	BOXA
BOXC	BPDT	BTYC	CVLH
FORR	GSYJ	HAFG	HROI
IONA	ISLB	ISLC	ISLD
IYCO	JACA	JACB	JACC
JACH	JCAS	JJEN	JODI
KEEF	LOFT	MILO	NESW
NMRM	NSJS	OAPE	OFCM
OSCC	OTBY	PFCI	SMKM
SVSB	TABY	TCOM	WAIN
WARR	WINS	XBEL	

Jibou, Romania
G-CBSR

Joydens Farm, Westerham
G-AWXX　BYRC

Jubilee Farm, Wisbech St.Mary
G-BBGL　BWWN

Jura
G-CJDB

Jurby, Isle of Man
G-ACLL

Kavala International, Greece
G-CCFU　EGNA

Keal Cotes, Spilsby
G-DODG

Keevil (RAF)
G-ARUV	BMBJ	BSEL	BYEJ
BZPF	BZYG	CDFD	CHKB
CJFE	CJMW	CJOA	CJOD
CJPO	CJTB	CJUW	CKJP
CKMO	CKOE	DFAF	EJAE
KENG	OSDF	RAEF	SAJA

Kemble A/G 118.900
G-ADND	AHNR	AHWJ	ARDB
ASOI	BAGS	BCUJ	BCUS
BFDK	BGEW	BGNV	BHOZ
BHZT	BMGB	BMIO	BMIS
BNNT	BOFY	BOLB	BOXV
BRIA	BSJZ	BSXS	BUDS
BUOD	BVFA	BVVP	BWEB
BWGG	BWGK	BWGN	BWIJ
BWNU	BWVS	BXFI	BXKF
BYFF	BZPB	BZPC	BZTH
BZYV	CBUJ	CCFW	CCGP
CCJP	CDLC	CDXH	CEAO
CEFC	CEFZ	CEMY	CHPY
DYMC	ELUN	FFOX	FMKA
GANE	GREY	HACK	IIDI IIIS
IIZI	IMUP	JEBV	KEJY

KITI
	MALA	MCOY	MJRU
MJWK	MOUR	MRRR	MTEC
MTLG	MTOO	MTXU	MVFE
MVYT	MYZR	MZCS	MZDM
MZOI	NJPW	OJAZ	OMHD
OSSF	OSTU	PVET	RAIG
RJAH	RMAC	RNRS	RSWO
SAWI	STRG	UFCC	ULHI
YAKB	YFLY		

Kempten, Germany
G-CDOD

Kenley
G-CFHO	CJTS	CKFG	DCLZ
DCZG	DDXD	DJMC	EHCZ

Kense Farm, Beith
G-BUPW

Kieheuvel, Belgium
G-SCNN

Kilcolman Farm, Enniskean, Co Cork
G-ACMA

Kilkeel
G-BIOI

Kilkenny, County Kilkenny
G-BBGC

Kilkerran
G-ARIL　MVYX　MYAZ

Killineer, Drogheda, County Louth
G-MYDU

Kilmaddy, Dungannon
G-CDDW　JMON　LADD　SKII
TABH

Kilpatrick, Stradbally, County Laois
G-MNVP

Kilrush, County Kildare
G-AVSE	AWMN	BEMY	BOOW
BSHK	BWKJ	BXDP	BXZT
CCBR	CWOT	IVAL	JACO
KELL	MTKD	MTXL	MYDM
MYXK			

Kimbolton
G-CDDR　OVID　TOMZ

King's Farm, Thurrock
G-ATNV	AWSL	AWTL	AXHO
AYKW	BAIH	BBMB	BEBN
BZMB	ENOA	KIMK	SIXD

Kingsfield, Dhekelia, Cyprus
G-CJLS　CJMK　CJMZ　CJPV

Kingston Deverill
G-BUXY	BVKU	CFGW	CFPH
CFUY	CFXC	CGAS	CGEB
CHGX	CHTR	CJAZ	CJBT
CJHN	CJKW	CJWT	CKDO
CKKF	DBNH	DBTJ	DBVX
DCEB	DCLP	DDDN	DDEO
DDJD	DDOR	DDSX	DEHM

DHCU   DHKL

Kington, Hereford
G-MBAB   MBBJ   MBZV

Kinloss (RAF)
APP 119.350, TWR 122.100
G-BKXO   BMUG   BSCP   CCTE
ETDC   MPBH

Kintore Helipad
G-DAVV   DEUX   HBMW   ONMT

Kirchheim-Hahnwide, Germany
G-VCXT

Kirkbride *APP 123.600, TWR 124.400*
G-AYUT   BEOE   BHEM   BIPY
BORG   BPUA   BRHL   BRUO
BSGS   BSZM   BUIG   BUZL
BVIT   BVMN   BVOH   BYTS
BYZW   BZAO   BZXL   CBCJ
CBHB   CBNX   CBOU   CBPD
CBXR   CBZL   CCCW   CCPE
CCXS   CDBE   CEEA   CEER
CEGY   CENF   CEOH   CEYX
CFAK   CFAX   CFBJ   CFGG
GGCT   IIXX   IPAT   LUNG
MINS   MVIL   MVYS   MWNO
MZFL   PILZ   RCHY   RFIO
RYDR   SELL   SIMY   VANN
YROE

Kirkbymoorside
G-BYBX

Kirknewton
G-ATJC   BGRO   BRWP   BTZA
BVJN   BWYD   CCVT   CDGC
CEEG   EEZZ   OOJP   SDOB
SDOI   SDOZ

Kirkwall
G-BGVS   BJOP   BMFY   BPCA
CROY

Kirton-in-Lindsey
G-BFEV   CHEG   CHFH   CHNV
CHTB   CJRA   CKHC   CKJZ
DBRY   DCCX   DDFL   DDMO
DDUL   DEAT   DEXA   DGIU
DHTG   DJWS

Kittyhawk Farm, Deanland
G-BOXJ   RECO   REEC   VPAT
VPCB

Kleve-Wisseler Dünen, Germany
G-CHDY   CKMI   CKMJ

Knapthorpe Lodge, Caunton
G-BOUN   BYHV   BYJM   BYMI
BZWS   CBEX   CCAS   CCME
CCWW   CDFL   CDRR   CDUU
CENA   CFFJ   HUGS   MTWF
MVIT   MWUR   MYAR   MYVH
MZFD   MZIV

Knettishall
G-ARNE   AYAC

Knockbain Farm, Dingwall
G-MTWH

La Massana, Andorra
G-ZJET

Ladthwaite Farm, Kirkby Steven
G-RINS

Ladybank House, Kiplin
G-IKON

Lagos, Algarve, Portugal
G-MVGW

Lagos, Nigeria
G-VSUN

Lamb Holm Farm, Holm, Orkney
G-BVKF   BXBC   CEPM

Lamberhurst Farm, Faversham
G-CBIT   FLYH

Landmead Farm, Garford
G-ADWT   ANMY   ARNK   ASFK
BKDX   BLIY   BNIO   BOKH
BRAX   BVWY   BYRH   CBIR
CDAB   HOPY   HUTT   MNTP
MTPS   MTVP   MVUR   MWZW
MYVZ   PAXX   RVIO

Lands End
G-CEWM

Lane Farm, Clyro, Hereford
G-BLPB   BTGI

Langar
G-PIGY

Langham
G-AEDU   AHBL   ANEL   BEWN
BUPG   CIBO

Lark Engine Farmhouse, Prickwillow, Ely
G-JUDD

Lasham *A/G 126.650*
G-ADGP   ATRG   AVKD   AXSF
BAER   BJUD   BMGR   BPIN
BRFM   BSFF   BSYY   BVVZ
BZLY   BZPH   CCHX   CDOY
CENK   CEUR   CEVE   CFBH
CFBW   CFDG   CFGF   CFHM
CFJR   CFKM   CFLW   CFMH
CFMN   CFPN   CFRC   CFRW
CFRZ   CFSS   CFUP   CFVS
CFWY   CFXJ   CFYY   CFYZ
CFZO   CGAF   CHBG   CHBH
CHFA   CHFX   CHGK   CHGS
CHGZ   CHLC   CHRX   CHUY
CHVM   CHVP   CHWA   CHWB
CHWH   CHXR   CHXX   CHZA
CJBJ   CJBW   CJCK   CJCT
CJDY   CJEH   CJFA   CJLZ
CJMT   CJNP   CJNT   CJOR
CJPH   CJPS   CJRB   CJRH
CJRV   CJSG   CJSH   CJUV
CJVV   CJXA   CJZH   CJZY

CKBU   CKCD   CKCH   CKDA
CKDN   CKDY   CKGL   CKHM
CKKV   CKLV   CKML   CKNB
CKNE   CKNF   CKOH   CKON
CKOO   CKRD   CKRV   DBJD
DBVR   DCCP   DCGH   DCMG
DCSK   DCTT   DCUT   DDFE
DDGX   DDHX   DDKS   DDLC
DDMB   DDNZ   DDRJ   DDRU
DDTP   DDVL   DDWR   DEHG
DEHH   DEHO   DENJ   DEPT
DERR   DETV   DEUK   DEUS
DEVJ   DEVP   DEWZ   DFCW
DFEB   DFEO   DFSA   DHET
DISA   EDDD   EELT   EGGS
EHCB   EVII   FCOM   GBBB
HAAH   HJSM   HKAA   HOJO
IICX   IIGI   IRLE   JIFI
KEPE   KSIX   LSIX   NIVT
NJET   OBUP   ORIG   PAWN
RAIR   RHYM   SHHH   SMYK
STEN   THRM   TOWS   TWOT
VLCC   XLAG   XLAO   XXIX
YODA   ZENN

Latch Farm, Kirknewton
G-CCOG

Lausanne-La Blecherette, Switzerland
G-BVHT   NOOR

Lavenham
G-ANRP   BJZF   HRCC   VIIZ
XSEL

Le Luc, Cennes, France
G-BYNE

Le Plessis-Bellville, Picardy, France
G-ARJH   BLXP   CDHF

Le Touquet, France
G-MOAC

Leatherhead
G-EZEL

Lee-on-Solent *TWR 132.650*
G-AAHI   AAJT   AALY   AAYT
AFGZ   AGHY   AHPZ   AJGJ
AODR   ASFL   ATFD   ATIS
AXZF   AYLL   BAVH   BCFO
BCLI   BDOL   BEBS   BIPV
BMDB   BNSZ   BNVE   BOHA
BOZZ   BPJU   BSAW   BTLG
BTZB   BUJI   BUNB   BYND
CBPC   CCHH   CDGS   CEYE
CFGR   CFOG   CGIJ   CJAL
CJJT   CKDF   CKHT   CKMC
DGDJ   HILT   LORD   LYAK
MAJR   MJTX   MLZZ   MMTL
MNCF   MNDO   MVXD   MWLD
MYOO   MYRH   MYXB   OSIX
OVFR   PNGC   PURL   SARD
SJCH   TOBA   VIKE   VOAR
WAHL   WNTR   YAAK

Leebotwood
G-MYGV

Leeds-Bradford
APP 123.750, TWR 120.300

G-AVWD	AYCJ	BEYV	BFFC
BFMH	BMHT	BNYO	BOVK
BSER	BWEU	BXDT	BXGW
BXLY	BXOR	BYLH	CELA
CELB	CELC	CELD	CELE
CELF	CELG	CELJ	CELK
CELS	CELU	CELV	CELX
CELZ	CEMS	EJEL	ERIS
FIRS	HERB	IFIT	JACK
LSAA	LSAB	LSAC	LSAD
LSAE	LSAG	LSAH	LSAI
LSAJ	MISJ	MLTY	MOUT
OADY	OLNT	ORDH	OSPK
PEGY	RWEW	SASH	TRAN
TTHC	WENA		

Leeming (RAF)
APP 123.300, TWR 122.100

G-BRVL	BYVV	BYWH	BYWT
BYYA			

Leeuwarden, Netherlands
G-BWGL KAXF

Leicester A/G 122.125

G-AMPG	AOCU	AOFS	AOUP
APTU	ARDJ	ASHH	ASIL
AWHY	AXBJ	AXPB	AYWD
AZNO	AZRL	AZYF	BCAH
BETI	BFMK	BFNG	BHEN
BIJD	BKCE	BKCI	BKGW
BMCV	BNIK	BNNA	BNXE
BPBO	BPDV	BPKF	BREY
BRFI	BRIH	BRPX	BSDH
BUTZ	BVCS	BVOX	BVUZ
BXCU	BYCZ	BYEZ	BYPH
BZIG	BZPI	BZRV	CAPX
CBEF	CBSL	CCCB	CEOC
CHET	DDDY	EFIR	EYAK
FELL	FLEA	FLIK	FOXA
IIDY	IIIL	IIIV	ITAF
JAWZ	JDEE	JEEP	JUGE
KEST	LEIC	LITZ	LOOP
LUNY	MINT	MMNA	MTGS
MTLM	MVDK	MZHV	MZKJ
NICC	OCAD	OERS	OMAT
ORBS	OSDI	PFFN	PITS
PJSY	POOP	RAFW	RAYA
SIIS	TOBI	TREK	WIGY

Lelystad, Netherlands
G-DAKK

Lenox Plunton Farm, Borgue
G-COPS

Lerwick
G-SICA

Les Milles, France
G-SAAL

Letterkenny, County Donegal
G-BUGJ

Leuchars (RAF)
APP 123.300, TWR 122.100

G-AYHA	BYUM	BYUN	BYUR
BYUU	BYUX	BYVO	GBVX

Limassol, Cyprus
G-MICE

Limetree, Portarlington, County Laois
G-BZGU

Linley Hill, Leven A/G 123.050

G-BAXV	BDJD	BGCM	BGSV
BIDH	BJUB	BTMR	BYIS
CCCJ	FFIT	HOWE	HULL
IFLI	MCJL	MYJY	ORUG

Linlithgow
G-OGAZ

Liskeard Heliport A/G 129.900

G-BSML	CERO	CGRI	HDTV
IWRB	OCMM	OCST	ONTV
PBEK	SPEY	TELY	TMUR

Litlte Down Farm, Milson
G-BVLU

Little Battleflats Farm, Ellistown, Coalville
G-BZAR

Little Blakenham
G-WANT

Little Chase Farm, Kenilworth
G-BDOE

Little Down Farm, Milson
G-AYFD CDCW

Little Engeham Farm, Woodchurch
G-BMAY BRBM HAEC YCII

Little Farm, Hampstead Marshall
G-AHOO

Little Gransden A/G 130.850

G-AELO	AGXV	AGYD	AIBX
ALWB	APYG	ARHC	ARMC
ATIR	ATVO	AWLO	AWMR
AWSN	BABC	BBND	BCGS
BDFB	BECZ	BEVO	BHSS
BKBP	BKXA	BMET	BNHT
BOMP	BRPK	BSUE	BTRZ
BTUB	BULR	BWAC	BWIK
BWTO	BXFC	CORA	EDGY
HAMM	IIHI	IIUI	ILUAIUII
KYAK	MNZD	MVXA	MZUB
OCBT	OYAK	TINY	TIVS
UPFS	VALS	XYJY	

Little Haugh Hall, Norton, Bury St. Edmunds
G-LSPH SKPH

Little Heathfield Farm, Atherfield, Ventnor, IoW
G-CBAH DNBH

Little Rissington

G-AYJY	BCGB	BDEY	BHBA
BOWZ	BPGC	BSRL	BTMP
BUXI	BVXR	BWAD	BWAH
BWUZ	BWWS	BXAU	BXCJ
BXKM	BZAS	CBFW	CBJE

CDGT	CDVJ	CDXV	CEYR
DMAH	DVON	EKIM	JOEL
NACA	OOJC	RRRT	WYSZ
ZVKO			

Little Robhurst Farm, Woodchurch
G-AJJS TVIJ

Little Shelford
G-SEEK

Little Snoring A/G 118.125

G-AWBS	BGKV	BIBJ	BIZK
BJCF	BNNO	BPMU	BTEX
BTTD	BZHI	ETCW	JABY
MWSJ	MZDV	MZKT	NMBG
VECG			

Little Staughton A/G 123.925 G-AKHP

G-AKHP	ASWX	ATSZ	AXHA
BAHI	BLAC	BRCM	BWYB
CFIJ	HINZ	ISFC	MTWK
MUTZ	TFOX	TTDD	

Liverpool-John Lennon
APP 119.85, TWR 126.350

G-AMCK	ARNJ	ARVT	AVCV
AVIA	AWFJ	AYIM	AYSX
BCSL	BDZC	BEWR	BFHU
BGVZ	BHDE	BNMB	BNSL
BNYK	BRLG	BRUJ	BSDN
BSGL	BSRI	BTJK	BTND
BUPC	BXDF	BXUY	BYBY
BYJF	BZXJ	CBCN	CBXK
CCTL	CCXJ	CDTG	CESS
DFLY	DGWW	EGEE	EZAI
EZAY	EZBB	EZBE	EZBG
EZDC	EZED	EZEJ	EZID
EZII	EZIS	EZIT	EZIY
EZMH	EZMS	GTJM	JDPB
JETJ	JONH	LFSA	LFSD
LFSG	LFSH	LFSM	LFSN
NATT	OGKB	OLFT	ORVR
OSJF	PART	RVRB	RVRD
RVRE	RVRF	RVRJ	RVRK
RVRL	RVRN	RVRT	RVRU
RVRW	SACB	SAMJ	SOVC
SUKI	TSDS	VUEA	VUEM
VUEZ	VVBK	WARW	YAWW

Llanerchymedd, Gwynedd
G-MTRS

Llantysilio

G-CJFK	CJOW	CJYE	DCDW
DCYT	DDJL	DECS	DEDK
DFGJ			

Lleweni Parc
G-DEEO RDDT

Lochearnhead
G-DRAM WATR

Lochview House, Limerigg
G-BPKK BRFJ

Lockmead Farm, South Marston
G-BOHM

Lodge Farm, St.Osyth
G-BBOA

London City *APP 132.700, TWR 118.075*
G-BWIR BWWT BYMK BYML
BZOG CCGS FJET LCYA
LCYB LCYC REYG TBIC

London Colney
G-BZGF CDMV MGFK MMGS
MMRL MVPS MYCU MYEF

London Gatwick
APP 126.825, TWR 121.800
G-BNLC BNLM BNLP BNLT
BNLV CPER DOCA DOCB
DOCE DOCF DOCG DOCH
DOCL DOCN DOCO DOCS
DOCT DOCU DOCV DOCW
DOCX DOCY DOCZ EMLI
EZAL EZAM EZAN EZAP
EZAU EZAV EZAW EZAX
EZBA EZBC EZBD EZBF
GBTA GBTB GFFH JEAM
JEAS JEBA JEBB JECE
JECF JECG JECH JECI
JECJ JEDI JEDJ JEDK
JEDL LGTE LGTF LGTG
LGTH LGTI OJIB OOPE
OPJB STRF STRH STRX
STRY STRZ TTIC TTID
TTIE TTIF TTIG TTIH
TTII TTOB TTOC TTOD
TTOE TTOF TTOG TTOH
TTOI TTOJ VAIR VBIG
VELD VFAB VFAR VGAL
VHOL VHOT VIIA VIIB
VIIC VIID VIIE VIIF
VIIG VIIH VIIJ VIIK
VIIL VIIO VIIP VIIR
VIIV VIIW VIIX VIIY
VLIP VROM VROY VTOP
VWEB

London Heathrow
APP 119.725, TWR 118.5 or.118.7
G-BNLA BNLB BNLD BNLE
BNLF BNLG BNLH BNLI
BNLJ BNLK BNLL BNLN
BNLO BNLR BNLS BNLU
BNLW BNLX BNLY BNLZ
BNWA BNWB BNWC BNWD
BNWH BNWI BNWM BNWN
BNWO BNWR BNWS BNWT
BNWU BNWV BNWW BNWX
BNWZ BPEC BPED BPEE
BPEI BPEJ BPEK BUSG
BUSH BUSI BUSJ BUSK
BYGA BYGB BYGC BYGD
BYGE BYGF BYGG BZHA
BZHB BZHC CDPT CIVA
CIVB CIVC CIVD CIVE
CIVF CIVG CIVH CIVI
CIVJ CIVK CIVL CIVM
CIVN CIVO CIVP CIVR
CIVS CIVT CIVU CIVV
CIVW CIVX CIVY CIVZ
CPEL CPEM CPEN CPEO
CPES CPET DBCA DBCB
DBCC DBCD DBCE DBCF
DBCG DBCH DBCI DBCJ
EUOA EUOB EUOC EUOD
EUOE EUOF EUOG EUOH
EUOI EUPA EUPB EUPC
EUPD EUPE EUPF EUPG
EUPH EUPJ EUPK EUPL
EUPM EUPN EUPO EUPP
EUPR EUPS EUPT EUPU
EUPV EUPW EUPX EUPY
EUPZ EUUA EUUB EUUC
EUUD EUUE EUUF EUUG
EUUH EUUI EUUJ EUUK
EUUL EUUM EUUN EUUO
EUUP EUUR EUUS EUUT
EUUV EUUW EUUX EUUY
EUUZ EUXC EUXD EUXE
EUXF EUXG EUXH EUXI
EUXJ EUXK EUXL EUYA
EUYB EUYC EUYD MEDE
MEDF MEDG MEDH MEDJ
MEDK MEDL MEDM MEDN
MIDC MIDL MIDO MIDP
MIDR MIDS MIDT MIDX
MIDY MIDZ RAES VAST
VATL VBLU VBUG VEIL
VFIT VFIZ VFOX VGAS
VGOA VIIM VIIN VIIS
VIIT VIIU VMEG VNAP
VOGE VRED VROC VROS
VSSH VWIN VWKD VWOW
VXLG VYOU WWBB WWBD
WWBM YMMA YMMB YMMC
YMMD YMME YMMF YMMG
YMMH YMMI YMMJ YMMK
YMML YMMN YMMO YMMP
ZZZA ZZZB ZZZC

London Stansted
APP 120.625, TWR 123.800
CDNK CDSR CELP CELW
EJAR EJJB EZAB EZAD
EZAF EZAJ EZDN EZEA
EZEB EZEC EZEF EZEG
EZEK EZEP EZET EZEU
EZEV EZEW EZEZ EZIA
EZIC EZIE EZIG EZIH
EZIJ EZIK EZIL EZIM
EZIN EZIO EZIP EZIR
EZIU EZIV EZIW EZIX
EZIZ EZNC EZNM EZPG
EZSM FULM GSSA GSSB
GSSC HRDS IVJM KALS
KSFR LEAC LEAI NGEL
OLDK OLDT POWC RRAZ
SABI SIRA SIRS SPUR
STCC WCCI WELY WIWI
XLGB ZAPK ZAPN ZAPO
ZAPR ZAPU ZAPV ZAPX
ZAPZ

Long Fosse House, Beelsby, Grimsby
G-BWNJ

Long Marston *A/G 129.825*
G-AKWS ASXJ ATUD AWIV
BKGT BSFY BTRW BTWI
BXII BYRJ BYZO BZGR
BZJZ BZNC BZYA CBIS
CBXZ CCDD CCTZ CCWU
CDFM CDGH CDUK CEEW
CEIV HATZ LDAH LORT
MBHE MGND MMNB MMUO
MNBN MNEI MNIA MNNF
MOOV MTGO MTPI MTUI
MTVO MTXE MTZB MVAP
MVKS MWEG MWIE MWIM
MWRX MWVE MYAB MYBZ
MYCR MYEA MYFM MYMS
MYWJ MYZV MZAH MZGO
MZNZ PIPI ROZZ STEV
TBJP YSMO

Long Mynd
G-BGCU CFBA CFHV CFVP
CFWM CHBE CHDV CHKC
CHKX CHMZ CHSO CJDK
CJJP CKAW CKGV CMGC
DCEC DCFL DCWY DDGG
DDJF DDZM DENU DFHS
ECEA ECPA FERV GCJA
KGAO LSLS RZEE VENT
XCIV

Long Stratton
G-USTH

Longacre Farm, Sandy
G-BVYK BYHR BYRS BZRJ
BZRY CBEV CCDJ CCWF
CDSW CDVG CEML CZMI
MGEF MNDU MTZJ MVAN
MVCD MVDW MVIF MVOP
MWGM MWHC MWLB MWXY
MWYC MYBU MYKF MYPY
MYSX MYXD MYYB MZBX
MZJY MZLN MZLX TBMW
WZOL

Longframlington
G-HALT

Longside, Peterhead
G-BYNT CCFB CCRI EIKY
MWBO MYAG MYOZ MYYF

Longstanton, Cambridgeshire
G-CEOT CEVT

Longwood Farm, Morestead
G-AAHY APNT ARTL BGYN

Lossiemouth (RAF)
G-DBDB

Lotmead Farm, Wanborough
G-AOZH BMYU BOOD BPHR

Low Farm, South Walsham
G-BCOB MNVG

Lower Baads Farm, Peterculter
G-CCAP CDXB DABS LIPE

Lower Grounds Farm, Shirlowe
G-DCHO DOGY ENNK HSKE
NHRJ

Lower Mountpleasant Farm, Chatteris
A/G 129.900
G-BTJX BWIL BYOT CBFX
CBWA CCBG CCNT CDTR
CFKU CFLR KICK MTBL

MTME	MTSS	MTVN	MTYF
MVCB	MVGO	MVHJ	MVHP
MVIP	MVZP	MWES	MWJN
MWMY	MWOO	MWMB	MYKN
MYXW	MZGB	MZMS	MZOM
SAAA			

Lower Road, Hockley
G-MWTC

Lower Upham Farm, Chiseldon
G-AYFF	BFAK	BREF	BSHH
BYXW	CBTK	CCYE	DUDZ
GLHI	JESA	KULA	MWIU
MWMJ	MYNR	MYYK	ODJD
RUFS			

Lower Wasing Farm, Brimpton
G-ARMN	AVZW	AWRY	AWVF
BHYD	BKFW	BMVM	BPAW
BZYL	CEYK	CFIH	HRLK
JAYS	MYMH	NFNF	ROKT
SALL			

Ludham
G-AVYS	AWEV	BFXF	CCYA
CFGH	JBSP	KEVI	LUDM
RVDX	RVPM		

Luss, Loch Lomond
G-OLLS

Luton *APP 129.550, TWR 132.550*
G-BYAD	BYAE	BYAH	BYAI
BYAK	BYAL	BYAO	BYAP
BYAS	BYAT	BYAU	BYAW
BYAX	BYAY	CDCX	CDZL
CPSH	CTEN	DAJB	DIMB
EOMA	EZBH	EZBI	EZDA
EZDB	EZDH	EZDI	EZDK
EZDL	EZDM	EZDR	EZJA
EZJB	EZJC	EZJF	EZJJ
EZJK	EZJL	EZJM	EZJN
EZJO	EZJP	EZJR	EZJS
EZJT	EZJU	EZJY	EZJW
EZJX	EZJY	EZJZ	EZKA
EZKB	EZKC	EZKD	EZKE
EZKF	EZKG	FDZA	FDZD
FDZP	MAJS	MARA	MONJ
MONK	MONR	MONS	MONX
MPCD	MRJK	NMAK	OBYD
OBYE	OBYF	OBYG	OBYH
OBYI	OBYJ	OJEG	OJMR
OZBB	OZBE	OZBF	OZBG
OZBH	OZBI	OZBK	OZBL
OZBM	OZBN	OZBO	OZBR
OZBS	SMAN	TMRA	TMRB

Luxter's Farm, Hambledon
G-AWJX	BEWO	BKOB	BXBU
BZII			

Lydd *A/G 120.700*
G-ARYK	ASBY	ASRK	AVNU
BAMY	BDOT	BHJU	BIBW
BIJV	BMLM	BNZB	BOUZ
BTWX	BUCS	BVJZ	BXDO
BXVU	CBAF	CBSO	CCHL
CDER	CDJV	CDXI	CEZM
CLOP	EMAX	EXEX	IBFW
JASS	JLHS	JPMA	LTFB

LYDB	LYDC	LYDF	NJAG
NRRA	OJAV	OKPW	

Lydeway, Devizes
G-MIME

Lydney-St.Briavels
G-CCMO

Lymington
G-BISG

Lyneham (RAF)
G-BLLS VICC

Lynford House Farm, Manea
G-MPRL

Lyon-Bron, France
G-MATX

Lytchett Matravers
G-BOZW

Lyveden
G-BXXI	CFKT	CHMA	CHSG
CJHD	CJLV	CJWA	CJZM
CKAM	CKEX	CKKB	DCJK
DDGA	DDNC	DEWG	

Madrid, Spain
G-EZBJ XSFT

Magheralin, Craigavon
G-MYLD

Magheramorne, County Antrim
G-PILE

Malaga, Spain
G-DDOG

Manchester *APP 135.000 & 118.575, TWR 118.625 & 119.400*
G-BCCF	BCCK	BCJM	BCJN
BXAM	BXAS	BYTH	BZAW
BZAX	BZAY	BZAZ	CELH
CELI	CFAA	CPEP	CRPH
DAJC	DBLA	DHJH	EMBI
EMBJ	EMBV	EMBW	EXRS
FCLB	FCLC	FCLE	FCLF
FCLG	FCLH	FCLI	FCLJ
FCLK	FDZE	FTDF	GFFD
GFFI	GFFJ	GMPB	GTDL
JDBC	JMAA	JMAB	JMCD
JMCE	JMCF	JMCG	LKTB
LUND	MANS	MDBD	MLJL
MOOO	NIKO	OCSE	OCSF
OJMB	OJMC	OMYA	OMYJ
OMYT	OOAN	OOAR	OOAV
OOBC	OOBD	OOBE	OOBF
OOBI	OOBJ	OOBK	OOBL
OOBM	OOPH	OOPU	OOPW
OOPX	PJLO	PSTR	RJXD
RJXF	RJXI	RJXK	RJXL
RJXN	RWGW	SLNW	SLOK
SMTJ	SOVA	TCBA	TCCA
TCXA	THOP		

Mandeville, Gore, New Zealand
G-ADRH

Manor Farm, Binham
G-ARIK

Manor Farm, Dinton
G-ARVZ ASHT EHDS

Manor Farm, Drayton St Leonard
G-BFBA	CDEH	CDNI	CEJY
DYNM	MYHH	NGLS	PRAH

Manor Farm, East Garston
G-ATJM BIXL BMJY TAFI

Manor Farm, Fencott
G-CDPB

Manor Farm, Grateley, Andover
G-AXWV BFSS

Manor Farm, Haddenham
G-ARAO BZLE EITE

Manor Farm, Inglesham
G-AYZS BNME

Manor Farm, Tongham
G-AZLE BUVR PCAF

Manston - Kent International
APP 126.350, TWR 119.925
G-BCEN	BGAB	BGPL	BHED
BHHG	BJAG	BLVL	BLZN
BSYI	BTFG	BXAB	BXVZ
BYBC	BZGK	BZMO	CBYX
CYRS	DELF	EFBP	ERCO
IBIG	KATG	MAAX	MKAA
MKBA	MKCA	MKDA	MKEA
MKFA	MKGA	MKHA	MVLY
OETI	OHHI	OLDN	OTGA
PBRL	POWL	SUEY	SUEZ
ZACE	ZEIN		

Manton
G-LILA

Mapperly, Nottingham
G-MWVT

Mapperton Farm, Newton Peverill
G-BYTX	CFKE	FOXZ	FXBT
MJCU	MVZG	MYCB	

Marden, Kent
G-KAAT

Marham (RAF)
APP 124.100, TWR 122.100
G-BUDB	CDIS	CJFC	CJMJ
CJSD	CKLF	DEYS	DFAW
IICT	JAGS	MHAR	

Marley Hall, Ledbury
G-BPUM BYYT

Marsh Farm, Bracklesham
G-BXIG

Marsh Hill Farm, Aylesbury
G-AEXT BGPD BRCA

Marshland, Wisbech
G-RODD

Maryculter
G-MBWG

Mayfield Farm, Stevenston
G-CENW

Maypole Farm, Chislet
G-AKUE	AXDI	AXGG	AZZV
BIAC	BIBN	BKAM	BPLY
BRXP	BUWK	CBTG	CCAL
CEKI	CRAR	EXIT	MYWV
MZLL	MZOX	PEGA	SRII

Melrose Farm, Melbourne
G-AXVK	BTBL	BUWH	BXIX
SAYS			

Melton Mowbray
G-GAZA

Meluish Farm, North Moreton
G-AVEB	FRGN	HUPW

Membury
G-AHAG	AHGD	APZJ	AWHX
AXXV	BALG	BAZC	BPZP
CDBC	KIMY		

Mendlesham
G-ARBV	BRPT	BTZZ	CCOY
MTNT	MVAI	MVFH	WGHB

Meran, Italy
G-HUND

Merville-Calonne, France
G-BXYG

Midden Zeeland, Netherlands
G-ALBD

Middle Bank Top Farm, Lumb, Rossendale
G-LUMB

Middle Pymore Farm, Bridport
G-BUKR	CEPP	MARO	MVYN
MYIX	RUSL		

Middle Stoke, Isle of Grain
G-BMOK	BYSS	BZBP	BZYS
CBMA	CBMR	CBTW	CCCI
CCCU	CCDC	CCDP	CCEP
CCGO	CDXD	CEHE	DOIN
KDCD	MBSX	MNLT	MTYW
MVNO	MVXI	MWBK	MWSU
MYBB	MYFI	MYFV	MYJU
MYKT	MYPI	MYRG	MYWY
MZKS	THAT	TLDL	YADA
ZADA			

Middle Wallop (AAC)
APP 126.700, TWR 118.275
G-ABOX	APOI	BONT	BUUA
BUUB	BUUC	BUUK	BWXH
OPIT	SARO		

Midlem Farm, Midlem
G-ESTR

Milan-Bresso, Italy
G-RIGS

Milan-Linate, Italy
G-DIPM	EZAE	EZAK	IUAN

Milfield
G-ATFR	AXEO	BAEN	BJCI
BUAC	CFAJ	CFJV	CFTD
CGAP	CGDA	CHNZ	CJGK
CJHR	CJOS	CJVJ	CKMT
CTUG	DCCB	DCKD	DCKL
DCYD	DCZD	DDLJ	DDYH
DEAF	DEEA	DELO	DFBD
DJAD	MILD		

Milford Garage
G-MILI

Mill Farm, Hughley, Much Wenlock
G-CCBJ	MNKW	MTFT	MVIO
MVMV			

Mill Farm, Shifnal
G-AJES	BYCJ	BZRB	BZYX
CBXC	CBZD	CCFA	CCNB
CFIY	CLEE	GFOX	ICWT
JAAB	LVPL	MNCI	MNZB
MTEW	MTHT	MTLL	MTXS
MTZK	MVRL	MVRP	MWMT
MWVM	MYKV	MYRC	MYXO
NIGC	XTEE		

Milton, Cleobury Mortimer
G-CEME

Milton, Peterborough
G-FILL

Milverton, Taunton
G-MYXX

Mitchells Farm, Wilburton
G-MVSO

Moat Farm, Milden
G-HITT	HRLI	ROBT

Mona (RAF) *A/G 118.950*
G-AHCL	BHEG	BILS	BSRK
BUPM	BUZM	CCZY	GFKY
JOST	PRAG	RVRA	

Monaco
G-OOWS

Monkswell Farm, Horrabridge
G-BZHN	DMCT	MJTM	MMRH
MNCA	MTNR	MVNS	

Moor Farm, West Haslerton
G-CHIX

Moor Green Farm, Barlow
G-OJVA

Moorlands Farm, Farway Common
G-AWFD DODD

Morgansfield, Fishburn *A/G 118.275*
G-AYYX	BCXB	BGMT	BKFI
BPXY	BTOT	BTXT	BVGF
BVJX	BVMI	BWRO	BWRR
BZNW	CBBT	CBJH	CCVS
CDBD	CDCP	CDKL	CDLS
CDMF	CDPJ	CFAG	CFOV
DOGZ	EWES	EXES	EXPL
HRLM	MTTA	MVIU	MWCH
MYLB	NIEN	OYTE	RATZ
RAYZ	UPTA		

Morton Carr Farm, Nunthorpe
G-AZHH

Moscow, Galston
G-CDJG

Mount Airey Farm, South Cave
G-BFCT	BRTP	BTHE	EXLL
FLYG	KATI	LFSC	MVPJ
PEKT			

Movenis, Coleraine *A/G 129.900*
G-BMOF	BNMO	BOMN	BXRO
DOTT	ETHY		

Moygashel, County Tyrone
G-BZLT

Muchiamel, Alicante, Spain
G-BBWZ

Mullaghmore, Coleraine
G-AWLF	BYLJ	CFCD	MYIU
MYPM	MYZF	MZGU	

Mullahead, Tandragee
G-CDCT

Mullinahone, County Tipperary
G-BUGE

Murton, York
G-DMSS

Naas, County Kildare
G-DAVG

Namur-Temploux, Belgium
G-APSR	CBSS

Neath
G-STEP

Nether Glastry, Dunblane
G-BZWC

Nether Huntlywood Farm, Gordon
G-MNTI	MYSU	MZRM

Netheravon (AAC) *A/G 122.750*
G-AGZZ	AHXE	ANIJ	ARXU
BDZD	BNGE	BNYM	BVZJ
BZAH	OAFF		

Nethershields Farm, Chapelton
G-AOEH

Netherthorpe *TWR 123.275*
G-AJIT	AJIU	ARJT	ASMW
AVHH	AWUJ	AYEC	AZEW
AZHC	AZHU	AZUZ	BABE
BDWM	BFGG	BGRI	BIUM
BIZG	BMBB	BNSP	BNST
BOBV	BPEM	BPXA	BRNC
BRNK	BRNN	BUUJ	BUUX
BXEA	BXYJ	CCSR	CCTG
CCYS	CEBF	EHGF	EXTR
JBDH	JIMZ	KARA	KELS
KELZ	LCXY	LIZI	ORAF
OSIT	PHLY	PHOR	PHUN
PNIX	REAP	RIVT	RVPW
SEVE	SEVN	USTY	UZUP
WCEI			

Neuchatel, Switzerland
G-BVKM

New Barn Farm, Barton Ashes, Crawley, Hampshire
G-AGXN	AHHT	ALIJ	APAJ
ASSF	ASXI	AXMA	AYUJ
BIAH	BIUP	BMHL	BTMS
BUKN	BVRH	BVZO	BXSV
CCBA	CCBW	CCGR	GLST
KIRC	KURK	MRED	MYJD
MYSY	MZNV	NGRM	RELL
SKAN	TARN		

New Farm, Felton
G-AKKB BBAX BMDE

New House Farm, Birds Edge, Penistone
G-BKIR BOID BOWP CDZU

New House Farm, Great Oakley
G-AHTE	AKEX	ANIE	APAH
AROW	ATLB	BCMD	BICE
BIYW	BLDB	BRXL	CBOK
CCNX	CEKB	CVMI	EEEK
MWZS	MYKO	MZAE	SMTH
VIVI	VIVO		

New House Farm, Hardwicke, Hay-on-Wye
G-CFTI

New Laithe Farm, Harewood
G-THIN

New Lane Farm, North Elmham
G-AVBH BHBE ETIM

Newark
G-BJAD

Newby Wiske
G-MZDA

Newcastle *APP 124.375, TWR 119.700*
G-ATEW	ATLM	AWBH	AXZM
BAWK	BHAY	BMUZ	BTAW
BUIF	BVEZ	BXLO	BXTB
BYYG	BZDU	BZTG	CBBS
CCWM	CDXA	FLPI	IKES
JARA	KART	MOGY	NESV
NHRH	PDOC	TYNE	WACT

Newcastle City Heliport
G-USTS

Newells Farm, Lower Beeding
G-BSWF CDXT WGCS

Newmarket
RESG

Newnham, Baldock
| G-BVFT | CCDM | MNNG | MTFM |
| MVRI | OTJH | SITA | XWEB |

Newquay
G-KRNW

Newton Bank Farm, Daresbury
G-CCLM CESD EZZY

Newton Farm, Sudbury
G-AVMF OINK

Newton Peverill Farm, Sturminster Marshall
G-BULZ FOXC MYET POPY

Newton-on-Rawcliffe, Yorkshire
TBAG

Newtownards *A/G 128.300*
G-AJIH	ANDP	ARDS	AROO
AVFR	AVKK	AWLR	BAKH
BBHI	BBXL	BCJP	BFDC
BNKR	BNXU	BPJH	BSBZ
BTCR	BUMP	BVAZ	BVJG
BXVS	BYOD	BZEX	BZGX
BZJN	BZNG	BZOI	BZSG
CBAI	CBDO	CBJM	CBVI
CBVL	CBXG	CBYJ	CBYY
CCCK	CCDG	CCMP	CCUD
CDEW	CDIP	CDUS	CDVU
CEID	CEIG	CETV	CEUF
CFJL	CFLA	CFTT	CMXX
EVEY	EVRO	FARL	HISS
ITPH	KYLE	LASN	MCMS
MNPC	MNUA	MTFI	MTKW
MTMA	MTSH	MTXC	MVBP
MVMX	MVNA	MWMX	MWPF
MWYG	MWZG	MYCN	MYDN
MYOM	MYSJ	MYWW	MZEM
MZIM	MZKN	OELD	OGCE
OHVR	OLFB	OLFZ	OPIK
OVNR	PROM	PYPE	TDRA
UFCE	UFCG	UFCI	UFCJ
VDOG	WBLY		

Nicosia, Cyprus
G-TRCY

North Coates *A/G 122.75*
G-AKUW	ARCF	ASME	ASUB
AXSI	AXTC	BIHX	BUVX
BZGM	CBCV	CDDI	CDSO
CEDM	CEIS	CFIA	DOTW
GTFC	GTJD	IANN	INNY
MAXS	MJUX	MJYX	MNET
MTRV	MVRU	MWFC	MWWR
MYIR	NDPA	OMJA	

North Connel, Oban *A/G 118.050*
G-BNNR BUTB BVFO BVGI

BVVB	BWNI	CEWS	CLAV
ETIV	MTMF	MVWR	MYNN
OBAN	OMOL		

North Denes
| G-BMAL | BVCX | CHCD | CHCP |
| CHCT | CHCV | DRNT | |

North Hill
G-BKPA	BKVG	CDSC	CDTH
CEWO	CFTW	CFUV	CGDE
CHMT	CHXO	CJEV	CJKF
CJPT	CJZK	CKEK	CKHA
DCCY	DCLM	DDBK	DDFK
DDKU	DDLM	DDRE	DDYX
DGIO	DHCX	DHEB	DSGC
KCHG	KEAM		

North Honer Farm, South Mundham, Chichester
G-TENT

North Lopham, Diss
G-NIPA PTDP

North Moor, Scunthorpe
| G-AJEI | BBKA | BPII | BZUL |
| CBCM | CEBC | LSFI | MYYP |

North Reston
G-BIZW

North Side, Thorney
G-BSHV NESY

North Weald *A/G 123.525*
G-AHUN	AKUM	AKUP	AKVM
AOBU	ARNP	AVXF	AXPM
AYPS	BBIL	BBMN	BBNI
BEPV	BEXN	BFXX	BITA
BKOU	BLUV	BNZM	BOYP
BPCL	BPTU	BPVN	BRVG
BTDR	BTMA	BVPP	BVVS
BWGS	BWHU	BWSV	BXXK
BYCT	BYDE	BZFR	BZMY
BZWH	CBBA	CBCB	CBPM
CCKI	CCLJ	CCZX	CDHB
CDTM	CFBK	DCKK	DOGE
EDRV	EENA	ELAM	FLSH
GEEP	HAAT	HHII	HRHS
HUEY	IGHT	IPUP	JPTV
JWCM	JYAK	KAEW	KANZ
KAXT	KDOG	KITT	KONG
KSHI	MAXV	MIGG	MKXI
MOOS	MXPH	NWFA	NWFC
OCOK	ODAT	OZZO	PGSI
POPA	PROV	PUDL	RADR
RAFI	RASA	REST	RORI
RTRT	SIJJ	SPAT	TENG
TIMM	TSKY	UKAT	VIVM
VTII	YAKR	YKCT	YKSO
YKYK	YRIL		

North Witham
G-KMCL NWFG OEVA

Northallerton
G-UDOG

Northfield Farm, Mavis Enderby
G-AHBM AHSO AIPV CCBF

Northiam, Rye
G-MZKF

Northolt (RAF)
G-HMEI

Northorpe, Bourne, Lincoln
G-TYER

Norton Malreward, Pensford
G-BPWN

Norton, Daventry
G-NULA POGO

Norwich *APP 119.350, TWR 124.250*
G-ATEZ	BABD	BFYA	BGLA
BHFC	BIEJ	BIIE	BJGX
BMTC	BNDR	BSLX	BSSC
BTAZ	BUCA	BXNS	CBBR
CBJJ	CCVP	CCXU	CDKA
CDOJ	CEBK	CEUS	CFHY
EEGU	EYNL	FFRI	KLNR
KLNW	KLYN	OEMT	OETV
PPLC	RESC	TABS	VELA
WARZ	XTRM	YAKO	

Nottage Farm, Swadlincote
G-CDCH

Nottingham City-Tollerton *A/G 134.875*
G-AMTA	ATWA	AZBU	BDSH
BFDI	BGBK	BGBW	BGGE
BGGI	BHGY	BHRC	BJUR
BNRA	BNRX	BOLE	BPES
BPGU	BUUE	BVES	BVGO
BYJT	CBCR	CENO	CTRL
DSPI	EDAV	FLAV	GSOO
JONZ	LAOK	LONE	MSFC
RMMT	RPRV	RVVI	RWAY
STNG	TIGA	TIMH	

Nut Tree Farm, Redenhall
G-PITZ

Nuthampstead
G-ASKL	AVOC	AWDR	BUYS
TKAY			

Nympsfield
G-AWLZ	AXIW	AXJR	BGGD
CFBB	CFCN	CFNR	CFNU
CFPL	CFXA	CFZB	CGAN
CGCR	CHGW	CHHR	CHRW
CHUT	CHUZ	CHXM	CHYE
CHYF	CJAR	CJBX	CJCW
CJDG	CJEE	CJHY	CJJZ
CJTM	CJTN	CJUP	CJVB
CJWK	CKAL	CKBH	CKCB
CKCY	CKDS	CKHB	CKJV
CKNO	CKOD	CKPO	DCLA
DCMN	DCNG	DDAJ	DDDA
DDGY	DDHV	DDSP	DDXB
DDXK	DEGE	DEHK	DEJR
DEKF	DEKJ	DELR	DEOJ
DEUC	DEUH	DEWR	KOBH
LIDY	LSFR	LSIV	MEEE
NYMB	NYMF	OPHT	OTCZ
SLMG	TEMB	WLLS	

Oak Farm, Woodton
G-CDTT MVHE

Oak Tree Farm, Hardwick
G-ARHI BBSM

Oakdene Farm, Saddleworth
G-LEEZ

Oaklands Farm, Horsham
G-CECE MGCA

Oaklands Farm, Stonesfield, Witney
G-AMTM BDNT

Oaks Farm, Bromham, Chippenham
G-JHAC

Oaksey Park *A/G 122.775*
G-ADKK	ADNE	AFJU	AGXU
AKXS	AMBB	APXT	ATCL
ATZK	AVEU	AYGD	AYYT
AZRS	AZWB	BALF	BAPR
BDEH	BDFX	BHRW	BHTC
BJBO	BPJG	BSDK	BUVA
BVAB	BVAC	BVEP	BXWB
CLEA	CROL	EMCA	EWME
IINI	OAKR	RIIN	ROBJ

Oblaczkowo, Poland
G-CDDE

Ocana, Castilla, La Mancha, Spain
G-TRIC

Octon Grange Farm, Foxholes
G-BVVH

Odiham (RAF)
G-CJML CJMS CJSV CKNM

Old Buckenham *A/G 124.400*
G-AHSD	AYUH	BERA	BHDZ
BMYC	BYLB	BZWK	ELKA
ELZN	GOGS	IMCD	JCWM
MVMI	NINB	NINC	NIND
OBEE	TAMS		

Old Hay, Paddock Wood
G-BCBH IIIM ROTI

Old Manor Farm, Anwick
G-PDOG SCUB

Old Sarum *A/G 123.200*
G-ACDI	ANRN	AOTD	AYHX
BAFL	BAHO	BBEB	BCUV
BCXJ	BDMS	BGVY	BHIY
BIHT	BJBX	BONY	BPWM
BRZZ	BSRX	BSVI	BSZW
BTFJ	BUJE	BULL	BUXX
BVTD	BVZD	BWAI	BWTW
BXCW	BYCV	BYHI	BYOG
BYRU	BYTK	CAMR	CBBB
CBGA	CBPN	CBZM	CDAA
CDNA	CDSA	CFBO	CFTZ
CLIF	DOME	DPEP	EGLS
EMER	EMLY	ENRE	FLYB
GORE	GPAG	GULP	IMPX
IOIA	KITF	LAZL	LORN
MACH	MAVV	MBET	MNZZ

MTOE	MTXR	MVCF	MVLP
MVSD	MVVV	MWPP	MWVG
MYLV	MYNX	MZER	MZIH
NPPL	OBJT	OFBU	OKID
ORMW	OZEE	PILL	RMAN
ROBN	ROME	SARM	SGEN
SLYN	SNEV	SRUM	SVDG
TGUN	TORC	WHOG	WSSX
XTNR	ZECH	ZODY	

Old Warden *A/G 130.700*
G-AAIN	AANG	AANH	AANI
AAPZ	AAYX	ABAG	ACSS
ACTF	ADEV	AEBB	AEBJ
AEEG	AENP	AEPH	AFTA
AFWT	AHKX	AHSA	AJRS
AKPF	AMRK	ANKT	AOKL
ARSG	ASPP	AVYV	AWII
AYEN	AZWT	BGWH	BKTH
BLOS	BNZC	BOCK	BSYF
BTBH	BWJM	BXIY	BYPY
BZSC	CAMM	DORA	EAGA
EBHX	EBIA	EBIR	EBJO
EBKY	EBLV	EBNV	EBWD
FOKK	GLSU	KAPW	OHAL
RETA	SHEZ	STCH	STIG

Oldbury-on-Severn
G-ASFX

Ontur, Spain
G-CHXT CJYX

Orchard Farm, Sittingbourne
G-BVSX BXKX

Orchard House, Littleport
G-CAPI

Orlingbury Hold Farm, Orlingbury
G-LLOY NSBB

Osbaston Lodge Farm, Nuneaton
G-MZGK

Osowice, Poland
G-CJOU

Ostend, Belgium
G-IVAN

Otherton, Cannock
G-BTAT	BYKU	BZBX	BZEJ
BZHJ	CBDU	CBIY	CBYH
BZCN	CCFL	CCIW	CCJV
CCKG	CCOH	CEPS	CHAD
FBAT	MBPG	MBTH	MGAG
MJIA	MMYO	MNMW	MNYJ
MROD	MTBJ	MTGU	MTNC
MTNL	MTRX	MVBG	MVCY
MVET	MVJM	MVMT	MVMZ
MWCG	MWHM	MWIA	MWIL
MWLO	MWRE	MWRR	MWZC
MYAH	MYBI	MYCP	MYEN
MYFP	MYLW	MYOA	MYPC
MYPR	MYTP	MYYR	MZBD
MZBU	MZEG	MZLI	MZLS
MZLT	MZMV	MZOK	PPPP
RFOX			

Otterburn
G-WAAN

Ottringham
G-AWDA

Over Farm, Gloucester
G-BPHK	BZDC	BZWI	BZYU
CCFZ	CCJT	CCMX	CCNE
CDVZ	CEBM	CECF	CEDL
CEHG	CFEL	CFNO	MTHV
MTLV	MTNH	MTYH	MWSS
MYIL	MYMN	SUEL	TMCB

Oxford *APP 125.325, TWR 133.425*
G-AIIH	ATBI	AZLN	AZVP
BARG	BAWR	BBLU	BCGN
BCVY	BDUN	BEAG	BEJV
BFLH	BFNK	BGFT	BHFH
BHYG	BHYP	BMDK	BOCG
BOUL	BOUM	BTGO	BTGV
BTRY	BTZP	BWTD	BYIK
BYJS	BYRY	BZIT	CBEW
CBHY	CCFR	CDDA	CDDT
CERX	CFAY	CFFP	CFFW
CHEY	CIRI	CIRS	DATG
DCTA	EICK	EJOC	ELDR
EMID	ETOU	FCAP	FCED
FIAT	FOXM	FRYL	FWPW
GAFA	GMED	GOAC	GOTF
GZRP	HCBI	HGRB	HGRC
HOLM	HTRL	LINE	MONI
MPSA	MPSB	MPSC	OANI
ODUR	OJWB	OKAG	OODM
PCAT	POWD	PWNS	PZAZ
PZIZ	ROUS	RUES	RWLA
SISU	SKYF	SPAO	SPVK
SUFK	USSI	VIPA	VVTV
WASN	WIRE	WMAO	WOFM
WONN			

Oxleaze Grange, Hawling, Cheltenham
G-GHEE

Oxton
| G-MTBD | MWJJ | MWYV | MZMJ |
| MZSM | MZZY | NOWW | |

Padinska Skela, Serbia
G-BJXX

Pallas West, Toomyvara, Co Tipperary
G-ASUI BTFK

Palma, Spain
G-OEJC

Panshanger *A/G 120.250*
G-AFSC	BBDE	BEEU	BEFF
BIDJ	BMJA	BMSD	BOOF
BUGG	BWPH	BXOZ	BZWG
CCZP	CDED	DJMM	EGLG
GROE	HELA	NUKA	OACA
OBSM	ODCS	PIET	

Parham Park
G-AVPY	BAUC	BEOI	BFYW
BPXB	BPZU	BYJH	CEVZ
CFFK	CFOX	CFRE	CFTS
CFZW	CGBU	CGCL	CHHO
CHML	CHOZ	CHRC	CHVF

CJHJ	CJOX	CJPF	CJSU
CJUM	CJXL	CKBK	CKCV
CKEP	CKOU	CKOW	DAWZ
DCWT	DDDW	DGCL	DIRK
DJAA	EEBK	FGAZ	GLID
HEBB	IZII	LLLL	LSCP
RIEF	SWSW		

Parham, Framlingham
G-CBIF

Park Farm, East Worldham, Alton
G-NOCK

Park Farm, Eaton Bray
| G-ATHU | BFGS | BWWP | CCLU |
| MROY | WAVE | | |

Park Farm, Throwley, Faversham
G-BUVL

Park Hall Farm, Mapperley, Ilkeston
| G-CBOY | CDOO | MYUV | MYVR |
| MZBI | MZEX | MZJN | TRAM |

Parsonage Farm, Eastchurch
G-BTJB FACE

Parsons Farm, Waterperry Common, Oakley
G-RVMZ

Payden St Farm, Lenham
G-ARNB

Paynetts Farm, Goudhurst
G-CLAY

Pear Tree Farm, Marsh Gibbon
G-ASST	ATJA	BMSL	CFAM
CHEE	CHOD	CHOR	CHVL
CJEX	CJFR	CKDU	CKJF
CKSD	DCCZ	DCZO	DDRB
DERP	DESC	DETS	DHSJ
GBGA	IDER	RVDG	VENC

Pembrey
G-BAYR BHZR

Pendeford, Wolverhampton
G-BPIP FBPI MMFS

Pent Farm, Postling
G-BREB BRPH BSYO FLOR

Penzance
G-VIPZ

Peplow
G-AVKP BCEB BCFW

Pepperbox, Salisbury
G-AWWP BJBK DYKE EMSB

Perranporth *A/G 119.750*
G-ARLX	ARND	AVBS	AVWR
BGIU	BSFX	BYCS	BZTI
CFTL	CFUU	DDJR	EEER
HHAV	IRIS	OGAR	OGGY
OMAG	ROUP	WACL	

Perrow Farm, Clewer, Wedmore
G-LSTR

Perth *A/G 119.800*
G-ADLY	AIRC	APXU	ARZN
AVVV	BBKL	BBLS	BBSB
BCVH	BDKH	BFTG	BIXA
BKCW	BMTA	BMXA	BNJH
BOZS	BPLH	BPTG	BRFB
BSED	BSFE	BSMD	BSOU
BTSR	BUIL	BVCM	BWYE
BXDA	BXIO	BXJM	BYIP
BYPZ	BZTN	CBKW	CBSP
CBVG	CCEW	CCOW	CDAO
CDBO	CDLZ	CDML	CDNF
CDOP	CFEV	CFDU	CFNW
DNKS	ECVB	EDCL	EPTR
EYCO	FINZ	FIRZ	HACE
HIND	IASL	IFLP	JFLO
KAMP	KRES	LLCH	LMCG
MTML	MTNE	MVEI	MVGY
MVIE	MWMO	MWMU	MYYN
MZBO	NESE	OLAA	OMEZ
OVAG	PEGI	RCRC	REGC
RIFY	RVEE	SEJW	SUEB
TANJ	TBTB	TINT	USAA
WWOW	ZTED		

Phoenix Farm, Lower Upham
G-AANV	ARFO	BFPP	BLMP
BPLM	BUKO	BWGJ	BYZZ
DGOD	FLIT	GRWW	HDEW
TCEE	WALI		

Pieve di Cadena, Italy
G-CJCP

Pilmuir Farm, Lundin Links
G-BIYJ

Pisa, Italy
G-AGFT

Pittrichie Farm, Whiterashes
G-APFV	BPRD	BSPL	BZUG
CESJ	MMGF	MNYU	MWGA
OMAS	SAUK		

Plaistows Farm, St.Albans
G-AWUO	BUIR	BYTA	CBHK
CCCD	CDCO	CDRJ	CEHW
DARK	DUGE	HOTA	HULK
IHOT	JAJP	MGTG	MSPY
MTFU	MTLT	MTMX	MTUV
MVPF	MWBU	MWEZ	MWIZ
MWLE	MYTI	MYUI	MYUK
MYWG	MYWM	MYXE	MZBS
MZCT	MZZT	OBAZ	TDVB
TEHL	TNRG		

Plymouth City-Roborough
APP 133.550, TWR 118.150
G-ARUZ	ATBJ	ATFM	AYOY
AYPO	BAII	BCEA	BFFJ
BFRI	BHOG	BHXS	BHZH
BJVH	BNUY	BSCW	BSTO
BTSJ	CCKL	EMBX	IOSL
ISCA	KELV	PHYS	SVIV
TUGI	VERN	WOWA	WOWB
WOWC	WOWD	WOWE	XSAM

Pocklington A/G 130.100
G-ARGV	AXED	CFPD	CFXM
CFYW	CGBV	CGDZ	CHDR
CHDX	CHWP	CHZV	CJAT
CJAV	CJAX	CJCN	CJDF
CJHU	CJMH	CJMN	CJOH
CJRF	CKHR	CKJA	CKKX
CKLS	CTAG	DCFY	DCNF
DDDR	DHCE	OWGC	

Podington
G-IOSO

Polebrook
G-CBAS

Polmont
G-BYIB

Pool Quay, Breidden
G-BTVC

Popham A/G 129.800
G-AIPR	AIZU	AMEN	ARHP
ARML	ARRX	ASVM	ATNL
ATOP	AVNC	AWYJ	AWYO
AXBH	AXJH	AXLS	AYCF
AYKD	AYKT	AZBB	AZEV
AZOB	BAEV	BANW	BASH
BAYP	BCLL	BCPJ	BCRR
BCVB	BDAI	BHMG	BJBM
BJFM	BKVP	BLIT	BOKW
BRBI	BRDJ	BRGG	BRJK
BRKH	BRTD	BSLM	BSTV
BTCH	BTDE	BTLB	BTTR
BUDI	BULC	BUPB	BVBV
BVVM	BWMJ	BXGT	BXJY
BZWJ	CBNV	CCBC	CCYB
CCYR	CCZK	CDEV	CDHR
CDLW	CDMS	CDNY	CDPZ
CDRO	CDVI	CEAN	CERE
CFAI	CFHP	CIAO	CYRA
DOVE	ENGO	EVLE	FIFO
GLII	IBBS	LZZY	MNDC
MNJD	MTZL	MVAH	MVDG
MVFJ	MVFZ	MVIR	MVZW
MYBA	MYXF	MZFY	MZJM
MZLU	NIGE	OCRZ	OSZB
RAFG	RVAC	YAKI	YAKX

Poplar Farm, Croft, Skegness
G-BBYH

Poplar Farm, Prolly Moor, Wentor
G-CLDS RSMT

Poplar Hall Farm, Elmsett A/G 130.9
G-AWAZ	AZNL	AZVH	BDKW
BUBU	BVNU	BXJB	BZML
CETG	MZJS	SWEE	THOT

Porthtowan, Truro
G-ATIC AWFO

Portimão, Faro, Portugal
G-BVVL	BZUC	MZDU	NYZS

Portmoak
G-BFEB	BFPA	BODT	BSTH
BSUO	CEWZ	CFCB	CFFY
CFNS	CFUS	CGBB	CGBS
CHBD	CHPW	CHRG	CHSE
CHZE	CJKM	CJMU	CJPP
CKAP	CKAR	CKCW	CKGB
CKLD	CKOK	DBVY	DCDC
DCKP	DCMR	DCNE	DCPV
DCRV	DDHW	DDNF	DDOF
DDOU	DDPH	DDRV	DDSH
DDUB	DDUT	DEMZ	DETK
DFBM	DHEV	DHUB	EEBA
INCA	KAOM	OWAI	

Pound Green, Buttonoak, Bewdley
G-BYBK	BYRV	CBAV	CDXG
KEVS	MJUR	MMKX	MNYX
MTPN	MTRT	MVCT	MVJW
MWHT	MWYJ	MZAS	MZEY
MZND	ONFL	RUVI	XRXR

Pratis Farm, Leven
G-MTUS MYVJ

Prestwick APP 120.550, TWR 118.150
G-ARGG	ASAL	ATDB	ATOJ
ATOM	ATZY	AWUG	AXSD
AZOT	BDPA	BDRD	BDRJ
BFFW	BFGX	BFIJ	BFIN
BGVV	BHDW	BMYG	BOAH
BTDI	BTFC	BUCT	BVNS
CBWG	CDFE	ECGO	FISH
HVRD	IARC	KARI	MOUL
OJHL	OMJT	TKPZ	

Priory Farm, Tibenham A/G 118.325
G-AKVN	ARFD	ASSV	BAVO
BCMT	BGHY	BHEL	BHPK
BMZX	BPML	BULG	BUPR
BZMS	CBXV	CCAN	CCFO
CCXT	CDDX	CDFU	CDXU
CEED	CEWT	CRAB	CUBE
CZSC	GPAS	ILLE	MMUX
MMWL	MNBP	MNGK	MNMI
MTDW	MVVI	MWMW	MYHN
MYTO	MYYL	MZCA	MZDX
MZES	NZSS	RTFM	SDFM
VILA	WYLE		

Prospect Farm, Wollaston
G-ICMT MZCI MZCJ

Pujaut and Salon de Provence, France
G-CHGO

Pytchley Grange, Kettering
G-ONHH

Queach Farm, Bury St.Edmunds
G-AFIN BGLS BSWG

Quebec Farm, Knook, Warminster
G-APCC EFTE

Raby's Farm, Great Stukeley
G-AXNR BFAP BPAJ

Radley Farm, Hungerford
G-AWYL CDKJ JABI WALY

Radwell
G-CDUL

Ramsden Heath, Billericay
G-VVBL

Ranston Farm, Iwerne Courtney
G-AFZN	BRUG	BTIJ	KENM
OZOI			

Rathcoole
G-BZDZ

Rathfriland, County Down
G-MTKB

Rattlesden
G-AYUN	BGGB	CHUJ	CHVG
CHYP	CJBY	CKAE	CKJG
CKMF	CKPN	DBYM	DDEV
DDKL	DDKM	DDNK	DKBW
IVDM			

Ravensdale, Ravensdale Park, Dundalk, County Louth
G-MURP

Rayne Hall Farm, Rayne A/G 125.500
G-AROA	ATVW	AVPV	BCOI
BECN	BMHS	BOTO	BPAB
BWFX	BWXP	CCLX	CCUL
CDTV	FRAN	HFCA	JAMY
MJKX	MTNO	MTNP	MUTT
MVDF	MVJG	MVJS	MYHM
MYUP	MYUR		

Rectory Farm, Abbotsley
G-ACMD AYLF BLPA

Red House Farm, Gedney Dyke, Lutton
G-CHEN MVGF MYTB

Red House Farm, Preston Capes
G-MJSE MTHB RSKY XPBI

Redhill TWR 119.600
G-ABNX	ABWP	AIUA	ALIW
AMUF	ANOH	ARAN	ASMM
ATBH	ATKX	AVII	AWES
AYEV	AZNK	AZWD	BAKW
BALZ	BCBG	BECA	BFOE
BGIB	BIDF	BISZ	BJWX
BJWZ	BKPZ	BLMA	BLYD
BLZE	BMCX	BMKB	BNSR
BOSO	BPTE	BPWS	BRRL
BSEP	BSRH	BTBU	BTFX
BWEF	BWWB	BXEC	BXEX
BXHF	BXLK	BXPC	BXPD
BXZY	BYES	BZOB	BZTA
BZYK	CBFA	CBHA	CBWZ
CBXW	CCGE	CCVU	CDJF
CDMG	CDND	CEHT	CFPU
CFPY	CHAN	CONB	CORL
DOIT	EERY	EETG	EEUP
ELTE	ENIO	EVTO	GSRV
HDEF	HEAN	ISHK	KOOL
LHCA	LHCB	LHEL	LHXL
LOTA	MDGE	MWUA	MYOG
MYSP	MZNH	NIKK	OFIL
OJAS	OLFA	OPLC	OZZY
PAMY	PDHJ	PGGY	RTMY
SDAY	SIVR	SIVW	SKYN
STUY	TAKE	TGTT	TIII
TOMM	TVHD	UZEL	WARD
ZADY			

Redlands, Swindon
G-BYON	BYPB	CCCY	CCDB
CCKO	CCRF	CDTA	CEZX
MTCK	MTCN	MTYD	MVAJ
MVGU	MVJT	MVOY	MVUK
MWPX	MWRP	MWVO	MYAE
MYAS	MYBT	MYDX	MYJC
MYJG	MYNK	MYOY	MYVP
MZKY	MZMN	OGSA	REDZ
SLAK			

Redmoor Farm, North Duffield, Selby
G-BMDS RVMC

Rednal
G-BGOR BTBJ RVIN

Redwood Cottage, Meon, Petersfield
G-APMX BOOC BUOI BWYK

Reims-Prunay, France
G-SFPB

Rendcomb
G-ACOJ	AESZ	AGEG	AHVU
AOJH	ECAN	IOOI	ISDN
JGMN	KUUI	NETY	YAKV

Rennes St Jacques, France
G-GEST TMRO

Retreat Farm, Little Baddow
G-AYSH TJAV

Rexden, Rye
G-AMZI

Reymerston Hall, Norfolk
G-ARRT	ARZB	ASDY	ATHM
ATTB	AVDG	AVJV	AVJW
AXAS	AYVO	BAHH	BGGU
BGGV	BGGW	BLIK	BMJX
BNDG	SCAN	VIEW	

Rhede, Germany
G-APYN

Rhigos
G-AWMD	AWWI	BARF	BDDS
BDKJ	BHPS	BHXD	BKGB
BVAW	CGDK	DCFW	DCHC
DCLT	DCTV	DEAG	IMAB
RIDG			

Rhodes, Greece
G-MIMA

Rhos-y-Gilwen Farm, Rhos Hill
G-BCAZ

Rhosgoch
| G-AYRT | BADH | BIIA | BPIR |
| EXPD | MWPZ | PHOX | |

Rhoshirwaun, Pwllheli
G-ASPS

Riccall
G-YRAF

Rich Hill, County Armagh
G-BMYF

Richmond, North Yorkshire
G-BWLL

Ridgewell
G-BFSC	CFLZ	CJUR	CKKK
DBZF	DCHZ	DCKR	DCKU
DCWS	DDWC	DEFG	DEGW
DEOE	DEOF	DFCY	

Ripley, Derbyshire
G-BOUF LOYD

Riseley, Bedford
G-MWTZ

Rivar Hill
G-CFJH	CFMS	CFNE	CFOT
CHOY	CJDS	CJFY	CJMX
CJNG	CJOO	CJPC	DCDF
DEFF	DEOW	DEUF	DHCF
EHAV	MOZI	WONE	

Rixensart, Belgium
G-CHRS

Rochdale
| G-CBSM | CENP | CETF | CFDL |
| CFMB | CFPR | CTLS | |

Rochester *AFIS 122.250*
G-AGLK	ARKK	AVKN	AXOJ
AZDD	AZHI	AZKR	BBCZ
BFBE	BFHV	BFXK	BHAJ
BHVV	BIIB	BIJW	BLAM
BLLN	BLUX	BLZH	BOGI
BOJZ	BOTV	BPOT	BRGI
BRNE	BSFA	BSLA	BTHW
BUGB	BUKU	BWNY	BYBJ
BYEA	BYIT	CBAL	CBGW
CBOS	CBSH	CCLB	CCSV
CCUS	CCVK	CDKP	CDMD
CDNM	CDUV	CDVN	CECG
CEDJ	CEWK	CFDZ	CFIO
CMBR	CPDW	CTKL	DDMV
DEAN	DENI	DIZY	DLOM
EEEZ	EGHB	EMIN	ENNA
FAIR	FEAB	FIGB	FRAG
GYAT	HIRE	IBZS	IFLE
MFHI	MTRW	MVJP	MVUB
MWFG	MYBS	MYZO	MYZY
MZAX	MZNS	NORT	OWAK
PTRE	RAVE	RSWW	RVET
SELF	SERL	SSCL	TADC
TGER	TYGA	XCCC	XLXL
ZAAP	ZIGI	ZIPI	

Roddige *A/G 129.825*
G-BKTA	CCMJ	CDEN	CEBH
CFDJ	MMZJ	MNCU	MNHK
MNHL	MTEE	MTGM	MTPH
MTPJ	MTPM	MTYI	MVDV
MVFT	MVJD	MVKH	MVTL
MWDE	MWHL	MWKY	MWLG
MWOI	MWRV	MWSE	MWVF
MWXW	MWZI	MWZU	MWZZ
MYEH	MYEM	MYFL	MYFW
MYHI	MYMZ	MYNL	MYRY
MYTJ	MYVC	MYXY	MYXZ
MZMX	MZNG	OLDM	

Roma, Italy
G-BDWP

Roma-Urbe, Italy
G-OJJB

Romney Street Farm, Sevenoaks
G-AMKU APJZ ARRL

Ronaldsway *APP 120.850, TWR 118.900*
G-ATRR	ATUL	AYPV	AZEG
BBEC	BHLE	BSZU	BTAS
BXRH	DYIIK	BZFN	CDSZ
CDUX	CITY	COZI	EGNS
EMBK	EMBL	EMBM	EMBU
EMMS	HRIO	IRGJ	LDWS
LIDE	MHCB	PETR	RNDD
RVRR	TOPO		

Roques sur Garonne, France
G-THRE

Rosemarket
G-AJEM

Rotary Farm, Hatch
G-AXRP BTVE DINT

Rothesay
G-CCUB

Rothwell Lodge Farm, Kettering
G-AYUB BDCI KIMB

Rotterdam, Netherlands
G-BEOL

Rougham
| G-CGAX | CGBL | CJLK | CJPJ |
| CKPV | DHCA | EGKE | RVMT |

Roughay Farm, Bishops Waltham
G-AKUK	ARUH	AWEI	BBFL
BKFA	BRIK	BVCL	BWOR
COMU	CZAC	RAZZ	

Rufforth
G-ARAW	ATJN	ATSY	BLCU
BLDG	BMLK	BTKB	BTWD
BUGT	BVNI	BYMF	BZAF
BZSX	BZTR	BZXV	CBDX
CBIZ	CBMB	CBUY	CCFT
CCVW	CDYB	CFFC	CFKD
CFMA	CFOK	CFTO	CGBG
CHYK	CJGN	CJNZ	CJVC
CKPK	DCNX	DCWH	DDDL
DDKT	DDYF	GTEE	JAIR
JTPC	JULL	KOKL	MTEK
MTNI	MTTE	MTUK	MTZX
MVGG	MVSB	MVSJ	MWWL
MWWG	MWZA	MWZY	MYKH
MYNB	MYTX	MYYC	MYYD
MZBY	MZRC	OHKS	ONEZ
SOOZ	WAKY	XMGO	

Rufforth East
G-BZSI CHKZ DDVS KOYY
LYND TWAZ

Runcton Holme, King's Lynn
G-MOTA

Rush Green A/G 122.350
G-AHAM	ANCS	APLU	AWVN
AZGZ	BOIA	BVPS	JANS

Rushett Farm, Chessington
G-AAOK	AIFZ	BNPV	BROZ
BUYU	CDXR	DRSV	

Rydinghurst Farm, Cranleigh
G-AESB	AREX	BDEZ	

Rzeszow, Poland
G-BOFE

S Georgio Magno and Calcinato, Italy
G-HRPN

Saarbrucken, Germany
G-CKLB

Sackville Lodge, Riseley, Beds
G-ASLV	AVJK	AYEG	BAFT
BHNP	BIGK	BUOW	BZFB
CBBH	CBUN	CBVO	CBXA
CCBM	CCDW	CCLH	CDZY
CEKC	CEVO	DCUD	DCVB
DDHH	EVAJ	IKEV	LOIS
MTSR	MWCC	MWOM	MYIS
MZAW	MZFA	MZGA	MZJH
OAJB	OMRP	OTIV	PATO
RBBB	ROMW	RSMC	SOPH

Salisbury Hall, London Colney
G-AFOJ	AKDW	EBQP	VNOM

Saltby
G-AWEM	BKVA	BNUX	BUHA
BUJX	BVKK	CFSH	CFTH
CGCU	CHDA	CHJL	CHNE
CHXA	CJGZ	CJJX	CJNN
CJST	CJUX	CJZL	CKAC
CKMA	CKNL	DBXG	DDAU
DDHK	DEFB	MNFL	SEXE
TRBO	XIXX		

Sandford Hall, Knockin
G-AVLO	BDVC	BMPY	RUIA

Sandhill Farm, Shrivenham
G-BUFN	BXMV	BXUI	CFBN
CFES	CFVU	CHXZ	CKLG
DESO	ROBZ		

Sandown - Isle of Wight A/G 123.500
G-AMVP	ANEZ	ATVS	ATXO
AVWJ	AWCN	AWPN	AZKC
BEUU	BEZR	BHWY	BICS
BNUV	BRDN	BRSF	BSZV
BUND	BURH	BXAF	CBIO
CDBZ	DISK	DOEA	EISO
JNAS	MBJG	MKIA	MOTO
MTZP	MWYD	MZOS	NACI
ONAF	PRXI		

Sandtoft A/G 130.425
G-AOZP	ARCV	AXAN	BAEO
BAZS	BFEF	BGLG	BOIY
BPVY	BSDO	BSMU	BWCS
BYNP	BZJC	CBOP	CCFS
CCJO	CDKR	CEDZ	CEFJ
CEGK	EVEV	FERN	IORG

Santo Tome de Puerto, Spain
G-CJWX

Sarnico, Bergamo, Italy
G-FIBS

Saskatoon, Canada
G-AKDN

Sassuolo, Italy
G-OAPW

Scampton (RAF)
G-ARRS	BGTC	BRIV	CCEK
HHAA	HHAB	HHAC	HHAF
HPUX	MMJF	MVCW	MWEH
MYNP	MZNJ	VARG	VGVG

Schoten, Belgium
G-AIYG

Schwabenheim, Germany
G-BWMJ

Scotland Farm, Hook
G-AWKD	BRWA	EMLE	LBUZ

SDR Feldring, Denmark
G-GPBV

Seaton Ross
G-AKIU

Seething A/G 122.600
G-AOSY	AVHL	AYAT	BAIS
BAOS	BAUH	BCRB	BDBV
BLRC	BOIV	BPIJ	BPTL
BSCS	BSOO	CBTB	EGSJ
GCKI	GFLY	HUMH	IMIC
MUNI	NYNA	POPI	RILY

Seighford
G-AZOA	AZYD	BNXL	BRRD
CHTM	CJOJ	CJUZ	CKRH
DBSA	DCNW	DCSJ	DDHM
DDVC	DEGN	DEMJ	

Sennelager, Germany
G-JSAT

Seppe-Hoeven, Netherlands
G-AAMY	G-AJHS	BXHA	

Shacklewell Farm, Empingham
G-BANU	BRPZ	BTGM	CEPN
CBFP	IDII	MWMV	

Shawbury (RAF)
APP 120.775, TWR 122.100
G-ALFA	APIZ	BIXV	BMID
CEYO	EMHB	ZZEL	

Sheepcote Farm, Stourbridge
G-FOXS REES

Sheffield City APP 128.525
G-MOTR	SYPS	TAMB	TAMC
TAMD	TAME	TAMF	

Shempston Farm, Lossiemouth
G-ANFV BFDL

Shenington
G-AHGW	ATBU	AWBE	AWFN
AZRK	BAJC	BJVC	BMJM
BSTL	BTUA	BUXL	BYLP
CEKE	CFDM	CFHB	CFHR
CFRK	CGCY	CHLH	CHMB
CHRJ	CHUS	CHXY	CHZJ
CJHG	CJNA	CKPE	CTWO
DCCG	DCCJ	DCKY	DCPJ
DDDB	DDNW	DDPY	DDTE
DDVX	DEHT	DEOT	DEUV
DHAP	DHUK	EDDV	FCAV
FCCC	FORA	GTWO	IIMT
ODCH	OFER	SIJW	WAVY

Shenstone Hall Farm, Shenstone
G-ATLV	AVMA	AZEF	BUJJ
BUJV	BYFT	BYYC	CBVS
CCED	CCZD	CDBX	CDME
CDRM	CETH	EORJ	MGGG
MVBZ	MZAA	ORVI	RONA

Sherburn-in-Elmet A/G 122.600
G-AIBY	ANON	ASMJ	ATHV
AZFI	BARH	BBHF	BBJX
BBNJ	BDNX	BDYD	BEHH
BEKO	BFAI	BFTC	BFTF
BFXW	BHEZ	BHIB	BHLW
BIOW	BKKZ	BKMB	BMTU
BNOE	BNOH	BODB	BODC
BODE	BPXX	BPYO	BREU
BRJN	BRZX	BSDL	BSLT
BWZG	CCTF	CDBY	CEVX
DECK	DUKK	EGAG	EISG
EKOS	ETBY	FCUK	GDEF
ICAS	IEYE	IIFR	IIVI
JILL	JMDI	JPAT	JWEB
LORC	NOSY	OACF	OAJS
OBMS	OBMW	OLOW	OPUB
OTVI	RODC	RPAF	SABA
SACK	SACR	SACS	SACT
SKYL	SONA	STER	WERY
WYSP	XIII		

Sherriff Hall Estate, Balgone
G-CBDI

Shinglis, Ballymore, Co Westmeath
G-BZJO

Shipdham A/G 132.250
G-ATKT	ATOT	ATSI	AVUS
AVWA	AVZN	AWDP	AYUM
BBJI	BGRC	BONZ	BPHT
BPIF	BPWL	BRJC	BRPF
BUEK	BWSC	BXML	BYBE
BZTX	CCCF	CCXK	CFZR
CJHX	DCFS	DCLO	DEJZ
DFDP	FEFE	FFTI	FIZZ
JDIX	OTAM	PIKB	TINA

Shipley
G-OCJK

Shipley, Horsham
G-CCWK

Shipmeadow, Beccles
G-MYBJ   PYNE

Shobdon A/G 123.500
G-AGYK	ANFI	ANNE	ANNG
AOIM	ARVV	ATDA	ATON
ATOR	AWCP	AWFF	AXIX
AYXP	AYXU	AZCU	AZRP
AZXD	BAHS	BAOU	BBJV
BDNG	BEZG	BGTX	BHAA
BHCC	BIXB	BJAP	BKMT
BLXO	BNGY	BNKC	BOAI
BOYH	BRPS	BSLU	BTAL
BTBG	BTIE	BTUG	BUEW
BUJB	BUYB	BVAH	BVIL
BVUT	BXJD	BYPF	BYTM
BZAM	BZXN	CAMB	CCPK
CDFK	CDIF	CDNG	CDSB
CDYY	CEBP	CJDU	CJGS
CUTE	DAND	DDBC	DDCC
DDRA	DDSJ	DEBT	DHPR
DHTM	DINA	DJNH	EGBS
ETFF	EVIG	FAJC	FBRN
HAUT	IPSI	KPAO	LEED
MABE	MNHF	MNVC	MOLE
MTNG	MTNM	MTOT	MTZG
MVYD	MWCE	MWIX	MYLS
MYVO	NEAL	NUTY	OAMF
OAMI	OPME	OPUS	PIKD
POCO	SHIM	SPEE	SRAW
TDOG	TGRA	TGRD	TGRE
TGRS	TGRZ	UDGE	UURO
WARX	XBOX	XCIT	YCUE

Shoreham APP 123.150, TWR 125.400
G-AMNO	ANNI	ATXD	AVBT
AWGD	AWLI	AWRK	AWSM
AWUZ	AXNN	AXTA	AYBD
AYCK	AZCB	BACP	BALN
BBAW	BBPO	BCCE	BDCD
BFOV	BFPO	BFRV	BGHI
BHIN	BHPZ	BHRN	BIUY
BKRA	BLCG	BLIW	BLMR
BMEX	BMIW	BMUO	BMYI
BNEL	BNKV	BNSI	BOCL
BOTN	BOYL	BPAX	BPHI
BPIZ	BRBE	BRFL	BRNT
BRRY	BSBW	BSLW	BSZT
BTGR	BTGS	BTJL	BTYT
BTZO	BUJO	BUJP	BVOK
BWAV	BXBP	BXGM	BXXW
BXYM	BYKL	BYTB	BZEC
BZGA	BZMD	CBGX	CBLJ
CCGH	CCHD	CCHT	CCKH
CCPX	CDDK	CDDY	CDEK
CDJJ	CDMY	CDSF	CEGR
CEMD	CEPX	CEVC	CEYA
CEZP	CEZR	CFMM	CFSM
CMLS	CROW	CUBY	EDVL
EGAL	EKKL	ENES	ETAT
FKOS	FLBI	FLIP	GDMW
HAIB	HANY	HHOG	HJSS
IIEX	JBII	JETX	JKMH
LESZ	MAIE	MELS	MXMX
NCFC	NELY	NOIR	OARA
OCUB	OEGL	OFCH	OKEY
OLEE	OOGL	OORV	OPST
OWYN	PHTG	RINT	RODZ

RSKR	RVCG	SACD	SARA
SARH	STEA	STHA	TAGH
TBZO	TEXN	TLET	TOGO
TROP	TRUD	TRYX	UZZY
WARY	WIZR	XENA	XXTR
ZZAP			

Shotteswell
G-AFCL   DOLY   HAIR

Shotton Colliery, Peterlee
G-AZOE	AZTM	BHWK	BOKB
BVHM	BVOC	BZED	MNI IX
MWWZ	MWZJ	MYXN	MZIT
PLEE	SCOL	SUSX	ZGZG

Shrove Furlong Farm, Ilmer
G-MOZZ

Sibbertoft
G-PLOW

Sibson A/G 122.300
G-ANSM	ARMA	ARVO	BASP
BAXU	BDFJ	BEIA	BGMJ
BGWR	BIOJ	BIRI	BOYB
BUPV	BXVK	BYSG	BZFV
BZHF	DENB	NBDD	NSOF
ODOG	PDGG	RGUS	RIZZ
RVUK	TSGA	WREN	YOGI
ZIII			

Siege Cross Farm, Thatcham
| G-BCPH | BUCO | BVGY | MVKN |
| MWDS | MZKW | PHYL | |

Silver Springs, Denham
G-DOFY

Silverstone
G-BSYW

Sint Truiden-Brustem, Belgium
G-BVMU

Sion, Switzerland
G-BRDW   CBJZ

Sittles Farm, Alrewas
G-AWPS	BMSC	BYSF	CBTO
CCDX	CCEJ	CCTO	CEIE
CEJW	CHEB	MNBD	MVKC
MVLA	MVXB	MVXE	MWXB
MYUZ	MZFE	MZPJ	TOMX

Sixpenny Handley, Dorset
G-BSOX

Skelling Farm, Penrith
G-CJTO

Sleap A/G 122.450
G-AEUJ	AFRZ	ARFI	ARID
ASVZ	ATKF	AVRS	AWBX
AWIW	AXNJ	BADW	BAFA
BCHL	BFKB	BFZD	BFZU
BHAD	BILR	BKAE	BNKS
BOGK	BOIR	BOYI	BRHY
BRJT	BSKW	BTCA	BTUZ
BUHR	BVRA	BVXE	BWMO
BXHR	BXVO	CBDG	CBOF

CCMI	CDAK	CDTL	CEWW
CFRB	CHUG	CROB	DAYS
DDRO	DEGT	ESCA	FOGI
HOSS	HYLT	JNUS	LASS
LITE	LORR	MVOO	MWNP
MZMK	NEAT	NSTG	OPJK
OWAZ	OZIE	RBMS	RDCO
REAS	RIDE	RJWX	SCIP
SFLY	SHSP	SKYV	TANY
UROP	VOLO		

Slieve Croob, Slievenamoney, Castlewellen
G-BZPA   CDCR   CDWM   MYJM

Smalls Farm, Charterhouse
G-BSVE   MVWN

Smithboro, County Monaghan
G-MNSJ   MTZZ

Snitterfield
G-CFGU	CFNG	CFTB	CGAG
CGBR	CGCX	CHDB	CHMG
CHRN	CHSA	CHSM	CHWL
CJDE	CJHK	CJRU	CJXT
CKMD	DBWC	DBYC	DCBA
DCBW	DCCT	DELD	DGAW

Sopley, Hampshire
G-AAWO

Sorbie Farm, Kingsmuir
G-ATOZ	BEVB	BKUR	BPPZ
BRFW	BRGO	BYPR	CBYD
RNRM			

South Barnbeth Farm, Bridge of Weir
G-BKER   CDUW

South Cerney
G-CDYA

South Lodge Farm, Widmerpool
G-ASCC   AVLE   AVXY   KITY
TEWS

South Wraxall
G-CCRP   FLDG   MMML   MNJF
MVZI

Southampton
APP 128.850   TWR 118.200
G-BJGM   CJAB   CJAG   EDCJ
EMBP   RNLI

Southend AFIS136.050 TWR 127.725
G-AKUL	AOLK	ARUI	ATPN
ATTK	AVLI	AVNO	AVUU
AVWM	AXBF	AXCA	AYAR
AZKE	AZOG	AZOZ	BBBN
BBDS	BCEP	BCIR	BEZC
BEZL	BGAF	BGLO	BHUJ
BKJW	BKMX	BLYK	BNFR
BNXD	BOEG	BOFZ	BOHR
BOLW	BOTF	BPME	BPVK
BSZO	BVEV	BVOB	BXTH
BYHG	BZLP	CBFM	CBLZ
CCAV	CCUK	CDLY	CDPV
CEBN	CEDD	CFDH	CFFM
CNCN	CTWW	CULF	DAZY

DEFM	ECBI	FAUX	FINK
FLTA	FLTB	FLTC	FLTF
FLTL	FLTZ	FMAM	GROL
GUSS	HCSL	HUFF	ICCL
ICSG	JBIS	JBIZ	JEMX
JETC	JIMH	KPTT	LAOR
LSMI	LUSH	NELI	OCOV
OFLY	OFMC	OLAU	OOTT
OVIN	OYST	OZRH	RRVX
RVIX	SPOR	TAGT	TCSM
THSL	TSKD	ULES	UTSY
UVIP	VGAG	VJET	VVWW
WTAV	ZIZZ		

Southwater Farm, Horsham
G-BJOB

Spa, Belgium
G-AOJR

Spanhoe
G-AJIW	ANHS	AROY	ARRO
ARXB	ARYZ	ARZS	ASOM
AVHT	AVLC	AWSW	AYDX
BBRV	BBXS	BCLW	BFNM
BLHN	BMEA	BRXN	BVIS
BWOX	BXKW	CBJG	CBVU
CCOB	CDCS	DAVD	MSAL
MYSD	MYTH	OACP	

Sparkford
G-BVXM

Spetisbury, Blandford Forum
G-TWTW

Spilstead Farm, Sedlescombe
G-AWFT	AXPG	BHRR	BXRB
CEHS	MIFF		

Spite Hall Farm, Pinchinthorpe
G-BRIL BSXT

Springfield Farm, Ettington
G-BRKR

St Angelo-Enniskillen
G-BUUM

St.Fillans, Loch Earn
G-BWUB OCLC

St.Johann in Tirol, Austria
BGRT

St.Junien, Haute-Vienne, France
G-BPZA

St.Just
G-ATOD	AWWU	BDUL	BEUM
BIHO	BUBN	CBML	CSFC
MYNI	SBUS	SSKY	

St.Mary's, Isles of Scilly
G-BCCY

St.Merryn
G-ARTZ	AXPZ	AXVN	AZMJ
BMZS	BVDJ	CCIS	GYRO
PHIL			

St.Michaels
G-BSEE	BYCW	BYHO	BZUF
CBJW	CBLD	CBTE	CCRW
CCWL	CECA	CEIL	CERW
CFMI	ENVY	LUNE	MMOB
MNFF	MNRX	MNTE	MTIB
MTRZ	MTTP	MTXP	MTZH
MVHF	MVSV	MWPB	MWTO
MWYA	MYRW	MYTD	MYUC
MYUW	MYXS	MZAG	MZEJ
MZMY	YARR		

Staddon Heights, Plymouth
G-BEYA

Stancombe Farm, Askerswell
G-AVLY	AYLV	BGGC	BWRC
MYML			

Standalone Farm, Meppershall
G-AIBH	AMZT	ANGK	ATBX
AXGP	BALI	BBZV	CDZD
CGGG	OCAM	PING	

Stanton, Morpeth
G-BSBT

Stapleford A/G 122.800
G-ATBW	ATUI	AVCM	AWBA
AWEZ	AWKO	AZAJ	AZOL
BBRA	BCIJ	BCKU	BDNU
BEHU	BERY	BGAA	BHEC
BHYR	BHYX	BIJB	BIJU
BKHW	BKLO	BLFZ	BLWF
BNJC	BNUS	BNUT	BOIC
BOOI	BPRI	BPRL	BSOZ
BSVB	BTGW	BTGX	BTGY
BTLP	BWOZ	BXSR	BXVB
BXVY	BXWC	BYCP	BYHH
BYMH	BYMJ	BYOB	BYYO
CBKA	CBXD	CBYU	CDJT
CFEZ	CFMX	CHAS	CHEM
CHIK	CSCS	DLDL	EHUP
EROM	EXEC	FRYI	FULL
HFCT	ISSY	ITUG	JAKS
JANA	JBHH	JENI	KNOW
KSVB	LAVE	MANN	NIOS
OCFM	OJHC	OLDH	OPAM
OPUK	ORMA	OSTY	PJCC
RROB	SACI	SACO	SELC
SLCT	STUA	SULI	TEST
TOPZ	VITE	VOID	WAMS
ZANY	ZLLE	ZYAK	

Steeple Claydon, Buckingham
BZXM

Stewton, Louth
G-YAKA

Stjordal, Norway
G-BZNI

Stoke Golding
G-AWGZ	BWBZ	CDIX	GVPI
PFAF			

Stoke Holy Cross
G-AVGY MTUL

Stoke, Isle of Grain
G-CBMV	CCBU	CCJJ	DBIN
MMZG	MNFG	MNTT	

Stoneacre Farm, Farthing Corner
G-ARNG	ASXU	AYGG	BAKR
BCYH	BFGK	BJHK	BSNT
BTGL			

Stonehaven
G-OANN

Stones Farm, Wickham St.Pauls, Essex
G-GOSL

Stonewalls, Victoria Bridge, Strabane
G-MZGC

Stornoway APP 123.500, TWR 123.500
G-ATNB	BLRL	BXZA	CGMU

Stour Row, Sturminster Newton
G-BWPS MNXX MTAW

Stowe Farm, Tillingham
G-BIES

Stowting Russ, Folkestone
G-MZNL

Strandhill, Sligo, County Sligo
G-BTSP	BWJY	BXLR	BZXS
CDJU	CFIF	OMDG	WIFE

Strathallan
G-BAGV	BPGE	BXGH	CCSN
DROP			

Strathaven
G-AVFX	BUPW	BYEW	BYMT
BZLL	CCCM	CCXL	CDKN
FONZ	HANS	MBYI	MVMO
MWXA	MZHA	NNON	OOLL
OPDS	PTAR	SJEN	

Stream Farm, Sherburn-in-Elmet
G-ZBED

Street Farm, Takeley
G-BNZO	BUJZ	BVOY	BWUJ
BYNH	BYNI	BZBW	BZES
BZOM	BZXD	CBWO	CBZI
CCFY	CDBK	ESUS	RAWS
TALN	WHOO		

Streethay Farm, Lichfield
G-AJAE	ATAV	ATOH	AXKJ
AYZK			

Strensham
G-HWAA

Stretton
G-BZJV

Strubby A/G 118.750
G-AVUH	AWUT	AYUR	BGLZ
BHSB	BKVM	CHYW	CKAY
CKGU	CKHH	CKJL	COCO
DBND	DDFW	DDRL	DEMR
OMPW	RIVE		

Sturgate *A/G 130.300*
G-AVZR AWVC AYEB AYYU
BDDG BGXD BHCP BHNA
BIDI BKBN BKWD BKXN
BMJR BONW BROR BSOE
BWII BXXT BYPN CCNU
GCAT IJOE LUED OBLC
SOKO UAPO WOOD

Sumburgh *TWR 118.250*
G-BPWB REDO REDP

Sutton Bank
G-BETM BFRY BJIV BSOM
BXSH CETJ CEVN CFNT
CHBV CHEF CHPD CHVR
CJHM CJHZ CJSL CKFV
CKGN CKJC CKJH CKLW
CKME CKND CKSM DCHJ
DCTP DDKC DDMU DECJ
DEDM DEGD DFBY DFOG
DJAB EEAD EEBM IANB
IUMB KHCC KKAM OSUT
XELL

Sutton Meadows
G-BWSJ BYDZ CBDZ CBUF
CCAB CCWP CDOC CDPL
CFBM CFCT INJA MNGX
MNJS MNUD MNYC MTIK
MTIX MTIZ MTYC MVCA
MVLJ MVTI MWOY MWSD
MWXG MYDJ MYHK MYRF
MZDN MZDY MZGN MZMT
OBJP PGHM RBSN TFLY

Swanborough Farm, Lewes
G-ADUR APVN ARRE ASMT
ASZR ATKI AYTV BFHH
CEEP CEGI MRDS MYMM
OABB

Swansea *A/G 119.700*
G-AKTP AWTS BATW BAVR
BIBT BKCX BMDP BOHH
BOHU BOMO BPWE BRSJ
BSOT BSZB BVVA BXIF
BXPI BXRF BXVX BXYE
BYBZ BYLF BYZP BZAE
BZIM CCIZ CCUR CCYL
CCYT CDBS CDYC CDYT
CEBV CERK CEZV CWVY
GAME HOGZ IANJ IFTS
JENK JWDB KKER LAMS
LEAP LFSB MDKD MJAZ
MVYV MWRB PWBE RODJ
RONS TOMS WAAS YFUT

Swanton Morley
G-BBXZ CBGL

Swinford, Rugby
G-BYMU CBEN CCLS CDNH
FESS JEZZ MJZU MMXO
MNCV MNLI MNWD MTAO
MTSP MVRH MVUI MWHF
MWMN MWUU MWVP MYIP
MYNY MYPV MYPX MYWL
MZLM NORA SMBM

Swynnerton, Staffordshire
G-SAVY

Syerston (RAF)
G-ATVF AWBJ BSSP BTUL
CHZZ CJLC CJLN CKEV

Sywell *A/G 122.700*
G-AEXD AGPK AKIN ALXZ
AMHF AMTV ANDE ANMO
ANNK ANTE AOJK APPM
ARAM AVLB AVLN AWYI
AXDK AYIA AZCT BAFG
BAMU BAPX BAXE BBMV
BETD BIVF BRTL BTBW
BUGM BWOD BWZY BXOA
BYHP BZAP BZKJ BZPZ
BZWV BZWX BZXP CCAD
CCAZ CCIY CCPA CCTI
CCUI CDFP CDWJ CDWK
CDWT CEAM CEGJ CEND
CFNF CFNX CFOS CFVK
DHPM DHZF DIAM DJST
ECDS FORZ HURN IGII
ISEL ISMO IXES JERS
JETZ KNIB LZII MAGZ
MCEL MEDS MEDX MIII
MNRD MTWD MUFY MVCS
MVFD MVFO MWGI MWJS
MWOP MWRT MWSI MWTD
MWYZ MYDP MYOL MYPN
MYVI MZIE MZIJ MZLW
MZPD NARG NJSH NOTS
OAJC OATE OCMT OFFO
ONGA OPJS OSHL OSKR
RHHT RISK SBRK SNOG
SWLL SYEL SYWL TIDS
UMMY UPHI WGSI WILG
WNAA XLAM ZEXL ZXCL
ZXEL

Talgarth
G-AZPA CFND CHBC CHBF
CHKD CHUR CHWX CKDV
CKNG DBWP DCBY DDDE
DDEX DDVY DFAV DFBO
DLCB EEBF

Talybont, Gwynedd
G-ORAU OTRV

Tandragee, Craigavon
G-CEAU CEDR CEXL CFGM
INGE MGTV MVMG MYXU
MZBF TATO

Tarn Farm, Cockerham
G-BUYF BYJB BYYN BZXX
CBJT CCEZ CCHS CCPL
CCTM CDAG CDAY CDFA
CDFJ CDPE CDWU CDZB
CEMT CFKO CTDW EDLY
LEGY LYTB MBIY MGUN
MMBV MMOW MMXL MNFP
MNMV MNNV MNUE MNZF
MTFA MTGA MTJB MTMT
MTZV MVAD MVCZ MVGH
MVLR MVPD MVST MVWW
MVXS MWBP MWEY MWKE
MWWE MYBE MYDS MYPA
MYRD MYRL MYUL MYVE

MYYV MZCY MZFK MZHT
MZIW MZIY MZNN POLL
XLNT

Tarsan Lane, Portadown
G-CDRD CFNI CFUD

Tatenhill *A/G 124.075*
G-APZX ARBO ATNE ATXZ
AVGA AVRK AXJV AXTL
AYSD BBIF BBUE BCVF
BFRR BGAG BKVL BMMP
BMXJ BNCS BNFS BRBX
BRUX BSBG BTXX BUPJ
BXAK BXTT BYDB BZVM
CHIS CJNB DDAY DEBR
INDC JOBA OMHC PARI
RUBY TALA TALB TALC
TALD TALE TALH TFOG
TOLL VEYE YANK

Tattershall
G-AWYB BZAL

Teesdale, Barnard Castle
G-BZDV

Terenure, Dublin
G-NYLE

Terrington St.John, Wisbech
G-MJUC

Teuge, Netherlands
G-BBMX BWTG DENZ

Thame
G-CGEM DCWF DDYJ DEGX

Tharston Industrial Estate, Long Stratton
G-GAZZ VIPH

The Chase, Wickwar
G-CCSX CCVR MIKI MWGK

The Mill Industrial Estate, Alcester
G-BBED

The Polo Field, Lurgan
G-BZWY

Thetford
G-MYAC

Thirdpart Holdings, West Kilbride
G-MJVN

Thornborough Grounds, Buckingham
G-BSRR

Thornhill
G-AVTC

Thorns Cross Farm, Chudleigh
G-AFGC

Thorpe Abbotts
G-ASRW

131

Thorpe-le-Soken
G-BLPE

Three Mile Cross, Reading
G-AWPH AXJO

Thruxton A/G 130.450
G-AOAA	APCB	APVL	ARSU
ARWB	AVKR	BAAI	BAKV
BBDM	BDLY	BEIS	BFBU
BFIB	BFZV	BJST	BKIS
BKXP	BMPL	BOCI	BOPO
BOPR	BOTP	BRBK	BTFT
BTKT	BXKL	BYDL	BYKJ
BYRX	CBOE	CCBH	CCBN
CCYX	CDAF	CDEF	CECX
CEJD	DEVS	EENY	ILDA
JAJB	MILN	MSFT	NRSC
OFAS	OPJD	RLEF	SFTZ
TRAC	URUS	USSY	YNOT
ZZDG			

Thurleigh
G-BCWK OVII

Thurton, Norfolk
G-CFIL MZCU

Tibenham
G-ADNZ	AJKB	AODT	AVAW
AVTC	AVVJ	AZVB	AZVL
BANA	BOHJ	BOOH	BUGL
BYNS	CDDS	CFRJ	CFXS
CHJR	CJRC	CJTW	CJYP
CKBL	CKBX	CKCP	CKFK
CKFL	CKFM	DBSL	CDDF
DCPD	DDRY	DECW	DKDP
EEKA	EFLY	FUNK	KEMC
NADZ	NINA	OKIS	OGNC
OTIB	STEM		

Tilstock
G-VANX

Tingwall
G-CDRY ORCA SICB

Tinnel, Landulph, Saltash
G-MYXA

Titsey, Oxted
G-SPMM

Top Farm, Croydon, Royston A/G 130.850
G-APUE	ATXA	AWVG	BCBR
BDAK	BENJ	BGSY	BLDN
BRWD	BWUH	CHUM	GHOW
JUST	UJAB	VCJH	WRWR

Topcliffe (RAF)
G-BSXD

Tower Farm, Wollaston
G-ATIZ	BLHH	BLLH	BTFV
MMWS	MROC		

Town Farm, Hoxne, Eye
G-BBOR

Trehelig, Welshpool
G-ALWS AWTV BAHE BNEK
BWMK

Trenchard Farm, Eggesford A/G 123.500
G-AIGD	AKVR	AMMS	AMUI
ANXC	AOIY	AREI	ARNO
ARSL	ASMZ	ASZX	AXCZ
AXMN	AXRR	AYPM	AYTT
BCRK	BDFH	BFAX	BGKT
BGKZ	BKFR	BKVK	BRSO
BRWU	BWMC	BXNN	CEHR
CUBP	KFAN	MZLA	YYYY

Trenchard Lines, Upavon
G-BRBL	BTWC	CJLG	CJNK
CKLR	CKPY	DCPM	DCVM
DDNG	DEKG	LEES	WYVN

Trenholme Farm, Billingham
G-BHNV

Trenholme Farm, Ingleby, Arncliffe, Northallerton
G-MMKM

Trewince Manor, Portscatho, Cornwall
G-CDZS

Trim, County Meath
G-CBRF CCFI MWHX MZIB

Trimingham, Norwich
G-MWMP

Truleigh Manor Farm, Edburton
G-BBXY BTYY EWAN RMIT

Truro A/G 129.800
G-CBFK

Tuam, Galway, County Galway
G-AGYU

Tullochvenus Farm, Lumphanan, Banchory
G-ARXD

Turweston A/G 122.175
G-AERV	ARYR	ASIT	ATCX
ATMT	AYAB	AYJR	AZYA
BACO	BAXZ	BHPY	BJWO
BKGA	BNEE	BNNS	BNVB
BNYP	BORK	BSPI	BWMN
BXOX	BZTJ	CBEZ	CDZR
CGRD	CSGT	CTZO	ERRY
FAVS	FEWG	FINA	FLCA
GHZJ	KOLI	MALC	OOTC
PADD	RAYY	SURG	TESR
TSGE	TVCO	XPII	ZOGT
ZRZZ			

Twineham, West Sussex
G-AGMI

Udine, Italy
G-CJYL

Upfield Farm, Whitson, Llanwern
G–AZVF BCLT BWWU BYCY

CCKT CCTH CDHU CSBD
CXIP	DTOY	JWDS	KSIR
MSKY	MTXZ	MWUX	MVYW
MZAF	MZJG	RVIA	RYAL
YVES			

Upper Broyle Farm, Ringmer
G-AYJD	AZRM	BFFP	BUFR
BVJK	CFDX	CFNP	CGDS
CHMO	CHSB	CJAO	CJKA
CJMP	CJUS	CJWB	CJXY
CKBN	DCMF	DDRZ	DDVG
DEEF	DEHY	DFAR	DHCR
PAFR			

Upper Cae Garw Farm, Trelleck, Monmouth
G-STDL

Upper Greenhill Farm, Coalville
G-CDSD

Upper Harford Farm, Bourton-on-the-Water
G-BDWH BSVS BUDE POOH

Upper Stow, Weedon
G-MWPE

Upper Yeld, Floodgates, Kington, Hereford
G-ASAA	MBAA	MBKY	MJAJ
MJSL	MMAG	MMHN	MTGB

Upwood
G-BHSD	CFHN	CHFF	CHZX
CJPX	CKHN	DCFG	DDKN
DDUH	DELX	DFEX	

Usk
G-AVXA	BJXK	BLCV	BPWK
CFHG	CFLH	CFRL	CFWC
CFXW	CHAB	CHBS	CHKA
CJHS	CKGM	CKJB	DCMK
DCRO	DCWA	DDBV	DDFC
DDKE	DDKX	DDVV	DDWW
DEEM	DEME	DEOD	EENN

Valentine Farm, Odiham
G-AMSG AWLG BDKM

Valley Farm, Stafford
G-VALI

Valley Farm, Winwick
ARBS	ASBA	BAET	BBJU
BOIB	BTKA	BVVN	

Vaynor Farm, Llanidloes
G-BLLO

Vendee Air Park, France
G-ALNA

Ventfield Farm, Oxfordshire
G-AKUO	ATAU	AWUL	BZJW
CDJO	HMPT		

Ventnor, Isle of Wight
G-AZJE

Vicenza, Italy
G-LISO

Villanterio, Italy
G-CFSY

Voelklingen, Germany
G-MDJN

Waddington (RAF)
APP 127.350, TWR 122.100
G-AWUU	AYFG	A7IV	BLAX
BMUD	EEKY	GNAA	JBRS
JENC	JIMG	LNAA	NICY
OTCS	PSRT	ZANG	

Wadswick Manor Farm, Corsham
| G-CCAC | CCWH | GBTL | KIMM |

Waits Farm, Belchamp Walter
| G-BGVB | BMLT | BRPR | CBGH |
| IIIX | LTRF | | |

Wakefield
G-YPOL

Waldershare Park
| G-BCGM | BUED | CHNT | DDNV |
| DEDU | ECSW | ILIB | TECC |

Walkeridge Farm, Hannington
G-AFJA	AOEX	ASEB	AYKS
BADV	BSIF	CDMZ	MVZA
MYKJ			

Walney Island
G-BYEC	BZHT	CDFY	CDZT
CFPP	CJDJ	CKMZ	DDBG
DDLA	DDYC	DEDZ	

Walnut Tree Farm, Thorney, Whittlesey
G-AOGV

Walsall
G-JWBI

Walton Wood
| G-ANZU | BUTK | BXYD | DRIV |
| FOGY | OAWD | PERE | TINK |

Warton *APP 129.525, TWR 130.800*
| G-BGCO | BHFI | BLRA | BVCG |
| BWFM | LASU | TBAE | |

Washington, Sussex
| G-AIEK | BPVH | MWUH | |

Watchford Farm, Yarcombe
G-ADJJ	ADPS	AJAJ	APYT
AVEY	AVMB	AVNZ	AXGV
BAKN	BAZM	BGFJ	BHHX
BIYR	BTDT	BUYL	BWHP
BZND	VANS		

Water Leisure Park, Skegness
| G-AVDA | AVPI | AZEE | BCUF |
| BDTX | MJPV | | |

Waterford, County Waterford
| G-BEXW | CDGS | MLFF | YHPV |

Wathstones Farm, Newby Wiske
| G-BWSI | CBRC | CBRD |

Watnall
| G-LYNK | MMJX | MNYA |

Wattisham (RAF)
| G-BTDA | CHBM | CHYS | CHYU |
| CJKK | CKLT | DDTN | DDUE |

Weelde, Belgium
G-CHDJ

Wellcross Grange, Slinfold
| G-BBHJ | BIMO | CBUK | GBAO |
| RICS | | | |

Wellesbourne Mountord *TWR 124.025*
G-AJRE	ARGY	ARXT	ASZS
ATOU	AVBG	AVIT	AVLT
AYMO	AYNF	AYXS	AZKO
AZMD	AZSF	BBMO	BDBD
BGSW	BHUI	BLRF	BMYD
BNZZ	BOPD	BPPF	BRXD
BSCY	BSLK	BSMV	BSTR
BTDN	BTNE	BUIH	BWNB
BWNC	BWND	BXSD	BXYX
BYKK	BZMH	BZXZ	CDMH
CDVV	CEHK	CEKA	CEKF
CEKX	CEMC	CJLL	CPHA
CRAY	DACC	DMND	DOVS
DPJR	ESSY	GBEN	GOUP
GYBO	GYTO	HVER	JAJA
JAVO	JMKE	JORD	JTSA
KITS	KRIB	LBMM	LHCI
LMBO	LOYA	LOYN	MASC
MDPY	MENU	MWFX	OIBO
OOFR	OPSS	OSKY	OTOY
OTTZ	PIDG	RALD	RAVN
ROAD	RUZZ	RVRC	SIRD
SSIX	TCAL	TGDL	VNUS
VTAL	WAVA	WAVI	WAVN
WAVT	ZAPY		

Wellingborough
G-TIMS

Wellingore
| G-DCSG | HKHM |

Wels, Austria
G-CIDA

Welshpool *A/G 128.000*
G-AFPN	BAMC	BERC	BJYD
BKXF	BOXU	BPRM	BWHF
BYLS	CBKD	CEYY	CHAH
CHZN	MIWS	OIIO	OONE
RMHE	TOYZ	WADS	

Wesham House Farm, Kirkham
| G-OHGA | UHIH |

West Freugh
G-BCER

West Malling
G-MZJV

Westfield Farm, Hailsham
| G-AFYO | BARN | BBPS | BJYK |

| BXZO | CBXE | MYWS |

Westmoor Farm, Thirsk
G-BEKM

Weston Underwood, Olney
| G-BUYJ | MWIB |

Weston Zoyland
G-BVYX	BWYR	BYTR	BYYR
BZBR	CCSH	CCWZ	CDAL
CDPD	CEBY	CFCK	ELSI
JAXS	LOSY	LYNI	MNFB
MNHS	MTGX	MTIW	MTIY
MTLZ	MVFM	MVFY	MVIV
MVSY	MWFY	MWJI	MWLF
MWRU	MWUS	MYAJ	MYGU
MYVK	MYXP	MYZG	MZBL
MZHU	MZII	MZJL	MZLV
MZSD	PEGE	RLMW	TRYK
TUSA			

Weston, Leixlip, County Kildare
G-AYJA	BSZC	BTIK	BTVV
BUXV	BZGH	JCUB	KFRA
MAYE	MCCY	OSPS	SBMO
SEAI	SWAT	THEA	

Weston-on-the-Green (RAF)
G-CFYH	CFYU	CHEW	CHFW
CHLK	CHMY	CJSX	DCCE
DCHB	DCHT	DCTB	DCYZ
DDKR	DDMD	DDMH	DDRP
DEEN	DEMU	DETA	EENT
ONAT	SRAH		

Weston-super-Mare
G-OAPR

Westover Farm, Sheepwash
| G-BJEI | BLOR |

Wethersfield, Suffolk
G-BXSU

Wevelgem, Belgium
| G-BKBB | BRLV | NRYL | XFLY |

Whaley Farm, New York, Lincoln
| G-BPBJ | DONT | FBWH | TCUB |

Wharf Farm, Market Bosworth, Nuneaton
G-BUOL

Whimple, Exeter
G-RNBW

White Fen Farm, Benwick
| G-AOTK | APIE | AWST | CRUZ |
| EWBC | PCCC | RVJP | |

White Hill Farm, Melbourn
| G-HMCB | SKRG |

White House Farm, Southery
| G-BZTY | GPSF | RCST | UKOZ |

White Ox Mead, Norton St Philips
G-FIZY

White Waltham A/G 122.600

G-AANL	ADKC	AFGI	AFZL
AHLT	AKTI	ALEH	AMZU
ANFM	ANLD	AOBB	AOJJ
AREL	ARNL	ARON	ASMF
ATOK	AVLF	AVSI	AVTP
AWFP	AWJY	AWSH	AXOH
AXSC	AXSZ	AYCG	AYIG
AYRI	AZFC	BBFD	BBIX
BCEY	BCRX	BCWB	BDEI
BDJG	BEDJ	BEMW	BEPC
BEZP	BGMR	BHFJ	BHYV
BHZE	BICR	BILI	BIPO
BIRT	BLMI	BLPH	BNIP
BOBT	BOSE	BPHW	BPYN
BPZB	BPZY	BRDF	BRDM
BRNU	BSSA	BTUM	BUAX
BUCH	BUCK	BVVG	BVWM
BXBK	BXFE	BXGV	BXHY
BXRT	BXTI	BXZM	BYZY
BZBS	BZDA	BZIO	BZMT
CBFN	CBHR	CBID	CBRW
CCFC	CCJK	CDRU	DUVL
ELLA	ENNI	ETFL	ETME
GEHL	GPMW	HELE	IGGL
IIZ	ISDB	JEDS	LEVI
MAXG	MERF	MLHI	NIKE
NOIZ	NROY	ODDS	OFIT
OMIK	OPUP	OSIC	OSMD
OSTC	OXOM	PAVL	RADI
RIFN	SKKY	SKYO	TESI
TJDM	TSUE	TVAM	UANO
WARA	WLAC	WWAL	YAKH
YAKT	YKSZ		

Whitecross Farm, Wilburton
G-MNXE

Whitehall Farm, Benington
G-ALOD	AXCY	BHOM	BZBZ
RVAN			

Whitehall Farm, Wethersfield
G-BTSB	MYUF	MZDP

Wick TWR 119.700

G-ATYM	AVIB	AZKP	BUHS
CBGU	CBKL	KOLB	MYER
MZCX	MZLY	OPYE	OVFM

Wickenby A/G 122.450

G-AHAL	AOHY	ARKG	ASNI
AXHC	BAIK	BBFV	BBTJ
BFTH	BFVH	BGGA	BHWA
BHWB	BSBV	BTNV	BTUK
BWTC	BXCT	BYTN	CCUZ
CCYZ	CDDH	CDJE	CDWE
CEEX	CEIB	CFGE	COUZ
CSAV	DASS	IKUS	JBRN
MATE	MTUD	MWON	MWTP
MWUC	MZHW	OMAL	PTAG
RVTN	SKEW	SYFW	TEMT
TJAL	WILD	XRED	

Wickford House, Hatfield Peverel
G-OWRD WCRD

Wickhambrook, Newmarket
G-MMJD MNRE MZGW

Wicklewood
G-KEES

Wiehl, Germany
G-RATA

Wilden, Bedford
G-MVML

Willey Park Farm, Caterham
G-BDSL BTIU

Willingale

G-CBDY	CDSM	CERG	CESV
CFPJ	EEWZ	IJMC	TREX

Willington, Bedford
G-CUBS

Wilsford, Grantham
G-AOVW

Winfrith Newburgh, Dorchester
G-BXZK

Wing Farm, Longbridge Deverill

G-AYLC	BZVB	CBLY	CDVK
CFUG	ECKB	MTEX	MTKE
MTWZ	OFIX	OMHP	UILD

Winspurs Farm, Northrepps

G-CEGV	MTVG	MWEE	REDC

Wisbridge Farm, Reed, Royston
G-HUSK

Wishanger Farm, Frensham

G-ATAG	AXBW	BTSV	BVFM
DAZZ	DEWE	IDSL	

Wittering (RAF) TWR 125.525

G-AXTO	BTWE	CCZN	CGDF
CJKO	CJMA	CKHE	CKMY
DCFE	DERJ	LIVS	SLEA

Wittersham, Tenterden
G-CCVN CDXJ CECR

Wold Lodge, Finedon
G-ADIA

Wolverhampton/Halfpenny Green
TWR 123.000

G-ARGO	ASUS	ATFF	AVAX
AWEL	AYZH	AZID	BAGN
BAHJ	BAVB	BBCA	BBLM
BFMX	BHVB	BNMF	BNTC
BOGM	BOWO	BPBM	BPNI
BPYL	BRBA	BREP	BRUM
BRXV	BSIM	BSNX	BTBA
BTGH	BXAV	BXTW	BYJI
BYSP	CCAU	CCVA	CHAP
CJBC	CKEY	DAAH	DIGN
DKEY	FCAB	FOLI	GMSI
ILSE	IOWE	JUPP	KATT
LACD	LBRC	OBDA	ODRY
OKEV	PETS	PHYZ	SIVJ
STNS	TANS	TEFC	TIMK
TREE	WARB	YPSY	YSTT

Wolvey
G-BZFI OTCV

Wombleton

G-BDWX	BSUX	BUKZ	DISO
JERO	KITH	MMCZ	MNFM
MVNT	MYPH	MZGD	OPRC
PIGS	RDNS		

Wood Norton, Dereham
G-MWIR

Woodford APP 120.700, TWR 120.700
G-BTZG EASD PLXI

Woodlands Barton Farm, Roche

G-BTOL	BZTC	CDYM	MVHK
MZLP			

Woodlow Farm, Bosbury
G-AADR

Woodvale (RAF)
APP 121.000, TWR 119.750

G-BCVJ	BGPJ	BSVH	BTFO
BVSS	BWHI	BYUK	BYUZ
BYVH	BYWI	BYWJ	BYWN
BYXI	BYXX	BYYB	CDAE
FKNH	GYAV	JUDE	XMII

Woodview House Farm, St Leonards
G-MGOO

Wormingford

G-AZPC	CFOC	CFYB	CFYN
CGBN	CHJX	CHKM	CHLB
CHOS	CHXE	CJDM	CJHL
CJOE	CKBT	CKEE	CKHS
CKKY	DADJ	DBWJ	DBWO
DCEL	DCEO	DCTL	DDBP
DDFN	DDKG	DDOA	DDRD
DDSV	DDTM	DDVB	DDVM
DEHV	DERA	DETJ	DHCH
DHDH	ILBO	LSIF	OSHK
RGTS	TWOC	VEGA	

Wyberton
G-BLAF CDOR

Wychbold
G-BYHE

Wycombe Air Park TWR 126.550

G-AFVE	AIDN	AIST	AISX
AMPI	ARHM	ATBG	ATYS
AVJO	AVOZ	AWBU	AWMF
AWXZ	AZRA	BAMV	BBHK
BBII	BBMZ	BCPU	BGPN
BGWM	BHDP	BHLH	BHSE
BHUU	BIFA	BIOU	BJHB
BLGH	BLWH	BMCG	BMIV
BMLS	BNCR	BNRY	BNYB
BNYZ	BODR	BOMZ	BOSN
BPCF	BRWT	BRZK	BSAI
BSVG	BTNA	BVGP	BVIZ
BWTH	BXDN	BXGL	BXGO
BXXN	BYEM	BYEO	BZPG
BZYY	CBCY	CDEP	CDET
CEKT	CETT	CEUG	CEWE
CFDA	CFGX	CFHJ	CFLE
CFLF	CFRV	CFVH	CFZV

CHDE	CHNF	CHNK	CHNY	BBRN	BEBZ	BOIT	BTIO
CHOW	CHSZ	CHVT	CHXW	BUJM	BWRA	BYVF	BYVK
CJAS	CJDV	CJEZ	CJJF	BYWM	BYXK	BYXS	CBDM
CJKP	CJOV	CJPR	CJTF	CCFE	CHDP	DCTR	DDOE
CJTK	CJUJ	CJUK	CJWU	EHCC	GDTU	IIRG	JPVA
CJYD	CKCZ	CKGA	CKJD	KASX	MAPR	OHGC	OSAW
CKJS	CKKH	CKLA	CKMM	RILA	RNHF		
CKOY	CKRO	DAMY	DCFA				
DCMO	DCMW	DCSE	DDJK	**Yew Tree Farm, Lymm Dam**			
DDNU	DDVK	DDVP	DDZU	G-DANA	NDOL		
DECZ	DELZ	DEMB	DENV				
DEPU	DETY	DFFP	DHEZ	**Yoxford, Saxmundham**			
EENZ	EGLL	EGTB	EHMM	G-AWMP			
EROL	ERTI	FEZZ	GBPP				
GOLY	GYAK	HALP	HAPY	**Yundum/Banjul, The Gambia**			
HELN	IFRH	IIT	ITII	G-MTVT	MYWZ	MZFG	MZJW
JBUZ	JDJM	JLEE	JOKR				
KRMA	KUTU	KYTE	LARK	**Zuoz, Switzerland**			
LSVI	LYDA	MOVI	MRKI	G-BVXK			
MXVI	OASP	OASW	OBPP				
ODAK	ODIN	ODOC	OEAT				
OJAG	OMDH	OMGH	ONED				
OPAT	OPTF	ORBK	OWAP				
PTTS	PUDS	PXII	ROLL				
SAGA	SALA	SHUG	SIAI				
SIII	SIXT	SPIN	TIMC				
TOLY	TWOA	VMSL	WACB				
WACE	WACF	WACG	WACH				
WACI	WACJ	WACU	WACY				
WYDE	XATS	XJON	XYZT				
YEHA	YFZT	ZZAJ					

Wyke Farm, Sherbourne
G-BUOF

Wymeswold
G-MZEA

Wyton (RAF) *A/G 134.050*
G-ARMO	BLPI	BYUG	BYUO
BYUW	BYVC	BYVE	BYVI
BYVM	BYVT	BYWD	BYWO
BYWR	BYWS	BYWX	BYXP
BYXT	BYXY	CEDT	CENV
CMBS	EDGE	FTIL	MNDY
MWNK	MYCL	MYMJ	MZGF
MZKU	PSUK		

Yatesbury
G-CBKG	CBUS	CCJD	CDRG
CWMC	CYOT	MTOY	MWYB
NCCI	OWMC		

Yearby
G-APYB	ASFR	AZYY	BOHV
BPAA	BRVJ	BTMW	CCLL
CEJE	MMTR	OMMG	OOSE

Yeatsall Farm, Abbots Bromley
G-ARAS	BAFP	BMBZ	BPGK
BUAO	BVHL	HUEW	KARK

Yeoland Conyers, Carnforth
G-ROGE

Yeovil
G-AVFZ

Yeovilton (RNAS)
APP 127.350, TWR 122.100
| ALLF | ASZE | AVSP | BARS |

Current UK military serials

The list Includes all active and stored service aircraft and historic flights. Entries in italics are reservations.

Serial	Type	Serial	Type	Serial	Type	Serial	Type
☐ P7350	Spitfire IIA	☐ XV199	Lockheed Hercules C3	☐ XV703	Westland Sea King HAS6		
☐ AB910	Spitfire VB	☐ XV200	Lockheed Hercules C1	☐ XV705	Westland Sea King HU5SAR		
☐ KF183	NA Harvard IIB	☐ XV202	Lockheed Hercules C3	☐ XV707	Westland Sea King ASac7		
☐ LF363	Hawker Hurricane IIC	☐ XV209	Lockheed Hercules C3	☐ XV708	Westland Sea King HAS6		
☐ LS326	Fairey Swordfish II	☐ XV212	Lockheed Hercules C3	☐ XV711	Westland Sea King HAS6		
☐ MK356	Spitfire LFIXC	☐ XV214	Lockheed Hercules C3	☐ XV713	Westland Sea King HAS6		
☐ MK673	Spitfire LFXVIE	☐ XV217	Lockheed Hercules C3	☐ XV714	Westland Sea King ASac7		
☐ NF389	Fairey Swordfish III	☐ XV220	Lockheed Hercules C3	☐ XW175	BAe Harrier T4A		
☐ PA474	Avro Lancaster B1 •	☐ XV221	Lockheed Hercules C3	☐ XW198	Westland Puma HC1		
☐ PM631	Spitfire PRXIX •	☐ XV226	HS Nimrod MR2	☐ XW199	Westland Puma HC1		
☐ PS915	Spitfire PRXIX ↓	☐ XV227	HS Nimrod MR2	☐ XW204	Westland Puma HC1		
☐ PZ865	Hawker Hurricane IIC ↑	☐ XV229	HS Nimrod MR2	☐ XW206	Westland Puma HC1		
☐ TE311	Spitfire LFXVIE	☐ XV231	HS Nimrod MR2	☐ XW207	Westland Puma HC1		
☐ VR930	Hawker Sea Fury FB11	☐ XV232	HS Nimrod MR2	☐ XW208	Westland Puma HC1		
☐ VZ345	Hawker Sea Fury T20S	☐ XV235	HS Nimrod MR2	☐ XW209	Westland Puma HC1		
☐ WA638	Gloster Meteor T7	☐ XV236	HS Nimrod MR2	☐ XW210	Westland Puma HC1		
☐ WB556	DHC.1 Chipmunk T10	☐ XV240	HS Nimrod MR2	☐ XW212	Westland Puma HC1		
☐ WB657	DHC.1 Chipmunk T10	☐ XV241	HS Nimrod MR2	☐ XW213	Westland Puma HC1		
☐ WD325	DHC.1 Chipmunk T10	☐ XV243	HS Nimrod MR2	☐ XW214	Westland Puma HC1		
☐ WG432	DHC.1 Chipmunk T10	☐ XV244	HS Nimrod MR2	☐ XW216	Westland Puma HC1		
☐ WG486	DHC.1 Chipmunk T10	☐ XV245	HS Nimrod MR2	☐ XW217	Westland Puma HC1		
☐ WK518	DHC.1 Chipmunk T10	☐ XV248	HS Nimrod MR2	☐ XW219	Westland Puma HC1		
☐ WK608	DHC.1 Chipmunk T10	☐ XV249	HS Nimrod R1	☐ XW220	Westland Puma HC1		
☐ WK613	DHC.1 Chipmunk T10	☐ XV250	HS Nimrod MR2	☐ XW222	Westland Puma HC1		
☐ WK800	Gloster Meteor D16	☐ XV252	HS Nimrod MR2	☐ XW223	Westland Puma HC1		
☐ WV903	Hawker Sea Hawk FGA4	☐ XV254	HS Nimrod MR2	☐ XW224	Westland Puma HC1		
☐ WV908	Hawker Sea Hawk FGA6	☐ XV255	HS Nimrod MR2	☐ XW226	Westland Puma HC1		
☐ XP820	DHC.2 Beaver AL1	☐ XV260	HS Nimrod MR2	☐ XW229	Westland Puma HC1		
☐ XR244	Auster AOP9	☐ XV290	Lockheed Hercules C3	☐ XW231	Westland Puma HC1		
☐ XR379	Alouette II AH2	☐ XV294	Lockheed Hercules C3	☐ XW232	Westland Puma HC1		
☐ XR807	Vickers VC-10 C1K	☐ XV295	Lockheed Hercules C1	☐ XW235	Westland Puma HC1		
☐ XR808	Vickers VC-10 C1K	☐ XV299	Lockheed Hercules C3	☐ XW236	Westland Puma HC1		
☐ XR810	Vickers VC-10 C1K	☐ XV300	Lockheed Hercules C1	☐ XW237	Westland Puma HC1		
☐ XS596	HS Andover C1(PR)	☐ XV301	Lockheed Hercules C3	☐ XW664	BAe Nimrod R1		
☐ XS606	HS Andover C1	☐ XV302	Lockheed Hercules C3	☐ XW665	BAe Nimrod R1		
☐ XS646	HS Andover C1	☐ XV303	Lockheed Hercules C3	☐ XW846	Westland Gazelle AH1		
☐ XS709	HS Dominie T1	☐ XV304	Lockheed Hercules C3	☐ XW847	Westland Gazelle AH1		
☐ XS711	HS Dominie T1	☐ XV305	Lockheed Hercules C3	☐ XW848	Westland Gazelle AH1		
☐ XS712	HS Dominie T1	☐ XV307	Lockheed Hercules C3	☐ XW849	Westland Gazelle AH1		
☐ XS713	HS Dominie T1	☐ XV370	Sikorsky SH-3D	☐ XW865	Westland Gazelle AH1		
☐ XS727	HS Dominie T1	☐ XV642	Westland Sea King HAS2A	☐ XW897	Westland Gazelle AH1		
☐ XS728	HS Dominie T1	☐ XV643	Westland Sea King HAS6	☐ XW899	Westland Gazelle AH1		
☐ XS730	HS Dominie T1	☐ XV647	Westland Sea King HU5	☐ XW904	Westland Gazelle AH1		
☐ XS731	HS Dominie T1	☐ XV648	Westland Sea King HU5	☐ XW909	Westland Gazelle AH1		
☐ XS736	HS Dominie T1	☐ XV649	Westland Sea King ASac7	☐ XW913	Westland Gazelle AH1		
☐ XS737	HS Dominie T1	☐ XV651	Westland Sea King HU5	☐ XX112	SEPECAT Jaguar GR3		
☐ XS739	HS Dominie T1	☐ XV653	Westland Sea King HAS6	☐ XX145	SEPECAT Jaguar T2A		
☐ XS743	Beagle Basset CC1	☐ XV654	Westland Sea King HAS6	☐ XX154	BAe Hawk T.1		
☐ XS807	Westland Wessex HU5	☐ XV655	Westland Sea King HAS6	☐ XX156	BAe Hawk T.1		
☐ XT131	Westland Sioux AH1	☐ XV656	Westland Sea King ASac7	☐ XX157	BAe Hawk T.1A		
☐ XT626	Westland Scout AH1	☐ XV657	Westland Sea King HAS5	☐ XX158	BAe Hawk T.1A		
☐ XV101	BAe VC-10 C1K	☐ XV659	Westland Sea King HAS6	☐ XX159	BAe Hawk T.1A		
☐ XV102	BAe VC-10 C1K	☐ XV660	Westland Sea King HAS6	☐ XX160	BAe Hawk T.1		
☐ XV104	BAe VC-10 C1K	☐ XV661	Westland Sea King HU5	☐ XX161	BAe Hawk T.1W		
☐ XV105	BAe VC-10 C1K	☐ XV663	Westland Sea King HAS6	☐ XX162	BAe Hawk T.1		
☐ XV106	BAe VC-10 C1K	☐ XV664	Westland Sea King ASac7	☐ XX165	BAe Hawk T.1		
☐ XV107	BAe VC-10 C1K	☐ XV665	Westland Sea King HAS6	☐ XX167	BAe Hawk T.1W		
☐ XV108	BAe VC-10 C1K	☐ XV666	Westland Sea King HU5	☐ XX168	BAe Hawk T.1		
☐ XV109	BAe VC-10 C1K	☐ XV669	Westland Sea King HAS5	☐ XX169	BAe Hawk T.1		
☐ XV177	Lockheed Hercules C3	☐ XV670	Westland Sea King HU5	☐ XX170	BAe Hawk T.1		
☐ XV184	Lockheed Hercules C3	☐ XV671	Westland Sea King ASac7	☐ XX171	BAe Hawk T.1		
☐ XV188	Lockheed Hercules C3	☐ XV672	Westland Sea King ASac7	☐ XX172	BAe Hawk T.1		
☐ XV196	Lockheed Hercules C1	☐ XV673	Westland Sea King HU5	☐ XX173	BAe Hawk T.1		
☐ XV197	Lockheed Hercules C3	☐ XV675	Westland Sea King HAS6	☐ XX174	BAe Hawk T.1		
		☐ XV676	Westland Sea King HAS6	☐ XX175	BAe Hawk T.1		
		☐ XV677	Westland Sea King HAS6	☐ XX176	BAe Hawk T.1W		
		☐ XV696	Westland Sea King HAS6	☐ XX177	BAe Hawk T.1		
		☐ XV697	Westland Sea King HAS6	☐ XX178	BAe Hawk T.1W		
		☐ XV699	Westland Sea King HU5	☐ XX179	BAe Hawk T.1W		
		☐ XV700	Westland Sea King HAS6	☐ XX181	BAe Hawk T.1W		
		☐ XV701	Westland Sea King HAS6	☐ XX183	BAe Hawk T.1		

Serial	Type	Serial	Type	Serial	Type
☐ XX184	BAe Hawk T.1	☐ XX303	BAe Hawk T.1A	☐ XX445	Westland Gazelle AH1
☐ XX185	BAe Hawk T.1	☐ XX306	BAe Hawk T.1A	☐ XX447	Westland Gazelle AH1
☐ XX187	BAe Hawk T.1A	☐ XX307	BAe Hawk T.1	☐ XX448	Westland Gazelle AH1
☐ XX188	BAe Hawk T.1A	☐ XX308	BAe Hawk T.1	☐ XX449	Westland Gazelle AH1
☐ XX189	BAe Hawk T.1A	☐ XX309	BAe Hawk T.1	☐ XX453	Westland Gazelle AH1
☐ XX190	BAe Hawk T.1A	☐ XX310	BAe Hawk T.1W	☐ XX455	Westland Gazelle AH1
☐ XX191	BAe Hawk T.1A	☐ XX311	BAe Hawk T.1	☐ XX456	Westland Gazelle AH1
☐ XX194	BAe Hawk T.1A	☐ XX312	BAe Hawk T.1W	☐ XX460	Westland Gazelle AH1
☐ XX195	BAe Hawk T.1W	☐ XX313	BAe Hawk T.1W	☐ XX462	Westland Gazelle AH1
☐ XX198	BAe Hawk T.1A	☐ XX314	BAe Hawk T.1W	☐ XX475	SA Jetstream T1
☐ XX199	BAe Hawk T.1A	☐ XX315	BAe Hawk T.1A	☐ XX476	SA Jetstream T1
☐ XX200	BAe Hawk T.1A	☐ XX316	BAe Hawk T.1A	☐ XX478	SA Jetstream T1
☐ XX201	BAe Hawk T.1A	☐ XX317	BAe Hawk T.1A	☐ XX481	SA Jetstream T1
☐ XX202	BAe Hawk T.1A	☐ XX318	BAe Hawk T.1A	☐ XX484	SA Jetstream T2
☐ XX203	BAe Hawk T.1A	☐ XX319	BAe Hawk T.1A	☐ XX486	SA Jetstream T2
☐ XX204	BAe Hawk T.1A	☐ XX320	BAe Hawk T.1A	☐ XX487	SA Jetstream T2
☐ XX205	BAe Hawk T.1A	☐ XX321	BAe Hawk T.1A	☐ XX488	SA Jetstream T2
☐ XX217	BAe Hawk T.1A	☐ XX322	BAe Hawk T.1A	☐ XX500	SA Jetstream T1
☐ XX218	BAe Hawk T.1A	☐ XX323	BAe Hawk T.1A	☐ XX837	SEPECAT Jaguar T2
☐ XX219	BAe Hawk T.1A	☐ XX324	BAe Hawk T.1A	☐ XZ170	Westland Lynx AH9
☐ XX220	BAe Hawk T.1A	☐ XX325	BAe Hawk T.1A	☐ XZ172	Westland Lynx AH7
☐ XX221	BAe Hawk T.1A	☐ XX326	BAe Hawk T.1A	☐ XZ173	Westland Lynx AH7
☐ XX222	BAe Hawk T.1A	☐ XX327	BAe Hawk T.1	☐ XZ174	Westland Lynx AH7
☐ XX224	BAe Hawk T.1W	☐ XX329	BAe Hawk T.1A	☐ XZ176	Westland Lynx AH7
☐ XX225	BAe Hawk T.1	☐ XX330	BAe Hawk T.1A	☐ XZ177	Westland Lynx AH7
☐ XX226	BAe Hawk T.1	☐ XX331	BAe Hawk T.1A	☐ XZ178	Westland Lynx AH7
☐ XX227	BAe Hawk T.1A	☐ XX332	BAe Hawk T.1A	☐ XZ179	Westland Lynx AH7
☐ XX228	BAe Hawk T.1A	☐ XX335	BAe Hawk T.1A	☐ XZ180	Westland Lynx AH7
☐ XX230	BAe Hawk T.1A	☐ XX337	BAe Hawk T.1A	☐ XZ182	Westland Lynx AH7
☐ XX231	BAe Hawk T.1W	☐ XX338	BAe Hawk T.1W	☐ XZ184	Westland Lynx AH7
☐ XX232	BAe Hawk T.1	☐ XX339	BAe Hawk T.1	☐ XZ185	Westland Lynx AH7
☐ XX233	BAe Hawk T.1	☐ XX341	BAe Hawk T.1 Astra	☐ XZ187	Westland Lynx AH7
☐ XX234	BAe Hawk T.1	☐ XX342	BAe Hawk T.1	☐ XZ190	Westland Lynx AH7
☐ XX235	BAe Hawk T.1W	☐ XX345	BAe Hawk T.1A	☐ XZ191	Westland Lynx AH7
☐ XX236	BAe Hawk T.1W	☐ XX346	BAe Hawk T.1A	☐ XZ192	Westland Lynx AH7
☐ XX237	BAe Hawk T.1	☐ XX348	BAe Hawk T.1A	☐ XZ193	Westland Lynx AH7
☐ XX238	BAe Hawk T.1	☐ XX349	BAe Hawk T.1W	☐ XZ194	Westland Lynx AH7
☐ XX239	BAe Hawk T.1W	☐ XX350	BAe Hawk T.1	☐ XZ195	Westland Lynx AH7
☐ XX240	BAe Hawk T.1	☐ XX351	BAe Hawk T.1A	☐ XZ196	Westland Lynx AH7
☐ XX242	BAe Hawk T.1	☐ XX371	Westland Gazelle AH1	☐ XZ198	Westland Lynx AH7
☐ XX244	BAe Hawk T.1	☐ XX372	Westland Gazelle AH1	☐ XZ203	Westland Lynx AH7
☐ XX246	BAe Hawk T.1A	☐ XX375	Westland Gazelle AH1	☐ XZ205	Westland Lynx AH7
☐ XX247	BAe Hawk T.1A	☐ XX378	Westland Gazelle AH1	☐ XZ206	Westland Lynx AH7
☐ XX247	BAe Hawk T.1A	☐ XX379	Westland Gazelle AH1	☐ XZ207	Westland Lynx AH7
☐ XX248	BAe Hawk T.1A	☐ XX380	Westland Gazelle AH1	☐ XZ208	Westland Lynx AH7
☐ XX250	BAe Hawk T.1	☐ XX381	Westland Gazelle AH1	☐ XZ209	Westland Lynx AH7
☐ XX253	BAe Hawk T.1A	☐ XX383	Westland Gazelle AH1	☐ XZ210	Westland Lynx AH7
☐ XX255	BAe Hawk T.1A	☐ XX384	Westland Gazelle AH1	☐ XZ211	Westland Lynx AH7
☐ XX256	BAe Hawk T.1A	☐ XX385	Westland Gazelle AH1	☐ XZ212	Westland Lynx AH7
☐ XX258	BAe Hawk T.1A	☐ XX386	Westland Gazelle AH1	☐ XZ214	Westland Lynx AH7
☐ XX260	BAe Hawk T.1A	☐ XX388	Westland Gazelle AH1	☐ XZ215	Westland Lynx AH7
☐ XX261	BAe Hawk T.1A	☐ XX389	Westland Gazelle AH1	☐ XZ216	Westland Lynx AH7
☐ XX264	BAe Hawk T.1A	☐ XX392	Westland Gazelle AH1	☐ XZ217	Westland Lynx AH7
☐ XX265	BAe Hawk T.1A	☐ XX394	Westland Gazelle AH1	☐ XZ219	Westland Lynx AH7
☐ XX266	BAe Hawk T.1A	☐ XX398	Westland Gazelle AH1	☐ XZ220	Westland Lynx AH7
☐ XX278	BAe Hawk T.1A	☐ XX399	Westland Gazelle AH1	☐ XZ221	Westland Lynx AH7
☐ XX280	BAe Hawk T.1A	☐ XX403	Westland Gazelle AH1	☐ XZ222	Westland Lynx AH7
☐ XX281	BAe Hawk T.1A	☐ XX405	Westland Gazelle AH1	☐ XZ228	Westland Lynx HAS3S
☐ XX283	BAe Hawk T.1W	☐ XX409	Westland Gazelle AH1	☐ XZ229	Westland Lynx HAS3S
☐ XX284	BAe Hawk T.1A	☐ XX412	Westland Gazelle AH1	☐ XZ232	Westland Lynx HAS3S
☐ XX285	BAe Hawk T.1A	☐ XX414	Westland Gazelle AH1	☐ XZ233	Westland Lynx HAS3S
☐ XX286	BAe Hawk T.1A	☐ XX416	Westland Gazelle AH1	☐ XZ234	Westland Lynx HAS3S
☐ XX287	BAe Hawk T.1A	☐ XX418	Westland Gazelle AH1	☐ XZ235	Westland Lynx HAS3S
☐ XX289	BAe Hawk T.1A	☐ XX419	Westland Gazelle AH1	☐ XZ236	Westland Lynx HMA8
☐ XX290	BAe Hawk T.1W	☐ XX433	Westland Gazelle AH1	☐ XZ237	Westland Lynx HAS3S
☐ XX292	BAe Hawk T.1W	☐ XX437	Westland Gazelle AH1	☐ XZ238	Westland Lynx HAS3S
☐ XX294	BAe Hawk T.1	☐ XX438	Westland Gazelle AH1	☐ XZ239	Westland Lynx HAS3S
☐ XX295	BAe Hawk T.1W	☐ XX439	Westland Gazelle AH1	☐ XZ245	Westland Lynx HAS3S
☐ XX296	BAe Hawk T.1	☐ XX440	Westland Gazelle AH1	☐ XZ246	Westland Lynx HAS3S
☐ XX299	BAe Hawk T.1W	☐ XX442	Westland Gazelle AH1	☐ XZ248	Westland Lynx HAS3S
☐ XX301	BAe Hawk T.1A	☐ XX444	Westland Gazelle AH1	☐ XZ250	Westland Lynx HAS3S

Serial	Type	Serial	Type	Serial	Type	Serial	Type
☐ XZ254	Westland Lynx HAS3S	☐ XZ612	Westland Lynx AH7	☐ ZA137	Westland Sea King HU5		
☐ XZ255	Westland Lynx HMA8	☐ XZ613	Westland Lynx AH7	☐ ZA148	BAe VC-10 K3		
☐ XZ257	Westland Lynx HMA8	☐ XZ615	Westland Lynx AH7	☐ ZA149	BAe VC-10 K3		
☐ XZ290	Westland Gazelle AH1	☐ XZ616	Westland Lynx AH7	☐ ZA150	BAe VC-10 K3		
☐ XZ291	Westland Gazelle AH1	☐ XZ617	Westland Lynx AH7	☐ ZA166	Westland Sea King HU5		
☐ XZ292	Westland Gazelle AH1	☐ XZ641	Westland Lynx AH7	☐ ZA167	Westland Sea King HU5		
☐ XZ294	Westland Gazelle AH1	☐ XZ642	Westland Lynx AH7	☐ ZA168	Westland Sea King HAS6		
☐ XZ295	Westland Gazelle AH1	☐ XZ643	Westland Lynx AH7	☐ ZA169	Westland Sea King HAS6		
☐ XZ296	Westland Gazelle AH1	☐ XZ645	Westland Lynx AH7	☐ ZA170	Westland Sea King HU5		
☐ XZ301	Westland Gazelle AH1	☐ XZ647	Westland Lynx AH7	☐ ZA179	Diamond DA42M Twinstar		
☐ XZ303	Westland Gazelle AH1	☐ XZ648	Westland Lynx AH7	☐ ZA180	Diamond DA42M Twinstar		
☐ XZ304	Westland Gazelle AH1	☐ XZ649	Westland Lynx AH7	☐ ZA291	Westland Sea King HC4		
☐ XZ307	Westland Gazelle AH1	☐ XZ651	Westland Lynx AH7	☐ ZA292	Westland Sea King HC4		
☐ XZ308	Westland Gazelle AH1	☐ XZ652	Westland Lynx AH7	☐ ZA293	Westland Sea King HC4		
☐ XZ311	Westland Gazelle AH1	☐ XZ653	Westland Lynx AH7	☐ ZA295	Westland Sea King HC4		
☐ XZ312	Westland Gazelle AH1	☐ XZ654	Westland Lynx AH7	☐ ZA296	Westland Sea King HC4		
☐ XZ313	Westland Gazelle AH1	☐ XZ655	Westland Lynx AH7	☐ ZA297	Westland Sea King HC4		
☐ XZ314	Westland Gazelle AH1	☐ XZ661	Westland Lynx AH7	☐ ZA298	Westland Sea King HC4		
☐ XZ316	Westland Gazelle AH1	☐ XZ663	Westland Lynx AH7	☐ ZA299	Westland Sea King HC4		
☐ XZ320	Westland Gazelle AH1	☐ XZ666	Westland Lynx AH7	☐ ZA310	Westland Sea King HC4		
☐ XZ323	Westland Gazelle AH1	☐ XZ669	Westland Lynx AH7	☐ ZA312	Westland Sea King HC4		
☐ XZ324	Westland Gazelle AH1	☐ XZ670	Westland Lynx AH7	☐ ZA313	Westland Sea King HC4		
☐ XZ325	Westland Gazelle AH1	☐ XZ672	Westland Lynx AH7	☐ ZA314	Westland Sea King HC4		
☐ XZ326	Westland Gazelle AH1	☐ XZ673	Westland Lynx AH7	☐ ZA326	Panavia Tornado GR1		
☐ XZ327	Westland Gazelle AH1	☐ XZ674	Westland Lynx AH7	☐ ZA365	Panavia Tornado GR4		
☐ XZ328	Westland Gazelle AH1	☐ XZ675	Westland Lynx AH7	☐ ZA367	Panavia Tornado GR4		
☐ XZ330	Westland Gazelle AH1	☐ XZ676	Westland Lynx AH7	☐ ZA369	Panavia Tornado GR4A		
☐ XZ331	Westland Gazelle AH1	☐ XZ677	Westland Lynx AH7	☐ ZA370	Panavia Tornado GR1A		
☐ XZ332	Westland Gazelle AH1	☐ XZ678	Westland Lynx AH7	☐ ZA371	Panavia Tornado GR4A		
☐ XZ333	Westland Gazelle AH1	☐ XZ679	Westland Lynx AH7	☐ ZA372	Panavia Tornado GR1A		
☐ XZ334	Westland Gazelle AH1	☐ XZ680	Westland Lynx AH7	☐ ZA373	Panavia Tornado GR4A		
☐ XZ335	Westland Gazelle AH1	☐ XZ689	Westland Lynx HMA8	☐ ZA375	Panavia Tornado GR1B		
☐ XZ337	Westland Gazelle AH1	☐ XZ690	Westland Lynx HMA8	☐ ZA393	Panavia Tornado GR1		
☐ XZ338	Westland Gazelle AH1	☐ XZ691	Westland Lynx HMA8	☐ ZA395	Panavia Tornado GR4A		
☐ XZ340	Westland Gazelle AH1	☐ XZ692	Westland Lynx HMA8	☐ ZA398	Panavia Tornado GR4A		
☐ XZ341	Westland Gazelle AH1	☐ XZ693	Westland Lynx HAS3S	☐ ZA400	Panavia Tornado GR4A		
☐ XZ342	Westland Gazelle AH1	☐ XZ694	Westland Lynx HAS3S	☐ ZA401	Panavia Tornado GR1A		
☐ XZ343	Westland Gazelle AH1	☐ XZ696	Westland Lynx HAS3S	☐ ZA402	Panavia Tornado GR4A		
☐ XZ344	Westland Gazelle AH1	☐ XZ697	Westland Lynx HMA8	☐ ZA404	Panavia Tornado GR4A		
☐ XZ345	Westland Gazelle AH1	☐ XZ698	Westland Lynx HMA8	☐ ZA405	Panavia Tornado GR4A		
☐ XZ346	Westland Gazelle AH1	☐ XZ719	Westland Lynx HMA8	☐ ZA406	Panavia Tornado GR1		
☐ XZ347	Westland Gazelle AH1	☐ XZ720	Westland Lynx HAS3S	☐ ZA409	Panavia Tornado GR1B		
☐ XZ349	Westland Gazelle AH1	☐ XZ721	Westland Lynx HMA8	☐ ZA410	Panavia Tornado GR4		
☐ XZ570	Westland Sea King HAS5	☐ XZ722	Westland Lynx HMA8	☐ ZA412	Panavia Tornado GR1		
☐ XZ575	Westland Sea King HU5	☐ XZ723	Westland Lynx HMA8	☐ ZA446	Panavia Tornado GR1B		
☐ XZ576	Westland Sea King HAS6	☐ XZ725	Westland Lynx HMA8	☐ ZA447	Panavia Tornado GR1B		
☐ XZ578	Westland Sea King HU5	☐ XZ726	Westland Lynx HMA8	☐ ZA449	Panavia Tornado GR4		
☐ XZ579	Westland Sea King HAS6	☐ XZ727	Westland Lynx HAS3S	☐ ZA452	Panavia Tornado GR1B		
☐ XZ580	Westland Sea King HAS6	☐ XZ729	Westland Lynx HMA8	☐ ZA453	Panavia Tornado GR1B		
☐ XZ581	Westland Sea King HAS6	☐ XZ730	Westland Lynx HAS3CTS	☐ ZA455	Panavia Tornado GR1B		
☐ XZ585	Westland Sea King HAR3	☐ XZ731	Westland Lynx HMA8	☐ ZA456	Panavia Tornado GR4		
☐ XZ586	Westland Sea King HAR3	☐ XZ732	Westland Lynx HMA8	☐ ZA458	Panavia Tornado GR4		
☐ XZ587	Westland Sea King HAR3	☐ XZ733	Westland Lynx HAS3S	☐ ZA459	Panavia Tornado GR1B		
☐ XZ588	Westland Sea King HAR3	☐ XZ735	Westland Lynx HAS3S	☐ ZA461	Panavia Tornado GR1B		
☐ XZ589	Westland Sea King HAR3	☐ XZ736	Westland Lynx HMA8	☐ ZA462	Panavia Tornado GR1		
☐ XZ590	Westland Sea King HAR3	☐ XZ920	Westland Sea King HU5	☐ ZA463	Panavia Tornado GR1		
☐ XZ591	Westland Sea King HAR3	☐ XZ921	Westland Sea King HAS6	☐ ZA465	Panavia Tornado GR1B		
☐ XZ592	Westland Sea King HAR3	☐ XZ922	Westland Sea King HAS6	☐ ZA469	Panavia Tornado GR1B		
☐ XZ593	Westland Sea King HAR3	☐ XZ936	Westland Gazelle HT3	☐ ZA470	Panavia Tornado GR1		
☐ XZ594	Westland Sea King HAR3	☐ XZ939	Westland Gazelle HT2	☐ ZA472	Panavia Tornado GR1		
☐ XZ595	Westland Sea King HAR3	☐ ZA105	Westland Sea King HAR3	☐ ZA473	Panavia Tornado GR1B		
☐ XZ596	Westland Sea King HAR3	☐ ZA110	SA Jetstream T2	☐ ZA492	Panavia Tornado GR1B		
☐ XZ597	Westland Sea King HAR3	☐ ZA111	SA Jetstream T2	☐ ZA541	Panavia Tornado GR4		
☐ XZ598	Westland Sea King HAR3	☐ ZA126	Westland Sea King HAS6	☐ ZA542	Panavia Tornado GR4		
☐ XZ599	Westland Sea King HAR3	☐ ZA127	Westland Sea King HAS6	☐ ZA543	Panavia Tornado GR4		
☐ XZ605	Westland Lynx AH7	☐ ZA128	Westland Sea King HAS6	☐ ZA544	Panavia Tornado GR4		
☐ XZ606	Westland Lynx AH7	☐ ZA130	Westland Sea King HU5	☐ ZA546	Panavia Tornado GR1		
☐ XZ607	Westland Lynx AH7	☐ ZA131	Westland Sea King HAS6	☐ ZA547	Panavia Tornado GR4		
☐ XZ608	Westland Lynx AH7	☐ ZA133	Westland Sea King HAS6	☐ ZA548	Panavia Tornado GR4		
☐ XZ609	Westland Lynx AH7	☐ ZA134	Westland Sea King HU5	☐ ZA549	Panavia Tornado GR4		
☐ XZ611	Westland Lynx AH7	☐ ZA135	Westland Sea King HAS6	☐ ZA550	Panavia Tornado GR4		

☐ ZA551	Panavia Tornado GR4	☐ ZA775	Westland Gazelle AH1	☐ ZD376	BAe Harrier GR7
☐ ZA552	Panavia Tornado GR4	☐ ZA776	Westland Gazelle AH1	☐ ZD378	BAe Harrier GR7
☐ ZA553	Panavia Tornado GR4	☐ ZA935	Westland Puma HC1	☐ ZD379	BAe Harrier GR7
☐ ZA554	Panavia Tornado GR4	☐ ZA936	Westland Puma HC1	☐ ZD380	BAe Harrier GR7
☐ ZA556	Panavia Tornado GR4	☐ ZA937	Westland Puma HC1	☐ ZD401	BAe Harrier GR9
☐ ZA557	Panavia Tornado GR4	☐ ZA939	Westland Puma HC1	☐ ZD402	BAe Harrier GR7
☐ ZA559	Panavia Tornado GR4	☐ ZA940	Westland Puma HC1	☐ ZD403	BAe Harrier GR7
☐ ZA560	Panavia Tornado GR1	☐ ZA947	Douglas Dakota C3	☐ ZD404	BAe Harrier GR7
☐ ZA562	Panavia Tornado GR4	☐ ZB506	Westland Sea King 4X	☐ ZD405	BAe Harrier GR7
☐ ZA563	Panavia Tornado GR4	☐ ZB507	Westland Sea King HC4	☐ ZD406	BAe Harrier GR7
☐ ZA564	Panavia Tornado GR1	☐ ZB665	Westland Gazelle AH1	☐ ZD407	BAe Harrier GR7
☐ ZA585	Panavia Tornado GR4	☐ ZB667	Westland Gazelle AH1	☐ ZD408	BAe Harrier GR7
☐ ZA587	Panavia Tornado GR1	☐ ZB669	Westland Gazelle AH1	☐ ZD409	BAe Harrier GR9
☐ ZA588	Panavia Tornado GR4	☐ ZB670	Westland Gazelle AH1	☐ ZD410	BAe Harrier GR7
☐ ZA589	Panavia Tornado GR4	☐ ZB671	Westland Gazelle AH1	☐ ZD411	BAe Harrier GR7
☐ ZA591	Panavia Tornado GR4	☐ ZB673	Westland Gazelle AH1	☐ ZD431	BAe Harrier GR7
☐ ZA592	Panavia Tornado GR4	☐ ZB674	Westland Gazelle AH1	☐ ZD433	BAe Harrier GR7
☐ ZA594	Panavia Tornado GR4	☐ ZB676	Westland Gazelle AH1	☐ ZD435	BAe Harrier GR9
☐ ZA595	Panavia Tornado GR4	☐ ZB677	Westland Gazelle AH1	☐ ZD436	BAe Harrier GR7
☐ ZA596	Panavia Tornado GR1	☐ ZB679	Westland Gazelle AH1	☐ ZD437	BAe Harrier GR7
☐ ZA597	Panavia Tornado GR1	☐ ZB682	Westland Gazelle AH1	☐ ZD438	BAe Harrier GR7
☐ ZA598	Panavia Tornado GR4	☐ ZB683	Westland Gazelle AH1	☐ ZD461	BAe Harrier GR7
☐ ZA600	Panavia Tornado GR4	☐ ZB688	Westland Gazelle AH1	☐ ZD463	BAe Harrier GR7
☐ ZA601	Panavia Tornado GR4	☐ ZB689	Westland Gazelle AH1	☐ ZD465	BAe Harrier GR7
☐ ZA602	Panavia Tornado GR1	☐ ZB690	Westland Gazelle AH1	☐ ZD466	BAe Harrier GR7
☐ ZA604	Panavia Tornado GR4	☐ ZB691	Westland Gazelle AH1	☐ ZD467	BAe Harrier GR7
☐ ZA606	Panavia Tornado GR4	☐ ZB692	Westland Gazelle AH1	☐ ZD468	BAe Harrier GR7
☐ ZA607	Panavia Tornado GR4	☐ ZB693	Westland Gazelle AH1	☐ ZD470	BAe Harrier GR7
☐ ZA608	Panavia Tornado GR4	☐ ZD241	BAe Super VC-10 K4	☐ ZD476	Westland Sea King HC4
☐ ZA609	Panavia Tornado GR4	☐ ZD242	BAe Super VC-10 K4	☐ ZD477	Westland Sea King HC4
☐ ZA611	Panavia Tornado GR4	☐ ZD249	Westland Lynx HAS3S	☐ ZD478	Westland Sea King HC4
☐ ZA612	Panavia Tornado GR1	☐ ZD250	Westland Lynx HAS3S	☐ ZD479	Westland Sea King HC4
☐ ZA613	Panavia Tornado GR1	☐ ZD251	Westland Lynx HAS3S	☐ ZD480	Westland Sea King HC4
☐ ZA614	Panavia Tornado GR4	☐ ZD252	Westland Lynx HMA8	☐ ZD559	Westland Lynx AH5X
☐ ZA670	B-V Chinook HC2	☐ ZD254	Westland Lynx HAS3S	☐ ZD560	Westland Lynx AH7
☐ ZA671	B-V Chinook HC2	☐ ZD255	Westland Lynx HAS3S	☐ ZD565	Westland Lynx HMA8
☐ ZA673	B-V Chinook HC2	☐ ZD257	Westland Lynx HMA8	☐ ZD566	Westland Lynx HMA8
☐ ZA674	B-V Chinook HC2	☐ ZD258	Westland Lynx HMA8	☐ ZD574	B-V Chinook HC2
☐ ZA675	B-V Chinook HC2	☐ ZD259	Westland Lynx HMA8	☐ ZD575	B-V Chinook HC2
☐ ZA677	B-V Chinook HC2	☐ ZD260	Westland Lynx HMA8	☐ ZD620	BAe 125 CC3
☐ ZA679	B-V Chinook HC2	☐ ZD261	Westland Lynx HMA8	☐ ZD621	BAe 125 CC3
☐ ZA680	B-V Chinook HC2	☐ ZD262	Westland Lynx HMA8	☐ ZD625	Westland Sea King HC4
☐ ZA681	B-V Chinook HC2	☐ ZD263	Westland Lynx HAS3S	☐ ZD626	Westland Sea King HC4
☐ ZA682	B-V Chinook HC2	☐ ZD264	Westland Lynx HAS3S	☐ ZD627	Westland Sea King HC4
☐ ZA683	B-V Chinook HC2	☐ ZD265	Westland Lynx HMA8	☐ ZD630	Westland Sea King HAS6
☐ ZA684	B-V Chinook HC2	☐ ZD266	Westland Lynx HMA8	☐ ZD633	Westland Sea King HAS6
☐ ZA704	B-V Chinook HC2	☐ ZD267	Westland Lynx HMA8	☐ ZD634	Westland Sea King HAS6
☐ ZA705	B-V Chinook HC2	☐ ZD268	Westland Lynx HMA8	☐ ZD636	Westland Sea King AEW2
☐ ZA707	B-V Chinook HC2	☐ ZD272	Westland Lynx AH7	☐ ZD637	Westland Sea King HAS6
☐ ZA708	B-V Chinook HC2	☐ ZD273	Westland Lynx AH7	☐ ZD703	BAe 125 CC3
☐ ZA709	B-V Chinook HC2	☐ ZD274	Westland Lynx AH7	☐ ZD704	BAe 125 CC3
☐ ZA710	B-V Chinook HC2	☐ ZD277	Westland Lynx AH7	☐ ZD707	Panavia Tornado GR4
☐ ZA711	B-V Chinook HC2	☐ ZD278	Westland Lynx AH7	☐ ZD708	Panavia Tornado GR4
☐ ZA712	B-V Chinook HC2	☐ ZD279	Westland Lynx AH7	☐ ZD709	Panavia Tornado GR4
☐ ZA713	B-V Chinook HC2	☐ ZD280	Westland Lynx AH7	☐ ZD711	Panavia Tornado GR4
☐ ZA714	B-V Chinook HC2	☐ ZD281	Westland Lynx AH7	☐ ZD712	Panavia Tornado GR1
☐ ZA718	B-V Chinook HC2	☐ ZD282	Westland Lynx AH7	☐ ZD713	Panavia Tornado GR1
☐ ZA720	B-V Chinook HC2	☐ ZD283	Westland Lynx AH7	☐ ZD714	Panavia Tornado GR4
☐ ZA726	Westland Gazelle AH1	☐ ZD284	Westland Lynx AH7	☐ ZD715	Panavia Tornado GR4
☐ ZA728	Westland Gazelle AH1	☐ ZD285	Westland Lynx AH7	☐ ZD716	Panavia Tornado GR1
☐ ZA729	Westland Gazelle AH1	☐ ZD327	BAe Harrier GR7	☐ ZD719	Panavia Tornado GR4
☐ ZA731	Westland Gazelle AH1	☐ ZD328	BAe Harrier GR7	☐ ZD720	Panavia Tornado GR1
☐ ZA733	Westland Gazelle AH1	☐ ZD329	BAe Harrier GR7	☐ ZD739	Panavia Tornado GR1
☐ ZA735	Westland Gazelle AH1	☐ ZD330	BAe Harrier GR7	☐ ZD740	Panavia Tornado GR4
☐ ZA736	Westland Gazelle AH1	☐ ZD346	BAe Harrier GR7	☐ ZD741	Panavia Tornado GR1
☐ ZA766	Westland Gazelle AH1	☐ ZD347	BAe Harrier GR7	☐ ZD742	Panavia Tornado GR1
☐ ZA769	Westland Gazelle AH1	☐ ZD348	BAe Harrier GR7	☐ ZD743	Panavia Tornado GR4
☐ ZA771	Westland Gazelle AH1	☐ ZD351	BAe Harrier GR7	☐ ZD744	Panavia Tornado GR1
☐ ZA772	Westland Gazelle AH1	☐ ZD352	BAe Harrier GR7	☐ ZD745	Panavia Tornado GR4
☐ ZA773	Westland Gazelle AH1	☐ ZD354	BAe Harrier GR7	☐ ZD746	Panavia Tornado GR4
☐ ZA774	Westland Gazelle AH1	☐ ZD375	BAe Harrier GR9	☐ ZD747	Panavia Tornado GR1

☐ ZD748	Panavia Tornado GR4	☐ ZE381	Westland Lynx AH7	☐ ZE605	Grob G103 Viking T1
☐ ZD749	Panavia Tornado GR1	☐ ZE395	BAe 125 CC3	☐ ZE606	Grob G103 Viking T1
☐ ZD788	Panavia Tornado GR1A	☐ ZE396	BAe 125 CC3	☐ ZE607	Grob G103 Viking T1
☐ ZD790	Panavia Tornado GR4	☐ ZE410	Agusta A109A	☐ ZE608	Grob G103 Viking T1
☐ ZD792	Panavia Tornado GR4	☐ ZE411	Agusta A109A	☐ ZE609	Grob G103 Viking T1
☐ ZD793	Panavia Tornado GR1	☐ ZE412	Agusta A109A	☐ ZE610	Grob G103 Viking T1
☐ ZD810	Panavia Tornado GR4	☐ ZE413	Agusta A109A	☐ ZE611	Grob G103 Viking T1
☐ ZD811	Panavia Tornado GR1	☐ ZE418	Westland Sea King AEW2	☐ ZE613	Grob G103 Viking T1
☐ ZD812	Panavia Tornado GR1	☐ ZE420	Westland Sea King AEW2	☐ ZE614	Grob G103 Viking T1
☐ ZD842	Panavia Tornado GR4	☐ ZE422	Westland Sea King HAS6	☐ ZE625	Grob G103 Viking T1
☐ ZD843	Panavia Tornado GR1	☐ ZE425	Westland Sea King HC4	☐ ZE626	Grob G103 Viking T1
☐ ZD844	Panavia Tornado GR4	☐ ZE426	Westland Sea King HC4	☐ ZE627	Grob G103 Viking T1
☐ ZD847	Panavia Tornado GR4	☐ ZE427	Westland Sea King HC4	☐ ZE628	Grob G103 Viking T1
☐ ZD848	Panavia Tornado GR4	☐ ZE428	Westland Sea King HC4	☐ ZE630	Grob G103 Viking T1
☐ ZD849	Panavia Tornado GR1	☐ ZE432	BAC 111-479FU	☐ ZE631	Grob G103 Viking T1
☐ ZD850	Panavia Tornado GR4	☐ ZE433	BAC 111-479FU	☐ ZE632	Grob G103 Viking T1
☐ ZD851	Panavia Tornado GR4	☐ ZE438	BAe Jetstream T3	☐ ZE633	Grob G103 Viking T1
☐ ZD890	Panavia Tornado GR4	☐ ZE439	BAe Jetstream T3	☐ ZE635	Grob G103 Viking T1
☐ ZD892	Panavia Tornado GR4	☐ ZE440	BAe Jetstream T3	☐ ZE636	Grob G103 Viking T1
☐ ZD895	Panavia Tornado GR1A	☐ ZE441	BAe Jetstream T3	☐ ZE637	Grob G103 Viking T1
☐ ZD899	Panavia Tornado F2	☐ ZE449	Westland Puma HC1	☐ ZE650	Grob G103 Viking T1
☐ ZD902	Panavia Tornado F2	☐ ZE495	Grob G103 Viking T1	☐ ZE651	Grob G103 Viking T1
☐ ZD948	Lockheed Tristar KC1	☐ ZE496	Grob G103 Viking T1	☐ ZE652	Grob G103 Viking T1
☐ ZD949	Lockheed Tristar K1	☐ ZE498	Grob G103 Viking T1	☐ ZE653	Grob G103 Viking T1
☐ ZD950	Lockheed Tristar KC1	☐ ZE499	Grob G103 Viking T1	☐ ZE656	Grob G103 Viking T1
☐ ZD951	Lockheed Tristar K1	☐ ZE501	Grob G103 Viking T1	☐ ZE657	Grob G103 Viking T1
☐ ZD952	Lockheed Tristar KC1	☐ ZE502	Grob G103 Viking T1	☐ ZE658	Grob G103 Viking T1
☐ ZD953	Lockheed Tristar KC1	☐ ZE503	Grob G103 Viking T1	☐ ZE659	Grob G103 Viking T1
☐ ZD980	B-V Chinook HC2	☐ ZE504	Grob G103 Viking T1	☐ ZE677	Grob G103 Viking T1
☐ ZD981	B-V Chinook HC2	☐ ZE520	Grob G103 Viking T1	☐ ZE678	Grob G103 Viking T1
☐ ZD982	B-V Chinook HC2	☐ ZE521	Grob G103 Viking T1	☐ ZE679	Grob G103 Viking T1
☐ ZD983	B-V Chinook HC2	☐ ZE522	Grob G103 Viking T1	☐ ZE680	Grob G103 Viking T1
☐ ZD984	B-V Chinook HC2	☐ ZE524	Grob G103 Viking T1	☐ ZE681	Grob G103 Viking T1
☐ ZD993	BAe Harrier T8	☐ ZE526	Grob G103 Viking T1	☐ ZE682	Grob G103 Viking T1
☐ ZD996	Panavia Tornado GR4A	☐ ZE527	Grob G103 Viking T1	☐ ZE683	Grob G103 Viking T1
☐ ZE116	Panavia Tornado GR4A	☐ ZE528	Grob G103 Viking T1	☐ ZE684	Grob G103 Viking T1
☐ ZE157	Panavia Tornado F3	☐ ZE529	Grob G103 Viking T1	☐ ZE685	Grob G103 Viking T1
☐ ZE158	Panavia Tornado F3	☐ ZE530	Grob G103 Viking T1	☐ ZE686	Grob G103 Viking T1
☐ ZE161	Panavia Tornado F3	☐ ZE531	Grob G103 Viking T1	☐ ZE700	BAe 146 CC2
☐ ZE162	Panavia Tornado F3	☐ ZE532	Grob G103 Viking T1	☐ ZE701	BAe 146 CC2
☐ ZE163	Panavia Tornado F3	☐ ZE533	Grob G103 Viking T1	☐ ZE704	Lockheed Tristar C2
☐ ZE164	Panavia Tornado F3	☐ ZE534	Grob G103 Viking T1	☐ ZE705	Lockheed Tristar C2
☐ ZE165	Panavia Tornado F3	☐ ZE550	Grob G103 Viking T1	☐ ZE706	Lockheed Tristar C2A
☐ ZE168	Panavia Tornado F3	☐ ZE551	Grob G103 Viking T1	☐ ZE728	Panavia Tornado F3
☐ ZE200	Panavia Tornado F3	☐ ZE552	Grob G103 Viking T1	☐ ZE731	Panavia Tornado F3
☐ ZE201	Panavia Tornado F3	☐ ZE553	Grob G103 Viking T1	☐ ZE734	Panavia Tornado F3
☐ ZE203	Panavia Tornado F3	☐ ZE554	Grob G103 Viking T1	☐ ZE735	Panavia Tornado F3
☐ ZE204	Panavia Tornado F3	☐ ZE555	Grob G103 Viking T1	☐ ZE757	Panavia Tornado F3
☐ ZE206	Panavia Tornado F3	☐ ZE557	Grob G103 Viking T1	☐ ZE758	Panavia Tornado F3
☐ ZE208	Panavia Tornado F3	☐ ZE558	Grob G103 Viking T1	☐ ZE761	Panavia Tornado F3
☐ ZE250	Panavia Tornado F3	☐ ZE559	Grob G103 Viking T1	☐ ZE763	Panavia Tornado F3
☐ ZE253	Panavia Tornado F3	☐ ZE560	Grob G103 Viking T1	☐ ZE764	Panavia Tornado F3
☐ ZE255	Panavia Tornado F3	☐ ZE561	Grob G103 Viking T1	☐ ZE785	Panavia Tornado F3
☐ ZE256	Panavia Tornado F3	☐ ZE562	Grob G103 Viking T1	☐ ZE786	Panavia Tornado F3
☐ ZE288	Panavia Tornado F3	☐ ZE563	Grob G103 Viking T1	☐ ZE788	Panavia Tornado F3
☐ ZE289	Panavia Tornado F3	☐ ZE564	Grob G103 Viking T1	☐ ZE790	Panavia Tornado F3
☐ ZE292	Panavia Tornado F3	☐ ZE584	Grob G103 Viking T1	☐ ZE791	Panavia Tornado F3
☐ ZE294	Panavia Tornado F3	☐ ZE585	Grob G103 Viking T1	☐ ZE793	Panavia Tornado F3
☐ ZE338	Panavia Tornado F3	☐ ZE586	Grob G103 Viking T1	☐ ZE794	Panavia Tornado F3
☐ ZE340	Panavia Tornado F3	☐ ZE587	Grob G103 Viking T1	☐ ZE808	Panavia Tornado F3
☐ ZE341	Panavia Tornado F3	☐ ZE590	Grob G103 Viking T1	☐ ZE810	Panavia Tornado F3
☐ ZE342	Panavia Tornado F3	☐ ZE591	Grob G103 Viking T1	☐ ZE831	Panavia Tornado F3
☐ ZE343	Panavia Tornado F3	☐ ZE592	Grob G103 Viking T1	☐ ZE832	Panavia Tornado F3
☐ ZE368	Westland Sea King HAR3	☐ ZE593	Grob G103 Viking T1	☐ ZE834	Panavia Tornado F3
☐ ZE369	Westland Sea King HAR3	☐ ZE594	Grob G103 Viking T1	☐ ZE837	Panavia Tornado F3
☐ ZE370	Westland Sea King HAR3	☐ ZE595	Grob G103 Viking T1	☐ ZE838	Panavia Tornado F3
☐ ZE375	Westland Lynx AH9	☐ ZE600	Grob G103 Viking T1	☐ ZE887	Panavia Tornado F3
☐ ZE376	Westland Lynx AH9	☐ ZE601	Grob G103 Viking T1	☐ ZE888	Panavia Tornado F3
☐ ZE378	Westland Lynx AH7	☐ ZE602	Grob G103 Viking T1	☐ ZE907	Panavia Tornado F3
☐ ZE379	Westland Lynx AH7	☐ ZE603	Grob G103 Viking T1	☐ ZE908	Panavia Tornado F3
☐ ZE380	Westland Lynx AH8	☐ ZE604	Grob G103 Viking T1	☐ ZE936	Panavia Tornado F3

☐ ZE941	Panavia Tornado F3	☐ ZF318	Shorts Tucano T1	☐ ZG477	BAe Harrier GR7
☐ ZE961	Panavia Tornado F3	☐ ZF319	Shorts Tucano T1	☐ ZG478	BAe Harrier GR7
☐ ZE963	Panavia Tornado F3	☐ ZF320	Shorts Tucano T1	☐ ZG479	BAe Harrier GR7
☐ ZE965	Panavia Tornado F3	☐ ZF338	Shorts Tucano T1	☐ ZG480	BAe Harrier GR7
☐ ZE966	Panavia Tornado F3	☐ ZF339	Shorts Tucano T1	☐ ZG500	BAe Harrier GR7
☐ ZE967	Panavia Tornado F3	☐ ZF341	Shorts Tucano T1	☐ ZG501	BAe Harrier GR7
☐ ZE968	Panavia Tornado F3	☐ ZF342	Shorts Tucano T1	☐ ZG502	BAe Harrier GR9
☐ ZE969	Panavia Tornado F3	☐ ZF343	Shorts Tucano T1	☐ ZG503	BAe Harrier GR9
☐ ZE982	Panavia Tornado F3	☐ ZF344	Shorts Tucano T1	☐ ZG504	BAe Harrier GR9A
☐ ZE983	Panavia Tornado F3	☐ ZF345	Shorts Tucano T1	☐ ZG505	BAe Harrier GR7
☐ ZF116	Westland Sea King HC4	☐ ZF346	Shorts Tucano T1	☐ ZG506	BAe Harrier GR7
☐ ZF117	Westland Sea King HC4	☐ ZF347	Shorts Tucano T1	☐ ZG507	BAe Harrier GR9
☐ ZF118	Westland Sea King HC4	☐ ZF348	Shorts Tucano T1	☐ ZG508	BAe Harrier GR7
☐ ZF119	Westland Sea King HC4	☐ ZF349	Shorts Tucano T1	☐ ZG510	BAe Harrier GR7
☐ ZF120	Westland Sea King HC4	☐ ZF350	Shorts Tucano T1	☐ ZG511	BAe Harrier GR9
☐ ZF121	Westland Sea King HC4	☐ ZF372	Shorts Tucano T1	☐ ZG530	BAe Harrier GR9
☐ ZF122	Westland Sea King HC4	☐ ZF374	Shorts Tucano T1	☐ ZG531	BAe Harrier GR7
☐ ZF123	Westland Sea King HC4	☐ ZF375	Shorts Tucano T1	☐ ZG705	Panavia Tornado GR4A
☐ ZF124	Westland Sea King HC4	☐ ZF376	Shorts Tucano T1	☐ ZG706	Panavia Tornado GR1A
☐ ZF135	Shorts Tucano T1	☐ ZF377	Shorts Tucano T1	☐ ZG707	Panavia Tornado GR4A
☐ ZF137	Shorts Tucano T1	☐ ZF378	Shorts Tucano T1	☐ ZG709	Panavia Tornado GR4A
☐ ZF138	Shorts Tucano T1	☐ ZF379	Shorts Tucano T1	☐ ZG712	Panavia Tornado GR4A
☐ ZF139	Shorts Tucano T1	☐ ZF380	Shorts Tucano T1	☐ ZG713	Panavia Tornado GR4A
☐ ZF140	Shorts Tucano T1	☐ ZF405	Shorts Tucano T1	☐ ZG714	Panavia Tornado GR4A
☐ ZF142	Shorts Tucano T1	☐ ZF406	Shorts Tucano T1	☐ ZG726	Panavia Tornado GR4
☐ ZF143	Shorts Tucano T1	☐ ZF407	Shorts Tucano T1	☐ ZG727	Panavia Tornado GR1A
☐ ZF144	Shorts Tucano T1	☐ ZF408	Shorts Tucano T1	☐ ZG729	Panavia Tornado GR4A
☐ ZF145	Shorts Tucano T1	☐ ZF409	Shorts Tucano T1	☐ ZG731	Panavia Tornado F3
☐ ZF160	Shorts Tucano T1	☐ ZF410	Shorts Tucano T1	☐ ZG732	Panavia Tornado F3
☐ ZF161	Shorts Tucano T1	☐ ZF412	Shorts Tucano T1	☐ ZG734	Panavia Tornado F3
☐ ZF163	Shorts Tucano T1	☐ ZF413	Shorts Tucano T1	☐ ZG750	Panavia Tornado GR4
☐ ZF166	Shorts Tucano T1	☐ ZF414	Shorts Tucano T1	☐ ZG751	Panavia Tornado F3
☐ ZF169	Shorts Tucano T1	☐ ZF416	Shorts Tucano T1	☐ ZG752	Panavia Tornado GR1
☐ ZF170	Shorts Tucano T1	☐ ZF417	Shorts Tucano T1	☐ ZG753	Panavia Tornado F3
☐ ZF171	Shorts Tucano T1	☐ ZF418	Shorts Tucano T1	☐ ZG754	Panavia Tornado GR1
☐ ZF172	Shorts Tucano T1	☐ ZF446	Shorts Tucano T1	☐ ZG755	Panavia Tornado GR1
☐ ZF202	Shorts Tucano T1	☐ ZF447	Shorts Tucano T1	☐ ZG756	Panavia Tornado GR4
☐ ZF203	Shorts Tucano T1	☐ ZF448	Shorts Tucano T1	☐ ZG769	Panavia Tornado GR4
☐ ZF204	Shorts Tucano T1	☐ ZF449	Shorts Tucano T1	☐ ZG771	Panavia Tornado GR4
☐ ZF205	Shorts Tucano T1	☐ ZF483	Shorts Tucano T1	☐ ZG773	Panavia Tornado GR4
☐ ZF206	Shorts Tucano T1	☐ ZF484	Shorts Tucano T1	☐ ZG774	Panavia Tornado F3
☐ ZF207	Shorts Tucano T1	☐ ZF485	Shorts Tucano T1	☐ ZG775	Panavia Tornado GR4
☐ ZF208	Shorts Tucano T1	☐ ZF486	Shorts Tucano T1	☐ ZG777	Panavia Tornado GR4
☐ ZF209	Shorts Tucano T1	☐ ZF487	Shorts Tucano T1	☐ ZG779	Panavia Tornado GR4
☐ ZF210	Shorts Tucano T1	☐ ZF488	Shorts Tucano T1	☐ ZG791	Panavia Tornado GR1
☐ ZF211	Shorts Tucano T1	☐ ZF489	Shorts Tucano T1	☐ ZG792	Panavia Tornado GR4
☐ ZF212	Shorts Tucano T1	☐ ZF490	Shorts Tucano T1	☐ ZG794	Panavia Tornado GR4
☐ ZF238	Shorts Tucano T1	☐ ZF491	Shorts Tucano T1	☐ ZG797	Panavia Tornado F3
☐ ZF239	Shorts Tucano T1	☐ ZF492	Shorts Tucano T1	☐ ZG798	Panavia Tornado F3
☐ ZF240	Shorts Tucano T1	☐ ZF510	Shorts Tucano T1	☐ ZG816	Westland Sea King HAS6
☐ ZF241	Shorts Tucano T1	☐ ZF511	Shorts Tucano T1	☐ ZG817	Westland Sea King HAS6
☐ ZF242	Shorts Tucano T1	☐ ZF512	Shorts Tucano T1	☐ ZG818	Westland Sea King HAS6
☐ ZF243	Shorts Tucano T1	☐ ZF513	Shorts Tucano T1	☐ ZG819	Westland Sea King HAS6
☐ ZF244	Shorts Tucano T1	☐ ZF514	Shorts Tucano T1	☐ ZG820	Westland Sea King HC4
☐ ZF263	Shorts Tucano T1	☐ ZF515	Shorts Tucano T1	☐ ZG821	Westland Sea King HC4
☐ ZF264	Shorts Tucano T1	☐ ZF516	Shorts Tucano T1	☐ ZG822	Westland Sea King HC4
☐ ZF266	Shorts Tucano T1	☐ ZF537	Westland Lynx AH9	☐ ZG844	BN Islander AL1
☐ ZF268	Shorts Tucano T1	☐ ZF538	Westland Lynx AH9	☐ ZG845	BN Islander AL1
☐ ZF269	Shorts Tucano T1	☐ ZF539	Westland Lynx AH9	☐ ZG846	BN Islander AL1
☐ ZF286	Shorts Tucano T1	☐ ZF540	Westland Lynx AH9	☐ ZG847	BN Islander AL1
☐ ZF287	Shorts Tucano T1	☐ ZF557	Westland Lynx HMA8	☐ ZG848	BN Islander AL1
☐ ZF288	Shorts Tucano T1	☐ ZF558	Westland Lynx HMA8	☐ ZG857	BAe Harrier GR9
☐ ZF289	Shorts Tucano T1	☐ ZF560	Westland Lynx HMA8	☐ ZG858	BAe Harrier GR9
☐ ZF290	Shorts Tucano T1	☐ ZF562	Westland Lynx HMA8	☐ ZG859	BAe Harrier GR9
☐ ZF291	Shorts Tucano T1	☐ ZF563	Westland Lynx HMA8	☐ ZG860	BAe Harrier GR7
☐ ZF292	Shorts Tucano T1	☐ ZF573	PBN Islander CC2A	☐ ZG862	BAe Harrier GR9
☐ ZF293	Shorts Tucano T1	☐ ZF622	Piper PA-31-350 Chieftain	☐ ZG875	Westland Sea King HAS6
☐ ZF294	Shorts Tucano T1	☐ ZF641	EH Industries EH-101	☐ ZG884	Westland Lynx AH9
☐ ZF295	Shorts Tucano T1	☐ ZG471	BAe Harrier GR7	☐ ZG885	Westland Lynx AH9
☐ ZF315	Shorts Tucano T1	☐ ZG472	BAe Harrier GR7	☐ ZG886	Westland Lynx AH9
☐ ZF317	Shorts Tucano T1	☐ ZG474	BAe Harrier GR7	☐ ZG887	Westland Lynx AH9

Serial	Type	Serial	Type	Serial	Type
☐ ZG888	Westland Lynx AH9	☐ ZH264	Grob G109B Vigilant T1	☐ ZH847	EHI-101 Merlin HM1
☐ ZG889	Westland Lynx AH9	☐ ZH265	Grob G109B Vigilant T1	☐ ZH848	EHI-101 Merlin HM1
☐ ZG914	Westland Lynx AH9	☐ ZH266	Grob G109B Vigilant T1	☐ ZH849	EHI-101 Merlin HM1
☐ ZG915	Westland Lynx AH9	☐ ZH267	Grob G109B Vigilant T1	☐ ZH850	EHI-101 Merlin HM1
☐ ZG916	Westland Lynx AH9	☐ ZH268	Grob G109B Vigilant T1	☐ ZH851	EHI-101 Merlin HM1
☐ ZG917	Westland Lynx AH9	☐ ZH269	Grob G109B Vigilant T1	☐ ZH852	EHI-101 Merlin HM1
☐ ZG918	Westland Lynx AH9	☐ ZH270	Grob G109B Vigilant T1	☐ ZH853	EHI-101 Merlin HM1
☐ ZG919	Westland Lynx AH9	☐ ZH271	Grob G109B Vigilant T1	☐ ZH854	EHI-101 Merlin HM1
☐ ZG920	Westland Lynx AH9	☐ ZH272	Grob G109B Vigilant T1	☐ ZH855	EHI-101 Merlin HM1
☐ ZG921	Westland Lynx AH9	☐ ZH278	Grob G109B Vigilant T1	☐ ZH856	EHI-101 Merlin HM1
☐ ZG922	Westland Lynx AH9	☐ ZH279	Grob G109B Vigilant T1	☐ ZH857	EHI-101 Merlin HM1
☐ ZG923	Westland Lynx AH9	☐ ZH536	BN Islander CC2	☐ ZH858	EHI-101 Merlin HM1
☐ ZG969	Pilatus PC-9	☐ ZH540	Westland Sea King HAR3A	☐ ZH860	EHI-101 Merlin HM1
☐ ZG989	PBN Islander AL1	☐ ZH541	Westland Sea King HAR3A	☐ ZH861	EHI-101 Merlin HM1
☐ ZG993	PBN Islander AL1	☐ ZH542	Westland Sea King HAR3A	☐ ZH862	EHI-101 Merlin HM1
☐ ZG995	BN-2T-4S Defender	☐ ZH543	Westland Sea King HAR3A	☐ ZH863	EHI-101 Merlin HM1
☐ ZG996	BN-2T-4S Defender	☐ ZH544	Westland Sea King HAR3A	☐ ZH864	EHI-101 Merlin HM1
☐ ZG997	BN-2T-4S Defender	☐ ZH545	Westland Sea King HAR3A	☐ ZH865	Lockheed Hercules C4
☐ ZG998	BN-2T-4S Defender	☐ ZH552	Panavia Tornado F3	☐ ZH866	Lockheed Hercules C4
☐ ZH101	Boeing Sentry AEW1	☐ ZH553	Panavia Tornado F3	☐ ZH867	Lockheed Hercules C4
☐ ZH102	Boeing Sentry AEW1	☐ ZH555	Panavia Tornado F3	☐ ZH868	Lockheed Hercules C4
☐ ZH103	Boeing Sentry AEW1	☐ ZH556	Panavia Tornado F3	☐ ZH869	Lockheed Hercules C4
☐ ZH104	Boeing Sentry AEW1	☐ ZH557	Panavia Tornado F3	☐ ZH870	Lockheed Hercules C4
☐ ZH105	Boeing Sentry AEW1	☐ ZH559	Panavia Tornado F3	☐ ZH871	Lockheed Hercules C4
☐ ZH106	Boeing Sentry AEW1	☐ ZH588	Eurofighter Typhoon	☐ ZH872	Lockheed Hercules C4
☐ ZH107	Boeing Sentry AEW1	☐ ZH590	Eurofighter Typhoon	☐ ZH873	Lockheed Hercules C4
☐ ZH115	Grob G109B Vigilant T1	☐ ZH653	BAe Harrier T10	☐ ZH874	Lockheed Hercules C4
☐ ZH116	Grob G109B Vigilant T1	☐ ZH654	BAe Harrier T12	☐ ZH875	Lockheed Hercules C4
☐ ZH117	Grob G109B Vigilant T1	☐ ZH655	BAe Harrier T12	☐ ZH877	Lockheed Hercules C4
☐ ZH118	Grob G109B Vigilant T1	☐ ZH656	BAe Harrier T12	☐ ZH878	Lockheed Hercules C4
☐ ZH119	Grob G109B Vigilant T1	☐ ZH657	BAe Harrier T12	☐ ZH879	Lockheed Hercules C4
☐ ZH120	Grob G109B Vigilant T1	☐ ZH658	BAe Harrier T12	☐ ZH880	Lockheed Hercules C5
☐ ZH121	Grob G109B Vigilant T1	☐ ZH659	BAe Harrier T12	☐ ZH881	Lockheed Hercules C5
☐ ZH122	Grob G109B Vigilant T1	☐ ZH660	BAe Harrier T12	☐ ZH882	Lockheed Hercules C5
☐ ZH123	Grob G109B Vigilant T1	☐ ZH661	BAe Harrier T12	☐ ZH883	Lockheed Hercules C5
☐ ZH124	Grob G109B Vigilant T1	☐ ZH662	BAe Harrier T10	☐ ZH884	Lockheed Hercules C5
☐ ZH125	Grob G109B Vigilant T1	☐ ZH663	BAe Harrier T12	☐ ZH885	Lockheed Hercules C5
☐ ZH126	Grob G109B Vigilant T1	☐ ZH664	BAe Harrier T12	☐ ZH886	Lockheed Hercules C5
☐ ZH127	Grob G109B Vigilant T1	☐ ZH665	BAe Harrier T10	☐ ZH887	Lockheed Hercules C5
☐ ZH128	Grob G109B Vigilant T1	☐ ZH763	BAC 111-539GL	☐ ZH888	Lockheed Hercules C5
☐ ZH129	Grob G109B Vigilant T1	☐ ZH775	B-V Chinook HC2	☐ ZH889	Lockheed Hercules C5
☐ ZH144	Grob G109B Vigilant T1	☐ ZH776	B-V Chinook HC2	☐ ZH890	Grob G109B Vigilant T1
☐ ZH145	Grob G109B Vigilant T1	☐ ZH777	B-V Chinook HC2	☐ ZH891	B-V Chinook HC2A
☐ ZH146	Grob G109B Vigilant T1	☐ ZH814	Bell 212	☐ ZH892	B-V Chinook HC2A
☐ ZH147	Grob G109B Vigilant T1	☐ ZH815	Bell 212	☐ ZH893	B-V Chinook HC2A
☐ ZH148	Grob G109B Vigilant T1	☐ ZH816	Bell 212	☐ ZH894	B-V Chinook HC2A
☐ ZH184	Grob G109B Vigilant T1	☐ ZH821	EHI-101 Merlin HM1	☐ ZH895	B-V Chinook HC2A
☐ ZH185	Grob G109B Vigilant T1	☐ ZH822	EHI-101 Merlin HM1	☐ ZH896	B-V Chinook HC2A
☐ ZH186	Grob G109B Vigilant T1	☐ ZH823	EHI-101 Merlin HM1	☐ ZH897	B-V Chinook HC3
☐ ZH187	Grob G109B Vigilant T1	☐ ZH824	EHI-101 Merlin HM1	☐ ZH898	B-V Chinook HC3
☐ ZH188	Grob G109B Vigilant T1	☐ ZH825	EHI-101 Merlin HM1	☐ ZH899	B-V Chinook HC3
☐ ZH189	Grob G109B Vigilant T1	☐ ZH826	EHI-101 Merlin HM2	☐ ZH900	B-V Chinook HC3
☐ ZH190	Grob G109B Vigilant T1	☐ ZH827	EHI-101 Merlin HM1	☐ ZH901	B-V Chinook HC3
☐ ZH191	Grob G109B Vigilant T1	☐ ZH828	EHI-101 Merlin HM1	☐ ZH902	B-V Chinook HC3
☐ ZH192	Grob G109B Vigilant T1	☐ ZH829	EHI-101 Merlin HM1	☐ ZH903	B-V Chinook HC3
☐ ZH193	Grob G109B Vigilant T1	☐ ZH830	EHI-101 Merlin HM1	☐ ZH904	B-V Chinook HC3
☐ ZH194	Grob G109B Vigilant T1	☐ ZH831	EHI-101 Merlin HM1	☐ ZJ117	EHI-101 Merlin HC3
☐ ZH195	Grob G109B Vigilant T1	☐ ZH832	EHI-101 Merlin HM1	☐ ZJ118	EHI-101 Merlin HC3
☐ ZH196	Grob G109B Vigilant T1	☐ ZH833	EHI-101 Merlin HM1	☐ ZJ119	EHI-101 Merlin HC3
☐ ZH197	Grob G109B Vigilant T1	☐ ZH834	EHI-101 Merlin HM1	☐ ZJ120	EHI-101 Merlin HC3
☐ ZH205	Grob G109B Vigilant T1	☐ ZH835	EHI-101 Merlin HM1	☐ ZJ121	EHI-101 Merlin HC3
☐ ZH206	Grob G109B Vigilant T1	☐ ZH836	EHI-101 Merlin HM1	☐ ZJ122	EHI-101 Merlin HC3
☐ ZH207	Grob G109B Vigilant T1	☐ ZH837	EHI-101 Merlin HM1	☐ ZJ123	EHI-101 Merlin HC3
☐ ZH208	Grob G109B Vigilant T1	☐ ZH838	EHI-101 Merlin HM1	☐ ZJ124	EHI-101 Merlin HC3
☐ ZH209	Grob G109B Vigilant T1	☐ ZH839	EHI-101 Merlin HM1	☐ ZJ125	EHI-101 Merlin HC3
☐ ZH211	Grob G109B Vigilant T1	☐ ZH840	EHI-101 Merlin HM1	☐ ZJ126	EHI-101 Merlin HC3
☐ ZH247	Grob G109B Vigilant T1	☐ ZH841	EHI-101 Merlin HM1	☐ ZJ127	EHI-101 Merlin HC3
☐ ZH248	Grob G109B Vigilant T1	☐ ZH842	EHI-101 Merlin HM1	☐ ZJ128	EHI-101 Merlin HC3
☐ ZH249	Grob G109B Vigilant T1	☐ ZH843	EHI-101 Merlin HM1	☐ ZJ129	EHI-101 Merlin HC3
☐ ZH257	B-V Chinook CH47C	☐ ZH845	EHI-101 Merlin HM1	☐ ZJ130	EHI-101 Merlin HC3
☐ ZH263	Grob G109B Vigilant T1	☐ ZH846	EHI-101 Merlin HM1	☐ ZJ131	EHI-101 Merlin HC3

☐ ZJ132	EHI-101 Merlin HC3	☐ ZJ230	WAH-64 Apache AH1	☐ ZJ690	Bomarbardier Sentinel R1
☐ ZJ133	EHI-101 Merlin HC3	☐ ZJ231	WAH-64 Apache AH1	☐ ZJ691	Bomarbardier Sentinel R1
☐ ZJ134	EHI-101 Merlin HC3	☐ ZJ232	WAH-64 Apache AH1	☐ ZJ692	Bomarbardier Sentinel R1
☐ ZJ135	EHI-101 Merlin HC3	☐ ZJ233	WAH-64 Apache AH1	☐ ZJ693	Bomarbardier Sentinel R1
☐ ZJ136	EHI-101 Merlin HC3	☐ ZJ234	Bell 402 Griffin HT1	☐ ZJ694	Bomarbardier Sentinel R1
☐ ZJ137	EHI-101 Merlin HC3	☐ ZJ235	Bell 402 Griffin HT1	☐ ZJ703	Bell 402 Griffin HAR.2
☐ ZJ138	EHI-101 Merlin HC3	☐ ZJ236	Bell 402 Griffin HT1	☐ ZJ704	Bell 402 Griffin HAR.2
☐ ZJ164	Aérospatiale Dauphin 2	☐ ZJ237	Bell 402 Griffin HT1	☐ ZJ705	Bell 402 Griffin HAR.2
☐ ZJ165	Aérospatiale Dauphin 2	☐ ZJ238	Bell 402 Griffin HT1	☐ ZJ706	Bell 402 Griffin HAR.2
☐ ZJ166	WAH-64 Apache AH1	☐ ZJ239	Bell 402 Griffin HT1	☐ ZJ707	Bell 402 Griffin HT1
☐ ZJ167	WAH-64 Apache AH1	☐ ZJ240	Bell 402 Griffin HT1	☐ ZJ708	Bell 402 Griffin HT1
☐ ZJ168	WAH-64 Apache AH1	☐ ZJ241	Bell 402 Griffin HT1	☐ ZJ782	Aérospatiale Dauphin 2
☐ ZJ169	WAH-64 Apache AH1	☐ ZJ242	Bell 402 Griffin HT1	☐ ZJ783	Aérospatiale Dauphin 2
☐ ZJ170	WAH-64 Apache AH1	☐ ZJ243	Aérospatiale Squirrel HT2	☐ ZJ800	Eurofighter Typhoon T1
☐ ZJ171	WAH-64 Apache AH1	☐ ZJ244	Aérospatiale Squirrel HT2	☐ ZJ801	Eurofighter Typhoon T1
☐ ZJ172	WAH-64 Apache AH1	☐ ZJ245	Aérospatiale Squirrel HT2	☐ ZJ802	Eurofighter Typhoon T1
☐ ZJ173	WAH-64 Apache AH1	☐ ZJ246	Aérospatiale Squirrel HT2	☐ ZJ803	Eurofighter Typhoon T1
☐ ZJ174	WAH-64 Apache AH1	☐ ZJ248	Aérospatiale Squirrel HT2	☐ ZJ804	Eurofighter Typhoon T1
☐ ZJ175	WAH-64 Apache AH1	☐ ZJ249	Aérospatiale Squirrel HT2	☐ ZJ805	Eurofighter Typhoon T1
☐ ZJ176	WAH-64 Apache AH1	☐ ZJ250	Aérospatiale Squirrel HT2	☐ ZJ806	Eurofighter Typhoon T1
☐ ZJ178	WAH-64 Apache AH1	☐ ZJ251	Aérospatiale Squirrel HT2	☐ ZJ807	Eurofighter Typhoon T1
☐ ZJ179	WAH-64 Apache AH1	☐ ZJ252	Aérospatiale Squirrel HT2	☐ ZJ808	Eurofighter Typhoon T1
☐ ZJ180	WAH-64 Apache AH1	☐ ZJ253	Aérospatiale Squirrel HT2	☐ ZJ809	Eurofighter Typhoon T1
☐ ZJ181	WAH-64 Apache AH1	☐ ZJ254	Aérospatiale Squirrel HT2	☐ ZJ810	Eurofighter Typhoon T1
☐ ZJ182	WAH-64 Apache AH1	☐ ZJ255	Aérospatiale Squirrel HT1	☐ ZJ811	Eurofighter Typhoon T1A
☐ ZJ183	WAH-64 Apache AH1	☐ ZJ256	Aérospatiale Squirrel HT1	☐ ZJ812	Eurofighter Typhoon T1A
☐ ZJ184	WAH-64 Apache AH1	☐ ZJ257	Aérospatiale Squirrel HT1	☐ ZJ813	Eurofighter Typhoon T1A
☐ ZJ185	WAH-64 Apache AH1	☐ ZJ260	Aérospatiale Squirrel HT1	☐ ZJ814	Eurofighter Typhoon T1
☐ ZJ186	WAH-64 Apache AH1	☐ ZJ261	Aérospatiale Squirrel HT1	☐ ZJ815	Eurofighter Typhoon T3
☐ ZJ187	WAH-64 Apache AH1	☐ ZJ262	Aérospatiale Squirrel HT1	☐ ZJ910	Eurofighter Typhoon F2
☐ ZJ188	WAH-64 Apache AH1	☐ ZJ264	Aérospatiale Squirrel HT1	☐ ZJ911	Eurofighter Typhoon F2
☐ ZJ189	WAH-64 Apache AH1	☐ ZJ265	Aérospatiale Squirrel HT1	☐ ZJ912	Eurofighter Typhoon FGR4
☐ ZJ190	WAH-64 Apache AH1	☐ ZJ266	Aérospatiale Squirrel HT1	☐ ZJ913	Eurofighter Typhoon FGR4
☐ ZJ191	WAH-64 Apache AH1	☐ ZJ267	Aérospatiale Squirrel HT1	☐ ZJ914	Eurofighter Typhoon F2
☐ ZJ192	WAH-64 Apache AH1	☐ ZJ268	Aérospatiale Squirrel HT1	☐ ZJ915	Eurofighter Typhoon F2
☐ ZJ193	WAH-64 Apache AH1	☐ ZJ269	Aérospatiale Squirrel HT1	☐ ZJ916	Eurofighter Typhoon FGR4
☐ ZJ194	WAH-64 Apache AH1	☐ ZJ270	Aérospatiale Squirrel HT1	☐ ZJ917	Eurofighter Typhoon FGR4
☐ ZJ195	WAH-64 Apache AH1	☐ ZJ271	Aérospatiale Squirrel HT1	☐ ZJ918	Eurofighter Typhoon F2
☐ ZJ196	WAH-64 Apache AH1	☐ ZJ272	Aérospatiale Squirrel HT1	☐ ZJ919	Eurofighter Typhoon F2
☐ ZJ197	WAH-64 Apache AH1	☐ ZJ273	Aérospatiale Squirrel HT1	☐ ZJ920	Eurofighter Typhoon FGR4
☐ ZJ198	WAH-64 Apache AH1	☐ ZJ274	Aérospatiale Squirrel HT1	☐ ZJ921	Eurofighter Typhoon FGR4
☐ ZJ199	WAH-64 Apache AH1	☐ ZJ275	Aérospatiale Squirrel HT1	☐ ZJ922	Eurofighter Typhoon F2
☐ ZJ200	WAH-64 Apache AH1	☐ ZJ276	Aérospatiale Squirrel HT1	☐ ZJ923	Eurofighter Typhoon F2
☐ ZJ202	WAH-64 Apache AH1	☐ ZJ277	Aérospatiale Squirrel HT1	☐ ZJ924	Eurofighter Typhoon F2
☐ ZJ203	WAH-64 Apache AH1	☐ ZJ278	Aérospatiale Squirrel HT1	☐ ZJ925	Eurofighter Typhoon F2
☐ ZJ204	WAH-64 Apache AH1	☐ ZJ279	Aérospatiale Squirrel HT1	☐ ZJ926	Eurofighter Typhoon F2
☐ ZJ205	WAH-64 Apache AH1	☐ ZJ280	Aérospatiale Squirrel HT1	☐ ZJ927	Eurofighter Typhoon F2
☐ ZJ206	WAH-64 Apache AH1	☐ ZJ514	BAe Nimrod MRA4	☐ ZJ928	Eurofighter Typhoon F2
☐ ZJ207	WAH-64 Apache AH1	☐ ZJ515	BAe Nimrod MRA4	☐ ZJ929	Eurofighter Typhoon F2
☐ ZJ208	WAH-64 Apache AH1	☐ ZJ516	BAe Nimrod MRA4	☐ ZJ930	Eurofighter Typhoon FGR4
☐ ZJ209	WAH-64 Apache AH1	☐ ZJ517	BAe Nimrod MRA4	☐ ZJ931	Eurofighter Typhoon F2
☐ ZJ210	WAH-64 Apache AH1	☐ ZJ518	BAe Nimrod MRA4	☐ ZJ932	Eurofighter Typhoon F2
☐ ZJ211	WAH-64 Apache AH1	☐ ZJ519	BAe Nimrod MRA4	☐ ZJ933	Eurofighter Typhoon FGR4
☐ ZJ212	WAH-64 Apache AH1	☐ ZJ520	BAe Nimrod MRA4	☐ ZJ934	Eurofighter Typhoon F2
☐ ZJ213	WAH-64 Apache AH1	☐ ZJ521	BAe Nimrod MRA4	☐ ZJ935	Eurofighter Typhoon FGR4
☐ ZJ214	WAH-64 Apache AH1	☐ ZJ522	BAe Nimrod MRA4	☐ ZJ936	Eurofighter Typhoon F2
☐ ZJ215	WAH-64 Apache AH1	☐ ZJ523	BAe Nimrod MRA4	☐ ZJ937	Eurofighter Typhoon F2
☐ ZJ216	WAH-64 Apache AH1	☐ ZJ524	BAe Nimrod MRA4	☐ ZJ938	Eurofighter Typhoon FGR4
☐ ZJ217	WAH-64 Apache AH1	☐ ZJ525	BAe Nimrod MRA4	☐ ZJ939	Eurofighter Typhoon FGR4
☐ ZJ218	WAH-64 Apache AH1	☐ ZJ627	Cranfield Aerospace UAV	☐ ZJ940	Eurofighter Typhoon FGR4
☐ ZJ219	WAH-64 Apache AH1	☐ ZJ628	Cranfield Aerospace UAV	☐ ZJ941	Eurofighter Typhoon FGR4
☐ ZJ220	WAH-64 Apache AH1	☐ ZJ629	Cranfield Aerospace UAV	☐ ZJ942	Eurofighter Typhoon FGR4
☐ ZJ221	WAH-64 Apache AH1	☐ ZJ630	Cranfield Aerospace UAV	☐ ZJ943	Eurofighter Typhoon FGR4
☐ ZJ222	WAH-64 Apache AH1	☐ ZJ631	Cranfield Aerospace UAV	☐ ZJ944	Eurofighter Typhoon FGR4
☐ ZJ223	WAH-64 Apache AH1	☐ ZJ645	Dornier Alpha Jet A	☐ ZJ945	Eurofighter Typhoon FGR4
☐ ZJ224	WAH-64 Apache AH1	☐ ZJ646	Dornier Alpha Jet A	☐ ZJ946	Eurofighter Typhoon FGR4
☐ ZJ225	WAH-64 Apache AH1	☐ ZJ647	Dornier Alpha Jet A	☐ ZJ947	Eurofighter Typhoon FGR4
☐ ZJ226	WAH-64 Apache AH1	☐ ZJ648	Dornier Alpha Jet A	☐ ZJ948	Eurofighter Typhoon FGR4
☐ ZJ227	WAH-64 Apache AH1	☐ ZJ649	Dornier Alpha Jet A	☐ ZJ949	Eurofighter Typhoon FGR4
☐ ZJ228	WAH-64 Apache AH1	☐ ZJ650	Dornier Alpha Jet A	☐ ZJ950	Eurofighter Typhoon FGR4
☐ ZJ229	WAH-64 Apache AH1	☐ ZJ651	Dornier Alpha Jet A	☐ ZJ954	Westland Puma HC1

Serial	Type	Serial	Type	Serial	Type
ZJ955	Westland Puma HC1	ZK103	Scorpio Mk.6 UAV	ZM153	L M F-35 Lightning II
ZJ956	Westland Puma HC1	ZK104	Novadem Quadrocopter UAV	ZM154	L M F-35 Lightning II
ZJ957	Westland Puma HC1	ZK105	Boeing Scan Eagle UAV	ZM155	L M F-35 Lightning II
ZJ958	Westland Puma HC1	ZK113	Panavia Tornado IDS	ZM156	L M F-35 Lightning II
ZJ959	Westland Puma HC1	ZK114	M2370 UAV	ZM157	L M F-35 Lightning II
ZJ960	Grob G109B Vigilant T1	ZK119	Pilatus PC-9	ZM158	L M F-35 Lightning II
ZJ961	Grob G109B Vigilant T1	ZK120	L M Desert Hawk UAV	ZM159	L M F-35 Lightning II
ZJ962	Grob G109B Vigilant T1	ZK150	L M Desert Hawk UAV	ZM160	L M F-35 Lightning II
ZJ963	Grob G109B Vigilant T1	ZK198	Aérospatiale Squirrel HT1	ZM161	L M F-35 Lightning II
ZJ964	Bell 212 AH1	ZK199	Aérospatiale Squirrel HT1	ZM162	L M F-35 Lightning II
ZJ966	Bell 212 AH1	ZK200	Aérospatiale Squirrel HT1	ZM163	L M F-35 Lightning II
ZJ967	Grob G109B Vigilant T1	ZK201	Meggitt BTT-3 Banshee	ZM164	L M F-35 Lightning II
ZJ968	Grob G109B Vigilant T1	ZK202	Meggitt BTT-3 Banshee	ZM165	L M F-35 Lightning II
ZJ969	Bell 212 AH1	ZK203	Meggitt BTT-3 Banshee	ZM166	L M F-35 Lightning II
ZJ989	EADS Eagle UAV	ZK204	Meggitt BTT-3 Banshee	ZM167	L M F-35 Lightning II
ZJ990	EHI-101 Merlin HC3A	ZK300	Eurofighter Typhoon	ZM168	L M F-35 Lightning II
ZJ992	EHI-101 Merlin HC3A	ZK301	Eurofighter Typhoon	ZM169	L M F-35 Lightning II
ZJ994	EHI-101 Merlin HC3A	ZK302	Eurofighter Typhoon	ZM170	L M F-35 Lightning II
ZJ995	EHI-101 Merlin HC3A	ZK450	Beech 200 King Air	ZM171	L M F-35 Lightning II
ZJ998	EHI-101 Merlin HC3A	ZK451	Beech 200 King Air	ZM172	L M F-35 Lightning II
ZK001	EHI-101 Merlin HC3A	ZK452	Beech 200 King Air	ZM173	L M F-35 Lightning II
ZK002	PBN-2T-4S Defender	ZK453	Beech 200 King Air	ZM174	L M F-35 Lightning II
ZK003	PBN-2T-4S Defender	ZK454	Beech 200 King Air	ZM175	L M F-35 Lightning II
ZK004	PBN-2T-4S Defender	ZK455	Beech 200 King Air	ZM176	L M F-35 Lightning II
ZK005	Grob G109B Vigilant T1	ZK455	Beech 200 King Air	ZM177	L M F-35 Lightning II
ZK009	Mission Buster UAV	ZK457	Beech 200 King Air	ZM178	L M F-35 Lightning II
ZK010	BAE Systems Hawk T2	ZK458	Beech 200 King Air	ZM179	L M F-35 Lightning II
ZK011	BAE Systems Hawk T2	ZK459	Beech 200 King Air	ZM180	L M F-35 Lightning II
ZK012	BAE Systems Hawk T2	ZK501	Lydian Hermes 450 UAV	ZM181	L M F-35 Lightning II
ZK013	BAE Systems Hawk T2	ZK502	Lydian Hermes 450 UAV	ZM182	L M F-35 Lightning II
ZK014	BAE Systems Hawk T2	ZK503	Lydian Hermes 450 UAV	ZM183	L M F-35 Lightning II
ZK015	BAE Systems Hawk T2	ZK504	Lydian Hermes 450 UAV	ZM184	L M F-35 Lightning II
ZK016	BAE Systems Hawk T2	ZK505	Lydian Hermes 450 UAV	ZM185	L M F-35 Lightning II
ZK017	BAE Systems Hawk T2	ZK506	Lydian Hermes 450 UAV	ZM186	L M F-35 Lightning II
ZK018	BAE Systems Hawk T2	ZK507	Lydian Hermes 450 UAV	ZM187	L M F-35 Lightning II
ZK019	BAE Systems Hawk T2	ZK508	Lydian Hermes 450 UAV	ZM188	L M F-35 Lightning II
ZK020	BAE Systems Hawk T2	ZK509	Lydian Hermes 450 UAV	ZM189	L M F-35 Lightning II
ZK021	BAE Systems Hawk T2	ZK510	Lydian Hermes 450 UAV	ZM190	L M F-35 Lightning II
ZK022	BAE Systems Hawk T2	ZK511	Lydian Hermes 450 UAV	ZM191	L M F-35 Lightning II
ZK023	BAE Systems Hawk T2	ZK512	Lydian Hermes 450 UAV	ZM192	L M F-35 Lightning II
ZK024	BAE Systems Hawk T2	ZK513	Lydian Hermes 450 UAV	ZM193	L M F-35 Lightning II
ZK025	BAE Systems Hawk T2	ZK514	Lydian Hermes 450 UAV	ZM194	L M F-35 Lightning II
ZK026	BAE Systems Hawk T2	ZK515	Lydian Hermes 450 UAV	ZM195	L M F-35 Lightning II
ZK027	BAE Systems Hawk T2	ZK516	Lydian Hermes 450 UAV	ZM196	L M F-35 Lightning II
ZK028	BAE Systems Hawk T2	ZK517	Lydian Hermes 450 UAV	ZM197	L M F-35 Lightning II
ZK029	BAE Systems Hawk T2	ZK518	Lydian Hermes 450 UAV	ZM198	L M F-35 Lightning II
ZK030	BAE Systems Hawk T2	ZK519	Lydian Hermes 450 UAV	ZM199	L M F-35 Lightning II
ZK031	BAE Systems Hawk T2	ZK520	Lydian Hermes 450 UAV	ZM200	L M F-35 Lightning II
ZK032	BAE Systems Hawk T2	ZK531	BAE Systems Hawk 53	ZM400	Airbus A400 M
ZK033	BAE Systems Hawk T2	ZK532	BAE Systems Hawk 53	ZM401	Airbus A400 M
ZK034	BAE Systems Hawk T2	ZK533	BAE Systems Hawk 53	ZM402	Airbus A400 M
ZK035	BAE Systems Hawk T2	ZK534	BAE Systems Hawk 53	ZM403	Airbus A400 M
ZK036	BAE Systems Hawk T2	ZK535	BAE Systems Hawk 53	ZM404	Airbus A400 M
ZK037	BAE Systems Hawk T2	ZM135	L M F-35 Lightning II	ZM405	Airbus A400 M
ZK045	BAE Systems Hawk T2	ZM136	L M F-35 Lightning II	ZM406	Airbus A400 M
ZK046	BAE Systems Hawk T2	ZM137	L M F-35 Lightning II	ZM407	Airbus A400 M
ZK047	BAE Systems Hawk T2	ZM138	L M F-35 Lightning II	ZM408	Airbus A400 M
ZK048	BAE Systems Hawk T2	ZM139	L M F-35 Lightning II	ZM409	Airbus A400 M
ZK049	BAE Systems Hawk T2	ZM140	L M F-35 Lightning II	ZM410	Airbus A400 M
ZK050	BAE Systems Hawk T2	ZM141	L M F-35 Lightning II	ZM411	Airbus A400 M
ZK051	BAE Systems Hawk T2	ZM142	L M F-35 Lightning II	ZM412	Airbus A400 M
ZK052	BAE Systems Hawk T2	ZM143	L M F-35 Lightning II	ZM413	Airbus A400 M
ZK053	BAE Systems Hawk T2	ZM144	L M F-35 Lightning II	ZM414	Airbus A400 M
ZK054	BAE Systems Hawk T2	ZM145	L M F-35 Lightning II	ZM415	Airbus A400 M
ZK055	BAE Systems Hawk T2	ZM146	L M F-35 Lightning II	ZM416	Airbus A400 M
ZK056	BAE Systems Hawk T2	ZM147	L M F-35 Lightning II	ZM417	Airbus A400 M
ZK057	BAE Systems Hawk T2	ZM148	L M F-35 Lightning II	ZM418	Airbus A400 M
ZK058	BAE Systems Hawk T2	ZM149	L M F-35 Lightning II	ZM419	Airbus A400 M
ZK059	BAE Systems Hawk T2	ZM150	L M F-35 Lightning II	ZM420	Airbus A400 M
ZK067	Bell 212 AL1	ZM151	L M F-35 Lightning II	ZM421	Airbus A400 M
ZK102	L M Desert Hawk UAV	ZM152	L M F-35 Lightning II	ZM422	Airbus A400 M

☐ ZM423	Airbus A400 M	☐ ZZ420	Meggitt BTT-3 Banshee
☐ ZM424	Airbus A400 M	☐ ZZ421	Meggitt Voodoo
☐ ZR321	Agusta A109E	☐ ZZ422	Meggitt Voodoo
☐ ZR322	Agusta A109E	☐ ZZ423	Meggitt Voodoo
☐ ZR323	Agusta A109E	☐ ZZ424	Meggitt Voodoo
☐ ZR324	Agusta A109E	☐ ZZ425	Meggitt Voodoo
☐ ZR325	Agusta A109E	☐ ZZ426	Meggitt Voodoo
☐ ZR326	Agusta AW139	☐ ZZ427	Meggitt Voodoo
☐ ZR327	Agusta AW139	☐ ZZ428	Meggitt Voodoo
☐ ZZ171	C-17A Globemaster III	☐ ZZ450	Selex Galileo Mirach 100/5
☐ ZZ172	C-17A Globemaster III	☐ ZZ451	Selex Galileo Mirach 100/5
☐ ZZ173	C-17A Globemaster III	☐ ZZ452	Selex Galileo Mirach 100/5
☐ ZZ174	C-17A Globemaster III	☐ ZZ453	Selex Galileo Mirach 100/5
☐ ZZ175	C-17A Globemaster III	☐ ZZ454	Selex Galileo Mirach 100/5
☐ ZZ176	C-17A Globemaster III	☐ ZZ455	Selex Galileo Mirach 100/5
☐ ZZ177	C-17A Globemaster III	☐ ZZ456	Selex Galileo Mirach 100/5
☐ ZZ178	C-17A Globemaster III	☐ ZZ457	Selex Galileo Mirach 100/5
☐ ZZ179	C-17A Globemaster III	☐ ZZ458	Selex Galileo Mirach 100/5
☐ ZZ190	Hawker Hunter F58	☐ ZZ459	Selex Galileo Mirach 100/5
☐ ZZ191	Hawker Hunter F58	☐ ZZ460	Selex Galileo Mirach 100/5
☐ ZZ192	Grob G103 Viking T1	☐ ZZ461	Selex Galileo Mirach 100/5
☐ ZZ193	Grob G109B Vigilant T1	☐ ZZ462	Selex Galileo Mirach 100/5
☐ ZZ201	G A MQ-9 Reaper UAV	☐ ZZ463	Selex Galileo Mirach 100/5
☐ ZZ202	G A MQ-9 Reaper UAV	☐ ZZ464	Selex Galileo Mirach 100/5
☐ ZZ203	G A MQ-9 Reaper UAV	☐ ZZ465	Selex Galileo Mirach 100/5
☐ ZZ204	G A MQ-9 Reaper UAV	☐ ZZ466	Selex Galileo Mirach 100/5
☐ ZZ205	G A MQ-9 Reaper UAV	☐ ZZ467	Selex Galileo Mirach 100/5
☐ ZZ206	G A MQ-9 Reaper UAV	☐ ZZ468	Selex Galileo Mirach 100/5
☐ ZZ207	G A MQ-9 Reaper UAV	☐ ZZ469	Selex Galileo Mirach 100/5
☐ ZZ208	G A MQ-9 Reaper UAV	☐ ZZ470	Selex Galileo Mirach 100/5
☐ ZZ209	G A MQ-9 Reaper UAV	☐ ZZ471	Selex Galileo Mirach 100/5
☐ ZZ210	G A MQ-9 Reaper UAV	☐ ZZ472	Selex Galileo Mirach 100/5
☐ ZZ211	G A MQ-9 Reaper UAV	☐ ZZ473	Selex Galileo Mirach 100/5
☐ ZZ212	G A MQ-9 Reaper UAV	☐ ZZ474	Selex Galileo Mirach 100/5
☐ ZZ213	G A MQ-9 Reaper UAV	☐ ZZ475	Selex Galileo Mirach 100/5
☐ ZZ250	BAE Systems Taranis UAV	☐ ZZ476	Selex Galileo Mirach 100/5
☐ ZZ251	BAE Systems Herti UAV	☐ ZZ477	Selex Galileo Mirach 100/5
☐ ZZ330	Airbus A330	☐ ZZ478	Selex Galileo Mirach 100/5
☐ ZZ331	Airbus A330	☐ ZZ479	Selex Galileo Mirach 100/5
☐ ZZ332	Airbus A330	☐ ZZ480	Selex Galileo Mirach 100/5
☐ ZZ333	Airbus A330	☐ ZZ481	Selex Galileo Mirach 100/5
☐ ZZ334	Airbus A330	☐ ZZ482	Selex Galileo Mirach 100/5
☐ ZZ335	Airbus A330	☐ ZZ483	Selex Galileo Mirach 100/5
☐ ZZ336	Airbus A330	☐ ZZ484	Selex Galileo Mirach 100/5
☐ ZZ337	Airbus A330	☐ ZZ485	Selex Galileo Mirach 100/5
☐ ZZ338	Airbus A330	☐ ZZ486	Selex Galileo Mirach 100/5
☐ ZZ339	Airbus A330	☐ ZZ487	Selex Galileo Mirach 100/5
☐ ZZ340	Airbus A330	☐ ZZ488	Selex Galileo Mirach 100/5
☐ ZZ341	Airbus A330	☐ ZZ489	Selex Galileo Mirach 100/5
☐ ZZ342	Airbus A330	☐ ZZ490	Selex Galileo Mirach 100/5
☐ ZZ343	Airbus A330	☐ ZZ491	Selex Galileo Mirach 100/5
☐ ZZ400	BAE Systems Wildcat	☐ ZZ492	Selex Galileo Mirach 100/5
☐ ZZ401	BAE Systems Wildcat	☐ ZZ493	Selex Galileo Mirach 100/5
☐ ZZ402	BAE Systems Wildcat	☐ ZZ494	Selex Galileo Mirach 100/5
☐ ZZ403	BAE Systems Wildcat	☐ ZZ495	Selex Galileo Mirach 100/5
☐ ZZ404	BAE Systems Wildcat	☐ ZZ496	Selex Galileo Mirach 100/5
☐ ZZ405	BAE Systems Wildcat	☐ ZZ497	Selex Galileo Mirach 100/5
☐ ZZ406	BAE Systems Wildcat	☐ ZZ498	Selex Galileo Mirach 100/5
☐ ZZ407	BAE Systems Wildcat	☐ ZZ499	Selex Galileo Mirach 100/5
☐ ZZ408	BAE Systems Wildcat		
☐ ZZ409	BAE Systems Wildcat		
☐ ZZ410	BAE Systems Wildcat		
☐ ZZ411	BAE Systems Wildcat		
☐ ZZ412	BAE Systems Wildcat		
☐ ZZ413	BAE Systems Wildcat		
☐ ZZ414	BAE Systems Wildcat		
☐ ZZ415	BAE Systems Wildcat		
☐ ZZ416	Beech King Air 350C ER		
☐ ZZ417	Beech King Air 350C ER		
☐ ZZ418	Beech King Air 350C ER		
☐ ZZ419	Beech King Air 350C ER		

Military/Civil cross reference

Civil-registered aircraft may be granted exemptions to fly in appropriate military or period marks. Known current usage is as follows:

UK markings

Military		Civil
1		G-BPVE
4		BAPC.11
12A		BAPC.2
14		BAPC.6
168		G-BFDE
304		BAPC.62
687		BAPC.181
1881		BAPC.122
2345		G-ATVP
2882		BAPC.234
3066		G-AETA
5964		BAPC.112
5964		G-BFVH
6232		BAPC.41
9917		G-EBKY
A485		BAPC.176
A1742		BAPC.38
A7317		BAPC.179
A8226		G-BIDW
B-415		BAPC.163
B595	W	G-BUOD
B1807	A7	G-EAVX
B2458	R	G-BPOB
B4863		BAPC.113
B5577	W	BAPC.59
B6401		G-AWYY
B7270		G-BFCZ
C1904	Z	G-PFAP
C3009	B	G-BFWD
C3011	S	G-SWOT
C4451		BAPC.210
C4912		BAPC.135
C4918		G-BWJM
C4988		G-BPLT
C4994		G-BLWM
C5430	V	G-CCXG
C9533	M	G-BUWE
D276	A	BAPC.208
D7889		G-AANM
D8096	D	G-AEPH
E449		G-EBJE
E2466		BAPC.165
E2939		G-ATXL
E8894		G-CDLI
F-141	G	G-SEVA
F235	B	G-BMDB
F904		G-EBIA
F938		G-EBIC
F-943		G-BIHF
F943		G-BKDT
F5447	N	G-BKER
F5459	Y	G-INNY
F5459	Y	BAPC.142
F5475	A	BAPC.250
F8010	Z	G-BDWJ
F8614		G-AWAU
H1968		BAPC.42
H3426		BAPC.68
H5199		G-ADEV
J7326		G-EBQP
J9941		G-ABMR
K-123		G-EACN
K-155		G-EAFN
K1786		G-AFTA
K1930		G-BKBB
K2046		G-AYJY
K2048		G-BZNW
K2050		G-ASCM
K2059		G-PFAR
K2075		G-BEER
K2227		G-ABBB
K-2567		G-MOTH
K2572		G-AOZH
K-2585		G-ANKT
K2587		G-BJAP
K3241		G-AHSA
K3661	562	G-BURZ
K3731		G-RODI
K4232		SE-AZB
K4235		G-AHMJ
K-4259	71	G-ANMO
K5054		G-BRDV
K5054		BAPC.214
K5414	XV	G-AENP
K5673		BAPC.249
K5673		G-BZAS
K7271		BAPC.148
K7271		G-CCKV
K8203		G-BTVE
K8303	D	G-BWWN
K9926	JH-C	BAPC.217
L1070	XT-A	BAPC.227
L1679	JX-G	BAPC.241
L1710	AL-D	BAPC.219
L2301		G-AIZG
L6906		G-AKKY
L7005	PS-B	BAPC.281
L8353		G-AMMC
N248		BAPC.164
N500		G-BWRA
N1854		G-AIBE
N1977	8	G-BWMJ
N2532	GZ-H	BAPC.272
N3194	GR-Z	BAPC.220
N3289	DW-K	BAPC.65
N3313	KL-B	BAPC.69
N3317	AI-A	BAPC.268
N3788		G-AKPF
N4877	MK-V	G-AMDA
N5182		G-APUP
N5195		G-ABOX
N5199		G-BZND
N5492	B	BAPC.111
N6290		G-BOCK
N6452		G-BIAU
N-6466		G-ANKZ
N-6473		G-AOBO
N6720	VX	G-BYTN
N-6797		G-ANEH
N6847		G-APAL
N6965	FL-J	G-AJTW
N-9192	RCO-N	G-DHZF
N9389		G-ANJA
P641		BAPC.123
P2790		G-ORGI
P2793	SD-M	BAPC.236
P2902	DX-X	G-ROBT
P2921	GZ-L	BAPC.273
P2970	US-X	BAPC.291
P3059	SD-N	BAPC.64
P3208	SD-T	BAPC.63
P3679	GZ-K	BAPC.278
P3873	YO-H	BAPC.265
P6382	C	G-AJRS
P6775	YT-J	BAPC.299
P7350	XT-D	G-AWIJ
P8140	ZP-K	BAPC.71
P8448	UM-D	BAPC.225
R1914		G-AHUJ
R3821	UX-N	G-BPIV
R4115	LE-X	BAPC.267
R4118	UP-W	G-HUPW
R4959	59	G-ARAZ
R5136		G-APAP
R5172	FIJE	G-AOIS
R6690	PR-A	BAPC.254
S1287	5	G-BEYB
S1595		BAPC.156
S1579	571	G-BBVO
S1581	573	G-BWWK
T5672		G-ALRI
T-5854		G-ANKK
T-5879	RUC-W	G-AXBW
T6313		G-AHVU
T-6953		G-ANNI
T-7230		G-AFVE
T7245		G-ANEJ
T7281		G-ARTL
T7328		G-APPN
T7793		G-ANKV
T-7842		G-AMTF
T7909		G-ANON
T9707		G-AKKR
T9738		G-AKAT
T-7997		G-AHUF
V3388		G-AHTW
V6799	SD-X	BAPC.72
V7467	LE-D	BAPC.223
V7467	LE-D	BAPC.288
V9367	MA-B	G-AZWT
V9673	MA-J	G-LIZY
W2068	68	VH-ASM
W2718	AA5Y	G-RNLI
W5856	A2A	G-BMGC
W9385	YG-L	G-ADND
X4683		G-CDPM
Z2033	N/275	G-ASTL
Z5140	HA-C	G-HURI
Z5252	GO-B	G-BWHA
Z7015	7-L	G-BKTH
Z7197		G-AKZN
AB196		G-CCGH
AB550	GE-P	BAPC.230
AB910	IR-G	G-AISU
AP507	KX-P	G-ACWP
AR213	PR-D	G-AIST
AR501	NN-A	G-AWII
AR614	DU-Z	G-BUWA
BB807		G-ADWO
BD707		G-HURR
BE421	XP-G	BAPC.205
BL924	AZ-G	BAPC.242
BM597	U-2	G-MKVB
BM631	XR-C	BAPC.269
BN230	FT-A	BAPC.218
BR600	SH-V	BAPC.222
BR600		BAPC.224
DE-208		G-AGYU
DE470	16	G-ANMY
DE623		G-ANFI
DE673		G-ADNZ
DE730		G-ANFW
DE992		G-AXXV

☐ DF112		G-ANRM	☐ PL344	TL-B	G-IXCC	☐ WB697	95	G-BXCT
☐ DF128	RCO-U	G-AOJJ	☐ PL965	R	G-MKXI	☐ WB702		G-AOFE
☐ DF155		G-ANFV	☐ PL983	JV-F	G-PRXI	☐ WB711		G-APPM
☐ DR828	PB-1	N18V	☐ PS853	C	G-RRGN	☐ WB726	E	G-AOSK
☐ EM720		G-AXAN	☐ PT462	SW-A	G-CTIX	☐ WD286		G-BBND
☐ EN343		BAPC.226	☐ PV303	ON-B	G-CCJL	☐ WD292		G-BCRX
☐ EN398		BAPC.184	☐ PZ865	JX-E	G-AMAU	☐ WD310	B	G-BWUN
☐ EN526	SZ-G	BAPC.221	☐ RB412	DW-B	G-CEFC	☐ WD331		G-BXDH
☐ EP120	AE-A	G-LFVB	☐ RG333		G-AIEK	☐ WD347		G-BBRV
☐ FB226	MT-A	G-BDWM	☐ RM221		G-ANXR	☐ WD363		G-BCIH
☐ FE695	94	G-BTXI	☐ RN201		G-BSKP	☐ WD373	12	G-BXDI
☐ FE788		G-CTKL	☐ RR232		G-BRSF	☐ WD379	K	G-APLO
☐ FE905		LN-BNM	☐ RT486	PF-A	G-AJGJ	☐ WD390		G-BWNK
☐ FR886		G-BDMS	☐ RT610		G-AKWS	☐ WD413		G-VROC
☐ FS628		G-AIZE	☐ RW386	NG-D	G-BXVI	☐ WE569		G-ASAJ
☐ FT375		G-BWUL	☐ SM845	GZ-J	G-BUOS	☐ WE591	Y	G-ASAK
☐ FT391		G-AZBN	☐ SM969	D-A	G-BRAF	☐ WF118		G-DACA
☐ FX301	FD-NQ	G-JUDI	☐ SX336	VL-105	G-KASX	☐ WG308	8	G-BYHL
☐ FZ625		G-AMPO	☐ TA634	8K-K	G-AWJV	☐ WG316		G-BCAH
☐ HB275		G-BKGM	☐ TA719	6 T	G-ASKC	☐ WG321	G	G-DHCC
☐ HG691		G-AIYR	☐ TA805	FX-M	G-PMNF	☐ WG348		G-BBMV
☐ HH268		BAPC.261	☐ TB252	GW-H	G-XVIE	☐ WG350		G-BPAL
☐ HM580	KX-K	G-ACUU	☐ TD248	CR-S	G-OXVI	☐ WG407	67	G-BWMX
☐ HS503		BAPC.108	☐ TJ398		BAPC.70	☐ WG422	16	G-BFAX
☐ JF343*	JW-P	G-CCZP	☐ TJ534		G-AKSY	☐ WG458	G	N458BG
☐ JG891	T-B	G-LFVC	☐ TJ565		G-AMVD	☐ WG465		G-BCEY
☐ JV828		N423RS	☐ TJ569		G-AKOW	☐ WG469	72	G-BWJY
☐ KB889	NA-I	G-LANC	☐ TJ672	DT-S	G-ANIJ	☐ WG472		G-AOTY
☐ KD345	130	G-FGID	☐ TJ704	JA	G-ASCD	☐ WG719		G-BRMA
☐ KF584	RAI-X	G-RAIX	☐ TS423		N147DC	☐ WJ358		G-ARYD
☐ KJ351		BAPC.80	☐ TS798		G-AGNV	☐ WJ945	21	G-BEDV
☐ KK116		G-AMPY	☐ TW439		G-ANRP	☐ WK126	843	N2138J
☐ KL161	VO-B	N25644	☐ TW467		G-ANIE	☐ WK163		G-BVWC
☐ KZ321	JV-N	G-HURY	☐ TW511		G-APAF	☐ WK436		G-VENM
☐ LB264		G-AIXA	☐ TW536	T-SV	G-BNGE	☐ WK512	A	G-BXIM
☐ LB312		G-AHXE	☐ TW591		G-ARIH	☐ WK514		G-BBMO
☐ LB367		G-AHGZ	☐ TW641		G-ATDN	☐ WK517		G-ULAS
☐ LB375		G-AHGW	☐ VF512	PF-M	G-ARRX	☐ WK522		G-BCOU
☐ LB381		G-AHKO	☐ VF516		G-ASMZ	☐ WK549		G-BTWF
☐ LF789	R2-K	BAPC.186	☐ VF526	T	G-ARXU	☐ WK577		G-BCYM
☐ LF858		G-BLUZ	☐ VF581		G-ARSL	☐ WK585		G-BZGA
☐ LH291		BAPC 279	☐ VL348		G-AVVO	☐ WK586	V	G-BXGX
☐ LS326	L 2	G-AJVH	☐ VL349	V7-Q	G-AWSA	☐ WK590	69	G-BWVZ
☐ LZ766		G-ALCK	☐ VM360		G-APHV	☐ WK609	93	G-BXDN
☐ MAV467	R-O	BAPC.202	☐ VN799		G-CDSX	☐ WK611		G-ARWB
☐ MH415	FU-N	BAPC.209	☐ VP519		G-AVVR	☐ WK622		G-BCZH
☐ MH434	ZD-B	G-ASJV	☐ VP955		G-DVON	☐ WK624	M	G-BWHI
☐ MH486	FF-A	BAPC.206	☐ VP981		G-DHDV	☐ WK628		G-BBMW
☐ MJ627	9G-P	G-BMSB	☐ VR192		G-APIT	☐ WK630		G-BXDG
☐ MJ832	DN-Y	BAPC.229	☐ VR249	FA-EL	G-APIY	☐ WK633	B	G-BXEC
☐ MK732	3W-17	G-HVDM	☐ VR259	M	G-APJB	☐ WK640	C	G-BWUV
☐ MK912	SH-L	G-BRRA	☐ VS623		G-AOKZ	☐ WK642		G-BXDP
☐ ML407	OU-V	G-LFIX	☐ VT871		G-DHXX	☐ WL626	P	G-BHDD
☐ MP425		G-AITB	☐ VV612		G-VENI	☐ WM167		G-LOSM
☐ MT438		G-AREI	☐ VX147		G-AVIL	☐ WP308	572	G-GACA
☐ MT928	ZX-M	G-BKMI	☐ VX927		G-ASYG	☐ WP788		G-BCHL
☐ MV268	JE-J	G-SPIT	☐ VZ345		D-CATA	☐ WP790	T	G-BBNC
☐ MV370		G-FXIV	☐ VZ638		G-JETM	☐ WP795	901	G-BVZZ
☐ MW763	HF-A	G-TEMT	☐ VZ728		G-AGOS	☐ WP800	2	G-BCXN
☐ NJ203		G-AKNP	☐ WB188		G-HUNT	☐ WP805		G-MAJR
☐ NJ633		G-AKXP	☐ WB188		G-BZPB	☐ WP808		G-BDEU
☐ NJ673		G-AOCR	☐ WB188		G-BZPC	☐ WP809	78	G-BVTX
☐ NJ695		G-AJXV	☐ WB533		G-DEVN	☐ WP833		G-BZDU
☐ NJ719		G-ANFU	☐ WB565	X	G-PVET	☐ WP840	9	G-BXDM
☐ NL750		G-AOBH	☐ WB569	R	G-BYSJ	☐ WP844		G-BWOX
☐ NL913		G-AOFR	☐ WB571	34	G-AOSF	☐ WP857	24	G-BDRJ
☐ NL985		G-BWIK	☐ WB585	M	G-AOSY	☐ WP859	E	G-BXCP
☐ NM181		G-AZGZ	☐ WB588	D	G-AOTD	☐ WP860	6	G-BXDA
☐ NP336		G-AGTB	☐ WB615	E	G-BXIA	☐ WP870	12	G-BCOI
☐ NS519		G-MOSI	☐ WB654	U	G-BXGO	☐ WP896		G-BWVY
☐ NX611	LE-C:DX-C	G-ASXX	☐ WB671	910	G-BWTG	☐ WP901		G-BWNT

☐ WP903		G-BCGC	☐ XL571	V	G-HNTR	☐ XW333		G-BVTC
☐ WP925	C	G-BXHA	☐ XL573		G-BVGH	☐ XW354		G-JPTV
☐ WP928	D	G-BXGM	☐ XL577	V	G-BXKF	☐ XW422		G-BWEB
☐ WP929		G-BXCV	☐ XL587	Z	G-HPUX	☐ XW423	14	G-BWUW
☐ WP930	J	G-BXHF	☐ XL602		G-BWFT	☐ XW433		G-JPRO
☐ WP971		G-ATHD	☐ XL621		G-BNCX	☐ XW635		G-AWSW
☐ WP983	B	G-BXNN	☐ XL714		G-AOGR	☐ XW784	VL	G-BBRN
☐ WP984	H	G-BWTO	☐ XL-716		G-AOIL	☐ XW799		G-BXSL
☐ WR360		G-DHSS	☐ XL809		G-BLIX	☐ XW854		G-CBSD
☐ WR410		G-DHUU	☐ XL812		G-SARO	☐ XW858	C	G-DMSS
☐ WR421		G-DHTT	☐ XL954		G-BXES	☐ XW861	CU-52	G-BZFJ
☐ WR470		G-DHVM	☐ XM223		G-BWWC	☐ XW898	G	G-CBXT
☐ WS774	4	G-ANSO	☐ XM365		G-BXBH	☐ XX110		BAPC.169
☐ WT333		G-BVXC	☐ XM424		G-BWDS	☐ XX226	74	BAPC.152
☐ WT722	878:VL	G-BWGN	☐ XM478		G-BXDL	☐ XX253		BAPC.171
☐ WT723	866:VL	G-PRII	☐ XM479	j141	G-BVEZ	☐ XX406	P	G-CBSH
☐ WV198	K	G-BJWY	☐ XM496		G-BDUP	☐ XX436	CU-39	G-ZZLE
☐ WV318	D	G-FFOX	☐ XM556		G-HELI	☐ XX467	86	G-TVII
☐ WV322	Y	G-BZSE	☐ XM575		G-BLMC	☐ XX513	10	G-CCMI
☐ WV372	R	G-BXFI	☐ XM655		G-VULC	☐ XX514		G-BWIB
☐ WV499	G	G-BZRF	☐ XM685	PO:513	G-AYZJ	☐ XX515	4	G-CBBC
☐ WV493	29:A-P	G-BDYG	☐ XM819		G-APXW	☐ XX518	S	G-UDOG
☐ WV740		G-BNPH	☐ XN332	759	G-APNV	☐ XX521	H	G-CBEH
☐ WV783		(G-ALSP)	☐ XN441		G-BGKT	☐ XX522	6	G-DAWG
☐ WW421	P	G-BZRE	☐ XN459		G-BWOT	☐ XX524	4	G-DDOG
☐ WW499	P-G	G-BZRF	☐ XN629	49	G-KNOT	☐ XX525	8	G-CBJJ
☐ WZ507	74	G-VTII	☐ XP254		G-ASCC	☐ XX528	D	G-BZON
☐ WZ584	K	G-BZRC	☐ XP279		G-BWKK	☐ XX534	B	G-EDAV
☐ WZ589		G-DHZZ	☐ XP355	A	G-BEBC	☐ XX537	C	G-CBCB
☐ WZ662		G-BKVK	☐ XP524	134	G-CVIX	☐ XX538	O	G-TDOG
☐ WZ706		G-BURR	☐ XP672	3	G-RAFI	☐ XX543	F	G-CBAB
☐ WZ847	F	G-CPMK	☐ XP693		G-FSIX	☐ XX546	3	G-WINI
☐ WZ868	H	G-ARMF	☐ XP772		G-DHCZ	☐ XX549	6	G-CBID
☐ WZ872	E	G-BZGB	☐ XP907		G-SROE	☐ XX550	Z	G-CBBL
☐ WZ879	X	G-BWUT	☐ XR240		G-BDFH	☐ XX551	E	G-BZDP
☐ WZ882	K	G-BXGP	☐ XR241		G-AXRR	☐ XX554	9	G-BZMD
☐ XA880		G-BVXR	☐ XR246		G-AZBU	☐ XX561	7	G-BZEP
☐ XB259		G-AOAI	☐ XR486		G-RWWW	☐ XX611	7	G-CBDK
☐ XD693	Z-Q	G-AOBU	☐ XR537		G-NATY	☐ XX612	A03	G-BZXC
☐ XE489		G-JETH	☐ XR538	1	G-RORI	☐ XX614	V	G-GGRR
☐ XE601		G-ETPS	☐ XR592		G-AMWI	☐ XX619	T	G-CBBW
☐ XE665	876:VL	G-BWGM	☐ XR595	M	G-BWHU	☐ XX621	H	G-CBEF
☐ XE685	871:VL	G-GAII	☐ XR673		G-BXLO	☐ XX622	B	G-CBGX
☐ XE689	864:VL	G-BWGK	☐ XR724		G-BTSY	☐ XX624	E	G-KDOG
☐ XE897		G-DHVV	☐ XR773		G-OPIB	☐ XX625	1	G-CBBR
☐ XE920	A	G-VMPR	☐ XR944		G-ATTB	☐ XX626	W:02	G-CDVV
☐ XE956		G-OBLN	☐ XR991		G-MOUR	☐ XX628	9	G-CBFU
☐ XF597	AH	G-BKFW	☐ XR993		G-BVPP	☐ XX629	V	G-BZXZ
☐ XF603		G-KAPW	☐ XS111		G-TIMM	☐ XX630	5	G-SIJW
☐ XF690		G-MOOS	☐ XS165	37	G-ASAZ	☐ XX631	W	G-BZXS
☐ XF785		G-ALBN	☐ XS235		G-CPDA	☐ XX636	Y	G-CBFP
☐ XF836		G-AWRY	☐ XS451		G-LTNG	☐ XX638		G-DOGG
☐ XF868		G-BGSB	☐ XS587		G-VIXN	☐ XX658	3	G-BZPS
☐ XF877	JX	G-AWVF	☐ XS765		G-BSET	☐ XX667	16	G-BZFN
☐ XF995		G-BZSF	☐ XS770		G-HRHI	☐ XX668	I	G-CBAN
☐ XG160	U	G-BWAF	☐ XT223		G-XTUN	☐ XX692	A	G-BZMH
☐ XG452		G-BRMB	☐ XT420	606	G-CBUI	☐ XX693	7	G-BZML
☐ XG547	T-S	G-HAPR	☐ XT435	430	G-RIMM	☐ XX694	E	G-CBBS
☐ XG588		G-BAMH	☐ XT634		G-BYRX	☐ XX695	3	G-CBBT
☐ XG775		G-DHWW	☐ XT787		G-KAXT	☐ XX698	9	G-BZME
☐ XH313	E	G-BZRD	☐ XT788 (wears 'XT78?')		G-BMIR	☐ XX699	F	G-BCCV
☐ XH558		G-VLCN	☐ XT793	456	G-BZPP	☐ XX700	17	G-CBEK
☐ XJ348		G-AMXX	☐ XV130	R	G-BWJW	☐ XX702		G-CBCR
☐ XJ389		G-AJJP	☐ XV134	P	G-BWLX	☐ XX704		G-BCUV
☐ XJ398		G-BDBZ	☐ XV137		G-CRUM	☐ XX707	4	G-CBDS
☐ XJ729		G-BVGE	☐ XV140	K	G-KAXL	☐ XX711	X	G-CBBU
☐ XJ771		G-HELV	☐ XV268		G-BVER	☐ XX713	2	G-CBJK
☐ XK895	CU-19	G-SDEV	☐ XW289	73	G-JPVA	☐ XX725	GU	BAPC.150
☐ XK940		G-AYXT	☐ XW293	Z	G-BWCS	☐ XX885		G-HHAA
☐ XL426		G-VJET	☐ XW324	K	G-BWSG	☐ XZ299	A	G-CDXE
☐ XL502		G-BMYP	☐ XW325	E	G-BWGF	☐ XZ329		G-BZYD

☐ XZ363	A	BAPC.151
☐ XZ934	U	G-CBSI
☐ ZA556		BAPC.155
☐ ZA634	C	G-BUHA
☐ ZA652		G-BUDC
☐ ZB500		G-LYNX
☐ ZB627	A	G-CBSK
☐ ZB629		G-CBZL
☐ ZB647	40	G-CBSD
☐ ZF592		G-AWON
☐ ZH139	1	BAPC.191
☐ ZJ116		G-OIOI
☐ 8449M		G-ASWJ
☐ F		G-RUMW
☐ 12		G-ARSG

'B' Conditions markings

☐ G-17-3		G-AVNE
☐ G-29-1		G-APRJ
☐ U-0247		G-AGOY
☐ W-2		BAPC.85
☐ X-25		BAPC.274

Fictious markings

| ☐ SR-XP020 | | G-BZUG |

Other national markings

Australia

☐ A2-4		VH-ALB
☐ A16-199	SF-R	G-BEOX
☐ A17-48		G-BPHR
☐ A21-14		G-AFOR
☐ A77-851		G-METE
☐ A81-17		G-AIMI
☐ A84-234		G-BURM
☐ N6-766		G-SPDR

Belgium

☐ 66		BAPC.19
☐ B-05		G-BDPP
☐ B-06		G-BDPU
☐ HD-75		G-AFDX
☐ T-24	UR-1	G-AMJD

Bolivia

| ☐ FAB-184 | | G-SIAI |

Botswana

| ☐ OJ-1 | | G-BXFU |
| ☐ OJ-8 | | G-BXFV |

Burkino Faso

| ☐ BF8431 | 31 | G-NRRA |

Canada

☐ 622		N6699D
☐ RCAF 671		G-BNZC
☐ 920	QN-	CF-BXO
☐ 4188	-	G-ANOS
☐ 5429	Z	G-KAMM

☐ 16693	693	G-BLPG
☐ 18013	13	G-TRIC
☐ 18393		G-BCYK
☐ 20310	310	G-BSBG

China

☐ 68		G-BVVG
☐ 50051		G-BAJJ
☐ 50055		G-BBWG
☐ 50258		G-ASDS
☐ HKG-6*		G-BPCL
☐ HKG-11*		G-BYRY
☐ HKG-13*		G-BXKW

Finland

| ☐ AV-57 | | G-EBNU |

France

☐ 1 4513	S	G-BFYO
☐ 19		BAPC.136
☐ 20	315-SQ	G-BWGG
☐ 78		G-BIZK
☐ 124		G-BOSJ
☐ 143		G-MSAL
☐ 156		G-NIFE
☐ 157	1	G-AVEB
☐ 185	44-CA	G-BWLR
☐ 394		G-BIMO
☐ MS.824		G-AWBU
☐ 18-5395	CDG	G-CUBJ
☐ 51-7545	119	N14113
☐ 517692	142	G-TROY
☐ F-OTAN-6		G-BAYV

Germany

☐ 1		G-BWUE
☐ 1+4		G-BSLX
☐ 2+1	7334	G-SYFW
☐ 3		G-BAYV
☐ 4+–		G-AWHS
☐ 8+–		G-WULF
☐ -9		G-CCFW
☐ 14		BAPC.67
☐ 14		G-BSMD
☐ 17+TF		G-BZTJ
☐ 50 483	CW+BG	G-BXBD
☐ 97+04		G-APVF
☐ 99+32		G-BZGK
☐ 102/17		BAPC.88
☐ 152/17		G-ATJM
☐ 210/16		BAPC.56
☐ 403/17		G-CDXR
☐ 422/15		G-AVJO
☐ 425/17		BAPC.133
☐ 447/17		G-FOKK
☐ 450/17		G-BVGZ
☐ 694		BAPC.239
☐ 1227	DG+HO	G-FOKW
☐ 1480	6	BAPC.66
☐ C.L.1.1801/18		G-BNPV
☐ C.L.1.1803/18		G-BUYU
☐ 2292		BAPC.138
☐ 4477	GD+EG	G-RETA
☐ 5125/18		BAPC.110
☐ 6357	6	BAPC.74
☐ 7198/18		G-AANJ
☐ 10639	6 (Black)	G-USTV

☐ 191454		BAPC.271
☐ C19/15		BAPC.118
☐ D692		G-BVAW
☐ D-2692		G-STIG
☐ D5397/17		G-BFXL
☐ DR1/17		BAPC.139
☐ 6G+ED		G-BZOB
☐	BU+CC	G-BUCC
☐	BU+CK	G-BUCK
☐	CC+43	G-CJCI
☐	CF+HF	EI-AUY
☐	DM+BK	G-BPHZ
☐	FI+S	G-BIRW
☐	GL+SU	G-GLSU
☐	KG+EM	G-ETME
☐	N8+AA	G-BFHD
☐	N9+AA	G-BECL
☐	NJ+C11	G-ATBG
☐	S4+A07	G-BWHP
☐	S5+B06	G-BSFB
☐	VK-NZ	G-BFHG

Hungary

| ☐ 503 | | G-BRAM |

Ireland

☐ 161		G-CCCA
☐ 176		G-AMDD
☐ 177		G-BLIW

Israel

| ☐ 13 | | G-AHAY |
| ☐ 171 | | G-AJMC |

Italy

☐ W7		G-AGFT
☐ MM12822	20	G-FIST
☐ MM53211	ZI-4	BAPC.79
☐ MM52801	97-4	G-BBII

Japan

☐ 15-1585		BAPC.58
☐ 24		BAPC.83
☐ 997		BAPC.98

Netherlands

☐ 174	K	G-BEPV
☐ BI-005		G-BUVN
☐ A-12		G-APCU
☐ E-15		G-BIYU
☐ H-98		G-CCCA
☐ H-99		G-ILDA
☐ 'N-294'		G-KAXF
☐ 'N-321'		G-BWGL
☐ R-55		G-BLMI
☐ R-151		G-BIYR
☐ R-156		G-ROVE
☐ R-163		G-BIRH
☐ R-167		G-LION

North Korea

| ☐ — | | G-BMZF |

North Vietnam			**Switzerland**			☐ 238410	A-44	G-BHPK
						☐ 243809		BAPC.185
☐ 1211		G-MIGG	☐ A-10		G-BECW	☐ 252983		N66630
Norway			☐ A-12		G-CCHY	☐ 298177	R-8	N6438C
			☐ A-50		G-CBCE	☐ 3		BAPC.140
☐ 423/427		G-AMRK	☐ A-53		G-BZVS	☐ Mar-23		G-BRHP
☐ 56321		G-BKPY	☐ A-57		G-BECT	☐ 379		G-ILLE
			☐ A-125		G-BLKZ	☐ 3072	72	G-TEXN
Oman			☐ A-806		G-BTLL	☐ 3397	174	G-OBEE
			☐ C-552		G-DORN	☐ 30274		N203SA
☐ 417		G-RSAF	☐ J-1167		G-MKVI	☐ 31145	G-26	G-BBLH
☐ 425		G-SOAF	☐ J-1573		G-VICI	☐ 31171		N7614C
			☐ J-1605		G-BLID	☐ 31430		G-BHVV
Poland			☐ J-1758		G-BLSD	☐ 31952		G-BRPR
			☐ J-4021		G-HHAC	☐ 314887		G-AJPI
☐ 1018		G-ISKA	☐ J-4031		G-BWFR	☐ 315211	JB-Z	N1944A
			☐ J-4058		G-HHAD	☐ 315509	W7-S	G-BHUB
Portugal			☐ J-4072		G-HHAB	☐ 316250		G-AMJX
			☐ J-4081		G-HHAF	☐ 329405	A-23	G-BCOB
☐ 1365		G-DHPM	☐ J-4090		G-SIAL	☐ 329417		G-BDHK
☐ 1373		G-CBJG	☐ U-80		G-BUKK	☐ 329471	F-44	G-BGXA
☐ 1377		G-BARS	☐ U-95		G-BVGP	☐ 329601	D-44	G-AXHR
☐ 1747		G-BGPB	☐ U-99		G-AXMT	☐ 329854	R-44	G-BMKC
			☐ U-110		G-PTWO	☐ 329934	B-72	G-BCPH
Russia			☐ V-54		G-BVSD	☐ 330238	A-24	G-LIVH
						☐ 330372		G-AISX
			U.S.A.			☐ 330485	C-44	G-AJES
☐ 1 (White)		G-BZMY				☐ 343251	27	G-NZSS
☐ 1		G-YKSZ	☐ 1		G-BYPY	☐ 41-33275	CE	G-BICE
☐ 07 (Yellow)		G-BMJY	☐ 195700		G-OIDW	☐ 42-17553	716	N1731B
☐ 9 (White)		G-OYAK	☐ 2538		N33870	☐ 42-35870	129	G-BWLJ
☐ 9		G-BVMU	☐ 7539	143	N63590	☐ 42-58678	IY	G-BRIY
☐ 10		G-BTZB	☐ 14		G-ISDN	☐ 42-78044		G-BRXL
☐ 11 (Yellow)		G-YCII	☐ 17-6532	15	G-BSKS	☐ 42-84555	EP-H	G-ELMH
☐ 21 (White)		G-CDBJ	☐ 18-0012		G-BLXT	☐ 42-100766		6W-SAF
☐ 26		G-BVXK	☐ 18-2001		G-BIZV	☐ 43	SC	G-AZSC
☐ 27 (Red)		G-YAKX	☐ 112		G-BSWC	☐ 44		G-RJAH
☐ 31 (Black)		G-YAKV	☐ 118		G-BSDS	☐ 44-9063		EI-ARS (2)
☐ 33 (Red)		G-YAKZ	☐ 169		N52485	☐ 44-30861		N9089Z
☐ 33 (White)		G-YAKH	☐ 1102	102	G-AZLE	☐ 44-42914		N31356
☐ 36 (White)		G-IYAK	☐ 1164		G-BKGL	☐ 44-79609	S-44	G-BHXY
☐ 36 (White)		G-KYAK	☐ 14863		G-BGOR	☐ 44-83184	7	G-RGUS
☐ 39		G-XXVI	☐ 16136	205	G-BRUJ	☐ 44-83868	N	N5237V
☐ 42 (White)		G-CBRU	☐ 18263	822	N38940	☐ 45-0951		G-BLFL
☐ 48		G-CBSN	☐ 111836	JZ-6	G-TSIX	☐ 46-16130		G-BGCF
☐ 49		G-YAKU	☐ 111989		N33600	☐ 49		G-KITT
☐ 50		G-CBRW	☐ 115042	TA-042	G-BGHU	☐ 441		G-BTFG
☐ 55		G-BVOK	☐ 115227		G-BKRA	☐ 4406	12	G-ONAF
☐ 61		G-YAKM	☐ 115302	TP	G-BJTP	☐ 40467	19	G-BTCC
☐ 66		G-YAKN	☐ 115353	A-373	G-AYPM	☐ 46214	X-3	CF-KCG
☐ 139		G-BWOD	☐ 115684	VM	G-BKVM	☐ 413317	VF-B	N51RT
☐ 503		G-BRAM	☐ 124485	DF-A	G-BEDF	☐ 413573	B6-K	N6526D
☐ 893019	51	G-BZNT	☐ 126603		G-BHWH	☐ 413704	B7-H	G-BTCD
			☐ 146289	2W	N99153	☐ 414419	LH-F	G-MSTG
Saudi Arabia			☐ 151632		G-BWGR	☐ 433915		G-PBYA
			☐ 23		N49272	☐ 436021		G-BWEZ
☐ 1103		G-SMAS	☐ 26		G-BAVO	☐ 454467	J-44	G-BILI
			☐ 27		G-AGYY	☐ 454537	J-04	G-BFDL
South Africa			☐ 21714	201B	G-RUMM	☐ 461748	Y	G-BHDK
			☐ 24550	GP	G-PDOG	☐ 463209	WZ-S	BAPC.255
☐ 92		G-BYCX	☐ 26922	AK 402	G-RADR	☐ 463864	HL-W	G-CBNM
			☐ 28521	TA-521	G-TVIJ	☐ 472035		G-SIJJ
Spain			☐ 29261		G-CDET	☐ 472216	HO-M	G-BIXL
			☐ 212540	RD 40	G-BBHK	☐ 472218	WZ-I	G-HAEC
☐ E3B-153	781-75	G-BPTS	☐ 217786	25	CF-EQS	☐ 472773	QP-M	G-CDHI
☐ E3B-350	05-97	G-BHPL	☐ 219993		NX793QG	☐ 479766	49-M	G-BGPD
☐ E3B-369	781-32	G-BPDM	☐ 226413	ZU-N	N47DD	☐ 479766	63-D	G-BKHG
☐ E3B-494	81-47	G-CDLC	☐ 228473		G-BLZW	☐ 479781		G-AISS (2)
			☐ 231983	IY-G	F-BDRS	☐ 479897	JD	G-BOXJ
			☐ 236657	D-72	G-BGSJ	☐ 480015	M-44	G-AKIB
			☐ 237123		BAPC.157	☐ 480133	B-44	G-BDCD

☐ 480173	H-57	G-RRSR
☐ 480321	H-44	G-FRAN
☐ 480480	E-44	G-BECN
☐ 480636	A-58	G-AXHP
☐ 480723	E5-J	G-BFZB
☐ 480752	E-39	G-BCXJ
☐ 480762		EI-BBV
☐ 493209	ANG	G-DDMV
☐ 5	146-11083	G-BNAI
☐ 51-11701A	AF258	G-BSZC
☐ 51-15319	A-319	G-FUZZ
☐ 54-2445	A-445	G-OTAN
☐ 54-2447		G-SCUB
☐ 54884	D-57-	N61787
☐ 56498		N44914
☐ 6-1042	7	G-BMZX
☐ 624	D-39	G-BVMH
☐ 669		G-CCXA
☐ 699		G-CCXB
☐ 72-21509	129	G-UHIH
☐ 7797		G-BFAF
☐ 85		G-BTBI
☐ 854		G-BTBH
☐ 855		N56421
☐ 897	E	G-BJEV
☐ 8178	FU-178	G-SABR
☐ 8242	FU-242	N196B
☐ 80105	19	G-CCBN
☐ 80425	4-WT	G-RUMT
☐ 90678	27	G-BRVG
☐ 92844	8	G-BXUL
☐ 93542	LTA-542	G-BRLV

Yugoslavia

☐ 30140		G-RADA
☐ 30146	146	G-BSXD

Unatributed

☐ 001		G-BYPY
☐ 442795		BAPC.199

UK & Ireland Aviation Museums

The following is a list of all contents on display in museums and private collections in the UK and Ireland. Locations shown are those that offer regular public access. A few entries are airworthy and may not always be present. The list ignores cockpits and items stored off site and is shown in alphabetical order by museum name.

Aeropark
Nottingham East Midlands Airport
(www.eastmidlandsairport.com)

☐ G-APES	Vickers 953C Vanguard
☐ G-BEOZ	AW.650 Argosy 101
☐ G-CSZB	Vickers 807 Viscount
☐ G-FRJB	Britten SA-1 Sheriff
☐ 'PL256'	Spitfire IX
☐ WH740	EE Canberra T17
☐ WH779	EE Canberra PR7
☐ WL626	Vickers 668 Varsity T1
☐ WM224	Gloster Meteor TT20
☐ WS760	Gloster Meteor NF14
☐ XD382	DH.115 Vampire T11
☐ XG588	Westland Whirlwind 3
☐ XL569	Hawker Hunter T7
☐ XM575	Avro 698 Vulcan B2
☐ XS876	Westland Wessex HAS1
☐ XT480	Westland Wessex HU5
☐ XT604	Westland Wessex HC2
☐ XV350	HS Buccaneer S2B
☐ ZF558	BAC Ligtning F53

AeroVenture
Doncaster, South Yorkshire
(www.aeroventure.org.uk)

☐ 'K158'	Austin Whippet
☐ G-AEJZ	Mignet H.M.14
☐ G-AJUD	Auster J/1 Autocrat
☐ G-ALYB	Auster 5
☐ G-AOKO	Percival P.40 Prentice T1
☐ G-APMY	Piper PA-23-160 Apache
☐ G-AVAA	Cessna F150G
☐ G-AWCL	Cessna F150H
☐ G-BAML	Bell Jet Ranger
☐ G-BECE	AD-500 Skyship
☐ G-MJKP	Hiway Skytrike
☐ G-MJPO	Eurowing Goldwing
☐ G-MYJX	Whittaker MW.8
☐ G-VOCE	Robinson R22
☐ EI-JWN	Robinson R22
☐ N3188H	Ercoupe 415C
☐ N4565L	Douglas DC 3
☐ FX322	NA Harvard II
☐ 'NM140'	DH82A Tiger Moth
☐ WA662	Gloster Meteor T7
☐ WB560	DHC-1 Chipmunk T10
☐ WB733	DHC-1 Chipmunk T10
☐ WB969	Slingsby Sedbergh
☐ WF122	Percival Sea Prince T1
☐ WK626	DHC.1 Chipmunk T10
☐ WT913	Slingsby Cadet
☐ XA460	Fairey Gannet AS4
☐ XD459	DH.115 Vampire T11
☐ XE317	Bristol Sycamore HR14
☐ XE935	DH 115 Vampire T11
☐ XM350	HP Jet Provost T3A
☐ XP190	Westland Scout AH1
☐ XP706	BAC Lightning F3
☐ XS481	Westland Wessex HU5
☐ XX411	Westland Gazelle AH1
☐ XX669	SAL Bulldog T1
☐ E-424	Hawker Hunter F51

American Air Museum
Duxford, Cambridgeshire

☐ S5413'	Spad XIII
☐ 14286	Lockheed T-33A
☐ 31171	NA B-25J Mitchell
☐ 42165	NA F-100D Super Sabre
☐ '46214'	Grumman TBM Avenger
☐ 60689	Boeing B-52D
☐ 66692	Lockheed U-2C
☐ '155529'	NA F-4J Phantom
☐ '217786'	Boeing Stearman A75N1
☐ '226413'	P-47D Thunderbolt
☐ '231983'	Boeing B-17G
☐ 315509	Douglas C-47A Dakota
☐ '450913'	NA B-24M Liberator
☐ 461748	Boeing TB-29A
☐ '463209'	NA P-51 Mustang
☐ 61-17962	Lockheed SR-71
☐ 67-0120	GD F-111E
☐ 72-21605	Bell UH-1H
☐ 76-0020	McD F-15
☐ 77-0259	Fairchild A-10A

Air Defence Radar Museum
Neatishead, Norfolkt
(www.radarmuseum.co.uk)

☐ XX979	SEPECAT Jaguar GR1A

Aviation Viewing Park
Manchester Airport
(www.manchesterairport.co.uk)

☐ G-AWZK	HS.121 Trident 3B
☐ G-BOAC	BAC Concorde
☐ G-DMCA	Douglas DC 10-30
☐ G-IRJX	Avro RJX-100

Battle of Britain Memorial Flight
RAF Coningsby, Lincolnshire
(www.bbmf.co.uk)

☐ P7350	Spitfire IIA
☐ AB910	Spitfire VB
☐ LF363	Hawker Hurricane IIC
☐ MK356	Spitfire IX
☐ PA474	Avro Lancaster I
☐ PM631	Spitfire PRXIX
☐ PS915	Spitfire PRXIX
☐ PZ865	Hawker Hurricane II
☐ TE311	Spitfire XVI
☐ WG486	DHC-1 Chipmunk T10
☐ WK518	DHC-1 Chipmunk T10
☐ ZA947	Douglas Dakota III

Bentwaters Cold War Museum
Rendlesham, Woodbridge, Suffolk
(www.bcwm.org.uk)

☐ WH453	Gloster Meteor D16

Boulton Paul Aircraft Heritage Project
Wolverhampton, West.Midlands
(www.boultonpaul.com)

☐ G-FBPI	ANEC IV Missel Thrush
☐ 'X-25'	Boulton & Paul P.6 (fsm)
☐ BGA1759	Slingsby T.8 Tutor
☐ 'L7005'	Boulton Paul Defiant
☐ 'PD685'	Slingsby Cadet TX1
☐ WN149	Boulton Paul Balliol T2
☐ WT877	Slingsby Cadet TX3
☐ WZ755	Slingsby Grasshopper
☐ XR662	HP Jet Provost T4

Brenzett Aeronautical Museum Trust
Ivychurch Road, Brenzett,
Romney Marsh, Kent
(www.brenzettaero.co.uk)

☐ WH657	EE Canberra B2
☐ XK725	DH.115 Vampire T11

Bristol Aero Collection
Kemble, Gloucestershire
(www.bristolaero.com)

☐ 'G-EASQ'	Bristol Babe III
☐ RH746	Bristol Brigand TF1
☐ XF785	Bristol 173
☐ XJ917	Bristol Sycamore HR14
☐ 'XM496'	Bristol Britannia 253
☐ XV798	BAe Harrier GR3
☐ A92-708	GAF Jindivik 3

Bristol City Museum and Art Gallery
Queen's Road, Clifton, Bristol
(www.bristol-city.gov.uk/museums)

☐ (BAPC40)	Bristol Boxkite

Brooklands Museum
Weybridge, Surrey
(www.brooklandsmuseum.com)

☐ (BAPC187)	Roe I Biplane
☐ (BAPC256)	Demoiselle
☐ BGA162	Manuel Willow Wren
☐ BGA643	Slingsby T.15 Gull III
☐ BGA3922	Abbott-Baynes Scud
☐ 'G-EBED'	Vickers 60 Viking
☐ 'G-AACA'	Avro 504K replica
☐ 'G-ADRY'	Mignet HM.14
☐ G-AEKV	BAC Kronfeld Drone
☐ G-AGRU	Vickers 657 Viking 1A
☐ G-APEP	Vickers 953 Merchantman
☐ G-APIM	Vickers 806 Viscount
☐ G-ARVM(2)	Vickers VC-10 Series 1101
☐ G-ASYD	BAC One-Eleven 475AM
☐ G-BBDG	BAC Concorde 100
☐ G-BJHV	Voisin Scale replica
☐ G-LOTI	Bleriot XI replica
☐ G-MJPB	Manual Ladybird
☐ G-ROEI	Roe I Biplane replica
☐ G-VTOL	BAe Harrier T52
☐ A4O-AB	Vickers VC-10 Series 1103
☐ 'B7270'	Sopwith Camel F1 replica
☐ 'F5475'	RAF S.E.5a replica
☐ 'K5673'	Hawker Fury I
☐ N2980	Vickers Wellington IA
☐ Z2389	Hawker Hurricane IIA
☐ WF372	Vickers Varsity T1

☐ WP921	DHC.1 Chipmunk T10
☐ 'XF314'	Hawker Hunter F51
☐ XP984	Hawker P.1127
☐ E-421	Hawker Hunter F51

Bournemouth Aviation Museum
Wonderland Family Adventure Park,
Bournemouth Airport, Dorset
(www.aviation-museum.co.uk)

☐ G-ASER	Piper PA-23 Aztec
☐ G-BKRL	CMC Leopard
☐ KF488	NA Harvard IIB
☐ WS776	Gloster Meteor NF14
☐ WW421	Percival Provost T1
☐ XG160	Hawker Hunter F6A
☐ XT257	Westland Wessex HAS3
☐ ZF582	BAC Lightning F53

Caernarfon Airport Airworld Museum
Caernarfon Airport, Gwynedd
(www.air-world.co.uk)

☐ BAPC286	Mignet HM.14 Flea
☐ G-MBEP	American Eagle 315
☐ 'N5137'	DH.82A Tiger Moth
☐ WM961	Hawker Sea Hawk FB5
☐ WT694	Hawker Hunter F1
☐ WV781	Bristol Sycamore HR12
☐ XA282	Slingsby Cadet TX3
☐ XH837	Gloster Javelin FAW7
☐ XJ726	Westland Whirlwind HAR10
☐ XK623	DH.115 Vampire T11
☐ XL618	Hawker Hunter T7
☐ A92-808	GAF Jindivik 3
☐ A92-740	GAF Jindivik 3

Cambridge Fighter and Bomber Society
Little Gransden, Cambridgeshire
(www.cbfs.org.uk)

| ☐ 'L1639' | Hawker Hurricane |

'Carpetbagger' Aviation Museum
Harrington, Northamptonshire
(www.harringtonmuseum.org.uk)

| ☐ G-APWK | Westland Widgeon |

Charnwood Museum
Loughborough, Leicestershire
(www.leics.gov.uk/museums)

| ☐ G-AJRH | Auster J/1N Alpha |

City of Norwich Aviation Museum
Horsham St Faith, Norfolk
(www.cnam.co.uk)

☐ G-ASKK	HPR.7 Dart Herald 211
☐ G-BHMY	Fokker F.27 Friendship 600
☐ G-BTAZ	Evans VP-2
☐ G-OVNE	Cessna 401A
☐ 'WL135'	Gloster Meteor F8
☐ 'XE683'	Hawker Hunter F51
☐ 'XG168'	Hawker Hunter F6A
☐ XM612	HS Vulcan B2
☐ XP355	Whirlwind HAR10
☐ XX109	SEPECAT Jaguar GR1
☐ 121	Dassault Mystère IVA

| ☐ 16718 | Lockheed T-33A |
| ☐ 53-686 | BAC Lightning.F53 |

Cold War Jets Collection
Bruntingthorpe, Lutterworth, Leicestershire

☐ G-CPDA	DH.106 Comet 4C
☐ F-BTGV	Aero 377SGT Super Guppy
☐ SX-OAD	Boeing 747-212B
☐ XM715	HP Victor K.2
☐ XX900	HS Buccaneer S2B
☐ XZ382	SEPECAT Jaguar GR1
☐ 85	Dassault Mystère IVA
☐ '1018'	PZL TS-11 Iskra

Cranwell Aviation Heritage Centre
Sleaford, Lincolnshire
(www.heartoflincs.com)

| ☐ XE946 | DH.115 Vampire T11 |
| ☐ XP556 | HP Jet Provost T4 |

Croydon Airport Visitor Centre
Purley Way, Croydon

| ☐ 'G-AOXL' | DH.114 Heron 2D |
| ☐ T7793 | DH.82A Tiger Moth |

Davidstowe Moor RAF Memorial Museum
Davidsrowe Moor, Camelford
(www.rafdavidstowemoor.org)

| ☐ XG831 | Fairey Gannet ECM6 |

De Havilland Aircraft Heritage Centre
London Colney, Hertfordshire
(www.dehavillandmuseum.co.uk)

☐ 'G-ACSS'	DH.88 Comet (fsm)
☐ (BAPC232)	Airspeed Horsa
☐ G-ABLM	Cierva C.24
☐ G-ADOT	DH.87B Hornet Moth
☐ G-AFOJ	DH.94 Moth Minor
☐ G-AKDW	DH.89 Dragon Rapide
☐ G-ANRX	DH.82A Tiger Moth
☐ G-AOTI	DH.114 Heron
☐ G-AREA	DH.104 Dove
☐ G-ARYC	DH.125
☐ G-AVFH	DH.121 Trident 2
☐ D-IFSB	DH.104 Dove 6
☐ F-BGNX	DH.106 Comet 1XB
☐ VP-FAK	DHC.3 Otter
☐ J-7326	DH.98 Mosquito
☐ W4050	DH.98 Mosquito
☐ LF789	DH.82 Queen Bee
☐ TA122	DH.98 Mosquito FBVI
☐ TA634	DH.98 Mosquito TT35
☐ WM729	DH.113 Vampire NF10
☐ WP790	DHC.1 Chipmunk T10
☐ WP539	DHC.1 Chipmunk T10
☐ WR539	DH.112 Venom FB4
☐ WX853	DH.112 Venom NF3
☐ XG730	DH.112 Sea Venom FAW.22
☐ XH328	DH.115 Vampire T11
☐ XJ565	DH.110 Sea Vixen FAW.2
☐ XJ772	DH.115 Vampire T11
☐ J-1008	DH.115 Vampire FB6
☐ J-1632	DH.115 Vampire FB50
☐ J-1790	DH.115 Vampire FB54

Dumfries and Galloway Aviation Museum
Heathhall Industrial Estate, Dumfries
(www.dumfriesaviationmuseum.com)

☐ G-AHAT	Auster J/1N Alpha
☐ G-AWZJ	DH.121 Trident 3B
☐ G-MMIX	MBA Tiger Cub 440
☐ P7540	Spitfire IIa
☐ WA576	Bristol Sycamore III
☐ WL375	Gloster Meteor T7
☐ XD547	DH.115 Vampire T11
☐ 'XF506'	Hawker Hunter F4
☐ XL497	Gloster Javelin AEW3
☐ XP557	BAC Jet Provost T4
☐ XT486	Westland Wessex HU5
☐ ZF584	BAC Lightning F53
☐ 318	Dassault Mystère IV
☐ FT-36	Lockheed T-33
☐ Q497	EE Canberra T4
☐ 42163	NA F-100D Super Sabre
☐ Fv 35075	SAAB Draken

Duxford Aviation Society
Duxford, Cambridgeshire

☐ G-ALDG	HP Hermes 4
☐ G-ALFU	DH.104 Dove 6
☐ G-ALWF	Vickers 701 Viscount
☐ G-ALZO(2)	Airspeed Ambassador
☐ G-ANTK	Avro 685 York
☐ G-AOVT	Bristol Britannia 312
☐ G-APDB	DH.106 Comet 4
☐ G-APWJ	HPR.7 Dart Herald 201
☐ G-ASGC	Vickers Super VC-10 1151
☐ G-AVFB	HS.121 Trident 2E
☐ G-AVMU	BAC One-Eleven 510ED
☐ G-AXDN	BAC Concorde 101

Farnborough Air Sciences Trust
Farnborough, Hampshire.
(www.airsciences.co.uk)

☐ WV383	Hawker Hunter T7
☐ XP516	Folland Gnat T1
☐ XS420	BAC Lightning T5
☐ XW241	Aérospatiale Puma
☐ XW566	SEPECAT Jaguar B
☐ XW934	BAe Harrier T4

FirePower
Woolwich, London SE18
(www.firepower.org.uk)

| ☐ XR271 | Auster AOP9 |

Fleet Air Arm Museum
RNAS Yeovilton, Somerset
(www.fleetairarm.com)

☐ G-BSST	BAC Concorde
☐ 8359	Short 184
☐ 'B6401'	Sopwith Camel replica
☐ L2301	Vickers Walrus I
☐ L2940	Blackburn Skua
☐ N1854	Fairey Fulmar
☐ 'N2078'	Sopwith Baby
☐ 'N4389'	Fairey Albacore
☐ N5419	Bristol Scout D replica
☐ 'N5492'	Sopwith Triplane
☐ 'N6452'	Sopwith Pup replica

- ☐ 'P4139' Fairey Swordfish II
- ☐ 'S1287' Fairey Flycatcher
- ☐ 'Z2033' Fairey Firefly
- ☐ AL246 Grumman Martlet I
- ☐ DP872 Fairey Barracuda II
- ☐ EX976 NA AT-6D Harvard III
- ☐ KD431 Grumman Corsair IV
- ☐ KE209 Grumman Hellcat II
- ☐ LZ551 DH.100 Sea Vampire 1
- ☐ SX137 Supermarine Seafire F17
- ☐ VH127 Fairey Firefly TT4
- ☐ VR137 Westland Wyvern TF1
- ☐ WA473 Supermarine Attacker F1
- ☐ WG774 BAC 221
- ☐ WJ231 Hawker Sea Fury FB11
- ☐ WN493 Westland Dragonfly HR5
- ☐ WV856 Hawker Sea Hawk FGA6
- ☐ XA127 DH.115 Sea Vampire T22
- ☐ XB446 Grumman Avenger ECM.6
- ☐ XD317 Vickers Scimitar F1
- ☐ XL503 Fairey Gannet AEW3
- ☐ XL580 Hawker Hunter T8M
- ☐ XN957 HS Buccaneer S1
- ☐ XP841 HP.115
- ☐ XP980 Hawker P.1127
- ☐ XS527 Westland Wasp HAS1
- ☐ XS590 HS Sea Vixen FAW2
- ☐ XT482 Westland Wessex HU5
- ☐ XT596 NA YF-4K Phantom
- ☐ XT769 Westland Wessex HU5
- ☐ XV333 HS Buccaneer S2B
- ☐ XZ493 BAe Sea Harrier FRS1
- ☐ 'D.5397' Albatros D.Va replica
- ☐ '102/17' Fokker DR.1 replica
- ☐ 15-1585 Yokosuka Ohka 11
- ☐ 01420 MiG-15

Cobham Hall (Reserve collection)
- ☐ 'G-ABUL' DH.82A Tiger Moth
- ☐ G-AZAZ Bensen B.8M
- ☐ G-BGWZ Eclipse Super Eagle
- ☐ VV106 Supermarine 510
- ☐ VX272 Hawker P.1052
- ☐ VX595 Westland Dragonfly HR5
- ☐ (BAPC149) Short S.27 replica
- ☐ 'N5579' Gloster Sea Gladiator
- ☐ WV106 Douglas Skyraider AEW1
- ☐ VX272 Hawker P.1052
- ☐ VX595 Westland Dragonfly HR1
- ☐ WM292 Gloster Meteor TT20
- ☐ WP313 Percival Sea Prince T1
- ☐ WS103 Gloster Meteor T7
- ☐ WT121 Douglas Skyraider AEW1
- ☐ WV106 Douglas Skyraider AEW1
- ☐ WW138 Sea Venom FAW.22
- ☐ XA129 Sea Vampire T22
- ☐ XA466 Fairey Gannet COD4
- ☐ XA864 Westland Whirlwind HAR1
- ☐ XB480 Hiller HT1
- ☐ XG574 Westland Whirlwind HAR3
- ☐ XG594 Westland Whirlwind HAS7
- ☐ XJ481 HS Sea Vixen FAW1
- ☐ XK488 Blackburn NA.39
- ☐ XL853 Westland Whirlwind HAS7
- ☐ XN332 Saro P.531
- ☐ XN334 Saro P.531
- ☐ XN462 HP Jet Provost T3A
- ☐ XP142 Westland Wessex HAS3
- ☐ XS508 Westland Wessex HU5
- ☐ XT176 Westland Sioux AH1
- ☐ XT427 Westland Wasp HAS1
- ☐ XT778 Westland Wasp HAS1
- ☐ XW864 Aérospatiale Gazelle HT2
- ☐ XX411 Aérospatiale Gazelle AH1
- ☐ XZ499 BAe Sea Harrier FA2
- ☐ 0729 Beech T-34C
- ☐ AE-422 Bell UH-1H
- ☐ 100545 Fa.330A-1

Gatwick Aviation Museum
Charlwood, Surrey
(www.gatwick-aviation-museum.co.uk)
- ☐ VZ638 Gloster Meteor T7
- ☐ WF118 P.57 Sea Prince T1
- ☐ WH773 BAC Canberra PR7
- ☐ WP908 P.57 Sea Prince T1
- ☐ WR974 Avro Shackleton MR3/3
- ☐ WR982 Avro Shackleton MR3/3
- ☐ WW442 HP Provost T1
- ☐ XE489 Hawker Sea Hawk FB5
- ☐ XK885 Percival Pembroke C1
- ☐ XL472 Fairey Gannet AEW3
- ☐ XL591 Hawker Hunter T7
- ☐ XN923 HS Buccaneer S1
- ☐ XP351 Westland Whirlwind HAR10
- ☐ XP398 Westland Whirlwind HAR10
- ☐ XS587 HS Sea Vixen FAW2
- ☐ XV751 BAe Harrier GR3
- ☐ XX734 SEPECAT Jaguar GR1
- ☐ ZF579 BAC Lightning F53
- ☐ E-430 Hawker Hunter F51
- ☐ J-1605 DH.112 Venom FB50

Glasgow Kelvingrove Museum
Kelvingrove, Glasgow
(www.glasgowmuseums.com)
- ☐ LA198 Spitfire F21

Glasgow Museum of Transport
Kelvin Hall, Glasgow
(www.glasgowmuseums.com)
- ☐ (BAPC198) Pilcher Hawk

The Helicopter Museum
Weston-super-Mare, Somerset
(www.helicoptermuseum.co.uk)
- ☐ G-ACWM Cierva C.30A
- ☐ G-ALSX Bristol Sycamore 3
- ☐ G-ANFH Westland WS-55 Srs 1
- ☐ G-AODA Westland WS-55 Srs 3
- ☐ G-AOZE Westland Widgeon 2
- ☐ G-ASTP Hiller UH-12C
- ☐ G-ATFG Brantly B.2B
- ☐ G-AVKE Thruxton Gadfly
- ☐ G-AVNE Westland Wessex 60
- ☐ G-AWRP Servotec Grasshopper II
- ☐ G-BAPS Campbell Cougar
- ☐ G-BGHF Westland WG.30
- ☐ G-BKGD Westland WG.30
- ☐ G-BVWL Air & Space 18A
- ☐ G-EHIL EH Industries EH-101
- ☐ G-ELEC Westland WG.30
- ☐ G-HAUL Westland WG.30
- ☐ G-OAPR Brantly B2B
- ☐ G-OTED Robinson R22HP
- ☐ G-PASB MBB Bo105D
- ☐ G-TPTR Agusta Bell 206B II
- ☐ (BAPC10) Hafner R-11 Revoplane
- ☐ (BAPC60) Murray M.1 Helicopter
- ☐ (BAPC128) Watkinson CG-4
- ☐ (BAPC153) Westland WG-33
- ☐ (BAPC264) Bensen B.8M
- ☐ (BAPC289) Gyro-Boat
- ☐ D-HMQY BBölkow BÖ.102
- ☐ DDR-SPY Kamov Ka-26
- ☐ 'F-OCMF' SA.321F Super Frelon
- ☐ F-WQAP SA.365N Dauphin 2
- ☐ N114WG Westland WG-30-100
- ☐ OO-SHW Bell 47H-1
- ☐ SP-SAY Mil Mi-2
- ☐ WG719 Westland Dragonfly HR5
- ☐ XD163 Whirlwind HAR10
- ☐ (XE521) Fairey Rotordyne
- ☐ XG452 Bristol Belvedere HC1
- ☐ XK940 Westland Whirlwind HAS7
- ☐ XL811 Westland Skeeter AOP12
- ☐ XL829 Bristol Sycamore HR14
- ☐ XM328 Westland Wessex HAS3
- ☐ XM330 Westland Wessex HAS1
- ☐ XP165 Westland Scout AH1
- ☐ XR486 Westland Whirlwind HCC12
- ☐ XT190 Westland Sioux AH1
- ☐ XT443 Westland Wasp HAS1
- ☐ XV733 Westland Wessex HCC4
- ☐ XW839 Westland WG.13 Lynx
- ☐ XX910 Westland Lynx HAS2
- ☐ ZE477 Westland Lynx 3
- ☐ A-41 SE.3130 Alouette II
- ☐ 622 Piasecki HUP-3
- ☐ 09147 Mil Mi-4
- ☐ S-886 Sikorsky UH-19B
- ☐ 1005 PZL SM-2
- ☐ 96+26 Mil Mi-24D
- ☐ 2007 Mil Mi-1
- ☐ FR-108 Sud Djinn
- ☐ 66-16579 Bell UH-1H
- ☐ 67-16506 Hughes OH-6A

Reserve Collection
- ☐ G-ANJV Westland WS-55 Srs 3
- ☐ G-ARVN Servotec Grasshopper
- ☐ G-ASCT Bensen B.8M
- ☐ G-ASHD Brantly B2B
- ☐ G-ATBZ Westland WS-58 Srs 1
- ☐ G-AZAU Servotec Grasshopper III
- ☐ (BAPC212) Bensen B.6
- ☐ (BAPC213) Cranfield Vertigo
- ☐ N112WG Westland WG-30-100
- ☐ N118WG Westland WG-30-100
- ☐ N5820T Westland WG-30-100
- ☐ N5840T Westland WG-30-100
- ☐ VR-BEU Westland WS-55 Srs.3
- ☐ VZ962 Westland Dragonfly HR1
- ☐ XG596 Whirlwind HAS7
- ☐ XP404 Whirlwind HAR10
- ☐ XR526 Westland Wessex HC2
- ☐ XS149 Westland Wessex HAS3
- ☐ XS486 Whirlwind HCC12
- ☐ XT472 Westland Wessex HU5
- ☐ S-881 Sikorsky UH-19B

Highland Aviation Museum
Inverness Airport, Dalcrsss
(www.highlandaviationmueum.co.uk)
- ☐ WT660 Hawker Hunter F1
- ☐ XK532 HS Buccanee S1
- ☐ ZA362 Panavia Tornado GR1

The Historic Dockyard Chatham
Chatham, Kent
(www.chdt.org.uk)

☐ WG751	Westland Dragonfly HR3	

Hooton Park Trust
Hooton Park, Cheshire
(www.hootonparktrust.co.uk)

☐ G-AGPG	Avro XIX Srs 2
☐ 'P2725'	Hawker Hurricane
☐ 'RB159'	Supermarine Spitfire
☐ VM684	Slingsby T.8 Tutor

Hurricane and Spitfire Memorial Museum
Manston Airport, Kent

☐ 'BN230'	Hawker Hurricane II
☐ 'TB752'	Spitfire XVI

Imperial War Museum
South Lambeth, London SE1
(www.iwm.org.uk)

☒ 2699	RAF B.E.2c
☒ N6812	Sopwith 2F.1 Camel
☒ R6915	Spitfire 1
☒ 120235	Heinkel He 162A-1
☒ '472218'	North American P-51D
☒ 733682	Focke-Wulf Fw 190A-8
☒ (BAPC90)	Colditz Cock
☒ (BAPC198)	Fieseler Fi 103 (V-1)

Imperial War Museum
Duxford, Cambridgeshire
(www.iwm.org.uk)

☐ G-AFBS	Miles M.14A Hawk Trainer 3
☐ G-USUK	Colt 2500A
☐ D5649	Airco DH9
☐ E2581	Bristol F.2B Fighter
☐ F3556	R.E.8
☐ N4877	Avro 652A Anson 1
☐ 'N6635'	DH.82A Tiger Moth
☒ 'P2954'	Hawker Hurricane
☐ V3388	Airspeed Oxford I
☒ V9673	Westland Lysander IIIA
☒ 'Z2315'	Hawker Hurricane IIB
☐ HM580	Cierva C.30A
☒ KB889	Avro 683 Lancaster BX
☐ LZ766	Percival Proctor III
☒ ML796	Shorts Sunderland MR5
☒ NF370	Fairy Swordfish III
☒ TA719	DH.98 Mosquito TT35
☐ TG528	HP Hastings C1A
☒ VN485	Spitfire F24
☐ WH725	BAC Canberra B2
☒ WJ945	Vickers 668 Varsity T1
☐ WK991	Gloster Meteor F8
☐ WM969	Hawker Sea Hawk FB5
☐ WZ590	DH.100 Vampire T11
☒ XE627	Hawker Hunter F6
☒ XF708	Avro Shackleton Mk3
☐ XG613	DH.115 Sea Venom FAW21
☐ XG743	DH.100 Sea Vampire T22
☐ XG797	Fairey Gannet ECM6
☐ XH648	HP Victor BK1A
☐ XH897	Gloster Javelin FAW9
☒ XJ824	HS Vulcan B2
☒ XK936	Westland Whirlwind HAS7
☒ XM135	EE Lightning F1A
☒ XN239	Slingsby Cadet TX3
☒ XP281	Auster AOP9
☒ XR222	BAC TSR 2
☒ XS567	Westland Wasp HAS1
☒ XS576	DH.110 Sea Vixen
☒ XS863	Westland Wessex HAS.1
☒ XT581	Northrop SD-1
☒ XV474	NA Phantom FGR2
☒ XV865	HS Buccaneer S2B
☒ XX108	SEPECAT Jaguar GR1A
☒ XZ133	BAe Harrier GR3
☒ ZA465	BAe Tornado GR1
☒ (BAPC57)	Pilcher Hawk Glider
☒ (BAPC93)	Fieseler Fi 103 (V-1)
☒ A-549	FMA Pucara
☒ 18393	Avro CF-100 Canuck
	501	MIG-21
☒ CF+HF	Morane MS.502 Criquet
☒ 1190	Messerschmitt Bf 109E
☒ 100143	Focke-Achgelis Fa330
☒ 96+21	MIL Mi-24
☐ 1133	BAC.167 Strikemaster 80
☐ B2I-27	CASA 2.111B
☒ 59-1822	F-105 Thunderchief
☒ 252983	Schweizer TG-3A

Imperial War Museum North
Trafford Park, Manchester M17
(www.iwm.org.uk)

☐ 159233	HS AV-8A

Irish Air Corps Museum and Heritage Centre
Casement Airfield, Baldonnel, Dublin

☐ G-ARLU(2)	Cessna 172B
☐ 34	Miles M.14A Magister
☐ 141	Avro Anson 19
☐ 164	DHC1 Chipmunk T20
☐ 168	DHC1 Chipmunk T20
☐ 183	Percival Provost T51
☐ 191	DH115 Vampire T55
☐ 195	SE.3160 Alouette III
☐ 216	Fouga CM-170
☐ 231	SIAI SF.260

Lashenden Air Warfare Museum
Ashford, Kent
(www.lashendenairwarfaremuseum@aol.com)

☐ 84	Dassault Mystère IVA
☐ 63938	North American F-100F
☐ 100549	Focke-Achgelis Fa 330A1

Lincolnshire Aviation Heritage Centre
East Kirkby, Spilsby, Lincolnshire.
(www.lincsaviation.co.uk)

☐ AE436	HP Hampden I
☐ BL655	SpitfireVb
☐ MJ627	SpitfireTr.IX
☐ NP294	Percival Proctor IV
☐ NX611	Avro Lancaster VII

Metheringham Airfield Visitor Centre
Martin Moor, Metheringham
(www.airops.freeserve.co.uk/mave)

☐ XE624	Hawker Hunter FGA9

☐ XS177	HP Jet Provost T4
☐ XS186	HP Jet Provost T4

Midland Air Museum
Coventry Airport, Warwickshire
(www.midlandairmuseum.org.uk)

☐ (BAPC9)	Humber Monoplane
☐ (BAPC126)	Druine D.31 Turbulent
☐ G-EBJG	Parnall Pixie III
☐ G-AEGV	Mignet H.M.14
☐ 'G-ALVD'	DH.104 Dove 2
☐ G-AP.I.I	Fairey Ultralight
☐ G-APRL	AW Argosy 101
☐ G-APWN	Westland Whirlwind Srs 3
☐ G-ARYB	HS.125 Srs.1
☐ G-MJWH	Vortex 120
☐ F-BGNR	Vickers 708 Viscount
☐ 'A7317'	Sopwith Pup
☐ EE531	Gloster Meteor F4
☐ VF301	DH.100 Vampire F1
☐ VS623	Percival Prentice T1
☐ VT935	Boulton Paul P.111A
☐ WF922	BAC Canberra PR3
☐ WS838	Gloster Meteor NF14
☐ WV797	Hawker Sea Hawk FGA6
☐ XA508	Fairey Gannet T2
☐ XA699	Gloster Javelin FAW5
☐ XD626	DH.115 Vampire T11
☐ XE855	DH.115 Vampire T11
☐ XF382	Hawker Hunter F6A
☐ 'XG190'	Hawker Hunter F51
☐ XK789	Slingsby Grasshopper
☐ XL360	HS Vulcan B2
☐ XN685	HS Sea Vixen FAW2
☐ XR771	BAC Lightning F6
☐ ZE694	BAe Sea Harrier FA2
☐ 'GN-101'	Folland Gnat F1(XK741)
☐ R-756	Lockheed F-104G
☐ 70	Dassault Mystère IVA
☐ 51-4419	Lockheed T-33
☐ 17473	Lockheed T-33
☐ 54-2174	NA F-100D Super Sabre
☐ 280020	Flettner Fl 282B Kolibri
☐ 55-713	BAC Lightning T55
☐ 408	PZL TS-11
☐ 959	MiG21 SPS
☐ 29640	SAAB J-29F
☐ 0242	NA F-86A Sabre
☐ 24535	Kaman HH-43B Huskie
☐ 37414	NA F-4C Phantom
☐ 37699	NA F-4C Phantom
☐ 60312	McD D TF-101 Voodoo
☐ 58-2074	DHC-2 Beaver
☐ (06 Red)	MIL Mi-24D

Montrose Air Station Heritage Centre
Montrose, Scotland
(www.rafmontrose.org.uk)

☐ 'B5577'	Sopwith Camel
☐ XD542	DH.100 Vampire T11
☐ XE340	Hawker Sea Hawk FGA5

Muckleburgh Collection
Cromer, Norfolk
(www.muckelburgh.co.uk)

☐ WD686	Gloster Meteor NF11
☐ XZ968	BAe Harrier GR3

155

Museum of Army Flying
Middle Wallop, Hampshire
(www.flying-museum.org.uk)

☐ G-AXKS	Westland-Bell 47G-4A
☐ B-415	Hafner Rotabuggy
☐ P-5	Hafner Rotachute III
☐ 'N5195'	Sopwith Pup
☐ 'T9707'	Miles Magister
☐ 'HH268'	Airspeed Hotspur
☐ 'KJ351'	Airspeed Horsa
☐ TJ569	Auster 5
☐ TK777	GAL Hamilcar I
☐ WG432	DHC.1 Chipmunk T.10
☐ WJ358	Auster AOP6
☐ WZ721	Auster AOP9
☐ XG502	Sycamore HR14
☐ XK776	ML Utility
☐ XL813	Skeeter AOP12
☐ 'XM819'	Edgar Percival E.P.9
☐ XP821	DHC.2 Beaver AL1
☐ XP822	DHC.2 Beaver AL1
☐ XP847	Westland Scout AH1
☐ XP910	Westland Scout AH1
☐ XR232	SE3130 Alouette 2
☐ XT108	Agusta-Bell 47G Sioux
☐ XV127	Westland Scout AH1
☐ XX153	Westland Lynx AH1
☐ ZA737	Westland Gazelle AH1
☐ AE-409	Bell UH-1H
☐ '243809'	Waco Hadrian
☐ 111989	Cessna L-19 Bird Dog
☐ 70-15990	Bell AH-1F Cobra

Museum of Berkshire Aviation
Woodley, Reading, Berkshire.
(www.museumofberkshireaviation.co.uk)

☐ G-APWA	Handley Page Herald
☐ G-MIOO	Miles M.100 Student
☐ TF-SHC	Miles Master
☐ 'L6906'	Miles Magister
☐ XG883	Fairey Gannet T5
☐ XJ389	Fairey Jet Gyrodyne
☐ (BAPC233)	Broburn Wanderlust
☐ (BAPC248)	McBroom Hang Glider
☐ ANL	EoN AP.5 Olympia 1
☐ APW	EoN AP.5 Olympia 2B
☐ AQZ	EoN AP.7 Primary

Museum of Science and Industry
Castlefield, Manchester
(www.msim.org.uk)

☐ '14'	Roe Triplane replica
☐ (BAPC12)	Mignet H.M.14
☐ (BAPC175)	Volmer VJ-23
☐ (BAPC182)	Wood Ornithopter
☐ (BAPC251)	Hiway Spectrum
☐ (BAPC252)	Flexiform Wing
☐ G-EBZM	Avro Avian IIIa
☐ G-ABAA	Avro 504K
☐ G-ADAH	DH.89 Dragon Rapide
☐ G-APUD	Bensen B.7M
☐ G-AYTA	MS.880B Rallye
☐ G-BLKU	Colt 56SS
☐ G-MJXE	Mainair Tri-Flyer
☐ BQT	EoN 460 Srs 1
☐ MT847	Spitfire FRXIVe
☐ WG763	English Electric P.1A
☐ WR960	Avro Shackleton AEW2

☐ WT619	Hawker Hunter F1
☐ WZ736	Avro 707A
☐ XG454	Bristol Belvedere HC1
☐ XL824	Bristol Sycamore HR14
☐ XS179	HP Jet Provost T4
☐ 977	Yokosuka MXY-7 Ohka

National Battle of Britain Memorial
Capel La Ferne, Folkstone
(www.battleofbritainmemorial.org)

■ 'P2970'	Hawker Hurricane I
☑ 'R6775'	Spitfire I

National Museum of Flight Scotland
East Fortune, Haddington, East Lothian
(www.apss.org.uk)

☐ (BAPC49)	Pilcher Hawk
☐ (BAPC160)	Chargus 18/50
☐ (BAPC195)	Birdman Moonraker
☐ (BAPC196)	Southdown Sigma
☐ (BAPC197)	Scotkites Cirrus
☐ (BAPC245)	Electra Flyer Floater
☐ (BAPC246)	Highway Cloudbase
☐ (BAPC247)	Albatros AS.21
☐ (BAPC262)	Catto CA-15
☐ G-ACVA	Kay Gyroplane
☐ G-ACYK	Spartan Cruiser
☐ G-AGBN	GAL 42 Cygnet
☐ G-AHKY	Miles M.18
☐ G-AMOG(2)	Vickers 701 Viscount
☐ G-ANOV	DH.104 Dove
☐ G-AOEL	DH.82A Tiger Moth
☐ G-APFJ	Boeing 707-436
☐ G-ARCX	Meteor NF.14
☐ G-ARPH	DH.121 Trident 1C
☐ G-ASUG	Beech E.18S
☐ G-ATOY	Piper PA-24-260
☐ G-AVMO	BAC One-Eleven 510ED
☐ G-AVPC	Druine D.31 Turbulent
☐ G-AXEH	SA Aviation Bulldog
☐ G-BBVF	SA Twin Pioneer
☐ G-BDFU	Dragonfly MPA
☐ G-BDIX	DH.106 Comet 4C
☐ G-BELF	BN-2 Islander
☐ G-BOAA	BAC Concorde
☐ G-BVWK	Air & Space 18A
☐ G-JSSD	BAe Jetstream 31
☐ G-MBJX	Hiway Super Scorpion
☐ G-MBPM	Eurowing Goldwing
☐ G-MMLI	Mainair Tri-Flyer
☐ BED	Slingsby T.12 Gull I
☐ BJV	Slingsby T.21A
☐ VH-SNB	DH.84 Dragon
☐ VH-UQB	DH.80A Puss Moth
☐ TE462	Spitfire XVI
☐ TS291	Slingsby T.8 Tutor
☐ VM360	Avro Anson C19
☐ WB670	DHC.1 Chipmunk T10
☐ WF259	Hawker Sea Hawk F2
☐ WV493	Percival Provost T1
☐ WW145	DH.115 Sea Venom FAW22
☐ XA109	DH.110 Sea Vampire T22
☐ XA228	Slingsby Grasshopper
☐ XL762	Westland Skeeter AOP12
☐ XM597	HS Vulcan B2
☐ XN776	BAC Lightning F2A
☐ XT288	HS Buccaneer S2B
☐ XV277	BAe Harrier DB3
☐ ZE934	Panavia Tornado F3T

☐ 9940	Bristol Bolingbroke IV
☐ 309	MiG-15
☐ 581	Rhonlerche II
☐ 3677	MiG-15
☐ 155848	NA F-4S Phantom
☐ 191659	Messerchmitt Me 163B-1
☐ (FI+S)	Morane-Saulnier MS.505

Newark Air Museum
Winthorpe, Newark, Nottinghamshire
(www.newarkairmusem.co.uk)

☐ (BAPC20)	Lee-Richards Annular
☐ (BAPC43)	Mignet H.M.14
☐ (BAPC101)	Mignet H.M.14
☐ (BAPC183)	Zurowski ZP1
☐ G-AHRI	DH.104 Dove I
☐ G-ANXB	DH.114 Heron 1B
☐ G-APNJ	Cessna 310
☐ G-APVV	Mooney M.20A
☐ G-AXMB	Slingsby Cadet
☐ G-BFTZ	MS.880 Rallye
☐ G-BJAD	Clutton FRED
☐ G-BKPG	Luscombe P3 Rattler
☐ G-CCLT	Powerchute Kestrel
☐ 'G-MAZY'	DH.82A Tiger Moth
☐ G-MBBZ	Vollmer VJ-24
☐ G-MBUE	MBA Tiger Cub 440
☐ G-MBVE	Hiway Skytrike
☐ G-MJCF	Hill Hummer
☐ G-MJDW	Quicksilver MX
☐ G-MNRT	Sirocco 377GB
☐ VH-UTH	GAL Monospar ST-12
☐ RA897	Slingsby Cadet TX1
☐ TG517	HP Hastings T5
☐ VL348	Avro Anson C19
☐ VR249	Percival P.40 Prentice T1
☐ VZ608	Gloster Meteor FR9
☐ VZ634	Gloster Meteor T7
☐ WB624	DHC.1 Chipmunk T10
☐ WF369	Vickers Varsity T1
☐ WH791	BAC Canberra PR7
☐ WH904	BAC Canberra T19
☐ WK277	Supermaine Swift FR5
☐ WM913	Hawker Sea Hawk FB3
☐ WR977	Avro Shackleton MR3
☐ WS692	Gloster Meteor NF12
☐ WS739	Gloster Meteor NF14
☐ WT651	Hawker Hunter F1
☐ WT933	Bristol Sycamore HR14
☐ WV606	HP Provost T1
☐ WV787	EE Canberra B8
☐ WW217	DH.115 Sea Venom FAW22
☐ WX905	DH.100 Venom NF3
☐ XA109	Slingsby Grasshopper
☐ XD593	DH.100 Vampire T11
☐ XH992	Gloster Javelin FAW8
☐ XJ560	HS Sea Vixen FAW2
☐ XL764	Westland Skeeter AOP12
☐ XM383	HP Jet Provost T3A
☐ XM594	HS Vulcan B2
☐ XM685	Westland Whirlwind HAS7
☐ XN964	HS Buccaneer S1
☐ XP226	Fairey Gannet AEW3
☐ XR534	Folland Gnat T1
☐ XS417	EE Lightning T.5
☐ XT200	Westland Sioux AH1
☐ XV722	Westland Wessex HC2
☐ XW276	Aérospatiale Gazelle AH1
☐ XX492	SA Jetstream T1
☐ XX634	SA Bulldog T1

☐ ZA176	BAe Sea Harrier FA2	☐ G-AWRS	Avro Anson C19	☐ DG202	Gloster F9/40
☐ AR-107	SAAB Draken	☐ 'G-BAGJ'	Westland Gazelle	☐ 'FS628'	Fairchild Argus
☐ 83	Dassault Mystère IV	☐ G-OGIL	Short SD.330-100	☐ LF738	Hawker Hurricane IIC
☐ 56321	SAAB 91B Safir	☐ VV217	DH.110 Vampire FB5	☐ RF398	Avro Lincoln B2
☐ FV37918	SAAB Viggen	☐ WA577	Bristol Sycamore III	☐ TA639	DH.98 Mosquito TT35
☐ 42223	NA F-100D Super Sabre	☐ WB685	DHC.1 Chipmunk T10	☐ TX214	Avro Anson C19
☐ 51-9036	Lockheed T-33	☐ WG724	Westland Dragonfly HR5	☐ VP952	DH.104 Devon C2/2
☐ '04'	MiG-23ML	☐ WJ639	BAC Canberra TT18	☐ WA634	Gloster Meteor T7
☐ '71'	MiG-27K	☐ WL181	Gloster Meteor F8	☐ WE600	Auster T.7 Antarctic
		☐ WZ518	DH.110 Vampire T11	☐ WG760	English Electric P1A
Norfolk and Suffolk Aviation Museum		☐ XG680	DH.115 Sea Venom FAW22	☐ WG768	Short SB.5
Flixton, Bungay, Suffolk		☐ XL319	HS Vulcan B2A	☐ WG777	Fairey Delta 2
(www.aviationmuseum.net		☐ XN258	Westland Whirlwind HAR9	☐ WK935	Gloster Meteor F.8 Prone
		☐ XP627	HP Jet Provost T4	☐ WL679	Vickers Varsity T1
☐ (BAPC115)	Mignet HM.14	☐ XT148	Westland Sioux AH1	☐ WL732	BP Sea Balliol T21
☐ 'LHS-1'	Bensen B.7	☐ XX380	Westland Gazelle AH1	☐ WP912	DHC.1 Chipmunk T10
☐ '694'	Fokker D VII	☐ XZ335'	Westland Gazelle AH1	☐ WV562	Percival Provost T1
☐ G-ANLW	Westland Widgeon 2	☐ ZF594	BAC Lightning F53	☐ WV746	Percival Pembroke C1
☐ G-ASRF	Gowland Jenny Wren	☐ A-522	FMA Pucara	☐ WZ744	Avro 707C
☐ G-BABY	Taylor JT.2 Titch	☐ E-419	Hawker Hunter F51	☐ XD145	Saro SR.53
☐ G-BFIP	Wallbro Monoplane	☐ 146	Dassault Mystère IVA	☐ XD674	HP Jet Provost T1
☐ G-MBUD	Skycraft Scout 2	☐ 42137	NA F-100D Super Sabre	☐ XF926	Bristol 188
☐ G-MJSU	MBA Tiger Cub 440	☐ 54439	Lockheed T-33	☐ XG225	Hawker Hunter F.6A
☐ G-MJVI	Lightwing Rooster	☐ 6171	NA F-100D Super Sabre	☐ XJ918	Bristol Sycamore HR14
☐ G-MMWL	Goldwing	☐ 26541	Republic F-84F	☐ XK724	Folland Gnat F1
☐ G-MTFK	Moult Trike Striker			☐ XM351	HP Jet Provost T3
☐ G-36-1	Short SB.4 Sherpa	**RAF Manston History Museum**		☐ 'XM497'	Bristol Britannia 312
☐ N16676	Fairchild F.24	*Manston Airport, Kent*		☐ XN714	Hunting H.126
☐ CDN	EoN AP.7 Primary	*(www.rafmanston.co.uk)*		☐ XP411	AW Argosy
☐ DUD	Grunau Baby III			☐ XR220	BAC TSR.2
☐ HKJ	Penrose Pegasus 2	☐ 'Bx619'	Sopwith 1½ Strutter	☐ XR525	Westland Wessex HC2
☐ JTA	Colditz Cock replica	☐ VM791	Slingsby Cadet TX3	☐ XR977	Folland Gnat T1
☐ 'P8140'	Spitfire	☐ 'WD615'	Gloster Meteor TT20	☐ XS639	HS Andover E3A
☐ 'TD248'	Spitfire XVI	☐ WP772	DHC.1 Chipmunk T10	☐ XX654	SAL Bulldog T1
☐ VL349	Anson C19	☐ XA231	Slingsby Grasshopper	☐ XX765	SEPECAT Jaguar GR1
☐ VX580	Vickers Valetta C2	☐ XN380	Westland Whirlwind HAS7	☐ XX946	Panavia Tornado
☐ WF128	Percival Sea Prince T1	☐ XS482	Westland Wessex HU5	☐ A-515	FMA Pucara
☐ WF643	Gloster Meteor F8			☐ L-866	PBY-6A Catalina
☐ WH840	EE Canberra T4	**RAF Millom and Militaria Museum**		☐ 420430	Messerschmitt Me 410
☐ WV605	HP Provost T1	*Haverigg, Cumbria*		☐ 475081	Fieseler Fi 156C Storch
☐ XA226	Slingsby Grasshopper	*(www.rafmillom.co.uk)*		☐ 204	Lockheed SP-2H Neptune
☐ XG254	Hawker Hunter FGA9			☐ 413573	North American P-51D
☐ XG329	BAC Lightning F1	☐ (BAPC260)	Mignet HM.14		
☐ XG518	Bristol Sycamore HR14	☐ 'G-ADRX'	Mignet HM.14	**Michael Beetham Conservation Centre**	
☐ XH892	Gloster Javelin FAW9R	☐ G-BIHN	AD Skyship 500	☐ F-HMFI	Farman F.41
☐ XJ482	HS Sea Vixen FAW1	☐ 'WF714'	Gloster Meteor F8	☐ D5329	Sopwith 5F1 Dolphin
☐ XK624	DH.100 Vampire T11	☐ WK198	Supermarine Swift F4	☐ P1344	HP Hampden
☐ XN304	Westland Whirlwind HAS7	☐ XK637	DH.100 Vampire T11	☐ XS695	HS Kestrel FGA.1
☐ XN500	HP Jet Provost T3A	☐ XM660	Westland Whirlwind HAS7	☐ 7198/18	LVG C.VI
☐ XR485	Westland Whirlwind HAR10	☐ XN597	HP Jet Provost T3	☐ 191619	Messerschmitt Me 163B
☐ ZA175	BAe Sea Harrier FA2				
☐ A-528	FMA Pucara	**RAF Scampton Historical Museum**		**National 'Cold War' Exhibition**	
☐ 79	Dassault Mystère IVA	*RAF Scampton, Lincolnshire*		☐ KN645	Douglas C-47B Dakota
☐ 3794	MiG-15			☐ TG511	HP Hastings T5
☐ 42196	NA F-100D Super Sabre	☐ XR571	Folland Gnat T1	☐ TS798	Avro York C1
☐ 54433	Lockheed T-33			☐ WS843	Gloster Meteor NF14
☐ 146289	NA T-28C Trojan	**Royal Air Force Museum**		☐ XA564	Gloster Javelin FAW1
		RAF Cosford, Shropshire.		☐ XB812	Canadair Sabre 4
North East Aircraft Museum		*(www.rafmusum.org)*		☐ XD818	Vickers Valiant BK1
Sunderland				☐ XG337	BAC Lightning F1
(www.neam.org.uk)		☐ (BAPC82)	Hawker 'Afgan' Hind	☐ XH171	EE Canberra PR9
		☐ (BAPC94)	Fieseler Fi 103 V1	☐ XH672	HP Victor K2
☐ (BAPC96)	Brown Helicopter	☐ (BAPC99)	Yokosuka MXY-7 Ohka	☐ XL568	Hawker Hunter T7
☐ (BAPC119)	Bensen B.7	☐ 5439	Mitsubishi Ki 46 III	☐ XL993	SA Twin Pioneer CC1
☐ (BAPC228)	Olympus Hang Glider	☐ G-EBMB	Hawker Cygnet I	☐ XM598	HS Vulcan B2
☐ 'G-ADVU'	Mignet H.M.14	☐ G-AEEH	Mignet H.M.14	☐ 'XN972'	HS Buccaneer S1
☐ 'G-AFUG'	Luton LA-4 Minor	☐ 'G-AFAP'	CASA 352L	☐ XR371	Short Belfast C1
☐ G-APTW	Westland Widgeon	☐ 'G-AJOV'	Westland Dragonfly	☐ XV591	NA Phantom FG1
☐ G-ARAD	Luton LA-4 Major	☐ G-APAS	DH.106 Comet 1A	☐ XX496	SA Jetstream T1
☐ G-ARHX	DH.104 Dove 8	☐ G-BBYM	Handley Page Jetstream	☐ 503	MiG-21PF
☐ G-ASOL	Bell 47G	☐ K9942	Spitfire F1	☐ 01120	MI15bis

| ☐ J-1704 | DH.110 Venom FB4 |
| ☐ 74-0177 | GD F-111F |

Royal Air Force Museum, London
Hendon, London NW.9
(www.rafmuseum.org.uk/london/)

Historic Hangars & Bomber Command Hall

☐ 'G-RAFM'	Robinson R22
☐ '168'	Sopwith Tabloid replica
☐ '687'	RAF B.E.2b
☐ 'E2466'	Bristol F.2b Fighter
☐ F1010	Airco DH.9A
☐ 'K2227'	Bristol Bulldog
☐ K4232	Cierva C.30A
☐ K4972	Hart IIA
☐ K6035	Westland Wallace II
☐ L5343	Fairey Battle I
☐ N5628	Gloster Gladiator II
☐ N9899	S'marine Southampton I
☐ R5868	Avro Lancaster B.I
☐ W1048	Handley Page Halifax
☐ 'W2068'	Avro Anson I
☐ 'Z3427'	Hawker Hurricane IIc
☐ BL614	Spitfire VB
☐ 'DD931'	Bristol Beaufort VIII
☐ FE905	North American Harvard
☐ 'FX760'	Curtiss P-40
☐ 'KL216'	NA P-47D Thunderbolt
☐ KN751	B-24L Liberator
☐ LB264	Auster 1
☐ MF628	Vickers Wellington X
☐ 'MH486'	Spitfire
☐ MN235	Hawker Typhoon IB
☐ MP425	Airspeed Oxford I
☐ PK724	Spitfire F24
☐ 'PR536'	Hawker Tempest II
☐ RD253	Bristol Beaufighter TFX
☐ VT812	DH.110 Vampire F3
☐ VN679	Heinkel He 162
☐ WE139	EE Canberra PR3
☐ WH301	Gloster Meteor F8
☐ WP962	DHC.1 Chipmunk T10
☐ WV783	Bristol Sycamore HR12
☐ WZ791	Slingsby Grasshopper
☐ XA302	Slingsby Cadet TX3
☐ XG154	Hawker Hunter FGA9
☐ XG474	Bristol Belvedere HC1
☐ XL318	HS Vulcan B2
☐ XM463	HP Jet Provost T3A
☐ XM555	Westland Skeeter AOP12
☐ XP299	Whirlwind HAR10
☐ XS925	BAC LIghtning F6
☐ XV424	NA Phantom FGR2
☐ XV732	Westland Wessex HCC4
☐ XW323	HP Jet Provost T5A
☐ XW547	HS Buccaneer S2B
☐ XW855	Westland Gazelle HT3
☐ ZA457	Panavia Tornado GR1
☐ 'IOI'	EH Industries EH-101
☐ A16-199	Lockheed Hudson IV
☐ 920	Supermarine Stranraer
☐ 584219	Focke-Wulf Fw 190F
☐ 853	Hawker Hunter FR.10
☐ 34037	North American TB-25J
☐ 44-83868	Boeing B-17G

Battle of Britain Experience

☐ K8042	Gloster Gladiator II
☐ 'L8756'	Bristol Blenheim IV
☐ N1671	Boulton Paul Defiant
☐ P2617	Hawker Hurricane I
☐ P3175	Hawker Hurricane I
☐ R9125	Westland Lysander
☐ T6296	DH.82A Tiger Moth
☐ X4590	Spitfire IA
☐ ML824	Short Sunderland V
☐ A2-4	Supermarine Seagull V
☐ 4101	Messerschmitt Bf 109E
☐ 360043	Junkers Ju 88R-1
☐ 701152	Heinkel He 111H-2
☐ 730301	Messerschmitt Bf 110G
☐ MM.5071	Fiat CR.42
☐ E3B-521	CASA 1.131
☐ (BAPC92)	Fieseler Fi 103 (V-1)
☐ 494083	Junkers Ju 87D3

Grahame-White Factory

☐ '2345'	Vickers FB.5 Gunbus
☐ '3066'	Caudron G.III
☐ 'A8226'	Sopwith 1½ Strutter rep
☐ 'C4994'	Bristol M.1C replica
☐ 'E449'	Avro 504K
☐ F938	S.E.5a
☐ F8614	Vickers Vimy replica
☐ 'N5182'	Sopwith Pup replica
☐ N5912	Sopwith Triplane
☐ HD-75	Hanriot HD.1

'Milestones of Flight'

☐ G-AAMX	DH.60GM Moth
☐ G-AEKW	Miles M.12 Mohawk
☐ (BAPC106)	Bleriot XI
☐ 433	Bleriot XXVII
☐ F6314	Sopwith Camel
☐ 'J9941'	Hawker Hart
☐ KK995	Sikorsky R-4B
☐ NV778	Tempest TT5
☐ TJ138	DH 98 Mosquito B35
☐ XZ997	BAe Harrier GR3
☐ ZH588	Eurofighter Typhoon DA2
☐ 8147/18	Fokker D VII
☐ 10639	Messerschmitt Bf 109G2
☐ 112372	Messerschmitt Me 262
☐ (BAPC100)	Clarke TWK
☐ (BAPC293)	Spitfire
☐ (BAPC296)	Army Balloon Factory Nulli
☐ 16336	Kawasaki Ki-100
☐ '413317'	North American P-51D

Royal Engineers Museum and Library
Gillingham, Chatham, Kent
(www.remuseum.org.uk)

| ☐ XZ964 | BAe Harrier GR3 |

Royal Museum of Scotland
Chambers Street, Edinburgh EH1
(www.nms.ac.uk)

| ☐ W-2 | Weir W-2 |

Science Museum
Exhibition Road, South Kensington,
London SW7
(www.sciencemuseum.org.uk)

☐ G-EBIB	RAE S.E.5a
☐ G-AAAH	DH.60G Gipsy Moth
☐ G-ASSM	HS.125 Srs 1-522
☐ G-AZPH	Pitts S-1S Special
☐ DFY	Schempp-Hirth Cirrus
☐ (BAPC50)	Roe Triplane
☐ (BAPC51)	Vickers Vimy
☐ (BAPC53)	Wright Flyer I replica
☐ (BAPC54)	JAP-Harding Monoplane
☐ (BAPC55)	Levavasseur Antoinette
☐ (BAPC124)	Lilienthal Glider
☐ N5171N	Lockheed 10A
☐ 304	Cody V Biplane
☐ D7560	Avro 504K
☐ J8067	Westland-Hill Pterodactyl
☐ L1592	Hawker Hurricane I
☐ P9444	Spitfire IA
☐ S1595	Supermarine S.6B
☐ W4041/G	Gloster E.28/39
☐ AP507	Cierva C.30A
☐ PK664	Spitfire F22
☐ XG900	Short SC.1
☐ XJ314	Rolls-Royce Flying Bedstead
☐ XN344	Westland Skeeter AOP12
☐ XP831	Hawker P.1127
☐ 210/16	Fokker E III
☐ 191316	Messerschmitt Me 163B-1
☐ 442795	Fieseler Fi 103 (V-1)

Science Museum
Wroughton Airfield, Swindon.
(www.sciencemuseum.org.uk/wroughton)

☐ G-AACN	H.P.39 Gugnunc
☐ G-ACIT	DH.84 Dragon
☐ G-AEHM	Mignet H.M.14
☐ G-ALXT	DH.89A Dragon Rapide
☐ G-APWY	Piaggio P.166
☐ G-APYD	DH.106 Comet 4B
☐ G-ATTN	Piccard HAB
☐ G-AVZE	LET Z.37 Cmelak
☐ G-AWZM	H.S.121 Trident 3
☐ G-BBGN	Cameron A-375
☐ G-BGLB	Bede BD-5B
☐ G-MMCB	Huntair Pathfinder II
☐ G-RBOS	Colt AS-105
☐ (BAPC52)	Lilienthal glider
☐ (BAPC162)	Manflier MPA
☐ (BAPC172)	Chargus Midas
☐ (BAPC173)	Grasshopper
☐ (BAPC174)	Bensen B.7
☐ (BAPC188)	Cobra 88
☐ (BAPC276)	Hartman Orni
☐ EI-AYO (2)	Douglas DC-3A
☐ N18E	Boeing 247D
☐ N7777G	Lockheed Constellation
☐ VP975	DH.104 Devon
☐ XP505	Folland Gnat T1
☐ 100675	Focke-Achgelis Fa 330A-1

Second World War Aircraft Preservation Society
Lasham Airfield, Hampshire

☐ 'VH-FDT'	DHA Drover 1
☐ 4X-FNA	Gloster Meteor NF13
☐ VR192	Percival Prentice T1
☐ WF137	Percival Sea Prince C1
☐ WH291	Gloster Meteor F8
☐ WV798	Hawker Sea Hawk FGA6
☐ XK418	Auster AOP9
☐ XM833	Westland Wessex HAS3
☐ E-423	Hawker Hunter F51
☐ 22+35	Lockheed F-104G

159

Shoreham Airport Historical Association
Shoreham Airport, Shoreham-by-Sea, West Sussex

☐ ASR	EON Baby
☐ (BAPC277)	Mignet HM.14
☐ (BAPC300)	Humming Bird

The Shuttleworth Collection
Shuttleworth (Old Warden) Airfield, Old Warden, Bedfordshire
(www.shuttleworth.org)

☐ G-EBHX	DH.5 Humming Bird
☐ G-EBIR	DH.51
☐ G-EBJO	ANEC II
☐ G-EBLV	DH.60 Cirrus Moth
☐ G-EBNV	English Electric Wren
☐ G-EBWD	DH.60X Hermes Moth
☐ G-AAIN	Parnall Elf II
☐ G-AANG	Bleriot XI
☐ G-AANH	Deperdussin Monoplane
☐ G-AANI	Blackburn Monoplane
☐ G-AAPZ	Desoutter I
☐ G-AAYX	Southern Martlet
☐ G-ABXL	Granger Archaeopteryx
☐ G-ACSS	DH.88 Comet
☐ G-ACTF	Comper Swift
☐ G-AEBB	Mignet H.M.14
☐ G-AEEG	Miles M.3A Falcon
☐ G-AHKX	Avro XIX Srs 2
☐ G-AKKH	Miles M.65 Gemini
☐ G-ARSG	Roe Triplane
☐ G-ASPP	Bristol Boxkite
☐ G-CAMM	Hawker Cygnet
☐ AQQ	EoN Primary
☐ ETE	Fauvel AV.36C
☐ (BAPC8)	Dixon Ornithopter
☐ (BAPC??)	Liienthal
☐ ZK-POZ	Po-2 (CSS-13)
☐ '9917'	Sopwith Pup
☐ 'C4918'	Bristol M.1C replica
☐ D8096	Bristol F.2B
☐ F904	RAF S.E.5a
☐ H5199	Avro 504K
☐ K1786	Hawker Tomtit
☐ 'K2585'	DH.82A Tiger Moth
☐ 'K3241'	Avro Tutor
☐ 'K5414'	Hawker Hind
☐ 'K7985'	Gloster Gladiator
☐ N3788	Miles M.14A Magister
☐ 'N6290'	Sopwith Triplane replica
☐ P6382	Miles M.14A Magister
☐ 'V9367'	Westland Lysander
☐ Z7015	Hawker Sea Hurricane IIB
☐ AR501	Spitfire VC
☐ VS610	Percival Prentice
☐ XA241	Grasshopper TX.1
☐ XF603	HP Provost T.1
☐ '671'	DHC.1 Chipmunk T.22
☐ 191454	Messerschmitt Me.163B

Snibston Discovery Park
Coalville Leicestershire
(www.leics.gov.uk/museums/snibston)

☐ G-AFTN	Taylorcraft Plus C2
☐ G-GOH	Auster J/1 Autocrat
☐ G-AIJK	Auster J/4
☐ VZ728	Desford Trainer

☐ XP280	Auster AOP9

Solent Sky
Southampton, Hampshire
(www.spitfireonline.co.uk)

☐ (BAPC7)	SUMPAC
☐ (BAPC215)	Airwave hangglider
☐ 'G-ADZW'	Mignet HM.14
☐ G-ALZE	Britten-Norman BN-1F
☐ VH-BRC	Short Sandringham IV
☐ 'C4451'	Avro 504J replica
☐ 'K5054'	Spitfire rep
☐ N248	Supermarine S.6A
☐ 'N546'	Wight Quadruplane
☐ W2718	Vickers Walrus I
☐ BB807	DH.82A Tiger Moth
☐ PK683	Spitfire 24
☐ TG263	Saro SR.A/1
☐ WM571	DH.115 Sea Venom FAW.22
☐ WZ753	Slingsby Grasshopper
☐ XD332	Supermarine Scimitar F1
☐ XF114	Supermarine Swift F7
☐ XJ571	DH.110 Sea Vixen FAW2
☐ XK740	Folland Gnat F1
☐ XL770	Westland Skeeter AOP12
☐ XN246	Slingsby Cadet TX3
☐ U-1215	DH.100 Vampire T11

Solway Aviation Museum
Carlisle Airport, Crosby-on-Eden., Carlisle
(www.solway-aviation-museum.co.uk)

☐ G-APLG	Auster J/5L
☐ WE188	EE Canberra T4
☐ WP314	Percival Sea Prince T1
☐ WS832	Gloster Meteor NF14
☐ WV198	Westland Whirlwind HAR.21
☐ WZ515	DH.110 Vampire T.1
☐ 'WZ784'	Slingsby Grasshopper
☐ XJ823	HS Vulcan B2
☐ XS209	HP Jet Provost T4
☐ XV406	NA Phantom FGR2
☐ ZF583	BAC Lightning F53

South East Aviation Enthusiasts Group
Dromod, Leitrim. Ireland
(www.cavanandleitrimrailway.com)

☐ EI-BDM	PA-23 Aztec 250
☐ EI-100	SZD-12 Mucha
☐ EI-139	Slingsby T31
☐ (IAHC.1)	Mignet HM14
☐ G-BJMM	Cremer MLB
☐ CBK	Grunau Baby
☐ CBZ	Slingsby T8 Tutor
☐ 173	DHC1 Chipmunk T20
☐ 184	Percival Provost T51
☐ 192	DH.115 Vampire T55

Stondon Transport Museum
Lower Stondon, Henlow, Bedfordshire
(www.transportmuseum.co.uk)

☐ 'G-ADRG'	Mignet HM.14
☐ G-AXOM	Penn-Smith Gyroplane
☐ XN341	Westland Skeeter AOP12

Tangmere Military Aviation Museum
Chichester, West Sussex
(www.tangmere-museum.org.uk)

☐ 'K5054'	Spitfire prototype
☐ 'L1679'	Hurricane I replica
☐ 'BL924'	Spitfire V replica
☐ EE549	Gloster Meteor F4
☐ 'WA879'	Gloster Meteor F8
☐ WB188	Hawker Hunter F3
☐ WK281	Supermarine Swift FR5
☐ WP190	Hawker Hunter F5
☐ XH313	DH.115 Vampire T.11
☐ XJ580	DH.110 Sea Vixen FAW2
☐ XN299	Westland Whirlwind HAS7
☐ 'XR753'	BAC Lightning F53
☐ XS511	Westland Wessex HU5
☐ XV408	NA Phantom FGR2
☐ ZA195	BAe Sea Harrier FA2
☐ 19252	Lockheed T-33

Tank Museum
Bovington, Dorset
(www.tankmuseum.co.uk)

☐ TK718	GAL Hamilcar 1
☐ XM564	Skeeter AOP12

Thorpe Camp Visitor Centre
Thorpe Camp, Woodhall Spa
(www.thorpecamp.org.uk)

☐ G-ANNN	DH.82A Tiger Moth
☐ XM192	EE Lightning F1A
☐ (BAPC294)	Fairchild Argus

Ulster Folk and Transport Museum
Holywood, Belfast, County Down
(www.magni.org.uk)

☐ G-ATXX	McCandless M-4
☐ G-AKLW	Short Sealand
☐ (IAHC.6)	Ferguson Monoplane
☐ XG905	Short SC.1

Wartime Aircraft Recovery Group Aviation Museum
Sleap Airfield, Shropshire

☐ RA-01641	Antonov An-2
☐ 'K7271'	Hawker Fury
☐ 'EN398'	Spitfire IX
☐ WW368	Percival Provost T1

Wellesbourne Wartime Museum
Wellesbourne Mountford Airfield, Warwickshire

☐ RA-01378	Yakovlev Yak-52
☐ WV679	Percival Provost T1
☐ XK590	DH.110 Vampire T11

Wings Museum
Redhill Airfieldl, Surrey
(www.wingsmuseum.co.uk)

☐ VP967	DH.104 Sea Devon C2/2

Wonderland Pleasure Park
Farnsfield, Mansfield, Nottinghamshire

☐ 'V7467' Hawker Hurricane

Yorkshire Air Museum
Elvington Airfield, York
(www.yorkshireairmuseum.co.uk)

☐ 'G-AAAH' DH.60 Moth
☐ 'G-AFFI' Mignet HM.14
☐ G-AVPN HPR-7 Herald 213
☐ G-MJRA Mainair Demon 175
☐ G-TFRB Sport Elite Gyroplane
☐ G-YURO Europa
☐ (BAPC28) Wright Flyer
☐ (BAPC41) RAF B.E.2c
☐ (BAPC89) Cayley
☐ (BAPC130) Blackburn 1911
☐ (BAPC240) Messerschmitt Bf 109 G-6
☐ 'F943' RAF S.E.5a replica
☐ 'H1968' Avro 504K replica
☐ 'P3873' Hawker Hurricane I
☐ 'R6690' Spitfire
☐ HJ711 DH.98 Mosquito NFII
☐ 'KG427' Douglas C-47
☐ 'LV907' HP Halifax II
☐ RA854 Kirby Cadet TX1
☐ VV901 Avro Anson T21
☐ VW993 Beagle Terrier 2
☐ WH846 EE Canberra T4
☐ WH991 Westland Dragonfly HR5
☐ 'WK864' Gloster Meteor F8
☐ WS788 Gloster Meteor NF14
☐ XH278 DH.100 Vampire T11
☐ XH767 Gloster Javelin FAW9
☐ XL231 HP Victor K2
☐ XL502 Fairey Gannet AEW3
☐ 'XL571' Hawker Hunter T7
☐ XN974 HS Buccaneer S2A
☐ XP640 HP Jet Provost T4
☐ XS903 BAC Lightning F6
☐ XV748 Hawker Harrier GR3
☐ XX901 HS Buccaneer S2B
☐ XZ631 BAe Tornado IDS
☐ 21417 Lockheed T-33
☐ 538 Dassault Mirage IIIE
☐ 237123 Waco Hadrian
☐ 'N-2' Hawker Hunter FGA78

Republic of Ireland current civil aircraft

Current to mid February 2009 including extant registrations marked *.
Reservations are shown in italics.

☐ EI-ABI (2)	DH.84 Dragon
☐ EI-ACY *	Auster J/1 Autocrat
☐ EI-ADV	Piper PA-12 Super Cruiser
☐ EI-AED	Cessna 120
☐ EI-AFE	Piper J-3C-65 Cub
☐ EI-AFF	BA Swallow 2
☐ EI-AGD	Taylorcraft Plus D
☐ EI-AGJ	Auster J/1 Autocrat
☐ EI-AHI (2)	DH.82A Tiger Moth
☐ EI-AKM	Piper J-3C-65 Cub
☐ EI-ALH	Taylorcraft Plus D
☐ EI-ALP	Avro Cadet Mk.1
☐ EI-AMF *	Taylorcraft Plus D
☐ EI-AMK	Auster J/1 Autocrat
☐ EI-AMY	Auster J/1N Alpha
☐ EI-ANT	Champion 7ECA Citabria
☐ EI-ANY	Piper PA-18-95
☐ EI-AOB	Piper PA-28-140 Cherokee
☐ EI-AOP	DH.82A Tiger Moth
☐ EI-APS (2)	Schleicher ASK 14
☐ EI-ARW	Jodel DR.1050
☐ EI-ASR (2)	McCandless M.4
☐ EI-AST	Cessna F150H
☐ EI-ATJ	Beagle B.121 Pup
☐ EI-ATK	Piper PA-28-140 Cherokee
☐ EI-ATL	Aeronca 7AC Champion
☐ EI-ATS	MS.880B Rallye
☐ EI-AUG	MS.894A Minerva
☐ EI-AUM	Auster J/1 Autocrat
☐ EI-AUO	Cessna FA150K Aerobat
☐ EI-AUS	Auster J/5F Aiglet Trainer
☐ EI-AUT	Forney F-1A Aircoupe
☐ EI-AUY	Morane MS.502 Criquet
☐ EI-AVB	Aeronca 7AC Champion
☐ EI-AVE (2)	Piper PA-18-95 Cub
☐ EI-AVM	Cessna F150L
☐ EI-AWD	Piper PA-22-160 Tri-Pacer
☐ EI-AWH	Cessna 210J Centurion
☐ EI-AWP	DH.82A Tiger Moth
☐ EI-AWR	Malmö MFI-9 Junior
☐ EI-AWU	MS.880B Rallye
☐ EI-AYB	Gardan GY-80
☐ EI-AYD	Grumman AA-5 Traveler
☐ EI-AYF	Cessna FRA150L Aerobat
☐ EI-AYI	MS.880B Rallye
☐ EI-AYK	Cessna F172M
☐ EI-AYN	BN2A-8 Islander
☐ EI-AYR	Schleicher ASK 16
☐ EI-AYY	Evans VP-1
☐ EI-BAJ	Stampe SV-4C
☐ EI-BAR	Thunder Ax8-105
☐ EI-BAT	Cessna F150L
☐ EI-BAV	Piper PA-22-108 Colt
☐ EI-BBC	Piper PA-28-180 Cherokee
☐ EI-BBD	Evans VP-1
☐ EI-BBE	Champion 7EC Traveller
☐ EI-BBG	Rallye 100ST
☐ EI-BBI	Rallye 150GT
☐ EI-BBJ	MS.880B Rallye
☐ EI-BBO	MS.893E Rallye 180GT
☐ EI-BBV	Piper J-3C-65 Cub
☐ EI-BCE	BN2A-26 Islander
☐ EI-BCF	Bensen B.8M
☐ EI-BCJ(2)	Aeromere F.8L Falco 3
☐ EI-BCK	Cessna F172N
☐ EI-BCL	Cessna 182P Skylane
☐ EI-BCM	Piper J-3C-65 Cub
☐ EI-BCN	Piper J-3C-65 Cub
☐ EI-BCO	Piper J-3C-65 Cub
☐ EI-BCP	Druine D.62B Condor
☐ EI-BCS	MS.880B Rallye
☐ EI-BCU	MS.880B Rallye
☐ EI-BCW	MS.880B Rallye
☐ EI-BDH	MS.880B Rallye
☐ EI-BDL	Evans VP-2
☐ EI-BDM	Piper PA-23-250 Aztec D
☐ EI-BDR	Piper PA-28-180 Cherokee
☐ EI-BEA	MS.880B Rallye
☐ EI-BEN	Piper J-3C-65E Cub
☐ EI-BEP	MS.892A Commodore
☐ EI-BFE	Cessna F150G
☐ EI-BFF	Beech A23-24
☐ EI-BFI	MS.880B Rallye
☐ EI-BFO	Piper J-3C-90 Cub
☐ EI-BFP	MS.880B Rallye
☐ EI-BFR	MS.880B Rallye
☐ EI-BGA	MS.880B Rallye
☐ EI-BGC	MS.880B Rallye
☐ EI-BGD	MS.880B Rallye
☐ EI-BGJ	Cessna F152
☐ EI-BGS	MS.893E Rallye 180GT
☐ EI-BGT	Colt Ax-7-77A
☐ EI-BGU	MS.880B Rallye
☐ EI-BHC	Cessna F177RG
☐ EI-BHF	MS.892A Commodore
☐ EI-BHI	Bell 206B Jet Ranger
☐ EI-BHM	Cessna F337E
☐ EI-BHN	MS.893A Commodore
☐ EI-BHP	MS.893A Commodore
☐ EI-BHT	Beech 77 Skipper
☐ EI-BHV	Aeronca 7EC Traveler
☐ EI-BHW	Cessna F150F
☐ EI-BIB	Cessna F152
☐ EI-BID	Piper PA-18-95
☐ EI-BIG	Zlin Z.526
☐ EI-BIJ	Agusta Bell 206B
☐ EI-BIK	Piper PA-18-180
☐ EI-BIM	MS.880B Rallye
☐ EI-BIO	Piper J-3C-65E Cub
☐ EI-BIR	Cessna F172M
☐ EI-BIS	Robin R.1180T Aiglon
☐ EI-BIT	MS.887 Rallye 125
☐ EI-BIV	Bellanca 8KCAB
☐ EI-BIW	MS.880B Rallye
☐ EI-BJB	Aeronca 7DC Champion
☐ EI-BJC	Aeronca 7AC Champion
☐ EI-BJJ	Aeronca 15AC Sedan
☐ EI-BJK	MS.880B Rallye
☐ EI-BJM	Cessna A152 Aerobat
☐ EI-BJO	Cessna R172K Hawk XP
☐ EI-BJT	Piper PA-38-112 Tomahawk
☐ EI-BKC	Aeronca 15AC Sedan
☐ EI-BKF	Cessna F172H
☐ EI-BKK	Taylor Monoplane
☐ EI-BKN	MS.880B Rallye
☐ EI-BLB	Stampe SV-4C
☐ EI-BLD	MBB Bo.105CB
☐ EI-BLN	Eipper Quicksilver MX
☐ EI-BMA	MS.880B Rallye
☐ EI-BMB	MS.880B Rallye
☐ EI-BMF	Laverda F.8L Falco
☐ EI-BMH	MS.880B Rallye
☐ EI-BMI	SOCATA TB-9 Tampico
☐ EI-BMJ	MS.880B Rallye
☐ EI-BMN	Cessna F152
☐ EI-BMU	Monnett Sonerai
☐ EI-BNK	Cessna U206F
☐ EI-BNP	Rotorway Scorpion
☐ EI-BNT	Cvjetkovic CA-65
☐ EI-BNU	MS.880B Rallye
☐ EI-BOE	SOCATA TB-10 Tobago
☐ EI-BPL	Cessna F172K
☐ EI-BPO	Southdown Puma
☐ EI-BPU	Hiway Skytrike
☐ EI-BRS	Cessna P172D Skyhawk
☐ EI-BRU	Evans VP-1
☐ EI-BRV	Hiway Skytrike
☐ EI-BSB	Jodel D.112
☐ EI-BSC	Cessna F172N
☐ EI-BSG	Bonsen B.80
☐ EI-BSK	SOCATA TB-9 Tampico
☐ EI-BSL	Piper PA-34-220T Seneca
☐ EI-BSN	Cameron O-65
☐ EI-BSO	Piper PA-28-140 Cherokee
☐ EI-BSW	Pegasus XL-R
☐ EI-BSX	Piper J-3C-65 Cub
☐ EI-BUA	Cessna 172M Skyhawk
☐ EI-BUC	Jodel D.9 Bebe
☐ EI-BUF	Cessna 210N Centurion
☐ EI-BUG	Gardan ST-10 Diplomat
☐ EI-BUH	Lake LA-4
☐ EI-BUJ	MS.889A Minerva
☐ EI-BUL	Aerotech MW-5
☐ EI-BUN	Beech 76 Duchess
☐ EI-BUT	MS.893A Commodore
☐ EI-BVJ (2)	AMF Chevvron
☐ EI-BVK	Piper PA-38-112 Tomahawk
☐ EI-BVT	Evans VP-2
☐ EI-BVY	Zenair CH.200
☐ EI-BWH	Partenavia P.68
☐ EI-BXL	Polaris F1B
☐ EI-BXO	Fouga CM-170
☐ EI-BXT	Druine D.62B Condor
☐ EI-BYA	Thruster TST
☐ EI-BYF	Cessna 150M
☐ EI-BYG	SOCATA TB-9 Tampico
☐ EI-BYL	Bell 206B Jet Ranger
☐ EI-BYL	Zenith CH.250
☐ EI-BYO	ATR 42-312
☐ EI-BYR	Bell 206L Long Ranger
☐ EI-BYX	Champion 7GCAA
☐ EI-BYY	Piper J-3C-85 Cub
☐ EI-CAC	Grob G115A
☐ EI-CAD	Grob G115A
☐ EI-CAE	Grob G115A
☐ EI-CAN	Aerotech MW-5
☐ EI-CAU	Cessna R182 Skylane RG
☐ EI-CAU	AMF Chevvron
☐ EI-CAW	Bell 206B Jet Ranger
☐ EI-CAX	Cessna P210N Centurion
☐ EI-CAY	Mooney M.20C
☐ EI-CBK	ATR 42-312
☐ EI-CBQ	Boeing 737-3Y0
☐ EI-CBR	McDonnell-Douglas MD-83
☐ EI-CBS	McDonnell-Douglas MD-83
☐ EI-CBY	McDonnell-Douglas MD-83
☐ EI-CBZ	McDonnell-Douglas MD-83
☐ EI-CCC	McDonnell-Douglas MD-83
☐ EI-CCD	Grob G115A
☐ EI-CCE	McDonnell-Douglas MD-83
☐ EI-CCF	Aeronca 11AC Chief
☐ EI-CCJ	Cessna 152
☐ EI-CCK	Cessna 152
☐ EI-CCL	Cessna 152
☐ EI-CCM	Cessna 152
☐ EI-CDD	Boeing 737-548
☐ EI-CDE	Boeing 737-548
☐ EI-CDF	Boeing 737-548
☐ EI-CDG	Boeing 737-548

Reg	Type	Reg	Type	Reg	Type
☐ EI-CDH	Boeing 737-548	☐ EI-CMV	Cessna 150L	☐ EI-CVC	Airbus A320-214
☐ EI-CDP	Cessna 182L Skylane	☐ EI-CMW	Rotorway Exec 152	☐ EI-CVD	Airbus A320-214
☐ EI-CDV	Cessna 150G	☐ EI-CNA	Letov LK-2M Sluka	☐ EI-CVL	Ercoupe 415CD
☐ EI-CDX	Cessna 210K Centurion	☐ EI-CNC	TEAM Mini-MAX	☐ EI-CVM	Schweizer 269C
☐ EI-CDY	McDonnell-Douglas MD-83	☐ EI-CNF	Boeing 737-4YO	☐ EI-CVR	ATR 42-312
☐ EI-CEG	MS.893E Rallye 180GT	☐ EI-CNG	Air & Space 18A	☐ EI-CVW	Bensen B.8M
☐ EI-CEN	Thruster T300	☐ EI-CNL	Sikorsky S-61N	☐ EI-CVY	Brock KB-2
☐ EI-CEP	McDonnell-Douglas MD-83	☐ EI-CNQ	BAe 146-200	☐ EI-CWE	Boeing 737-42C
☐ EI-CEQ	McDonnell-Douglas MD-83	☐ EI-CNR	McDonnell-Douglas MD-83	☐ EI-CWF	Boeing 737-42C
☐ EI-CER	McDonnell-Douglas MD-83	☐ EI-CNU	Pegasus Quantum	☐ EI-CWR	Robinson R22 Beta II
☐ EI-CES	Taylorcraft BC-65	☐ EI-COG	Gyroscopic Gyroplane	☐ EI-CWW	Boeing 737-4Y0
☐ EI-CEY	Boeing 757-2Y0	☐ EI-COH	Boeing 737-430	☐ EI-CWX	Boeing 737-4Y0
☐ EI-CEZ	Boeing 757-2Y0	☐ EI-COI	Boeing 737-430	☐ EI-CXC	Raj Hamsa X'Air
☐ EI-CFE	Robinson R22 Beta	☐ EI-COJ	Boeing 737-430	☐ EI-CXK	Boeing 737-4S3
☐ EI-CFF	Piper PA-12 Super Cruiser	☐ EI-COK	Boeing 737-430	☐ EI-CXN	Boeing 737-329
☐ EI-CFG	Piel CP.301B Emeraude	☐ EI-COO	Carlson Sparrow II	☐ EI-CXO	Boeing 767-3G5
☐ EI-CFH	Piper PA-12 Super Cruiser	☐ EI-COT	Cessna F172N Skyhawk II	☐ EI-CXR	Boeing 737-329
☐ EI-CFO	Piper J-3C-65 Cub	☐ EI-COY	Piper J-3C-65 Cub	☐ EI-CXS	Sikorsky S-61N
☐ EI-CFP	Cessna 172P Skyhawk	☐ EI-COZ	Piper PA-28-140 Cherokee	☐ EI-CXV	Boeing 737-8CX
☐ EI-CFX	Robinson R 22 Beta	☐ EI-CPC	Airbus A321-211	☐ EI-CXY	EV-97 Eurostar
☐ EI-CFY	Cessna 172N Skyhawk	☐ EI-CPD	Airbus A321-211	☐ EI-CXZ	Boeing 767-216
☐ EI-CFZ	McDonnell-Douglas MD-83	☐ EI-CPE	Airbus A321-211	☐ EI-CZA	ATEC Zephyr 2000
☐ EI-CGB	TEAM Mini-MAX	☐ EI-CPF	Airbus A321-211	☐ EI-CZC	CFM Shadow SA-II
☐ EI-CGC	Stinson 108-3	☐ EI-CPG	Airbus A321-211	☐ EI-CZD	Boeing 767-216
☐ EI-CGD	Cessna 172M Skyhawk	☐ EI-CPH	Airbus A321-211	☐ EI-CZH	Boeing 767-3G5
☐ EI-CGF	Luton LA-5 Major	☐ EI-CPI	Rutan LongEz	☐ EI-CZK	Boeing 767-216
☐ EI-CGG	Ercoupe 415C	☐ EI-CPN	Auster J/4 Archer	☐ EI-CZL	Schweizer 269C-1
☐ EI-CGH	Cessna 210N Centurion	☐ EI-CPO	Robinson R 22 Beta	☐ EI-CZM	Robinson R44
☐ EI-CGM	Pegasus XL-R	☐ EI-CPP	Piper J-3C-65 Cub	☐ EI-CZN	Sikorsky S-61N
☐ EI-CGN	Pegasus XL-R	☐ EI-CPT	ATR 42-312	☐ EI-CZP	Schweizer 269C-1
☐ EI-CGP	Piper PA-28-140 Cherokee	☐ EI-CPX	III Sky Arrow 650T	☐ EI-DAA	Airbus A330-202
☐ EI-CGT	Cessna 152	☐ EI-CRD	Boeing 737-31B	☐ EI-DAC	Boeing 737-8AS
☐ EI-CGV	Piper J-5A Cub Cruiser	☐ EI-CRE	McDonnell-Douglas MD-83	☐ EI-DAD	Boeing 737-8AS
☐ EI-CHH (2)	Boeing 737-317	☐ EI-CRF	Boeing 767-31B	☐ EI-DAE	Boeing 737-8AS
☐ EI-CHM	Cessna 150M Commuter	☐ EI-CRG	Robin DR.400-180R Remo	☐ EI-DAF	Boeing 737-8AS
☐ EI-CHR	CFM Shadow BD	☐ EI-CRH	McDonnell-Douglas MD-83	☐ EI-DAG	Boeing 737-8AS
☐ EI-CHT	Pegasus XL-R	☐ EI-CRK	Airbus A330-301	☐ EI-DAH	Boeing 737-8AS
☐ EI-CIA	MS.880B Rallye	☐ EI-CRL	Boeing 767-343ER	☐ EI-DAI	Boeing 737-8AS
☐ EI-CIF	Piper PA-28-180 Cherokee	☐ EI-CRM	Boeing 767-343	☐ EI-DAJ	Boeing 737-8AS
☐ EI-CIG	Piper PA-18A-150	☐ EI-CRO	Boeing 767-3Q8	☐ EI-DAK	Boeing 737-8AS
☐ EI-CIJ	Cessna 340	☐ EI-CRR	Aeronca 11AC Chief	☐ EI-DAL	Boeing 737-8AS
☐ EI-CIM	Avid Speed Wing	☐ EI-CRU	Cessna 152	☐ EI-DAM	Boeing 737-8AS
☐ EI-CIN	Cessna 150K	☐ EI-CRV	Hoffman H.36 Dimona	☐ EI-DAN	Boeing 737-8AS
☐ EI-CIR (2)	Cessna 551 Citation IISP	☐ EI-CRW	McDonnell-Douglas MD-83	☐ EI-DAO	Boeing 737-8AS
☐ EI-CIV	Piper PA-28-140 Cherokee	☐ EI-CRX	SOCATA TB-9 Tampico	☐ EI-DAP	Boeing 737-8AS
☐ EI-CIW	McDonnell-Douglas MD-82	☐ EI-CSG	Boeing 737-8AS	☐ EI-DAR	Boeing 737-8AS
☐ EI-CIZ	Steen Skybolt	☐ EI-CSN	Boeing 737-8AS	☐ EI-DAS	Boeing 737-8AS
☐ EI-CJJ	Slingsby Motor Tutor	☐ EI-CSO	Boeing 737-8AS	☐ EI-DAT	Boeing 737-8AS
☐ EI-CJR	Stampe SV-4A	☐ EI-CSP	Boeing 737-8AS	☐ EI-DAV	Boeing 737-8AS
☐ EI-CJS	Jodel D.120A Paris-Nice	☐ EI-CSQ	Boeing 737-8AS	☐ EI-DAW	Boeing 737-8AS
☐ EI-CJT	Slingsby Motor Cadet	☐ EI-CSR	Boeing 737-8AS	☐ EI-DAX	Boeing 737-8AS
☐ EI-CJV	Konsuprod Moskito 2	☐ EI-CSS	Boeing 737-8AS	☐ EI-DAY	Boeing 737-8AS
☐ EI-CJZ	Aerotech MW-6S	☐ EI-CST	Boeing 737-8AS	☐ EI-DAZ	Boeing 737-8AS
☐ EI-CKF	Hunt Wing/Avon Trike	☐ EI-CSV	Boeing 737-8AS	☐ EI-DBF	Boeing 767-3Q8
☐ EI-CKH	Piper PA-18-95	☐ EI-CSW	Boeing 737-8AS	☐ EI-DBG	Boeing 767-3Q8
☐ EI-CKI	Thruster TST	☐ EI-CTA	Boeing 737-8AS	☐ EI-DBH	CFM Streak Shadow
☐ EI-CKJ	Cameron N-77	☐ EI-CTB	Boeing 737-8AS	☐ EI-DBI	Raj Hamsa X'Air
☐ EI-CKM	McDonnell-Douglas MD-83	☐ EI-CTC	Medway EclipseR	☐ EI-DBJ	Huntwing Pegasus XL
☐ EI-CKN	Aerotech MW-6S	☐ EI-CTG	Glasair RG	☐ EI-DBK	Boeing 777-243
☐ EI-CKT	Gemini Flash	☐ EI-CTI	Cessna FRA150L Aerobat	☐ EI-DBL	Boeing 777-243
☐ EI-CKU	Pegasus XL-R	☐ EI-CTL	Aerotech MW-5B	☐ EI-DBM	Boeing 777-243
☐ EI-CLA	Diamond Katana	☐ EI-CUA	Boeing 737-4K5	☐ EI-DBO	Air Création 582/Kiss 400
☐ EI-CLL	Aerotech MW-6S	☐ EI-CUD	Boeing 737-4Q8	☐ EI-DBP	Boeing 767-35H
☐ EI-CLQ	Cessna F172N	☐ EI-CUE	Cameron N-105	☐ EI-DBU	Boeing 767-37E
☐ EI-CLW	Boeing 737-3Y0	☐ EI-CUJ	Cessna 172N Skyhawk	☐ EI-DBV	Raj Hamsa X'Air
☐ EI-CLZ	Boeing 737-3Y0	☐ EI-CUM	Airbus A320-232	☐ EI-DBW	Boeing 767-201
☐ EI-CMB	Piper PA-28-140 Cherokee	☐ EI-CUN	Boeing 737-4K5	☐ EI-DBX	Magni M-18 Spartan
☐ EI-CMK	Eurowing Goldwing	☐ EI-CUP	Cessna 335	☐ EI-DCA	Raj Hamsa X'Air
☐ EI-CML	Cessna 150M	☐ EI-CUS	Agusta Bell 206B	☐ EI-DCB	Boeing 737-8AS
☐ EI-CMN	Piper PA-12 Super Cruiser	☐ EI-CUT	Maule MX-7-180A	☐ EI-DCC	Boeing 737-8AS
☐ EI-CMR	Rutan LongEz	☐ EI-CUW	BN2B-20 Islander	☐ EI-DCD	Boeing 737-8AS
☐ EI-CMT	Piper PA-34-200T Seneca	☐ EI-CVA	Airbus A320-214	☐ EI-DCE	Boeing 737-8AS
☐ EI-CMU	Mainair Mercury	☐ EI-CVB	Airbus A320-214	☐ EI-DCF	Boeing 737-8AS

Reg	Type	Reg	Type	Reg	Type
☐ EI-DCG	Boeing 737-8AS	☐ EI-DGJ	Raj Hamsa X'Air	☐ EI-DLH	Boeing 737-8AS
☐ EI-DCH	Boeing 737-8AS	☐ EI-DGK	Raj Hamsa X'Air	☐ EI-DLI	Boeing 737-8AS
☐ EI-DCI	Boeing 737-8AS	☐ EI-DGP	Urban Air Lambada	☐ EI-DLJ	Boeing 737-8AS
☐ EI-DCJ	Boeing 737-8AS	☐ EI-DGR	Urban Air Lambada	☐ EI-DLK	Boeing 737-8AS
☐ EI-DCK	Boeing 737-8AS	☐ EI-DGS	ATEC Zephyr 2000	☐ EI-DLL	Boeing 737-8AS
☐ EI-DCL	Boeing 737-8AS	☐ EI-DGT	Urban Air Lambada	☐ EI-DLM	Boeing 737-8AS
☐ EI-DCM	Boeing 737-8AS	☐ EI-DGV	ATEC Zephyr 2000	☐ EI-DLN	Boeing 737-8AS
☐ EI-DCN	Boeing 737-8AS	☐ EI-DGW	Cameron Z-90	☐ EI-DLO	Boeing 737-8AS
☐ EI-DCO	Boeing 737-8AS	☐ EI-DGX	Cessna 152	☐ EI-DLR	Boeing 737-8AS
☐ EI-DCP	Boeing 737-8AS	☐ EI-DGY	Urban Air Lambada	☐ EI-DLS	Boeing 737-8AS
☐ EI-DCR	Boeing 737-8AS	☐ EI-DGZ	Boeing 737-86N	☐ EI-DLT	Boeing 737-8AS
☐ EI-DCS	Boeing 737-8AS	☐ EI-DHA	Boeing 737-8AS	☐ EI-DLV	Boeing 737-8AS
☐ EI-DCT	Boeing 737-8AS	☐ EI-DHB	Boeing 737-8AS	☐ EI-DLW	Boeing 737-8AS
☐ EI-DCV	Boeing 737-8AS	☐ EI-DHC	Boeing 737-8AS	☐ EI-DLX	Boeing 737 8AS
☐ EI-DCW	Boeing 737-8AS	☐ EI-DHD	Boeing 737-8AS	☐ EI-DLY	Boeing 737-8AS
☐ EI-DCX	Boeing 737-8AS	☐ EI-DHE	Boeing 737-8AS	☐ EI-DLZ	Boeing 737-8AS
☐ EI-DCY	Boeing 737-8AS	☐ EI-DHF	Boeing 737-8AS	☐ EI-DMA	SOCATA MS892E-150
☐ EI-DCZ	Boeing 737-8AS	☐ EI-DHG	Boeing 737-8AS	☐ EI-DMB	Best Off SkyRanger
☐ EI-DDA	Robinson R44	☐ EI-DHH	Boeing 737-8AS	☐ EI-DMC	Schweizer 269C-1
☐ EI-DDB	EC.120B Colibri	☐ EI-DHI	Boeing 737-8AS	☐ EI-DMG	Cessna 441
☐ EI-DDC	Cessna F172M	☐ EI-DHJ	Boeing 737-8AS	☐ EI-DMJ	Boeing 767-306
☐ EI-DDD	Aeronca 7AC Champion	☐ EI-DHK	Boeing 737-8AS	☐ EI-DMK	BAe 146-200
☐ EI-DDH	Boeing 777-243	☐ EI-DHM	Boeing 737-8AS	☐ EI-DMM	Boeing 737-33A
☐ EI-DDI	Hughes 269C-1	☐ EI-DHN	Boeing 737-8AS	☐ EI-DMN	Boeing 737-3K2
☐ EI-DDJ	Raj Hamsa X'Air	☐ EI-DHO	Boeing 737-8AS	☐ EI-DMP	Boeing 767-2Q8
☐ EI-DDK	Boeing 737-4S3	☐ EI-DHP	Boeing 737-8AS	☐ EI-DMR	Boeing 737-436
☐ EI-DDO	Montgomerie Merlin	☐ EI-DHR	Boeing 737-8AS	☐ EI-DMU	Whittaker MW6S
☐ EI-DDP	Puma Sprint	☐ EI-DHS	Boeing 737-8AS	☐ EI-DNA	Boeing 757-231
☐ EI-DDR	Bensen B.8V	☐ EI-DHT	Boeing 737-8AS	☐ EI-DND	Boeing 737-86N
☐ EI-DDW	Boeing 767-3S1	☐ EI-DHV	Boeing 737-8AS	☐ EI-DNH	Boeing 737-3Y5
☐ EI-DDX	Cessna 172S Skyhawk	☐ EI-DHW	Boeing 737-8AS	☐ EI-DNL	Bensen B.8M
☐ EI-DDY	Boeing 737-4Y0	☐ EI-DHX	Boeing 737-8AS	☐ EI-DNM	Boeing 737-4S3
☐ EI-DDZ	Piper PA-28-181 Archer	☐ EI-DHY	Boeing 737-8AS	☐ EI-DNN	Bede BD-5G
☐ EI-DEA	Airbus A320-214	☐ EI-DHZ	Boeing 737-8AS	☐ EI-DNO	Bede BD-5A
☐ EI-DEB	Airbus A320-214	☐ EI-DIA	Pegasus XL-Q	☐ EI-DNP	Airbus A320-212
☐ EI-DEC	Airbus A320-214	☐ EI-DIF	PA-31-350 Chieftain	☐ EI-DNR	Raj Hamsa X'Air 582
☐ EI-DEE	Airbus A320-214	☐ EI-DIP	Airbus A330-202	☐ EI-DNS	Boeing 737-329
☐ EI-DEF	Airbus A320-214	☐ EI-DIY	Van's RV-4	☐ EI-DNT	Boeing 737-329
☐ EI-DEG	Airbus A320-214	☐ EI-DJH	Airbus A320-232	☐ EI-DNU	Schweizer 269C-1
☐ EI-DEH	Airbus A320-214	☐ EI-DJI	Airbus A320-232	☐ EI-DNV	Schweizer 269C-1
☐ EI-DEI	Airbus A320-214	☐ EI-DJJ	BAe 146-200	☐ EI-DNW	Best Off Sky Ranger
☐ EI-DEJ	Airbus A320-214	☐ EI-DJK	Boeing 737-382	☐ EI-DNX	Boeing 737-31S
☐ EI-DEK	Airbus A320-214	☐ EI-DJM	Piper PA-28-161 Warrior II	☐ EI-DNY	Boeing 737-3TO
☐ EI-DEL	Airbus A320-214	☐ EI-DJO	Agusta A109E Power	☐ EI-DNZ	Boeing 737-3TO
☐ EI-DEM	Airbus A320-214	☐ EI-DJR	Boeing 737-3YO	☐ EI-DOB	Zenair CH-701
☐ EI-DEN	Airbus A320-214	☐ EI-DJS	Boeing 737-3YO	☐ EI-DOD	Airbus A320-231
☐ EI-DEO	Airbus A320-214	☐ EI-DJT	Boeing 737-86	☐ EI-DOE	Airbus A320-211
☐ EI-DEP	Airbus A320-214	☐ EI-DJU	Boeing 737-86N	☐ EI-DOF	Boeing 767-306
☐ EI-DER	Airbus A320-214	☐ EI-DJW	Robinson R44	☐ EI-DOH	Boeing 737-31S
☐ EI-DES	Airbus A320-214	☐ EI-DJX	Farrington Twinstarr	☐ EI-DOI	EV-97 Eurostar
☐ EI-DET	Airbus A320-214	☐ EI-DJY	Grob G115	☐ EI-DOM	Boeing 737-3G7
☐ EI-DEW	BAe 146-300	☐ EI-DJZ	Lindstrand LBL-31A	☐ EI-DON	Boeing 737-3YO
☐ EI-DEX	BAe 146-300	☐ EI-DKB	ICP MXP-740 Savannah	☐ EI-DOO	Boeing 737-35B
☐ EI-DEY	Airbus A319-112	☐ EI-DKC	Pegasus Quasar	☐ EI-DOP	Airbus A320-232
☐ EI-DEZ	Airbus A319-112	☐ EI-DKD	Boeing 737-86N	☐ EI-DOS	Boeing 737-49R
☐ EI-DFA	Airbus A319-112	☐ EI-DKE	Air Création 582/Kiss 400	☐ EI-DOT	Canadair CRJ900
☐ EI-DFG	Embraer EMB-170LR	☐ EI-DKI	Robinson R 22 Beta	☐ EI-DOU	Canadair CRJ900
☐ EI-DFH	Embraer EMB-170LR	☐ EI-DKJ	Thruster T600N	☐ EI-DOV	Boeing 737-48E
☐ EI-DFI	Embraer EMB-170LR	☐ EI-DKK	Raj Hamsa X'Air	☐ EI-DOW	Mainair Blade
☐ EI-DFJ	Embraer EMB-170LR	☐ EI-DKL	Boeing 757-231	☐ EI-DOX	Pegasus XL-R
☐ EI-DFK	Embraer EMB-170LR	☐ EI-DKM	Agusta Bell 206B	☐ EI-DOY	PZL Koliber 150A
☐ EI-DFL	Embraer EMB-170LR	☐ EI-DKN	ELA Aviacion ELA-07	☐ EI-DPA	Boeing 737-8AS
☐ EI-DFM	EV-97 Eurostar	☐ EI-DKT	Raj Hamsa X'Air	☐ EI-DPB	Boeing 737-8AS
☐ EI-DFO	Airbus A320-211	☐ EI-DKU	Air Création 582/Kiss 400	☐ EI-DPC	Boeing 737-8AS
☐ EI-DFP	Airbus A319-112	☐ EI-DKW	EV-97 Eurostar	☐ EI-DPD	Boeing 737-8AS
☐ EI-DFS	Boeing 767-33A	☐ EI-DKY	Raj Hamsa X'Air	☐ EI-DPE	Boeing 737-8AS
☐ EI-DFW	Robinson R44	☐ EI-DKZ	Reality Escapade	☐ EI-DPF	Boeing 737-8AS
☐ EI-DFX	Air Création 582/Kiss 400	☐ EI-DLB	Boeing 737-8AS	☐ EI-DPG	Boeing 737-8AS
☐ EI-DFY	Raj Hamsa X'Air	☐ EI-DLC	Boeing 737-8AS	☐ EI-DPH	Boeing 737-8AS
☐ EI-DGA	Urban Air Lambada	☐ EI-DLD	Boeing 737-8AS	☐ EI-DPI	Boeing 737-8AS
☐ EI-DGG	Raj Hamsa X'Air	☐ EI-DLE	Boeing 737-8AS	☐ EI-DPJ	Boeing 737-8AS
☐ EI-DGH	Raj Hamsa X'Air	☐ EI-DLF	Boeing 737-8AS	☐ EI-DPK	Boeing 737-8AS
☐ EI-DGI	ICP MXP-740 Savannah	☐ EI-DLG	Boeing 737-8AS	☐ EI-DPL	Boeing 737-8AS

☐ EI-DPM	Boeing 737-8AS
☐ EI-DPN	Boeing 737-8AS
☐ EI-DPO	Boeing 737-8AS
☐ EI-DPP	Boeing 737-8AS
☐ EI-DPR	Boeing 737-8AS
☐ EI-DPS	Boeing 737-8AS
☐ EI-DPT	Boeing 737-8AS
☐ EI-DPV	Boeing 737-8AS
☐ EI-DPW	Boeing 737-8AS
☐ EI-DPX	Boeing 737-8AS
☐ EI-DPY	Boeing 737-8AS
☐ EI-DPZ	Boeing 737-8AS
☐ EI-DRA	Boeing 737-852
☐ EI-DRB	Boeing 737-852
☐ EI-DRC	Boeing 737-852
☐ EI-DRD	Boeing 737-852
☐ EI-DRE	Boeing 737-752
☐ EI-DRH	Mainair Blade
☐ EI-DRI	Canadair CRJ900
☐ EI-DRJ	Canadair CRJ900
☐ EI-DRK	Canadair CRJ900
☐ EI-DRL	Raj Hamsa X'Air
☐ EI-DRM	Urban Air Samba
☐ EI-DRN	Robinson R44
☐ EI-DRO	Tecnam P.2002JF Sierra
☐ EI-DRT	A C Tanarg 912S/iXess 15
☐ EI-DRU	Tecnam P92 Echo
☐ EI-DRW	EV-97 Eurostar
☐ EI-DRX	Raj Hamsa X'Air
☐ EI-DSA	Airbus A320-216
☐ EI-DSB	Airbus A320-216
☐ EI-DSC	Airbus A320-216
☐ EI-DSD	Airbus A320-216
☐ EI-DSE	Airbus A320-216
☐ EI-DSF	Airbus A320-216
☐ EI-DSG	Airbus A320-216
☐ EI-DSH	Airbus A320-216
☐ EI-DSI	Airbus A320-216
☐ EI-DSJ	Airbus A320-216
☐ EI-DSK	Airbus A320-216
☐ EI-DSL	Airbus A320-216
☐ EI-DSM	Airbus A320-216
☐ EI-DSN	Airbus A320-216
☐ EI-DSO	Airbus A320-216
☐ EI-DSP	Airbus A320-216
☐ EI-DSR	Airbus A320-216
☐ EI-DSS	Airbus A320-216
☐ EI-DST	Airbus A320-216
☐ EI-DSU	Airbus A320-216
☐ EI-DSV	Airbus A320-216
☐ EI-DSW	Airbus A320-216
☐ EI-DSX	Airbus A320-216
☐ EI-DSY	Airbus A320-216
☐ EI-DSZ	Airbus A320-216
☐ EI-DTA	Airbus A320-216
☐ EI-DTS	Piper PA-18-95
☐ EI-DTT	ELA Aviacion ELA-07
☐ EI-DTU	Boeing 737-5YO
☐ EI-DTV	Boeing 737-5YO
☐ EI-DTW	Boeing 737-5YO
☐ EI-DTX	Boeing 737-5Q8
☐ EI-DTY	Boeing 737-3M8
☐ EI-DUA	Boeing 757-256
☐ EI-DUB	Airbus A330-301
☐ EI-DUC	Boeing 757-256
☐ EI-DUD	Boeing 757-256
☐ EI-DUE	Boeing 757-256
☐ EI-DUF	AS.365N2 Dauphin 2
☐ EI-DUH	Piel CP.1310 Emeraude
☐ EI-DUI	Grumman GA-7 Cougar
☐ EI-DUJ	EV-97 Eurostar
☐ EI-DUK	Canadair CRJ900
☐ EI-DUL	Alpi Pioneer
☐ EI-DUM	Canadair CRJ900
☐ EI-DUO	Airbus A330-203
☐ EI-DUS	Boeing 737-3M8
☐ EI-DUT	Bell 206B Jet Ranger
☐ EI-DUU	Canadair CRJ900
☐ EI-DUV	Beech B55 Baron
☐ EI-DUX	Canadair CRJ900
☐ EI-DUY	Canadair CRJ900
☐ EI-DUZ	Airbus A330-203
☐ EI-DVA	Boeing 737-36E
☐ EI-DVC	Boeing 737-33A
☐ EI-DVD	Airbus A319-113
☐ EI-DVE	Airbus A320-214
☐ EI-DVF	Airbus A320-214
☐ EI-DVG	Airbus A320-214
☐ EI-DVH	Airbus A320-214
☐ EI-DVI	Airbus A320-214
☐ EI-DVO	Barnett J4B2
☐ EI-DVP	Canadair CRJ900
☐ EI-DVR	Canadair CRJ900
☐ EI-DVS	Canadair CRJ900
☐ EI-DVT	Canadair CRJ900
☐ EI-DVU	Airbus A319-113
☐ EI-DVX	Robinson R44
☐ EI-DVY	Boeing 737-31S
☐ EI-DVZ	Robinson R44
☐ EI-DWA	Boeing 737-8AS
☐ EI-DWB	Boeing 737-8AS
☐ EI-DWC	Boeing 737-8AS
☐ EI-DWD	Boeing 737-8AS
☐ EI-DWE	Boeing 737-8AS
☐ EI-DWF	Boeing 737-8AS
☐ EI-DWG	Boeing 737-8AS
☐ EI-DWH	Boeing 737-8AS
☐ EI-DWI	Boeing 737-8AS
☐ EI-DWJ	Boeing 737-8AS
☐ EI-DWK	Boeing 737-8AS
☐ EI-DWL	Boeing 737-8AS
☐ EI-DWM	Boeing 737-8AS
☐ EI-DWO	Boeing 737-8AS
☐ EI-DWP	Boeing 737-8AS
☐ EI-DWR	Boeing 737-8AS
☐ EI-DWS	Boeing 737-8AS
☐ EI-DWT	Boeing 737-8AS
☐ EI-DWV	Boeing 737-8AS
☐ EI-DWW	Boeing 737-8AS
☐ EI-DWX	Boeing 737-8AS
☐ EI-DWY	Boeing 737-8AS
☐ EI-DWZ	Boeing 737-8AS
☐ EI-DXA	Ikarus C42 Cyclone
☐ EI-DXB	Boeing 737-31S
☐ EI-DXC	Boeing 737-4Q8
☐ EI-DXG	Boeing 737-4Q8
☐ EI-DXH	Robinson R 22 Beta II
☐ EI-DXI	Robinson R 22 Beta
☐ EI-DXJ	Robinson R 22 Beta
☐ EI-DXK	Robinson R44
☐ EI-DXL	CFM Shadow
☐ EI-DXM	Raj Hamsa X'Air
☐ EI-DXN	Zenair CH.601HD
☐ EI-DXP	Cyclone AX3/503
☐ EI-DXS	CFM Shadow Series C
☐ EI-DXT	Urban Air UFM-10 Samba
☐ EI-DXU	ELA Aviacion ELA-07
☐ EI-DXV	Thruster T600T
☐ EI-DXW	Learjet 60
☐ EI-DXX	Raj Hamsa X'Air
☐ EI-DXY	Airbus A320-212
☐ EI-DXZ	Urban Air UFM-10 Samba
☐ EI-DYA	Boeing 737-8AS
☐ EI-DYB	Boeing 737-8AS
☐ EI-DYC	Boeing 737-8AS
☐ EI-DYD	Boeing 737-8AS
☐ EI-DYE	Boeing 737-8AS
☐ EI-DYF	Boeing 737-8AS
☐ EI-DYG	Boeing 737-8AS
☐ EI-DYH	Boeing 737-8AS
☐ EI-DYI	Boeing 737-8AS
☐ EI-DYJ	Boeing 737-8AS
☐ EI-DYK	Boeing 737-8AS
☐ EI-DYL	Boeing 737-8AS
☐ EI-DYM	Boeing 737-8AS
☐ EI-DYN	Boeing 737-8AS
☐ EI-DYO	*Boeing 737-8AS*
☐ EI-DYP	Boeing 737-8AS
☐ EI-DYR	Boeing 737-8AS
☐ EI-DYS	Boeing 737-8AS
☐ EI-DYT	Boeing 737-8AS
☐ EI-DYV	Boeing 737-8AS
☐ EI-DYW	Boeing 737-8AS
☐ EI-DYX	Boeing 737-8AS
☐ EI-DYY	Boeing 737-8AS
☐ EI-DYZ	Boeing 737-8AS
☐ EI-DZA	Colt 21A
☐ EI-DZB	Colt 14A
☐ EI-DZC	Boeing 737-7Q8
☐ EI-DZE	Urban Air UFM-10 Samba
☐ EI-DZF	Pipistrel Sinus 912
☐ EI-DZG	Robinson R44 Raven II
☐ EI-DZH	Boeing 737-7Q8ER
☐ EI-DZI	Robinson R44 Raven
☐ EI-DZJ	Robinson R44 Raven II
☐ EI-DZK	Robinson R22 Beta
☐ EI-DZL	Urban Air UFM-10 Samba
☐ EI-DZM	Robinson R44 Raven II
☐ EI-DZN	Bell 222
☐ EI-DZO	Rotor Flight Dominator
☐ EI-DZP	Raj Hamsa X'Air Hawk
☐ EI-DZR	Airbus A320-212
☐ EI-DZS	BRM Land Africa Palanca
☐ EI-EAG	Plpistrel Virus 912
☐ EI-EAI	Sukhoi SU-26M2
☐ EI-EAK	Airborne Edge X/XT
☐ EI-EAM	Cessna 172R Skyhawk
☐ EI-EAP	Mainair Blade
☐ EI-EAR	Boeing 767-3Q8ER
☐ EI-EAV	Airbus A330-302
☐ EI-EAW	Airborne Windsports Edge
☐ EI-EAX	Raj Hamsa X'Air 582
☐ EI-EAY	Raj Hamsa X'Air 582
☐ EI-EAZ	Cessna 172R Skyhawk
☐ EI-EBA	Boeing 737-8AS
☐ EI-EBB	Boeing 737-8AS
☐ EI-EBC	Boeing 737-8AS
☐ EI-EBD	Boeing 737-8AS
☐ EI-EBE	Boeing 737-8AS
☐ EI-EBF	Boeing 737-8AS
☐ EI-EBG	Boeing 737-8AS
☐ EI-EBH	Boeing 737-8AS
☐ EI-EBI	Boeing 737-8AS
☐ EI-EBJ	Robinson R44 Raven
☐ EI-EBK	Boeing 737-8AS
☐ *EI-EBL*	*Boeing 737-8AS*
☐ *EI-EBM*	*Boeing 737-8AS*
☐ *EI-EBN*	*Boeing 737-8AS*
☐ EI-EBO	Boeing 737-8AS
☐ *EI-EBP*	*Boeing 737-8AS*
☐ EI-EBR	*Boeing 737-8AS*
☐ EI-EBS	Boeing 737-8AS
☐ *EI-EBT*	*Boeing 737-8AS*
☐ EI-EBV	*Boeing 737-8AS*
☐ EI-EBW	Boeing 737-8AS
☐ EI-EBX	*Boeing 737-8AS*
☐ EI-EBY	*Boeing 737-8AS*
☐ *EI-EBZ*	*Boeing 737-8AS*
☐ EI-ECA	Agusta A109A

Reg	Type	Reg	Type	Reg	Type
EI-ECB	Boeing 737-3Q8ER	EI-GLM	Schleicher Ka 6CR	EI-MAX	Learjet 31A
EI-ECC	Cameron Z-90	EI-GLN	Glasflügel H201 Std Libelle	EI-MCF	Cessna 172R Skyhawk
EI-ECD	Boeing 737-8FH	EI-GLO	Scheibe Zugvogel IIIB	EI-MCG	Cessna 172R Skyhawk
EI-ECE	Hawker 800XP	EI-GLP	EoN AP.5 Olympia 2B	EI-MCP	Agusta A109C
EI-ECG	BRM Land Africa	EI-GLR	Schleicher ASW-20L	EI-MEJ	Bell 206B-3 Jet Ranger III
EI-ECK	Raj Hamsa X'Air Hawk	EI-GLS	Glaser-Dirks LS7	EI-MEL	Agusta A109C
EI-ECL	Boeing 737-86N	EI-GLT	Schempp-Hirth Discus b	EI-MEN	Agusta A109S
EI-ECM	Boeing 737-86N	EI-GLU	Schleicher Ka.6CR	EI-MER	Bell 206B Jet Ranger
EI-ECN	Boeing 737-86N	EI-GLV	Schleicher ASW-19B	EI-MES	Sikorsky S-61N
EI-ECO	Raj Hamsa X'Air Hawk	EI-GLW	Schleicher Ka 6CR	EI-MIK	EC.120B Colibri
EI-ECP	Raj Hamsa X'Air Hawk	EI-GMA	Schleicher Ka 6CR	EI-MIP	AS.365N Dauphin 2
EI-ECR	Cessna 525A	EI-GMB	Schleicher ASW 27	EI-MIT	Agusta A109E Power
EI-ECS	Pipistrel Taurus 503	EI-GMC	Schleicher ASK 18	EI-MJC	Cessna 525B CJ3
EI-ECV	Raj Hamsa X'Air Jabiru	EI-GMD	Bölkow Phoebus C	EI-MJR	Robinson R44 Raven
EI-ECX	Airbus A319-132	EI-GME	Eiriavion PIK-20D	EI-MLN	Agusta A109E Power
EI-ECY	Airbus A319-132	EI-GMF	Schleicher ASK 13	EI-MLY	Agusta AW.139
EI-ECZ	Raj Hamsa X'Air Hawk	EI-GML	Grob G.103 Twin Astir	EI-MMO	Robinson R44 Raven
EI-EDA	Raj Hamsa X'Air Hawk	EI-GPT	Robinson R22 Beta II	EI-MOR	Robinson R44 Raven
EI-EDC	Cessna FA152	EI-GPZ	Robinson R44 Raven	EI-MPW	Robinson R44 Raven
EI-EDD	Airbus A320-232	EI-GSE	Cessna F172M	EI-MSG	Agusta A109E Power
EI-EDI	Comco Ikarus C42	EI-GSM	Cessna 182S Skylane	EI-MTZ	Urban Air UFM-10 Samba
EI-EDL	Boeing 737-8BK	EI-GTY	Robinson R22 Beta	EI-MUL	Robinson R44 Clipper
EI-EDR	Piper PA-28R-200	EI-GWY	Cessna 172R Skyhawk	EI-NBD	Robinson R44 Raven
EI-EGG	Robinson R44 Raven	EI-HAM	Light-Aero Avid Flyer	EI-NBG	Agusta A109S
EI-EHG	Robinson R22 Beta	EI-HAZ	Robinson R44 Raven	EI-NBP	Robinson R44 Raven
EI-EJR	Robinson R44 Raven	EI-HCS	Grob G109B Vigilant T1	EI-NFV	Cessna 172S Skyhawk
EI-ELL	Medway EclipseR	EI-HER	Bell 206B Jet Ranger III	EI-NJA	Robinson R44 Raven II
EI-ESK	Robinson R44 Raven II	EI-HHH	Agusta A109E Power	EI-NVL	Jora Jora
EI-EUR	EC.120B Colibri	EI-HOG	Cessna U206G Stationair	EI-ODD	Bell 206B-3 Jet Ranger III
EI-EWR	Airbus A330-202	EI-HOK	EC.130B4 Ecureuil	EI-OFM	Cessna F172N III
EI-EXC	Robinson R44 Raven	EI-HUM	Van's RV-7	EI-OLI	Robinson R44 Raven
EI-EXG	Robinson R22 Beta II	EI-HXM	Bell 206B Jet Ranger II	EI-OOR	Cessna 172S Skyhawk
EI-EXH	Robinson R44 Raven	EI-IAN	Pilatus PC-6/B2-H4	EI-OSH	Airbus A330-301
EI-EXM	Robinson R44 Raven	EI-IAW	Learjet 60	EI-PCI	Bell 206B-3 Jet Ranger III
EI-FAB	EC.120B Colibri	EI-IGA	Boeing 757-230	EI-PDG	AS.350B Ecureuil
EI-FAC	AS.350B2 Ecureuil	EI-IGB	Boeing 757-230	EI-PEC	Robinson R44 Raven II
EI-FAR	Robinson R44 Raven II	EI-IGC	Boeing 757-230	EI-PJD	AS.350B2 Ecureuil
EI-FBG	Cessna F182Q Skylane	EI-ILS	Eurocopter EC135 T2+	EI-PKS	Bell 206B-3 Jet Ranger III
EI-FBL	EC.120B Colibrii	EI-ING	Cessna F172P	EI-PMI	Agusta Bell 206B-3
EI-FII	Cessna 172RG	EI-IRE	CL604 Challenger	EI-POD	Cessna 177B Cardinal
EI-FOX	Robinson R44 Raven	EI-IRV	AS.350B Ecureuil	EI-POP	Cameron Z-90
EI-FXA	ATR 42-300	EI-JAC	Bell 206B Jet Ranger	EI-PRI	Bell 206B-3 Jet Ranger III
EI-FXB	ATR 42-300	EI-JAL	Robinson R44 Raven II	EI-RAV	Robinson R44 Raven
EI-FXC	ATR 42-300	EI-JAR	Robinson R44 Raven	EI-RCG	Sikorsky S-61N
EI-FXD	ATR 42-300	EI-JFC	Agusta A109S	EI-REA	ATR 72-201
EI-FXE	ATR 42-320	EI-JFD	Robinson R44 Raven	EI-REB	ATR 72-201
EI-FXG	ATR 72-202	EI-JFK	Airbus A330-301	EI-REH	ATR 72-202
EI-FXH	ATR 72-202	EI-JIM	Urban Air Samba XLA	EI-REI	ATR 72-212
EI-FXI	ATR 72-212	EI-JIV	Lockheed L-100	EI-REJ	ATR 72-201
EI-FXJ	ATR 72-202F	EI-JOR	Robinson R44 Raven II	EI-REL	ATR 72-212
EI-FXH	ATR 72-202F	EI-JPK	Tecnam P2002-JF	EI-REM	ATR 72-212A
EI-GAN	Bell 407	EI-JWP	Robnson R44 Raven II	EI-REO	ATR 72-212A
EI-GAV	Robinson R22 Beta II	EI-KDH	Piper PA-28-181 Archer	EI-REP	ATR 72-212A
EI-GBA	Boeing 767-266	EI-KEO	Agusta A109S Grand	EI-RER	ATR 72-212A
EI-GCE	Sikorsky S-61N	EI-KEV	Raj Hamsa X'Air 133	EI-RES	ATR 72-2xx
EI-GDL	Gulfstream 550	EI-KEY	Robinson R44 Raven	EI-RET	ATR 72-2xx
EI-GEM	Hawker 800XP	EI-KHR	Robinson R22 Beta II	EI-REU	ATR 72-2xx
EI-GER	Maule MX7-180A	EI-KJC	Hawker 850XP	EI-REW	ATR 72-500
EI-GFC	SOCATA TB-9 Tampico	EI-LAD	Robnson R44 Raven II	EI-REX	Learjet 60
EI-GHT	Bell 206B JetRanger III	EI-LAF	Bell 206B-3 Jet Ranger III	EI-RHM	Bell 407
EI-GJL	AS.365N3 Dauphin 2	EI-LAX	Airbus A330-202	EI-RJA	BAe Avro 146-RJ85
EI-GKL	Robinson R22 Beta	EI-LCM	SOCATA TBM-700N	EI-RJB	BAe Avro 146-RJ85
EI-GLA	Schleicher ASK 21	EI-LEM	SOCATA TB-9	EI-RJC	BAe Avro 146-RJ85
EI-GLB	Schleicher ASK 21	EI-LFC	Tecnam P.2002-JF Sierra	EI-RJD	BAe Avro 146-RJ85
EI-GLC	Centrair 101A Pégase	EI-LIT	MBB BÖ.105S	EI-RJE	BAe Avro 146-RJ85
EI-GLD	Schleicher ASK 13	EI-LKS	Eurocopter EC135T	EI-RJF	BAe Avro 146-RJ85
EI-GLF	Schleicher K 8B	EI-LMK	Agusta A109S Grand	EI-RJG	BAe Avro 146-RJ85
EI-GLG	Schleicher Ka 6CR	EI-LNX	EC130B4 Ecureuil	EI-RJH	BAe Avro 146-RJ85
EI-GLH	Sportine Aviacija LAK-17A	EI-LOC	Robinson R44 Raven	EI-RJI	BAe Avro 146-RJ85
EI-GLI	Schempp-Hirth Duo Discus	EI-LVA	Airbus A321-231	EI-RJJ	BAe Avro 146-RJ85
EI-GLJ	Glaser-Dirks DG-200	EI-LVB	Airbus A321-231	EI-RJK	BAe Avro 146-RJ85
EI-GLK	Schempp-Hirth Cirrus	EI-LVD	Airbus A321-231	EI-RJL	BAe Avro 146-RJ85
EI-GLL	Glaser-Dirks DG-200	EI-MAG	Robinson R22 Beta	EI-RJM	BAe Avro 146-RJ85

☐ EI-RJN	BAe Avro 146-RJ85		☐ EI-VIC	Robinson R44 Raven II
☐ EI-RJO	BAe Avro 146-RJ85		☐ EI-VIV	Learjet 60
☐ EI-RJP	BAe Avro 146-RJ85		☐ EI-VLN	Piper PA-18-150
☐ EI-RJR	BAe Avro 146-RJ85		☐ EI-WAC	Piper PA-23-250 Aztec E
☐ EI-RJS	BAe Avro 146-RJ85		☐ EI-WAT	Tecnam P.2002-JF Sierra
☐ EI-RJT	BAe Avro 146-RJ85		☐ EI-WAV	Bell 430
☐ EI-RJU	BAe Avro 146-RJ85		☐ EI-WFD	Tecnam P2002-JF Sierra
☐ EI-RJV	BAe Avro 146-RJ85		☐ EI-WFO	Learjet 45
☐ EI-RJW	BAe Avro 146-RJ85		☐ EI-WIG	Best Off Sky Ranger 912
☐ EI-RJX	BAe Avro 146-RJ85		☐ EI-WJN	HS.125 Series 700A
☐ EI-RJY	BAe Avro 146-RJ85		☐ EI-WMN	Piper PA-23-250 Aztec E
☐ EI-RJZ	BAe Avro 146-RJ85		☐ EI-WRN	Piper PA-28-151 Warrior
☐ EI-RMC	Bell 206B-3 Jet Ranger III		☐ EI-WWI	Robinson R44 Raven
☐ EI-ROB	Robin R.1180TD Aiglon		☐ EI-WXA	BAe Avro 146-RJ85
☐ EI-RON	Robinson R44 Raven		☐ EI-WXB	BAe Avro 146-RJ85
☐ EI-SAC	Cessna 172P Skyhawk		☐ EI-WXP	Hawker 800XP
☐ EI-SAR	Sikorsky S-61N		☐ EI-XLA	Urban Air Samba XLA
☐ EI-SAT	Steen Skybolt		☐ EI-XLS	Cessna 560XL Citation
☐ EI-SEA	Searey Amphibian		☐ EI-YBZ	Robinson R44 Raven
☐ EI-SGF	Robinson R44 Raven		☐ EI-YLG	Robin HR200/120B
☐ EI-SGN	Robinson R44 Raven		☐ EI-ZZZ	Bell 222A
☐ EI-SKB	Piper PA-44-180 Seminole			
☐ EI-SKC	Piper PA-44-180 Seminole			
☐ EI-SKE	Robin DR.400-140B Earl			
☐ EI-SKG	Robin DR.400 135CDi			
☐ EI-SKL	Robin DR.400 135CDi			
☐ EI-SKP	Cessna F172P			
☐ EI-SKR	Piper PA-44-180 Seminole			
☐ EI-SKS	Robin R.2160			
☐ EI-SKT	Piper PA-44-180 Seminole			
☐ EI-SKU	PA-28RT-201 Arrow IV			
☐ EI-SKV	Robin R.2160			
☐ EI-SKW	Piper PA-28-161 Warrior			
☐ EI-SLA	ATR 42-300			
☐ EI-SLC	ATR 42-300			
☐ EI-SLF	ATR 72-202			
☐ EI-SLG	ATR 72-201			
☐ EI-SLH	ATR 72-202			
☐ EI-SMD	Robinson R44 Raven			
☐ EI-SMK	Zenair CH.701 STOL			
☐ EI-SNJ	Bell 407			
☐ EI-SPB	Cessna T206H Stationair			
☐ EI-SQG	Agusta A109E Power			
☐ EI-STR	Bell 430			
☐ EI-STT	Cessna 172M Skyhawk			
☐ EI-SUB	Robinson R44 Raven			
☐ EI-TAB	Airbus A320-233			
☐ EI-TAD	Airbus A320-233			
☐ EI-TAG	Airbus A320-233			
☐ EI-TGF	Robinson R22 Beta II			
☐ EI-TIM	Piper J-5A Cub Cruiser			
☐ EI-TIP	Bell 430			
☐ EI-TKI	Robinson R22 Beta			
☐ EI-TMH	Robinson R44 Raven			
☐ EI-TOM	Bell 407			
☐ EI-TON	Raj Hamsa X'Air 582			
☐ EI-TOY	Robinson R44 Raven			
☐ EI-TWO	Agusta A109E Power			
☐ EI-UFO	Piper PA-22-150 Tri-Pacer			
☐ EI-UNA	Boeing 767-3P6ER			
☐ EI-UNB	Boeing 767-3P6ER			
☐ *EI-UNC*	*Boeing 767-3P6ER*			
☐ EI-UND	Boeing 767-3P6ER			
☐ EI-UNF	Boeing 767-3P6ER			
☐ EI-UNI	Robinson R44 Raven II			
☐ *EI-UNX*	*Boeing 777-222*			
☐ *EI-UNY*	*Boeing 777-222*			
☐ *EI-UNZ*	*Boeing 777-222*			
☐ EI-UPA	McDonnell-Douglas MD-11F			
☐ EI-UPE	McDonnell-Douglas MD-11F			
☐ EI-UPI	McDonnell-Douglas MD-11F			
☐ EI-UPO	McDonnell-Douglas MD-11F			
☐ EI-UPU	McDonnell-Douglas MD-11C			

Republic of Ireland Aircraft Bases guide

Aircraft leased to overseas operators and balloons are omitted.

Abbeyshrule A/G 122.600

EI-AED	AGD	ATK	ATL
ATS	AVM	AWP	AWR
AYB	AYF	AYK	AYT
BBE	BCM	BEP	BFI
BGD	BGU	BIM	BIR
BIS	BJJ	BJT	BMA
BPU	BUF	BVK	BVY
BXT	BYF	CGB	CGH
CIV	CPN	CUJ	DGA
DGP	DGR	DGY	DKC
DRM	DRU	DZE	EAI
NVL	SAT	XLA	

Ardenagh Great, Taghmon

EI-AFF	BFR	BSB	CGF
CPP			

Birr A/G 122.950

EI-AED	AST	BAV	BKC
CJS	DKW	DXX	DZF
EAY	ECS	KEV	TON

Carnmore, Galway

EI-BCL	BIB	BID	BJO
CJR	CTG	CZA	DGT
DGV	MCF	NFW	SMD
ZZZ			

Celtic Heliport, Knocksedan, Dublin
EI-MEL

Clonbullogue

EI-BNK	CDP	DBJ	DKT
IAN			

Connemare Inveran
EI-AYN BCE

Coonagh A/G 129.900

EI-BFP	BMJ	BNU	BYX
CIZ	CJV	DDD	DNW
DOY	DRW	HUM	JPK
LFC			

Cork APP 119.100, TWR 119.3

EI-AUT	BFE	BWH	CAE
CGP	DDX	DFW	DJY
DRN	DVZ	DXI	EAM
EAZ	ECA	ECV	GWY
HAZ	JAR	MIP	MOR

Dublin APP 119.550 TWR 118.600

EI-ABI	ACY	BYO	BYR
CBK	CCJ	CCL	CGC
CPC	CPD	CPE	CPF
CPG	CPH	CPT	CRK
CSN	CSO	CSP	CSQ
CSR	CSS	CST	CSV
CSW	CTA	CTB	CVA
CVB	CVC	CVD	CVR
CZN	DAA	DAC	DAD
DAE	DAF	DAG	DAH
DAI	DAJ	DAK	DAL
DAM	DAN	DAO	DAP
DAR	DAS	DAT	DAV
DAW	DAX	DAY	DAZ
DCB	DCC	DCD	DCE
DCF	DCG	DCH	DCI
DCJ	DCK	DCL	DCM
DCN	DCO	DCP	DCR
DCS	DCT	DCV	DCW
DCX	DCY	DCZ	DEA
DEB	DEC	DEE	DEF
DEG	DEH	DEI	DEJ
DEK	DEL	DEM	DEN
DEO	DEP	DER	DES
DET	DHA	DHB	DHC
DHD	DHF	DHF	DHG
DHH	DHI	DHJ	DHK
DHM	DHN	DHO	DHP
DHR	DHS	DHT	DHV
DHW	DHX	DHY	DHZ
DJO	DJU	DLB	DLC
DLD	DLE	DLF	DLG
DLH	DLI	DLJ	DLK
DLL	DLM	DLN	DLO
DLR	DLS	DLT	DLV
DLW	DLX	DLY	DLZ
DPA	DPB	DPC	DPD
DPE	DPF	DPG	DPH
DPI	DPJ	DPK	DPL
DPM	DPN	DPO	DPP
DPR	DPS	DPT	DPV
DPW	DPX	DPY	DPZ
DUB	DUO	DUZ	DVE
DVF	DVG	DVH	DVI
DWA	DWB	DWC	DWD
DWE	DWF	DWG	DWH
DWI	DWJ	DWK	DWL
DWM	DWO	DWP	DWR
DWS	DWT	DWV	DWW
DWX	DWY	DWZ	DYA
DYB	DYC	DYD	DYE
DYF	DYG	DYH	DYI
DYJ	DYK	DYL	DYM
DYN	DYO	DYP	DYR
DYS	DYT	DYV	DYW
DYX	DYY	DYZ	EAV
EBA	EBB	EBC	EBD
EBE	EBF	EBG	EBH
EBI	EBK	EDR	EUR
EWR	FAC	FXA	FXB
FXC	FXD	FXE	FXG
FXH	FXI	FXJ	FXK
GAN	IRE	JFK	JIV
KJC	LAX	LKS	LMK
LNX	MES	MIT	MSG
ODD	ORD	PCI	PKS
PMI	REA	REB	REX
RHM	SLA	SLC	SLF
SLG	SLH	SNJ	SPB
SQG	TIP	TWO	VIC

Dublin - Knocksedan
EI-BIJ BYJ CAW

Ferskill, Granard

EI-DCA	DGG	DGI	DGJ
DRL	DRX	EDI	

Galway TWR 122.500

EI-BHT	BYY	CUW	DGS
EXM	JFD	LOC	MCG
MUL	REH	REI	REJ
REL	REM	REO	REP
RER	RON		

Gorey

EI-ANT	CJJ	DXJ	DXK
HCS			

Gowran Grange, Naas

EI-APS	BSX	GLC	GLD
GLF	GLG	GLH	GLI
GLJ	GLK	GLL	GLM
GLN	GLO	GLR	GLS
GLT	GLV	GMB	GMC
GMD			

Hacketstown
EI-BBO BHN CAY DIA

Kilkenny (A/G 122.900 &130.400

EI-BBI	BCS	DRO	DUI
DZG	DZM	GLA	GLP
GLU	GME	GMF	MMO

Kilrush

EI-ANY	AYR	BBV	BCF
BCN	BDL	BIK	BIO
BIT	BJK	BYL	CFF
CKH	CTL	CVW	DBI
DDP	DDR	DKE	DKJ
DKN	DOW	DTT	DXZ
EAX	ELL	VLN	

Letterkenny
EI-DZI EDA

Newcastle, Dublin
EI-AMK CCK CCM

Oranmore Heliport, Galway

EI-CZM	DXH	EBJ	EXG
EXH	GKL	GTY	MAG
MIK	MJR	NBD	NBP
OLI	RAV	TGF	

Powerscourt
EI-AUS BMF CEG

Rathcoole
EI-AWH CAU CJT CZC

Seven Parks Farm, Balbriggan
EI-AGJ ALP AUM

Shannon (APP 121.400, TWR 118.700)

EI-BPL	DXW	ECE	ECR
GCE	GDL	RCG	RMC
VIV	WAC	WAV	WFO
WJN	WMN	WXP	XLS

Strandhill, Sligo (TWR 122.100)

EI-AVE	BBC	BGJ	BMU
CXS	OOR	SAC	SEA

Thurles, Moyne

EI-AYY	BUC	CFX	CIA
CVL	HER		

Trevet, Dunshaughlin, County Meath
EI-BLD DUF LIT PDG

Trim (A/G 123.300)

EI-BAJ	BFO	CCF	CGV
CUT	DDC	GER	POD
STT	TIM	UFO	

Waterford (*TWR 129.850*)

EI-AOB	ATJ	BDR	BKK
BRS	BSO	CDX	CIF
CPI	CRG	CRV	DJM
DMG	DNN	DNO	GFC
LEM	ROB	SAR	SKB
SKC	SKP	SKR	SKU
WAT	WFD		

Weston, Dublin (*A/G 122.400*)

EI-BAT	BBJ	BCK	BCU
BEA	BEN	BHC	BHW
BIV	BJM	BKN	BMB
BMI	BMM	BMN	BOE
BRU	BSC	BSK	BSL
BUA	BUG	BUH	BUN
BUT	BYG	CAC	CAD
CAP	CAX	CCD	CDV
CFP	CFY	CGD	CGG
CHM	CIG	CIM	CIN
CPO	CRX	CWR	CZL
CZP	DDA	DDB	DDI
DDZ	DGX	DIF	DJW
DKI	DKM	DMC	DNU
DUV	DZJ	DZK	EDC
EGG	FBG	FII	GAV
GSE	GSM	HHH	HOK
ING	IRV	JAC	KDH
KHR	LAF	LCM	MEN
MLY	NJA	OFM	PJD
SKE	SKG	SKL	SKS
SKT	SKV	SKW	TMH
TOY	UNI	WRN	YLG

Current Irish military serials

Active aircraft including historic flights and museum exhibits.

- ☐ 34 Miles M.14 Magister
- ☐ 141 Avro Anson
- ☐ 164 DHC.1 Chipmunk
- ☐ 168 DHC.1 Chipmunk
- ☐ 172 DHC.1 Chipmunk
- ☐ 183 Provost T51
- ☐ 184 Provost T51
- ☐ 187 DH115 Vampire T55
- ☐ 191 DH115 Vampire T55
- ☐ 192 DH115 Vampire T55
- ☐ 195 Alouette III
- ☐ 198 DH115 Vampire T11
- ☐ 199 DHC.1 Chipmunk
- ☐ 202 Alouette III
- ☐ 203 Cessna FR.172H
- ☐ 205 Cessna FR.172H
- ☐ 206 Cessna FR.172H
- ☐ 207 Cessna FR.172H
- ☐ 208 Cessna FR.172H
- ☐ 210 Cessna FR.172H
- ☐ 215 Fouga CM.170R
- ☐ 219 Fouga CM.170R
- ☐ 240 Beech 200 King Air
- ☐ 251 Gulfstream 4
- ☐ 252 CASA 235 MPA
- ☐ 253 CASA 235 MPA
- ☐ 254 BN-2T Islander
- ☐ 255 AS.355N2
- ☐ 256 Eurocopter EC135 T1
- ☐ 258 Lear Jet 45
- ☐ 260 Pilatus PC-9M
- ☐ 261 Pilatus PC-9M
- ☐ 262 Pilatus PC-9M
- ☐ 263 Pilatus PC-9M
- ☐ 264 Pilatus PC-9M
- ☐ 265 Pilatus PC-9M
- ☐ 266 Pilatus PC-9M
- ☐ 267 Pilatus PC-9M
- ☐ 270 Eurocopter EC135T2
- ☐ 271 Eurocopter EC135T2
- ☐ 272 Eurocopter EC135T2
- ☐ 273 *Eurocopter EC135T2*
- ☐ 274 AW139
- ☐ 275 AW139
- ☐ 276 AW139
- ☐ 277 AW139
- ☐ 278 AW139
- ☐ 278 AW139
- ☐ 279 AW139

Isle of Man Register

Correct to 12th February 2009.

- M-ABUS   Airbus A340-313X
- M-ACPT   BAe 125 Series 1000B
- M-AGIC   Cessna 680 Sovereign
- M-AJDM   Cessna 525A CJ2
- M-AJOR   Raytheon Hawker 900XP
- M-ALAN   PA-30 Twin Comanche
- M-ALUN   HS 125 Series 700A
- M-AMND   Dassault Falcon 2000EX
- M-ANIN   SOCATA TB-20 Trinidad GT
- M-AXIM   Cessna T206H Stationair
- M-BIGG   CL605 Challenger
- M-BIRD   Cessna 525B CJ3
- M-BOAT   EC130B-4 Ecureuil
- M-BONO   Cessna 172N Skyhawk II
- M-BWFC   Cessna 560XL Citation XLS
- M-CHEM   Dassault Falcon 2000EX
- *M-CVRS   BD-700 Global Express*
- M-DASO   Dassault Falcon 50
- M-DBOY   Agusta A109C
- M-DKDI   Cessna 750 Citation X
- *M-DSCL   EMB135BJ Legacy*
- M-EDIA   Piper PA-34-200 Seneca II
- M-EGGA   Beech B200 King Air
- M-EIRE   CL604 Challenger
- M-ELON   Cessna 525B CJ3
- M-EOCV   Learjet 45
- M-ERIT   Agusta-Westland AW139
- M-ERRY   Sikorsky S-76B
- M-FALC   Dassault Falcon 900EX
- M-FIVE   Beech B350 King Air
- M-FMHG   Gulfstream IV
- M-FOUR   Beech A36 Bonanza
- M-FSRE   Beech B200 King Air
- M-FZMH   CL600 Challenger 850
- M-GBAL   BD-700 Global Express
- M-GINZ   SOCATA TB-20 Trinidad
- M-GLAS   Beech C90A King Air
- M-GLRS   Learjet 45
- M-GOLF   Cessna FR182RG Skylane
- M-GPIK   Dassault Falcon 50EX
- M-GULF   Gulfstream IV
- M-HAWK   Raytheon Hawker 800XP
- M-HDAM   BAe 125 Series 800B
- *M-HOIL   Learjet 60*
- M-ICKY   Pilatus PC-12/45
- M-ICRO   Cessna 525A CJ2
- M-IDAS   Agusta A109E Power
- M-IFES   CL600 Challenger 600S
- M-IFLY   Pilatus PC-12/47E
- M-INOR   Raytheon Hawker 900XP
- *M-JANP   BD-700 Global 5000*
- M-JETI   HS 125 Series 800B
- M-JETT   Dassault Falcon 20
- M-JMMM   Dassault Falcon 900B
- M-KOGO   Eurocopter EC135T2+
- M-LCJP   Raytheon Hawker 900XP
- M-LEAR   Learjet 31
- M-LEFB   Cessna 550 Citation II
- M-LEKT   Robin DR.400/180 Régent
- M-LJGI   Dassault Falcon 2000EX
- *M-LNDN   EC155B1 Dauphin 2*
- M-MANX   Cessna 425 Corsair
- M-MIKE   Cessna 525B CJ3
- M-MUFC   Piper PA-44-180 Seminole
- M-NATH   EMB-135BJ Legacy
- M-NEWT   BD-100 Challenger 300
- M-NINE   Beech G58 Baron
- M-NOEL   BD-100 Challenger 300
- M-OLTT   Pilatus PC-12/47E
- M-ONTY (2)   Sikorsky S-76C+
- M-ONAV   Raytheon Hawker 900XP
- M-OODY   Cessna 525B CJ3
- M-OORE   Beech 350 Super King Air
- M-OPED   Piper PA-32-301XTC
- M-OTOR   Beech C90A King Air
- M-PARK   Cessna 525 CitationJet
- M-PHML   American AG-5B Tiger
- M-PRVT   Cessna 750 Citation X
- M-PSAC   Cessna 525A CJ2
- M-RAVA   LET L-200D Morava
- M-RLIV   CL604 Challenger
- M-RURU   Dassault Falcon 900B
- M-SAIR   Dassault Falcon 900B
- M-SHEP   SOCATA TBM850
- M-SKZI   CL604 Challenger
- M-SKSM   BD-700 Global 5000
- M-SMJJ   Cessna 414A Chancellor
- M-SSSV   Learjet 60XR
- M-STCO   Dassault Falcon 2000EX
- M-TEAM   Cessna 525 CJ1+
- M-TSRI   Beech C90GT King Air
- M-URUS   Boeing 737-7GC BBJ
- M-USCA   SOCATA TBM700
- M-USHY   Cessna 441 Conquest II
- *M-VRNY   Gulfstream G550*
- M-WLLM   Beech C90GTI King Air
- M-WMWM   Cessna 525A CJ2
- M-WOOD   Cessna 550 Bravo
- M-XONE   Cessna 525A CJ2
- M-YAIR   Raytheon 390 Premier 1A
- M-YAKW   Cessna 208B
- M-YCHT   Eurocopter EC135T2+
- M-YEDT   Gulfstream 100
- M-YGTS   Cirrus SR20-G3-GTS
- M-YJET   Dassault Falcon 2000EX
- M-YNJC   EMB135BJ Legacy
- M-YSKY   Raytheon 390 Premier 1A
- M-YWAY   Agusta A109S Grand

Foreign registered aircraft based in the U.K & Ireland

Aircraft marked * are either stored or not airworthy. The information is correct to mid February 2009.

- C-FQIP Lake LA-4-200 Buccaneer
- C-GWJO* Boeing 737-2A3

- CS-ARI Robin HR.100/210 Safari

- D-ASDB VFW-Fokker VFW-614
- D-CALM Dornier Do 228-101
- D-EAAW Bölkow BÖ.209-160RV
- D-EAGC Cessna F172H
- D-EAMB Bölkow BÖ.208C Junior
- D-EANS Mooney M.20G
- D-EAOB Piper PA-28-181 Archer II
- D-EAPF Robin DR.400/180R
- D-EAWW Piper PA-28R-201 Arrow III
- D-EBLI Bölkow BÖ.207
- D-EBLO* Bölkow BÖ.207
- D-EBWE Piper PA-28-235 Cherokee
- D-EBXR Cessna FR172K Hawk XP
- D-ECFE Oberlerchner JOB 15-150
- D-ECGI Bölkow BÖ.208C Junior
- D-ECOX Dornier Do.27Q-1
- D-EDEL PA-32-300 Cherokee Six
- D-EDEQ Beech B24R Sierra 200
- D-EDFD Piper PA-28-181 Archer II
- D-EDNA Bölkow BÖ.208C Junior
- D-EEAH Bölkow BÖ.208C Junior
- D-EEHW Cessna P210N Centurion
- D-EEPI Wassmer WA.54 Atlantic
- D-EEVY Cessna 170A
- D-EFDL Grumman AA-5
- D-EFFA Ruschmeyer R90-230RG
- D-EFJG Bölkow BÖ.209-160RV
- D-EFQE Bölkow BÖ.207
- D-EFTI Bölkow BÖ.207
- D-EFVS Wassmer WA.52 Europa
- D-EFZC SIAI-Marchetti S.208
- D-EFZO Cessna F172F
- D-EGDC Grumman AA-5B Tiger
- D-EGEC Piaggio FWP.149D
- D-EGEU* Piper PA-22-108 Colt
- D-EGHW Bölkow BÖ.209-150FV
- D-EGLW* Piper PA-38-112 Tomahawk
- D-EGVA Piper PA-28R-200 Arrow II
- D-EHAY CEA DR.253B Regent
- D-EHJL Piaggio FWP.149
- D-EHKY Bölkow BÖ 207
- D-EHLA Bölkow BÖ.207
- D-EHOP Bölkow BÖ.207
- D-EHUQ Bölkow BÖ.207
- D-EHYX* Bölkow BÖ.207
- D-EIAR CEA DR.250/160 Capitaine
- D-EIKR Robin DR.400/180 Regent
- D-EIVF PZL-110 Koliber 150
- D-EJBI Bölkow BÖ.207
- D-EJLY Cessna 182K Skylane
- D-EKHW Piper PA-28RT-201T Arrow IV
- D-EKJD Cessna FR172J Rocket
- D-EKUR Mooney M.20K Model231
- D-ELRN Extra EA.400
- D-ELSR Robin DR400-180R
- D-EMZC Cessna FR172G Rocket
- D-ENBW Tecnam P2002-JF Sierra
- D-ENTO American General AG-5B
- D-EOAJ Piaggio FWP.149
- D-EOMK Robin DR.400/180 Regent
- D-EQXD Klemm Kl.35D
- D-ETTO Extra EA.300/L
- D-EWAT Commander 114B
- D-FBPS Cessan 208B Caravan
- D-FLOH Cessna 208B Caravan
- D-GACR Piper PA-34-220T Seneca III
- D-GPEZ PA-30 Twin Comanche C
- D-HCKV Agusta A109A-II
- D-IBPN Beech 58P Baron
- D-KIFF SFS-31 Milan
- D-KIOJ Schempp-Hirth Nimbus 4M
- D-KMDP Fournier RF-3
- D-MBRG Aerostyle Breezer
- D-MPGB Remos GX
- D-MDMM Impulse 100

- EC-CFA* Boeing 727-256
- EC-DDX* Boeing 727-256A
- EC-EP6 ELA Aviacion ELA-07

- F-BBSO* Taylorcraft Auster 5
- F-BMCY* Potez 840
- F-BMHM Piper J-3C-65 Cub
- F-BPFP SA.315B Lama
- F-BRHN Bölkow BÖ.208C Junior
- F-BRIC MS.885 Super Rallye
- F-BROC CEA DR.360 Chevalier
- F-BSPQ Robin DR.300/120 Prince
- F-BTKO Robin HR.100/210 Safari
- F-BXCP MH.1521M Broussard
- F-GAIF Wassmer WA.81
- F-GAOE Robin HR.200/100S Club
- F-GCTU Piper PA-38-112 Tomahawk
- F-GFGH Rallye 235E
- F-GFOR Robin ATL
- F-GGHH Robin ATL
- F-GIBU SA.342J Gazelle
- F-GJPB * SOCATA TB-9 Tampico
- F-GJQI Robin ATL L
- F-GKGN Grumman AA-5B
- F-GKMZ Mudry CAP.232
- F-GLAO SOCATA TB-9 Tampico
- F-GLTR* Cessna 172R
- F-GMHH*Robin HR.100/210 Safari
- F-GODZ Pilatus PC-6/340 Porter
- F-GOTC Mudry CAP.232
- F-GOXD Robin DR400/180RP
- F-GPBF Piper PA.31T Cheyenne
- F-GXDB Mudry CAP.232
- F-GXFP SA.318C Alouette Astazou
- F-GXHD Robin ATL
- F-HOLF AS355NP Ecureuil 2
- F-JITM Funk FK-14 Polaris
- F-PURU Dyn'Aero MCR-01 Sportster
- F-PYOY Heintz Zenith 100
- F-WUTU Progressor Pou Gyrocopter
- 44-ADC Aeroprakt A20 Vista

- HA-ACO Dornier Do.28D-2
- HA-ANG Antonov An-2P
- HA-CBG Yakovlev Yak-18T
- HA-HUA Yakovlev Yak-18T
- HA-HUB Yakovlev Yak-12M
- HA-HUD Sukhoi Su-29
- HA-HUE Yakovlev Yak-18T
- HA-IDL SE.3130 Alouette II
- HA-JAB Yakovlev Yak-18T
- HA-LAQ LET L-410UVP-E4
- HA-LFB SA.341G Gazelle
- HA-LFH SA.341G Gazelle
- HA-LFM SA.341G Gazelle
- HA-LFQ SA.341G Gazelle
- HA-LFZ SA.318C Alouette II
- HA-MKF Antonov An-2
- HA-NAH SMG-92 Finist
- HA-PPC SE3130 Alouette II
- HA-PPY SOKO SO341 Gazelle
- HA-SEU* PZL-104 Wilga 35A
- HA-SMD Yakovlev Yak-18T
- HA-VOC Dornier Do.28D-2
- HA-YAB Yakovlev Yak-18T
- HA-YAD Yakovlev Yak-18T
- HA-YAE Yakovlev Yak-18T
- HA-YAF Yakovlev Yak-18T
- HA-YAG Yakovlev Yak-18T
- HA-YAJ Yakovlev Yak-18T
- HA-YAK Yakovlev Yak-18T
- HA-YAM Yakovlev Yak-18T
- HA-YAN Yakovlev Yak-18T
- HA-YAO Sukhoi Su-29
- HA-YAP Yakovlev Yak-18T
- HA-YAR Sukhoi Su-29
- HA-YAU Yakovlev Yak-18T
- HA-YAV Yakovlev Yak-18T
- HA-YAW Sukhoi Su-29
- HA-YAZ Yakovlev Yak-18T
- HA-YDF Technoavia SMG-92 Finist
- HA-YFC LET L-410-FG

- HB-DFT Mooney M.20J
- HB-CIU Cessna FR172J Rocket
- HB-OLP Piper PA-28-140 Cherokee
- HB-OBP *Piper J-3C-65 Cub

- HZ-ARK Gulfstream G-550
- HZ-OFC5 Dassault Falcon 900EX
- HZ-SJP3 CL604 Challenger

- I-6570 Aeropro Eurofox
- I-6929 Aeropro Eurofox
- I-9262 Aeroprakt A22 Vision
- I-EIXM* Piper PA-18-135 Super Cub
- I-TOMI* Nardi FN.305D

- LN-AMY North American AT-6D
- LN-GDA Brditschka HB-21
- LN-KKA* Fokker F.27-050

- LV-AZF Boeing 747-267B
- LV-RIE Nord 1002 Pingouin
- LV-WTY McDonnell-Douglas MD-81

- LX-FTA Dassault Falcon 900C

- LY-BIG Antonov An-2T
- LY-CCP Yakovlev Yak-18T

- N1FD SOCATA TB-200 Tobago
- N1FY Cessna 421C Golden Eagle
- N2CL PA-28RT-201T Arrow IV
- N2FU Learjet 31
- N2NR Agusta A109A-II
- N2RK Lockheed L.188PF Electra
- N3HK Cessna 340 II
- N4HG Lockheed L.188PF Electra
- N4VQ Beech A36 Bonanza
- N5LL Piper PA-31 Navajo C
- N6NE* Lockheed Jetstar 731
- N7AG Agusta A109A Mk.II
- N7EX Extra EA.300/L
- N7EY PA-30 Twin Comanche
- N8MZ PA-30 Twin Comanche B
- N9AY Cessna 421C Golden Eagle
- N9FJ AS.350B-2 Ecureuil
- N9SZ Cirrus SR22-GTS
- N10MC Cirrus SR22

Reg	Type	Reg	Type	Reg	Type
☐ N11FV	Cessna T303 Crusader	☐ N51ER	Champion 7GCAA	☐ N90DJ	Cessna F182Q
☐ N12AB	Ruschmeyer R90-230RG	☐ N51WF	Rockwell 690C	☐ N90YA	Cessna 425 Corsair
☐ N12AG	Pilatus PC-12	☐ N53SB	Cessna FR172H Rocket	☐ N91ME	SOCATA TB-20 Trinidad
☐ N12SJ	Cirrus SR22	☐ N54BN	BN-2T Islander	☐ N91TH	Agusta A109E Power
☐ N12ZX	Mooney M.20J	☐ N55BN	Beech 95-B55 Baron	☐ N92RW	Beech F33A Bonanza
☐ N13DT	Robinson R44	☐ N55EN	Beech E55 Baron	☐ N94SA	Champion 7ECA Citabria
☐ N14AF	Commander 112TC-A	☐ N56GH	Bell 206B	☐ N95D	Piper PA-34-220T Seneca
☐ N14HF	Maule MT-7-235	☐ N57CR	Hiller UH-12C	☐ N95GT	Cirrus SR22-GTS
☐ N14MT	Cessna TR182 Skylane RG	☐ N58AM	Piper PA-31T1 Cheyenne 1A	☐ N95TA	Piper PA-31 Turbo Navajo
☐ N15CK	Maule MX-7-235	☐ N58GT	Beech B58 Baron	☐ N96HC	Bell 206L-1 Long Ranger II
☐ N17GL	Beech D17S	☐ N58YD	Beech 58 Baron	☐ N96JL	Cessna 421C
☐ N17UK	Cirrus SR22	☐ N59SD	MD.369E	☐ N96XW *	Twinstarr Gyrocopter
☐ N18GH	MD.520N	☐ N59VT	Beech K35 Bonanza	☐ N97GP	SOCATA TB-20 Trinidad
☐ N18V	Beech UC-43-BH Traveler	☐ N60BM	Rockwell 690B	☐ N98AG	Partenavia AP.68TP
☐ N19ET	Liberty Aerospace XL-2	☐ N60GM	Cessna 421C Golden Eagle	☐ N99ET	SOCATA TB-10 Tobago
☐ N19F	Cessna 337A	☐ N60LW	Cessna 550 Citation Bravo	☐ N99XT	Piper PA-32-301 xtc14
☐ N19GL	Brantly B.2B	☐ N60NZ	Beech 60 Duke	☐ N100JS	Cessna 525B CJ3
☐ N20AG	SOCATA TB-20 Trinidad	☐ N61DE	Piper PA-32-300 Six	☐ N100LH	Rotorway Exec 90
☐ N20UK	Mooney M.20F Executive	☐ N61FD	SIAI SF-260	☐ N100VA	Eclipse Aviation EA500
☐ N21UH	Huller UH-12C	☐ N61HB	Piper PA-34-220T Seneca	☐ N100YY	Cirrus SR20
☐ N22CG	Cessna 441 Conquest II	☐ N61MF *	Mooney M.20J	☐ N101DW	Piper PA-32R-300 Lance
☐ N22NN	Cessna 182P Skylane	☐ N61PS	Pitts S-2B	☐ N101UK	Mooney M.20K
☐ N23KY	Cessna P210N Centurion	☐ N63EN	Cessna 340	☐ N104PF	Cessna 172R
☐ N25KB	Piper PA-24-250 Comanche	☐ N64GG	B300 Super King Air	☐ N105SK	Cessna F150L
☐ N25PR	PA-30 Twin Comanche B	☐ N64JG	Bell 206B-2 Jet Ranger	☐ N106ML	Beech C90GT King Air
☐ N25XZ	Cessna 182G	☐ N64LA	Cessna 421C	☐ N108SR	Cirrus SR22
☐ N26HE	Cessna 421C Golden Eagle	☐ N64VB	Beech 58 Baron	☐ N109AG	Agusta A109A-II
☐ N27BG	Cessna 340A	☐ N65JF	Piper PA-28-181 Archer II	☐ N109AN	Agusta A109A-II
☐ N27HK	Beech 200 Super King Air	☐ N65MJ	Beech 58P Baron	☐ N109GR	Agusta A109S Grand
☐ N27MW	Beech B58 Baron	☐ N65PF	PA-30 Twin Comanche B	☐ N109MJ	Agusta A109E Power
☐ N27UB	Cessna 525B CJ3	☐ N65TG	Agusta A119	☐ N109TD	Agusta A109E Power
☐ N28TE	Raytheon 58 Baron	☐ N66DN	Learjet 45	☐ N109TF	Agusta A109A-II
☐ N30FL	Beech C90 King Air	☐ N66MS	PA-28RT-201T Arrow IV	☐ N109TK	Agusta A109C
☐ N30MD	Agusta A 109A-II	☐ N66SG	Learjet 45	☐ N109WF	Agusta A109A-II
☐ N30NW	PA-30 Twin Comanche	☐ N66SW*	Cessna 340	☐ N112JA	Commander 112TC-A
☐ N31GN	Cessna 310R II	☐ N67DP	Cirrus SR22-G3-GTS	☐ N112SR	Cirrus SR22-GTS
☐ N31RB	Grumman-American AA-5B	☐ N69LJ	Learjet 60	☐ N112WM	PA-32-300 Cherokee Six
☐ N32LE	PA-32R-301T Saratoga SP	☐ N69LP	PA-61P -601P Aerostar	☐ N113AC	SOCATA TB-20 Trinidad GT
☐ N33EW	Mitsubishi MU-2B-60	☐ N70AA	Beech 70 Queen Air	☐ N114ED	Commander 114B
☐ N33NW	SOCATA TB-20 Trinidad	☐ N70QJ	Sikorsky S-76A	☐ N115MD	Commander 114TC
☐ N34FA	SOCATA TB-20 Trinidad	☐ N71VE	Rockwell 690A	☐ N115TB	Commander 114TC
☐ N34RF	Beech C90B King Air	☐ N71WZ	PA-46-350P Malibu Mirage	☐ N116HS	Bell UH-1L
☐ N35AD	PA-30 Twin Comanche	☐ N72GD	Raytheon 390 Premier	☐ N116WG*	Westland WG-30-100
☐ N35AG	Agusta A109S	☐ N73AE	CAP.10B	☐ N117EA	Eclipse Aviation EA500
☐ N35AL	Diamond DA 42 Twin Star	☐ N73GR	Piper PA-28-181 Archer III	☐ N119BM	Agusta A119 Koala
☐ N35SN	Beech 35-33 Debonair	☐ N74DC	Pitts S-2A Special	☐ N120CS	Cessna 525 CJ1
☐ N36NB	Beech A36 Bonanza	☐ N74PM	Agusta A109C	☐ N120HH	Bell 407
☐ N36SU	Beech A36 Bonanza	☐ N75FW	Cessna 421C	☐ N121EL*	Gates Learjet 25
☐ N36TH*	Canadair Silver Star Mk.3	☐ N75TC	Cessna 172N	☐ N121JF	Beech F33A Bonanza
☐ N37DP	Bell 407	☐ N75TQ	Boeing Stearman B75N1	☐ N121MT	Britten-Norman BN-2T
☐ N37LW	Piper PA-23-250 Aztec	☐ N76AF	Sikorsky S-76C	☐ N122MG	Cirrus SR22-GTS
☐ N37US	Piper PA-34-200T Seneca II	☐ N77YY	PA-32R-301T Saratoga II TC	☐ N123AX	PA-32R-301 Saratoga II HP
☐ N37VB	Cessna 421C	☐ N78GG	Beech F33A Bonanza	☐ N123DU	Piper PA-28-161 Warrior II
☐ N39SE	Diamond DA.40 Star	☐ N78HB	Aviat A-1B Husky	☐ N123DV	Cirrus SR22
☐ N39TA	Beech B24R Sierra 200	☐ N78XP	Cessna FR172K Hawk XP II	☐ N123SA	Piper PA-18-150 Super Cub
☐ N40AU	Mooney M.20TN	☐ N79AP	Beech 58P Baron	☐ N123UK	Mooney M.20J
☐ N40GD	Cirrus SR22	☐ N79EL	Beech 400A Beechjet	☐ N124CP	Cirrus SR22-GTSX
☐ N40XR	Learjet 40	☐ N79HR	Lancair LC41-550FG	☐ N125AV	Beech 58 Baron
☐ N41AK	Beech F90 King Air	☐ N80BA	Pitts S-1A	☐ N125XP	Hawker 800XP
☐ N41FT	PA-39 Twin Comanche	☐ N80HB	Cessna 525B	☐ N126ZZ	Hawker 4000
☐ N42FW	Beech E33 Bonanza	☐ N80HQ	Cessna 510	☐ N127BU	Cessna 551 Citation II/SP
☐ N43GG	Piper PA-34-200T Seneca II	☐ N80JN	Mitsubishi MU-2J	☐ N129SC	PA-32-300 Cherokee Six
☐ N44NE	Cessna 414	☐ N80MC	CAP.10B	☐ N131CD	Cirrus SR20
☐ N45PJ	PA-46-500TP Malibu Meridian	☐ N80N	Cessna T337G	☐ N132CK	Cessna 421A
☐ N46BM	Beech E90 King Air	☐ N80NS	Cirrus SR22	☐ N132LE	PA-32-300 Cherokee Six
☐ N46PJ	Cessna 551	☐ N81AW	Piper PA-34-220T Seneca III	☐ N134TT	Cessna 305C Bird Dog
☐ N46PL	PA-46-500TP Malibu Meridian	☐ N84VK	Piper PA-24-180 Comanche	☐ N136SA	American General AG-5B
☐ N46WK	PA-46-500TP Malibu Meridian	☐ N85LB	Cessna 340A II	☐ N139PG	Cirrus SR20
☐ N48CA	PA-32R-301 Saratoga SP	☐ N85WS	Pitts S-1T	☐ N141HT	Cirrus SR22
☐ N48NS	Cessna 550 Citation Bravo	☐ N88NA	PA-32R-301T Saratoga SP	☐ N142TW	Beech 58 Baron
☐ N49BH	Aviat A-1B Husky	☐ N88SU	Sukhoi Su-29	☐ N145DF	Cessna S550 Citation II
☐ N50AY	Commander 114	☐ N89GH	Cirrus SR22	☐ N145DR	Piper PA-34-220T Seneca
☐ N51AH	PA-32R-301 Saratoga SP	☐ N89SS	Bell 206B-2 Jet Ranger II	☐ N146FL	Beech F90 King Air

Registration	Type	Registration	Type	Registration	Type
N147CD	Cirrus SR20	N222LB	Bell 407	N346X	Maule M5-210C
N147DC	Douglas C-47A-75-DL	N222SW	Cirrus SR22-G2	N347DK	Douglas C-47B Dakota 3
N147GT	Cirrus SR22-G2	N222WX	Bell 222A	N350AY	AS.350B3 Astar
N147KA	Cirrus SR22-GTS	N223JG	SOCATA TBM-850	N350DG	Lancair LC42-550FG
N147LD	Cirrus SR22	N224CJ	Cessna 525	N350PB	Piper PA-31-350 Chieftain
N147LK	Cirrus SR22-GTS	N224RC	Cirrus SR22-G3-GTS	N350UK	AS.350B Ecureuil
N147RJ	Cessna 310R-II	N226CA	Cessna 172S Skyhawk	N350CD	Cirrus SR22
N147VC	Cirrus SR22	N228CX	SOCATA TBM-700	N352CM	PA-46-350P Malibu Mirage
N150JC	Beech A35 Bonanza	N228TM	Raytheon Hawker 800XP	N352F	Farnborough F1C3 Kestrel
N150ZZ	Cirrus SR22	N230MJ	PA-30 Twin Comanche B	N355GW	Cessna 172S
N151CG	Cirrus SR22	N231CM	PA-46-500TP Malibu Meridian	N357PS	Dassault Falcon 20F-5
N153H	Bell 222B	N234RG	Pilatus PC-12/45	N359DW	PA-30 Twin Comanche
N154DJ	Cessna T303 Crusader	N235PF	Piper PA-28-235 Pathfinder	N364AB	Beech B36TC Bonanza
N160SR	Cirrus SR22	N239AX	Dassault Falcon 900B	N364UZ	Beech C90 King Air
N160TR	Piper PA-31T Cheyenne II	N239MY	Hughes OH-6A	N365LL	AS.365N2 Dauphin
N161FF	Piper PA-28-161 Warrior II	N242ML	Cessna 525 CitationJet	N365WA	Cessna 550
N164SR	Cirrus SR20	N243SA	Piper PA-22-108 Colt	N369AL	Cirrus SR20
N170AZ	Cessna 170A	N245CB	Piper PA-34-220T Seneca	N369AN	Cessna 182S
N171JB	Piper PA-28R-180 Arrow	N249SP	Cessna 210L Centurion	N369HL	Hughes 369D
N172AM	Cessna 172M Skyhawk II	N249SR	BAe BAe125 Srs 800A	N370SA	Piper PA-23-250 Aztec F
N173RG	Velocity 173RG	N250AC	Piper PA-31 Navajo C	N373DJ	Cessna 650 Citation III
N174ST	Agusta A 109E Power	N250BL	Cessna 525A CJ2+	N375SA	Piper PA-34-200T Seneca II
N177SA	Cessna F177RG	N250BW	Piper PA-23-250 Aztec C	N376SR	Cirrus SR22
N180BB	Cessna 180K	N250CC	Piper PA-24-250 Comanche	N377GM	Dassault Falcon 2000EASy
N180FN	Cessna 180K	N250MD	Piper PA-31 Turbo Navajo	N380CR	Cessna 525 CJI+
N180LK	Piper PA-28-180 Cherokee	N250TB	Piper PA-23-250 Aztec D	N382AS	Cessna F182Q Skylane
N181WW	Beagle B.206 Srs.1	N250TM	Beech 200 Super King Air	N382EA	Eclipse Aviation EA500
N182GC	Cessna F182Q Skylane II	NX251RJ	TP-51 Mustang	N393N	Robinson R44 Raven
N184BK	BD-100 Challenger 300	N257JM	SOCATA TBM-850	N395TC	Commander 114TC
N184VB	Cessna 441 Conquest II	N257SA	PA-32-300 Cherokee Six	N400HF	Lancair LC41-550FG
N186CB	PA-46-350P Malibu Mirage	N258RP	Beech 58 Baron	N400UK	Lancair LC41-550FG
N187SA	Piper PA-28R-200 Arrow II	N259BK	Hughes OH-6A	N400YY	Extra EA400
N188S	Agusta A109A-II	N259SA	Cessna F172G	N401JN	Cessna 401
N188WS	Cessna 560XL	N260AP	SIAI-Marchetti SF.260D	N402BL	Beech F90 King Air
N189SA	Piper PA-31-325 Navajo C/R	N262BM	Cirrus SR20	N403HP	PA-46-350P Malibu Mirage
N191ME	Cessna T206H Stationair	N262J	SOCATA TBM-700	N407AG	Bell 407
N192JM	Mooney M.20R Ovation	N266EA	Beech 58 Baron	N407CG	Bell 407
N192SR	Cirrus SR22	N276SA	Brantly B.2B	N407CL	Bell 407
N195NJ	Agusta A109E Power	N277CD	Cessna 210L Centurion	N407WD	Bell 407
N196PG	Cirrus SR20-G3-GTS	N277DS	Cessna R182	N411BC	Piper PA-28-181 Archer III
N198JH	Cessna 525	N277SA	Piper PA-28-140 Cherokee	N411DP	Commander 114B
N199PS	Piper PA-34-220T Seneca	N278DB	Mooney M.20R Ovation	N414AK	Cessna 414A
N199ZZ	Cirrus SR22	N278SA	Cessna 177RG	N414FZ	Cessna 414RAM
N200GK	Piper PA-28R-200 Arrow	N280SA	Maule MX-7-180	N414MB	Pitts S-2A
N200RE	Beech E90 King Air	N286MD	Cirrus SR22-G3-GTS	N418WS	Beech 58 Baron
N200UP	Dassault Falcon 50	N288GS	Beech 200 Super King Air	N421CA	Cessna 421C Golden Eagle
N201W*	Bell 47D-1	N289CW	Cessna T303 Crusader	N421DD	Cessna 421C Golden Eagle
N201YK	Mooney M.20J	N297CJ	SE.313B Alouette II	N421EA	Cessna 421C Golden Eagle
N202AA	Cessna 421C Golden Eagle	N297GT	SOCATA TB-21 Trinidad	N423RS	Consolidated PBY-5A
N203CD	Cirrus SR20-G2	N300AQ	LearJet 45	N425DR	Cessna 425 Conquest I
N203SA	Piper AE-1 Cub Cruiser	N305RD	Mooney M20K	N425SL	Cessna 425
N206CF	Cessna TU206G Stationair	N305SE	Mooney M.20K	N434A	Cirrus SR22-GTS
N206HE	Bell 206B Jet Ranger	N308CJ	Cessna 208B	N438DD	Cessna 310D
N206MF	Bell 206B Jet Ranger	N309CJ	Cessna 525A CJ2+	N440GC	Piper PA-44-180T Seminole
N208B	Cessna 208B Caravan	N309LJ*	Learjet Inc Learjet 25	N441GS	Robinson R44 Raven II
N208ER	Bell 206B Jet Ranger	N310QQ	Cessna 310Q	N442BJ	Cessna F177RG
N209DW	Lancair LC41-550FG	N310WT	Cessna 310R II	N446SE	PA-32R-301T Saratoga II
N209SA	Piper PA-22-108 Colt	N313CF	Bell UH-1H Iroquois	N449J	Agusta A109A-II
N210AD	Cessna 210G Centurion	N320MR	PA-30 Twin Comanche	N449TA	Piper PA-31 Turbo Navajo
N210CP	Cessna 210M Centurion	N321KL	Mooney M.20J (201)	N454CC	Bell UH-1E
N210EU	Cessna T210L Centurion	N322MC	MD 369E	N456PP	Beech C90A King Air
N210NM	Cessna 210K Centurion	N322RJ	Beech 60 Duke	N456TL	Cessna FT337GP
N212W	Hiller UH-12A	N324JC	Cessna 500 Citation I	N458BG	DHC.1 Chipmunk 22
N214AE	Aerospatiale AS.350B2	N324JS	SOCATA TBM-700	N463RD	SOCATA TBM850
N216GC	Piper PA-28R-200 Arrow B	N327BM	Cirrus SR22	N470RD	Cirrus SRV-G2
N218BA	Boeing 747-245F	N338DB	PA-46-500TP Malibu Meridian	N473DC	Douglas C-47A Dakota III
N218SA	Piper PA-24-250 Comanche	N340AJ	Bell 206L-4	N480BB	Enstrom 480B
N219DW	Cirrus SR22-G3-GTSX	N340DW	Cessna 340A-II	N480DD	Enstrom 480B
N219PM	Cirrus SR22-G3-GTSX	N340GJ	Cessna 340A	N480JB	Enstrom 480B
N220RJ	Cirrus SR22	N340SC	Cessna 340	N480KP	Enstrom 480B
N221CH	Cirrus SR22	N340YP	Cessna 340A II	N480LR	Enstrom 480B
N221LD	Cirrus SR22-G3-GTS	N343RR	PA-46-500TP Malibu Meridian	N480PP	Enstrom 480B
N222ED	Cirrus SR22-G2	N345TB	SOCATA TB-20 Trinidad	N482CD	Cirrus SR22-GTS

173

☐ N485ED	Piper PA-23-250 Aztec C	☐ N666BM	Aviat Pitts S-1T	☐ N800BN	CL-604 Challenger
☐ N497XP	Hawker 400XP	☐ N666GA	Gulfstream AA-5B Tiger	☐ N800FR	Raytheon Premier 1A
☐ N498YY	Cessna 525 CitationJet	☐ N666VK	Cessna 340A II	☐ N800HL	Bell 222
☐ N499AG	PA-30 Twin Comanche	☐ N667DL	Mooney M20R	☐ N800UK	Raytheon Hawker 800XP
☐ N499MS	Piper PA-28-181 Archer III	☐ N671B	Raytheon A36 Bonanza	☐ N800VM	Beech 76 Duchess
☐ N500AV	Piper PA-24-260 Comanche	☐ N672LE	EC.155B1 Dauphin 2	☐ N800WK	Agusta A109A-II
☐ N500CS	B200 Super King Air	☐ N673SA	Piper PA-24-250 Comanche	☐ N808CA	PA-32R-301 Saratoga
☐ N500LN	Howard 500	☐ N674BW	Grumman AA-5A Cheetah	☐ N808RW	Cirrus SR22-G3-GTS
☐ N500RK	Hughes 369HS	☐ N675BW	Beech V35B Bonanza	☐ N808VT	Piper PA-28R-201 Arrow III
☐ N500SY	MD.369E	☐ N681EW	Cessna F182Q Skylane II	☐ N810BW	Cessna 402C
☐ N500TY	MD.369E	☐ N683GW	Beech C90A King Air	☐ N814BP	Raytheon RB390 Premier IA
☐ N500UK	Eclipsae EA500	☐ N690CL	Rockwell 690A	☐ N814WS	Cessna 510
☐ N500XV	Hughes 369D	☐ N691J	PA-28RT-201T Arrow IV	☐ N816RL	Beech E90 King Air
☐ N500ZW	Hughes 369D	☐ N694LM	Cessna 500 Citation I	☐ N818MJ	Piper PA-23-250 Aztec B
☐ N503DW	Mudry CAP.10B	☐ N696DA	Diamond DA 20A-1 Katana	☐ N818Y	PA-30 Twin Comanche B
☐ N505HA	SA.341G Gazelle	☐ N696XX	MD.369E	☐ N820CD	Cirrus SR22
☐ N510W	Bell 222B	☐ N697RB	Pitts S-1T	☐ N821CC	Cirrus SR22
☐ N511TC	Cessna 525 CitationJet	☐ N700AZ	SOCATA TBM-700	☐ N831M	Hiller UH-12B
☐ N515SC	PA-32R-301T Saratoga II TC	☐ N700EL	SOCATA TBM-700	☐ N834CD	Cirrus SR22
☐ N518XL	Liberty Aerospace XL-2	☐ N700GY	SOCATA TBM-700	☐ N836TP	Beech A36TP Bonanza
☐ N519MC	Piper PA-28-140 Cruiser	☐ N700KV	SOCATA TBM-700	☐ N840CD	Cirrus SR20-GTS
☐ N521CD	Cirrus SR22	☐ N700S	SOCATA TBM-700	☐ N840PN	Rockwell 690C
☐ N521LB	Beech E90 King Air	☐ N700VA	SOCATA TBM-700	☐ N840TC	Rockwell 690C
☐ N524SF	Cessna 525 CitationJet	☐ N700VB	SOCATA TBM-700	☐ N841WS	Gulfstream G450
☐ N525DB	Cessna F172H	☐ N702MB	SOCATA TBM-700	☐ N843SR	Cirrus SR22
☐ N525DT	Cessna 525A CJ2	☐ N707BM	Bell 206L-1	☐ N850KF	Cessna 310Q
☐ N525PM	Cessna 525A CJ2	☐ N707QJ	Boeing 707-368C	☐ N850LH	SOCATA TBM-850
☐ N526AG	EC.120B Colibri	☐ N707TJ	Boeing-Stearman A75N1	☐ N851WA	SOCATA TBM-850
☐ N527EW	Cessna 501 Citation 1	☐ N707XJ	Cessna 177A Cardinal	☐ N852CD	Cirrus SR22
☐ N529M	Hawker 800XP	☐ N708SP	Learjet 45	☐ N852FT*	Boeing 747-122F
☐ N531RM	Aviat Pitts S.2C	☐ N709AM	SOCATA TB-21 Trinidad	☐ N866C	Cirrus SR22
☐ N535CE	Cessna 560 Citation Ultra	☐ N709EL	Beech 400A Beechjet	☐ N866LP	PA-46-350P Malibu Mirage
☐ N535TK	Maule MXT-7-180	☐ N711TL	Piper PA-60 Aerostar 700P	☐ N868AT	SOCATA TBM-700
☐ N536K	Beech A36 Bonanza	☐ N712DB	Beech 65-A90 King Air	☐ N877SW	Agusta A109A-II
☐ N542CD	Cirrus SR22	☐ N715BC	Beech A36 Bonanza	☐ N882JH	Maule M.7-235B
☐ N550LD	Cessna 550 Citation Bravo	☐ N717HL	Beech 58P Baron	☐ N883DP	Raytheon R182 Skylane RG
☐ N551TT	PA-32R-301T Saratoga	☐ N719CD	Cirrus SR22	☐ N888DM	PA-30 Twin Comanche C
☐ N554CF	Beech E90 King Air	☐ N719EL	Hawker 400XP	☐ N888MY	Cessna 182T
☐ N554RB	Beech E55 Baron	☐ N720B	Bell 206L-1 LongRanger II	☐ N889VF	Cessna T303 Crusader
☐ N555GS	Agusta A109E Power	☐ N722CR	Cirrus SR22-G3-GTSX	☐ N897US	Fokker F.28-0100
☐ N555WA	MD.900 Explorer	☐ N722P	Beech A36 Bonanza	☐ N900CB	Cessna 421C Golden Eagle
☐ N556MA	*Beagle B.121 Pup 1	☐ N730WF	Cirrus SR22	☐ N900RK	Mooney M.20J
☐ N559C	Piper PA-34-220T Seneca	☐ N731	Boeing Stearman A75N-1	☐ N900UK	Cirrus SR22
☐ N560TH	Cessna 560XL Citation	☐ N735CX	Cessna 182Q Skylane II	☐ N901RL	Bell 430
☐ N562RR	Piper PA-32-301FT 6x	☐ N737M	Boeing 737-8EQ	☐ N902JW	MD902 Explorer
☐ N565F	SA.341G Gazelle	☐ N737RM	Cessna T182T Skylane	☐ N902SR	Cirrus SR22
☐ N566N	Cessna U206G	☐ N741CD	Cirrus SR22	☐ N903LF	MD900 Explorer
☐ N569DM	Cessna 525A	☐ N741D	Beech 76 Duchess	☐ N908W	Sikorsky S-92
☐ N573VE	Cirrus SR22	☐ N742TJ	Rutan Long Ez	☐ N911CS	Beech U-8F Seminole
☐ N575GM	SOCATA TB-20 Trinidad	☐ N745HA	Agusta A109A-II	☐ N911DN	Bell UH-1H Iroquois
☐ N575NR	Cessna 560XLS	☐ N747HM	Piper PA-28R-200 Arrow II	☐ N916CD	Cirrus SR22
☐ N577PA	Cessna 425 Conquest I	☐ N747WW	Piper PA-23-250 Aztec D	☐ N918Y	PA-30 Twin Comanche
☐ N581AF	Beech 58 Baron	☐ N747YK	Cessna 310R	☐ N922CE	Cirrus SR22
☐ N582C	SOCATA TBM-700	☐ N748D	Avro 748 Srs.1	☐ N928HW	Commander 114B
☐ N591JM	Agusta A109C	☐ N750GF	Cessna 750 Citation X	☐ N930Z	PA-46-350P Malibu Mirage
☐ N593CD	Cirrus SR22	☐ N750NS	Cessna 750 Citation X	☐ N937BP	Mooney M.20J
☐ N601AR	Piper Aerostar 601P	☐ N750PP	Cessna 505 Citation I/SP	☐ N937DR	Cessna 172R
☐ N604FD	EC.155B Dauphin 2	☐ N752DS	Diamond DA 40 Star	☐ N950H	Dassault Falcon 50EX
☐ N606AT	Cessna 650 Citation VI	☐ N753TW	Cirrus SR22-GTS	☐ N955SH	PA-46-350P Malibu Mirage
☐ N613F	PA-39 Twin Comanche C/R	☐ N761JU	Cessna T210M Centurion	☐ N957T	PA-32R-301 Saratoga
☐ N642P	Piper PA-31 Turbo Navajo	☐ N766AM	AS.355N Ecureuil 2	☐ N958MD	Cessna SE22 Turbo
☐ N646CD	Cessna T210M Centurion	☐ N767CM	Beech A36 Bonanza	☐ N959JB	Piper PA-23-250 Aztec F
☐ N646JR	Piper PA-32RT-300T Lance	☐ N770RM	SOCATA TB-9 Tampico	☐ N967LV	PA-32R-301T Saratoga II TC
☐ N650DR	Cessna 650 Citation III	☐ N771SR	Cirrus SR22	☐ N970SR	Cirrus SE22 Turbo
☐ N652P	Piper PA-18-150 Super Cub	☐ N775RG	Maule M5-210C	☐ N971RJ	PA-39 Twin Comanche C/R
☐ N656JM	Cessna FR182 Skylane RG	☐ N780ND	Hiller UH-12C	☐ N973BB	Mitsubishi MU-2B-60
☐ N661KK	Piper PA-28-181 Archer II	☐ N781CD	Cirrus SR20-G2	☐ N980HB	Rockwell 695
☐ N662KK	Piper PA-18-150 Super Cub	☐ N784F	Bell 206B-3	☐ N982CD	Cirrus SR22-GTS
☐ N663CD	Cirrus SR22	☐ N789MC	Cessna T310Q II	☐ N987AL	Dassault Falcon 900EASy
☐ N663KK	Cirrus SR22-G3-GTS	☐ N790BH	Cirrus SR22-G3	☐ N988SR	Cirrus SR22
☐ N663TB	Beech H18	☐ N790JC	Dassault Falcon 900B	☐ N989Y	Piper PA-24-260 Comanche
☐ N665CH	Cessna 525 CitationJet	☐ N799CD	Cirrus SR22-GTS	☐ N994K	Hughes 269A (TH-55A)
☐ N666AW	Piper PA-31 Navajo C	☐ N799JH	PA-28RT-201T Arrow IV	☐ N994SR	Cirrus SR22-GTS

Registration	Type	Registration	Type	Registration	Type
N997JM	SOCATA TBM-700	N4168D	Piper PA-34-220T Seneca	N7219L	Beech B55 Baron
N999AM	Cessna 500 Citation I	N4173T	Cessna 320D Skyknight	N7223Y	Beech 58 Baron
N999BE	Falcon 2000EX/EASy	N4178W	PA-32R-301T Saratoga IITC	N7238X	Piper PA-18-95 Super Cub
N999F	Beech F33A Bonanza	N4238C	Mudry CAP.10B	N7242N	Agusta A109A-II
N999MH	Cessna 195B	N4305H	Mooney M.20J	N7251Y	Beech A36 Bonanza
N999PD	Waco YMF-F5C	N4337K	Cessna 150K	N7263S	Cessna 150H
N999RL	Robinson R44 Raven II	N4422P	Piper PA-23-160 Geronimo	N7348P	Piper PA-24-250 Comanche
N1024L	Beech 60 Duke	N4446	Lancair LC-41-550FG	N7374A	Cessna A150M Aerobat
N1027G	Maule M.7-235B	N4514X	Piper PA-28-181 Archer II	N7423V	Mooney M.20E Chapparal
N1092H	Beech C90A King Air	N4519U	Head AX8-118	N7456P	Piper PA-24-250 Comanche
N1125Y	Piper PA-46-310P Malibu	N4531H	Piper PA-15 Vagabond	N7600E	Bellanca Cruisemaster
N1196R	Raven S-40A	N4575C	Grumman G.21A Goose	N7640F	Piper PA-32R-300 Lance
N1262K	Cessna 425	N4596N	Boeing-Stearman E75	N7976Y	PA-30 Twin Comanche
N1320S	Cessna 182P Skylane II	N4599W	Commander 112TC	N7801R	Bell 47G-5
N1328	Fairchild F24R	N4698W	Commander 112TC-A	N7832P	Piper PA-24-250 Comanche
N1329T	Cessna T182T Skylane	N4712V	Stearman PT-13D Kaydet	N7976Y	PA-30 Twin Comanche
N1344	Ryan PT-22-RY Recruit	N4770B	Cessna 152	N8040T	Bell 206B-3 JetRanger
N1350J	Commander 112B	N4779B*	Cessna 152	N8105Z	PA-28RT-201T Arrow IV
N1376C	Lancair LC41-550FG	N4806E	Douglas B-26C Invader	N8153E	PA-28RT-201T Arrow IV
N1407J	Commander 112A	N5020A	Cessna T182T	N8159Q	Cirrus SR20
N1417W	Lancair LC41-550FG	N5025J	Hiller UH-12B	N8225Y	Cessna 177RG Cardinal
N1424C	Cessna 182T Skylane	N5043X	Cessna 172C	N8241Z	Piper PA-28-161 Warrior II
N1551D	Cessna 190	N5052P	Piper PA-24-180 Comanche	N8258F	Beech B36TC Bonanza
N1554E	Cessna 172N	N5057V	Boeing-Stearman PT-13D	N8412B	PA-28RT-201T Arrow IV
N1569C	Cirrus SR22	N5084V	Cirrus SR22-G2	N8523Y	PA-30 Twin Comanche
N1604K*	Luscombe 8A Silvaire	N5106Y	Hughes 369D	N8702K	Cessna 340A
N1711G	Cessna 340	N5120	Bell 430	N8754J	Aviat A-1 Husky
N1731B	Boeing A75N-1 Stearman	N5240H	Piper PA-16 Clipper	N8829P	Piper PA-24-260 Comanche
N1745M	Cessna 182P Skylane II	N5264Q	MD.369E	N8862V	Bellanca 17-31ATC
N1757H	Cessna 310C	N5277T	PA-32-260 Cherokee Six	N8911Y	PA-39 Twin Comanche C/R
N1778X	Cessna 210L Centurion	N5315V	Hiller UH-12C	N8990F	Hughes 269C
N1937J	Cessna 172RG Cutlass RG	N5317V	Hiller UH-12C	N9057F	Hughes 369HS
N1944A	Douglas DC-3C	N5336Z	Cirrus SR20	N9070L	BAe 146 Srs 300
N2061K	Beech 58P Baron	N5428C	Cessna 170A	N9086L	BAe 146 Srs 300
N2086P	Piper PA-23 Apache	N5632R	Maule M-5-235C	N9089Z	North American TB-25N
N2105J*	Bell 222	N5647S	Maule M-5-235C Rocket	N9122N	Piper PA-46-310P Malibu
N2121T	Gulfstream AA-5B Tiger	N5730H	Piper PA-16 Clipper	N9123X	PA-32R-301T Saratoga SP
N2136E	Piper PA-28RT-201 Arrow I	N5736	Raytheon Hawker 800XP2	N9133D	Bell 407
N2195B	Piper PA-34-200T Seneca II	N5834N*	Commander 114	N9146N	Cessna 401B
N2216X	Cessna 337 Skymaster	N5839P	Piper PA-24-180 Comanche	N9275Y	Piper PA-46-310P Malibu
N2231F	Cessna 182T	N5880T	Westland WG-30-100	N9305M	Mooney M20E
N2273Q	Piper PA-28-181 Archer II	N5900H	Piper PA-16 Clipper	N9325N	Piper PA-28R-200 Arrow
N2299L	Beech F33A Bonanza	N5915V	Piper PA-28-161 Warrior II	N9362	SA316B Alouette 3
N2326Y	Beech 58P Baron	N6010Y	Commander 114B	N9381P	PA-24-260C Comanche
N2341S	B300 Super King Air	N6024V	Commander 114B	N9405H	Beech D.17S
N2366D	Cessna 170B	N6039X	Commander 114B	N9533Y	Cessna T.210N Centurion
N2379C	Cessna R182 Skylane RG	N6048B	Commander 114B	N9680Q	Cessna 172M
N2401Z	Piper PA-23-250 Azrec	N6078T	Cessna T182T	N9838Z	Beech B90 King Air
N2405Y	Piper PA-28-181 Archer II	N6081F	Commander 114B	N9861M	Maule M.4-210C
N2445V	Cessna 182S	N6088F	Commander 114B	N9870C	Cessna T303 Crusader
N2454Y	Cessna 182S	N6088Z	Commander 114B	N9950	Curtiss P-40N Warhawk
N2536Y	BN-2T Islander	N6095A	Commander 114B	N10053	Boeing Stearman A75N1
N2548T	Navion Rangemaster	N6130X	Maule M6-235C	N10052	PA-46-350P Malibu Mirage
N2612	Stinson Junior	N6182G	Cessna 172N Skyhawk II	N11824	Cessna 150L
N2652P	Piper PA-22-135 Tri-Pacer	N6302W	GAF N22B Nomad	N13253	Cessna 172M Skyhawk
N2711H	Eclipse Aviation EA500	N6339U	Piper PA-28-236 Dakota	N14113	North American T-28B
N2742Y	Hughes 369HS	N6438C	Stinson L-5C Sentinel	N17596	Schweizer S269C1
N2923N	PA-32-300 Cherokee Six	N6498V	Cessna T303 Crusader	N17633	Spartan 7W Executive
N2929W	Piper PA-28-151 Warrior	N6593W	Cessna P210N Centurion	N18028	Beech D17S
N2943D	Piper PA-28RT-201 Arrow	N6601Y	Piper PA-23-250 Aztec C	N19753	Cessna 172L
N2967N	Piper PA-32-300 Six	N6602Y	Piper PA-28-140 Cherokee	N20981	Cessna 172M
N2989M	Piper PA-32-300 Six	N6620W	Alon A-2 Aircoupe	N21381	Piper PA-34-200 Seneca
N3023W	Beech V35B Bonanza	N6632L	Beech C23 Musketeer	N21419	BAC-167 Strikemaster
N3084T	Cessna F150L	N6819F	Cessna 150F	N23659	Beech B58 Baron
N3109X	Cessna 150F	N6830B	Piper PA-22-150 Tri-Pacer	N24136	Beech A36 Bonanza
N3400W	PA-32-260 Cherokee Six	N6907E	Cessna 175A Skylark	N24730*	Piper PA-38-112 Tomahawk
N3586D	Piper PA-31-325 Navajo C/R	N6920B	Piper PA-34-220T Seneca	N25644	North American B-25D
N3596T	Aero Commander 500	N6954J	Piper PA-32R-300 Lance	N26634	Piper PA-24-250 Comanche
N3669D	Beech 60 Duke	N7027E	Hawker Tempest V	N28141	Bellanca 17-30A
N3864	Ryan Navion B	N7070A	Cessna S550 Citation II	N29566	Piper PA-28RT-201 Arrow
N3922B	Boeing-Stearman E75	N7148R	Beech B55 Baron	N30562	Bell 407
N4085E	Piper PA-18-150 Super Cub	N7172Z	Hughes 369C	N30593	Cessna 210L Centurion
N4102D	Cessna FR182 Skylane RG	N7205T	Beech A36 Bonanza	N31008	PA-32R-301 Saratoga IIHP

☐	N31356	Douglas DC-4-1009	☐	OE-KKC	Diamond DA 40D Star	☐ SE-KBU	Christen A-1 Husky
☐	N32625	Piper PA34-220T Seneca	☐	OE-XBA	Agusta-Bell AB206B	☐ SE-LTE	Cessna P337H
☐	N33514	Hiller UH-12B				☐ SE-UCF	Slingsby T.61F Venture
☐	N33870	Fairchild M62A Cornell	☐	OK-DUA 14	Jora sro Jora		
☐	N33884	Aeronca 65CA	☐	OK-DUU 15	Urban Air Lambada	☐ SP-CHD*	PZL-101A Gawron
☐	N36362	Cessna 180 Skywagon	☐	OK-FUA 05	Urban Air Lambada		
☐	N36665	Beech A36 Bonanza	☐	OK-GUA 16	Urban Air Samba	☐ ST-AHZ	Piper PA-31 Turbo Navajo
☐	N37172	B300 Super King Air	☐	OK-GUA 28	Urban Air Samba		
☐	N37379	Cessna 421C	☐	OK-IUA 69	TL-2000 Sting RG	☐ SX-122*	Glasflügel H303 Mosquito
☐	N38273	Piper PA-28R-201 Arrow III	☐	OK-JUA 03	Urban Air Samba XXL	☐ SX-BFM*	Piper PA-31-350 Chieftain
☐	N38763	Hiller UH-12B	☐	OK-KUA 16	Urban Air Samba XXL	☐ SX-BNL	Embraer EMB.110P2
☐	N38940	Boeing-Stearman A75N1	☐	OK-KUA 26	Urban Air Samba XXL	☐ SX-HCF	Agusta A109A-II
☐	N38945	Piper PA-32R-300 Lance	☐	OK-LUA 36	Urban Air Samba XXL		
☐	N39605	Piper PA-34-200T Seneca II	☐	OK-MUA 78	Urban Air Samba XXL	☐ TC-ALM*	Boeing 727-230
☐	N41098	Cessna 421B Golden Eagle	☐	OK-NUA 18	Urban Air Samba XXL	☐ TC-MBG*	Fokker F27 Friendship 600
☐	N41702	Spitfire XVIII	☐	OK-NUA 19	Urban Air Samba XXL		
☐	N42527	Bell 407				☐ TF-ELL	Boeing 737-210C
☐	N44914	Douglas C-54D Skymaster	☐	OO-A95	CFM Shadow C-D		
☐	N45458	Piper PA-18-150 Super Cub	☐	OO-AJK	Nord 1203 Norecrin	☐ VH-AHL	Hawker Siddeley HS.748
☐	N45490	Piper PA-18-150 Super Cub	☐	OO-DHN*	Boeing 727-31	☐ VH-AMQ	Hawker Siddeley HS.748
☐	N45507	Piper PA-18-150 Super Cub	☐	OO-DHR*	Boeing 727-35F	☐ VH-AYS	Hawker Siddeley HS.748
☐	N47351*	Cessna 152	☐	OO-EII	Bucker Bu.133C	☐ VH-IJH	Super Marine Spitfire Mk26
☐	N47494	Piper PA-28R-201 Arrow III	☐	OO-GCO	Grumman-American AA-5A	☐ VH-PSR	Agusta A.119
☐	N49272	Fairchild M.62 Cornell	☐	OO-MEL*	Focke-Wulf FWP.149D		
☐	N49337	Pitts S-1T	☐	OO-MHB*	Piper PA-28-236 Dakota	☐ VP-BAM	BD-700 Global 5000
☐	N50029	Cessna 172	☐	OO-NAT	MS.880B Rallye	☐ VP-BAT	Boeing 747SP-21
☐	N52485	Boeing-Stearman A75N1	☐	OO-WIO*	Cessna FRA150L Aerobat	☐ VP-BBW	Boeing 737-7BJ
☐	N53103	Cessna 177RG Cardinal	☐	OO-YIO*	Robin DR.400/120 Dauphin	☐ VP-BBX	Gulfstream G550
☐	N53517	PA-46-350P Malibu Mirage				☐ VP-BBZ	Learjet 60
☐	N54105	Cirrus SR22-G2	☐	OY-BTZ	Piper PA-31-350 Navajo	☐ VP-BCC	CL600 Regional Jet
☐	N54211	Piper PA-23-250 Aztec E	☐	OY-CKR	Piper PA-31-350 Chieftain	☐ VP-BCL	CL600 Regional Jet 700
☐	N54922	Boeing-Stearman A75N1	☐	OY-DFD	Mooney M.20F	☐ VP-BCT	Rockwell 695B
☐	N56421	Ryan PT-22-RY Recruit	☐	OY-DRS	Cessna F172K	☐ VP-BDL	Dassault Falcon 2000
☐	N56462	Maule M.6-235 Rocket	☐	OY-EGZ	Cessna F172H	☐ VP-BFC	Cessna 525A CJ2
☐	N56608	Boeing-Stearman A75N1	☐	OY-FAA	Taylor J-2 Cub	☐ VP-BGN	Gulfstream G550
☐	N56643	Maule M.5-180C	☐	OY-HGB*	Hughes 369D	☐ VP-BJA	CL604 Challenger
☐	N57783	Stinson L-5 Sentinel	☐	OY-ILG	BD-700 Global Express	☐ VP-BJK	Gulfstream 550
☐	N58283	SA.341G Gazelle	☐	OY-MUB*	Short SD.3-30 Var.200	☐ VP-BKI	Gulfstream IVSP
☐	N58566	BT-15-VN Valiant				☐ VP-BKK	HS.125 Srs.400A/731
☐	N60256	Beech C35 Bonanza	☐	P4-HEC	EC.155B Dauphin 2	☐ VP-BKQ	Bell 430
☐	N60526	Beech E55 Baron	☐	P4-MMG	Boeing 727-30	☐ VP-BKZ	Gulfstream V
☐	N61787	Piper J-3C-65 Cub				☐ VP-BLA	Gulfstream G550
☐	N61970	Piper PA-24-250 Comanche	☐	PH-3P3	WDL Fascination D4BK	☐ VP-BLS	Pilatus PC-XII
☐	N62171	Hiller Felt UH-12N	☐	PH-3W6	CZAW CH-601XL Zodiac	☐ VP-BLW	Gulfstream G550
☐	N62842	Boeing-Stearman PT-17	☐	PH-DUC	Glasair IIRG-S	☐ VP-BMP	Dassault Falcon 50EX
☐	N63590	Boeing-Stearman N2S-3	☐	PH-HEW	Robinson R44 Astro	☐ VP-BMZ	Rockwell Turbo 690D
☐	N65200	Boeing-Stearman D75N1	☐	PH-IRL	CZAW Sportcruiser	☐ VP-BNI	Sikorsky S-76B
☐	N65565	Stearman B75N1 Kaydet	☐	PH-KRC	Cessna 180K	☐ VP-BNK	Hawker 800XP
☐	N68427	Boeing-Stearman A75N1	☐	PH-NLK*	Piper PA-23-160 Apache	☐ VP-BNL	Gulfstream V
☐	N70844	Piper PA-23-250 Aztec D	☐	PH-PAB	Neico Lancair 360	☐ VP-BNM	Sikorsky S-76B
☐	N71763	Cessna 180K	☐	PH-PIM	Cessna R172K Hawk XP	☐ VP-BNO	Gulfstream G550
☐	N74189	Boeing-Stearman PT-17	☐	PH-PWA	Van's RV-8	☐ VP-BNZ	Boeing 737-7HD
☐	N75048	Piper PA-28-181 Archer II	☐	PH-TMH	Piper PA-38-112 Tomahawk	☐ VP-BOO	Hawker 800XP
☐	N75822	Cessna 172N	☐	PH-TWR	Ken Brock KB-2 Gyroplane	☐ VP-BOW	BD-700 Global Express
☐	N76402*	Cessna 140	☐	PH-WRF	Robinson R44 Astro	☐ VP-BPS*	Consolidated Catalina
☐	N80035	Pitts S-2A	☐	PH-ZZY	MS893E Rallye	☐ VP-BTC	Gulfstream G550
☐	N80056	Cessna 421B				☐ VP-BUS	Gulfstream V
☐	N80364	Cessna 500 Citation I	☐	RA-01274	Yakovlev Yak-55	☐ VP-BVS	EMB-135BJ Legacy
☐	N80533	Cessna 172M Skyhawk	☐	RA-3350K	Sukhoi Su-26MZ	☐ VP-BWR	Boeing 737-79T
☐	N81188	Piper PA-28-236 Dakota	☐	FLARF01005	Yakovlev Yak-52	☐ VP-BZE	Dassault Falcon 7X
☐	N84718	PA-28RT-201T Arrow IV					
☐	N90011	MD.900 Explorer	☐	RP-C2900	Agusta A109A	☐ VP-CAP	CL604 Challenger
☐	N91384	Rockwell 690A	☐	RP-C8023	Canadair CL-44-O	☐ VP-CBD	Sikorsky S76C
☐	N92562	PA-46-350P Malibu Mirage				☐ VP-CBG	NAR Sabre 65
☐	N93938	Erco 415C	☐	S5-HPC*	Agusta A109A	☐ VP-CBX	Gulfstream Gulfstream V
☐	N95590	Rockwell 690B				☐ VP-CBY	Airbus A320-212
☐	N96240	Beech D18S (3TM)	☐	SE-BOG	Boeing B75 Stearman	☐ VP-CEB	BD-700 Global Express
☐	N97121*	Embraer EMB-110P1	☐	SE-BRG*	Fairey Firefly TT.1	☐ VP-CED	Cessna 550 Citation Bravo
☐	N97821	Mooney M.20J	☐	SE-EOS	Piper PA-28-180 Cherokee	☐ VP-CEO	CL604 Challenger
			☐	SE-GVH	Piper PA-38-112 Tomahawk	☐ VP-CFB	Gulfstream G450
☐	OE-FYA	Diamond DA 42 Twin Star	☐	SE-HXF*	Rotorway Scorpion	☐ VP-CFS	Hawker 800XP
☐	OE-FYB	Diamond DA 42 Twin Star	☐	SE-IIV	Piper PA-24-260 Comanche	☐ VP-CFT	CL601 Challenger
☐	OE-IFB	CL605 Challenger	☐	SE-IRI	Cessna A185F Skywagon	☐ VP-CGN	Gulfstream G550

☐	VP-CGS	BD-700 Global Express	☐	YL-LEU* WSK-PZL Antonov An-2R	☐	YU-YAB	SOKO G-2A Galeb
☐	VP-CHH	CL605 Challenger	☐	YL-LEV* WSK-PZL Antonov An-2R			
☐	VP-CHU	CL604 Challenger	☐	YL-LEW* WSK-PZL Antonov An-2R	☐	ZK-BMI*	Auster B.8 Agricola Srs.1
☐	VP-CIC	CL601 Challenger	☐	YL-LEX* WSK-PZL Antonov An-2R	☐	ZK-CCU*	Auster B.8 Agricola
☐	VP-CJI	Cessna 525	☐	YL-LEY* WSK-PZL Antonov An-2R	☐	ZK-IGM	EC.130B4 Ecureuil
☐	VP-CLA	Gulfstream IV	☐	YL-LEZ* WSK-PZL Antonov An-2R	☐	ZK-JQK	Pacific PAC 750XL
☐	VP-CLV	BD-100 Challenger 300	☐	YL-LFA* WSK-PZL Antonov An-2R	☐	ZK-KAY	Pacific PAC 750XL
☐	VP-CME	Boeing 767-231ER	☐	YL-LFB* WSK-PZL Antonov An-2R			
☐	VP-CMR	Gulfstream IV	☐	YL-LFC* WSK-PZL Antonov An-2R	☐	ZS-MBI	Commander 114
☐	VP-COD	Hawker 850XP	☐	YL-LFD* WSK-PZL Antonov An-2R	☐	ZS-MRU	Douglas DC-3
☐	VP-COK	BAe 125-700A	☐	YL-LHN* Mil Mi-2	☐	ZS-ODJ	Hawker Siddeley HS.748
☐	VP-COM	Cessna 500 Citation I	☐	YL-LHO* Mil Mi-2	☐	ZU-DCX *	Chayair Sycamore Mk 1
☐	VP-COP	CL604 Challenger	☐	YL-PAF* Aero L-29A Delfin			
☐	VP-CRB	Learjet 60	☐	YL-PAG* Aero L-29A Delfin	☐	5N-AAN*	BAe 125 Srs.F3B/RA
☐	VP-CSF	Gulfstream IV			☐	5N-BGV	G-1159 Gulfstream II
☐	VP-CSP	Hawker 800XP	☐	YU-DLG UTVA 66	☐	5N-HHH*	BAC One-Eleven 401AK
☐	VP-CVU	BD-700 Global 5000	☐	YU-FCS Cessna 550 Citation II			
☐	VP-CVV	BD-700 Global Express XRS	☐	YU-HDL Soko SA.341G Gazelle	☐	9G-MKA	Douglas DC-8F-55
☐	VP-CXP	Hawker 800XP	☐	YU-HEH Soko SA.341G Gazelle	☐	9G-MKH	Douglas DC-8-62AF
			☐	YU-HEI Soko SA.341G Gazelle			
☐	VR-BEB*	BAC One-Eleven 527FK	☐	YU-HES SA.342J Gazelle	☐	9J-RBC	Piper PA-28-140 Cherokee
			☐	YU-HET SA.342 Gazelle			
☐	VT-UBG	Hawker Siddeley HS.125	☐	YU-HEV SA.342J Gazelle	☐	9L-LSA	SA330L Puma
			☐	YU-HEW SA.341G Gazelle	☐	9L-LSG	SA330F Puma
☐	XB-RIY	Stearman N2S-3 Kaydet	☐	YU-HEY SA.341G Gazelle			
			☐	YU-MAN SA.341G Gazelle	☐	9M-BCR	Dassault Falcon 20C
			☐	YU-PJB SA.341G Gazelle			

Would you like further information on UK aircraft?

The Civil Aircraft Registers of United Kingdom, Ireland and Isle of Man, 2009 contains all of the information in this book and *much* more. Full type designations, c/ns, previous identities, owners and bases together with dates of registration and airworthiness details, additional features and indices. This is the 44th annual edition of the UK civil aircraft register 'bible' and at over 650 pages, hardback, it offers the most comprehensive cover of the subject. Available late April, at £26 to non-members, only £19.95 to Air-Britain members.

Also available in the Quick Reference series:
Airline Fleets Quick Reference 2009 covers the major airlines around the world in the same format as this book. 240 pages £7.95, or £6.95 to members.
Business Jets & Turboprops Quick Reference 2009 lists all aircraft currently in service by registration or military serial. 160 pages £7.95, or £6.95 to members.

And in the hardback annual series:
Airline Fleets 2009 lists the full fleets of over 2,800 operators in 200 countries world-wide, with types, c/ns, manes, lease details and several valuable indices; now 720 pages in its 38th edition. £25.00 or £19.95 to members.
Business Jets International 2009. The complete production listing by type of every business jet built in c/n order with full index of around 70,000 registrations. Approx 500 pages, available during May.
European Registers Handbook 2009. The first mixed-media version of this title containing the civil registers of 44 European countries, available May.

Air-Britain membership offers many advantages including one monthly and three quarterly magazines, access to exclusive websites and an information service, travel and substantial discounts on all the books we publish. For further details of membership and publications take a look at www.air-britain.co.uk or write to Air-Britain, 1 Rose Cottages, 179 Penn Road, Hazlemere, High Wycombe, Bucks HP15 7NE for a free information pack.